四川省社会科学重点研究基地
四川省教育厅人文社会科学重点研究基地　主办
西华大学地方文化资源保护与开发研究中心

地方文化研究辑刊

DIFANG WENHUA YANJIU JIKAN

·第二十辑·

西华大学地方文化资源保护与开发研究中心　编

巴蜀书社

图书在版编目（CIP）数据

地方文化研究辑刊. 第二十辑 / 西华大学地方文化资源保护与开发研究中心编. — 成都 ：巴蜀书社，2023.1

ISBN 978-7-5531-1873-4

Ⅰ.①地… Ⅱ.①西… Ⅲ.①地方文化－文化研究－中国 Ⅳ.①G127

中国国家版本馆 CIP 数据核字（2023）第 003767 号

地方文化研究辑刊（第二十辑）

西华大学地方文化资源保护与开发研究中心 编

责任编辑	马 兰
封面设计	张 科
出　　版	巴蜀书社 成都市锦江区三色路 238 号新华之星 A 座 36 层　邮编：610023 总编室电话：(028) 86361843
网　　址	www. bsbook. com. cn
发　　行	巴蜀书社 发行科电话（028）86361852
经　　销	新华书店
印　　刷	成都顺印天下数字印刷有限公司　（028）64656858
版　　次	2023 年 1 月第 1 版
印　　次	2023 年 1 月第 1 次印刷
成品尺寸	185mm×260mm
印　　张	24
字　　数	580 千
书　　号	ISBN 978-7-5531-1873-4
定　　价	95.00 元

本书如有印装质量问题，请与工厂调换

《地方文化研究辑刊》编辑委员会

目　录

·岷江涪江流域文化研究·

·四川名人研究·

·巴文化研究·

·地方文化与文化中国·

·文化杂谈·

岷江涪江流域文化研究

作为神圣空间的羌族碉楼民居[①]

李祥林

内容提要：纵建筑有实用性也有艺术性，着眼精神层面，它还具有神圣性。以“尔玛”自称的羌族如今聚居在川西北，地处汉、藏之间。从文化人类学看，以“碉”为代表的村寨建筑是尔玛人栖居的场所，也是他们寄托情感和心灵的空间，是介于“圣”“俗”之间并让他们引以为傲的族群标志，跟他们的族群传统与民俗心理息息相关。考察羌族建筑碉楼民居，除了认识其作为世俗生活场域的价值，还需要透视其作为神圣心理空间的意义，从而达到艺术人类学的整体把握。

关键词：羌族建筑；民间信仰；族群心理；艺术人类学

一个古老的族群，其族名见于甲骨文，曾经纵横在中国大西北，如今有 30 多万人口聚居在川西北岷江及涪江上游的高山峡谷地带，这就是“羌”。碉楼民居对于身处高山峡谷的这个民族来说，既是他们日常饮食起居的生活场域，也是投寄着多种内心祈愿的神圣空间。从文化人类学角度考察羌族建筑碉楼民居，除了认识其作为世俗生活场域的价值，还需要透视其作为神圣心理空间的意义。关于前者，我已有文论述[②]，下面着重谈谈后者。

一

打开手机，每每看见羌锋村新碉楼的照片，总是浮想联翩。照片是 2018 年寒露这天从羌区发来的，告诉我村里碉楼重建消息的是羌锋村的村民。羌锋村属汶川绵虒镇所辖，位于岷江西岸，从都江堰去九寨沟会经过此地。说起这座碉楼，去过岷江上游的人不会陌生，那是位于羌区门户绵虒羌锋村的标志性建筑，当年高高屹立的碉楼上嵌着的“西羌第一村”五

① 课题基金：本文是国家社科基金艺术学重大项目“中华美学与艺术精神的理论与实践研究”（编号：16ZD02）、教育部人文社科基金项目“作为文化遗产和民俗艺术的羌戏研究”（项目编号：17YJA850004）的成果。

② 李祥林：《作为生活场域的羌族碉楼民居》，《文史杂志》2019 年第 2 期。

个金色大字是1996年请费孝通先生题写的，从公路上老远就能望见。村里这座碉楼始建于何时，没人说得清楚，反正它在老辈人的记忆中就有着不寻常的意义。2008年“5·12”汶川特大地震发生，曾经多次受震灾的该碉楼仍存，仅在顶部塌了两三米，接近地面处有一个窟窿。数年之后的某天晚上，碉楼垮塌了，让人揪心。那天，面对残碉乱石，村里的老人们烧香磕头，一片呜咽之声……碉楼位于羌锋村簇头寨中央正对着两座大山交汇处的垭口，数年后我去村里，看见其尚存两三米残垣断壁，垮塌的石块被村民捡起来整齐地堆放着，期待着重建。如今，村里这座标志性的碉楼在政府及各界支持下重新建立起来，村民们由衷地高兴。走访羌区可知，尔玛人对碉楼的感情很深，以“碉”为代表的村寨建筑是他们栖居的场所，也是他们寄托情感和心灵的空间，更是他们引以为骄傲的族群标志。

考究古籍，“碉”者，“石室”也（《玉篇·石部》）。石室之高耸如塔者，可谓“碉楼”；石室之低平为屋者，可谓“碉房”（民居住宅）。本文所言碉楼民居，即指二者。川西北民族地区，历史上是中原王朝眼中的边地，此地带上修建的碉楼往往有军事意义。根据羌语研究，碉楼在北部羌语（曲谷话，当今规范化羌语主要以此为标准）中叫“quatɕi”，是个合成词，前一词素“qua”（来自“quqqua”）意为打仗，后一词素“tɕi”即房子①。合而言之，“quatɕi”即指“打仗的房子”。然而，田野资料可证，碉楼在羌人心目中的功用远不限于此。或以为，羌寨碉楼可分官碉、界碉、战碉、风水碉等类型。官碉由权势者所建，如象征其权力的土司碉楼；顾名思义，界碉是管辖区域划分的地理标志；军事上的战碉雄伟高大，多建在山上和关口，把守关隘；风水碉则形体较小，民间用来镇风水，祛魔压邪。就其性质言，前三者着眼碉楼的实用意义，末者显然不同，其跟信仰民俗相关。有论者指出，“那些直接与羌民生产生活相关的事务及其所谓神灵，受到人们重视，而加以崇拜。如火神、羊神、牛神、六畜神、地界神、门神、水缸神、仓神、碉堡神、中柱神等等”②。也有论者从民俗学角度言及碉楼的宗教文化内涵，认为碉楼具有贮存物资、保护妇孺、压龙脉、民族象征等功能③。有论者依据藏彝走廊碉楼分布地区的民族志材料，指出碉楼具有神性而为权力之象征，当地传说碉楼是“为祭祀天神”或“镇魔”而建，可能反映了碉楼更原始的形态，碉楼最初可能是作为处理人与神关系的祭祀性建筑，后来转变为处理人际冲突的防御性建筑④。还有论者介绍羌寨民居“基勒”和碉楼“罗则”的最高处有“勒色”时云：“羌族高碉罗则是一个广而大的勒色基座。”所谓“勒色”，乃羌语北部方言之称，南部方言称为“纳萨”（或“纳察”），指房屋、碉楼顶部祭祀天神的塔子⑤。用羌族学人的话来说，纳萨“是释比进行祭祀活动的中心，是羌人敬神、祭祖、还愿的圣坛”⑥。作为羌族地区纳萨基座的高高碉楼，会使人想到神话中那神奇的通天柱，因为“碉楼之高可以把诸神抬举到距天最近

---

① 黄布凡、周发成：《羌语研究》，四川人民出版社，2006年版，第258、353页。对碉楼的称呼，羌区内部也有差异，如2014年羌年前夕我去茂县黑虎乡鹰嘴河，得知“碉楼在黑虎羌语中称为‘呢哈’”（见王术德主编《黑虎羌寨》，茂县黑虎乡人民政府、茂县文体广新局编印，2014年9月），这又区别于其他地方。

② 钱安靖：《论羌族原始宗教》，《社会科学研究》1990年第5期。

③ 马宁、钱永平：《羌族碉楼的建造及其文化解析》，《西华大学学报》（哲学社会科学版）2006年第3期。

④ 石硕：《隐藏的神性：藏彝走廊中的碉楼——从民族志材料看碉楼起源的原初意义与功能》，《民族研究》2008年第1期。

⑤ 赵曦：《神圣与世俗——中国羌族释比文化调查研究》，民族出版社，2010年版，第309、205页。

⑥ 陈兴龙：《羌族释比文化研究》，四川民族出版社，2007年版，第81页。

的地方”[①]。视“罗则”为“纳萨”的基座，可见前者有如后者，在尔玛人信仰中具有神圣意义。凡此种种，有助于我们从文化人类学切入认识羌族以“碉”为代表的建筑文化。

陶然士（Thomas Torramce）是清末来华的英国传教士，从1920年起即赴岷江上游地区传教和考察，并写下《羌族的历史、习俗与宗教——中国西部的土著居民》，他对尔玛人建的碉楼民居多有赞誉，曰：“住所都是用未经劈削的石头建造的。工艺极佳，可延续几个世纪。这些住所约有两三层楼高，房下是牲畜的厩和围圈，开口可通小院。后墙的和房屋的上部通常高于前面。”“羌人的另一个突出特色，是防卫的碉楼。”[②] 当然，碉楼之于羌人不仅仅有防卫的意义。后来，赴羌区考察的美国民族学者葛维汉在其著作中又谈到羌人屋顶的“纳萨”，他说：“羌族的房屋由石块、木料和土建成。用未加工的石块拌和土制泥浆砌成墙、门、楼梯、地面、房顶”，在房顶平台上，“储藏室后部的主墙要高一些，在中间有一个神龛，其前香火袅袅。这些香有时是在汉族地区市场所买，但通常用香柏枝。在神龛顶部有一块神圣的白石，白石的背面有个小孔，在祭祀的时候要插立葱郁的香柏枝。在神龛的前面，家人敬奉五大神灵和十二家神”[③]。这便涉及羌族民间信仰心理中的神圣空间问题了。

二

2019年4月11日，“羌族历史文化编纂群”[④] 微信里发出一组石砌建筑照片，引起大家热议。照片拍摄于理县增头寨（羌族村寨）山上，图中建筑由乱石砌就，仅一层，有门。照片由“行云流水”发出并请大家猜猜是什么建筑，或猜“水井”，或猜“碉堡”，随后发照片者说：“这个是分布在增头寨巴古原始森林海子边叫‘租基’的建筑[⑤]，当地人称是以前戈（窑人）的房子，又称古代增头人的居室，以前估计靠狩猎为生。每一座房子大的十余个平方米，小的几个平方米，周围是用乱石砌成的围墙，顶部用花岗岩石作横梁……在巴古海子周围目前已知有数十座之多。”戈指戈基人，根据羌族史诗《羌戈大战》讲述，有尔玛人（羌人自称）从大西北南迁至岷江上游，与当地土著戈基人打仗，战胜后者之后在岷江上游定居下来。戈基人住的是低矮的石屋，又称“窑人”。战败后的戈基人究竟去哪里了，是一个历史谜团，估计后来也跟尔玛人发生了融合。因此，说“租基”也是“古代增头人的居室”，并不悖理。一般说来，“依山而居”的羌人住的是两三层石砌房子，而房屋之羌语读音正是“基”（有意思的是，羌语对儿子的称呼也是“基”，且看下文）。考察羌寨碉楼及碉房之于族群生活的神圣意义，不妨从局部入手，看看尔玛人的房屋建造、空间布局等。

先看建房仪式。对于尔玛人来说，修建房屋不是随便的事情，从看地脉到择日子，从安

① 季富政：《中国羌族建筑》，西南交通大学出版社，2000年版，第241页。

② 吴达民、谌海霞整理：《陶然士作品选译》，巴蜀书社，2016年版，第101、105页。

③ 李绍明、周蜀蓉选编：《葛维汉民族学考古学论著》，巴蜀书社，2004年版，第19—20页。

④ 编纂《羌族历史文化集成》是目前阿坝藏族羌族自治州正在推进的重要文化工程，得到了政府支持。

⑤ “租基”是羌语之汉语记音。2019年10月中旬在都江堰参加“中华羌族历史文化集成”统稿会，摄影师周礼旗（增头寨人，羌族）与我聊起“租基”，他说羌语“基”在此指“房子”，而“租”有“水边”的意思。这些石头建筑很有特点，但时代不明，过去也未被载入书籍。他还讲，有人去看了后说若把“租基”的年代、来源等搞清楚，或许对羌族建筑史的书写会有补充。我说，除了从历史学、考古学下功夫，还需要结合地方、族群等从民族学、民俗学角度去研究。他邀请我们明年开春暖和后抽时间去实地考察。

房门到上大梁，从砍杉杆到建纳萨，凡此种种，都笼罩在一系列不乏神圣光辉的仪式中。譬如，安房门时要请释比做祝福和驱邪的法事，念“今日安门大吉昌，全家老少都安康”等，且看当地书籍所述：“建房安门，是羌族民俗中一个重要的礼俗，选址、丈量、打地桩、挖地基、奠基、砌墙，到适当位置安门、置供台，请释比老人念经安门，感谢天地、四方诸神，敬献大红公鸡，贴对联，为新门和主家男人挂红。”① 上梁是建房过程中最重要的环节，举行的仪式也格外隆重，须择吉利日子，要在正午进行，设香案，祭刀头，从茂县渭门乡纳普寨采录的《上梁大吉词》即云：“日吉时良，天地开张。黄道吉日，大吉大昌。一不早（是）二不迟，正是主家上梁时。”“一祭梁头，恭喜你主家，代代儿孙当朝贵。二祭梁尾，恭喜你主家，代代儿孙做高官……”② 所谓“仪式”（ritual），就其狭义言，主要是指跟信仰及宗教相关的祭祀、礼拜、庆典、仪礼乃至游戏等活动。以人类学家的话言之，“‘仪式’这个词，指的是人们在不运用技术程序，而求助于对神秘物质或神秘力量的信仰的场合时的规定性正式行为”③。从信仰习俗看，将修筑世俗民居过程纳入仪式的光照下，经过某种特定身份的人（释比、工匠或其他）进行超凡俗意义赋予的仪式化操作，正是借助某种有似人类学家所谓“通过仪式”使之接受象征性的脱“俗”入“圣”的精神洗礼，从而满足将来入住者避除邪祟、祈求祥瑞、期待适居环境的心理需求。借用特纳的话来说，“仪式是一个连续性活动的基型（stereotyped），包含在一个特定的场合中形体、语言、器物等的展演，以达到行为者在仪式中设计的某种超自然的影响和目标”，仪式行为基于“对神秘的（或非经验的）存在或力量的信仰，这些存在或力量被看作所有结果的第一位和终极的原因”④。由于信仰在场和仪式介入，羌寨人家那物质的、世俗的、形而下的建房程序也就被镀上了某种精神的、神圣的、形而上的亮色。

再看空间布局。释比是羌族民间宗教人士，每逢仪式活动，他们击鼓唱经、祈吉祛邪，是羌族文化的重要掌握者和传承者。学界常见表述是将释比唱经分为上、中、下三坛，上坛经说神事，中坛经说人事，下坛经说鬼事。有羌族作家认为“坛”这说法费解，便结合羌族民居重新解释之。在其看来，“坛”当为“堂”之音讹，“三坛经”应是“三堂经”，因为羌族民居，“上层，即顶楼，是羌族祭天敬神的地方，修有勒萨插放神树，供奉白石，向天通灵祈求庇护的神圣之地。中层，是羌人居住的地方，堂屋中正墙面上修有神龛祭祀祖先，分灶房、火坑、寝室、粮仓。下层，是畜圈，关养六畜的地方。一道门，将整个家庭和外面的世界隔离开来”。与此上、中、下空间分层相应：首先，“羌族各个家庭的重心，都在中层——堂屋。堂屋是家人居处、接待宾客、唱跳歌庄的家庭活动场所。释比史诗诵唱的‘中堂经’，就是指以中间堂屋人居为主要内容的经典，宽泛开来是说人事，包括祭祀祖先家神、修房造屋、婚丧嫁娶、历史风俗、生产生活、军事、医药、历法、地理山川等。这部分诵唱内容，在于祈请、感恩、颂赞、教导、规范、传承、弘扬民族文化中‘人’这个主体的自我认知和悠远的历史积淀”。其次，“‘上堂经’，本意是堂屋之上的经文，涉及祭祀、请愿、还

① 汶川县委宣传部、汶川县文体局编：《震前汶川100个经典记忆》，中国戏剧出版社，2008年版，第171页。
② 中国文艺家协会编，冯骥才主编：《羌族口头遗产集成·民间歌谣卷》，中国文联出版社，2009年版，第53—54页。
③ ［英］维克多·特纳：《象征之林——恩登布人仪式散论》，赵玉燕等译，商务印书馆，2006年版，第19页。
④ 彭兆荣：《人类学仪式的理论与实践》，民族出版社，2007年版，第15页。

愿等诸多与诸神相交通的诵唱内容。它与‘下堂经’一样，紧紧围绕‘中堂经’开展的诵唱活动，构成与家居房屋和谐一体的对等关系，将现实生活与神性理念完整结合——生活中有神灵的参与庇佑，信仰中有族群的生生不息。因此，‘上堂经’说的是神事。这就是羌族社会最显著的一个特征，人神共处一室，彼此依存。……这种经典的诵唱，在家中完成，是确立在人畜不会干扰的屋顶，并且一定在人居的堂屋之上，以显示活动的庄重、严肃，诸神缥缈而实在的威仪、圣洁和崇高”。最后，“与‘上堂经’在内容和方位上，相对和相反的是‘下堂经’，也即是家居堂屋之下的与六畜的气息相近的、引申为与邪魔妖怪相发生联系的驱邪除病的经文，因此，泛指为说鬼事。前者在房屋之顶，后者在房屋之底，前者环境神圣、光明、灵性弥漫，后者环境肮脏、阴暗、伤人害人。在羌族社会里，‘下堂’龌龊，妖魔横行，一般是畜生践踏的地方。所以，释比文化中，对于‘下堂经’的诵唱，一定是专门的释比来进行，不会是三种经典同时由一个释比来完成，即使选择不同的时间、事件也不行”[①]。这番解析合情在理，有助于我们从整体上把握羌族民居空间的“圣/俗”特征。

屋顶：纳萨（纳察、那夏、勒色）。碉房之上层（上堂）由于跟神灵崇拜挂钩而成为具有神圣意义的空间，再往上到屋顶的“纳萨”就更是如此。据羌族学者讲，现代羌语中“纳”是“好”之意，“萨”指“处所”“地方”等，“‘纳萨’可以理解为‘最好的、突出的、至高无上的地方”[②]。之所以“至高无上”，就在其跟羌民膜拜的天神相联系。碉房纳萨以石砌就，位于顶部后墙正中，方形，内置五谷金银等，上供白石、插杉杆神树。汶川雁门小寨子释比袁真奇唱经《日不舍格》（说修房）有云：“房顶上面修照楼，连接照楼修照圈，照圈之上建那夏，那夏后面立旗杆，旗杆之上插白旗，神灵就位多吉昌！”[③] 又唱《罗细》（说分），曰：“世间万物总要分，分天分地分山河……说分房来房重房，房顶分出人字墙，人字墙儿连照楼，照楼上面供神位，神位地方插神旗，五块白石放那夏，凡民敬神表心意，家家皆供木比达。”[④] 这两处释比经文，直接涉及羌族民居顶部之“神圣空间”的构筑。北川青片民歌《修碉房》唱“房顶上面要修白石神的房子”、汶川雁门民歌《修房喜歌》唱“照楼上面修神台”[⑤]；释比唱经《解秽》：“房顶平坝有神位/房顶之上纳察神/插旗枝条排得好/十二枝加十三枝/房顶噶哈拉萨神/碉房四周角角神。”[⑥] 羌人房顶储藏室兼供神之处，称为“照楼”，也作“罩楼”。纳萨对于羌民，犹如寺庙之于信徒，是神圣空间所在。或以为，羌民的住房，“顶层是一个用来晾晒谷物的平台，并通过这个平台来连接家碉。平台的四个角落置有白石，与家碉一起组成了家庭祭祀区”[⑦]。对此笼统说法，可以再议。2009年11月在

---

① 羊子：《关于羌族文化几个问题的解构和思考》，http://blog.sina.com.cn/s/blog_4765027f0100puao.html，发布时间：2011年3月2日。又，2011年5月走访汶川，4日在灾后新建的县博物馆会议室与当地老释比、文化人座谈时，我再次听见羊子对此问题的讲述。

② 陈兴龙：《羌族释比文化研究》，四川民族出版社，2007年版，第82页。

③ 《中国原始宗教资料丛编：纳西族卷·羌族卷·独龙族卷·傈僳族卷·怒族卷》，上海人民出版社，1993年版，第519页。

④ 同上，第518页。

⑤ 中国文艺家协会编，冯骥才主编：《羌族口头遗产集成·民间歌谣卷》，中国文联出版社，2009年版，第231、383页。

⑥ 四川省少数民族古籍整理办公室主编：《羌族释比经典》，四川民族出版社，2009年版，第521页。

⑦ 陈然、向东、李雪梅：《羌族碉楼文化的传承及其在旅游开发中的运用——以四川羌区碉楼为例》，《阿坝师范高等专科学校学报》2009年第1期。

“四川省羌族文化生态区建设工作交流会”上，有羌族学者对灾后重建中不少羌寨都在屋顶四角放置白石表示疑问，认为这主要是藏式民居的模样。的确，据我所知，“纳萨”是羌人碉房顶上祭塔的主要样式。地震后走访因生存环境受到严重破坏而异地安置的汶川夕格羌民，我问他们原来建房子时顶上四角是否放白石，回答“理县那边才是四只角加白石头”，他们老家只有屋顶“纳察”。当年，葛维汉在其著作中也只谈屋顶“纳萨”，不见有涉及四角白石的文字。鉴于羌人地处多民族迁徙交汇的大走廊上，羌寨房顶出现四角安放白石的现象，多少是受到邻近族群的影响，正如释比除了戴猴皮帽，也有戴五佛冠的。

室内：火塘、神龛等。碉房是羌民日常生活的世俗居所，也是其民俗信仰中处处有神灵的神圣空间。释比做“安家神”仪式时便会唱，房顶上有纳萨神，罩楼处有罩楼神，房背边缘有简槽神，二层有羊神、财神、祖先神、火塘神、水缸神、木梯神、柜房神、中柱神、角角神、调解神、平安神、六畜神等等，一言以蔽之，“凡人房中设神位/凡人家中有神位”①。神龛、火塘、中心柱等，是羌族传统民居内的重要部分。譬如神龛，其是护佑家庭的核心所在，即使是灾后迁入钢筋水泥结构的新居，依然不可少。2011 年 11 月 8 日，在巴夺寨新娶媳妇的朱姓人家，我看见堂屋中挂羌红、插香烛、供奉猪膘的神龛上，正中是大写的“天地国亲师位”（改“君”为“国”，自然是近世以来才有的），横批及左右写着“历代先祖”“川祖”“土祖”“财神”“文武夫子”“牛马二王”等等。随着敬神的柏香点燃，新人在释比指点下虔诚地祭拜神灵和祖先，请他们保佑新婚夫妇及全家人吉祥平安。“神龛面前，堂屋当中/一家人的心就是火塘”，“啊，端坐火塘的心上/看祖先的精灵，堂屋里四处飞翔”②，这是当代羌族诗人的吟唱。对于寒冷山区的羌民来说，火塘在物质层面的最大功用是煮饭、取暖，火塘的火长年燃烧，民间称为“千年火”。然而，在羌民那“万物有灵”的目光中，又“使火塘赋予了文化内涵，有了轴线依托，火塘四周有了辈分排定，有了与神位香火同一轴线的贯穿，因此也同时具有了支配主室空间的核心作用”③。20 世纪前期走访岷江上游地区的葛维汉，就谈到羌寨人家所奉十二神灵中有火神“莫波瑟”，并如此描述火塘上的石或铁制三脚架：“在其中一足上有小孔，上系铁环，或在石块相应的方位，它代表火神。……三脚架的另外两足代表男始祖神阿爸瑟和女始祖神阿她瑟。”④ 既然火塘代表神灵，尔玛人生活中也随之形成了有关火塘的种种禁忌，如不可踩踏跨越、不准在上面烤衣裤鞋袜、不许在火塘边说不吉利的话、搬家时把老屋火塘的火引至新居过程中火不能熄灭等等。至于室内中柱，人们视之为神，会在其上挂红布或羊头，祈求“中柱神”保佑碉房稳固、一家平安。2008 年“5·12”汶川特大地震前夕，我去茂县走访坪头村，在村里山上“羌祖庙”大殿右侧开间的柱子上看见一副对联：“继拜神柱为父母；保佑孩女寿命长”，横批为“长命富贵”，这应是某户人家为求子女健康成长而留下的。羌民信奉“中柱神”（羌语“启萨祖格”，理县桃坪等地又称为“中央黄帝”，羌人还天愿打太平保护时要用一只红公鸡祭中柱神，平时家里人生病被认为是触犯中柱神时要请释比祭之以解病痛），那是保佑居家平安的，该对联正透

① 四川省少数民族古籍整理办公室主编：《羌族释比经典》，四川民族出版社，2009 年版，第 655—656 页。

② 羊子：《火塘》，http://blog.sina.com.cn/s/blog_4765027f010000la.html，2005－12－11。

③ 季富政：《中国羌族建筑》，西南交通大学出版社，2000 年版，第 259 页。

④ 李绍明、周蜀蓉选编：《葛维汉民族学考古学论著》，巴蜀书社，2004 年版，第 50 页。

露出这种信仰的遗存。就这样，原本作为物质空间的世俗人居碉房，便因为火塘、神龛等的着意设置和信仰赋予而具有了超世俗的精神亮光。

房门：门神、石敢当。尔玛村寨中，向有“千斤的龙门”之说，建房安门要请释比主持仪式，可见其对门的看重。比如，羌族作家就写道：“大门的朝向十分神秘考究，要突出能招财进宝的含义。”[①] 中国门神信仰源远流长，在羌区民间影响亦深。农历七月三十日这天，释比还愿唱经《一年十二月》，所请大小神灵中有门神“迪窝兹”；释比击鼓唱经为村寨招财喜，经文有云：“这里财喜招进来/门神将军迎新年”[②]。就我田野考察所见，从茂县甘青村到理县桃坪寨，从汶川阿尔村到北川吉娜寨，大大小小的羌族村寨，逢年过节张贴门神的习俗迄今犹存。如在巴夺寨，石砌民居大门上，无论是画面写着“发”“财”字样的秦叔宝、尉迟恭形象，还是画中标示“日”“月”并书写“开门大吉”之类词语的门神，或文或武，都是大家熟悉的戏曲人物装束。事实上，由于地域的便利，川西北羌区民间张贴门神的习俗受邻近的绵竹年画影响尤其大，“来自绵竹的剧装门神，也是羌族民间喜爱之物”[③]，而绵竹是中国四大木版年画产地之一。2011 年 5 月，我在桃坪羌寨看见，除了将门神画贴在门上，也有人家把武将装束的门神直接绘制在大门的木板上，好不威风。又据 2007 年的调查资料，“进堂屋的门神”是雁门乡萝卜寨村民供奉的十二位神灵之一，“家家敬门神，堂屋设神龛”。在当地人的信仰中，“‘祸来了喊开门，门神不会开，福来了喊开门，门神就会开’。供奉于堂屋门侧柱子旁的墙上。神位的上方扎了一束秸秆，上面插了两面白纸做的旗子。据说，旗子分别代表家神，即女性始祖木姐珠和男性始祖斗安珠。传说打仗的时候带上这两面旗子，就能取得胜利，家里插上旗子，以示吉利。一些人家还贴有年画门神秦叔宝和尉迟恭以辟邪。老房子大门上方还有对称的‘门眼睛’，可照千里，能预先看到祸福来到，并告之家神，家神就会在晚上托梦给当家人”[④]。此外，羌族释比经文里也屡屡唱及门神，如《敬门神》：“家家供你金容像/铁面无私执事心/只放善人进门来/邪魔妖怪撵出去。”[⑤] 至于石敢当，就我实地走访所见，其不但作为羌民住宅门前镇压邪祟之物而众所周知（如桃坪羌寨杨树萍家门前保存完好的“泰山石敢当”），而且在川西北羌区灾后重建中也是有如碉楼般被刻意强化和放大的族群文化符号，如北川县城永昌镇巴拿恰入口、茂县县城凤仪镇尔玛天街中庭、汶川县城岷江畔文化广场，皆有巨大的石敢当造型作为景观。这种造型符号，也亮相在灾后羌区重点打造的大型歌舞《羌魂》中。

三

一般说来，“衣食住行”属于物质民俗范畴，但在此物质载体上凝聚着太多太多的精神亮光，所以其又成为非物质文化保护和研究者切切关注的对象。建筑是人类建造物，但对于

---

① 梦非：《相约羌寨》，四川民族出版社，2002 年版，第 115 页。
② 四川省少数民族古籍整理办公室主编：《羌族释比经典》，四川民族出版社，2009 年版，第 655—656 页。
③ 李祥林：《亮相在民间美术中的戏曲身影》，《戏曲艺术》2011 年第 2 期。
④ 耿静：《羌族的民间信仰——以汶川县雁门乡萝卜寨村为例》，《阿坝师范高等专科学校学报》2009 年第 2 期。
⑤ 四川省少数民族古籍整理办公室主编：《羌族释比经典》，四川民族出版社，2009 年版，第 715、436 页。

从事创造进行审美的人类来说，建筑不仅仅是满足低层次物质需求的产物，它在人类神圣的信仰心理和审美目光中进而上升为文化、艺术，从而也就被赋予多种多样的精神内涵。接着上文论述，我们从整体上再来考察羌族碉楼民居所体现的建筑象征的神圣性。

除了作为“纳萨”的基座，关于碉楼在羌民心目中的神圣性，有研究者谈到黑虎寨王、余等宅的碉楼民居时指出：“通观羌碉楼在民居中的位置，几乎都是设置在大门的左侧，这和‘泰山石敢当’必须摆在大门前的左侧同理，同有避邪之为。羌人视犯敌为祸害为邪物，与‘石敢当’位置同为左侧。如果事前有地形造成不便置左侧者，亦设置于主室之后于正中或略偏左。所以羌人对碉楼的重视远远高于汉人。汉人民居中的碉楼是绝对不允许在堂屋香火之后的，它被作为家丁宅舍，仅保护主人住宅而已。而羌人的泛神信仰可把碉楼的保护职责神圣化……”① 在此，碉楼的功能从实际的防御外敌上升到了精神的祛避邪祟，具有了文化人类学所讲的神圣意义，成为我们研究羌族民间信仰时不可忽视的对象。在羌民中，把碉楼与风水联系起来并不鲜见，如绵虒羌锋。“羌锋寨是由汉区沿岷江河谷进入羌区的第一个村寨，建筑明显受到汉民居坡屋顶的影响，但以碉楼为中心的空间格局，仍然制约着该寨的民居组团。碉楼面向岷江河谷，背靠大山，民居环碉楼左右、背后而建，并层层向后随坡地拔高，形成非常壮观的空间气势和空间层次。因紧靠汉区，碉楼选址亦明显受到风水相址的影响，其碉楼正是汉风水所谓龙脉聚结处，亦是岷江和小溪两水交汇形成的半岛中心。”② 羌锋是岷江上游羌区南部的门户，其作为行政村，包括簇头、沟头等村民小组，这座 30 米左右高的碉楼在簇头。当地人不仅认为这碉楼“镇风水”，其神奇功用就在“对两匹山梁二龙归位的镇抚”，护佑着村寨平安，他们甚至尊崇其为“碉神”③，烧香叩头，敬重膜拜。了解这点，也就不难明白“西羌第一村”的百姓对于碉楼垮塌为何会有巨大的伤痛感和恐慌感。

根据当地口碑，岷江上游羌区曾有很多碉楼。譬如汶川，“据羌族老人讲，威州乡布瓦山上，以前就建有 48 座碉楼，而现在仅剩下 5 座；绵虒乡羌锋村以前建有 38 座碉楼，现在仅剩下 2 座”④。杂谷脑河汇入岷江处山头上的布瓦碉楼以黄泥筑就，从物质条件讲，显然是少石多土的当地村寨因地制宜的创造物。然而，对于羌民来说，其人类学意义又远远不止于此。有论者指出，“万物有灵观使羌族人把万物认为是神灵，在这种观念的指导下，羌族人崇拜自然。土地生长万物，能让人生存繁衍至今，因此他们把土奉为神灵也不奇怪。同时，这个民族也是崇拜火、崇拜太阳的民族。布瓦山正面向阳，太阳的照射时间最长，羌族相信‘龙脉地’，在他们的宗教思想中，‘龙脉地’是能让生命轮回的地方，承蒙太阳神厚爱，所以在这‘龙脉地’定居。‘龙脉地’的土便是神土了。一个民族的文化和思想影响着这个民族的生存……羌的万物有灵观念中，对土崇拜是一种普遍现象，是精神寄托。羌族的建筑思想不是单一的，‘它是很复杂的、多面性的’，羌族人认为土能养人，土能长草和树，树能生火，火能繁衍一个民族，太阳又能生火，还能使万物生机勃勃，有机的循环产生多种

① 季富政：《中国羌族建筑》，西南交通大学出版社，2000 年版，第 84 页。
② 同上。
③ 徐平：《文化的适应和变迁——四川羌村调查》，上海人民出版社，2006 年版，第 179 页。
④ 陈晓华：《羌族碉楼的建筑历史与抗震研究》，载《羌族研究》第二辑，《四川民族史志》1992 年增刊。

崇拜观念。在这些观念驱使下，认为土才是万物之根本，他们用土筑成自己思想的丰碑，而且尽量向高空延伸去接近神灵。土夯邛笼越高，羌族释比（巫师）才能与天神近距离对话，释比是社会中的最尊者，'在羌族中最大的天神称为羌族的玉皇大帝阿巴木比，也是一位大释比，而氏族的最大释比是集神权、政权于一身的，他们往往要借助特异的事物来塑造自己通天达地的形象。'高大的土夯邛笼就是他们'通天达地'的理想神道，像高空拔起的地柱天梯，传承天火，仰奉太阳，以独特的神灵之力，引导和庇护一个古老的民族穿越历史"①。基于自然崇拜的土地信仰和太阳尊奉，决定了汶川布瓦人独特的碉楼观念。茂县牛尾村老寨子有三座碉楼，当地称为"格洼勒色""啊哈勒色"和"火格索勒色"，据村民讲述，其功用分别是阻挡冰雹、驱散乌云免下暴雨以及百兽之王虎神的象征，总之是护佑寨子的。

高高的碉楼是尔玛人心目中的"保护神"。2016 年 5 月在汶川绵虒羌锋村，由我担任学术专员的拍摄团队就国家非物质文化遗产项目"羌年之国家级代表性传承人"做抢救性记录时，我问及寨子里碉楼的情况，老释比王治升对我说："羌锋过去有三座碉楼，很古老，是保护羌人的，现在只剩一座了。"提起碉楼，他言语自豪；说到现状，他语气伤感。羌锋仅存的这座碉楼就是本文开头提及者，村民对之顶礼膜拜，就因为碉楼在他们心目中是"保护羌人"的。纵观羌族口头文学，民间关于碉楼有种种神奇的传说。过去，"龙溪沟羌寨有的有碉堡，有的还不止一个，有的没有。对这种情况有两种说法：一说建碉堡是为了压地脉，以便村寨出富贵人。现存碉堡均为数百年前所建，不少已塌圮，另一说法谓当初修碉堡因寨中有人应征支差为王朝立了功，特许修建，以示彰表。茂汶渭门公社亦持后说"②。其实，无论"压地脉"还是"示彰表"，都告诉我们，高高的碉楼之于羌民已超越了物质性实用功能，具备了满足精神需要的不一般象征意义。又，"据说，过去每当同一姓氏的羌族人家在某地发展到一定规模时，就要集体捐资兴建一幢象征本族人家存在与兴盛的碉楼，如果是四家人共同修建的，就修成四角形；六家人共同修建的，就修成六角形"③。由此我们看到，高高的碉楼又成为家族兴旺的象征代码。在北川羌族自治县，在羌文化保存较好的该县青片一带，有希冀山神赐福的"镇山碉"和保佑丰收的"青苗碉"，尽管现在已是掩映在草丛中的往日遗迹④。这青苗碉，跟从事农耕的尔玛人对田间地头青苗神的信奉相关，其是保佑水稻、小麦耕作顺利的神灵，释比唱经中也有《敬青苗土地》篇章。历史上，理县一带曾经碉楼众多，据清同治年间刻本《直隶理番厅志》卷四《边防志》，顺治十二年（1655）清兵镇压此地时就曾"划平八十七碉"。该志书同卷又记载了当地一习俗，由于"地寒冷，染痘者易死。酋长忌见生人，恐带痘疮进也。大金川旷野更多忌，遇人至，则上碉遥放鸟枪，持刀呼跃，状如内地逐疫者，云恐带鬼至"。这里，村寨居民登上碉楼"忌生""逐疫"的种种举止，既是向他人传递拒绝信号的实际行为，也多少带上了抚慰自我恐惧心理的宗教性意味。

在理县桃坪羌寨，有村民说碉房（羌语之汉译读音为"几"，下同）结构像一个人，底

---

① 彭代明：《夯成千古奇碉 写就万年绝史——布瓦山黄土巨碉邛笼审美探索》，《艺术教育》2009 年第 6 期。

② 《中国少数民族社会历史调查资料丛刊》修订编辑委员会四川省编辑组编辑：《羌族社会历史调查》，四川省社会科学院出版社，1986 年版，第 187 页。

③ 李建安：《羌族碉楼令乾隆头疼不已：抗明御清 千年不倒》，http://news.china.com/zh_cn/history/all/11025807/20090429/15457317_1.html，2009－04－29。

④ 唐光孝、罗光林：《北川羌族与平武白马藏族当前文化现象之比较》，《中华文化论坛》2005 年第 2 期。

层畜圈最高，是人的腿（“之”），看管着成群的牛羊；火笼和储藏室是人的身体，火塘是心脏，火笼东西两边的斗形窗是人的耳朵（“几呢格”）；照楼乃是人的头（“嘎包资”），照楼上的白石则是人们头顶上的天神①。在此以人相拟的身体化描述中，将羌寨碉房集“圣”“俗”于一体的特征生动地点了出来。因此，有研究民间习惯法者指出，“居室是羌民日常生活的场所，也是供神的地方，故羌族习惯法有诸多限制”②。川西北岷江上游地区的石砌碉房，古有“鸡笼”之称（亦称“笼鸡”，见明代《舆地纪胜》），此“鸡”正与羌语“基”或“几”读音一致。顾炎武《天下郡国利病书·四川备录上·蜀中风俗记》载述“州本羌戎之人，好弓马，以勇悍相高”，叠石为居室如浮屠状，“高二三丈者，谓之鸡笼；十余丈者，谓之碉。门内以梯上下，货藏于上，人居其中，畜圂于下”。这段话在今人笔下多见引用。有学者指出，“‘吉’，羌语‘女’的意思；‘基’，羌语‘男’的意思”③。民国三十三年《汶川县志·风土》附录羌汉语对照表（编者乃一陈姓参议员，羌人），其中“基”为男而“节”为女。查阅相关辞书，可知“女儿”和“儿子”在羌语中读音分别为“zi”和“ji”，后者又是“屋子”的读音④，汉语之音译可作“基”或“几”。羌语有南北地域之分，前者以桃坪为代表，后者以麻窝为代表，但彼此在“儿子”读音上差别不大⑤。“基”或“几”在羌民口头上既称儿子又称碉房，当不无缘故。也许，是因为在其父系为主的社会结构中，女儿终归要嫁出去，儿子则须备房娶媳妇，所以建房跟儿子有关。“据方志记载，古时羌民若谁家有了男孩，就必须建一座家碉，男孩每长一岁就要增修一层，直到男孩长到十六岁，碉楼才封顶，若谁家没有碉楼，儿子连媳妇都娶不上。”⑥ 这种一年修一层的碉楼，自然牢固得很。羌族民间有关碉楼的诸如此类表述，无论神圣的还是世俗的，都值得民俗学家、人类学家研究。

建筑具有实用性也有艺术性，着眼精神层面含义，它还具有神圣性，跟信仰民俗息息相关。以上对以“碉”为标志的羌族建筑空间的分析表明，“空间不是一个非物质性的观念，而是种种文化现象、政治现象和心理现象的化身……在某种程度上，空间总是社会性的。空间的构造，以及体验空间、形成空间概念的方式，极大地塑造了个人生活与社会关系”⑦。空间既有物质属性也有精神属性，在文化人类学的空间理论中，“圣”（scared）与“俗”（profane）是学界多有关注并时时言及的话题。上述表明，从碉楼到民居，从修建仪式到建筑象征，从房门到室内再到屋顶，凡此种种，都由于民间信仰的深深植入而解构出一个庞杂却不失整饬、多样而充满神圣的精神空间，借西方宗教学家的话来说，是“神圣建构了世界，设定了它的疆界，并确定了它的秩序”⑧，其与尔玛人实实在在生活其中的世俗物质场域交会在一起，“它超越这个尘世而存在，但是又在这个尘世上表征着自己”⑨，二者既相互

① 卢丁、工藤元男主编：《羌族社会历史文化研究——中国西部南北游牧文化走廊调查报告之一》，四川人民出版社，2000 年版，第 83 页。

② 李鸣：《碉楼与议话坪——羌族习惯法的田野调查》，中国法制出版社，2008 年版，第 177 页。

③ 陈兴龙：《羌族释比经典研究》，四川民族出版社，2007 年版，第 77 页。

④ 周发成编著，孙宏开审定：《汉羌词典》，中国文联出版社，2010 年版，第 296、154、417 页。

⑤ 参见孙宏开《羌语简志》第 202 页，黄布凡、周发成《羌语研究》第 343、353 页。

⑥ 李建安：《羌族碉楼令乾隆头疼不已：抗明御清 千年不倒》，http://news.china.com/zh_cn/history/all/11025807/20090429/15457317_1.html，2009-04-29。

⑦ ［英］丹尼·卡瓦拉罗：《文化理论关键词》，张卫东等译，江苏人民出版社，2013 年版，第 163 页。

⑧ ［罗马尼亚］米尔恰·伊里亚德：《神圣与世俗》，王建光译，华夏出版社，2002 年版，第 7 页。

⑨ 同上，第 118 页。

独立（从学理上分析）又难分彼此（于现实中存在），从而立体地铸就了羌区民众的“整体生活”“族群记忆”和“地方知识”，把这个古老民族的丰富文化本相呈现在我们面前。总而言之，碉楼碉房是羌人以石头建造的历史，这历史以精神凝铸于物质，也以物质彰显着精神，其为我们认识“羌”这个古老族群提供着文化人类学的重要佐证。如此，在“5·12”汶川大地震后川西北羌族地区灾后重建中，以“碉楼”为标志的建筑尤其成为羌文化的重要体现，看看茂县新建的“中国羌城”和北川新县城“巴拿恰”便不难明白这一点。不仅如此，对于久已外迁的羌族来说，不管是其风俗习惯已入乡随俗地发生了多少变化，有关介绍在叙述他们的生活及文化时依然会强调其房屋建筑“保留”着传统特征①，因为这以“碉楼”为标志的建筑早已成为当地人心目中的族群身份代码和世人眼中典范化的羌文化符号。

（作者单位：四川大学中国俗文化研究所）

① 如贵州铜仁市桃映乡漆树坪村，有200多年前从四川茂汶地区迁来的羌民后裔近300人，有关报道介绍其村寨风貌即云：“寨里的建筑依然保持羌族雕楼建筑特点，颇有羌族古建筑遗风。”（车璐《漆树坪羌寨——贵州唯一一个羌族群居村寨》，http://www.gog.cn/zonghe/system/2016/08/25/015090015.shtml。）类似情况也见于湖北省咸丰县黄金洞乡麻柳溪村，那里也有清乾隆年间迁来此地的姜姓羌民后裔。至于2008年地震后从汶川高山地带迁往邛崃南宝山的羌民，就更是如此了。有关情况，请参阅拙文《迁居羌民的族群生活与文化记忆》，载《禹羌文化研究》第一辑，民族出版社，2017年版。

共克时艰，砥砺前行——2020年度岷江流域考古工作综述

陈　剑

内容提要：2020年，中共中央总书记习近平就考古工作发表了重要讲话。岷江流域的史前聚落考古、以三星堆遗址为代表的古蜀文明考古、战国至明代古遗址及古墓葬的考古、古代手工业考古、城市考古发掘、以招果洞遗址为代表的西南考古等均取得了系列重要成果。本年度岷江流域的考古学术研讨及文化遗产保护工作也是丰富多彩。《郫县波罗村遗址》等考古报告及众多简报的发表，将有力地促进岷江流域的考古、历史文化研究工作。

关键词：岷江流域；考古工作；2020年度；综述

2020年对于中国考古人来说，是一个幸福年。中共中央政治局在2020年9月28日下午以我国考古最新发现及其意义为题举行第二十三次集体学习。中共中央总书记习近平在主持学习时强调，当今中国正经历广泛而深刻的社会变革，也正进行着坚持和发展中国特色社会主义的伟大实践创新。我们的实践创新必须建立在历史发展规律之上，必须行进在历史正确方向之上。要高度重视考古工作，努力建设中国特色、中国风格、中国气派的考古学，更好认识源远流长、博大精深的中华文明，为弘扬中华优秀传统文化、增强文化自信提供坚强支撑。2020年12月1日出版的第23期《求是》杂志将发表中共中央总书记、国家主席、中央军委主席习近平的重要文章《建设中国特色中国风格中国气派的考古学，更好认识源远流长博大精深的中华文明》。文章指出，要充分认识我国考古工作的重大成就和重要意义。我国考古发现，展示了中华文明起源和发展的历史脉络，实证了我国百万年的人类史、一万年的文化史、五千多年的文明史；展示了中华文明的灿烂成就，是坚定文化自信的重要源泉；展示了中华文明对世界文明的重大贡献。总书记指出：要做好我国考古工作和历史研究，第一，继续探索未知、揭示本源。第二，做好考古成果的挖掘、整理、阐释工作。第

三，搞好历史文化遗产保护工作。第四，加强考古能力建设和学科建设。新中国的考古及文化遗产保护工作遇到了前所未有的良好发展机遇。基于如此时代大背景，在成都文物考古研究院、四川省文物考古研究院以及四川大学考古文博学院等科研机构和高校的共同努力之下，2020 年度岷江流域的考古发掘研究工作克服了新冠肺炎疫情等多种因素的不利影响，取得了一系列丰硕成果。

一、岷江流域史前聚落考古的新发现

新津宝墩遗址纳入了“中华文明探源工程”第五期——三项子课题的组成内容：长江流域文明进程研究；中华文明起源进程中的古环境和人地关系研究；中华文明起源进程中的生业、资源与技术的核心研究载体。2020 年，在国家文物局批准下，成都文物考古研究院按照宝墩遗址聚落考古工作的计划，通过钻探与发掘两种不同的工作方式，持续推进宝墩遗址聚落结构与变迁、人地关系、生业技术、社会复杂化等问题的研究。通过近年来的钻探与发掘相结合工作模式，对整个古城的变迁过程有了初步认识：宝墩遗址的宝墩文化时期遗存分为四个时期五个阶段，第一时期：少量人群出现在田角林区域，这一时期没有修建城墙。第二时期：人群集中分布在内城区域。于第二期早段末、晚段初修筑了内城圈，内城的使用年代在二期晚段至三期。宝墩古城初步呈现出以古墩子为中心的向心式聚落分布。第三时期：为宝墩遗址人群分布最广泛时期，广泛分布于内外城。于二期晚段末、三期初修筑了外城圈，外城的修建可能是由于人口的扩张，外城的主要使用年代在三期，内外城同时使用过。古城呈现出以内城为中心，向心式扩张的形态，从第二时期 6 个左右聚落点环绕，扩张到 15 个左右聚落点环绕的状态；三期末至四期（绝对年代约距今 3900 年）：两条河道从西北方向冲毁了外城墙（刘林盘古河道树木测年为距今 3900 年），宝墩古城走向衰落。第四时期：有少量人群留守或回迁至田角林区域。宝墩古城从单个聚落至修筑内城再到修筑外城是一个逐步发展的过程，其动因可能是人群对平原的适应程度加深、生业模式的优化以及人口扩张等，最终因洪水的侵袭而走向衰落。

2020 年对宝墩遗址田角林区域进行了发掘，地层堆积可分为 12 层，共发掘人工垫土面 3 处（2 处为汉代、1 处为宝墩时期），土台基 2 个，灰坑 28 个，墓葬 2 座，灰沟 7 条，小型石器堆积点 1 处，基槽、柱洞若干，获取陶器、石器千余件。两处方向为西北—东南向的人工土台的发现，对理解田角林聚落的形态与功能划分提出了新的问题。首次发现的石器堆积点，对于认知宝墩时期资源与技术的利用具有重要意义。总体上看，本年度工作对于宝墩遗址乃至成都平原聚落考古的实践认知与理论方法，都有一定程度的推进作用。

成都文物考古研究院 2019—2020 年度在宝墩遗址内城开展了微地貌及沉积环境的调查工作，目的是了解遗址微环境与聚落布局、生业经济之间的关系。本次调查获得 400 个钻孔数据，加上 2018 年的 124 个钻孔，共 524 个钻孔数据，划分为 5 种沉积类型。结合近年来宝墩遗址开展的环境考古工作，总结了微观古环境视角下的人地关系的研究思路及方法，即：通过点、线、面结合的方法，从时间和空间角度综合理解古环境变化及其与人类活动的关系。典型剖面（点）的环境记录既可以了解区域长时间古环境演变历史，又可以了解某一时期微观环境的状况。与区域调查结果对比，线和面上的工作则更多地揭示遗址区微观地貌及沉积环境的变化及其对聚落布局、生业经济的影响。2019—2020年度古环境调查即为面上的工作。点、线、面结合，综合对比研究，对宝墩遗址人地关系有了更为客观、深入的认识。在距今4700年前后，成都平原逐渐从暖湿向偏凉干的气候转变，在此背景下，宝墩遗址水域面积减小、更多台地出露，为古蜀先民的到来提供了有利的生存条件。宝墩遗址微地貌及沉积环境对遗址聚落布局有着重要影响。总体而言，遗存丰富的区域多在与水较近的区域，尤其是几处低洼区及其周边次低洼地带。房屋基址则多分布于较高的台地之上，这反映出古人对生活空间的选择及水资源的利用方式。这对于理解宝墩文化早期古人对成都平原古环境的适应性具有重要意义。通过宝墩遗址工作的开展，逐渐摸索出一套适用于成都平原史前聚落环境考古的调查研究模式。

文井江主要流经四川省崇州市，崇州古称江原。从已发表的资料来看，相比成都平原西部的其他区域，文井江流域的汉代及先秦遗址点发现很少，2020年成都文物考古研究院开启了文井江流域考古调查工作。首先，在崇州市紫竹古城南城墙及城壕外，确认了一处新的新石器时代遗址点，遗址面积约3100平方米，在勘探和试掘中收获大量陶器，其时代大致为宝墩文化一期晚段。这是首次在紫竹古城城外确认新的遗址点，扩大了紫竹古城的内涵和外延。同时，在大邑县高山古城遗址南墙外进行了调查和勘探，新发现一处新石器时代遗址，分布面积约4700平方米，其时代大致为宝墩文化一期。这也为今后高山古城遗址的进一步研究提供了新资料。

二、岷江流域古蜀文明考古的新发现与新认识

2020年3月至7月，为配合新都区新都街道桥楼村一、二组，礼拜村一组招拍挂土地项目建设，经报国家文物局批准，成都市文物考古工作队（成都文物考古研究院）对该项目地块进行了抢救性考古发掘。通过调查得知，桥楼村遗址总面积约2.7万平方米，包含了新石器时代晚期、西周时期和唐宋时期的遗存。此次发掘面积800平方米，清理出不同时期遗迹一百余个，出土遗物丰富。其中新石器时代晚期遗存5个，主要为灰坑，出土少量陶片、石器等遗物，以生活遗存为主，判断居住区应当距此不远。西周时期遗存为该遗址的主要遗存，清理出灰坑、陶窑、墓葬等遗迹一百余个，出土了大量的陶器、石器和铜器等遗物，发现较为明确的居住区、墓葬区、制陶区等功能分区，反映出西周时期古蜀先民聚落生活的延续性和稳定性。其中12座西周晚期的墓葬保存较好，出土可复原陶器十数件，对于研究古蜀先民的丧葬习俗有重要意义。此外，此次发掘还清理出11座唐宋时期的砖室墓，均为小型墓葬。虽然多数遭到晚期人类活动的破坏，但仍出土了不少完整的陶器、瓷器和钱币等遗物。根据墓葬形制和随葬器物组合判断，这批墓葬从晚唐延续至北宋，规模较小，推测为唐宋时期的平民公共墓地。

近年来，成都市为推进北改工作，逐步推进对北部老旧城市形态和生产力布局改造，金牛区有大量土地进行招拍挂，成都市文物考古工作队（成都文物考古研究院）也在这一区域进行了大量文勘工作，发现并发掘了大量的古代遗址及墓地，时代从新石器时代至宋明时

期。其中，以金牛区天回镇街道北部毗河流域发现的古代遗址最为密集，而这些遗址的主体年代多为先秦时期，主要为宝墩文化和十二桥文化。金牛区毗河流域先秦遗址群年代跨度较大，初步可以分为四期。第一期分布在白塔社区九组遗址下层、杜家碾社区四组6层、万圣社区八组5层、金牛区中医院遗址、太华社区七组遗址6层。以夹砂褐陶为主，泥质陶较少，以黑褐陶为主，可辨器型主要有花边口罐、喇叭口高领罐、敞口圈足尊、宽沿平底尊、壶等。其中花边口罐多见外折厚方唇型，喇叭口高领罐多见外叠唇型。年代应该为宝墩文化三期。第二期分布在木龙湾社区一组遗址5层、白塔社区九组遗址上层发现，以夹砂灰褐陶为主，可辨器型主要有夹砂小平底罐、较为发达的高柄竹节豆、肩部以上饰绳纹的敛口罐、壶、鸟头把勺等。应该为十二桥文化一期偏早阶段，可推定为商末周初。第三期杜家碾社区四组五组遗址5层、万圣社区九组遗址5层。以夹砂灰陶为主，纹饰进一步减少，可辨器型主要有小平底罐、尖底杯、高柄豆、侈口罐、敛口罐等，其中小平底罐减少，尖底杯增加，敛口罐绳纹减少。应该属十二桥文化一期偏晚阶段，可推定为西周早期。第四期分布在杜家碾社区四组五组4层、万圣社区八组张家巷5层、万圣社区八组4层、白塔社区七组5层、太华社区七组5层。以夹砂灰陶、黄褐陶为主，纹饰主要为素面，可辨器型有泥质尖底杯、泥质小平底罐、素面敛口罐等，高柄豆等少见，不见新一村类型典型陶器，年代下限应早于西周晚期，可推定为西周中期。

2020年9月6日，“古蜀文明保护传承工程——三星堆遗址考古发掘（2020）启动仪式”在广汉三星堆遗址祭祀区考古发掘大棚内举行。从20世纪30年代三星堆开展考古工作80余年来，葛维汉、冯汉骥等学者为三星堆研究做出了巨大贡献。1986年三星堆祭祀坑的发现“一醒惊天下”，三星堆作为古蜀王都所在地为学术界公认。三星堆古遗址分布面积12平方千米，距今已有5000至3000年历史，是迄今在中国西南地区发现的范围最大、延续时间最长、文化内涵最丰富的古城、古国、古蜀文化遗址，出土了高2.62米的青铜大立人、宽1.38米的青铜面具、高3.95米的青铜神树等珍贵文物，被称为20世纪人类最伟大的考古发现之一。虽然时隔34年才重启祭祀坑的发掘工作，但这期间，考古人员对三星堆遗址的考古研究工作从未停过。2019年4月，四川省委宣传部组织实施《古蜀文明保护传承工程》，并将三星堆遗址的考古工作作为重点，为新时期三星堆遗址科学考古工作的展开、古蜀文明内涵和价值的深入挖掘提供了重要契机。2019年8月，四川省文物考古研究院编制《三星堆遗址考古工作三年行动计划（2019—2022）》，将聚落考古、社会考古作为今后几年内三星堆遗址的主要工作和研究方向，直接推动了三星堆祭祀区考古发掘工作的展开。2019年10月22日至2020年8月8日，四川省文物考古研究院联合四川广汉三星堆博物馆在三星堆遗址的“一、二号祭祀坑”周边开展了系统、全面的考古勘探与考古发掘，基本摸清“一、二号祭祀坑”周边祭祀区域的范围和各类遗存的年代序列和空间格局，新发现了6座祭祀坑。此次新一轮考古发掘，是34年来祭祀区发掘的再次启动。这对于三星堆和整个四川考古乃至先秦考古领域来说，都是个振奋的消息。时隔34年，经国家文物局批准，由四川省文物考古研究院联合国内多家机构启动对祭祀区进行科学发掘，此次考古工作的启动，对于保护传承古蜀文明、建设巴蜀文旅走廊等意义重大。包括成都文物考古研究院等单位在内的考古人员通过洛阳铲、探沟和物探等各种方式，开启了新一轮考古勘探工作。物探考古是利用地下遗迹、遗物与周边物质的物性（如密度、磁性、电性、弹性波传播速度、放射性等）差异，使用地球物理探测技术对它们的平面位置、埋深、分布范围进行调查。在考古中常用手段有磁法、高密度电阻率法、探地雷达、电磁法等，其中磁法、高密度电阻率法、探地雷达应用相对较多，电磁法在考古中应用屈指可数。本次以宽频电磁法为例，通过实验探索电磁法的可用场景，在三星堆遗址进行实践并获得了丰富的成果，为后期发掘提供一定的参考信息。为了更全面地开展发掘、研究工作，四川省文物考古研究院已经就三星堆遗址的相关工作与10余个研究机构和大学签署了合作协议，涉及科技考古、文物保护、田野发掘等多个领域。在经过多年城市考古的实践之后，也希望通过新器物的发掘和研究，可以反作用于三星堆古城址的研究——人与物、人与城、物与城之间构成怎样的关联？当8个坑的面貌全部展现在我们面前时，对于古蜀国的认知是否又会发生新的改变？每一代人通过考古得到的认知都在不断变化，就像剥去地层的考古工作一样，一层一层地，离历史一步步靠近。

国之大事，在祀与戎。对商周时期先民来说，祭祀被视为与关系国之存亡的战争同等重要的事情。祭祀区被认为是金沙遗址最神秘的区域，古蜀人曾在这里进行了长达数百年的祭祀活动，他们点燃薪柴，升起袅袅香烟，将大量象牙、玉器等贵重物品敬献给神灵。金沙遗址祭祀区也是考古的重点研究区域，成都文物考古研究院2020年度金沙遗址植物考古研究发现，该祭祀区虽然在谷物结构上以稻谷为主，兼种少量粟和黍，与成都平原同时期其他地点类似，但与众不同的是，这里发现了种类和数量繁多的树木种子/果实，还留下了大量炭屑，表明这里祭祀活动十分频繁，规模隆重。作为金沙遗址中格外神秘的存在，祭祀区在植物遗存方面的发现也很特殊。虽然发掘时间较早，但祭祀区仍然提取到了很多植物考古样品，从随机选取的样品中发现了很多有意思的东西。其他普通遗址发现的植物遗存，多为一些农作物及杂草种子，但金沙遗址祭祀区不仅有这些植物种子，还发现了大量树木种子/果实，且种类和数量很多，可分为农作物、水果/干果、杂草、乔木、灌木、藤木等，在总共浮选的7000余粒种子里，鉴定出40余科60余属30余种。如此丰富的类别和数量，是成都平原同时期其他遗址点很难看到的现象。金沙遗址祭祀区发现了稻谷、粟和黍三种谷物。从数量比例来看，稻谷在其中占80%以上，最多的时期能达到100%。粟和黍的比重则较低，其中粟的数量多于黍。由此可以推断，从新石器晚期到商末周初，金沙遗址祭祀区古蜀先民的农业结构以稻谷为主，兼种少量粟和黍。这和同时期其他遗址的结构一致，说明成都平原有非常稳定的农作物结构。另外，较多蔬菜瓜果类种子的发现，则表明这里在商周时期可能存在一定的园圃业。不过，因为该地长期作为祭祀区存在，与日常生活区的性质不同，这批材料究竟能在多大程度上反映该区域的农业形态，还需要进一步研究。

祭祀行为在植物遗存方面也有所体现。远古时期的祭祀方法很多，其中“燎祭”是极其重要的一种祭祀仪式。据《礼记·祭法》中记载：“燔柴于泰坛者，谓积薪于坛上，而取玉及牲置柴上燔之，使气达于天也。”《吕氏春秋·季冬》高诱注：“燎者，积聚柴薪，置璧与牲于上而燎之，升其烟气。”燎祭需要“积聚柴薪”。祭祀区大量炭屑的发现，被认为与祭祀活动密切相关。炭屑含量可以反映一个地方的用火行为，能看出用火的频繁程度和用火规模。与成都平原同时期其他地点相比，金沙遗址祭祀区的炭屑含量非常高，特别是到了第三期中段，炭屑含量丰富程度令人瞩目。而且，这些炭屑大部分来自地层，表明先民们用火频率很高，可能反映了该地点在商周时期祭祀活动比较频繁。燎祭需要“升其烟气”，以达于天。这种祭祀活动对燃料也有一些讲究，除了选择能够产生大量烟雾的材料，很可能也会燃烧一些含有香气的植物。因为祭祀的目的在于通神，而香气被认为是通神的媒介。祭祀区的发现也证实了这一点，其中樟树、花椒等都是可以产生香味的材料。除此以外，金沙遗址祭祀区还存在大量树木类遗存，这是成都平原同时期其他遗址中从未有过的现象，令人瞩目，表明附近可能存在较多林地。多种水生杂草种子的存在，反映了当时存在多水的环境，与古河道可能存在着一定关联。目前，关于金沙遗址祭祀区的植物考古仍在进行。管中窥豹，不难看出金沙时期的古蜀社会极具规模的神权体系和宗教意识。

2019 年 8 月至 2020 年 1 月，成都市文物考古工作队（成都文物考古研究院）为配合陆肖站 TOD 项目的建设，对该项目内战国至唐宋时期的遗存进行了考古发掘，其中双龙村战国墓地尤为重要。双龙村战国墓葬共 10 座，呈东西向排列，墓葬形制特殊且多样，随葬器物丰富，择要介绍如下：M9 为竖穴土坑墓，墓室中部有一椁一棺两个葬具。椁室平面呈“II”字形。椁室下面发现两个器物坑。北边器物坑内有铜缶和敦，缶内有尖底盒和带柄铜勺。南边器物坑内有铜鼎、甗、鍪以及木头鱼和盒子。木盒内有大量青铜兵器、工具和日用器。这些兵器和工具大都保存有竹木柄，十分罕见，有极高研究价值。M3 为长方形竖穴土坑木椁墓，椁室平面呈“II”字形。椁室底部有两个腰坑，北侧腰坑内放置铜鼎、漆器盖、漆木鱼和陶瓮，陶瓮内有铜盆和甗，铜鼎内有三对尖底铜盒。南侧腰坑内有一瓮，瓮内放置有铜缶和铜敦。M3 出土陶器 7 件、铜器 69 件、漆木器 4 件。铜器包括鼎、敦、鍪等容器，斧、钺、戈、矛、剑等兵器，环首刀、削、刻刀、凿、斤、锯、尺等工具。双龙村墓地发掘的这批墓葬形制特殊，葬俗特别，为研究蜀地战国时期的葬制葬俗提供了新的材料。出土新的器型和纹饰，如仿铜陶鼎、盖豆、装饰马车纹饰的铜矛，带文字的柳叶形剑，青铜器铸造的模、范等。

成都市青白江区双元村墓地作为目前四川地区发现数量最多、揭露面积最大的一处春秋战国墓葬群，其发掘具有重要的考古学价值。首先，墓葬出土随葬品丰富，年代跨度大，前后跨度四五百年，对巴蜀地区墓葬年代序列的建立、丧葬习俗的研究具有重要意义。其次，“地下青铜器宝库”已出土上千件珍贵文物，包括铜器、漆木器、陶器等，尤其有 600 余件青铜器保存完整，纹饰精美。这丰富了巴蜀青铜器和巴蜀图语的内容，为推动巴蜀青铜器甚至蜀文化的深入研究提供了重要的实物资料。最后，双元村墓地分布范围比较大，对墓葬分布规律、文化因素的深入分析，为研究东周时期古蜀社会结构、人口变化、文化交流，提供了重要的研究资料。成都平原东周时期等级较高的墓葬大约从春秋中晚期开始出现两个明显的特征，一是楚文化因素大量流行，一是具有西周遗风的各类器物大量出现。这种现象可能与当时上层社会推行的礼制变革有关。这次礼制变革虽然未能在全社会形成一套统一的礼乐规范，却是对蜀地传统丧葬观念的一次洗礼，使得以三星堆文化和十二桥文化为代表的早期古蜀文明传统基本中断，在战国早期形成了以“船棺葬”、巴蜀符号等为特色的晚期古蜀文明的一个峰点。

三、岷江流域战国至明代古遗址及古墓葬的考古发现

《华阳国志》记载："蜀以成都、广都、新都为三都，号名城。"成都，新都之名沿袭至今，而广都之名在汉、唐皆有，元朝以后县名不再存在。近年来，成都文物考古研究院在中和地区及新川科技园的考古成果为探讨广都城的地理位置及变迁提供了新的实物资料。

2020 年，成都市文物考古工作队（成都文物考古研究院）对中和汉墓群进行了考古发掘，清理了 338 座汉代墓葬。其中邱家山墓地和双龙村瓮棺葬墓地较为典型。邱家山墓地共发现墓葬 48 座，岩坑墓大部分保存较好，崖墓内发现几处仿木雕刻，共出土 1000 余件器物。西汉时期最早在山顶开凿岩坑墓，新莽及东汉早期沿着顶部向周围修建砖室墓和竖井崖墓，东汉中晚期在山腰和山脚的位置开凿带长斜坡墓道的崖墓。三国两晋南北朝时期的崖墓多位于东汉崖墓与西汉岩坑墓之间，利用二者间隙修建墓室。双龙村瓮棺葬墓地目前清理了 34 座瓮棺，出土器物 60 余件。这批墓葬排列有序，沿着汉代河沟两岸分布，北岸分布较集中，呈条带状分布。中和汉代墓葬有浓烈的时代特征，岩坑墓和瓮棺墓主要流行于西汉时期，崖墓主要流行于新莽至东汉时期。战国时期出现的腰坑延续至西汉早期。葬具包括瓮棺、陶棺、石棺、炭灰、木质棺椁、砖砌棺台等。同一类型墓葬会选择不同类型的葬具，不同类型的墓葬会选择同一类型的葬具。不同墓地各类墓葬的比重不同，距离遗址区越近，岩坑墓越密集，比重越高。通过近两年来在中和街道发现和清理的一批汉代遗存，大致可以确定该区域是一处堆积较为丰富的汉代聚落遗存。这些发现为研究该区域聚落形态、布局和演变等问题提供了重要资料。下一步将紧紧围绕广都城这一重要线索，加强勘探、发掘和整理工作，认真梳理这一区域发现的汉代遗存，为进一步研究打好基础。

2020 年成都文物考古研究院在新川创新科技园开展考古发掘工作。在五根松、刘家大堰、王家山Ⅱ号点、蛮洞山等四处地点发现 351 座汉六朝崖墓，以三国两晋崖墓为大宗，五根松 M94 未被盗掘。三国两晋崖墓有诸多新的重要发现，存在多处"避让关系"现象，墓葬形制特征突出，出土随葬品丰富，类型多样，其中摇钱树、画像石棺、青瓷等最为重要。新川汉六朝崖墓的考古发现与研究打开了四川汉六朝考古学研究新局面。五根松墓地位于四川省成都市高新区中和街道蒲草社区十组，北临新程大道，西临锦和路，东、南为规划道路，中心地理坐标为 N30°29′58.8″—E104°5′18.9″。五根松墓地为三个相连的浅丘，浅丘顶部较平整，四周为缓坡，海拔在 493 米至 502 米间。2020 年 3 月至 10 月，为配合新川创新科技园道路建设与商业用地需要，成都文物考古研究院对该墓地进行考古发掘，共清理 289 座墓葬，墓葬类型主要有汉晋时期崖墓 225 座、宋代砖室墓 47 座、石室墓 8 座、明代石室墓 9 座，汉晋时期崖墓是该墓地的大宗遗存。汉晋时期崖墓主要分布于浅丘四周的坡腰，宋代、明代墓葬大多分布于坡脚，少量分布于坡腰处。目前该墓地仍在继续发掘。

汉晋时期崖墓根据墓葬形制与随葬品器物组合及特征可粗分为四期。第一期崖墓以 M189 等为典型墓葬，形制为短单室带侧室崖墓，主室较短，带一两个侧室，墓葬平面大多呈"L"形，墓门直立，排水管多为绳纹陶管，器类为以凸棱唇折腹钵、圆唇大平底罐、侈卷沿圆肩罐、圜/平底釜、杯、案、盘，以及水井、狗等模型，以动物俑等为主，时代为新

莽至东汉早期。第二期崖墓以长单室带多侧室或多室带多侧室为主，以 M92 等为典型墓葬，M92 由墓道、墓门、5 个纵列主室、3 个侧室、3 个侧龛等组成，葬具有 14 具陶棺、1 具木棺，时代自东汉中期延续至汉末三国时期。第三期崖墓以 M94、M191 等为典型墓葬，平面形制短单室带一两个侧室崖墓，墓门斜立，通常施单层门框，框不及地，器类以弦纹折腹钵、卷方唇盆、甑、方唇束颈罐、素面敛口罐等为主，伴出房屋、仓、水塘等模型，以及俳优俑、舞俑、方相俑、狗、负罐鸟、马等俑群，这类墓葬大多出土有“太平百钱”“五铢”等，M94 还出土仙山式插座、摇钱树等，摇钱树树干铸有 5 处“胡人礼佛”图像，这一期崖墓时代为三国时期。第四期崖墓以 M4、M108 等典型墓葬，形制为短单室不带侧室崖墓，墓门斜立，通常作及地门框，墓门高度近 1 米，墓室短促，器类主要有陶圈足钵、平底钵、方唇束颈罐、卷方唇盆、甑、小型平底釜与盆（钵）组合、捏制人物、动物俑、瓷平底钵、盘口罐、带系罐、铜釜、银手镯、戒指等，M108 在墓室内壁出土有“泰和六年”题记，这一期崖墓时代为两晋时期。五根松汉晋崖墓群墓葬形制特征突出，随葬品器类丰富、组合完整且保存较好，其中以三国、两晋时期崖墓的发现最为重要，极大补充了成都平原这一时期的墓葬资料，为成都平原汉晋时期墓葬编年的基础性研究提供了丰富的科学材料。M4、M92、M94 等典型墓葬保存较完好，有益于日后深入研究汉晋时期成都平原崖墓序列编年、修建使用、丧葬行为过程、家庭结构、社会风尚等历史文化变迁。五根松汉晋崖墓群是近年来成都地区汉六朝考古的重要发现，具有重大学术意义。

2019 年以来，经过一年多的抢救性发掘，成都文物考古研究院在金堂赵镇中兴村清理出大批崖墓群。此次发掘是成都文物考古研究院等单位对金堂县中兴村崖墓群进行的首次考古发掘，对厘清该遗址文化内涵与时代特征提供了丰富的实物材料。共清理出东汉晚期至六朝时期崖墓 219 余座，崖墓群位于金堂县赵镇中兴村七组，其东北侧距中河约 1 千米，墓葬自上而下共四层分布于浅丘东坡。墓葬按规格可以分为大中小三类，其中以中小型墓葬为主。据墓葬形制和随葬器物组合判断，墓地时代从东汉晚期持续至东晋南朝，其中以两晋墓葬为主。墓葬在墓群中有序分布，几乎无打破关系，且墓群中经常可见 2—3 座墓葬成组出现，该墓地应为同时被多个家庭使用的区域公共墓地。墓群出土铜、银、铁、玻璃、陶、瓷质器物 600 余件，其中以陶器为主，主要有罐、仓、钵、壶、陶俑等，铜器主要有釜、盆、耳杯、灯、镜等，银器主要为镯和指环，铁器有环首刀、削、锄头等，玻璃器主要为耳珰，瓷器主要为青瓷虎子、罐和盏。值得注意的是，玻璃耳珰虽然是当时妇女常见的佩戴耳饰，但是当时的巴蜀地区并不生产这种玻璃耳珰，这样的玻璃制品最早是在埃及、东南亚等地生产，后来传到湖南。因此我们推断，应该就是从成都以南的南丝绸之路传入。墓葬出土玻璃耳珰等器物为研究两晋时期中外文化交流提供宝贵线索。金堂县赵镇近年经科学发掘的黄天树崖墓群、十里村崖墓群和此时发掘的中心村崖墓群皆位于毗河和中河附近，时代相近，主要为东汉中晚期至两晋时期。这批墓葬材料极大地丰富了四川地区东汉晚期至六朝时期墓葬考古材料，墓群出土随葬器物为进一步构建和完善四川地区东汉晚至六朝时期器物发展序列提供了丰富实物材料，墓葬出土玻璃耳珰等器物为研究两晋时期中外文化交流提供宝贵线索，墓葬中精美雕刻为研究四川地区东汉两晋时期社会生活、生产情况提供了直接的图像资料。

眉山市彭山区发现大坟包墓地，墓葬清理完成 165 座，时代涵盖战国晚期、西汉、新莽、东汉、三国—两晋、唐、宋、明、清时期，初步推断为古蜀遗民埋骨之地。彭山区武阳安置房一期大坟包墓地位于四川省眉山市彭山区江口街道五一村，海拔为 435 米。东侧为岷东大道，西侧为武阳故城址保护区，南侧为川西小镇，北侧为待建政府预留用地。墓地所在地为一山坡，地势起伏较大，西、南高，东、北低。2019 年 12 月至 2020 年 5 月，四川省文物考古研究院对一期施工区域可勘探区域进行了勘探，调查勘探面积 148.6 亩，发现大量战国至明清时期墓葬及陶窑、沟、灰坑等其他遗迹。2020 年 3 月底，四川省文物考古研究院联合彭山区文物保护研究所对该墓地进行了考古发掘，至 2020 年 7 月下旬，已清理完成各类遗迹 192 个，其中墓葬 165 座、灰坑 13 个、沟 11 条、陶窑 3 座，时代涵盖战国晚期、西汉、新莽、东汉、三国—两晋、唐、宋、明、清，出土陶、铜、铁、瓷、木等各类器物 900 多件（组）。其中，西汉墓葬、新莽时期墓葬、东汉墓葬数量占有较多。西汉墓葬 38 座. 可分为长方形（或梯形）竖穴土坑墓、斜坡墓道凸字形竖穴土坑墓以及瓮棺葬等，部分墓葬有排水系统。随葬品主要有陶器、铜器、铁器、漆器等。陶器有钟、圜底釜、圜底罐、瓮、钵、盆、甑、双耳罐、三足陶釜、陶水管等，铜器有铜镜（长乐未央铭文镜、四乳四蟠龙纹镜）、半两钱、五铢钱等，铁器有环首铁削、铁锸、铁矛等，漆器有漆盘等。新莽时期墓葬 23 座. 可分为斜坡墓道长方形砖室墓、长方形砖棺墓。随葬品主要有陶器、铜器、铁器、漆器等。陶器有平底罐、钵、碗、器盖、圜底釜、案、耳杯、陶环、陶鸡、陶鸭、陶狗、人物俑等，铜器有货泉等，铁器有环首铁削等，漆器不可辨。东汉墓葬 35 座。均为斜坡墓道，根据墓室形状可分长方形砖室墓、斜坡墓道凸字形墓。随葬品主要有陶器、铜器、铁器、银器、漆器等。陶器有主要有鼎、钟、圜底釜、罐、灯、甑、壶、瓮、钵、房、耳杯、碗、案、井、仓、田、器盖、黛板砚、摇钱树座、击鼓俑、持箕俑、庖厨俑、文官俑、侍女俑、陶鸡、陶狗、陶子母鸭、陶马、陶牛等，铜器有铜镜（昭明镜、六乳六禽鸟镜）、五铢钱、摇钱树叶、铜饰品、盖弓帽、带钩、青铜管等，铁器有环首铁削等，银器有银指环、漆器（不可辨）。大坟包墓地分布面积大、墓葬形制多样，分布规律、时代从战国晚期延续至清代，是彭山区属首次发掘的大规模土坑墓、砖室墓墓地，极为重要，对研究该区域各时期的葬制葬俗以及年代序列的建立有着重要意义。彭山区在先秦时期应属蜀国辖地，秦灭巴蜀后设置郡县，于其地置武阳县，两汉、蜀、晋因之，属犍为郡。蜀王败逃后死于武阳城，一定意义上可以说，是有古蜀国后裔继续生活在当地的。目前以及接下来发掘出的墓葬中，应该会有古蜀遗民的位置。该墓地的发掘进一步佐证了彭山区的城市历史，在成都平原尤其是眉山城市发展史中有着重要的历史文化价值。此外，大坟包墓地时代从战国晚期一直延续至明清时期，墓葬时代的延续、随葬品组合的变化体现出了巴蜀区域文明向中华文明统一的进程，有着重大的学术价值。

2020 年 6 月至 12 月，成都市文物考古工作队（成都文物考古研究院）为配合基本建设，对成都海椒市街 13 号牛市口古墓群进行发掘。共清理宋代井 1 座、墓葬 77 座（包括土坑墓及砖室墓两种类型），年代涵盖西汉、东汉、隋唐、北宋、南宋、明代，以宋代砖室墓数量最多。出土陶瓷生活器、明器、铜器、石刻、钱币等器物近 200 件，其中，5 座墓葬出土有带明确纪年的墓志（地券）。为了解和研究相关历史时期的社会信仰、丧葬习俗，及成都城市发展与变迁提供了新的材料。

武侯区群众路唐宋墓群位于四川省成都市一环路城区东南，东临一环路南一段，北临群众路，南临民主路，西临太平横街，中心自然地理坐标为北纬30°38′25″，东经104°4′42″，占地面积约12000平方米。2020年5月至7月，为配合音乐坊8号上市地块项目建设，经报国家文物局批准，成都文物考古研究院对该墓群进行了正式发掘，共清理唐宋时期墓葬188座，均为砖室墓，有梯形单室、长方形单室、长方形双室、长方形三室等多种形制。墓葬均被盗扰，所出随葬品多寡不一，可辨陶器、瓷器、铜器、银器、石器、钱币、买地券等，共计308件（套），其中瓷器出土数量最多，有172件，以四系罐、双耳罐、碗、盏、炉等生活用器为主；陶器有58件，包括盆、钵以及男女侍俑、武士俑、文官俑、猪首人身俑、匍匐俑、龟、鸡、狗等；铜器有镜2件、勺1件；银钗、石墓主人像各2件；钱币有47枚，可辨识者以开元通宝及两宋时期的年号钱为主；买地券有24方，除1件文字模糊外，其余皆保存较好。根据打破关系、墓葬形制及随葬品组合与类型，可将这批唐宋砖室墓分为六期，即中晚唐至五代时期、北宋早期、北宋中期、北宋晚期、南宋早期及南宋中晚期。该墓群规模较大，尤其唐宋墓葬出土了数量、种类丰富的随葬品，且有大量的纪年材料，具体来看，其价值有三：一是墓地距离唐宋时期成都城较近，且据买地券可知墓主多为当时成都城内的居民；部分墓葬出土有墓主人像，同时部分买地券亦提及所属墓葬为寿堂，墓主为道教信徒，这为我们研究唐宋时期成都地区的社会生活、宗教信仰提供了重要的实物资料。二是墓地出土的宋代墓葬数量较多、类型多样，纪年墓分布于两宋各阶段，为进一步厘清成都地区宋代墓葬的序列提供了更有利的证据。三是部分买地券提及该墓地所在区域的名称有所不同，为将来研究宋代成都城行政区划的变迁提供了非常重要的依据，亦补充了历史文献记载之不足。

2020年11月，成都文物考古研究院和成华区文物保护管理所在对五桂桥南侧农贸市场项目开展地下文物勘探的过程中，清理发掘了一座大型砖室墓。据出土墓志记载，墓主人为五代后蜀竭诚耀武功臣赵进及夫人靳嫄芝。该墓形制结构清晰，等级较高，文字信息丰富，对于研究前后蜀时期的社会经济、政治生态、军事制度、丧葬文化等问题具有十分珍贵的参考价值。

2020年4月14日至19日，蒲江县文物保护管理所配合成都市文物考古工作队（成都文物考古研究院），完成鹤山街道公议村5组宋墓抢救性发掘工作。共清理宋代墓葬4座，发掘面积约20平方米，出土双耳罐1件、碟2件。墓葬均为砖室墓，坐西向东整齐排列，应属同一家族。本次考古发掘出土的碟在器形上与1983年该村3组南宋绍兴二十六年（1156）任二娘墓出土碟基本相同，由此可断定这四座墓葬的时代约为南宋时期。宋代墓葬，时代较早的墓葬修建较为精致，晚期墓葬较为简陋，陪葬器物也较少。据历史资料记载，本次发掘所处区域，在宋代为蒲江县蒲川乡所辖。公议村9组在1984年也曾出土北宋魏训买地券，本次为公议村第三次发现宋墓，为研究蒲江两宋时期历史文化提供了重要的实物资料。

2020年，成都文物考古研究院在成都市龙泉驿区十陵镇太平村六组发现一处宋、明墓群，共计发现墓葬12座，其中宋墓9座、明墓3座。宋墓中有4座墓葬出土有券文材料，可以确定该墓群为南宋早期杨氏家族，于宋高宗绍兴二十年（1150），在华阳县宋城乡高楼里营建的新茔。该家族是绛州翼城县（今山西省临汾市翼城县）移民。这批家族墓地的发掘为我们研究四川地区宋代家族墓地提供了新的材料。

简阳方家寺墓群位于简阳市赤水街道方家寺村8组，所处地形为浅丘，墓地处于山坡南侧，分布面积约600平方米。成都文物考古研究院2020年共发掘墓葬11座，皆为石室墓。其中明代墓葬3座，编号为M1－M3；宋代墓葬8座，编号为M4－M11。M4位于墓地最东侧，破坏十分严重，仅残存墓底部分。保存相对较好的7座（M5—M11）宋代石室墓中，4座为仿木结构墓葬，墓葬前方尚保存部分茔域建筑，墓内雕刻十分精美，主题有人物、动物、花卉等几种。人物类有武士、僧人、门吏、侍者等；动物类有螭首、鹿衔草、鹤等；花卉类有荷花、菊花、牡丹、荔枝、葡萄等；另外，还有经幡、壶门等图像。另外，出土少量陶瓷器、钱币和5块残买地券。此次发掘的宋代石室墓年代确切，墓内装饰图像种类丰富，图像雕刻技艺精湛。诸如螭首、经幡等雕刻图像在四川其他地区发现的宋代墓葬中少见；4座墓葬保存的石围封土圈及茔域建筑在已发掘的宋代墓地中亦不多见。此类南宋时期装饰墓葬在川南泸县等地区发现较多，而成都地区发现较少，此次发现的墓群为区域比较研究提供了重要的支撑材料。

为配合成都市新津区安置房建设项目三期——金华镇岳店社区地块项目施工建设，新津区文保中心对该项目红线范围内进行了文物勘探工作，发现有宋代墓葬分布，初步判断该区域可能存在一处宋代墓地。成都文物考古研究院（成都市文物考古工作队）闻讯后，立即入场开展下一步的考古发掘工作。该墓地位于成都市新津区金华镇岳店社区，小地名为将军坟。2020年1月至6月，成都文物考古研究院对该墓地进行了考古发掘，共发掘宋代墓葬32座，其中29座为石室墓、3座为砖室墓，葬式葬俗有单人仰身直肢一次葬、捡骨二次葬、火葬、一次葬与火葬结合等四种类型，共出土随葬品133件，几乎全部为瓷器，器类有盘口壶、四系罐、双耳罐、碗、碟、盏、香炉、瓶、双耳杯、大口罐、葫芦瓶等，时代大致从北宋中期延续至南宋中晚期。将军坟墓地的发掘，对于进一步完善成都平原两宋时期墓葬形制及随葬品发展演变序列、研究区域内民间宗教信仰都具有重大意义。

2020年，成都市成华区二仙桥公园在施工过程中发现古代墓葬，成华区文旅体局联合成都市文物考古工作队（成都文物考古研究院）对现场进行清理发掘。为一座宋代砖室墓，墓穴长3.15米、宽2.4米、高1.3米。墓穴中部有一道石壁，将墓穴分割成两个。根据墓地形制和出土文物，初步认定这是一座宋代砖石合葬墓。墓门立着一尊高达0.8米的武士俑，怒目圆睁。随葬器物还有文官俑、动物俑、铜镜、买地券及20多枚铜钱，可以辨认出上面“崇宁通宝”字样。“崇宁通宝”上的书法清秀骨瘦，铁划银钩，是宋徽宗赵佶“瘦金体”存留世间的真实显现。宋徽宗在书法上独辟蹊径，自创“瘦金书”，并将此书体文字铸于钱上。这座宋墓的发掘为成都宋代考古提供了重要资料，结合成都范围内其他众多宋墓的发掘情况，这也反映出成都宋代时的经济繁荣景象。

经国家文物局批准，在四川省文物局的领导下，四川省文物考古研究院联合眉山市彭山区文物管理所对江口明末战场遗址开展了第三次考古发掘。本年度的工作于2019年11月10日开始围堰，2020年1月10日正式开始发掘，4月28日结束，前后历时3个多月，发掘面积 5000 平方米，勘探面积 10000 平方米。江口明末战场遗址本年度的考古工作以抢救和保护珍贵文物、进一步了解遗址分布范围及文物分布规律为目的，开展相关调查勘探和发掘工作，总计出土各类文物 10000 余件，其中重要文物 2000 件。主要为金银器，包括金银币、金银锭、金银食具、金银首饰和金银服饰等。其中最为重要的是发现了一枚金印，方形印台、龟形印钮，印面铸有“蜀世子宝”四字。印台边长 10 厘米、厚 3 厘米，含金量高达 95%。“蜀”字证明这枚金印原为明蜀王府之物，“世子”为亲王嫡长子。从印文可知，这枚金印为明代蜀王世子所拥有，既是蜀世子的身份象征，也是蜀王府历代世子传用之珍宝。“蜀世子宝”是国内首次发现世子金宝实物，也是目前唯一的一枚。“蜀世子宝”金印发掘现场本年度出土的官银，从地域及税种上均可补前两次发掘之空白。尤其是发现了来自乐至、仁寿、乐山、德阳、广汉等地属于大西政权的银锭，对研究大西政权的财政制度以及统治区域均具有重要意义。继上一年度的工作中发现火铳之后，在本年度的发掘中出土了不同规格的铅弹，是判定该遗址性质为古代战场遗址的又一佐证。除此之外，还发现有为数众多的金银容器、金银服饰和金银首饰，为研究明代的工艺水平、服饰制度以及审美情趣提供了珍贵的新材料。通过本年度的工作，对遗址本身有了更为深入的认识。首先确认了文物的分布规律与遗址内河床的起伏状态、基岩局部的微结构以及航道的位置具有直接关系。其次发现了文物原地埋藏的迹象，在基岩河床上发现了多处银锭、金锭以及金块嵌入岩石的情况，可以推断这批文物未经过长距离搬运，这个区域很可能为战争发生地或接近战争发生地。此外，还发现了同一属性的文物集中分布的情况，例如发现了金器的集中分布区以及银锭的集中分布区，这很可能说明当时对于货物的运载存在分船以及分箱的情况。这对认识当时张献忠撤离成都前的状况具有一定的启示作用。本年度的考古发掘进一步确认了遗址为古代战场遗址的性质，抢救和保护了大批珍贵文物，尤其是“蜀世子宝”金印的发现，堪称重大考古发现。与此同时，对遗址本身尤其是文物分布规律的认识取得了重要突破，这对未来遗址的全面保护和利用均具有重要意义。

彭山江口明末古战场遗址持续展开的考古发掘，正在不断拼接着和张献忠“江口沉银”民间传说有关的历史真相。遗址 2019—2020 年度考古发掘再度出水文物 1 万余件，大多数还是“金银财宝”。其中最重要的发现，当属“蜀世子宝”金印。金印之外，十余枚张献忠大西政权的银锭，首度以实物勾勒出他在四川的统治疆域；而考古人员发现的江底文物分布规律，更揭示出张献忠撤退成都时的准备充分。首次发现了世子金宝，断裂成 4 块的“蜀世子宝”金光耀眼，龟钮上的鳞甲刻画精细，工艺不凡；刻有“嘉定”“安县”等字样的大西政权官银 50 两一锭，摆得密密麻麻；各种来自民间的金银首饰、象征王权和功绩的金册、金币，同样不计其数。2017 年以来，江口明末古战场遗址开始发掘至今，从证实江口沉银不是传说，到证明江口是古战场遗址，每一期的发掘都有不同的学术目标。此次发掘为第三期，其目标是进一步了解遗址分布范围及文物分布规律，从而为后续遗址的全面保护和利用提供帮助。在此之前，考古人员已根据陆地调查和水面探测相结合的方式，将遗址划分为五个区域，本年度的工作区域，就在前两期考古发掘的偏上游处。2019 年 11 月 10 日，围堰正式开始，被滚滚岷江水冲刷成锯齿状的江底砂岩渐渐裸露。历时 3 个多月，考古人员在 5000 平方米的范围内，再度发现了 1 万多件文物，其中就包括了这件国内首次发现的世子金宝实物。当时这件金印中的3块，和其他黄金属性的文物散落在一起。在连绵的朱红色砂岩和灰色泥沙映衬下格外耀眼。而篆刻有“蜀”字的这块，则被水冲到了下游20多米处，直到数日后才发现，当工作人员尝试着把它和此前发现的3块金坨坨拼接在一起时，“蜀世子宝”4个大字清晰地出现在了金印的底部。它的上面，则是一只头部已丢失的龟形印钮。“蜀世子宝”的发现，让考古人员十分兴奋，因为“蜀世子宝”这种世子金印，在国内还是首次发现，这也是目前存世的唯一一枚。经过检测，金印印台边长约10厘米，总重约16斤，含金量高达95%。考古人员认为，“蜀”字证明这枚金印原为明蜀王府之物，“世子”为亲王嫡长子。两年前，同样在江口遗址，考古发掘出水了“蜀王之宝”。相比之下，专家们认为这件蜀世子宝更加珍贵，因为它几乎完整拼接、复原了世子金宝的原貌，为史料记载提供了重要的实物资料。即使金印分为4块，也蕴含着丰富历史信息。因为这种破坏极可能是张献忠所为，象征着对旧有政权的破坏和颠覆，也可能是张献忠从蜀王府洗劫财富之后为方便携带，直接将其碎成数块。尤其值得一提的是，“蜀世子宝”重约16斤，而此前眉山公安追剿的重要文物——张献忠“永昌大元帅”金印，不仅含金量只有70%多，其重量也只有七八斤，不足明朝蜀王府世子金印的一半重。在众多出水文物中，黑沉沉的银锭早已令考古人员见惯不惊。不过今年，当他们清理掉银锭上的泥沙，却发现10多枚50两规格的官银，竟然都属于张献忠的“大西政权”制造。在前两次考古出水的官银中，大多数属于张献忠从行军所经途中抢劫的明朝官府的官银。其中的多枚官银上，不仅有“长沙府”等外地地名，也有四川巡抚陈士奇、廖大亨的名字。通过这些官银，就可以勾勒出张献忠起义后的行军路线。那张献忠1644年在成都称帝以后，他的统治范围究竟有多大呢？在此之前，史料仅仅模糊记载为四川，其范围并未明确。而此番出水的大西政权官银，则透露了相关信息。在前两期出水银锭中，其实也曾发现几枚张献忠“大顺”年号的银锭，但因数量极少，并不能更多解读。此次发掘中，有“大顺”年号的银锭多达十余枚。记者看到，这些银锭正中均由工匠歪歪扭扭地刻画了“大顺”年号以及“乐至”“仁寿”“德阳”“广汉”“安县”等地名。勾勒这些地名，可以发现张献忠1644年在成都称帝之后，统治范围至少北到绵阳安县、南到乐山。而他在偏居四川的短暂3年里，也曾展开政权建设。只是他的政权并不稳固，既面临清军入川，同时还面临南明军队的压力，最终逼使他在1646年撤离成都，岂料在江口遭到明将杨展伏击，自此大伤元气。出土文物痕迹还有助于了解张献忠撤退细节。张献忠众压之下撤离成都，是仓皇出逃吗？《明史》对此并无记载，不过此次发掘中江底文物的集中分布等新发现，却透露张献忠的撤退其实做足了准备。在尚未被洪水吞没的考古发掘现场，多块江底基岩上清晰可见银锭嵌入其中留下的痕迹。金银器和水相比，比重极大。当年张献忠被伏击兵败之后，满载金银的木船径直沉入江底。300多年以后，木船腐蚀，金银继续散落。当江底河沙被流水带走，重达数十两的金银锭与基岩不断摩擦，最终深深“镶嵌”其中。这一新发现的价值极大，可以说明当时张献忠沉银就发生在这里，因此这片区域离当年的战场区域已十分接近。不仅如此，考古人员在发掘时，还发现了文物按不同金属属性集中分布的情况。在“蜀王之宝”发现的地方，还同时堆积了金锭、金耳环、金手镯等黄金制品；而在有的区域，则大量发现银锭等同类物件，其中一处仅“嘉定府”的银锭就发现了8枚。这其实可以推测张献忠撤离成都时并不是想象中那么慌乱。这些搜刮来的金银财宝，未来还将被张献忠作为军资，因此离开成都以前，他将其分门别类打包，分船、分类装好后才出发。也正是因为如此，300 多年后才仍然在江底留下文物分类聚集的蛛丝马迹。此次考古发掘，还在江底岩缝中找到了多枚不同规格的铅弹。2018 年，江口遗址出水了三眼火铳，证明遗址作为古代战场遗址的性质。此次找到用于火铳的铅弹，为战场遗址性质的确认提供了更多证据。在张献忠沉银之外，考古人员还在三次考古发掘中出水了数万枚从汉代至民国时期的钱币，从秦半两、直百五铢到开元通宝、乾元重宝，几乎涵盖了所有重要的时代。它们也间接证明江口古镇千百年来，作为“千里岷江第一镇”的重要交通地位。

四、岷江流域古代手工业考古的收获与探索

2018 年 5 月至 2020 年 3 月，为配合成都市土地储备中心的用地需要，成都文物考古研究院对位于锦江区柳江街道琉璃村 6 组、包江桥村 1 组的琉璃厂窑址开展了考古勘探和发掘，发掘面积近 3000 平方米。琉璃厂窑，又称“琉璃场窑”“华阳窑”，始烧于五代，延续至明代，历时 700 余年，是成都平原著名的古瓷窑场之一。该窑早在于 20 世纪 30 年代已引发学术界关注，原华西大学博物馆馆长、美国学者 David Crockett Graham（葛维汉）在 1933 年对其开展过短期试掘。20 世纪四五十年代，考古人员也曾对该遗址进行挖掘。整个工地分作 I、II 两个发掘区，其中第 II 区的地层堆积保存较好，可分为 3 层：第 1 层为现代渣土层，多为建筑垃圾；第 2 层为清代地层；第 3 层为南宋晚期至元代地层；第 3 层以下为五代至两宋时期的窑炉和作坊建筑。在本次考古发掘中，丰富的瓷器引人关注。出土的五代至北宋早期瓷器的器形普遍偏大，胎体较厚重，常见碗、盘、盏、盆、炉、盒、四系罐、盘口罐、注壶、穿带瓶、器盖等，釉色品种以青釉、酱釉为主，器表有饰绿、酱色彩绘的做法，碗盘类器物的装烧方式流行使用支钉间隔；北宋晚期至南宋瓷器的器形普遍较小，胎体变得相对轻薄，器形种类减少，常见碗、盘、盏、碟、瓶、注壶、双系罐等，釉色品种以白釉、青釉、酱釉、黑釉居多，器表有用化妆土、酱彩装饰的做法，碗盘类器物的装烧方式流行使用石英砂堆间隔，其足底流行模印各种几何符号、文字和图案，可能代表了一定的商标、标志和款识意义，反映了当时窑户之间的相互竞争和商品经济的高度发达；元代瓷器的数量和类型都急剧减少，几乎只能见到黑釉碗，制作粗糙，胎体厚重。陶器的数量较少，主要是低温釉陶的俑、动物模型等，均属于丧葬明器。建筑材料有瓦当、滴水、筒瓦等，窑具可辨垫板、垫圈、支钉、支柱、火照等，匣钵极少见。

值得一提的是，考古发掘中出土了墓葬 2 座。在一座三室并列的砖室火葬墓的中室出土了北宋宣和七年（1125）赵文地券，券文直接墨书于垫板上，依稀可辨“火穴”“华阳县安养乡”等字样。据券文内容以及地券使用窑具的情况推测，考古人员推测墓主人可能为当地窑工。考古发掘中，工作人员还发现了窑炉 3 座，均为斜坡式龙窑，以 Y2 和 Y3 的保存情况较好。考古人员发现了残存的拱券结构窑顶，以及使用耐火砖和窑具等材料纵联砌筑。关于琉璃厂窑的文献史料十分匮乏，北宋《元丰九域志 · 成都府路》“华阳县”条下提及有“均（垍）窑”，南宋《成都文类》卷五引何麒诗记有“垍窑镇税官”，有学者考证“均（垍）窑”即是琉璃厂窑在两宋时期的称谓。此外，1955 年在成都外西瘟祖庙附近清理了明嘉靖

二十一年（1542）蜀藩太监丁祥墓，据墓志铭载："（丁祥）至正德初，侍于今上，尤重其能，屡命于琉璃厂董督陶冶"，可知该窑至明代仍在生产，并为蜀藩机构所控制。琉璃厂窑址发掘中获取了丰富的遗物标本，包括瓷器、陶器、建筑材料、窑具四大类，进一步揭示和掌握了成都琉璃厂窑的历史沿革、产品面貌、制作工艺、生产性质等文化内涵，为今后促进和加强对该窑的考古学、美术学、陶瓷工艺学等方面的研究，并开展相应的文物保护及展示利用工作，提供了可靠的科学依据和珍贵的一手资料。

2020年成都文物考古研究院开展文井江流域考古调查工作时在崇州市元通镇（原公议乡）天冬堰村新发现汉代冶铁遗址一处，位于无根山丘陵区东缘的天冬堰村南部，小地名为陈家墩。陈家墩遗址保存状况尚可，时代可能为汉代。以往成都平原发现的冶铁遗址多在蒲江、邛崃一线，文井江流域的新发现是成都平原冶金考古的一个新线索。

2019年11月至2020年10月，为配合川师大TOD建设项目，成都市文物考古工作队（成都文物考古研究院）于成都市锦江区东光五组进行考古勘探和发掘，共清理明代早中期窑址29座。这批窑址保存较好，结构较完整，出土器物以砖为主，另有少量瓦当、滴水等其他建筑构件。此次为成都地区首次发现大规模的明代窑址，其烧造产品很可能用于明代蜀藩王亲王、宫殿苑囿等高规格建筑，为明代成都地区的手工业考古提供了重要的材料。

成都文物考古研究院科技考古研究中心2020年的分析研究工作有了新成果，通过对成都地区最新发掘出土的三个遗址点（天府广场、焦家巷、西御河沿街）的坩埚结合文献资料、实验室科技分析及现场检测等手段综合分析解读，明确了三处坩埚分别在蜀汉、初唐及清代不同时代熔铜铸器或铸钱方面的功能用途，发现不同时代坩埚铸铜在合金材质上的差别（青铜、黄铜）。特别是通过科技检测手段确认了西御河沿街遗址大量坩埚为黄铜铸钱坩埚，即证明了该遗址地点为清代地方铸钱局——四川宝川局所在位置或重要组成部分。坩埚历史悠久，自古国内外广泛存在，在古代冶铸手工业活动中非常重要。小小坩埚，可用于冶铸不同材质，如金、银、汞、铜、铁、锌、铅等，铸造不同种类的器物，包括容器、工具、钱币等，抑或用于炼丹，追求长生不老。总的来说在古代对日常生活、金融经济，甚至人的精神等很多方面都发挥了较大作用，实为小器大用。坩埚冶铸所利用金属种类，反映了古人对金属资源开发利用能力的发展过程和规律。坩埚出土地点均在古代成都大城范围之内，其作为最原始实物证据体现了成都中心城区冶铸手工业生产活动千年以来的繁荣和延续，无疑丰富了古代成都城市生活的内容。

五、岷江流域城市考古的发掘与研究成果

2019年10月以来，为配合成都市青羊区国投建设发展有限公司西御河上市地块项目，成都市文物考古工作队（成都文物考古研究院）对该地点进行了文物勘探发掘。截至目前发掘面积达5788.5平方米。发现重要遗存从战国时期到汉六朝，及隋唐宋元时期与明清时期，遗迹类型有战国时期土坑墓、汉六朝时期灰坑灰沟、隋唐宋元时期城市轴线道路及摩诃池西北角，与明代蜀王府北向中轴线道路、清代宝川局冶铸遗迹等。年代跨度长，出土器物丰富。战国时期墓葬与商业街船棺墓、实业宾馆等地点共同勾勒出城内重要墓葬分布区，蜀汉

时期涂朱瓦当的发现表明该遗址与天府广场东北侧同属大城内高等级建筑群，隋唐时期的大城道路完全叠压在五代宋元时期子城道路之下，进一步佐证了成都城几千年城名不改、城址未变的现象。明初营建蜀王府，“以蜀先主旧城水绕处为外垣”，对摩诃池及其以北大片区域进行了深度场地平整，破坏了摩诃池附近的隋唐宋元时期遗存，形成了蜀王府北侧中轴线道路与路旁廊庑高台建筑。另外，大量未经使用的琉璃瓦表明这一区域可能是明代负责修葺宫邸的“工正所”所在。清代早期宝川局搬至贡院西北角，随着铸钱规模的扩大，因西御河沿街区域邻近贡院北侧，成为冶铸活动的主要场所。直至清代晚期宝川局逐渐停铸，也随之衰落。目前发掘工作接近尾声，陆续揭露出了隋唐至元代的城市道路及周边相关遗迹、唐宋时期摩诃池西北角与明代蜀王府宫城区域中轴线铺砖道路等重要发现。

隋唐至元代的城市道路位于西侧发掘区，道路历经隋至唐初、晚唐、五代、北宋、南宋至元代近千年长期通行，六个时期的道路上下叠压在同一轴线上，东北西南向，揭露部分长约 50 米，宽 2.5—6 米，推测为成都子城区域的南北向主要干道之一。道路两侧各发现一条城市排水沟，始建于五代时期，宋代有多次修补，方向与道路平行，二者并存使用，元代后期逐渐废弃。道路东侧另发现多处房址，南宋及元代建筑尚保留有临街挡墙、天井、墙基、灶等，房址下发现有瓷罐、瓷碗奠基坑。摩诃池西北角池岸位于发掘区东南角，池岸底部较平缓，往东南方向逐渐变深，池内淤土堆积出土唐宋时期瓷片，池底叠压汉六朝灰坑。从现场情况判断，这部分的池岸在明初营建蜀王府时被回填废弃。明代铺砖道路位于东侧发掘区，正南北走向，处于蜀王府中轴线上。路基垫土分层明显，用工考究。道路西侧残存廊庑垫土台基，与道路平行，宽约 5 米，台基层层垫筑。西御河沿街隋唐至宋元时期的子城主干道保存良好，时代关系明确，沿街的建筑布局清楚，对于复原和考察这一时期成都子城区域的城市格局、社会生活面貌都有极为突出的学术价值。唐宋摩诃池遗迹的考古发现对东华门遗址是一个重要补充，更加清晰地勾勒出摩诃池的池体轮廓和边界走向。明代铺砖道路通行痕迹清晰，西侧廊庑范围走向明确，进一步完善了蜀王府宫城内部的空间格局。

2013 以来，为配合“天府文化中心”项目的建设，经报国家文物局批准，成都市文物考古工作队（成都文物考古研究院）在成都市青羊区东华门街至成都体育中心一带，开展了连续多年的考古工作，发掘揭露出大面积的古代城市遗存。在长达 7 年的挖掘研究中，成都市东华门遗址渐渐揭开它神秘的面纱。这里，曾是秦汉六朝大城生活区、隋唐至两宋摩诃池池苑园林区、明代蜀王府宫城建筑群……东华门遗址占地面积广大，年代久远，向人们静静地诉说着那些朝代的兴衰荣辱。考古人员在东华门遗址挖掘明代蜀王府的过程中，发现了大量动物骨骼。经鉴定，出土动物遗存共 68978 件。其中，出土鱼骨遗存的数量为 170 件、鸟类遗存 35048 件、哺乳动物遗存 30105 件。在哺乳动物中，猪科动物可鉴定标本数和最小个体数最多，且远远超过其他科的哺乳动物；兔科动物的数量，与四川地区如今仍然存在的喜爱食用兔的饮食习惯是对应的。而从可鉴定标本数上看，猫、马、狗、豪猪、果子狸与熊等动物遗存数量较少，说明它们可能并不是先民日常生活食用的动物。经推测，猫和狗可能是王府先民饲养的宠物，马可能是王府饲养的用以出行的动物，而豪猪、果子狸、熊则可能是园囿中豢养的动物。无论是从可鉴定标本数还是最小个体数来看，出土鸟类遗存的数量都远远超过哺乳动物遗存的数量，这应该体现了先民对肉食来源的倾向性，相比哺乳动物而言，川蜀先民有可能更喜爱食用鸟类。

2020 年度，成都文物考古研究院及蒲江县文物管理所还完成了蒲江县城区清代魏公祠建筑遗址和梅葛宫大殿遗址的考古发掘工作。魏了翁墓及魏公祠位于蒲江县城东北 4 千米处的高桥乡潘沟村潘家山山坡上。墓前有一条山溪蜿蜒流过，两岸山坡，均为茂密的松林。墓为土冢，长 11 米、宽 3 米、高 2.5 米。墓前原有清代乾隆四十二年（1777）秋重立的墓碑，现已毁，仅存残破片段。附近公路旁原有明万历三十年（1602）蒲江知县王有仙（宣城人）、清道光十九年（1839）蒲江知县何咸亭（松江人）所立的“宋魏文靖公先茔神道碑”两通（清碑今运蒲江县文管所保存）。前 40 米处，有石人 2 尊，两石人相距 8 米，头已毁，宋代袍服装束，残高 1.7 米、肩宽 0.6 米、胸厚 0.4 米。石兽 3 尊，头亦毁，残长 1.2 米、高 0.5 米、厚 0.45 米。墓前原为清代光绪年间兴建的魏公祠。墓南 50 米处过山溪小桥，即为魏公祠龙门，过小桥，进龙门，上 11.3 米为 18 级的石梯，即有房屋 5 间，长 30 米、宽 10.5 米，正中一间为楼阁。再上石级，为东、西耳房，各 3 间，长 5 米、宽 2.5 米。耳房再登石级为大殿，面阔 17 米、进深 7 米，左右为厢房。正中悬“魏公祠”匾额，内供宋魏文靖公牌位。四周筑有土墙围护。魏公祠内有光绪年间蒲江知县凤全书的“理学名臣”匾，还有光绪十八年（1892）六月蒲江妇女郑李氏等人送的“学冠全川”匾，二匾今存蒲江县文管所。另还有光绪丙子科（1876）翰林、四川提学使高赓恩（北平人）书“倡道四南”匾及楹联，其楹联为“三千年经义重明，湖湘江浙丕振儒风，即此邦才重马扬，谁复词华艳西汉；四百里大贤踵起，濂洛关闽力肩道统，虽当时谤兴朱李，何梦俎豆续南轩”。此联上联已佚，下联已送存蒲江县文管所。还有光绪二十九年（1903），蒲江县秀才彭钟麟撰书楹联 1 副：“道学伪乎？问当日众口蛾眉，谁享孔庭俎豆；精灵归否？料故山一声鹃血，未忘宋室江淮。”该联上联仍存，下联已佚。魏公祠于民国十四年（1925）曾培修；现仅存第一台平房 5 间，已成为民居；幸存的匾额、楹联收存于蒲江县文管所。梅葛宫大殿位于蒲江县南街附近，为染业会馆，梅葛二仙即梅福与葛洪。现存遗址应为清代遗存。通过此次考古发掘，揭露了地基做法，如鹅卵石与生石灰混合砌筑墙基，前檐阶沿陡板石与夯土地基的交接方式等，还首次观察到了在石柱础之下在设石臼作为基础的情况。通过对现存遗址开展复原研究，可以明确建筑平面为中间三间大殿带左右耳房的布局，以及该殿主体为 2－4－3 椽架。大殿中间三间很可能为开敞厅，两山采用空斗砖墙硬山做法，是四川寺庙中不常见的形式，有助于丰富相关研究。

此外，成都文物考古研究院 2020 年开展了青白江城厢镇综合服务中心项目茶花村汉代遗址的考古发掘。根据该遗址的性质，以及和其他遗址出土的同类材料进行的对比研究，并引用以往的研究材料和文献材料进行了旁证，可以初步明晰城厢古城的布局特点，现场考古发掘者还提出了城厢古城可能为“新都县城”的推测。

六、西南考古的新进展与新认识

招果洞遗址位于贵州省贵安新区高峰镇岩孔村招果组北部的一处南北向长条形盆坝的西侧山体上。2016 年 3 月由贵州省文物考古研究所、四川大学考古系、成都文物考古研究院联合调查发现，对裸露的堆积剖面进行了清理，2016—2020 年，三家单位联合进行了 5 个年度的考古发掘，取得了重要收获。目前已累计发掘面积约 70 平方米，堆积厚约 8 米，时代约从旧石器时代晚期一直延续到历史时期，根据目前获得的一批碳十四年代数据，该遗址的主体堆积的年代为 10000－38000 cal BP，史前文化遗存年代下限可至新石器时代中晚期。遗址的文化内涵十分丰富，发现有用火遗迹 50 余处、墓葬 2 座和石铺活动面等。除此之外，还发现了大量地层关系明确的文化遗物，包括石器、骨器等，以及伴生的人类头骨化石，水、陆生动物遗骸和植物遗存。招果洞发育于中石炭统黄龙群碳酸盐岩中，主要为亮晶质灰岩和粗粒白云岩等。碳酸盐岩为海相可溶性岩石，这些岩石因流水溶蚀形成招果洞。第四纪以来随着地壳抬升，麻线河下切，招果洞逐渐停止横向水平发育而演化成干洞，除雨季有较大水流沿裂隙及洞壁流下外，仅在招果洞尽头附近可见少量常年滴水，滴水处次生碳酸钙沉淀形成石笋。在发掘区可发现有两处落水洞，两处落水洞底部相连，整体走向与洞道一致，因流水下渗，掏空底部部分洞穴堆积物导致上部地层整体塌陷。根据地层判断，洞穴整体塌陷时间应在全新世时期，塌陷区地层总体可分为上下两部分。下部黄色黏土地层含有较多洞顶崩塌砾石，土壤属性偏脆性，塌陷状态表现为整体向洞内倾斜，呈脆性拉伸断裂状态。上部灰白相间文化层颗粒均匀，土壤属性偏韧性，塌陷状态表现为四周地层向落水洞区域倾斜，整体似“锅底状堆积”，呈韧性拉伸错动状态。

遗址发掘区布设 1 米×1 米探方，同一自然层内采用 5 厘米水平层向下发掘，现场可辨识的动物骨骼、石制品等，全部保留原始产状，测量三维坐标，具有埋藏指示意义的遗物，全部测量走向、倾向、倾角等产状信息。考古发掘过程中使用装有 newplot 软件的手部和全站仪联机作业，一次性记录出土遗物的编号、出土层位、属性（石制品、动物骨、陶片、木炭等）、三维坐标、出土日期、发掘者等信息，并同时生成条形码，与出土遗物存储在测绘设备内的信息唯一对应，通过对发掘方法的改进，大大提升了发掘工作效率和记录精度，为后期的遗址分期、空间分区和人类行为阐释工作奠定了基础，最大限度地提取了遗物出土信息。2016 年试掘时清理出一个连续剖面，深约 7.1 米，地层划分十分细致，共编了 71 个自然层，并对 30、42、50、67、71 层出土的炭和动物骨骼进行了年代测定，根据出土遗物特征和遗址的文化堆积情况，以 2016 年试掘区南壁剖面为标准，可将整个遗址的堆积划分为四期六个阶段，一期为旧石器时代晚期（早、中、晚阶段）、二期为新石器时代早期、三期为新石器时代中晚期、四期为汉晋至明清时期。遗址统一地层后，2016 年地层使用原地层加以区分。第一期早段：（20－23 层，原 59－71 层），为黄色黏土质粉砂，夹杂有零星的木炭和小砾石。沉积物以粉砂为主，其次为黏土及细砂，未见明显层理。角砾磨圆度普遍较差，沉积环境相对较为稳定。该阶段洞穴发育不稳定，人类活动较少，遗物分布稀疏。发现火塘 7 个（HT45－HT51）。石制品数量较少，主要为燧石、硅质灰岩打制的石核、石片，另有少量断块（片）。整体石质较差，仅少量属于优质燧石。使用工具仅发现一件刮削器，以石片为坯，左、右两侧从破裂向背面修理，均系直刃，右刃较陡，左刃偏钝，长 5.5 厘米。出现磨制骨器 1 件。动物骨头散布在地层中，较为破碎，不少动物骨骼有火烧痕迹。原 67 层的骨骼碳十四测年结果为距今 37000－38000 cal BP。第一期中段：（16－19 层，原 40－58 层），以黄色黏土及粉砂为主，夹杂角砾，洞顶崩塌砾石减少。粗砂含量大幅增多，表明水动力明显增强，这可能与本阶段末次冰消期气候转暖后降水增多有关。该阶段堆积厚约1.28米，堆积特征明显，黄色黏土与黑色活动面相间出现。发现12个火塘（HT6－12、HT21－23、HT43. HT44等），用火遗迹增多，可能暗示着该阶段洞穴发育相对较为稳定。出土遗物较第一期丰富，整体相对仍较稀少。石制品数量较少，原料以岩块为主，出现少量砾石。岩性构成仍以燧石为主，其次为硅质岩、水晶、石灰岩等，石质整体较差。石制品特征与第一期相似，使用工具主要为以石片为毛坯的刮削器（4－6厘米），少量砍砸器。原42层、原50层骨头测年分别为17000 cal BP、24000－23000 cal BP。第一期晚段：（9－15层，原27－39层），灰白土为主，土壤颜色明显不同于第1、2阶段，可能与人类活动尤其是用火行为的增多对沉积物的改造有关。沉积物粒径以粗砂和粉砂为主，显示本阶段水动力依然较强。人类活动在这一阶段相对密集，发现火塘10个（HT5、HT14－20、HT41. HT42）。打制石制品数量剧增，原料以岩块为主，砾石占比提高，约10%；岩性构成以燧石为主，占90%以上，其次为硅质灰岩，另有石英岩、水晶、砂岩等。石核以单台面和双台面为主，多台面较少，多数石核存在自然台面，自然面占比在10%－30%，进一步剥片难度适中。石片多为不规则形，以人工台面为主，少量自然台面，背部保留石皮者较少，多数有2－5个片疤。使用工具以刮削器为主，另有砍砸器、凹缺器、端刮器、尖状器、雕刻器、石锤等。刮削器形状多属不规则形，修理方式主要为单向加工——以破裂面向背面加工为主，反向加工和双向加工较少；均系单刃，刃缘以直刃为主，刃角包括较锐、较钝，个别为陡刃。其中一件砍砸器表面涂染红色颜料，伴随出土赭石。出土磨制骨器1件。另有丰富的动物遗存。原30层骨头的碳十四测年结果为12000 cal BP。

第二期：（6－8层，原13－26层），主要为棕色砂质黏土。沉积物粗砂比例更高，可能与气候变冷、突发性洪水增多、水流携带粗颗粒沉积物进入洞穴有关。土壤粒度、磁化率和化学元素在这一阶段出现了较大的变化，可能与新仙女木事件有关。该地层厚度为1.16米，是该遗址遗存最丰富的层位，是人类活动的最密集期。发现火塘5个（HT36－40）、墓葬1座，10余处活动面基本分布于该期。HDM14以大小较为均匀的角砾平铺地表，表面散布大量骨角器及坯料，打制石制品丰富，存在少量盘状石核，出现零台面石片。使用工具组合变化不大，存在较多锯齿状刃器。出现一些以断片修理的小型刮削器，一般在3厘米以下；体型较大的刮削器更为注重坯料，优先采用形态规整、厚薄较为均匀的石片；双刃刮削器比例上升。修理技术方面，双向修理个体增加，多为复向加工，出现错向加工技术。出土一件砺石，另有少量针铁矿石。骨角器大量出现，器型主要有铲、锥。本阶段发现墓葬一座（M2），为一孩童墓葬，陪葬有鱼钩及香樟树籽。零台面石片的出现，表明该期受到兴义猫猫洞、普定穿洞遗址上层文化影响，结合穿洞遗址上层文化年代，可初步推断该期下限在10000 cal BP左右。

第三期：（2－5层，原4－12层），土色极其驳杂，黑褐色和灰白色土松散交替出现。沉积物主要以粉砂为主，已不见粗砂，这可能与该阶段洞口位置较高，洞外沉积物较少进入洞内有关。发现火塘11个（HT24－35）。该期出土大量打制石制品，石制品特征基本承袭第四期，包括盘状石核的存在，锯齿刃器、小型刮削器的流行以及对坯料的筛选等。打制技术不存在明显变化。出土少量砺石。另有一件石锤（凹石），表面涂抹红色颜料。出土有表面光滑的球形针铁矿石。磨制石器较少，主要为石锛，另有一件通体磨光的块状石器。陶器首先出现在该层。夹砂陶为大宗，泥质陶极少。陶色多灰褐色，其次为黄褐、灰色等。火候偏高。纹饰主要为绳纹，按粗细有粗、中、细之分，另有戳印圆圈纹、凹弦纹、附加堆纹等。陶片保存差，无可辨器型，以罐类居多。骨角器有铲、锥等，另有一件铲为牙制，通体磨光。此外还有大量动物遗存。本阶段底部发现墓葬一座（M1），为男性青年个体，下肢已腐朽，上肢可辨为屈肢，从墓坑大小判断，该墓可能为屈肢葬。（这座墓的年代应该放在第 4 段，新石器时代早期，距今超过 1 万年。）结合黔中地区以往出土陶器和磨制石器的特征，年代初步推定为新石器时代中晚期。

第四期：（1 层，原 1－3 层），灰褐色土，出土汉晋时期陶釜和明清时期的瓷片、陶片等，为汉晋之后历史时期堆积。招果洞遗址出土石制品数量丰富。原料主要为灰岩内部发育的燧石条带和河滩砾石，砾石在一期早中段少见，从一期晚段开始增多，和鱼类骨骼大量出现的时间基本吻合。石制品岩性构成比较简单，燧石占绝大多数，其次为硅质灰岩，另有石英岩、水晶、砂岩等。一期早中段采用燧石石质优劣不一，节理较多，从一期晚段开始，石制品原料质量明显提升，多为优质燧石。遗址各期绝大多数为小型，中型者较少，大型者几乎不见。种类包括石核、石片、断块（片）、片屑等。使用工具种类丰富，以刮削器为大宗，另有砍砸器、凹缺器、尖状器、端刮器、石锤等，一期晚段之后锯齿刃器增多。整体属于贵州广泛分布的小型石片石器工业，二部修理从早到晚延续了由破裂面向背面正向修理的技术传统。

遗址一期早段出土有磨制骨器，从一期晚段开始，大量的磨制骨器、角器开始出现。器型以铲类居多，少量为锥类，骨器基本为通体磨光，加工精美。遗址出土的动物骨骼已鉴定出超过 25 种，包括水生的鱼类、螺类、蚌类等，陆生的哺乳动物、鸟类等。以陆生哺乳动物数量最多，可辨种属有鹿类（水鹿、梅花鹿、麂、獐）、牛、猪、虎、狼、熊、兔子、猫、獾、豪猪、竹鼠、田鼠，其中以鹿类骨骼数量最多。此外，从一期晚段以来，出土有大量鱼类骨骼，是旧石器时代晚期古人类广谱性渔猎经济的有力证据。目前识别出的植物遗存包括农作物、水果、树种/果实、杂草 4 大类。发现有大量果壳，较多朴属，少量稻谷、粟、猕猴桃属、葡萄属、核桃碎块、酢浆草、藜属、悬勾子属、狗尾草属、蓼科、禾本科、莎草科、豆科等。4 类遗存中，以树种/果实类为大宗，推测遗址从早到晚都有着较多比重的植物特别是果实类的消费，新石器时期偏早阶段及之前的生计模式可能仍处于采集阶段。环境考古工作采用了文化堆积内代用指标（粒度、化学元素、磁化率）和石笋代用指标并行的方法。其中直接在古人类洞穴遗址内采集石笋进行古气候复原工作，系国内首次。研究团队采集了招果洞 9 个石笋样品进行古气候古环境的记录分析，目前已经获得其中几根石笋的精确年代模型，并对石笋进行显微观察，结果发现石笋纹层内含有许多木炭碎屑，推测系古人类在洞穴中用火的纪录，最早可追溯到至少 1 万多年前。

招果洞遗址文化堆积从距今 4 万年，一直延续到全新世，堆积连续完整，这在云贵高原乃至全国都是极为少见的遗址；招果洞遗址揭露出自旧石器时代晚期至全新世的 50 多个火塘和人类活动面，填补了以往工作的空白，为研究西南地区早期人类居住活动，进一步复原史前社会发展提供了重要证据。招果洞遗址第一期发现的骨角器和燧石制品是西南地区现代人行为出现的重要标志；招果洞遗址第二、三期堆积和穿洞上层文化、猫猫洞文化类似，为探讨云贵乃至中国南方到东南亚地区旧、新石器时代过渡阶段人类迁徙与文化扩散等史前考古重大课题，提供了新证据。遗址的年代序列完整，文化堆积在几次重要的气候事件节点发生明显变化，对研究古人类生态适应性策略的演变具有极高价值。遗址发现的2座超过距今1万年的墓葬，在其内发现的较完整的头骨和肢骨，是早全新世中国西南地区最完整的人类骨骼遗骸之一。招果洞遗址考古发掘，学术目标明确，注重多学科综合研究，整合了第四纪洞穴沉积学、动物考古学、植物考古学、体质人类学、古环境学、石器分析、体质人类学专家以及测年专家团队，从发掘开始就介入发掘和研究工作，考古科研院所与高校强强联合，密切协作，是区域考古协作和多学科团队攻关的优秀案例。

老龙头墓地位于四川省凉山彝族自治州盐源县双河乡杨柳塘村毛家坝，地理坐标为东经101°35′，北纬27°33′，海拔2450米。地处一东西走向的山梁上，山梁顶部平缓，东西长370米，南北宽61米，总面积约22750平方米。20世纪80年代以来，该墓地多次遭到盗掘，凉山彝族自治州博物馆等单位先后三次对该墓地进行了抢救性发掘，共清理墓葬11座。经国家文物局批准，成都文物考古研究院等单位组成联合考古队，从2020年4月开始对老龙头墓地进行了第四次抢救性考古发掘。本年度实际发掘面积约2000平方米。截至10月中旬，完成了约1500平方米的清理工作，剩余500平方米的清理正在进行中。目前共计清理墓葬206座、器物坑7个。墓地遍地盗洞，最深的盗洞超过4米，墓地层表完全被破坏，无法确认墓圹范围与形制。墓葬层层叠压，墓底距地表深度从0.3至3.5米不等。墓葬均为竖穴土坑墓。所有墓葬均为东西朝向，人骨保存较好的，头向以向西为主；绝大部分有随葬品，多寡不一。出土各类遗物1000余件，主要包括铜器、铁器、金器、陶器、玉石器、玻璃器等。铜器主要包括戈、剑、钺等兵器，马衔、当卢、马镳、铃、角形装饰等马具，杖首、树枝形饰、鸟形饰、组合圆形带饰等装饰礼仪用器，及少量的纺织工具。铁器主要为铜柄铁剑。金器较少，为各类金箔饰。陶器主要为各类双耳罐、纺轮以及少量带流壶、乳钉瓮等。石器主要包括砺石、刀、箭镞、砭针、磨石、石范及少量杵和臼等，还有一些小型绿松石饰件和玛瑙珠等。玻璃器主要为费昂斯珠饰。老龙头墓地墓葬数量多、形制多样，随葬品丰富，对于认识墓葬的年代、布局、铜器生产及盐源青铜文化在欧亚大陆青铜文明中的重要地位提供了珍贵的新资料。

2020年11月，为配合全国重点文物保护单位茂县营盘山遗址的保护规划的编制工作，以及茂县羌族博物馆营盘山展厅的升级优化工作，成都文物考古研究院、茂县羌族博物馆等单位组成联合考古队对茂县营盘山遗址进行了深入的考古调查及勘探工作，并配合阿坝州职业学院基本建设工程的施工工作对茂县凤仪镇下南庄石棺葬墓地进行了勘探和清理。下南庄石棺葬墓地为本次工作新发现的一处战国时期的石棺葬墓地，规模较大，平行分列布局，显然经过了统一规划。仅个别墓葬被盗，保存情况较好。本次工作共计清理15座石棺葬，出土陶器、青铜器、铁器等文物100余件，不仅为岷江上游地区石棺葬文化研究提供了新的实物资料，也填补了茂县盆地石棺葬墓地的平面布局的空缺，具有非常重要的学术价值。

七、岷江流域考古学术研讨及文化遗产保护

2020 年是《成都考古发现》出版 20 周年，成都文物考古研究院联合科学出版社于 2020 年 10 月 24 日在北京组织召开专家座谈研讨会。与会学者纷纷对《成都考古发现》出版 20 周年表示祝贺和肯定，并就《成都考古发现》的成果与意义展开研讨与交流。2001 年，新世纪伊始，金沙遗址的惊世发现开启了成都考古发现的“黄金时代”，江南馆街唐宋街坊遗址、老官山汉墓等“全国十大考古新发现”在内的各项重要考古发现接踵而至，改写着人们对成都历史的固有印象。成都考古成果一次次拓展了成都历史文化名城内涵的广度与深度，传承巴蜀文明，不断拓展天府文化丰富内涵。国家文物局文保司副司长张磊，四川省文化和旅游厅副厅长、省文物局局长王毅，四川省文物考古研究院院长唐飞，成都文物考古研究院院长颜劲松，中国社会科学院考古研究所副所长施劲松，中国社会科学院考古研究所公共考古中心常务副主任、研究员刘国祥，北京大学考古文博学院党委书记陈建立，北京大学考古文博学院教授孙华，北京大学考古文博学院教授李水城，中国文化遗产研究院研究员乔梁，中国社会科学院考古研究所考古杂志社社长洪石，中国社会科学院考古研究所《考古》杂志副主编杨晖，《文物》杂志副主编杨冠华，中国文物报社编审李政，科学出版社副总经理闫向东，文物考古分社社长孙莉等领导和专家出席座谈会。“在全国深入学习贯彻习近平总书记 9 月 28 日讲话的氛围中，召开此次会议以纪念《成都考古发现》出版 20 年。向 20 年来，不忘初心，默默耕耘在田野考古一线、及时发布考古资料、创造卓越学术品牌、展现深厚学术情怀的成都市考古研究院的领导与专家，表达崇高的敬意!”科学出版社副总经理闫向东在致辞中说到，《成都考古发现》开创了中国考古界出版年度报告集的先河，丰富了我国考古学术著作的出版门类，培育了一支享誉业内的专家团队、塑造了自身学术品牌、启发与影响了其他学术团队，为阐释四川地区乃至中国古代文明做出了非凡的贡献。国家文物局文保司副司长张磊对《成都考古发现》出版 20 周年表示祝贺，他谈到成都是历史文化名城，文物考古资源丰富，金沙遗址等开启了成都考古的黄金时代，各项重要的考古发现勾勒出成都城市考古的时空框架和文化脉络，为研究成都城市历史提供重要资料，填补中国西南地区考古空白。《成都考古发现》是城市考古学研究的集中展现，是贯彻落实习近平总书记重要讲话，继续推进考古成果的转化与传播的重要实践。回顾历史，展望未来，共同期待成都考古的下一个 20 年！自 2001 年开始，成都文物考古研究院连续编著出版了《成都考古发现》（1999—2018）共计 20 册，由科学出版社公开出版发行，是中国知网全文收录的连续性学术辑刊。共计发表考古调查、发掘年度报告 425 篇，内容涵盖成都平原、川西北高原山地、川西南山地、川东北地区、川东三峡地区等地域，包括了各个时期的考古发现，并有相当数量的科技考古和文物保护成果。正像俞伟超先生在《成都考古发现》第一册“序言”中说的那样，“人类文化是有区域性的，而且是不断变化着的”。考古学文化所涵盖的区域范围往往更小，区域性更明显，因此，对特定区域考古遗存的研究，就成为考古学的一项基础性工作。成都文物考古研究院以成都平原及周边区域考古遗存为研究对象，在过去的 20 年时间里，向学界贡献了 2000 万字的成果，极大地丰富了我们对于巴蜀文明的认识。编写和出版考古

报告，是田野考古的一个重要环节，是形成新考古文献的唯一标志，是发掘者应有的基本素养，是保护文化遗产的必然要求。《成都考古发现》作为刊载成都平原及周邻地区年度考古发掘报告的专业集刊，具有极高的资料价值和无限的生命力。厚重的20辑年度考古发掘报告也见证了成都文物考古工作的迅猛发展。其内容丰富全面，形式新颖独到。20年坚守，体现了成都考古人持之以恒的学术追求和材料至上的职业操守。20本报告，承载的是成都平原古代先民别具地域风格和时代特色的辉煌历史，同时也浸润了成都文物考古研究院诸多考古工作者掘铲指路、文物写史的奋斗故事。《成都考古发现》极具创新性和引领性，理当成为行业效仿的标杆、学界追随的榜样，值得学习，更值得推广，成为所有考古研究机构的表率，促进中国特色、中国风格、中国气派的考古学科建设与发展。成都文物考古研究院专家们坚持、专注、严谨、奉献的学术精神深深感染与影响着出版人，四川省文化和旅游厅副厅长、省文物局局长王毅在发言中谈到，2020年9月28日，习近平总书记在中央政治局第二十三次集体学习中发表了重要讲话，表示要高度重视考古工作，努力建设中国特色、中国风格、中国气派的考古学，更好认识源远流长、博大精深的中华文明，为弘扬中华优秀传统文化、增强文化自信提供坚强支撑，并对做好考古和历史研究工作提出要求。《成都考古发现》正是贯彻落实总书记指示的一个重要实践，激励着我们勇担使命、坚持不懈、再行千里、再创辉煌！最后，成都文物考古研究院院长颜劲松对各位专家学者的到来表示感谢，他认为在当前考古界围绕习近平总书记在中央政治局第二十三次集体学习时重要讲话精神，以各种形式热烈开展学习研讨的大好背景下，成都文物考古研究院与科学出版社联合召开此次座谈研讨会是深入贯彻落实习近平总书记关于“做好考古成果的挖掘、整理、阐释工作”重要指示精神，对田野考古资料的整理、公布方式及途径进行总结和探索的具体行动。今后将积极抓好“考古中国”重大项目的申报和实施，继续做好城市考古的发掘与研究，积极参加古蜀文明保护传承工程，充分利用成都考古中心的建成和对外开放的机会，全面做好各方面工作，争取取得更大成绩，为建设中国特色、中国风格、中国气派的考古学贡献成都力量。

2020年8月9日，四川省文物考古研究院、成都文物考古研究院联合在成都金河宾馆会议中心召开了主题为“古蜀文明及周边考古”学术会议，邀请中国社会科学院考古研究所王仁湘研究员、北京大学考古文博学院孙华教授、四川省文物考古研究院辛中华副研究员、成都文物考古研究院周志清研究员、成都文物考古研究院王天佑副研究员、成都文物考古研究院黄明馆员进行演讲，来自中国社会科学院、北京大学、中国人民大学、首都师范大学、四川大学、西南民族大学、四川省文物考古研究院、成都文物考古研究院、四川博物院、成都博物馆、成都金沙遗址博物馆等院校单位在内的100余名专家学者、业务人员及学生参加了此次会议。上午半场主持人由四川省文物考古研究院唐飞院长担任，王仁湘研究员、孙华教授分别以《彩陶意向：鱼鸟艺术主题的源头》《巴蜀铜器与巴蜀历史》为题做了精彩的演讲。下午半场主持人由成都文物考古研究院学术委员会副主任陈剑研究员担任，周志清研究员、黄明馆员、辛中华副研究员、王天佑副研究员分别以《四川盐源皈家堡遗址的收获及探索》《成都平原史前聚落变迁与古环境关系研究》《广汉联合遗址的考古发掘与发现》《双元村东周墓地与开明氏蜀国》为题进行了汇报。王仁湘研究员、孙华教授对下午的汇报进行了点评。皈家堡遗址十分重要，给我们提供了新石器至青铜时代长时段的、多种文化叠压的地层关系，以及多组器物群，为我们认识川西南及滇西之间的关系提供了重要的线索。双元村墓地的发现较为重要，它较黄河墓地更完整，延续性更长。在今后的工作中要注意寻找双元村墓葬所对应的遗址，以及双元村墓葬所体现出来的蜀与秦之间的关系。现在四川学者的研究视野越来越宽泛，既关注四川自身，也关注周边区域，并进行比较研究。也希望多吸引川外学者参与四川考古的研究工作，形成热点。讨论结束后，四川省文物考古研究院万娇副研究员进行总结：今天的讲座主要围绕新石器至古巴蜀时期，汇报人从材料出发，从专业出发，多学科协作，使得研究结论更加立体，真正实现了透物见人的目标。王仁湘研究员的“器晤”公众号，文字活泼，具有浪漫的情怀。通过梳理飞鸟与鱼的时空序列，严谨考证鱼、鸟的演变序列。孙华教授综合多个墓地对器类进行分期探讨，来解释巴蜀历史。文中对巴蜀武装、秦人利用蜀人治蜀等问题的探讨引人注目。王天佑对双元村遗址进行分期研究，认为墓地边界清楚，清理全面。周志清讲座内容丰富且庞杂，认为皈家堡遗址填补了南北文化交流的空缺。黄明汇报内容让我们进一步认识到系统的考古调查的重要性，让考古工作者更加认识到环境因素对探讨成都平原遗址分布及变迁有重要意义。辛中华田野工作细致且规划清晰，遗迹十分丰富，该遗址的发现可能会解决桂圆桥和三星堆之间的空缺，甚至是解决营盘山到三星堆之间的空白。专家点评环节提出的问题直切要点，给我们指明了下一步工作的方向。

2020年8月10日，四川省文物考古研究院、成都文物考古研究院联合在成都金河宾馆会议中心召开主题为“考古发现与历史记录”的学术会议，邀请中国人民大学民德书院院长王子今教授、首都师范大学李华瑞教授、四川省文物考古研究院郑禄红馆员、四川省文物考古研究院李万涛馆员、成都文物考古研究院易立研究员、成都文物考古研究院左志强副研究员进行演讲，来自中国社会科学院、北京大学、中国人民大学、首都师范大学、四川大学、西南民族大学、四川省文物考古研究院、成都文物考古研究院、四川博物院、成都博物馆、成都金沙遗址博物馆等院校单位在内的100余名专家学者、业务人员及学生参加了此次沙龙。上午半场由成都文物考古研究院副院长江章华研究员主持，王子今教授、李华瑞教授分别以《汉代劳动儿童的文物形象》《宋代的酒与经济》为题做了精彩的演讲。下午半场由四川省文物考古研究院副院长周科华研究员主持，易立研究员、郑禄红馆员、左志强副研究员、李万涛馆员分别以《唐宋成都城的考古发现与研究》《巴賨之地，县名宕渠：渠县城坝遗址考古》《新川创新科技园六朝墓葬考古发现与探索》《彭山区大坟包墓地考古发掘》为题进行了汇报。王子今教授、李华瑞教授对下午半场的演讲进行了点评，两位教授均肯定了发掘工作者所取得的成绩，也赞同在后期的整理研究中利用文献材料对考古出土资料进行的解读，并鼓励发掘工作者在今后的工作中进一步开阔视野，多学科结合进一步深化研究。讨论结束后，四川大学历史文化学院赵德云教授进行总结。首先，王子今教授和李华瑞教授的讲座为我们展示了历史学与考古学之间如何进行结合，这种研究方法是做历史时期考古应该学习的典范。历史时期考古对于城市和聚落的发掘研究较为薄弱，下午的汇报都是跟城址、聚落相关的最新的发现，涉及成都城、宕渠、广都城、武阳城，是比较重要的发现。城市考古因为涉及面广，且大多属于古今重叠城市，需要进行长期、长时段的考古调查发掘研究。从今天的演讲来看，成都城市考古在西安、洛阳、扬州等城市之后，取得了很多成就，很有希望能走到全国前列。四川地区六朝墓葬的研究较为薄弱，左志强利用新川科技园发掘的600余座六朝墓葬，采取典型墓葬切入分析，为完善四川地区六朝墓葬研究做出了贡献。彭山区大坟包墓地发现了很多独特的墓葬现象，同时，对于我们研究城市与墓地的关系具有重要的意义。城坝遗址的考古发掘较为科学且规范，获得了全国十大考古新发现，值得我们学习，其中很多有意思的地方也值得进一步探讨。此外，也希望以后的发掘研究中除了城市，也要关注村落等小的聚落遗存。

2020年8月20日，"南北朝时期造像艺术与文化交流"学术研讨会在成都博物馆举行。来自全国十余位在业内极具影响力的专家学者齐聚成博，围绕中国南北朝时期造像的艺术特征、文化源流、传播线路、外来宗教与中国传统文化的互动与融合等主题展开讨论。研讨会由四川大学历史文化学院教授霍巍、北京大学文博学院教授李崇峰分别主持。北京大学考古文博学院教授孙华的报告题目为《四川南朝佛教造像的三个问题》。通过追溯四川早期佛教与外界进行交流沟通的路线，联系四川本地特有的风土民情、经济状况，孙华带领观众重温了南朝时期佛教在四川发展的历史，也厘清了四川开窟造像之风的缘起问题，以及"南传佛教"陆路的开凿问题。最后，孙华还以四川地区的造像窟为例，展示了四川本土宗教道教与佛教之间密不可分的关系。北京大学考古文博学院教授李崇峰的报告题目为《关于成都出土阿育王像的几个问题》。围绕阿育王像的题刻，结合相关历史文献，李崇峰对比了成都出土的阿育王像以及笈多时期秣菟罗地区所造立像，图文并茂地论证了阿育王像的粉本或模型应该是从天竺中转建康后传入益州的论点。中国社会科学院考古研究所副研究员何利群的报告题目为《邺城遗址出土北魏谭副造像图像考释》。何利群首先介绍了邺城的历史和邺城考古的情况，回顾了包括"映世菩提"展览在内的诸多重要造像出土和修复的过程，接着通过对邺城遗址出土的北魏谭副造像从组装到形象进行了细致解读。何利群表示，这尊造像是邺城地区目前所见时代最早的佛教石刻造像之一，除了雕刻释迦牟尼和许多菩萨外，还雕刻了供养人及伎乐形象，以及长篇发愿题记。整个雕刻造像工艺精湛、造型精美、色彩绚丽，图像题材种类多样，发愿题记内容丰富，时代特征显著，展示了北魏中后期社会的佛教崇拜理念、造型艺术、建筑及装饰风格，乃至生动的人文风情。四川大学历史文化学院副教授董华锋的报告题目为《从"罐生莲台"图像看四川南朝石刻造像中印度因素的渊源》。董华锋指出，在四川南朝晚期石刻佛像上，常见一种由罐形器和器内伸出的莲台两部分组成的"罐生莲台"图像。董华峰以四川地区出土的8件雕刻有此图像的造像为例，抓住"罐生莲台"图像与普通瓶花图像的差异，通过实例对比论证了此图案的渊源应来自印度，并认为这些印度因素正是推动四川南朝石造像创新发展并最终定型的重要动力。中国社会科学院考古研究所研究员李裕群的报告题目为《浙江新昌千佛岩南朝龛像——南朝忏法流行的实物例证》。李裕群提到，浙江新昌千佛岩是南朝江南地区忏法流行的唯一的实物例证。千佛岩雕刻于南朝齐永明年间，有大小两窟相毗连，大窟正中雕释迦坐像，千佛区共1020龛，1040像；小窟有像35尊，造像虽残尤珍，洞窟更是统一规划设计，用作礼忏的道场。李裕群通过对浙江千佛岩的解读，带领观众一窥南北朝时期流行于此的"礼忏系统"，探索当时百姓的信仰。敦煌研究院研究员王惠民的报告题目为《敦煌北朝石窟研究的回顾与展望》。从壁画图像研究的角度，王惠民首次解读了尼乾子像、如来心相，并将敦煌石窟与整个时代背景相结合，论证了北魏三刺史制度、皇帝信仰对敦煌石窟产生的影响。四川博物院院长韦荃的报告题目为《安岳石窟圆觉洞前期保护研究概述》。韦荃提到，全国重点文物保护单位安岳圆觉洞石窟，由于长期遭受风吹日晒、雨水冲刷以及生物等破坏，导致造像存在风化、开裂、裂隙、脱落、缺失等病害，石窟生存受到严重影响。韦荃介绍了圆觉洞石刻造像的风化病害形成机理，讲述了中德文物保护技术人员如何联手合作、针对圆觉洞石窟进行系统性保护研究的过程，以及对造像封护加固材料、修补材料的研究与筛选等。韦荃表示，这也是四川省首次对石窟本体进行综合研究，其成果为安岳石窟保护奠定了坚实基础。西南民族大学教授雷玉华的报告题目为《四川中部首次发现北朝佛教摩崖造像》。以在四川中部的乐至县首次发现的北朝佛教摩崖造像为线索，雷玉华表示，早在北朝时期，在远离四川地方政治文化中心的成都、并非交通大道旁的丘陵地区就已经有了佛教的摩崖造像开凿，这是目前所发现的四川地区佛教传播深入乡村最早的实物资料。成都文物考古研究院副研究员张雪芬的报告题目为《从考古材料谈近年发现佛教造像埋藏坑的形成》。通过对近年国内发现的大量佛像埋藏坑材料进行分类分析，张雪芬认为这些造像坑形成原因主要包括圣藏说、废弃说等。坑中出土造像残损的原因除了受“灭佛”及“战乱”影响外，还有“天灾”及自然风化等因素。张雪芬表示，从材料梳理结果看，目前所见大量佛像埋藏坑都属于“圣藏”，是佛教徒依据经典而进行的一项供养佛法的宗教活动，但由于寺院僧侣财力、学识、素养及宗教虔诚度不同，对残像“圣藏”安置的具体操作存在差异。此次研讨会由四川大学历史文化学院、敦煌研究院和成都博物馆联合主办。除与会的三十余名专家学者外，研讨会还开放了线上线下通道。通过微信公众号预约，上午和下午分别有50位观众旁听了研讨会，并在提问环节与学者进行了踊跃互动。此外，通过线上直播，共有近20万观众通过网上直播观看了此次学术研讨会。

2020年6月13日是“文化和自然遗产日”，为提升全民文物保护意识，推进文化遗产融入生活、服务社会，由成都市文化广电旅游局主办，成都文物考古研究院、青羊区文化体育和旅游局承办，青羊区文物管理所协办的“寻根天府文化，再现锦城繁华”考古文物直播宣传活动在东华门遗址举办。成都东华门遗址的发掘分为两个阶段。2013年，成都文旅集团在成都体育中心南侧进行地下停车场建设前，成都市考古队对该区域进行勘探发掘时发现了东华门遗址。2016年，文旅集团对成都体育中心内场进行改造时，成都文物考古研究院又在内场发现丰富的古代遗存。两次的考古发掘出土重要文物上万件，时代从汉代至明清时期，有水井、道路、河道、建筑、沟渠等丰富的遗迹，以及汉代蜀郡官署、隋唐至宋代摩诃池、五代宣华苑、明代蜀王府、清代贡院等重要历史遗址，既展现了成都古代城市市井生活面貌，又证实了该区域两千多年以来一直是成都的经济、政治、文化中心。东华门摩诃池池苑遗址的出土遗物中，有四类十分引人注目：第一类为绿釉琉璃兽面联珠纹瓦当，目前在成都旧城区的考古发掘中，仅见于摩诃池园林遗址，其他地点出土的同时期同类型瓦当，均为普通的泥质灰陶；第二类为带模印纹饰的铺地砖，制作精美，表面主体饰花卉、对碟等图案，外绕一周卷草纹，与广州南汉国宫殿遗址出土的花草、对碟纹铺地砖有异曲同工之处；第三类为邛窑低温釉瓷器，器形可辨碗、盏、盘、樽等，这类瓷器除部分生活遗址外，只在极个别的高等级墓葬内出现过，如前蜀高祖王建永陵、龙泉驿区洪河大道南延线M1（推测为帝陵级别）、成都北郊双水碾后唐御史大夫上柱国高晖墓等，故有学者研究指出这类产品属于专为前后蜀宫廷机构烧造的高档器具。第四类是一批邢（定）窑白瓷器和越窑青瓷器，尤其是后者，在五代时期时常因价值不菲而被用作官方交聘礼品。经过近 7 年的陆续发掘，东华门遗址出土的陶瓷器碎片有上万片，出土时能直接拼对辨识的完整器物并不多。所以，当数十袋的陶瓷器碎片被运回文保所实验室后，首先进行的工作就是清理包裹土，将碎片逐一摊开、阴干后，然后开始逐一拼对，共拼对出具有修复价值的瓷器 700 余件。瓷器碎片的拼对，没有特别的窍门，考验的是修复人员的耐心和细心。首先对碎片按照窑口、釉色、纹饰、胎色、尺寸、部位等进行分类，然后由修复师一片一片按照上述分类特征及碎片茬口进行比对、拼合。拼对完成后，才正式开始文物保护的步骤流程。东华门遗址出土的瓷器，因选料精良、工艺精湛，虽多民窑，但制作精良，病害主要为物理损伤，因此保护修复工作以修复为主。目前，对东华门遗址出土瓷器的保护修复工作，选择了已经拼对出的 700 余件器物中价值最高的 153 件，编制保护修复技术方案并上报文物主管部门进行评审，待方案通过审核后，将会启动这批瓷器的清洗、拼对粘接、补全、补绘、仿釉等保护修复工作。东华门遗址的发现引起了国内著名专家学者高度关注，经实地论证，专家们一致认为东华门遗址是成都汉代“列备五都”、唐宋“扬一益二”辉煌历史时期的见证，体现了成都城市 2000 多年“城址不改、城名不变、中心未移”的历史特征，在如此狭小的空间内浓缩了一座城市 2000 多年的历史，具有世界文化遗产的价值。作为重大考古发现，东华门遗址还先后被省政府公布为省级文物保护单位，纳入蜀道申遗重要节点。国家文物局、四川省委省政府多位领导也亲临现场调研，东华门遗址还列入了四川省与意大利合作内容。下一步，东华门遗址将按照“国家考古遗址公园”的标准进行保护展示，展现成都 2000 多年的历史。东华门的考古发掘工作已经暂告一段落，但要做的工作还有很多，还要对东华门遗址的考古成果进行整理研究，及时发布，为遗址公园的打造提供参考。

2020 年 7 月 23 日，在张献忠“江口沉银”遗址所在地四川省眉山市，四川省文物考古研究院与眉山市文物局签订合作协议，挂牌成立眉山考古工作站。这是四川在市州一级设立的首个考古工作站，由四川省文物考古研究院与眉山市文物局共建共管，主要负责眉山市域内的考古调查、勘探、发掘和出土文物的修复、保护、研究等工作。专家表示，眉山考古工作站的设立，对于探索“省地合作”考古工作模式，打造以考古为支撑的文物保护利用、文旅融合示范样板等具有重要意义。眉山考古工作站成立当日，江口沉银博物馆建设工作推进会在眉山召开。“江口沉银博物馆筹备组”在推进会上正式成立，备受关注的江口沉银博物馆进入了建设倒计时。江口沉银博物馆定位为一级馆，选址在“江口沉银”遗址旁的岷江、府河两江汇流三角洲，规模 2.5 万平方米、遗址公园面积 200 亩，总投资不低于 5 亿元，建设周期约 36 个月。博物馆预计今年年底开工建设，建成后将成为四川文物保护和文旅融合的新地标。以“江口沉银”的发掘和保护为代表，眉山市文物发掘和保护利用成果丰硕，在全国考古界中的关注度不断提升。近年来，眉山不仅高规格成立了以市长为组长的眉山市文物保护利用工作领导小组，还出台了系列文件，颁布了文物保护地方法规，将文物保护纳入了法治轨道。自 2017 年起，眉山市政府设立文物保护专项资金，每年拿出专门预算用于文物保护工作。全市先后实施文物保护项目 17 个，累计投入资金 1.38 亿元。目前，眉山拥有馆藏文物 3.9 万件，不可移动文物 1300 余处，分别拥有全国重点文物保护单位 13 处、省级文物保护单位 33 处、市级文物保护单位 150 处。四川首个市州考古工作站落户眉山，对“江口沉银”遗址的进一步发掘和保护研究，对眉山市的考古事业发展，都将发挥巨大的作用。在眉山考古工作站成立之前，四川已经开始探索“省地合作”的考古工作模式。近年来，在四川省文物局的指导和四川省文物考古研究院的支持下，眉山市累计完成了 49 处基本建设考古发掘项目。“江口沉银”遗址的考古发掘，就是经国家文物局批准，四川省文物考古研究院联合国家文物局水下文化遗产保护中心、眉山市彭山区文物保护管理所开展的，取得了良好效果和成功经验。“省地合作”开展区域考古，有利于进行区域内文物资源的整体规划，便于以层级递进的模式开展考古和文物保护工作，从而更加高效、快速地取得科研成果。同时，这种合作研究方式也有利于以科研成果促进地方文物保护决策，真正实现成果共享、信息共享，有力推动地方文物资源的开发和利用。

经过三次水下考古发掘，彭山区江口沉银遗址出水文物 52000 余件，这些文物的保护利用工作有了实质性进展，江口沉银考古博物馆也即将开工建设。按照“高标准、高起点规划筹建江口沉银博物馆”要求，已经明确了选址、规划设计，并形成了方案。目前，江口沉银博物馆已于 2019 年 3 月立项，规划设计由法国设计团队雅克·费尔叶建筑事务所负责，设计风格强调建筑与自然一体交融，兼顾设计哲理性和地域特点，运用现代建筑语言，体现过去与未来、历史与现代、艺术与自然的和谐统一，同时以“浮出水面的宝藏”为主题，凸显江口地域特色和彭山历史文化特色。选址是如何考量的？据介绍，选址地紧邻遗址核心区，地处岷江、府河两江汇流处的“黄金口岸”，位于神奇的北纬 30 度。这样考虑，既可以保持文物的原真性、现场感，又能凸显“江口沉银”的神秘感。山、水、馆、遗址在此自然交融，置身其间，仿佛可以穿越时空与历史对话。同时，选址与正在打造的彭祖山景区和省历史文化名镇江口古镇隔江相望，是岷江流域特色文旅经济带和眉山市文旅融合示范园区的重要节点。江口沉银博物馆具备打造“四川文化旅游新地标”的资源优势和形成与金沙遗址博物馆、三星堆博物馆三足鼎立文旅新形态的基础条件，有望成为岷江文化带和成眉乐黄金旅游线上耀眼的文化旅游新名片。

作为成都平原史前城址的重要组成部分，新津宝墩遗址全国重点文物保护单位保护规划经国家文物局批复同意，省人民政府评审通过，于 2020 年 4 月 23 日正式对外公布。这意味着遗址的具体保护范围得以全部划定，宝墩遗址考古工作站开始启动实施，国家考古遗址公园启动立项申报。宝墩遗址的保护和利用，将翻开新的历史篇章。保护规划主要根据考古发掘确定的文物分布范围，划定了具体明确的保护范围。宝墩遗址规划核心面积约为 300 公顷，研究工作范围面积约为 490 公顷。目前，宝墩古城遗址考古研究工作已有阶段性结论，城址内发现多处建筑遗址、墓葬遗迹以及内城墙遗址，保存状况较好，而且遗址区域属于成都“城郊休闲环城旅游区”，交通便捷程度高，区位条件优越。整合利用遗址文化资源、川西林盘传统聚落和川西平原农业生态景观风貌，还可形成良好的集聚效应。新津将坚持以“保护为主，抢救第一，合理利用，加强管理”的文物工作方针来实施保护规划，在保障文物安全的前提下，保持文物及其环境的真实性、完整性和延续性，做到文物本体与文物环境的和谐共生。按照保护规划，新津将根据出土文物本体的保存现状，合理制定并落实城墙遗迹保护工程等有效的文物保护措施。与此同时，新津还将完善遗址的管理机构配置，建立专业管理队伍，制定专项管理规章制度，消除遗址安全隐患。按照要求，古城遗址保护还应与周边村镇发展需求相衔接，让文物保护与传统景观风貌相融合。新津将陆续对保护范围内部分林盘建筑、环境风貌进行统筹整合，对铁溪河、四江堰支渠的水环境进行综合治理，将影响遗址周边美观的电力、电信网线进行有序布置，以消除威胁文物安全、影响环境质量和破坏景观的不利因素。根据保护规划，除了保证文物本体的安全性、完整性之外，还要让遗址保护与文化、经济、社会、生态环境协调发展，以充分发挥遗址保护的社会价值。为此，新津正在实施宝墩遗址考古工作站项目建设，推进国家考古遗址公园立项申报。宝墩遗址考古工作站位于新津宝墩镇王林盘，项目用地面积 21030 平方米（约 31 亩），建筑面积 3037 平方米。自立项以来，以该项目为主要内容的宝墩遗址保护建设项目，被确定为新津高品质公共服务设施体系建设行动计划（2018—2020）重点项目。宝墩遗址考古工作站项目已于 4 月初进场施工，目前正在进行基坑开挖和抽水、土方转运等工作，预计今年年底主体竣工。项目将建成一个集考古修复、整理研究、展示利用、文物库房等多功能于一体的公众考古示范基地。我国当前初步形成了以“六片、四线、一圈”为核心，以 150 处大遗址为支撑的大遗址保护格局，其中“六片”为国家文物局重点支持的西安、洛阳、荆州、曲阜、郑州和成都大遗址保护六大片区。新津宝墩遗址已被确定为大遗址保护成都片区重点区域。国家考古遗址公园，是指以重要考古遗址及其背景环境为主体，具有科研、教育、游憩等功能，在考古遗址保护和展示方面具有全国性示范意义的特定公共空间。闻名中外的圆明园、三星堆、西夏陵等就是国家考古遗址公园。目前，新津宝墩遗址正在积极推进国家考古遗址公园的立项申报相关工作。未来，宝墩古城遗址将打造成为成都平原史前城址的示范性保护及展示基地，成为传播成都历史文化的重要窗口，确保文物价值及社会价值的传承延续与发扬。

八、本年度岷江流域考古资料的整理与公布

2020 年度，一批岷江流域的考古调查发掘研究成果得以公开出版，为推进本地区的考古研究有重要学术意义。波罗村遗址位于郫县（现郫都区）郫筒镇，郫县古称“郫”，古史传说中，郫是古蜀国的都邑，秦灭巴蜀之后两年，即秦惠文王后元十一年（前 314），秦在巴蜀同时实行分封制与郡县制。此后即以郫邑作为蜀郡的属县，称郫县，此为郫县建置之始。遗址为中美联合考古调查队在成都平原开展四川盆地先秦时期遗址调查时发现，是成都平原一处较大型的先秦时期遗址。为了配合基本建设，2009—2011 年该遗址先后在四个地点进行了四次发掘，获得了丰富的宝墩文化和十二桥文化遗存。波罗村遗址位于成都市郫都区郫筒镇，地处沱江河左岸的一级阶地上，呈东北—西南向不规则形带状分布，属于区域性中心遗址。遗址先后进行过四次考古发掘，出土有新石器时代、商周时期、汉代、唐宋、明清等时期遗存，以商周时期遗存为主体。商周时期遗存均属十二桥文化范畴，遗迹丰富，遗物众多，以陶器为主，年代跨度从商末至西周中期，发展连续，聚落变迁较为清晰。该遗址对十二桥文化的陶器识别、细化分期、生业形态、聚落研究等具有重要意义（成都文物考古研究院、四川大学历史文化学院：《郫县波罗村遗址》，科学出版社，2019 年）。《成都考古发现 2018》一书是成都文物考古研究院 2018 年度考古报告集，收录考古调查发掘简报及分

析报告 17 篇，包括盐源皈家堡遗址新石器时期、青铜时代、唐宋时期发掘材料，越西县东栅子新石器时期遗址发掘材料，成都市青羊区红碾社区 7 组、金沙遗址“金牛社区综合楼”地点、成都市成华区红花堰遗址、成都市新都区南桥街遗址等商周时期遗址发掘材料，成都市青羊区奎星楼街战国土坑墓与唐宋遗址发掘材料，成都市天府新区万安南一路崖墓、简阳市汪家山崖墓、成都市羊市街东口汉末三国遗址等汉六朝时期遗存发掘材料，简阳市石板凳镇三圣母宋墓、成都市信息园西路宋元时期墓葬和水井等宋元时期遗存发掘材料，还有皈家堡遗址出土孔雀石标本检测分析、蒲江飞虎村战国墓地船棺保存的土壤环境背景研究、成都市农科院明墓彩绘颜料的分析报告等科技考古和文物保护方面的研究（成都文物考古研究院：《成都考古发现 2018》，科学出版社，2020 年）。成都文物考古研究院于 2020 年编著出版了《四川古建筑调查报告集（第一卷）》，收录了四川北部地区现存元至清早期具有代表性的 7 处古建筑的调查报告和 1 篇木材树种鉴定报告，包括广元市境香沉寺、昭化文庙，南充市境内的五龙庙文昌阁、张桓侯祠、南部观音庵大殿、寺，以及绵阳市境内的豆叩寺。每篇调查报告基本遵循固定体例：根据文献、档案梳理寺院历史沿革；分析建筑群的选址、布局、环境（成都文物考古研究院：《四川古建筑调查报告集（第一卷）》，文物出版社，2020 年）。

陶俑作为一种特殊的随葬品包含了大量历史信息，对于研究当时的丧葬思想、宗教信仰、社会阶层、职业构成、生产生活体系和服饰等均有重要价值。东汉时期四川地区流行随葬陶俑，几乎每墓皆有，为随葬品之大宗；再加上各种机构收藏及海外流散，陶俑数量惊人。但长期以来，因为各种原因被忽视，至今未有系统梳理，学术研究滞后。《四川汉代陶俑与汉代社会》一书着眼于梳理四川汉代陶俑资料，深度挖掘陶俑背后信息。主要以梳理四川汉代陶俑时代、空间分布、渊源及流向为主，在此基础上尝试深度挖掘陶俑背后的信息，讨论陶俑演变背景，陶俑所表现的职业、阶层、服饰，陶俑在墓中分布规律、功能，以及陶俑的生产与销售等问题，并对俳优俑、成汉俑等做了专题讨论。研究范畴以西汉、新莽、东汉为主，时间从公元前 202 年至公元 220 年，部分材料延续至蜀汉、两晋（索德浩：《四川汉代陶俑与汉代社会》，文物出版社，2020 年）。而《四川盆地崖墓建筑研究》一书则着眼于四川盆地汉魏晋南北朝崖墓的建筑特征，选择相关命题进行了研究。通过观察崖墓空间的三维特征，探讨了四川盆地崖墓的演变模式及地域差异，分析了崖墓与其他墓葬形态的关系。通过将崖墓与汉代民居遗迹和建筑画像进行比较，探讨了四川盆地汉代崖墓与民居建筑的关系。通过总结汉代崖墓中所反映的木构建筑做法，探讨了汉代建筑做法在中国古代建筑发展史上承上启下的作用。最后，对个别崖墓中所反映的汉代民居庭院和单体建筑进行了复原（马晓亮：《四川盆地崖墓建筑研究》，科学出版社，2019 年）。商周时期是中国建筑的奠基时期，在中国古代建筑史上起着承前启后的作用。商周时期长江流域的建筑个体差异较大，与黄河流域比较而言，长江流域建筑形制较少，结构简单，制作粗陋；在建筑结构技法、材料的选择等方面，表现出明显的区域性特色，更适应长江流域湿润多雨、树木繁茂等自然地理条件。《居于南土——长江流域商周时期建筑的考古学观察》一书力图在系统地搜集和梳理材料的基础上对商周时期长江流域的建筑做深入的讨论（郭明：《居于南土——长江流域商周时期建筑的考古学观察》，科学出版社，2020 年）。《安岳圆觉洞：四川安岳圆觉洞石窟考古调查报告》一书依据考古调查队于2013—2017年对圆觉洞石窟开展的考古调查成果整理而成，并参考了历年的调查研究结果。本次调查将圆觉洞造像进行了重新分区、编号，并按照所在位置将造像分为A、B、C、D、E、F六个大区。共编号82龛（窟），其中特大型龛和大型龛占半数之多；造像题材有佛教造像和道教造像，其中佛教造像占绝大多数。造像包括唐代、五代、宋代等朝代的造像，明清时代有改刻、重妆。记录题记67则，有题名36条、造像题记11条、妆彩重修题记10条、吉语5条、游记4条、佛顶尊胜陀罗尼经文1条（四川省文物考古研究院、西北大学文化遗产学院、安岳县文物保护中心：《安岳圆觉洞：四川安岳圆觉洞石窟考古调查报告》，文物出版社，2019年）。“四川古代石刻文字调查与整理”项目是在四川省文物局的领导下，由四川省文物考古研究院和四川省艺术研究院联合开展，拟利用三年时间，对四川省内约5万处的野外石刻文字和馆藏石刻文字进行全面调查与整理。《苍溪寻乐书岩：清代洞藏摩崖石刻调查报告》一书是“四川古代石刻文字调查与整理”项目出版的第一本考古调查报告，由四川省文物考古研究院、四川省艺术研究院与广元市文物局、苍溪县文物保护中心联合撰写，本报告比简报更全面详尽，提供信息更准确。可以乐观地预见，报告的出版，会使寻乐书岩这处富有特色化遗产得到更广泛的传播，为研究者所欢迎，当然也将为保护展示提供更科学的基础资料（四川省文物考古研究院、四川省艺术研究院、广元市文物局、苍溪县文物保护中心：《苍溪寻乐书岩：清代洞藏摩崖石刻调查报告》，文物出版社，2020年）。《西南丝绸之路早期佛像研究》一书对中国西南地区发现的摇钱树佛像、崖墓石雕刻佛像、陶座佛像及海内外公私收藏的摇钱树佛像，进行了细致的考察。论著把摇钱树佛像分为东汉中期、晚期、末期和蜀汉前期，指出西南地区早期佛像糅合了印度犍陀罗和秣菟罗艺术风格，摇钱树佛像是中印两种文化契合的产物（何志国：《西南丝绸之路早期佛像研究》，华东师范大学出版社，2020年）。

2020年度还发表了一批岷江流域的考古调查发掘简报。如成都双元村墓地共发掘清理东周墓葬270座，是目前四川地区一次性揭露面积最大、发掘数量最多、出土随葬品最丰富的一处东周墓地。墓地发掘Ⅰ、Ⅱ区墓葬分布各有规律，墓地年代大约从西周末期至战国中期。墓葬形制均为长方形或狭长方形竖穴土坑墓，依据葬具可分为船棺墓、木椁墓以及无葬具土坑墓。根据墓坑大小及随葬品多寡可将这批墓葬分为四个等级。M154是其中形制最大、等级最高的一座墓葬，葬具为船棺，带腰坑，是双元村墓地唯一一座带腰坑的墓葬。共出土陶器、铜器、锡器、骨器、石器、漆木竹器等各类随葬品147件。陶器有簋、罐、釜、尖底盏、器盖、小罐饰等。铜器有鼎、尊缶、甗、匜、盆、戈、凿、削刀、镜、圆牌饰、带钩、“S”形构件、印章、铜构件等。漆木器有耳杯、双连耳杯、双连杯豆、床、瑟、盒、器柄、器盖、戈柲、木钉、蝉饰、竹篓等。M154的埋葬年代为战国早期偏晚阶段。墓主为30岁左右的成年女性，身高不超过156厘米，系古蜀国高级贵族或开明氏某一系的上层人物。双元村M154墓葬等级高、随葬品及文化因素丰富，对完善巴蜀东周墓葬的编年体系具有标尺性作用，同时也对探讨开明氏蜀国的文化交流、葬制礼俗等具有非常重要的研究价值（成都文物考古研究院、青白江区文物保护中心：《成都双元村东周墓地154号墓葬发掘》，《考古学报》2020年第3期）。2016年10月，成都文物考古研究院与青羊区文物管理所对青羊区羊市街17号工地开展了勘探和发掘工作，清理了一条元代的大型砖砌沟渠。沟渠内的出土物以瓷器居多，器形包括碗、盘、盏、洗、杯、钵、罐、瓶、注壶、器盖、动物塑像等，窑口产地可辨成都琉璃厂窑、乐山西坝窑、彭州磁峰窑、龙泉窑、钧窑、景德镇窑和耀州窑。除瓷器外，还出土有陶瓦当、铭文砖、花纹砖、罐、炉、瓶等，以及少量“大元通宝”钱币。目前成都城内所见的元代遗存很少，这批考古发现对于探索元代成都的城市建设、社会生活、商品贸易流通等问题，都具有十分重要的参考价值（成都文物考古研究院、青羊区文物管理所：《成都市青羊区羊市街东口元代沟渠遗址发掘简报》，《四川文物》2020 年第 5 期）。2005 年、2012 年四川省文物考古研究院两次对三星堆遗址青关山台地进行考古发掘，发现一号大型建筑基址，窄长方形的平面形状、以红烧土夹杂卵石为墙基的做法在成都平原较为少见，面积更是排同时期中国南方地区首位。青关山一号建筑基址的发现，为认识三星堆遗址的建筑技术、聚落结构以及社会体系提供了不可或缺的资料（四川省文物考古研究院：《四川广汉市三星堆遗址青关山一号建筑基址的发掘》，《四川文物》2020 年第 5 期）。2014—2015 年在三星堆遗址青关山地点发掘的大型灰坑 H105，现存坑口大体呈圆形，斜壁，底近平。出土有陶器、玉器、金箔和石器等。根据出土遗物特点推断 H105 为三星堆遗址第四期遗存，年代相当于殷墟二期。H105 的发掘，为探讨青关山台地的形成过程以及三星堆城址的废弃等提供了重要资料（四川省文物考古研究院：《四川广汉市三星堆遗址青关山 H105 的发掘》，《考古》2020 年第 9 期）。富林遗址地处流沙河与大渡河汇合处下游左岸的二级台地上。1972 年中国科学院古脊椎动物与古人类研究所对该遗址进行了发掘。2009—2010 年，为配合瀑布沟水电站建设，四川省文物考古研究院等单位对该遗址进行了发掘，发掘地点在 1972 年发掘点北约 30 米处，实际发掘面积 270 平方米。共发现石制品 582 件，包括石核、石片、石叶、断块和工具。为研究川西山地大渡河中游汉源盆地的新石器时代早期考古学文化提供了重要的实物资料（四川省文物考古研究院、汉源县文物管理所：《四川汉源县富林遗址发掘简报》，《四川文物》2020 年第 5 期）。为配合基本建设，2013—2017 年，成都文物考古研究院与四川大学历史文化学院对四川成都中心城区的东华门区域进行了考古发掘，清理揭露出大面积的明代蜀王府建筑遗存，包括水道、水池等。出土器物以瓷器和建筑构件为主，其中瓷器均为生活用器，类型、产地丰富。发掘情况表明，建筑群的修建年代约为明代早期，可能属于洪武年间蜀王府内部建造的第一批设施，损毁与废弃年代约在明末或清初，性质应为宫城内部的苑囿区。本次发掘对进一步厘清蜀王府的内部格局、功能分区及研究明代蜀藩历史、宫廷陶瓷史等具有重要意义（成都文物考古研究院：《四川成都东华门明蜀王府宫城苑囿建筑群发掘简报》，《文物》2020 年第 3 期）。2012 年 4 月，成都文物考古研究院等在蒲江县鹤山镇九莲村清理了一座东汉晚期画像砖墓。该墓墓葬形制及画像配置与昭觉寺画像砖墓相近，画像题材包括单阙、双阙、博戏、宴乐、宴乐百戏、拜谒、车马出行等。此次发掘为研究汉代社会及丧葬习俗提供了新的实物材料（成都文物考古研究院、蒲江县文物管理所：《四川蒲江九莲村东汉画像砖墓发掘简报》，《考古与文物》2020 年第 1 期）。

玄妙观摩崖造像位于安岳县城西北 20 千米处的鸳大镇玄庙村四组集圣山北面山腰，小地名巷子湾。造像区地理坐标北纬 30°10′24.7″，东经 105°12′20.4″，海拔 364 米。该造像点于 2006 年被公布为全国重点文物保护单位。安岳玄妙观是川东地区盛唐时期的一个要道、佛造像点，共有唐代造像 26 龛，可分为造像和碑两类，造像包括道教造像、佛教造像及佛教合龛三种，碑的形式基本一致。根据第 14、24 号两龛造像碑文的记载，造像性质、内容的不同，以及各崖面具体情况的差异，26 龛唐代造像可分为三组：第一组为佛教造像及佛道合龛，中心区域造像开凿于开元十八年五月之前；第二组多为道教造像，少量佛道合龛，开凿于开元十八年七月至天宝七载；第三组为佛教造像及佛道合龛，可能是在 8 世纪晚期开始开凿的。其中的道教造像是玄宗时期官方敕令创作道教神祇形象之重要实物遗存，标志着道教造像体系的最终形成，对探究四川地区唐代道教发展情况十分重要。玄妙观的佛道合龛是该类题材最终发展成熟的代表。而此处佛、道造像均为道士所开，是探讨民间佛道关系的切入点（四川大学历史文化学院考古学系、成都文物考古研究院、安岳县文物管理局：《四川安岳玄妙观唐代摩崖造像调查报告》，《考古学报》2020 年第 4 期）。2014 年，阿坝藏族羌族自治州理县古尔沟镇古尔沟村发现两处摩崖造像，其中一号摩崖造像共 9 龛，分布于一不规则四棱锥形的天然岩石之上，年代判断为唐宋时期。该处造像有明显的汉地风格，特别值得注意的是一号摩崖造像 2、5、7、9 号龛的台座下均有方柱形束腰，这种形式的束腰不见于周边地区同时代造像，可能属于地方独特的造像因素，是杂谷脑河流域最早的一处摩崖造像，为研究唐宋时期岷江上游的佛教传播、造像艺术和文化交流提供了重要资料（阿坝藏族羌族自治州文物管理所、理县文化体育广播影视新闻出版局、成都武侯祠博物馆：《阿坝藏族羌族自治州理县古尔沟摩崖造像调查简报》，《南方民族考古》第十七辑，科学出版社，2019 年）。

（作者单位：成都文物考古研究院）

成都爱道堂在民国时期的诞生与发展

心　亮

内容提要：作为川西第一个女众丛林，成都爱道堂的诞生与发展是四川两位圣僧力挽民国佛教颓势的艰辛努力，也是为佛教女众的建设与修行寻找出路的积极尝试。爱道堂的活动不光是整个成都市佛教运动的一个缩影，又何尝不是民国时期佛门女众的一个发展方向与折射。

关键词：民国女众；爱道堂；圣钦法师；昌圆法师

成都爱道堂位于成都市市中心，距离成都文殊院 500 米，占地 10 余亩，交通便利，建筑格局简洁大气，环境清幽，是成都市僧众最多的女众丛林。虽然游客对本堂知之甚少，但是因为堂内驻锡过被赵朴老誉为当代第一比丘尼的上隆下莲老法师，所以庙小名气大，在佛教界内部也是威名远播。

笔者作为爱道堂的尼僧，时常听老上座们摆龙门阵，说爱道堂是因为莲公上人的剃度恩师上昌下圆老法师为了女众的修学而建立起的道场，大多数都是成都市富贵人家的小姐、太太来出家的。民国以来，军阀、土豪劣绅侵夺庙产严重，有些庙产被夺的比丘尼来成都寻求省佛教会的庇护，也被安置在爱道堂。并且他老人家按阿弥陀佛的四十八大愿，安了四十八单人。言语闲谈，未见文字，笔者亦未在意。2016 年因成都市佛教协会组织出版莲公上人文集，借此因缘翻阅了大量民国文献，发现爱道堂作为四川省佛教会的直属寺院，在民国时期四川佛教相关报刊上的刊载较多。笔者理缕寻踪，从大量文献资料里整理出一个概貌，不惮鄙陋献丑，全当抛砖引玉，望后来高士多做补充指正。

第一章　地利之便

爱道堂的诞生与成长，得到了民国川内两大高僧的鼎力扶持，一为圣钦禅师，二是昌圆法师，两位大德均出任过四川佛教会会长。四川佛教会会址在武圣街十方堂。十方堂历史悠久，堂里的武圣殿供有武圣（关帝）像一尊，“武圣街”因此得名。十方堂原为私人小庙，庙主福元和尚，1913 年，庙权交与省佛教会管理；1931 年，省佛教会派该会常务委员昌圆法师来堂负责，昌圆法师募款培修，加以扩建，颇具规模；1942 年改名莲宗院；20 世纪 60 年代被政府征用，就是现在文武路云龙大厦的所在地①。从十方堂步行至爱道堂也就几分钟的路程，爱道堂能获两位会长的提携扶持，很大程度上也是占了地利之便。

昌圆法师

圣钦禅师

第二章　圣钦禅师与爱道堂的创建

圣钦禅师，俗名贺永岁，四川省三台县人氏，生于 1869 年，1885 年于峨眉山接引殿披剃，同年冬，在重庆华严寺受具足戒。1905 年至 1908 年出川云游参学，在高旻寺苦修破参，有所证悟。1915 年，钦公当选为四川佛教会总务长，代行会长职权。1926 年任四川佛教会会长及四川佛学院院长。1930 年辞去省会长职务回峨眉山闭关。1932 年受成都佛教界邀请，任大慈寺方丈，为中兴祖庭，全力与军阀、地痞斗智斗勇，收回被占寺产。又募集资金，培修朽损的殿堂，至 1944 年方才竣工。钦公于 1964 年 1 月 30 日在大慈寺圆寂。他后半生 31 年的时光，基本上是在大慈寺度过的。

1928 年，成都通顺桥街圆觉庵住持续修、监院续晤二位比丘尼与街坊熊某串通，盗卖庵内财产，并欲出售寺基。危急之际，幸被省佛教会发现，立即加以制止，开除了续修、续晤的僧籍，将圆觉庵收回接管，更名为“十方爱道念佛堂”。

在宗性法师整理的《圣钦和尚自述》（初稿于 1953 年）中，钦公言道：“民国十七年（1928），四川防区制下的军阀们，暴戾恣睢，其势张甚，地方中的贪污土劣分子，又仰承军

① 文武路是文圣街与武圣街的合称。今金丝街至洛阳路为“文圣街”，是文庙（即孔庙，属成都县）所在地。武庙即今川综商场，因祭祀关羽，叫“武圣街”。原来的街道划分很细，“文”和“武”是分开的，后来却是文、武不分家了。

阀鼻息，变本加厉，残民以逞，民不聊生。寺庙同样受彼辈恶势力摧残，到处夺庙侵产，毁寺逐僧之事，日有所闻。尤以出家女众的比丘尼受害为甚，因彼辈为女性，力量比较荏弱，政治水平和文化水平比较落后。以此之故，全川尼众之流离失所和穷无所归的，实繁有徒。我发心在成都通顺桥街第四十号修建一‘十方爱道念佛堂’，专住尼众，从事修学。”

钦公做事雷厉风行，在1928年年初的全省佛教大会上把成立爱道堂纳入会议议程，获得了全票通过。1928年4月出版的《佛教旬刊》登载了爱道堂的开会情形，原文如下：

四川省佛教会于北门圆觉庵开办爱道念佛堂，已志昨报。该堂于三月初八开始念佛，并开会讨论进行。是日张灯结彩，于佛殿上种种庄严。是日到会者，有杨华野司令及徐深潜、周晋生、黄子高、王鹤龄等各大居士，及禅安老和尚、溥清和尚、圣钦和尚等各上座到会。比丘尼六十余人，优婆夷众四百余人，分班念佛。

后于二钟许开会，由圣钦主任报告开会理由。略谓：今天本会成立，应将经过事实略为报告一下。本庵前因续清等掏讼丧失主权，俟经杨司令极力维持，始将此庵主权取得，交由省教会接管。前开大会，曾经议决作为开办尼界丛林地点，当时尹叔权上将、邵明叔诸君极端赞许，继因事中止。此次复承杨司令再为提倡，本年开大会提出议案，经众表决，先行举办爱道念佛堂，谬承会众公推圣钦等主其事。于又二月十七日将本庵接收后，积极进行，承各尼界各居士等至相维持，粗具规模，今日开始念佛。此后之进行事宜尚盼诸上善人、各位居士鼎力维持以促其成云。

随由澄一法师宣布简章细则：堂开幕的第一日，所有经过已由圣钦会长宣示，勿用再说。现在念佛堂既经成立，希望大家认真办去，以期早日成就，现在尼界及二居士们，能力薄弱，在我看来，要想这个法会持久，非由省教会长来充堂长，有总揽独裁之权，一切应兴应革之事，乃有把握，有这样的良好引导，自然可望发展云云。当经众表决，以正副主任为念佛堂正副堂长，并经众议决堂内职员由省教会遴委，不定期限办，有成效再议决定制。就捐册分发各尼众、各居士代募，所收捐款完全交总会保管。

又议决堂内各职暂行公务原职，后再决定，公推比丘尼通学师为管堂，隆寿师为纠察，广清师、恒先师、袁能湛、箫莲修、潘修缘、王能吉为知客，觉慧师为监收，林三慧居士为司库，戒文师为维那，圣妙、演桦、能兴、学智、本先、学述、定慧、印观、悟清、能静、能全等为悦众等，照客觉明，心住、昌玉、仁安等为司厨。会议已齐毕，散会。

据以上的文字记载，省佛教会是1928年农历二月十七日（公历3月8日）接收了圆觉庵，经过近两旬的筹备，赎回旧房，新修马路，募捐集资修大雄宝殿与两廊。农历三月初八（公历3月29日）开始念佛，三月初九举办此会，正式宣告爱道堂的成立。钦公在《自述》中也以颇为欣慰的口吻说：“该堂现住有比丘尼五十三人……为全川具有规模的一个尼众丛林，道风亦颇好！”

作为省佛教会的直属寺院，佛教会对爱道堂的道风建设可谓不遗余力。1928年5月的《佛教旬刊》又接着登出了爱道堂的简章：

四川省佛教会爱道念佛堂简章

一、名称　本堂由四川省佛教会为比丘尼、正信女士等设立，故名：四川省佛教会爱道念佛堂。

二、宗旨　本堂专以阐扬净土，完成尼众、女士净修为主旨。

三、地址　本堂设成都北城省教会所有之圆觉庵内。

四、办法　本堂专修净土法门，每逢星期六念佛一次，每年举行念佛七三次。

五、会众　本堂净众为具有佛化正信之比丘尼、沙弥尼、正信女居士，不参入其他人士等。

六、职员　本堂公推正堂长一人，副堂长二人，干事若干人，办理本堂一切事务。正副堂长每三年改选一次，得连任。干事由堂长指定，任期一年为限，亦得连任。

七、礼聘　当代僧俗之有福德智慧者，本堂得礼为导师或讲师。代推护法干事若干人，以热心弘法之在家二众充之。

八、经费　本堂经费之规定如下：

（一）诸山长老各界善信，有愿自捐或代募者任本堂一切事务者，由本堂推为名誉堂董、名誉职员，永为本堂护法。激励办法另定之。

（二）在家正信女士有愿入堂清修，经本堂认为合法者，得常年住堂，其住堂之手续及管理与遵守脱退等规则另定之。

（三）入会金每人至少一元，入会时即须缴纳。

（四）常年捐每年至少一元，于每年冬月十七日缴纳。

（五）特别捐过有特别事务，得向净友临时征集。

（六）随喜捐，凡随喜本堂事业、未与指助者，听便本堂改入各款，均由会计填给收据，登报致谢，用途每年公示之。

九、会期　本堂每周六、日午前十钟起，四钟止，为集众念佛期，每年冬月十七日开全体大会一次，遇有特别事件，由堂董召集临时会议。

十、规约　本堂规约如左：

（一）本堂净友均须坚持禁戒。

（二）本堂净友当以弘法利生为矢志。对于应办事件须尽竭力工作。

（三）本堂净友一遇佛事会事，应守时间到达，不到者须先通知。

（四）本堂净友不得以本堂名义干预外事。

（五）本堂净友在法律上得受团体之助力。

爱道堂的尼众也积极行动起来，第一次开会议决如下：

一、简章细则堂规暂行试办，有不合时再行修改。

二、常住人额数此时暂不规定。

三、常住人衣单有款时再为酌量津贴。

四、常住人额外发心住堂修持者，由教会斟酌办理。

五、常住人病故，照丛林规则斟酌办理，其来堂之初，须写志愿书，照所立规条办理。
六、职员由教会先行酌派公务，俟办有成效，再行正式委任。
七、大殿过狭，应速改修，其经费设法募集之。
八、起佃押银亦应设法募集。

又于五月二十三日开会议决如下：

一、取消圆觉庵匾额，定名为十方爱道念佛堂，以别此团体非私人所有。
二、议决前期推定各职，除请假外一律留堂。
三、所有住堂伙食除以收房租支用外，不足之处数由库头林三慧居士负责办理。
四、所收捐款完全储作培修之费，不能挪作他用。
五、所收捐款交教会经收储用。
六、本堂住众如发生纠纷，公推知客仁观师解释。

钦公对此尽心竭力地支持，《佛化旬刊》1928 年 6 月号刊载内容如下：

省佛教会圣钦会长迭次在圆觉庵举行皈依所收香敬完全捐入念佛堂，此次皈依收入银六十余元，钱八十五千六百文亦完全捐入念佛堂云。

钦公威仪庄严，性格刚毅，面善心慈，表里如一，有修有证，交游广阔，不仅是四川佛教界众望所归的宗门领袖，在国内也有一定的影响力。爱道堂的德明师父，出生于 1934 年，5 岁出家，今年 88 岁高龄，在 20 世纪 60 年代还见到过钦公他老人家。

1929 年元旦，南京国民政府颁布了压迫僧众的《寺庙管理条例》，钦公义愤填膺，为取缔此条例奔驰南北各省，号召全国佛教徒请愿，历尽波折，才把这重捆绑在佛教徒身上的锁链解除。1930 年，钦公被选为四川佛教会主席，他高瞻远瞩，认识到要提高佛教的社会影响力，必须办学。但佛教会某些委员狭隘短视、阳奉阴违，钦公忿而辞职回峨，由禅安和尚继任。1932 年被成都佛教界请到大慈寺任方丈，专心恢复祖庭。因此，钦公自 1929 年以后，与爱道堂的交集就不多了。

第三章　昌圆法师与爱道堂的建设

昌圆法师的塔铭是王恩洋先生写的，发表在 1948 年第 6、7 期合刊的《净宗月刊》第 6 页上，把昌公一生的功德生动传神地记录出来，特录原文如下：

师字道静，清光绪五年（1879）生人，蜀郫县伍氏子也。幼年丧父，家贫力田，孝事慈亲，秉教唯护。年二十，于邑之金龙寺觉成和尚座下出家，和尚老矣，事之如父，恒载以小车，往返市寺。路逢险阻，填削平康，人有艰难，施于安乐。后其师逝世，遗白银七千两，师慨作功德，修建桥梁四十座，行者感德，里巷讴歌。

宝光寺中兴长老见而奇之，始导往受戒。贤首宗普殊法师状其志，劝令学经，即倡办宝光寺华严学校，从之求法焉。师少年失学，骤听大经，胜义渺茫，如堕重阁，深自惭愧，誓以专精，礼拜殷勤，益之忏悔。师又尊师重法，服事虔诚，自节衣食，丰其供养。诚愿既积，心智忽明，一日诵经至“无不从此法界流，无不归还此法界”，豁然开解，顿悟心宗，后于寺中，闭关百日。神异屡现，有感斯通。其所证量，盖有不可思议者也。

自此入世，应缘随方化物，施戒不住，安思无废，说法护法，二十余年，先后成立四川佛学院、莲宗尼众院、爱道念佛堂、宝慈佛学社、罗江佛学社、蓉东净名佛学社、温江爱道学校、犀浦觉觉佛学社等，历任四川省佛教会常务理事并主席。

十八年，蜀军提佛庙产业，师奔走呼号，赖存余续。二十九年，国家抗战，普皆征兵，师请陈君静修，提议省参议会，援处倾倒，免僧兵役，辞尽继之以泣，卒如所请。师之维护僧伽，亦已劳矣。自尔事务日繁，心力交瘁，以三十三年病于灌县灵岩山。逾年冬月卒于成都莲宗院。疾革说偈曰：“参禅念佛悟真空，三世诸佛在其中，慈悲喜舍离五欲，普利冤亲畅宗风。”

爱道堂三月份刚刚成立，四月份就举办了佛诞纪念，并成为四川佛化通俗讲演社的处所，每周六午后一点钟定时讲演佛法。爱道堂创建甫始就成为佛教会讲演社弘化重镇，开四川尼众丛林之滥觞，对民国时期的女众修学起到了极其重要的作用。

昌公在1927年4月被推举为讲演社的主任，弘法任务繁重，在全川各地奔波之余，只要身在成都，每周便会来爱道堂领众念佛或做佛学开示，对爱道堂的日常管理十分用心。1931年1月出版的《四川佛教月刊》中，刊登了爱道堂的规约文，原文如下：

四川省佛教会训令颁发十方爱道堂规约文

为令尊事，查十方爱道念佛堂，本为清净无上道场，人数众多，有似丛林，不有约法，何以肃静。兹由本会制订规约二十四则，合行令发。为此令仰该堂即便遵照实行，并张贴区式以示久远，俾众周知，仍将奉到日期，具报备查，切勿违此令。计量规约一份。常务委员，禅安、昌圆、本智、陈显良、傅雨村。

十方爱道念佛堂规约

至闻能仁宣律，首严尼戒，爱道高风，唯重制教。当兹末法之际，情多屏慧，以故入道者鲜，而废道者众也，本会同人，因见于此，创立爱道念佛堂，安单尼众住持此地，以为接引信心居士念佛。略仿丛林清规制拟二十四条，俾有志者直趋于无上菩提之大道，赖斯纲领，永作绳墨，愿各珍重，无逾此规。

一、破根本大戒者，迁单。

二、不遵八敬法，傲慢不敬礼者，摈。

三、违毁先哲，诬谤良善者，摈。

四、妄造谣言，毁损本堂名誉，借泄私忿者，摈。

五、饮酒食肉，吸烟赌博者，不许共住。

六、出言粗鄙，交劝撕打者罚，如不受罚者，摈。

七、挑唆是非，斗构两头者，摈。

八、清众出外，不请假者罚，违反三次以上者，摈。

九、恶口骂辱，我慢自高，聚集乱众者，不许共住。

十、私立徒眷，及摈收寄徒者，勒令出堂。

十一、犍椎错乱唱诵参差者，巡寮罚香。

十二、借常住名色，私应外缘者，罚。

十三、堂内执事不向住持告假去三五日，私应外缘者罚，如过半月不回堂者，去职随众。

十四、住不满期私擅逃者，不许销假。

十五、司职不尽职，及遇法会借故请假偷安者，罚。

十六、驰骋机锋，混乱佛法者，不许共住。

十七、无事串寮，及私擅造食者，罚。

十八、非常住护法，留客食宿，不报准住持者罚，不受罚者，摈。

十九、二时课诵及二时粥饭，不随众上殿过堂者，罚。除病、公务。

二十、闻犍椎避懒偷安者，罚。除病、公务。

二十一、细小不恣，动气发粗者，罚。

二十二、殿堂廊道，小门丹墀间，三五成群，闲谈杂话者，罚。

二十三、凡常住大小执事，无非代众之劳，成人之美，如不尽心尽职者，罚。

二十四、凡常住一切要紧事务，不通众议，不白住持，自循己见，通同作弊者，重罚。

昌公对爱道堂尼众自养的经济来源，同样是煞费苦心。1931 年 4 月 22 日，省佛教会第一次常委会议中，昌公动议爱道堂房租如何收回案。这个议案在 8 月 11 日的第七次执监会议上通过，圆觉庵的房租完全拨归爱道堂收用。此次会议上，还同时通过了从十方堂押租收入的 2200 元里，拨给爱道堂无息借款 236 元。1934 年 4 月，昌公在省佛教会改选大会上做报告："爱道堂已住尼僧数十单，收入差堪敷用，请大会保护一切!"

爱道堂地处闹市，土地金贵，空间逼仄，没有丝毫田产，经济来源全靠捐赠与佛事衬金，收入很不稳定。自房租拨归爱道堂后，常住才有了固定收入，这为僧众的安心办道奠定了良好的基础。

第四章 昌圆法师、定九法师在爱道堂的弘法活动

昌公等诸位民国高僧在爱道堂的弘化活动可谓丰富多彩，《佛教旬刊》《四川佛教月刊》《佛化新闻》等川内佛教杂志都有相关报道，如讲经说法、结七念佛、梵呗教学、剃度弟子等，这些资料不仅仅反映了民国时期女性佛教徒的社会活动情况，又何尝不是整个现代中国佛教开展情况的一个缩影!

笔者按活动性质、时间先后顺序将相关记载罗列如下：

第一节　讲经说法

1.《佛化旬刊》（第三年第一百零九期，中华民国十七年五月出版）（1928年）刊载：

四川佛化通俗讲演社启事

本社每逢朔望午后一钟，在外东净名佛学社讲演。星期四午后一钟在内南护国庵讲演。星期六午后一钟在内北圆觉庵讲演。星期日午后三钟在少城公园成都佛学社讲演。初九在外西观音阁讲演。届时希各界早临听讲为荷。

2.《四川佛教月刊》（第五年第十期第五十八号，中华民国二十四年十月一日出版）（1935年）刊载：

爱道堂讲《转女身经》

崇庆县林茂然居士，为追荐其胞妹，恭请昌圆法师于北门通顺桥爱道堂内讲《佛说转女身经》。于夏历八月二十五日开座，九月十九日圆满。每日午后二钟起四钟止。听众踊跃，法缘殊胜云。

3.《四川佛教月刊》（第六年第二期第六十三号，中华民国二十五年三月一日出版）（1936年）刊载：

爱道堂讲《优婆夷净行经》

优婆夷张海碧发心恭请昌圆法师，于夏历三月初一日开座，假地爱道堂讲《佛说优婆夷净行经》。此经广明在家女居士之修行法门，凡已皈依之女居士等，均应前往听受，厚植净因云。

4.《佛化新闻》（第一二九期第一版，中华民国二十九年三月十四日出版）（1940年）刊载：

爱道堂请定九和尚讲《观音经》

本市通顺桥街十方爱道堂，迎请新由重庆来蓉之定九和尚①，讲《观音经》。已于佛历二月一日起，设座敷讲，时间每日午后二时至四时。听众异常拥挤，后至者几无插足之处，法会亦云胜也。

---

① 定九和尚，号静一，1902年出生，原四川铜梁县人。1910年在铜梁凤凰寺出家，1927年在四川佛学院毕业留任“监学”。1928年任华阳近慈寺“知客”。1929年曾任新都宝光寺佛教会教员、四川省佛教会书记。1934年为成都十方堂佛学院负责人之一。1935年任重庆罗汉寺、华光寺方丈。1939年退任后，在重庆、成都、铜梁一带讲经。1950年由重庆回铜梁，1951年为铜梁县佛协会筹委会主任、人民代表。1952年到重庆罗汉寺，任重庆市佛协会副会长。

5.《佛化新闻》(第一三一期第一版，中华民国二十九年三月二十八日出版）(1940年）刊载：

定九法师讲《转女成男经》又将圆满

定九法师，本月初一日起，在本市爱道堂讲《观音经》圆满，曾志本报。听众以法师讲说流利，譬喻恰当，深为一般听众了解，以致各个听众，均不约而同，再请法师讲《佛说转女成男经》。法师以启请太诚，众意难却，决予满愿，继续开讲《女身经》。据闻又将圆满。

第二节 念佛实修

1.《四川佛教月刊》(第一年第十期，中华民国二十一年一月一日出版）(1932年）刊载：

弥陀圣诞之庆祝

夏历冬月十七，爱道念佛堂念佛七日，以表庆祝云。

2.《四川佛教月刊》(第二年第十二期，中华民国二十二年一月一日出版）(1933年）刊载：

爱道堂结七念佛

夏历冬月十一日起，十七日止，结七念佛。请昌圆法师主七，四众云集，法会殊胜云。

3.《四川佛教月刊》(第四年第三期，中华民国二十二年三月一日出版）(1933年）刊载：

十方、爱道两堂禁足一月

十方、爱道两堂诸师，由昌公法师指导，自正月十五日起二月十五日止，禁足一月。禁足期间，谢绝外缘，每日参禅诵经，厚植圣因云。

4.《四川佛教月刊》(第三年第十一期，中华民国二十二年十一月一日出版）(1933年）刊载：

通顺桥十方爱道念佛堂启事

本堂礼请昌公老法师主七，定夏历九月二十二日起，二十八日止，每日上午专称观音菩萨圣号。祈祷世界和平，消除现在兵祸。午后为追荐唐能忠居士亡母卢明善，专持阿弥陀佛圣号，七日斋茶钧由唐居士供众。尚希诸山大德僧伽、十方善信男女居士，届时惠临，同植净因。为盼。

5.《四川佛教月刊》（第五年第十二期第六十号，中华民国二十四年十二月一日印行）（1935年）刊载：

爱道堂结七念佛

通顺桥十方爱道念佛堂，恭请昌圆法师主七，定期夏历冬月十一日起，十七日止，结七念佛。是日四众云集，法会极为殊胜云。

6.《四川佛教月刊》（第六年第二期第六十二号，中华民国二十五年二月一日出版）（1936年）刊载：

本年各佛社念佛地点日期表

名称	性别	地点	日期	时间	引导者
十方堂	男	武胜街	十四、三十	午前九钟	昌圆法师
爱道堂	女	通顺桥	初一、十五 初八、廿三	午前八钟	昌圆法师
成都佛学社	女	少城公园	星期二	午前八钟	昌圆法师
宝慈佛学社	男	磨子街	星期日	午前九钟	孙质诚
宝慈佛学社	女	磨子街	星期四	午前九钟	广清师
净名佛学社	女	外东古佛寺街	初一 十五	午前九钟	昌圆法师
四川佛教居士林	女	灯笼街	星期六	午前九钟	昌圆法师
妙云佛学社	女	贵州馆内	星期一	午前九钟	昌圆法师
念佛质生社	男	尧光寺	初三 十七	午前九钟	定超和尚
念佛饬终会	女	古佛庵内	十四 廿九	午前九钟	澄一法师
惟善念佛会	女	王家塘	初一 十五	午前八钟	昌圆法师
再缘念佛会	女	宽巷子	十一 廿一	午前八钟	觉明师

右各佛庙念佛地点日期。希各佛教同志广为宣传，以便就近前往念佛，多种净因，灭轻罪业，自他俱利。

四川佛化通俗讲演社布

第三节 各类佛事

1.《佛化旬刊》（第四年第一百一拾一期，中华民国十七年五月出版）（1928年）刊载：

成都佛学社、宝慈佛学社、爱道念佛堂均于本日举行祝佛诞纪念。

2.《四川佛教月刊》（第三年第九期，中华民国二十二年九月一日出版）（1933年）

刊载：

各佛社启建盂兰盆会

本年七月之望，各佛学社均皆启建盂兰盆会，兹悉十方堂佛学院，十方爱道念佛堂，于夏历七月初一起，十五日止，举办法会半月，……以超荐历年阵亡将士，各姓宗亲，俾早离苦趣，速证无生云。

3.《四川佛教月刊》（第三年第十二期，中华民国二十二年十二月一日出版）（1933 年）刊载：

发起大白伞盖道场

四川佛教会，各丛林各佛学社团体为消除劫难，祈祷和平起见，恭请西藏阿旺南杰尊者及能海法师，建立大白伞盖道场。密坛设苦竹林街牛宅，由阿旺南杰尊者主法；显坛设文殊院，由各丛林集僧五百人，虔诵楞严神咒，请能海法师主法。比丘尼及优婆夷众，则于十方爱道念佛堂由昌圆法师统众行持。现已着手积极准备，不日即可开坛。

第四节　梵呗教学

《四川佛教月刊》（第一年第五期，中华民国二十年八月一日出版）（1931 年）刊载：

爱道堂传习梵音

人数——五十名

时间——无限定

此间通顺桥街十方爱道念佛堂，自夏历六月十六日起，每日午前十钟至午后三钟，由昌圆法师、广种师、广文师等，传演鱼山梵呗，将各佛学社所需之念佛斋天礼忏及通常佛事，香赞、经咒、偈文、回向等梵音仿丛林仪轨分别传演。凡比丘尼、女居士（不招男生），具有唱诵资格者（精力、喉咙），一律欢迎。但以五十名为限。传习期限不定，以学有心得为止。现闻加入者已有三十余人。详细规则，另有简章。传演时非常郑重，学习者亦颇热心，记者往观深为钦慕。窃谓唱诵为佛学必要之需，昌圆法师等以弘法余力提倡梵呗，实增佛化无穷之光明，而予佛教徒莫大之福利。遐迩学佛同志，盖显乎来。

第五节　剃度弟子

《佛化新闻》（中华民国三十年七月十日星期四）（1941 年）第二版刊载：

昌圆老法师今日为游隆净居士披剃

尼众又多一宏教健将

在十方堂昌圆老法师，今日午前八时，在该堂为游永康（法名隆净）女居士披剃，更名为隆莲师。引礼师延广文、广种法师担任。仪式隆重，观礼者户限为穿，亦云盛也。

在1931年省佛教会颁布的爱道堂规约的第十条里，规定不能“私立徒眷”，也就是没通过常住大众僧的同意，不能私自收徒，从根本上杜绝了作为丛林的爱道堂变成子孙庙的危险。在那个生产力低下、大众普遍困苦的年代，尼众寺院的经济除了田租与信众捐献的香油钱，就没有其他来源了。道业未成，饭食先行，无论如何，解决吃饭问题是头等大事。子孙庙中出家人多论资排辈，拉拢各自的徒众，经营私产，比势力，比收入，争堂口，争利养，产生诸多口舌是非。无僧宝的清静内涵与实质的话，居士便生不起信心，这也在情理之中。

昌公的剃度弟子上百人，皈依弟子上万人，剃度女弟子是在十方堂举行仪式。据1940年3月21日出版的《佛化新闻》第一百三十期刊载内容可知，昌公曾为钱隆性披剃。这位隆性师是成都的豪门阔太，在十方堂曾办斋谢师。莲公在讲经时说：“我师父剃度的弟子里，叫隆莲的都有四五个……”昌公披剃的女弟子像莲公一样来爱道堂常住的也不在少数。

第六节　办学

《四川佛教月刊》（第二年第六期，中华民国二十一年六月一日出版）（1932年）刊载：

隆明居士上昌圆法师书

敬陈在爱道堂开办一居士佛化学校，对女居士，分甲乙丙三班，每星期授课三日，每月缴费五角，一半归爱道堂，一半作教师工资云云。

据查此事无果而终，但毕竟反映了广大女性信众迫切希望系统学习佛法的愿望。由此因缘，昌公在1941年剃度隆莲法师，1943年在灶君庙街的金沙庵创立了莲宗尼众院，命莲公任教务长，并在城北建立了第二个尼众学校（第一个是在城南转轮藏街的地藏庵内，位于今成都市大业路）。

此事在《佛化新闻》第二百七十期第一版（中华民国三十二年二月十一日出版）曾做过报道，内容如下：

莲宗院尼众部

本市灶君庙街金沙庵莲宗院尼众部，现开始招收具备初中学业程度之尼僧四十名，凡年在二十五岁以下，无诸嗜好之比丘尼、沙弥尼，均得应考，定三年毕业，不得中途退学。每月缴食米市双斗一斗五升，学费免收，书籍自备，已于佛历正月初二日起，开始招生，正月二十日截止。

第五章　结语

民国时期，中国社会从原有的封建制走到共和制，整个社会不管是在社会思潮，还是行为观念，乃至人们的家庭生活等各个方面，都经历了动荡不安，作为中国传统文化重要组成部分的佛教也发生了巨变。印度佛教传入我国之后，经历了魏晋南北朝时期的初传阶段，再到隋唐时期创宗立派的中国化阶段，又经历了宋元明清的世俗化与衰落期。清末民初的佛教，已经到了非常衰落的地步，创新不足，人才不济，僧团缺少朝气，观念保守。

面对整个中国佛教萎靡不振的情况，在五四运动和新文化思潮的影响下，民国佛教界的有识之士奋起革新，他们提倡佛教改革，开展兴办教育与发展文化活动，重新将中国佛教三大优良传统之一的重视佛教文化事业的精神再次发扬。明清佛教是当代佛教模式的源头，民国佛教沿袭了明清佛教，它承继了过去，又开创了当代。传统与创新是人类社会在各个时期都要面临的一对矛盾，生活在民国时期的大德高僧们没有避险偷安，而是选择了尤为艰难的改革之路。民国十七年四月出版的《佛化旬刊》（第三年第一百零七期合刊，1928 年）中提到，钦公在省佛教会上发言感叹："出家人倘仍以旧习气不改，固守习惯，那几块有石头无堰水的田土，和那弯头倒拐的树木，与那冷坛破庙的房子，还是要被人家尽数拿去自私自饱的。倘有清静真修的老参上座，虽说不闻世间之事，但是这一钵粗斋、一身破衲还是少不了的。现在之社会的人心是恶坏极了的，无论何界人士，若无团体，想要独善其身，万无宁静之日。"佛教的命运与国家的命运一样，都到了生死存亡的关头。

钦公、昌公这些高僧，道心坚固，精进刻苦，在修证上达到了人我两泯、智慧圆融、辩才无碍的境界，深刻地感受和认识到佛法对自身的提升、民心的教化、家国的复兴，都有着巨大的力量。他们为振兴佛教鞠躬尽瘁，百折不挠。那么在这个过程中，女众的信仰需求越来越不容忽视。虽然中华民国于 1911 年建立，但封建王朝男女授受不亲的思想道德观念仍占社会主流，比丘的寺院是不允许女居士进去烧香礼拜的。而被三从四德压制在最底端的女性信众，对佛法苦谛的认同，和对解脱的渴望是极其强烈的！但一般的尼众庵堂多为子孙庙，地窄人稠是非多，缺乏正念接引信众的条件，导致大量女性信众涌入以居士为主体的佛学社、念佛会。但这些场所大都以念佛为主，像听经闻法、举行祈福消灾的佛事等，很难有条件举办。民国以来，女性受教育的风气渐开，对有一定文化素养的女性，这些场合是满足不了她们渴望提升佛法修学愿望的。因此，建立尼众的十方丛林是势在必行之举，亦是大势所趋。

虚云老和尚在鸡足山大觉禅寺（今虚云禅寺），于 1904 年成立了"滇西宏誓佛教学堂"。1913 年，在这个学堂的基础上，扩大规模，在尼庵增设了尼众班。太虚大师于 1922 年，在汉口成立了十方女众丛林。又于 1924 年，创立了武昌佛教女众院，并且这个名为菩提精舍的女众院于 1937 年 7 月 21 日，出版了第一个佛教女性专刊——《佛教女众》。虽然只出版了一期，正如其创刊词中所言："中国佛教，一千八百余年来，关系女众方面，不但未曾出过专册，就是求其能写一篇文章者，等于凤毛麟角。《佛教女众》专刊出世，是破天荒的第一次。自今以后，佛教女众人才，一天渐多一天了。此是佛教前途的光明，同时亦是佛教女众的好现象。无论在人类的平等上，宗教的信仰上，女众皆占多数势力，佛教女众人才，岂可忽略而不造就乎?!"

四川十方爱道念佛堂自 1928 年 3 月 30 日成立后，虽然文字记载的教务活动只有以上那么多，可是作为佛教会的直属寺院，由佛教会号召发起的全川各丛林及佛学团体集体参与的 1933 年的祈祷和平法会、1934 年药师息灾法会、1937 年设坛祈雨法会及护国息灾超度死难军民法会、1938 年普为水陆有情回向法会等，不乏爱道堂僧众与女居士的修行回向之力。

民国时期，时局动荡，颠沛流离、逃难迁徙成为各阶层人士的日常生活。报刊作为民国时代的新兴媒体，办不下去无非是因为缺钱缺人。作为省佛教会喉舌的《四川佛教月刊》，在 1940 年出现了第 9、10 期合刊；1941 年只传世了两本，即第 5、6 期合刊与第 9、10、11 期三期合刊；1942 年也只有两本，即第 12、1、2 三期合刊与第 7－12 期合刊。从此《月刊》便没了下文。创建于 1937 年的《佛化新闻》，也于 1945 年 6 月停刊，战争频繁、金融混乱、物价暴涨、通货膨胀给人民带来巨大的灾难，也使得已有的佛学研究与传播的大好形势转入了低潮。因此，1940 年以后关于爱道堂的资料缺失。

爱道堂诞生伊始，在省佛教会的主持管理下，就打下了丛林建制的基础。丛林的好处是集体分工合作，各司其职，各尽所能，扩大了个人的心量，也给个体的成长提供了许多锻炼机会。大家在长时间的劳动中磨合，增进团结协作的能力，佛事收入慢慢成了寺院经济的一大来源，这给爱道堂的长期稳定发展奠定了经济基础。

钦众、昌公两位高僧注重实修，道风高峻。在这些高僧的带领与熏染下，爱道堂始终道风纯正，大众师修行精进勇猛，不仅仅是在民国时期，时至今日仍然为佛法的昌盛贡献着自己的力量。

（作者单位：成都市爱道堂）

四川名人研究

扬雄箴体文学讽谏思想的艺术表达

杨胜宽

内容提要：扬雄的箴文创作在汉代乃至整个中国古代文学史上是一个特异的存在。它不仅是作者自赋体文学之后的文学道路延续，而且也是其讽谏思想主题表达的一种文体创新。他赋予箴体文学丰富而深刻的讽谏功能，大大增强其艺术表达的方法技巧，使其作为一个成熟的文体，正式进入文学殿堂。故学习效仿者代不乏人，成为难以超越的箴文典范。

关键词：扬雄；箴体文学；讽谏功能拓展；表达艺术方法；文体典范

班固在《汉书·扬雄传赞》中评述其“好古而乐道，其意欲求文章成名于后世”的主要著述有云：“箴莫善于《虞箴》，作《州箴》。”① 跟扬雄仿《易》《论语》《仓颉》《离骚》各种古代最具代表性的经典作品而撰《太玄》《法言》《训纂》《反骚》以自成一家之言一样，箴体文学也是其特别重视，且堪称一类独具特色的重要文学创作。扬雄何以仿《虞箴》而作《州箴》，是否将创作箴体文学作为其系列著述的一个重要组成部分？我们考察一下其所仿对象，也许就不难明白。《虞箴》是《虞人之箴》的简称，全文见于《左传·襄公四年》：“芒芒禹迹，画为九州。经启九道，民有寝庙，兽有茂草。各有攸处，德用不扰。在帝夷羿，冒于原兽。忘其国恤，而思其麀牡。武不可重，用不恢于夏家。兽臣司原，敢告仆夫。”② 这段《虞人之箴》，乃是晋大夫魏绛与晋悼公君臣之间讨论是“和戎”还是“伐戎”的国家大计时，魏绛奉劝晋君应主“和戎”之策的一番进言，其核心观点认为，人君应该“修民事”，而不要“淫于原兽”，否则将带来国灭身亡的灾难性后果。所举的历史教训，即是后羿恃射好田猎，不德于民，远贤臣，用谗人，导致内乱频仍，国亡政息。逮至周武王之有天下，辛甲为其太史，希望其君吸取夏亡的历史教训，于是“命百官，官箴王阙”。对此杜预注解称：

① 班固：《汉书》卷八十七下，中华书局，1983年版，第3583页。
② 阮元校刻：《十三经注疏·春秋左传正义》卷二十九，中华书局，1980年版，第1933页。

“使百官各为箴辞戒王过。”孔颖达疏则云：“太史号令百官，每官各为箴辞。虞人掌猎，故以猎为箴也。”① 由此可知，“箴”作为一种写作体裁，在西周初期已盛行，故太史辛甲号令百官皆作箴辞以戒帝王之过失，掌管君王山泽苑囿田猎之事的虞人，作了一首劝谏君王吸取夷羿“冒（贪）于原兽，忘其国恤”教训的箴辞，《虞人之箴》遂传之后世。

一、扬雄的箴体文学及其写作的现实背景

扬雄的箴体文学，据范晔《后汉书·胡广传》称：“初，扬雄依《虞箴》作《十二州二十五官箴》，其九箴亡阙。后涿郡崔骃及子瑗又临邑侯刘騊駼增补十六篇，广复继作四篇，文甚典美。乃悉撰次首目，为之解释，名曰《百官箴》，凡四十八篇。”② 据此，扬雄所作箴文，分别为《十二州箴》和《二十五官箴》，合计三十六篇。后来崔骃、崔瑗、刘騊駼三人增补了十六篇，胡广又作四篇，总计四十八篇，并为之解释和命名。可知在东汉时代，扬雄的箴体文学作品已有九篇或缺或亡，保留完整者只有二十七篇。班固称扬雄仿《虞箴》作《州箴》，其实并不确切，其箴既有州官箴，又有朝官箴，故胡广将其与后人增补仿制之作统名为《百官箴》，使之名副其实。而四十八篇箴文中，哪些系扬雄原作，哪些乃后人陆续增补、续作，前人看法不一，经清人严可均辑《全上古三代秦汉三国六朝文》时对扬雄箴文进行考证，才将扬雄所作箴文篇数确定下来，今天注解扬雄文集者，大多采用其考证结论，如果计入部分残缺之文，其州、官之箴共存三十三篇。张振泽《扬雄集校注》、林贞爱《扬雄集校注》、郑文《扬雄文集笺注》所收篇目一致，只是林、郑两位注家将其残缺者列为“残文补遗”或者“附录”，而张氏则未作分别，悉数列入箴文一类。

唯一值得一提的是，对于扬雄《酒箴》的处理，三家意见有所不同。张振泽此文解题云：“《汉书·陈遵传》作《酒箴》，《太平御览》引《汉书》则题曰《酒赋》，各书引皆作《酒赋》，惟《北堂书钞》作《都酒赋》。严铁桥（可均）曰：‘都酒者，酒器名。验文，当以《都酒》为长。’愚谓严说非是，据《陈遵传》云：‘其文为酒客难法度士。’则可知赋文内容是设为酒客与法度士相辩难，《汉书·陈遵传》不过仅摘取其中比物一段，而此段正好有箴规之意，故题为‘《酒箴》’，严氏又见此段专赋瓶，而曰‘当以都酒为长，是以一斑为全豹，错误是明显的’。今故依各本定题为《酒赋》。”③ 林贞爱处理方法与之同，其“题解”云：“此赋《汉书·扬雄传》未载，而载于《陈遵传》中，谓雄‘作《酒箴（赋）》以讽谏成帝，其文为酒客难法度士，譬之于物’。”④ 而郑文则将此文直接列入箴文类，且在《酒箴》“题注”中辨析云：“按：严说虽有理，然此文最早见于《汉书·陈遵传》，自应以《汉书》为准。虽各书题作《酒赋》，皆后人所拟之名，不可以代《汉书》也。至各书所载：‘汉孝成帝好酒，雄作《酒赋》以讽之。’所谓《酒赋序》，乃窜易《汉书·陈遵传》之文而成，固非子云之手笔，不可以为子云之作。且《遵传》原文为：‘先是黄门侍郎扬雄作《酒箴》以讽谏

① 阮元校刻：《十三经注疏·春秋左传正义》卷二十九，中华书局，1980 年版，第 1933 页。
② 范晔：《后汉书》卷四十四，中华书局，1982 年版，第 1511 页。
③ 张振泽：《扬雄集校注·酒赋（并序）》，上海古籍出版社，2001 年版，第 153 页。
④ 林贞爱：《扬雄集校注·酒赋（并序）》，四川大学出版社，2001 年版，第 185 页。

成帝，其文为云云’，明系追述之辞，何能伪托子云之《序》？至‘酒客难法度士，譬之于物曰’，乃《酒箴》之序，而严本削之，尤非所以存故物而重创新也。”[①]

笔者按：张、郑两家所引之严可均考证文字，见于今本《全汉文》卷五十二，篇名为《酒赋（并序）》[②]，其序文即张、林两家所采用者。郑文认为此序并非扬雄原文之序，而是后世编纂类书者“窜易《汉书·陈遵传》之文而成”，而出自扬雄手笔的序文当依据《汉书·陈遵传》为“酒客难法度士，譬之于物”。然观《遵传》所谓“扬雄作《酒箴》以讽谏成帝，其文为酒客难法度士，譬之于物”云云，应系班固撮述扬雄《酒箴》之写作意图、表达方式及基本内容，认定此句即为序文，似亦欠妥。但其主张应该依照《汉书·陈遵传》确定该文为《酒箴》，而非后世如《太平御览》等类书引用《汉书·陈遵传》而又采用《酒赋》之名，这是比较科学合理的判断。同一篇文章的名称，作为证据的材料均为《汉书·陈遵传》，自然应该相信最早的史料记载具有可靠性和权威性，而后世的类书编纂者，以为所引《酒箴》不具备“酒客”与“法度士”相互论难的完整内容，遂以为班固只是摘取了全文部分内容，而两相论难的文章结构，乃是汉赋的通行体式，于是便更其名为《酒赋》，这是想当然的命名方式，没有确凿的文献依据。如果真如后世命名为《酒赋》者所推测，班固完全可以直书原名，没有必要擅改之为《酒箴》了。况且，通观该文，可以看出其与扬雄所作州牧、朝官之箴在格式、体例、内容表达方式上高度一致，显然属于同一种文体类型。而作为一篇箴文，并不需要“序言”作前缀，观扬雄所有箴文可知，只有那些以为该文为赋体作品的人，才认为它应该有“序”，以与扬雄的其他赋作体例一致。因此，包括郑文在内的古今编书和注书者，要煞费苦心地为该文安一个“序”，其实是多此一举的狗尾续貂。再看《太平御览》所载“扬雄《酒赋叙》曰：汉孝成皇帝好酒，雄作《酒赋》以讽之”的表述[③]，既无确凿的文献资料来源，也违反常识，哪有被讽劝的当朝皇帝还健在，就称其谥号的？故郑文所谓《太平御览》编纂者“窜易《汉书·陈遵传》之文而成”《酒赋序》的看法，是有道理的。

故此，扬雄存世的箴体文学作品总数应为三十四篇，包括州牧箴十二篇、朝官箴二十一篇和《酒箴》一篇。沈如泉作专论辨析《酒箴》不应作《酒赋》，以为《酒赋》之名可能是类书编者所擅改[④]，其论说值得对此感兴趣者参考。

关于扬雄箴文的写作时间，张振泽做了如下推测：“《汉书·王莽传》，莽为安汉公，平帝元始五年奏请将汉十三州改为十二州，以合经义，并正定十二州州名。及莽立，又改官名司空为司若，大司农为羲和，后又改为纳言；光禄勋为司中，大鸿胪为典乐，卫尉为太尉，太仆为太御，少府为共工，执金吾为奋武。始建国元年复依《禹贡》改十二州为九州。今观子云之箴，州为十二，官皆旧称，知其写作当在平帝元年以后，新莽始建国元年以前，约三四年间，时扬雄年在五十八至六十二之间。”[⑤] 这段考证对我们弄清扬雄写作箴体文学作品

① 郑文：《扬雄文集笺注》卷六《酒箴》，巴蜀书社，2000年版，第304页。

② 严可均辑：《全上古三代秦汉三国六朝文·全汉文》，中华书局，1987年版，第408—409页。

③ 李昉等编纂：《太平御览》卷八十九《皇王部一四·孝成皇帝》，河北教育出版社，1984年版，第706页。

④ 沈如泉：《试论扬雄〈酒箴〉或〈酒赋〉一文的文体归属》，《扬子学刊》第一辑，巴蜀书社，2018年版，第67—72页。

⑤ 张振泽：《扬雄集校注·箴·十二州百官箴》“题注”，上海古籍出版社，2001年版，第313页。

的背景与意图具有意义。因为我们由此去了解扬雄这些箴文所表达的思想内容，能够更好地知人论世。但其表述却有疏漏处。汉平帝刘衎元始五年为公元 5 年，而平帝（元始）元年为公元 1 年；平帝之后继位者为汉孺子刘婴，年号居摄，其元年为公元 6 年，刘婴在位共不到四年，即为王莽篡位，改国号为始建国。张氏谓王莽于平帝元始五年奏请改十三州为十二州，其年正定州名。扬雄州牧箴、朝官箴均用其篡位改定十二州之前的名称，则扬雄作箴之时间，当在居摄元年（6）至始建国元年（9）的三四年间，乃与扬雄年纪在五十八至六十二之间的时间段相吻合。

所谓“居摄”，乃是王莽比照周公辅成王的先例，他以“假皇帝”的身份摄朝政，掌握实权。为了便于自己有效控制“真皇帝”，王莽用了很大心思和非常恶毒的手段。汉平帝 9 岁即位，五年以后就暴毙了，按照《资治通鉴》的记载，乃是王莽用毒药害死的。《资治通鉴·汉纪·平帝元始五年》：“时帝春秋益壮，……冬，十二月，莽因腊日上椒酒，置毒酒中。帝有疾，莽作策，请命于泰畤，愿以身代，藏策金縢，置于前殿，敕诸公勿敢言。丙午，帝崩于未央宫。”颜师古注“藏策金縢”云：“诈依周公为武王请命作金縢也。”[①] 之所以颜师古认为王莽的行为是“诈”，因为平帝并非身体有疾将亡，而是他下药将其害死，故其效仿周公愿以身代其死，不过是做表面文章，而真实用意在于夺权。果然，在平帝暴毙之后，太皇太后与朝臣商议让谁来继承本无子嗣的平帝之皇位，“时元帝世绝，而宣帝曾孙有见王五人，列侯广戚侯显等四十八人，莽恶其长大，曰：‘兄弟不得相为后。’乃选玄孙中最幼广戚侯子婴，年二岁，托以为卜相最吉”[②]。就这样，王莽把一个两岁的幼儿，借用占卜的手段，将其扶上了皇帝宝座，他自己通过一系列的福瑞谶言的造作，一步步向着篡汉的目标靠近。《王莽传》称：“是月，前煇光谢嚣奏武功长孟通浚井得白石，上圆下方，有丹书著石，文曰：‘告安汉公莽为皇帝。’符命之起，自此始矣。莽命群公以白太后，太后曰：‘此诬罔天下，不可施行！’太保舜谓太后：‘事已如此，无可奈何，沮之力不能止。又莽非敢有他，但欲称摄以重其权，填（镇）服天下耳。’太后听许。”[③] 王莽此时已权倾朝野，没有任何力量能够阻止其篡权的步伐，王舜说他除了“居摄”以重其权位而没有更大野心，其实不过掩耳盗铃，为王莽做说客而已。

在王莽居摄的几年间，一方面是他不断使用各种手段向皇帝宝座无限靠近，最终达到其篡汉为“新”的政治目标；另一方面，则是刘氏同姓或异姓的诸侯王和士大夫，一桩接一桩地“谋反”，企图推翻王莽，恢复汉王朝的统治权。其间较大的武力暴动，至少发生过两次。一次是居摄元年（6）由安众侯刘崇发起的，其与张绍密谋起事时称：“安汉公莽专制朝政，必危刘氏。天下非之者，乃莫敢先举，此宗室之耻也。吾帅宗族为先，海内必和。”[④] 这可视为刘氏宗族为维护汉朝统治权而欲推翻王莽的努力尝试。这次“谋逆”以家族内部分化和寡不敌众而告失败。另一次则是次年由曾为汉相的翟方进之子翟义发起，其说服陈丰参与举义称：“新都侯摄天子位，号令天下，故择宗室幼稚者以为孺子，依托周公辅成王之义，且

---

① 司马光：《资治通鉴》卷三十六，中华书局，1982 年版，第 1155—1156 页。
② 班固：《汉书·王莽传上》，中华书局，1983 年版，第 4078 页。
③ 同上，第 4078—4079 页。
④ 同上，第 4083 页。

以观望，必代汉家，其渐可见。方今宗室衰弱，外无强藩，天下倾首服从，莫能抗扞国难。吾幸得备宰相子，身守大郡，父子受汉厚恩，义当为国讨贼，以安社稷。欲举兵西，诛不当摄者，选宗室子孙辅而立之。”① 其对王莽立幼主而居摄的做法极为不满，看到了其将取而代汉的明显用心，故欲推翻之而另立新主，以安汉室。短时间之内翟义的队伍就达到了十余万之众。“莽闻之，惶惧不能食。太皇太后谓左右曰：‘人心不相远也。我虽妇人，亦知莽必以此自危。’”② 观太皇太后王氏对王莽造符瑞阴谋篡汉所表达的愤怒，及此次其对王莽畏惧情绪的反映可以清楚知道，她是不愿看到王莽篡汉成为现实的，只是由于有心无力，无法阻止，后来甚至还不得不违心地成就王莽实现篡权野心，其内心的痛苦挣扎可以想见。

扬雄在王莽居假皇帝之位而摄朝政的三四年间，集中写作除《酒箴》外的这批箴文，以表达其讽谏皇帝之意，实在是很值得玩味的举动。此时的朝局现实是，年仅两岁的幼儿被扶上了“真皇帝”宝座，而实际上操控朝政大权的是“假皇帝”王莽，名义上虽然有一个太皇太后垂帘听政，但她深知自己作为一个寡妇人，根本无力与王莽对抗，很多时候是王莽想干之事让其表态或者下诏，使事情看起来符合朝政的“规矩”，但她打心底里是极为反感的。身为黄门侍郎的扬雄，十多年来看到成、哀、平三朝发生的政局乱象，特别是平帝被毒死，一个年仅两岁什么都不懂、更不能发号施令的幼儿被一个野心极大且掌握朝政实权的异姓强人操控着，这种“位”与“权”的严重分裂，在汉朝两百多年的历史上是从来没有见到过的。扬雄虽然做的是一个受人冷落的闲官，对时事也多采取一种观望态度，但他同时又是一个正统的儒家思想信奉者与弘扬者，抱有浓厚的复古主义思想倾向，比照其心目中理想的尧舜禹汤文武之治，现实的反差极为强烈而巨大。正是在这种现实背景和失望心态的驱使下，扬雄写作这批箴文来讽谏皇帝，抚今追古，取譬寓意，以表达其深重的历史情怀和现实忧思。

二、扬雄讽谏思想的艺术表达方式

讨论扬雄的箴体文学，自然首先从其作于成帝时代的《酒箴》着手。这不仅因为此文写作时间最早，而且还在于其主要依仿了《虞箴》的写作手法。关于该文写作的具体时间，郑文、林贞爱两家无言，唯张振泽有云：“按汉成帝好微行淫游，鸿嘉、永始中常与私奴客乌集醉饱吏民之家，王音、刘向、谷永等都上书切谏。扬雄于永始初年由蜀到京师，因大司马车骑将军王音荐为郎，给事黄门，故称黄门郎。约四年后元延二年，雄随成帝祠甘泉，奏《甘泉》《羽猎》等赋以讽。此《酒赋》当作于此时前后，时扬雄四十三岁左右。”③ 考《汉书·五行志第七下之下》：“永始元年九月丁巳晦，日有食之。谷永以京房《易占》对（成帝）曰：‘元年九月日蚀，酒亡节之所致也。独使京师知之、四国不见者，若曰：湛湎于酒，君臣不别，祸在内也。’”④ 看来成帝后期，君臣无别地一起沉湎于酒的问题，已经相当严

① 司马光：《资治通鉴·汉纪·王莽居摄二年》，中华书局，1982年版，第1161页。
② 同上。
③ 张振泽：《扬雄集校注·酒赋（并序）》“题注”，上海古籍出版社，2001年版，第154页。
④ 班固：《汉书》卷二十七下之下，中华书局，1983年版，第1505页。

重。故谷永借日蚀天象来规劝成帝。扬雄之箴，是否作于此时前后，难以确定，但为其在成帝时任黄门侍郎（元延二年，前 11）之后所作，且意在讽谏成帝过度烂酒，则是可以相信的。

《酒箴》的表现手法，按照班固在《陈遵传》中所说，是采用"譬之于物"的方式来体现其讽谏主旨的。所谓"譬之于物"，即是用物来做譬喻，比较接近于《诗经》"比"的艺术手法，而不完全类同于"赋"的直陈其事。故扬雄在《酒箴》中，用汲水之"瓶"比喻法度士，设为酒客之言以"难"之。所"难"之意，别为三层：其一是以奚落口吻，嘲笑"瓶"之为用，止于汲水，"一旦叀碍，为甍所櫑，身提黄泉，骨肉为泥"。意即瓶在汲水过程中，一旦碰撞井壁，就会掉落井底，粉身碎骨。可见其命运很悲惨，且这种不幸完全掌握在操控者的偶然失误中。其二是以"瓶"与"鸱夷"做对比，鸱夷盛酒，腹大如壶，可以吐酒不绝，让沉湎于酒的人爱不释手，可以成为国器，常随于帝王之属车，"出入两宫，经营公家"，相较于汲水之瓶，显得何等的受宠和荣光！其三是酒客的最后两句话作为结论："由是言之，酒何过乎！"这是基于前两层意思的表达，进一步突出本文的讽谏主旨：表面看来，无论"瓶"汲水的不幸，还是"鸱夷"盛酒的荣宠，似乎都与"酒"本身没有什么关联。但深入地想，如果没有帝王沉湎于酒的癖好，哪有鸱夷之宠遇与幸运？故林贞爱对此解释云："谓瓦罐汲水为人谋利而遭丧身之祸，酒囊误国殃民反而博得帝王贵族的宠爱。难道这是酒的过错吗？非也，是帝王嗜酒成性的缘故。"① 这正是扬雄作《酒箴》讽谏成帝沉湎于酒的立意所在。刘勰云："箴者，所以攻疾防患，喻箴石也。"又云："箴惟德轨。"② 可知"箴"之为文，专在对帝王进行讽谏，规诫其缺失，以达到"攻疾防患"，标榜道德规范的目的与效果。扬雄此文，托物寓意，深曲宛转，通过对比、反讽等修辞手法，实现了针砭帝王之过的批判意图，不知汉成帝是否认真领会到了其中的讽谏之意。

在对扬雄文学创作进行整理笺注的三位注家中，郑文算是其中最关注扬雄箴体文学的一位学者。他在《扬雄文集笺注·前言》部分，用了较多笔墨论述扬雄的箴体文学创作。在评价其创作动机时，他指出："至于众箴之作，虽假之'在昔之叶'，而其笔锋所指，显为针砭现实而发，否则不能攻疾防患，以箴石为喻了。"③ 又说："研求他的写作的动机，他的笔锋所指，不仅涉及整个地方，而且涉及朝廷各个部门，特别对于当时最高统治者，发挥了讽刺的力量。白居易的讽喻诗，不仅有名唐代，且为后世所称道。其实子云所作的箴，其时代固早于白氏，其涉及的范围也广于白氏。也许由于后人质疑于它们的真伪，而未发掘其义涵，其实它们是借古代作镜子，而对现实进行了深广的斗争。"④ 郑文的这些评论，主要关注点在于扬雄箴文的思想内容方面，而对其艺术表现方法，只提到"假之'在昔之叶'""借古代作镜子"的表达形式，即借古讽今的艺术手法，没有更多的分析与总结。

如果结合上述扬雄州牧、朝官箴写作于王莽居摄年间的那种非常特殊的政治背景之下，其所针对的"现实"又不同于寻常；其讽刺的"最高统治者"，也并非一般意义上的所谓帝

① 林贞爱：《扬雄集校注·酒赋（并序）》注（5），四川大学出版社，2001 年版，第 187 页。

② 刘勰著，周振甫注：《文心雕龙注释·铭箴第十一》，人民文学出版社，1983 年版，第 117 页。

③ 郑文：《扬雄文集笺注·前言》，巴蜀书社，2000 年版，第 18 页。

④ 同上，第 44—45 页。

王。这些时事的特殊性，自然会影响到扬雄箴文的独特艺术表达方式。

首先，以州牧、朝官之箴为箴体文学整体架构，体现了其国家一统、百官各正其位的政治观念。依照刘勰的说法，箴文之作，其源可以追溯到三代，故言："斯文之兴，盛于三代，夏、商二箴，余句颇存。"周振甫注："《逸周书·文传解》引《夏箴》：'中不容利，民乃外次。'《吕氏春秋·应同》引《商箴》：'天降灾布祥，并有其职。'"① 说明早在夏、商时代，就逐渐形成了百官作箴以讽谏帝王之过的制度，只是由于资料稀少，难以窥见全豹。周氏所引《夏箴》《商箴》的残句，其规劝帝王要重视人民的利益、敬天履责的意思，还是可以依稀看出。但真正结构完整的一篇箴文，唯《左传·襄公四年》传文载录的魏绛劝导晋王所诵的《虞人之箴》，它成为扬雄依仿的标准范式。也许当初周武王的百官按照太史的号令，都立足各自职责，向周武王献上了所作之箴，但史料缺失，连汉代的扬雄也无法目睹其详了。

扬雄仿照《虞箴》的体制，作州牧箴、朝官箴达三十多篇，此举仅仅是为了补史之缺，企图重现"百官箴"的样貌，还是蕴含着此外的写作动机？当初周太史号令百官作箴以规王过，这个"百官"的概念究竟只是指朝官，还是包括了地方官在内，今天已经不得知其详情，但以情理度之，似乎其所谓"百官"，主要指朝廷百官，因为他们的岗位是受帝王钦命，行使国家机构具体职能部门的相应职责，负责管理不同的国家事务，完成帝王所赋予的中央政权职责使命。如果这样，扬雄将地方官、朝官纳入箴文写作的总体框架之中，似乎就有了某种特定的政治含义。关于元帝元始五年改定十二州之事，见于《汉书·王莽传》。王莽作安汉公，想诱使西羌内附，派遣中郎将平宪出使塞外传达使命。据平宪转述西羌愿意内附之言云："太皇太后圣明，安汉公至仁，天下太平，五谷成熟，或禾长丈余，或一粟三米，或不种自生，或蚕不蚕自成，甘露从天降，澧泉自地出，凤凰来仪，神爵降集。从四岁以来，羌人无所疾苦，故思内附。"② 之所以要特别强调"四岁以来"，是因为王莽于元始元年被封为安汉公，到此约为四年，显然意在为王莽歌功颂德；其表白中关于"天下太平"的所谓"祥兆"，稍有常识的人都清楚是不可能之事，但当时居然堂而皇之地大肆宣扬，可见王莽为了满足自己的政治野心，已到无所不用其极的地步。于是，王莽奏报太皇太后称："臣又闻圣王序天文，定地理，因山川民俗以制州界。汉家地广二帝三王，凡十三州，州名及界多不应《经》。《尧典》十有二州，后定为九州。汉家廓地辽远，州牧行部，远者三万余里，不可为九。谨以《经》义正十二州名分界，以应正始。"③ 其表面上说改十三州为十二州是为了符合《尧典》的经义，而其言语间隐然以超越二帝三王的当代"圣王"自居，且陶醉于所谓的"天下太平"。对照真实的成、哀之际的朝政，其实根本就不是这回事，把行将灭亡的西汉政权，粉饰成太平盛世、四方来朝，难道像扬雄这样怀有儒家社会政治理想的人，完全分辨不清其是非真伪？

扬雄之写作州牧箴，意在寄寓其天下一统、帝王以德率下、怀民来远的政治观念。《尚书·舜典》："月正元日，舜格于文祖，询于四岳，辟四门，明四目，达四聪。咨十有二牧，曰：'食哉惟时，柔远能迩。惇德允元，而难任人，蛮夷率服。'"孔安国注："任，佞；难，

① 周振甫：《文心雕龙注释·铭箴第十一》，人民文学出版社，1983年版，第122页。
② 班固：《汉书·王莽传上》，中华书局，1983年版，第4077页。
③ 同上。

拒也。佞人斥远之，则忠信昭于四夷，皆相率而来服。”孔颖达疏：“言舜真为天子，命百官授职之事。……乃谋政治于四岳之官。所谋开四方之门，大为仕路致众贤也；明四方之目，使为己远视四方也；达四方之聪，使为己远闻四方也。恐远方有所壅塞，令为己悉闻见之。既谋于四岳，又别敕州牧，咨十有二牧，曰：‘人君最所重者，在于民之食哉！惟当敬授民之天时，无失其农要。为政务在安民，当安彼远人，则能安近人耳；远人不安，则近亦不安。’欲令远近皆安之也。又当厚行德信，而使足为善长，欲令诸侯皆厚行其德，为民之师长，而难拒佞人，斥远之，使不干朝政，如是则诚信昭于四夷，自然蛮夷皆相率而来服也。”[①] 按照孔颖达的疏解，舜为天子，先命百官之职事，希望他们作为自己的耳目，帮助自己闻见天下四方之事；同时，又别敕州牧，训诫他们作为地方官，要注重农时，无失其安民之政要；要厚行其德信，为远近之民作道德表率；要拒斥佞人，不让其干预朝政。做到这些，就能够取信于天下，使蛮夷相率而来服。

扬雄所要表达的，正是尧舜之治天下太平和睦的大一统社会理念。州牧作为掌管一方的最高行政长官，起着沟通中央与万民的桥梁纽带作用，只有明智的帝王任用懂得安民之道、善于以德信为政的州牧，那么远近之民才能够拥护这样的帝王，王朝的统治根基才可以真正得到巩固。相反，历史的悲剧就会再次重演。正如其在《益州牧箴》中所阐明的，一方的治乱盛衰，全在于帝王治理天下之有道无道。夏桀沉湎于个人癖好，荒疏国政，导致苗民离叛，夏殷治迹被毁于一旦；逮及周、秦，“幽厉夷业，破绝为荒。秦作无道，三方溃叛”。大汉推翻秦的暴政，取得了天下，维护了国家的统一，故其箴文称颂其“拓开疆宇，恢梁之野，列为十二，光羡虞夏”。为了巩固好大汉的和平统一，他告诫“牧臣司梁，是职是图，经营盛衰，敢告大夫”[②]。汉朝尽管拥有了比虞、夏天下更辽阔的十二州之地，但是如果州牧们不能守土尽责，以德政赢得民心，则夏桀、殷纣、秦二世覆国亡身的历史就会再现于眼前。面对西汉末年摇摇欲坠的大一统天下，其作箴以警醒朝廷统治者及百官，特别是直面老百姓的地方官，是有其明显现实针对性的。

其次，以往古盛衰、治乱做对比的方式，为现实社会提供安定天下的经验启示。刘勰云：“至扬雄稽古，始范《虞箴》，作卿、尹、州牧（箴）二十五篇。……信所谓追清风于前古，攀辛甲于后代也。”[③] 刘勰看到了扬雄箴文内容表达的显著特点，即其所作的几乎全部箴文，都采取追溯往古、兴衰对比的方式，从中揭示出治乱荣枯的历史演变轨迹，希望引起最高统治者和各级官员的深刻反思，悟出历代王朝安危兴亡的经验教训与深刻启示。《冀州牧箴》云：“洋洋冀州，鸿原大陆。……三后攸降，列为侯伯。隆周之末，赵魏是宅。冀土糜沸，炫沄如汤。更盛更衰，载从（纵）载横。陪臣擅命，天王是替。赵魏相反，秦拾其弊。北筑长城，恢夏之场。汉兴定制，改列藩王。仰览前世，厥力孔多。初安如山，后崩如崖。故治不忘乱，安不忘危。”[④] 张振泽注“厥力孔多”句引章樵云：“力，合作历。”林贞

① 阮元校刻：《十三经注疏·尚书正义》卷三，中华书局，1980年版，第130页。
② 张振泽：《扬雄集校注·箴·益州牧箴》，上海古籍出版社，2001年版，第334—335页。
③ 刘勰著，周振甫注：《文心雕龙注释·铭箴第十一》，人民文学出版社，1983年版，第117页。
④ 张振泽：《扬雄集校注·箴·冀州牧箴》，上海古籍出版社，2001年版，第315页。

爱则释“力”为“武力”，“孔”为“漏洞”[①]。林说不免望文生义，当以张说为长。联系上句，谓观察历朝各代，所经历的变故非常之多。在冀州这片广袤的土地上，曾经是尧舜禹三代圣王的建都之所，其后经历西周之隆衰，春秋战国时代之合纵连横，诸侯相争相残，秦因其弊而得以一统天下。但好景不长，秦王朝虽然修筑了万里长城，恢复了夏禹的疆域，可劳民伤财过度，民不堪命，刘、项揭竿造反，汉氏乃得其天下。览观历史的演变，好像看一部情节跌宕起伏的悲喜剧，好的开端未必有好的结局。“初安如山，后崩如崖”，历史更迭的情节如此类似，似乎成了很多王朝统治者都逃不脱的周期律魔咒。扬雄作为一个对古圣先王充满敬意、又禀性“默而好神湛之思”的儒道坚守者[②]，他通过对往古朝代兴衰成败的追溯，对比效果极为鲜明，中间显然有着耐人寻味的复杂背景和深刻原因，值得拥有天下者总结反思。故其在文末发出“治不忘乱，安不忘危”的谆谆告诫，这无论对于掌握大权的最高统治者，还是对于统治集团的所有官员而言，都是值得汲取的历史经验教训。

除了对往古历史更迭的整体观照，勾勒其盛衰成败的演变轨迹以对比出不同的命运结局之外，扬雄还通过对一个王朝的兴衰历史线索的描绘，同样形成对比强烈的表达效果。《兖州牧箴》重点追溯了殷王朝的发展历史：“成汤五徙，卒都于亳。盘庚北度，牧野是宅。丁感雊雉，祖己伊忠。爰正厥事，遂绪高宗。厥后陵迟，颠覆汤绪。西伯戡黎，祖伊奔走。致天威命，不恐不震。妇言是用，牝鸡司晨。三仁既知，武果戎殷。牧野之禽，岂能复耽？甲子之朝，岂复能笑？”[③] 成汤五徙而都亳，奠定了殷王朝的统治基业。其后盘庚即位，先都黄河之北，随后率民迁徙回到成汤所营之亳都，民多怨言。据《史记·殷本纪》载：“帝盘庚之时，殷已都河北，盘庚渡河南，复居成汤之故居，乃五迁，无定处。殷民咨胥皆怨，不欲徙。盘庚乃告谕诸侯大臣曰：‘昔高后成汤与尔之先祖俱定天下，法则可修。舍而弗勉，何以成德！’乃遂涉河南，治亳，行汤之政，然后百姓由宁，殷道复兴。”[④] 扬雄说盘庚迁都牧野，不详何据。盘庚之后，殷王朝一度衰落。到武丁为帝时，祭祖之际有雉鸣于鼎上，武丁以为不祥，而贤臣祖己则训诫殷王曰：“‘唯天监下典厥义，降年有永有不永，非天夭民，中绝其命。民有不若德，不听罪，天既附命正厥德，乃曰其奈何！呜呼，王嗣敬民，罔非天继，常祀无礼于弃道。’武丁修政行德，天下咸欢，殷道复兴。”[⑤] 武丁遂成为中兴之主，被尊为高宗。到殷纣为帝，荒淫无度，酒池肉林，又为炮烙之刑，以博妲己一笑。故其遭到西伯的警告、武王的讨伐，导致殷王朝最终灭亡。扬雄在箴文之末，用两组反问句，来批判其为君之无道。成汤、盘庚、武丁的中兴，何其不易，而殷纣的暴虐败业，又何其容易。盛衰转换之间，其中的深刻教训难道不值得后世为政者深思吗？

《司空箴》则描绘了两种截然不同的国家治理与运行模式，形成鲜明的是非对比，作者的褒贬之意蕴含其中。其言云：“茫茫九州，都鄙盈区。纲以群牧，缀以方侯。烈烈隽乂，翼翼王臣。臣当其官，官当其人。九一之政，七赋以均。昔在季叶，班禄遗贤。掊克充朝，

① 林贞爱：《扬雄集校注·冀州箴》注（9），四川大学出版社，2001 年版，第 240 页。
② 班固：《汉书·扬雄传上》，中华书局，1983 年版，第 3514 页。
③ 张振泽：《扬雄集校注·箴·兖州牧箴》，上海古籍出版社，2001 年版，第 318 页。
④ 司马迁：《史记》卷三，中华书局，1982 年版，第 102 页。
⑤ 同上，第 103 页。

而象恭滔天。匪人斯力，匪政斯敕。流货市宠，而苞苴是鬻。王路斯荒，孰不倾覆?”[①] 自“昔在季叶”以前，叙述的是“王路（道）行”的国家管理状态；而此后则是“王路荒”的王朝末代境况，贤能爱民之人失位，聚敛民膏之臣得势，卖官鬻爵，贿赂公行。这样没有人道的王朝，与圣贤治国之道全然相悖，岂有不导致倾覆的道理?

《大司农箴》用不同时代对农殖、赋税的政策做对比，得出影响国家兴衰的两种不同结局。其言云：“上稽二帝，下阅三王，什一而征，为民作常。远近贡篚，百则不忘。帝王之盛，实在农殖。季周烂漫，而东作不敕。膏腴不获，庶物并荒。府库殚虚，靡积仓箱。陵迟衰微，周卒以亡。秦收太半，二世不疗。泣血之求，海内无聊。”[②] 郑文注“季周烂漫，而东作不敕”二句引章樵云：“自周宣王不籍千亩，是后人君不知务农重谷。”注“秦收太半”四句引章樵云：“秦废井田之法，收太丰之赋，二世而亡，民罹荼毒，至于泣血。”[③] 可知周、秦之亡，均因末代帝王不重农耕，赋税繁重，农民泣血的诉求得不到回应，民不聊生，导致被迫反抗，加快了周、秦王朝的灭亡。要是他们像二帝三王那样，重农而轻赋，老百姓可以安居乐业，历史的轨迹可能就是另一幅图景了。

最后，以剀切深刻的议论方式，表达其所一贯尊奉的儒家民本思想。“民为邦本，本固安宁”，据《尚书·夏书·五子之歌》的记载，乃是夏禹的治国理念[④]。历代儒者称颂三代和圣王之治，皆不断宣扬这种民本思想。扬雄在所作众多箴文中，往往通过对历史演变的追溯，以及王朝兴衰和朝代更迭的观照，在此基础上思考其所以兴衰成败的深层次原因，发表作者的议论，以表明其思想倾向和价值取向，突出其讽谏君王的主题。如《冀州牧箴》云：“仰观前世，厥力孔多。初安如山，后崩如崖。故治不忘乱，安不忘危。周宗自怙，云焉有予隳。六国奋矫，果绝其维。”这段议论性箴辞，意在阐明一个被历史经验所反复证明过的深刻道理：拥有统治天下的权力地位，并不会一劳永逸，也不可能坐享其成。作为统治者，必须敬天畏民，恪尽职守，选贤任能，顺乎民意。当天下太平时，要防止动乱所由起，当社会安定时，要时刻考虑政权发生倾覆的危险存在。如果以为得到天下便是稳固如山，就无所作为，甚至荒淫无道，那么，等到其权利大厦崩塌时，再想弥补就来不及了，因为一旦失去人心，天下易主就是不以掌权者个人意志为转移了。故《雍州牧箴》云：“盖安不忘危，盛不讳衰。”《幽州牧箴》云：“盛不可不图，衰不可或忘。隄溃蚁穴，器漏箴芒。”《徐州牧箴》云：“事由细微，不虑不图。祸如丘山，本在萌芽。”只有那些能够居安思危、处盛虑衰的明智君王，才能够努力争取不失民心，不断巩固其政权根基。《豫州牧箴》更云：“故有天下者，毋曰我大，莫或我败。毋曰我强，靡克余亡。”如果统治者以为其位高权重，就可以无所顾忌，有恃无恐，不把民生疾苦当回事，那么，人民的力量就会使其败亡。扬雄也从反面苦口婆心地告诫帝王，要铭记亡国之君的深刻教训，谨小慎微，防微杜渐，正如《青州牧箴》所云：“嗟兹天王，附命下土。失其法度，丧其文武。”而那些了解历史兴替规律，懂得什么是治国安邦根本大计和推动历史发展力量来源的帝王，才理解一旦丧失国本，一切努力

① 张振泽：《扬雄集校注·箴·司空箴》，上海古籍出版社，2001年版，第347—348页。
② 张振泽：《扬雄集校注·箴·大司农箴》，上海古籍出版社，2001年版，第354页。
③ 郑文：《扬雄文集笺注·大司农箴》，巴蜀书社，2000年版，第285页。
④ 阮元校刻：《十三经注疏·尚书正义》卷七，中华书局，1980年版，第158页。

都是徒然。正如《兖州牧箴》云："有国虽久，必畏天咎。有民虽长，必惧人殃。"何谓"人殃"？张振泽、郑文两家均于此无解，唯林贞爱注释为"人为的灾殃"①。四句之意在于告诫帝王，立国越久，越要敬畏天罚；御民愈众，愈应害怕人民带来的亡国灾祸。这样的道理，扬雄在《交州牧箴》里也发表过类似的议论，所谓"亡国多逸豫，而存国多难。泉竭中虚，池竭濒干"。对于"泉""池"两句，各家解释不一。郑、林皆引《诗·大雅·召旻》"池之竭矣，不云自频；泉之竭矣，不云自中"作为典故出处，但各自的申说又不尽相同。郑云："言中水虚而不生则泉竭，外水干而不灌则池竭，以喻王者内外用贤，国家才能兴盛。"② 林云："谓池水的干涸，不是从它的岸边开始的么？泉水的干涸，不是从它的中间开始的么？比喻国家灭亡既自王朝本身腐败开始，又自外来的祸患开端。"③ 两说相较，似林说稍长。但如果引申一层理解，这里所用之"泉""池"，都是以水为喻，所谓泉竭池干，都是由于水源问题造成。这自然令人想起《荀子·王制》之所言："马骇舆，则君子不安舆；庶人骇政，则君子不安位。马骇舆，则莫若静之；庶人骇政，则莫若惠之。选贤良，举笃敬，兴孝弟，收孤寡，补贫穷。如是，则庶人安政矣。庶人安政，然后君子安其位。传曰：'君者，舟也。庶人者，水也。水则载舟，水则覆舟。'此之谓也。"④ 虽然借喻的对象不同，其蕴含的"君""民"关系道理则是一样的。国家的存亡，根本取决于人民的态度和行动，帝王如果认识不到这一点，纵情逸豫而不管人民的死活，必然招来人民的唾弃与反抗，国破家亡的命运，就是他的最后归宿。

三、扬雄箴文的文学表达功能拓展

探讨这一问题，首先应该思考与此相关的两个前提性因素。第一，从扬雄自身的文学创作发展看，箴文的大量创作意味着什么。第二，从箴文的历史演变看，扬雄创作箴文处于文体发展链条的何种位置。

关于第一个问题，由于扬雄自己在《法言·吾子》中有过如此一段自问自答的叙述："或问：'吾子少而好赋？'曰：'然。童子雕虫篆刻。'俄而曰：'壮夫不为也。'"⑤ 许多研究者认为扬雄在写作了著名的"四赋"以后，便转而从事《方言》《法言》《太玄》等纯学术的著述，而在文学方面就少有精力投入了。但事实并不完全如此。比如《太玄赋》《逐贫赋》等写成于哀、平年间，表明其赋体文学创作仍在继续；与此同时，扬雄在居摄年间写作的数十篇箴文，其实是在赋体文学之外的文体新尝试，观念新转变。当扬雄认识到赋体文学讽喻功能相对较弱的局限之后，他实际上便想通过箴体文学的批量写作，不仅使其文学创作道路得以延续，而且使其文学表达观念得以提升，这种提升的重点，就在于为了努力弥补赋体文学讽喻功能不够强的缺陷，他采用箴文来强化其文学创作的讽谏作用，突出其托古讽今的现

① 林贞爱：《扬雄集校注·兖州箴》注，四川大学出版社，2001年版，第244页。
② 郑文：《扬雄文集笺注·交州牧箴》，巴蜀书社，2000年版，第345页。
③ 林贞爱：《扬雄集校注·交州箴》注，四川大学出版社，2001年版，第244页。
④ 梁启雄：《荀子简释·王制》，中华书局，1983年版，第102页。
⑤ 《二十二子·扬子法言》卷二，上海古籍出版社，1986年版，第813页。

实批判意识。

从第二个问题看，箴体文学的讽谏作用在扬雄之前实在没有得到充分的发挥。《夏箴》《商箴》即便可靠性不成问题，后人能够见到的也仅剩残句。而西周之箴，堪称完整的不过《虞人之箴》一篇而已。春秋之际，可见于典籍者，独《左传·宣公十二年》载有栾武子劝晋君勿与楚国开战所引楚子箴辞两句："民生在勤，勤则不匮。"① 从楚子的箴辞看，更像是君主对百官的训诫，这与《吕氏春秋·应同》所引的《商箴》，颇为相似。其云："故尧为善而众善至，桀为非而众非来。《商箴》云：'天降灾布祥，并有其职。'以言祸福，人或召之也。"② 皆与《虞箴》立意有别。意主规谏的箴体文学，只有到了扬雄的手里，才真正使其成为一个独立而具备了体裁规范的文体，因其特定的讽谏功能，遂在文学殿堂里占有一席之地。后世的文体学家们，即是依据扬雄箴文的基本体式与功能，来定义"箴"这种文体的。故刘勰云："箴者，所以攻疾防患，喻箴石也。"意即箴文就像医生治病所用的箴、石一样，专门发挥其攻克疾患（过失）的特殊作用。明人吴讷《文章辨体序说》云："按许氏《说文》：'箴，诫也。'《商书·盘庚》曰：'无或敢伏小人之攸箴。'盖箴者，规诫之辞，若箴之疗疾，故以为名。"③ 徐师曾《文体明辨序说》亦云："按《说文》云：'箴，戒也。'盖医者以箴石刺病，故有所讽刺而救其失者谓之箴，喻箴石也。……而《虞人》一篇，备载《左传》。于是扬雄仿而为之。其后作者相继，而亦用以自箴。"④ 显然，两位明代文体学家，都是在刘勰定义的基础上，对箴文的定义进行更加确切的阐释，并且勾勒出其发展孳乳源流。从徐师曾的叙述，可以明白扬雄的箴文在箴体文学发展史上的特殊地位。

考察扬雄在箴体文学表达功能上的拓展，自然以《虞箴》为参照。主要表现在以下几个方面。

第一，因写作主体的变化，使箴文具备了真正的文学创作性质。按照《左传》的记载，周武王太史号令百官作箴文以针砭周王之过失，当然是百官站在各自所执掌职责的角度来进行写作。虞人执掌山泽苑囿田猎，故其在箴文中主要规诫武王不要像夷羿那样，沉湎于田猎而荒废了政事，如果导致农耕不时，错失了一年的耕种时节，就要影响农民一年的收成与生计，这对于农耕社会的西周王朝来说，将严重威胁到百姓的生存、社会的安定、政权的巩固。这样的"命题作文"，严格说来不算是纯文学创作，而是一种公文写作，写作者只能涉及其职责范围内的事情，不能也不宜"越职言事"。扬雄的箴体文学就完全不一样了。他虽然在体式上依仿了《虞箴》，但其站在"代言"者的角度，从朝官和地方官各自的职责出发，来安排箴文的内容和表达方式，并根据他们的职责分工，对帝王提出侧重点不同的规诫，甚至直接表达创作者的爱憎倾向或褒贬立场。如此，才使箴文具备了文学创作的要素特征。故箴文到了扬雄手中，随着写作主体的变化，其文学创作的性质得到完全固定。

第二，因写作动机的变化，使箴文的表达功能得到进一步彰显。西周太史号令百官作箴文，对于每一位官员而言，其写作是被动性的完成一桩公务，虽然指斥帝王过失的要求比较

---

① 阮元校刻：《十三经注疏·春秋左传正义》卷三十三，中华书局，1980年版，第1880页。

② 《二十二子·吕氏春秋》卷十三，上海古籍出版社，1986年版，第666页。

③ 吴讷：《文章辨体叙说·箴》，人民文学出版社，1982年版，第46页。

④ 徐师曾：《文章辨体叙说·箴》，人民文学出版社，1982年版，第140—141页。

具体，但怎样去规诫帝王的过失，规诫到什么程度，使用什么样的表达方法，中间其实存在许多差异和不确定性。另外，百官是否都能认真对待，且有敢于直面帝王过失的胆量，这些都是难以预料的。周武王的太史发动广泛地针砭其君过失的号召，但流传下来的仅有《虞人之箴》一篇而已，这究竟是因为历史久远，其他箴文失传，还是仅有虞人之类的部分官员认真完成了这次任务，我们今天难以确知，但也不排除很多箴文写作不认真、质量平庸，甚至以“刺”作“颂”，所以没有流传的价值。据《国语·周语》记载，周厉王暴虐无道，引起国人谤议。他为了弥谤，专门请了卫巫来监视谤者，于是，举国上下再无谤议的声音。邵公告诉他，听不到国人的谤议，不是好事是坏事。他以治水可导不可壅为喻，告诫厉王：“故天子听政，使公卿至于列士献诗，瞽献曲，史献书，师箴，瞍赋，百工谏，庶人传语，近臣尽规，亲戚补察，瞽史教诲，耆艾修之，而后王者斟酌焉。是以事行而不悖。”[①] 表明在西周时期，朝廷上下对帝王的规诫体制是比较完备的。但多少年过去，“师箴”的文字几乎没有流传下来。箴文经扬雄的批量写作，自汉以来仿效者代不乏人，激活了这种文体的生命活力。其中一个重要的成功原因，在于扬雄变被动写作为主动创作，并具有明确的讽谏目的，且这种讽谏恰当西汉末期君王无能、外戚擅权的政治乱局，使其箴文批判现实政治缺失的功能得到明确彰显。

第三，因写作能力的提高，使箴文的讽喻效果得到进一步加强。任何一个朝代，不管其政治是否清明，治理效果好坏，百官的水平能力肯定是参差不齐的。而如果要说写作表达的方法与技巧，那就更加难以整齐划一了，即使是一位官员履职的行动能力很强，他也未必同时又是一个写作高手。具体到箴文来说，作者写作水平的高低、写作方法的运用，直接影响到其针砭帝王之过的效果。就像周厉王不喜欢国人直截了当地谤议国政一样，指责别人的过失，必须得讲究方法、分寸、技巧，对于高高在上的帝王，情况尤其如此。扬雄的一批箴文出来，不仅引起当代朝野的关注，而且立即成为历代创作者学习模仿的范文，说明箴文到了具有多方面才能的扬雄手里，才真正产生了明显的表达效果和社会影响。刘勰说箴文的主要功能在于“攻疾防患”“御过”，体现的是“矢（直）言之道”[②]；吴讷《文章辨体序说》引东莱先生（吕祖谦）语：“箴是规讽之文，须有警诫切劘之意。”[③] 其实都是基于扬雄箴文彰显的讽喻主题所提出的文体创作要求。

第四，因写作方法的多样，使箴文的艺术水准得到进一步提高。关于箴文的写作体式，吕祖谦云：“凡作箴，须用‘官箴王阙’之意。箴尾须依《虞箴》‘兽臣司原，敢告仆夫’之类。”[④] 徐师曾则云：“大抵皆用韵语，而反覆古今兴衰理乱之变，以垂警戒，使读者惕然有不自宁之心，乃称作者。此刘勰所以有‘确切’之云也。”[⑤] 其实，他们讲的只是基本格式和一般要求，仅仅做到这些还远远不够。扬雄的箴文，在表现手法的运用上，是比较多样化的，故为后世写作者提供了模仿和发挥的门径。张芬在其硕士论文中，已对扬雄箴文通过

① 《国语·周语上》，上海古籍出版社，1982 年版，第 9—10 页。
② 刘勰著，周振甫注：《文心雕龙注释·铭箴第十一》，人民文学出版社，1983 年版，第 117 页。
③ 吴讷、徐师曾：《文章辨体序说·箴》，人民文学出版社，1982 年版，第 46 页。
④ 同上，吴讷引东莱先生语。
⑤ 吴讷、徐师曾：《文章辨体序说·箴》，人民文学出版社，1982 年版，第 141 页。

“文辞的藻饰”“典故的运用”“铺陈手法的运用”等方面以增强其文学性进行了分析阐述①。此外，如本文已做过的论列，其多种对比手法的运用，反诘与反讽的手法，剀切深刻、寓意丰富的议论与铺陈排比方法的有机结合等，也使其箴文的文学意味大大增强，标志着其艺术表达水准得到大幅提高，能够使读者增加阅读兴味，并且可以从中获得深刻思想与艺术启迪，达到“惕然有不自宁之心”的政治警诫与社会教育效果。

（作者单位：乐山师范学院）

① 张芬：《扬雄箴文研究·扬雄箴文的个体特征》，2008 年扬州大学硕士学位论文。

常璩与扬雄对古蜀的不同叙述

黄剑华

内容提要：扬雄《蜀王本纪》记述古蜀历史与文化，对常璩产生了深刻的影响。常璩后来撰写《华阳国志》，对古蜀历史的追述，就采用了扬雄《蜀王本纪》中的许多说法。但对有些记述也做了不同的叙述，譬如扬雄说古蜀“不晓文字”，常璩说“彭祖本生蜀，为殷太史”，还有蜀人苌弘做过周室的史官，连孔子都要向博学多才的苌弘请教，说明当时蜀地的文化并不落后。彭祖与苌弘都做过史官，当然是要精通史料与各种书籍的，也说明蜀人应该有文字。但四川考古迄今尚未发现古蜀文字材料，这确实令人困惑和费解。只有期待以后的考古发现，来揭示古蜀文字真相了。

关键词：古蜀文化；《蜀王本纪》；《华阳国志》；老彭仕商；苌弘故事

一、常璩著述参考了扬雄与司马迁的说法

常璩应该是熟读过扬雄《蜀王本纪》的，其中的很多记述对常璩产生了深刻的影响。常璩后来撰写《华阳国志》，对古蜀历史的追述，就采用了扬雄《蜀王本纪》中的许多说法。

常璩也熟读过司马迁撰写的《史记·五帝本纪》等著述，对黄帝与蜀山氏的联姻记载深表赞同。《史记·五帝本纪》说：“黄帝居轩辕之丘，而娶于西陵之女，是为嫘祖。嫘祖为黄帝正妃，生二子，其后皆有天下：其一曰玄嚣，是为青阳，青阳降居江水；其二曰昌意，降居若水。昌意娶蜀山氏女，曰昌仆，生高阳，高阳有圣德焉。黄帝崩，葬桥山。其孙昌意之子高阳立，是为帝颛顼也。”[①] 这段记载中提到了黄帝与古蜀的两次联姻，先娶西陵之女为正妃，又为其子娶了蜀山氏女。在其他古籍中，也有类似记载，《山海经·海内经》就有

① （汉）司马迁：《史记》，中华书局，1959年版，第1册第10页。

“黄帝妻雷祖，生昌意，昌意降处若水”的传说。《帝王世纪》《世本》《大戴礼·帝系篇》等也有“黄帝娶于西陵氏之子，谓之累祖，产青阳及昌意”“颛顼母濁山氏之子，名昌仆”“昌意娶于蜀山氏之子，谓之昌仆氏，产颛顼”的记述。袁珂先生考证说，蜀，古字通濁，《世本》说的“濁山氏”也就是蜀山氏①。与黄帝同时期的蜀山氏，很可能是岷江上游最早养蚕的部族。有学者认为，蜀山氏因为长期养蚕和纺织丝绸，后来便以蚕为族名，称为蚕丛氏。蚕和蜀，其实都是和养蚕密切联系在一起的。汉代许慎《说文》解释蜀字，就是“蜀，葵（桑）中蚕也”的意思②。任乃强先生认为，蜀山氏是最早“拾野蚕茧制绵与抽丝”的部族，到了“西陵氏女嫘祖为黄帝妃，始传蚕丝业于华夏”③。正是因为这个原因，所以蜀山氏又被称为蚕丛氏。

常璩在后来撰著的《华阳国志·蜀志》中，在叙述古蜀历史时便充分参考了司马迁与扬雄的著作，并将两者结合了起来，力图将古蜀传说与华夏历史相衔接。司马迁的著述，代表了汉代正统史家的观点，而扬雄的记载则偏重于地方史。常璩觉得，古蜀的历史很悠久，应该是和中原华夏历史同步发展的。常璩《华阳国志·蜀志》是这样写的：“蜀之为国，肇于人皇，与巴同囿。至黄帝，为其子昌意娶蜀山氏之女，生子高阳，是为帝（喾）〔颛顼〕；封其支庶于蜀，世为侯伯。历夏、商、周，武王伐纣，蜀与焉。”④ 这说明了常璩的史家眼光，认为古蜀与华夏从上古以来就交流往来，有着非常密切的亲缘关系，充分显示了他视野的开阔。

常璩不仅注意到了古蜀与华夏在历史发展进程中的关系，而且也注意到了古蜀独特的地理环境，对蜀与巴的关系、蜀与西南夷的关系给予了特别的关注，对此有着比较全面而深入的了解。众所周知，先秦时期的西南地区自古以来就小邦林立、部族众多，文献记载透露大大小小的部落至少有百数个，是世界东方典型的多民族地区。汉代司马迁对西南地区部族众多的情形曾做了真实的记述：“西南夷君长以什数”，其西其北又“以什数”⑤。汉代班固在《汉书》中也对此做了同样的记载⑥。这是汉代的情况，上溯至商周时期，西南地区大大小小的部族数目可能更多。史料中称这些部落首领为“戎伯”，或称为“诸侯”与“邑君”。《尚书·牧誓》记述协助周武王伐纣的有“庸、蜀、羌、髳、微、卢、彭、濮人”⑦，这些都是比较大的部族，才有实力出兵参与伐纣。其中的蜀当然是势力最强的，《战国策·秦策一》就说“夫蜀，西僻之国，而戎狄之长也”⑧。巴与蜀相邻，也是相当强大的部族。常璩后来撰写《华阳国志》时说，巴也和蜀一起参加了周武王伐纣的军事行动。常璩这样说，应该是有史料依据的。

从文献记载看，巴、蜀的崛起与兴盛，成为西南地区两个强大的宗主国，都具有天时、地理、人和的原因。其中一个很重要的原因，便是部族与氏族之间的相互联姻，或者结成联

① 袁珂校注：《山海经校注》（增补修订本），巴蜀书社，1993年版，第503—504、391页。
② （汉）许慎撰，（清）段玉裁注：《说文解字注》，上海古籍出版社，1988年版，第665页。
③ 任乃强：《四川上古史新探》，四川人民出版社，1986年版，第44—48页。
④ （晋）常璩撰，刘琳校注：《华阳国志校注》，巴蜀书社，1984年版，第175页。
⑤ （汉）司马迁撰：《史记》卷一百一十六“西南夷列传”，中华书局，1959年版，第9册第2991页。
⑥ （东汉）班固撰：《汉书》卷九十五“西南夷两粤朝鲜传”，中华书局，1962年版，第11册第3837页。
⑦ （清）阮元校刻：《尚书正义·周书·牧誓》，《十三经注疏》，中华书局，1980年版，上册第183页。
⑧ 缪文远：《战国策新校注》（修订本），巴蜀书社，1998年版，第91页。

盟，从而形成了联盟式的政权。蒙文通先生曾精辟地指出："蜀就是这些戎伯之雄长。古时的巴蜀，应该只是一种联盟，巴、蜀不过是两个霸君，是这些诸侯中的雄长。""可见巴、蜀发展到强大的时候，也不过是两个联盟的盟主。"① 这种多部族联盟的形式，正是古蜀王国与中原和其他地区在社会结构方面的不同之处。蜀国部族多，结构比较松散，内部常发生矛盾，影响了政权的稳定和巩固。到了开明王朝末代蜀王之时，由于蜀王腐化享乐、矛盾加剧，已趋于衰败。秦惠王准备伐蜀的时候，司马错就分析了蜀国的情形，将蜀国的众多部族比喻为群羊，说："以秦攻之，譬如使豺狼逐群羊也。取其地足以广国也，得其财足以富民，缮兵不伤众而彼已服矣。"认为蜀国具有地广财多容易攻取的特点②。常璩后来在《华阳国志》中，对此亦做了客观而翔实的记述③。

秦并巴蜀，是中国历史发展进程中的重大事件，其意义极其深远。产生的重大影响主要体现在两个方面，首先是秦国获得了扩展疆域的战略性重大胜利，为秦国带来了巨大的好处；秦并巴蜀之后，由于巴蜀地区物产丰富，从而为秦朝进一步统一天下提供了充裕的人力资源与物质基础。其次是对蜀地的发展，也产生了积极而重要的影响；秦朝统一巴蜀后，将北方和中原的很多东西输入了巴蜀地区，促使并加快了巴蜀区域文明与华夏文明的融合。社会与历史都是由不同的发展阶段组成的，古蜀国的历史也正是这样，从传说的蚕丛、柏濩、鱼凫，到杜宇与开明王朝，就经历了漫长的由多个王朝更替的发展历程，然后被秦统一，进入了秦汉时期。传承了十二代的开明王朝虽然被秦灭了，传说色彩很浓的古蜀历史也由此画上了句号，却为巴蜀地区开启了新的发展篇章。

秦朝统一巴蜀之后，采取了很多措施，来加强对巴蜀地区的统治和管理。其中最重要的是实行郡县制、移民入蜀、修筑城市、兴修水利、大力发展农业和商贸，使蜀地的经济面貌大为改观，变得更为兴旺发达。秦朝任命的几位蜀郡守都很有作为，司马错在军事方面建立了巨大的功劳；张若修建了成都城、郫城与临邛城，促进了手工业与商业贸易的发展，为蜀地经济带来了繁荣；李冰修建了都江堰，从此水旱从人，使四川平原成了真正的天府之国。从文化方面看，秦人的文字也传入了蜀地，四川青川等地考古发现出土的大量秦简，对此就有较多的揭示。从春秋战国以来，齐鲁的儒家文化与中原的诸子百家一直很活跃，很可能早就对蜀地有所影响，秦并巴蜀之后，文化的传播自然是更为畅通了，这对蜀地的文化发展，很显然发挥了积极作用。

二、关于古蜀文化，常璩与扬雄的不同叙述

我们知道，古蜀历史悠久，在社会结构、礼仪制度与精神崇尚诸多方面都独具特色，自上古以来便与黄河流域中原王朝处于同步发展的状态之中，商周时期已形成灿烂的古蜀文明。三星堆与金沙遗址等重大考古发现揭示，古蜀先民擅长形象思维和图像表达，出土的青

① 蒙文通著：《巴蜀古史论述》，四川人民出版社，1981年版，第30、31页。又见《蒙文通文集》第二卷《古族甄微》，巴蜀书社，1993年版，第199—200页。

② 缪文远：《战国策新校注》（修订本），巴蜀书社，1998年版，第91页。

③ （晋）常璩撰，刘琳校注：《华阳国志校注》，巴蜀书社，1984年版，第191—192页。

铜雕像群就显示了浓郁的古蜀特色，这与商周王朝以青铜礼器为代表的青铜文化有着明显的不同。古蜀图像发达，但文字却相对滞后，扬雄《蜀王本纪》所说“是时人萌椎髻左衽，不晓文字，未有礼乐”①。说的就是古蜀没有中原王朝那样的文字与礼乐，这似乎是古蜀较长时期的一种实际情况。也就是说，因为文字是文化的重要载体，而古蜀没有流行文字，所以古蜀在文化上比中原王朝还是要相对落后的。

其实扬雄的这个说法还是有疑问的，孔子《论语·述而篇》有关于彭祖的记述，子曰：“述而不作，信而好古，窃比于我老彭。”老彭是个人名，历来有不同说法，有的认为是指老子与彭祖两人，有的认为是殷商时的贤大夫彭祖，孔子以其自比，称“我老彭”，充分表示了孔子对这个人的亲切感②。关于彭祖，《世本》中有“在商为守藏史，在周为柱下史，寿八百岁”之说③。司马迁撰《史记·五帝本纪》也提到了“彭祖”，与大禹、后稷等人“自尧时而皆举用”，《索隐》《正义》曰彭祖自尧时举用，历夏、殷封于大彭；《史记·楚世家》也记述了彭祖④。《大戴礼记》卷九亦有“商老彭”之称，认为是殷朝的贤大夫⑤。常璩读书很多，对这些史料记载应该是非常熟悉的，在《华阳国志》卷十二也记述说：“孔子‘述而不作，信而好古，窃比于我老彭’。则彭祖本生蜀，为殷太史。”⑥ 在近代研究古蜀与殷商历史的著名学者中，顾颉刚先生对此做了精辟的分析，认为：“老彭是蜀人而仕于商，可以推想蜀人在商朝做官的一定不止他一个。古代的史官是知识的总汇，不论自然科学和社会科学他应当都懂。蜀人而作王朝的史官，可见蜀中文化的高超。”⑦ 在《尚书·牧誓》与《古本竹书纪年》中都有蜀与彭参加武王伐纣的记载⑧，学者们大都认为，这应该是鱼凫时代的事情，鱼凫王朝与西周王朝是同时期的友好邻邦，彭也是当时的大部族，所以蜀国和彭族才参与了周武王的军事行动。由此可见古蜀与中原的关系与交流往来，一直是比较密切的，这也说明了古蜀的文化并不落后。常璩在《华阳国志·蜀志》中说，岷山之地不仅物产丰富，而且“其卦值坤，故多斑采文章”，“与秦同分，故多悍勇。在《诗》，文王之化，被乎江汉之域；秦豳同咏，故有夏声也”⑨。这是说古蜀国很早就接受了文王之化，古代蜀人擅长写斑采文章，而且擅音乐。既然能写很多斑采文章，当然是有文字的。关于音乐，开明王朝末代蜀王就擅长谱写歌曲，曾为爱妃创作了《臾邪歌》与《龙归之曲》，据说还为秦国美女创作了《幽魄之曲》⑩。这说明常璩的记述，表达了与扬雄不同的看法，通过宏观概述肯定了古蜀文化绚丽多彩的特点。

春秋时期有一位名叫苌弘的蜀人，担任过周室的史官，博学多才，也很有名。诸多传世文献对苌弘的事迹都有记载，譬如《左传》从昭公十一年到哀公三年就有很多关于苌弘为周

---

① （清）严可均校辑：《全汉文》卷五十三《全上古三代秦汉三国六朝文》，中华书局，1958年，第1册第414页。
② 刘俊田等译注：《四书全译》，贵州人民出版社，1988年版，第158页。
③ 《世本》，载《帝王世纪·世本·逸周书·古本竹书纪年》，齐鲁书社，2010年版，第3页。
④ （汉）司马迁撰：《史记》，中华书局，1959年版。第1册第38、39页，第5册第1690、1691页。
⑤ （清）王聘珍撰，王文锦点校：《大戴礼记解诂》，中华书局，1983年版，第178页。
⑥ （晋）常璩撰，刘琳校注：《华阳国志校注》，巴蜀书社，1984年版，第897页。
⑦ 顾颉刚：《论巴蜀与中原的关系》，四川人民出版社，1981年版，第19、31页。
⑧ （清）阮元校刻：《十三经注疏》上册，中华书局影印出版，1980年版，第183页。参见《古本竹书纪年》，载《帝王世纪·世本·逸周书·古本竹书纪年》，齐鲁书社，2010年版，第79页。
⑨ （晋）常璩撰，刘琳校注：《华阳国志校注》，巴蜀书社，1984年版，第175—176页。
⑩ 同上，第188—190页。

大夫的记述。刘安《淮南子·氾论训》说："昔者苌弘，周室之执数者也。天地之气，日月之行，风雨之变，律历之数，无所不通。"[①] 由此可知，苌弘是个才能超群的人，其主要职责是观测天象、推演历法、占卜凶吉，对周王室的出行起居、祭祀与战事等做出预测，并对天象变化、自然变迁等进行预报和解释。据《国语·周语》记述，周敬王迁都成周时，苌弘曾到晋国游说，促成了晋国率诸侯扩建成周："敬王十年，刘文公与苌弘欲城周，为之告晋。魏献子为政，说苌弘而与之，将合诸侯。"[②] 这也说明了苌弘的能干，以及对周室的效忠。这时发生了一件很重要的事情，孔子于周敬王二年（前518）来到成周，恭敬地拜访了苌弘，向苌弘求教韶乐与武乐之异同，以及其他不解之处。苌弘精通乐理，对孔子给予了指教。对于这段史实，《史记》和《孔子家语》等皆有提及。司马迁《史记·乐书》记载孔子曾与宾牟贾讨论《武》乐，"子曰：唯丘之闻诸苌弘，亦若吾子之言是也。"唐代司马贞索隐说："《大戴礼》云孔子适周，访礼于老聃，学乐于苌弘是也。"[③]《孔子家语·观周》亦载：孔子"至周，问礼于老聃，访乐于苌弘"[④]。韩愈《师说》中曾说："圣人无常师，孔子师郯子、苌弘、师襄、老聃。"[⑤] 可见苌弘为孔子之师，已成为后来文人们津津乐道的一个典故。苌弘忠于周室，却遭谗言与离间而被杀害。《韩非子·内储说下六微》就有"叔向之谗苌弘也……因佯遗其书周君之庭而急去行。周以苌弘为卖周也，乃诛苌弘而杀之"的记述[⑥]。《左传·哀公三年》也有"周人杀苌弘"的记载[⑦]。《庄子·杂篇·外物》说："人主莫不欲其臣之忠，而忠未必信，故伍员流于江，苌弘死于蜀，藏其血，三年而化为碧。"[⑧] 疏云："苌弘遭谮，被放归蜀，自恨忠而遭谮，遂刳肠而死，蜀人感之，以匮盛其血，三年而化为碧玉，乃精诚之至也。"[⑨] 晋人干宝《搜神记》亦说："周灵王时，苌弘见杀，蜀人因藏其血，三年乃化而为碧。"[⑩] 成语"碧血化珠""碧血丹心"即由此而来，这个典故曾被后人广泛引用，然后便成了耳熟能详的成语。

关于苌弘为蜀人之说，也主要是由《庄子》的记载而来的，学者大都赞同此说，认为苌弘是"周灵王的贤臣，被放归蜀，刳肠而死"[⑪]。或认为苌弘是"周王朝的贤大夫，相传流放巴蜀后被剖腹而死"[⑫]。但也有人认为《庄子·杂篇·外物》中说的"蜀，周时一个小邑。在今河南禹县西北。传说苌弘死后，血凝成块，状似碧玉"[⑬]。这个说法比较独特，与众不同，为一家之言。在史籍的相关注引中，也有人指认苌弘死后葬于洛阳，譬如《史记·封禅书集解》引《皇览》曰："苌弘冢在河南洛阳东北山上。"[⑭]《后汉书·郡国志》说洛阳周时

① 《二十二子》，上海古籍出版社，1986年版，第1267页。
② （周）左丘明撰：《国语》，上海古籍出版社，1978年版，第144页。
③ （汉）司马迁撰：《史记》，中华书局，1959年版，第4册第1228页。
④ 《百子全书》，浙江古籍出版社，1998年版，上册第7页。
⑤ 《全唐文》，上海古籍出版社，1990年版，第2500页。
⑥ 《二十二子》，上海古籍出版社，1986年版，第1154—1155页。
⑦ 王守谦等译注：《左传全译》，贵州人民出版社，1990年版，第1500页。
⑧ 《二十二子》，上海古籍出版社，1986年版，第73页。
⑨ 郭庆藩辑，王孝鱼整理：《庄子集释》，中华书局，1961年版，第921页。
⑩ （晋）干宝撰，汪绍楹校注：《搜神记》，中华书局，1979年版，第130页。
⑪ 陈鼓应注译：《庄子今注今译》，中华书局，1983年版，第702页。
⑫ 张耿光译注：《庄子全译》，贵州人民出版社，1991年版，第484页。
⑬ 曹础基著：《庄子浅注》，中华书局，1982年版，第407页。
⑭ （汉）司马迁撰：《史记》，中华书局，1959年版，第1364页。

号成周，注引《皇览》也说："县东北山苌弘冢。"[①] 虽然关于苌弘之死与墓冢有不同说法，但苌弘是蜀人仍是公认的看法。

常璩对苌弘的故事也是熟悉的，在《华阳国志》卷十二有"周苌弘之血变成碧珠，杜宇之魄化为子鹃"的记述与质疑。蒙文通先生认为，可"知旧传蜀事，也就可能是《蜀王本纪》原有苌弘化碧于蜀之说"；又说"苌弘是历法家，他死于蜀，蜀地应该有他的学术传于后代"[②]。刘琳先生认为，苌弘是春秋末周大夫，"关于苌弘的传说很多，大抵说他是蜀人，因忠于周室，为晋所不容，迫周杀之"[③]。任乃强先生《华阳国志校补图注》对有关苌弘的各种传说也做了梳理与分析，表示赞同《庄子·杂篇·外物》的说法，在前言中很明确地称苌弘为"蜀士"[④]。在后来的一些地理志书中，都有关于苌弘为蜀人的记述。譬如《大明一统志·成都府·人物志》卷六十七就说："苌弘，资中人，敬王时为大夫，孔子尝从之问乐。死而血碧，蜀人祀之。"[⑤] 曹学佺《蜀中人物记》也做了相同记述："苌弘，资中人。事刘文公，为其属，大夫孔子尝问乐焉"[⑥]。《汉书·艺文志》中有"《苌弘》十五篇，周史"的记载[⑦]，可惜早已散佚。总之，苌弘在春秋时期做周朝的史官，连孔子都要向博学多才的苌弘请教，这也说明当时蜀地的文化并不落后，才能涌现苌弘这样的人物。

到了战国时代，开明王朝末代蜀王据有褒、汉之地，在褒谷狩猎时与秦惠王相遇，曾互赠礼品。之后，秦惠王相继赠送五头石牛、五位秦国美女给蜀王，蜀王派五丁力士去迎接，又派使者去秦朝致谢，扬雄《蜀王本纪》与常璩《华阳国志》对此都有记述。这里很自然涉及了一个问题：蜀王与秦惠王互派使者的时候是否有书信交往？按常理推测，秦人有篆书，蜀人不仅有图语，很可能也是有文字的。彭祖与苌弘都做过史官，当然是要精通史料与各种书籍的，也说明蜀人应该有文字。

但四川考古迄今尚未发现古蜀文字材料，因为缺少出土实证，古蜀时代究竟有没有文字，就成了一个令人疑惑的古蜀之谜。这确实令人困惑和费解，只有期待以后的考古发现，来揭示古蜀文字真相了。尽管有许多未解之谜，自从秦并巴蜀之后，蜀人便开始使用统一的文字，接受了来自黄河流域的诸子百家与儒家文化，并与古蜀的传统文化习俗相互融合，则是肯定的。这对蜀地文化的发展，以及秦汉之际蜀中文人的大量涌现，很显然起到了很重要的作用。

总之，灿烂的古蜀文化是一个很重要的历史背景，秦并巴蜀为蜀地带来了新的发展机遇。这两者，对汉晋时期蜀地的文人学者都具有深远的影响。

（作者单位：四川省文物考古研究院）

① （南朝·宋）范晔撰：《后汉书》，中华书局，1965年版，第3390页。
② 蒙文通：《巴蜀史的问题》，《古族甄微》，巴蜀书社，1993年版，第266—267页。
③ （晋）常璩撰，刘琳校注：《华阳国志校注》，巴蜀书社，1984年版，第896、899页。
④ （晋）常璩撰，任乃强校注：《华阳国志校补图注》，上海古籍出版社，1987年版，第6、729页。
⑤ （明）李贤等撰：《大明一统志》，三秦出版社，1990年版，第1048页。
⑥ （明）曹学佺著，杨世文校点：《蜀中广记》，上海古籍出版社，2021年版，第405页。
⑦ （东汉）班固撰：《汉书》，中华书局，1962年版，第1760页。

苏东坡兄弟与大熊猫的诗歌情缘

张志烈

内容提要：文章以苏东坡写于陕西凤翔的《竹鼺》诗以及苏辙的《次韵子瞻竹鼺》为观照对象，通过竹鼺的发现地域、食竹习性、躯体形状、神态特征四个方面，在稽考相关文献的基础上，得出当年苏东坡所见的“竹鼺”，就是我们今天的国宝大熊猫。

关键词：苏东坡；苏辙；诗歌；竹鼺；大熊猫

熊猫文化，世界共享！今天，熊猫是活化石，是国宝，是世界喜欢的中国文化符号，是和平的使者、友谊的象征。随着大熊猫国家公园正式设立（由 2021 年 10 月 12 日下午在云南昆明举行的《生物多样性公约》第十五次缔约方大会领导人峰会宣布），学界提出的应广泛探寻大熊猫文化涵盖的深厚内容，传播人与自然和谐相处的理念，大力弘扬大熊猫文化，必将蓬勃发展。

我国传统文化典籍中，关于大熊猫的历史资料是很丰富的，但由于流传过程中不可避免的误读，也就产生一些混错。大体上“名同实异”和“名异实同”这两种现象都存在。近年来，在一些研究熊猫文化的学者和新版辞书的编者们的共同努力下，厘清了许多问题。比如，唐人白居易《貘屏赞并序》中的貘，肯定不是指熊猫，而是指称另外一种动物。

又比如，“竹鼺”一词，有的辞书解释，称其“一般身长约三十厘米，背部呈灰棕色，生活在竹林中，专吃竹类植物的根和地下茎，毛发可用”。这种不到一尺长的动物，绝对不可能是大熊猫。但是，从唐末五代至宋初，“竹鼺”这个名字，指的确实就是熊猫。我读苏东坡的著作几十年，翻来覆去地想，他诗中写的“竹鼺”，就是鲜活的大熊猫。我在这里把我的意见写出来，就是想说明两点：其一，东坡兄弟诗中写的“竹鼺”就是大熊猫。其二，中华国宝与国宝级文化名人苏轼兄弟的诗歌情缘，是研究大熊猫文化中值得重视的故事。

嘉祐六年（1061）十一月，苏轼从汴京（开封）出发，赴签书凤翔府判官任，十一月十九日，其弟苏辙送行至郑州而别。十二月十四日，苏轼到凤翔府签判任。治平元年（1064）

十二月十七日罢签书凤翔府节度判官厅公事任。在凤翔府为官，共计三年零几天。治平元年夏秋，凤翔当地农民把在路边上捉到的一只“竹鼦”，送给苏轼。时年二十九岁的子瞻先生挥笔写下这篇“竹鼦”诗，记录下对它的观感：

野人献竹鼦，腰腹大如盎。自言道旁得，采不费罝网。鸱夷让圆滑，混沌惭瘦爽。两牙虽有余，四足仅能仿。逢人自惊蹶，闷若兜脱襁。念此微陋质，刀几安足枉。就擒太仓卒，羞愧不能飨。南山有孤熊，择兽行舐掌。

和父亲一起住在汴京的苏辙，得到哥哥寄来的这首诗后，立刻写了《次韵子瞻竹鼦》：

野食不穿囷，豁饮不盗盎。嗟鼦独何罪，膏血自为网。阴阳造百物，偏此愚不爽。肥癡与瘦黠，禀受不相仿。王孙处深谷，小若儿在襁。超腾避弹射，将中还复枉。一朝受羁绁，冠带相宾飨。愚死智亦擒，临食舐吾掌。

苏轼、苏辙兄弟的这两首诗中所描写的竹鼦，就是我们今天所说的大熊猫。下面从四个方面陈说我的意见。

（一）从发现地域看

今天的大熊猫国家公园由四川岷山片区、邛崃山——大相岭片区、小相岭片区和陕西秦岭片区、甘肃白水江片区组成。这些地方都是熊猫古老的家园。苏东坡见到竹鼦的地方是在凤翔，正是秦岭西北边际。

唐末五代，秦陇之地，也就是秦岭西部，竹鼦繁殖得很快。因为常见，就有人编造童谣，以记时事。宋初编成的《太平广记》卷一六三就据《王氏见闻》引录了一首《秦人竹鼦谣》：

貙貙引黑牛，天差不自由。但看戊寅岁，扬在蜀江头。

1996 年文化艺术出版社出版的由陈贻焮先生主编的《增订注释全唐诗》第五册 957 页上就收录了这首《秦人竹鼦谣》，正文之后，有编者的简要注释，兹引录如下：

见《太平广记》卷一六三引《王氏见闻》竹鼦又作竹鼦，向释为竹鼠，当即熊猫。《分门古今类事》卷十三引《益部耆旧传》此谣首句作“猫猫引墨牛”。句末注：“《王氏见闻》云：竹鼦，食竹之鼠。肉肥脆，生深山竹林无人境。岐梁睚眦之年，此物遍入人家房内。秦人口腹饫焉。忽有童谣云云，智者不能议之。庚午岁，梁刘知俊叛梁入秦，岐王以为泾州节度。知俊为人色黑，而其生岁在丑。貙者，刘也。始知‘貙貙引黑牛’之应。后奔蜀，王建用之，令反攻岐，有功，竟忌而杀之。岁戊寅，建不豫，见刘为崇，因粉刘骨投之江。其言‘扬在蜀江头’，亦验云。”按“岐”“梁”，指李茂贞和朱温。唐末，朱温封梁王，李茂贞自称岐王。二人常举兵以争长。事见《新五代史·李茂贞传》。“睚眦”，怒目而视，争斗。“刘知俊”，原任梁忠武军节度使，开平三年，叛附于岐。即所谓“入秦”。见《新五代史·梁本纪》。“生岁在丑”，丑年属牛。王建，前蜀创立者，见卷八小传。“不豫”称帝王有病。

《太平广记》卷一六三引《王氏见闻》中《竹鼦》一篇，上文引录中有些文字省去，如

“非竹不食，巨如野貍”八字，这里必须补出，因为一看就会使人想起熊猫。又上引注文中提到的岐王李茂贞，其都城一直都在凤翔。以他的妻子为名的“皇后园”，就在凤翔城北之东边，苏轼去过几次，写了诗歌《李氏园》，题下注云：“李茂贞园也，今为王氏所有。”对于苏轼来说，这些都是“近代史”，他对“竹鼯”的观感也必然要受其影响。

凤翔在秦岭西段偏北。今陕西省商县处于秦岭东边，宋时称为商州。比苏东坡时代略早的宋初著名诗人王禹偁在淳化三年（992）被贬为商州团练副史。王禹偁在商州为官一年多，他也写了一首题为《竹鼯》的诗，全文如下：

> 商山多修篁，苍翠连山谷。有鼠生其中，荐食无厌足。春筍啮生犀，秋筠折寒玉。饫饱致肥腯，优游恣蕃育。林密鸢不攫，穴深犬难逐。凤皇饿欲死，彼实无一掬。唯此竹间鼯，琅玕已满腹。暖戏绿丛阴，举头傲鸿鹄。不知商山民，爱尔身上肉。有锸利其锋，有锥铦于镞。开穴窘如囚，洞胸声似哭。膏血尚淋漓，携来入市鬻。竹也比贤良，鼠兮类盲俗。所食既非宜，所祸诚知速。吁嗟狡小人，乘时窃君禄。贵依社树神，俸盗太仓粟。笙簧佞舌鸣，药食嘉言伏。朝见秉大权，夕闻罹显戮。李斯具五刑，赵高夷三族。信有司杀者，在暗明于烛。彼狡勿害贤，彼鼠无食竹。

这首诗前部分写竹鼯的食竹特点非常鲜明，写它的“肥腯”和“优游恣蕃育”，也使人想象到野生大熊猫的生活习性。中间写山民猎杀出卖，使人痛心于历史上熊猫竟还有如此遭遇，心里不是滋味。南宋人黄榦也有一首名叫《食竹鼯》的诗，可知这也是真实的历史事实。王禹偁在诗的后面部分，用比兴手法，表达自己立朝的政治视点，在我国传统文化中更是常见的。

秦岭西边和东边都见到竹鼯，那秦岭中部会有什么呢？我们把历史镜头往前推，于是在古老的《山海经》卷二《西山经》中看到：

> 又西百七十里，曰南山①，上多丹粟，丹水出焉，北流注于渭。兽多猛豹②，鸟多尸鸠③。

四川省社科院袁珂先生《山海经校注》注：

①郝懿行云：“即终南山，《诗》谓之南山，在渭水之南。”

②郭璞云：“猛豹似熊而小，毛浅，有光泽，能食蛇，食铜铁，出蜀中。豹或作虎。”郝懿行云：“猛豹即貘豹也，貘豹、猛豹声近而转。”

③郭璞云：“尸鸠，布谷类也；或曰胡鹳也。鸠或作丘。”郝懿行云：“鸠或作丘者，声近假借字。”

“貘豹”是中国古人对大熊猫的精准称呼。《尔雅》卷十“释兽第十八”记载：“貘，白豹。”晋人郭璞注云：“似熊，小头庳脚。黑白驳。能舐食铜铁及竹骨。骨节强直，中实少髓。皮辟湿。或曰豹白色者，别名貘。貘音陌。”这四十个字，记录了大熊猫最主要的特点，总体形状像熊而略小，毛色驳杂，由黑色和白色组成，能用舌头舔食铜铁；最爱吃竹茎的节骨。除了大熊猫，世界上没有任何动物符合这里的描述。

总之，作为今天大熊猫国家公园组成部分的陕西秦岭片区，自古就是大熊猫的生息地之一。苏东坡先生当年能在凤翔遇到熊猫并写诗，一定意义上也是历史的必然。

（二）从食竹习性看

苏轼的诗名《竹鼺》，苏辙的诗题为《次韵子瞻竹鼺》，略早于二苏的王禹偁诗题名《竹鼺》。南宋朱子门人黄榦诗题为《食竹鼺》。到元朝人洪希文《续轩渠集》中也有题为《竹鼺》的诗。这些诗题的命名，都是缘于这种动物的食竹特性。成书于宋初的《太平广记》卷一六三，据《王氏见闻》收录其文章《竹鼺》一篇，借关于竹鼺的歌谣二首，记载秦陇与蜀地军事割据者之间的矛盾斗争。其开头一段文字云："竹鼺者，食竹之鼠也。生于深山溪谷竹林之中无人之境。非竹不食。巨如野貍。其肉肥脆，山民重之。每发地取之甚艰。岐梁睚眦之年，秦陇之地，无远近岩谷之间，此物争出。投城隍及所在民家，或穿墉坏城，或自门阈而入。犬食不尽，则并入人家房内，秦民之口腹饫焉。"上引宋人诗题的名称由来，大概都与这篇文章中类似内容的影响有关，故称它为食竹的动物。王禹偁诗中"春笥啮生犀，秋筠折寒玉……唯此竹间鼺，琅玕已满腹。"是很有代表性的描述。当代辞书在介绍熊猫时说："生活在2000—4000米高山有竹丛的树林中，喜食竹类植物，有时亦食小动物。"但我们根据上引的记载材料，完全可以判定苏轼、苏辙以《竹鼺》为题的诗中所写动物就是大熊猫。

（三）从躯体形状看

苏轼是被称誉为口有镕炉的大诗人，对事物描状比喻，以生动见长。他诗中写竹鼺体态的三句话就与众不同："腰腹大如盎""鸱夷让圆滑""混沌惭瘦爽"。用盎来形容竹鼺的腰腹部，弄清楚盎的形状，也就弄清了竹鼺腰腹部的形状和大小。《急就篇》三"甀缶盆盎甕罃壶"，颜师古注："缶盆盎一类耳。缶即盎也，大腹而敛口；盆则敛底而宽上。"盎的形状大体是⌓形状。盎是普通人家的储米盆，俗称米坛子。《乐府诗集·相和歌辞十二·东门行》："盎中无斗米储，还视架上无悬衣。"储米备用的容器必当是较大的。竹鼺的"腰腹"部分像个上口略小而下底略大的米坛子。（《新华字典》解释"坛子"为"一种口小肚大的陶器"。）总之，仔细体味东坡说的"腰腹大如盎"一语，我们仿佛看到成年熊猫紧实的腰肢和肥大的屁股。接下来"鸱夷让圆滑"还是沿着这个方向形容。扬雄《酒箴》："鸱夷滑稽，腹如大壶。"颜师古注："鸱夷，韦囊以盛酒。"这是继续形容竹鼺的肚子和屁股像装满酒的皮口袋一样肥大圆滑。"混沌惭瘦爽"，是拿传说中一种叫"混沌"的"四足似熊"的兽来与竹鼺比较，说它与竹鼺样子都像熊，但它就要自惭清瘦了（《神异经》）。苏辙的次韵诗中也突出竹鼺体形的特点是天生"肥痴"，与其他动物不同，乃是它的自然禀受。

（四）从神态特征看

与其他人写竹鼺的文字相较，苏氏兄弟有两点不同：一是反对杀而食之；二是特别仔细关注其神态特征。第一点，东坡诗："念兹微陋质，刀几安足枉。就擒太仓卒，羞愧不能飨。"意思最后是将它放归自然。最后两句发挥韩愈《猛虎行》中猛兽应"择肉"的诗意，表示绝不食竹鼺。韩愈《猛虎行》有句云："群行深谷间，百兽望风低。身食黄熊父，子食赤豹麛。择肉于熊豹。肯视兔与貍?"最后两句"南山有孤熊，择兽行舐掌"，借写熊表现自己情操。又是暗用庾信《和宇文京兆游田诗》中"熊饥自舐掌，雁惊独衔枚"的典故。苏辙的和诗全首都是对东坡诗意的紧密回响，此处恕不详说了。

第二点，东坡对竹鼺（也就是我们亲爱的熊猫宝宝）的独特的神情态度做了仔细观察、深刻认识和鲜活的表达。

2019 年 6 月 6 日，我在当天《华西都市报》的第九版上看到一幅题名《薄太后宠爱大熊猫》图，是谭楷先生 2008 年作的画，由北京奥运会组委会收藏。我当时真是无限欣喜。我天天在思考东坡诗中“闷若儿脱襁”该怎么理解，看到这幅图后，我个人觉得东坡的诗句与谭楷先生的图画，相距近千年，但在引导后世人们准确地认知熊猫的本真神态及其衍生的丰富意义，都有很重要的价值。襁，背负婴儿的布兜，四川农村都叫背带。褓，小儿的被，用以裹覆。在褓中的婴儿，两手向上，最像熊猫样。“在襁褓”常用指一岁多的婴儿。

《老子》第二十章有云：“我魄未兆，若婴儿未孩；乘乘无所归。众人皆有余，我独若遗。我愚人之心，纯纯。俗人昭昭，我独若昏。俗人察察，我独闷闷。”（此处引文据朱谦之先生《老子校释》本）我认为东坡这时观察竹■，能从“闷若儿脱襁”来认知其本真神态，与上段《老子》文字有深刻的关联。东坡在凤翔为官三年（1062—1064）。其中 1063 年九月在终南山读道藏，写有《读道藏》诗歌其事。1064 年正月游楼观，相传为老子学生尹喜旧宅，写有《楼观》诗记其事。又游授经台，相传是老子传《道德经》与尹喜之处。可知这时正是东坡钻研《老子》文义的高峰期。下文我试对坡诗“闷若儿脱襁”句与我引出的《老子》第二十章相关处略做解释。

“我魄未兆”。《说文》：“怕，无为也。”朱谦之案：今文“泊”与“魄”字声训通……此云“我魄未兆”即怕乎无为之意。

“若婴儿未孩”。朱谦之案：《说文》子部无孩字，见口部咳字下。《广韵》“孩，始生小儿”“咳，小儿笑”，同音户来切。《类篇》：“孩与咳同，为小儿笑。”志烈案：王弼注：“言我廓然无形之可名，无兆之可举，如婴儿之未能孩也。”

“众人皆有余，我独若遗”。王弼注：“众人无不有怀有志，盈溢胸心，故曰皆有余也。我独廓然，无为无欲，若遗失之也。”

“我愚人之心，纯纯”。朱谦之案：作纯是也……彭耜《释文》曰：“李（颐）纯纯如字，质朴无欲之称。”其说是也。

“俗人昭昭，我独若昏”。《庄子·在宥篇》：“至道之极，昏昏默默。”

“俗人察察，我独闷闷”。王弼注：“无所欲为，闷闷昏昏，若无所识。”无所识，就是无所知。

《庄子·德充符》中有“闷然而后应”一语，《经典释文》引李（颐）云：“不觉貌。”成玄英疏：“不觉之容，亦是虚淡貌。”与此处义极近。仔细想来，东坡“闷若儿脱襁”一语可能联结的内容，与上引《老子》第二十章之精义皆能相应，如“无为”“未能孩”“纯纯”“质朴无欲”“无所欲为”“无所知”“不觉之貌”“不觉之容”，东坡似乎在大熊猫的生命本真的自然形态之美中感触到这一切，传递着这一切。今天，研究大熊猫文化的许多学者使用的语言，如“憨态可掬”“活泼可爱”“温和敦厚”“善良友好”“呆萌形象”等，与古人的语言也都是可以打通的。憨、傻、痴、愚、蠢，都和“无知”“无欲”“不觉”等相通，但每个字在不同的语境下又可被赋予很特别的韵味。比如憨中可含“憨直”——朴实、天真，“憨厚”——朴实、厚道、无机心，等等。

以上四点意见，一是想说明东坡、子由写的“竹■”，确实就是大熊猫宝宝。二是想说明，在“熊猫文化，世界共享”的今天，苏东坡、苏子由兄弟与大熊猫的诗歌情缘是研究大熊猫文化不可不讲的故事。

（作者单位：四川大学文学与新闻学院）

"湖州竹派"的源流与继承

唐　林

内容提要：北宋四川盐亭人文同开派、眉山人苏轼大力推动的"湖州竹派"，与成都人黄筌创立、黄居寀光大的"黄筌画派"，是公认的、最具代表性的十五个中国著名绘画流派中的两个，也是四川从古至今产生的两个最著名的中国绘画流派，它们与"海上画派""岭南画派"一样，在国内外美术界具有广泛而深远的影响。本文研究重点不在"湖州竹派"绘画艺术，而着重其产生的源流和继承脉络：文同的《墨竹图》及"湖州竹派"产生的原因，文同为什么如此喜爱画竹，文同墨竹对后世绘画的影响；苏轼竹画及与文同师承关系，苏轼在"湖州竹派"崛起中独特而关键的作用，苏轼为什么如此不遗余力地推崇文同；"湖州竹派"流传近千年的关键继承者李衎、柯九思、吴镇以及各个朝代的主要继承者；梅兰竹菊"四君子"题材唯有"竹"独成著名一派的主要原因，等等。本文是湖州竹派有关源流、继承较为系统和详备的文章，对于四川名人资源的研究开拓了新的视角。

关键词：湖州竹派；墨竹；源流；继承

绘画流派，简称画派，所谓画派，是指在一定的历史发展阶段内，由一些思想认识、艺术见解、审美情趣绘画风格和创作方法等相同或相近的画家构成的群体。关于画派的命名，就中国绘画史而言，大体上有以下几种：以地名为标志的；以跨地区、跨时代为标志的；以画家姓名为标志的；以艺术表现特点为标志的；以美学思想差异为标志的①。"湖州竹派"属于第一类，是以地名为标志而命名的绘画流派②。

《大辞海·美术卷》这样描述湖州竹派：湖州竹派系中国画流派之一。北宋梓州梓潼郡永泰县（今属四川省绵阳市盐亭县）人文同以画竹著于时。元丰元年（1078）奉命为湖州

① 周积寅：《简议中国画派——〈中国画派研究丛书〉序》，载冯超《湖州竹派》，吉林美术出版社，2003 年版。
② 注：四川的另一个著名画派"黄筌画派"，是以画家姓名为标志而命名的。

（今属浙江）太守，未到任，于次年病故，但画史上谓其为“湖州竹派”始祖。元代画竹，李衎、赵孟頫、高克恭、吴镇、柯九思等，都是该派继承者。明代莲儒撰《湖州竹派》1卷，凡25人①。

另有一些书籍或论文这样介绍湖州竹派：文同画竹，把中国书法的抽象美和布局美引入墨竹画中，使墨竹画脱离了工笔设色花鸟画而自成一派，故其墨竹画写实而不烦琐，形神兼备，大受欢迎。同时代的眉州眉山（今属四川省眉山市）人苏轼（东坡）等人都学习他的画法，其后的追随者数不胜数，中国画坛由此形成了湖州竹派②。

湖州竹派是中国著名画派，这没有疑问。著名艺术史家、南京艺术学院周积寅教授主编之《中国画派研究丛书》，在中国绘画史中出现的诸多画派中，选出了公认的、最具代表性的十五个画派，它们是：黄筌画派、徐熙画派、北方山水画派、南方山水画派、湖州竹派、浙江画派、吴门画派、松江画派、波臣画派、新安画派、虞山画派、常州画派、娄东画派、海上画派、岭南画派③。湖州竹派按年代排序，排在第六位。

那么，湖州竹派有什么独特之处和非凡魅力，能够在中国从古至今的数百个画派甚至上千个画派（包括各种地方画派）中脱颖而出，跻身于十五个中国著名绘画流派呢？为什么在一些朝代有那么多当时最著名的画家成为湖州竹派的继承者或者传承者？

这些正是本文研究的范围。

一、文同与湖州竹派

文同④（1018—1079），字与可，号笑笑居士、笑笑先生，人称石室先生，又号锦江道人，北宋梓州梓潼郡永泰县（今属四川绵阳市盐亭县）人⑤。文同出生于“儒服不仕”的家庭，宋仁宗皇祐元年（1049）登进士第，“稍迁太常博士、集贤校理，知陵州，又知洋州”⑥。历官邛州（今四川邛崃）、大邑、陵州（今四川仁寿）、洋州（今陕西洋县）等知州或知县。元丰初年（1078），文同赴湖州（今浙江吴兴）就任，世人称他为“文湖州”。元丰二年正月二十日，文同在陈州（今河南省淮阳县）病逝，未到任而卒，享年61岁。

文同虽未至湖州实际任职，但历史上却给了他一个“文湖州”的美名。文同深受儒家“修身、齐家、治国、平天下”思想影响，一生宦途奔走三十余年，有“廉吏”“清平太守”之称誉，深得百姓爱戴⑦。他以学名世，擅诗文书画，深为文彦博、司马光等人赞许，尤为苏轼敬重。

少为人知的是，文同不但是我国北宋时期著名文学家，也是书画家，还是中国绘画流派

① 夏征农、陈至立主编：《大辞海·美术卷》，上海辞书出版社，2012年版，第39页。

② 冯超：《湖州竹派》，吉林美术出版社，2003年版；吴群燕：《“湖州竹派”研究》，2015年上海大学博士学位论文；范斌、马青云等著：《湖州竹派与中国人文精神》，浙江大学出版社版，2012年版。

③ 周积寅：《简议中国画派——〈中国画派研究丛书〉序》。

④ 参见王金山《文同·苏轼》，载陈辞、陈传席编著《中国名画家全集》，河北教育出版社，2006年版。

⑤ 许联炳、何增鸾：《文同是四川盐亭人》，《四川大学学报》（哲学社会科学版）1979年第3期。

⑥ 《宋史》卷四四三《文同传》。

⑦ 罗华文：《文同政治思想简析》，《学理论》2010年第29期。

“湖州竹派”的开派（创始）人，一代宗师①。

苏轼曾言：“文与可有四绝，诗一，楚辞二，草书三，画四。”② 在大文豪苏东坡的眼中，文同的画只是“四绝”之一，且排名最后。所以有后人感叹文同的诗名为其画名所掩。

（一）文同的《墨竹图》

据宋人郭若虚《图画见闻志》记载，南宋皇宫御府尚藏有文同之水墨竹雀图二、墨竹图四、折枝墨竹图一、疏竹生青壁图一、著色竹图一、古木修绮图一。元代大鉴赏家汤垕很无奈地叹惜道：“文与可竹，真者甚少，平生只见五本，伪者三十本。”③

目前，传为文同墨竹画主要有五件，有卷、轴、册页等不同形制，分别如下：台北故宫博物院藏绢本《墨竹图》大立轴及纸本《墨竹》单页；上海博物馆藏纸本《墨竹》手卷；中国历史博物馆藏绢本《墨竹》大立轴；广东博物馆藏绢本《墨竹》大立轴（临本）。前三件是公认的文同真迹。中国历史博物馆藏品，有的研究者认为也是真迹④。另外台湾中国文化学院张昊藏有《风竹图》⑤。

其中，台北故宫博物院藏绢本《墨竹图》（也称《倒垂竹》《偃竹图》）是遗留至今传为文同的作品中最为可靠的⑥。

（北宋）文同《墨竹图》 100 幅中国名画之一
台北故宫博物院藏⑦

① 陈琳、张盘主编：《美术鉴赏》，安徽美术出版社，2014 年版，第 39 页。

② （宋）苏轼：《书文与可墨竹并序》。

③ 俞剑华：《中国画论类编》，人民美术出版社，1986 年版，第 1065 页。

④ 参见陈高华《宋辽金画家史料》42“文同”一节前言（文物出版社，1984 年版）、史树青《论文同墨竹》（《美术》1980 年 7 期）。广州博物馆所藏的一件，参看谢文勇《介绍二幅宋元名画》（《艺苑掇英》第 16 期）。

⑤ 胡问涛、罗琴：《论文同的咏竹诗和墨竹画》，《四川师范学院学报》（哲学社会科学版）1998 年第 6 期。

⑥ 徐书城、徐建融主编：《中国美术史 · 宋代卷 · 上》，齐鲁书社，2000 年版，第 268 页。

⑦ 引自张婷婷编著《中国传世花鸟》（卷一），中国言实出版社，2013 年版，第 43 页。

台北故宫博物院《墨竹图》[①]，立轴，绢本，水墨，纵 131.6 厘米，横 105.4 厘米。画面竹竿似屈而不屈，竹叶针刺凌飞，浓淡交替而又层次清晰，竹品人情尽在其中[②]，是一幅以写实手法绘就的作品，堪称宋代文人墨竹画的典范，画出了竹之“虚心异众草，劲节逾凡木”[③] 的精神[④]。纯用水墨渍染而成，笔法严谨之中有潇洒之致，是迄今所见最早一幅免去了勾勒方法的作品[⑤]。综观全图，竿、节、枝、叶，笔笔相应，一气呵成，充分体现了文同非凡的笔墨功力和对竹的深刻理解[⑥]。一根倒垂的竹子从画幅的左上角顺势而下又翻转而上，秀峭而劲挺。画家截取最动人的姿态来构图，竹竿劲健挺峭，竹枝横斜，竹叶飘洒飞舞。画家发挥毛笔的特性，用笔撇出竹叶，以浓淡墨区分竹页的正反，确如宋代大画家米芾所言：“以墨深为面淡为背”[⑦]，且竹叶之大小、转侧都表现得很生动，对竹竿和叶稍出现的飞白笔触也不加修饰，一任自然，全图给人以清新潇洒、富有生意的感受。墨竹于北宋仍属初兴之画艺，与当时尚工笔写实之花卉犹有时代性之相关，故未见“介”“爪”式的撇叶，也未见竹节间的书法连笔[⑧]。通幅画法在“画”“写”之间，与元代及此后的文人写竹相异其趣[⑨]。此图重在写实，以浓淡突出竹叶的先后秩序的不同，正反映了画家借竹写照自身、抒发情感的艺术特征，是“情境”绘画的典型作品之一[⑩]。此图未署名款，仅钤“静闲口室”“文同与可”二印，有明人王直（行俭）、陈循（德遵）二题。画上钤有“嘉庆御览之宝”“宣统御览之宝”两方鉴藏玺印。

海外尚藏有一些传为文同的墨竹作品，如日本大阪市立美术馆和日本正木美术馆所藏《墨竹图》以及英国大英博物馆所藏《竹石图》，均为赝品[⑪]。

台北故宫博物院藏《墨竹图》是湖州竹派开派之画，是文同的代表作品，北宋墨竹画的典型作品，列入“100 幅中国名画”[⑫]。

（二）湖州竹派产生的原因

魏晋以后，文人士大夫喜欢以爱竹相标榜，乃至直接称呼竹为“君”。“君”是相当文人化拟古的第二人称尊称，以此指竹，借以表示自己与竹之品格情调在尔汝之间。中国文人这种以墨画竹来“托物寓兴”，大约开始于 9 至 10 世纪，而真正向这一活动注入了典型的文人意识，并将其提升到一个较高级的艺术层次、完善其艺术技巧的，是四川盐亭人文同[⑬]。

文同的墨竹，在对画竹技法进行探索的同时，更是将“君子”人格注入创作之中，他的墨竹画“画”出了士大夫眼中理想的竹子。人即是竹，竹即是人，做到人画竹而竹化人，人

---

① 于明主编：《中国美术全集·书画卷·上》，青海人民出版社，2003 年版，第 55 页。
② 李默主编：《代表中国艺术高度的 100 幅名画》，广东旅游出版社，2013 年版，第 62 页。
③ 陈高华：《宋辽金画家史料》，文物出版社，1984 年版，第 360 页。
④ 聂瑞辰：《花鸟画的多元化审美取向研究》，2011 年天津大学博士学位论文，第 75 页。
⑤ 国家文物局：《中国文物精华大辞典·书画卷》，上海辞书出版社，1996 年版，第 151 页。
⑥ 贺云翱：《中华国宝图典》，山东画报出版社，2014 年版，第 334 页。
⑦ （宋）米芾：《画史》。
⑧ 王长金主编：《中国竹文化通论》，江西人民出版社，2014 年版，第 98 页。
⑨ 刘双喜：《学国画·竹》，江西美术出版社，2009 年版，第 16 页。
⑩ 孔涛：《北宋院体、文人和禅画研究——兼论真情理三境绘画美学》，2009 年山东大学博士学位论文，第 54 页。
⑪ 谈晟广：《北宋文同、苏轼墨竹绘画观的形成及传播》，载《画人画诠》，河北教育出版社，2009 年版，第 41 页。
⑫ 徐玲玲编著：《人一生要知道的 100 幅中国名画》，中国和平出版社，2006 年版，第 134 页。
⑬ 陈滞冬：《中国书画与文人意识》，广西师范大学出版社，2017 年版，第 168 页。

与竹俱达到"物我两忘"的意境之中，才能画好竹[①]。"墨竹"不再是简单的竹子了，而成了虚心、劲节、不慕荣华、凌寒不凋的人格精神的体现[②]。竹子完全人格化了。

文同的墨竹，虽重视写生，但也更重视"振笔直遂"的抒情写意功能，从而文同也成为文人画的开创者之一[③]，被当时推许为至高无上的艺术表现[④]。

文同之后，画竹者多从其学，当时学他风格的墨竹者有数十人之多，明代僧人莲儒《文湖州竹派》[⑤]曾列举文同之后的墨竹画家25人，画派形成于文同的亲朋好友中，如文同的妻侄、子女、外孙和苏轼等[⑥]。墨竹画发展至元代，可谓史无前例。

有人对元代夏文彦《图绘宝鉴》记录在案的316名南宋画家在39个擅长题材上的人数和百分比进行了统计，墨竹和竹石题材并列第三，占画家总数的11.71%（注：第一是山水，占总数的32.91%；第二是人物，占总数的26.58%）[⑦]。竹，作为一种单一植物，这个比例是很高的了，甚至比花鸟画这个门类还要高；而到了元代，墨竹可谓到达了高峰，元代画竹的画家作从赵孟頫开始，整个画家群中，擅竹者将近三分之一。如果再算上对墨竹偶有涉及的，则达半数以上[⑧]。

湖州竹派由此顺势而生。文同成了湖州竹派的开山之祖[⑨]，其画风被称为"文湖州竹派"[⑩]，在当时和后世都被当作画墨竹的宗师[⑪]。

湖州竹派之所以得到后世普遍认可还有一个重要原因：文同做官素有"廉吏""清平太守"之称誉。他为人洁身自好，忠厚而平和，光明磊落，识见卓然，官有政生，不谈权势，不苟世俗。文彦博[⑫]称其"襟韵洒落，如晴云秋月，尘埃不到"[⑬]。宋史说他"方口秀眉，以学名世，操韵高洁"[⑭]。他同时代的人均给予他极大的美誉，可说是新旧党人都交口称赞，这在那个朝代殊为不易。

---

① 董寿平：《董寿平谈艺录》，商务印书馆，1997年版，第17页。

② 崔佳：《一本书读完人类绘画的历史》，中华工商联合出版社，2014年版，第73页。

③ 孔涛：《北宋院体、文人和禅画研究——兼论真情理三境绘画美学》，2009年山东大学博士学位论文，第54页。

④ 张春记：《谢稚柳谈艺录》，河南美术出版社，2001年版，第56页。

⑤ 参见（元）吴镇《文湖州竹派》，商务印书馆，1939年版。

⑥ 沈冬梅、范立舟：《浙江通史·第5卷·宋代卷》，浙江人民出版社，2005年版，第104页。

⑦ 刘九洲、钱颖：《南宋绘画的两大流派——〈图绘宝鉴〉第四卷的定量分析》，《故宫学刊》2014年总第11辑。

⑧ 万新华：《柯九思墨竹艺术论》，《东南文化》1999年第4期。

⑨ 冯超：《湖州竹派》，吉林美术出版社，2003年，第29页。

⑩ 李默主编：《代表中国艺术高度的100幅名画》，广东旅游出版社，2013年版，第62页；林树中、王崇人：《美术辞林·中国绘画卷》（上册），陕西人民美术出版社，1995年版，第2310—2311页。

⑪ 王逊：《王逊美术史论集》，河北教育出版社，2009年版，第111页。

⑫ 文彦博（1006—1097），字宽夫，号伊叟。北宋时期著名政治家、书法家。被誉为介休三贤之一。他历仕仁、英、神、哲四帝，出将入相50年。

⑬ 《宋史》卷四四三《文同传》。

⑭ 同上。

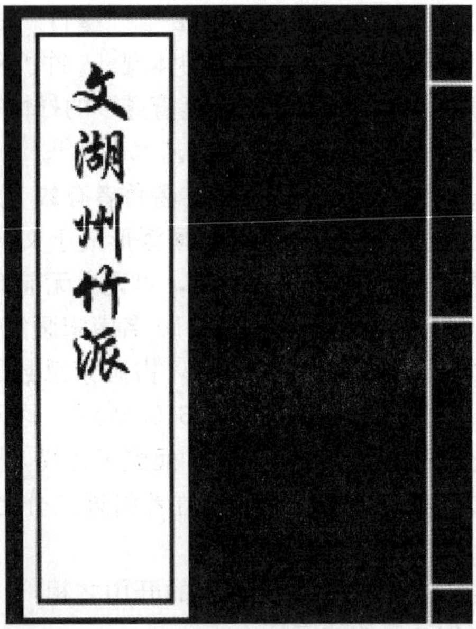

（三）文同为什么如此喜爱画竹

四川历来有竹乡之称。农村人家，家家户户周围大多栽种竹子。可以说，四川人一生都是生活在竹子中的。唐末五代宋初，因为自然地理环境特别适于竹类的生长，四川画竹已经普遍流行。在文同之前，蜀地画家擅画竹的有孙位、李夫人、张立、李怀兖、黄筌、黄居寀、黄居宝、滕昌祐、丘庆余、赵昌等人。文同作为蜀人同时又作为文人，自然就受到蜀地画竹时风的熏染。当然，他对画竹的喜爱上升到了更高的层次。

文同喜爱竹子，是因为人即是竹，竹即是人，竹子体现的是士大夫虚心、劲节、不慕荣华、凌寒不凋的人格精神。这与文同的人生观、价值观完全吻合。

仅以三例为证。

1.《**雨过侧调**》

皇祐二年（1050），文同时年33岁，在邛州（治今四川成都邛崃市）军事判官任，六月六日画并书《疏篁怪木碑》。篁即大型竹园或竹田。《疏篁怪木碑》已失佚。文同在邛州不忘观竹、赏竹、觅竹、写竹，并写有《雨过侧（小）调》，如下："阴车飞空载急雨，雨过林塘若新换。柽花浮波鱼误食，松子落屋乌惊弹。白云挂树久不起，青烟泊草殊未散。东园傲吏爱高竹，把卷倚风头发乱。"①

"东园傲吏"即文同的自称，"高竹"即竹子。"傲吏爱高竹"，可见人与竹有亲密的关系。

2.《**墨君堂**》

治平四年（1067）冬，文同时年50岁。其母去世，文同返永泰（今四川绵阳市盐亭县）守制，次年，他将故居命名为墨君堂。墨君，即墨竹，因为文同善画墨竹，故命名墨君堂。

① 何增鸾、刘泰焰选注：《文同诗选》，四川文艺出版社，1985年版，第50页。

他十分喜欢墨君堂，并从不同角度写了不少诗篇为之咏唱。其中就有《墨君堂》一诗，诗曰："嗜竹种复画，浑如王椽居。高堂倚空岩，素壁交扶疏。山野覆秋静，月色澄夜虚。萧爽只自适，谁能爱吾庐？"①

此诗反映了文同爱竹之深，嗜竹成癖，简直如同东晋时的王椽居（即王徽之，曾作参军，属椽吏）那样，达到了"不可一日无此君"的程度。

3.《纡竹记》

熙宁五年（1072），文同时年55岁，在陵州（治今四川眉山市仁寿县）任知州，画《纡竹图》，并作《纡竹记》。全文如下："纡竹生于陵阳守居之北崖，其始，共本以出；去土未几，而遽分其三。裁三尺，倮然无他枝，乃蘖盖其颠。未脱箨时，蝎害之使然尔。其一既独盛，将挺起，为垂岩所轧，力不得竞，乃求虚以伸。所趣觝碍无所容，屈己自保，生意愈艰。蟠空缭隙，拳局以进，伏碻磝，蔽蓊萝，曾莫知其历寒暑之何许也。余采药过其下，见之，命聱、蟚二童奴拨荒榛，除腐蔓，扶起而支持之，则已坚强偃蹇，宛骫附地，若不欲使人加哀怜于其不得遂诸生理者。然观其抱节也，刚洁而隆高；其布叶也，瘦瘠而修长。是所谓战风日，傲冰霜，凌突四时，磨轹万草之奇植也……"②

此文是文同在自己所绘的《纡竹图》下的题词，极形象直观地描绘了纡竹在垂岩重压之下艰难求伸的蟠曲偃蹇之态，写出其虽僵仆附地而不欲人之加怜的骨气，以及战风日、傲冰霜的不屈劲节。虽是记竹，实际上象征了才志之士被压抑、被摧残的现实，表现了文同对才志之士不幸命运的同情和对其艰难求伸的奋斗精神的赞叹。此图早已不存，但文同题于画上的诗文却流传下来，从中可知他如此喜爱"竹"的深层原因。

文同画竹，是把生命融入了作品中，所以有高度的艺术成就。

（四）文同墨竹对后世的影响

梅兰竹菊"四君子"题材绘画中的墨竹，大约草创于唐代晚期③，吴道子、王维、萧悦等都有这类作品④，至五代李夫人描月下窗影⑤，仿之者遂多，如黄筌、徐熙等，但直到北宋时经过文同之手，"墨竹"才作为一种经典绘画样式确立下来，成为后世画家模仿的典范⑥。

宋人米芾说："（画竹）以深墨为面淡为背，自与可（文同）始也。"

清人方熏称："墨竹一派，文石室为初祖。"⑦

墨竹一门绘画产生以来，文同是第一个大师⑧，当世和后世评价极高，可以说达到了顶点。

---

① （宋）文同著，胡问涛、罗琴校注：《文同全集编年校注》（下册），巴蜀书社，1999年版，第51页。

② 同上，第900页。

③ 薛君宁：《"文湖州派"与苏轼》，《福建艺术》2002年第1期。

④ 参见黄庭坚《道臻师画墨竹序》；杨维桢诗《唐人品竹谁第一，精妙独数王摩诘》；黄鸣奋《苏轼、文同论观竹、绘竹与寓竹》，《厦门大学学报》（哲学社会科学版），1987年第1期。

⑤ 管桦：《观文同"墨竹图"有感》，《紫禁城》1983年第2期。

⑥ 王伯敏：《中国绘画史》，上海人民美术出版社，1982年版，第324页。

⑦ （清）方熏：《山静居画论》。

⑧ 陈斌：《文同：现实与理想》，《新美术》1998年第3期。

陆游说："石室先生笔有神，我来拂拭一酸辛。败墙惨澹欲无色，老气森严犹逼人。"① 黄庭坚说文同墨竹"能极其变态，其笔墨之运疑鬼神也"②。元代著名画家李衎说，文同的墨竹一出，"不异杲日升空，爝火俱息，黄钟一振，瓦釜失声"③。吴镇说："独文湖州挺天纵之才，比生知之圣，笔如神助，妙合天成。"又："古今墨竹虽多，而起凡人圣，脱去工匠气者，惟宋之文湖州一人而已。"还说："墨竹风韵为难，古今所以为独步者，文湖州也。"④ 张丑赞："文湖州以写竹名天下。"⑤《图画见闻志》称文同墨竹"富潇洒之姿，逼檀栾之秀，疑风可动，不笋而成"⑥。《宣和画谱》说文同之竹"托物寓兴，则见于水墨之战"⑦。

在宋以后的800多年间，影响一直不衰。后代画墨竹者众多，基本上没有突破文同的藩篱⑧。

二、苏轼与湖州竹派

苏轼（1037—1101）字子瞻，又字和仲，号东坡居士。眉州眉山（今属四川眉山市）人，祖籍栾城（河北石家庄市栾城区）。生于书香门第。苏轼中进士时21岁，神宗时期曾在陕西凤翔、杭州、密州（今属山东诸城市）、徐州、湖州等地任职。元丰三年（1080）因"乌台诗案"⑨受诬陷被贬黄州任团练副使，在黄州（今属湖北黄冈市黄州区）四年多，曾于城东之东坡开荒种田，故自号"东坡居士"，人称"苏东坡"。哲宗即位后，曾任侍读学士、礼部尚书等职，并出知杭州、颍州（今属安徽阜阳市）、扬州、定州（今属河北定州市）等地。为人宽大如海，晚年因"乌台诗案"下狱，后被贬广东惠州，再贬海南儋州。大赦北还，途中病死在常州，享年64岁，遵遗愿葬于中岳嵩山，今河南郏县，追谥文忠公⑩。

在中国文化史上，苏轼是一位罕见的天才，"是人类知识和才华发展到某方面极限的化身"⑪。他是北宋杰出散文家、书画家、词人、诗人，与父苏洵、弟苏辙合称"三苏"。他在文学艺术方面堪称全才，其文汪洋恣肆，明白畅达，与欧阳修并称"欧苏"，为唐宋八大家之一；诗清新豪健，善用夸张比喻，在艺术表现方面独具风格，与黄庭坚并称"苏黄"；词开豪放一派，对后代很有影响，与辛弃疾并称"苏辛"；书法擅长行书、楷书，能自创新意，用笔丰腴跌宕，有天真烂漫之趣，与黄庭坚、米芾、蔡襄书史并称"宋四家"⑫；同时，他

---

① （宋）陆游：《嘉祐院观壁文湖州墨竹》。

② （宋）黄庭坚：《道臻师画墨竹序》。

③ （元）李衎：《竹谱详录》。

④ （元）吴镇：《梅花道人遗墨》。

⑤ （明）张丑：《清河书画舫》。

⑥ 《图画见闻志·纪艺中》。

⑦ 《宣和画谱·文同条》。

⑧ 傅熹年：《北宋、辽、金绘画艺术》，人民美术出版社，1991年版，第30页。

⑨ 乌台诗案发生于元丰二年（1079），时御史何正臣上表弹劾苏轼，奏苏轼移知湖州到任后谢恩的上表中，用语暗藏讥刺朝政，御史李定曾也指出苏轼四大可废之罪。此案先由监察御史告发，后在御史台狱受审。所谓"乌台"，即御史台，因官署内遍植柏树，又称"柏台"。柏树上常有乌鸦栖息筑巢，乃称"乌台"。所以此案称为"乌台诗案"。

⑩ 臧笑飞、佟雪编著：《中国古代文学巨匠》，吉林文史出版社，2014年版，第71页。

⑪ 王水照：《苏轼研究》之自序《走进"苏海"》，载《苏轼研究》，河北教育出版社，1999年版。

⑫ 杨政民编著：《中国古代廉洁励志诗歌选》，河南人民出版社，2013年版，第102页。

还是一位大思想家，是北宋所谓“蜀学”的中坚人物，对儒、释、道三家的哲学兼取并蓄[①]，其学说“以极为世俗化的方式，深入到民间的生活之中”[②]。

（一）苏轼的竹画

苏轼是一位杰出的画家。他画学文同，喜作墨竹、枯木怪石，论画主张神似。苏轼将他的书法长处用到绘画中，并第一个提出“士人画”一说[③]。

文献记载苏轼的作品有《枯木竹石图》《雪鹊》《墨花》《草虫》《应身弥勒》《乐工图》《举扇障面自画像》，并与李公麟合作《翠石古木图》《枯槎寿木丛筱图》《小山枯木图》等，不过传世的极少[④]。

苏轼画竹，从其诗文记载最少有以下数次：元丰二年（1079），苏轼与客游道场山画风竹，还配有诗。苏轼被贬谪黄州以后作墨竹画更多。元丰四年（1081）十二月画《古木竹石图》。元丰五年（1082）为米芾作两枝竹，并补以枯树怪石；为友人方竹逸画竹石，并作《跋》；应朋友之请，为之作竹石画。元丰六年（1083），孔毅父以诗戒饮酒，且乞墨竹；饮王齐愈家，醉后画墨竹[⑤]。苏轼一生作墨竹不少，但记述不多。

苏轼画竹，后人评价颇高。北宋米芾评其：“作墨竹，从地一直起至顶。余问：何不逐节分？曰：竹生时，何尝逐节生？”[⑥] 黄庭坚说他的画“石润竹劲，佳笔也”[⑦]。明孙承泽说：“东坡悬崖竹，一枝倒垂，笔酣墨饱，飞舞跌宕，如其诗，如其文。”[⑧] 不过，当时苏轼之墨竹并不声名显赫。徽宗朝所编《宣和画谱》卷十二《墨竹小品》收画家 12 人，有文同，而无苏东坡。元明以来文人画风高涨，东坡的竹（石）才目为珍品。

（北宋）苏轼《潇湘竹石图》（右半部） 纸本 水墨

纵 28 厘米 横 105.6 厘米 中国美术馆藏[⑨]

目前，苏东坡传世珍品仅有三幅：一幅为《枯木怪石图》，于抗战时期流入日本，为日

① 徐书城、徐建融主编：《中国美术史·宋代卷·上》，齐鲁书社，2000 年版，第 270 页。
② 王水照、朱刚：《苏轼评传》之导言《产生巨人的时代》，载《苏轼评传》，南京大学出版社，2011 年版。
③ 彭兴林：《中国经典绘画美学》，山东美术出版社，2011 年版，第 153 页。
④ 梁归智：《大家精要·苏轼》，云南教育出版社，2011 年版，第 120 页。
⑤ 马青云：《苏轼与“湖州竹派”》，《湖州职业技术学院学报》2005 年第 3 期。
⑥ （宋）米芾：《画史》。
⑦ （宋）黄庭坚：《山谷集》。
⑧ （明）孙承泽：《庚子消夏记》。
⑨ 《中国名画鉴赏辞典》，上海辞书出版社，1993 年版，第 275 页。

本大阪阿部房次郎爽籁馆收藏。2018 年，此图以 4.636 亿港币（约 4.1 亿人民币，加佣金价）在香港佳士得拍卖专场成交售出，收藏者不详；一幅为《潇湘竹石图》，为国内苏轼作品孤本，历经几番波折后被中国美术馆收藏；一幅为上海博物馆藏的《苏轼枯木竹石、文同墨竹合卷》，也叫《枯木竹石图》①。

今天，苏轼完整的墨竹图已不可见，我们只能从现存的《潇湘竹石图》《枯木怪石图》《枯木竹石图》三图看到他墨竹的少许风采。

《潇湘竹石图》以竹为主，竹列数竿，左右分披，老枝新梢，纯出自然。叶亦以浓墨为之，淡墨写干，叶片低垂，短小而肥，似江南雨雾中情景②。此图之丛竹布势出于自然，无“均疏均密，偏重偏轻”③ 之病。叶与枝、节之间，笔断而意连，更有一枝直上而不着叶，后人评之乃是以险取胜。

《枯木怪石图》的竹枝，并非居于主要位置，它是从石后伸出两枝小梢，叶尖朝上，浓墨画出，梢用淡墨，偶加焦墨破之，漫不经意④。

《枯木竹石图》写枯木一株，周匝缀以坡石、丛竹。丛竹蔓衍，倚石起伏，颇多野趣。笔法甚为简练草草，约略示意而已，不求形似，虽稍显刻露，但无愧于早期文人写意画的经典之作⑤。

就绘画来讲，苏轼是当时“文人画”运动的领袖人物，是异军突起的北宋文人“尚意”书画之旗手⑥。他标榜“士大夫画”，鄙视“工匠画”，强调绘画的理性和神韵，不讲究形似⑦。他是这一时期典型的文人画家⑧。他的画流传下来如凤毛麟角，但他被公认为“文人画”始祖之一⑨。当然，作为画家的苏东坡，声名远不如诗人和思想家苏东坡来得显赫⑩。

（二）苏轼画竹师从文同

苏轼学习画竹的老师是文同。

苏轼正式向文同学习墨竹是在英宗治平元年（1064）。当时，文同居家服丧期满还朝，途经凤翔，专门拜访了时任凤翔府签判的苏轼。在凤翔期间，文同曾以画竹必须“先得成竹于胸中”原则相授苏轼。

两人相会期间，苏轼写《石室先生画竹赞（并序）》来赞赏文同的风雅和对“道”的追求：“与可，文翁之后也。蜀人，犹以‘石室’名其家，而与可自谓笑笑先生。盖可谓与道皆逝，不留于物者也。顾尝好画竹，客有赞之者曰：先生闲居，独笑不已。问安所笑，笑我非尔。物之相物，我尔一也。先生又笑，笑所笑者。笑笑之余，以竹发妙竹。竹亦得风，夭然而笑。”⑪

---

① 夏玉琛：《记苏轼枯木竹石文同墨竹合卷》，《文物》1965 年第 8 期。
② 杨仁恺：《中国书画研究》，上海古籍出版社，2006 年版，第 209 页。
③ （元）吴镇：《竹谱》。
④ 杨仁恺：《中国书画研究》，上海古籍出版社，2006 年版，第 209 页。
⑤ 孔涛：《北宋院体、文人和禅画研究——兼论真情理三境绘画美学》，2009 年山东大学博士学位论文，第 55 页。
⑥ 韩刚：《迈往凌云：米芾书画考论》，人民美术出版社，2010 年版，第 150 页。
⑦ 熊征、祁永泉等：《古玩鉴赏实用大全》，今日中国出版社，1995 年版，第 232 页。
⑧ 聂崇正：《中国卷轴画概说》，载金维诺、聂崇正《中国美术全集·卷轴画》，黄山出版社，2010 年版，第 6 页。
⑨ 沈鹏：《宋金尚意书法略述》，载《书法本体与多元》，作家出版社，2014 年版。
⑩ 徐书城：《中国画之美》，河北美术出版社，2007 年版，第 133 页。
⑪ （宋）苏轼著，李之亮笺注：《苏轼文集编年笺注》，巴蜀书社，2011 年版，第 240 页。

元丰二年（1079），即文同去世这一年，苏轼曾这样记叙文同向他传授画竹的创作经验，云："竹之始生，一寸之萌耳，而节叶具焉。自蜩腹蛇蚹以至于剑拔十寻者，生而有之也。今画者乃节节而为之，叶叶而累之，岂复有竹乎！故画竹必先得成竹于胸中，执笔熟视，乃见其所欲画者，急起从之，振笔直遂，以追其所见，如兔起鹘落，少纵则逝矣。"①

文同对苏轼画竹的这种师承关系，也极其认可。

苏轼在《文与可画筼筜谷偃竹记》中说："与可以书遗余曰：近语士大夫，吾墨竹一派，近在彭城，可往求之。"联系前后文，大意是说：向文同求画的人多，文同不厌其烦，说了一些不好听的话。文同把信寄给了苏轼，说："近来我告诉文人们说我们画墨竹这一派的人，已传到近在彭城（即今徐州）的苏轼，你们可去求他画。"当时，苏轼任徐州知州。

《偃竹记》写于文同去世的元丰二年（1079），是一篇苏轼回忆文同在1075—1077年期间陕西知洋州时画竹的文章，文同说的"吾墨竹一派，近在彭城"，明确传达出这种师承关系。而苏轼本人更对这种师承毫不讳言："吾为墨竹，尽得与可之法。"②

由此看来，文同与苏轼画竹的师生关系不仅成立，还得到了双方的认可。

两人的师承关系在后代也得到认可。如元人李衎《竹谱详录》就直接说："文湖州授东坡诀云。"

不过，苏轼虽竹师文同，但两人又有不同。如邓椿说苏轼画竹"运思清拔，其英风劲气来逼人，使人应接不暇，恐非与可所能拘制也"③，说的是苏轼画竹比文同更加简劲，且具掀舞之势。

宋代是湖州竹派墨竹艺术的成熟期，墨竹画家们均以文同为宗师，后来形成两个墨竹体系：一是文同及之后顾安、李衎、夏昶等为代表的重形、重结构、重层次的，即所谓的画家画为一脉的墨竹体系；一是以苏轼及之后赵孟頫、柯九思、吴镇等为代表的重神、重意、重文气，即所谓文人墨戏一脉的墨竹体系。由于苏轼对后世文人思想所产生的广泛而深远的影响，后来的画家和文人接受的大多是苏轼的墨竹体系④，即中国文人画体系。

（三）苏轼在湖州竹派崛起中独特而关键的作用

在文同绘画的赞誉者中，有苏轼、苏辙、黄庭坚、陆游、米芾等人⑤，但所有人中最核心的人物是苏轼。

1. 苏轼是"湖州派"的首提者

"湖州竹派"并非最早的名称，究其前身应该是"墨竹一派"或称"墨竹派"，提出这一名称者是文同本人。苏轼《文与可画筼筜谷偃竹记》称："与可（文同）以书遗余曰：近语士大夫，吾墨竹一派，近在彭城，可往求之。"可知墨竹一派一词出自文同亲口所说。

那么，文同"墨竹"是在什么时候由变成"湖州"的呢？

这出自苏轼之口。

① （宋）苏轼：《文与可画筼筜谷偃竹记》。
② （宋）邓椿：《画继》卷三。
③ 同上。
④ 范斌、马青云、薛帅杰：《湖州竹派与中国人文精神》，浙江大学出版社，2012年版，第7页。
⑤ 见王金山《文同苏轼》，河北教育出版社，2006年版，第228—249页。

在文同去世七年后的元祐元年（1086），苏轼在京任翰林学士、知制诰，他在其写的题《憩寂图》中明确写道："东坡虽是湖州派，竹石风流各一时，前世画师今姓李，不妨还作辋川诗。"①

这是中国绘画史上，第一次将文同的墨竹称为"湖州派"，并且苏轼将自己也列入湖州派的一个成员。

到了明代，僧人莲儒汇编《湖州竹派》一书，勾画出了湖州竹派的形成发展概况，"湖州派"才正式变为"湖州竹派"。

苏轼是湖州派名称的第一个提出者。虽然与湖州竹派仅一字之缺，但却是湖州竹派的先声。

文与可画筼筜谷偃竹记

竹之始生，一寸之萌耳，而节叶具焉。白蜩腹蛇蚹以至于剑拔十寻者，生而有之也。今画者乃节节而为之，叶叶而累之，岂复有竹乎？故画竹必先得成竹于胸中，执笔熟视，乃见其所欲画者，急起从之，振笔直遂，以追其所见，如兔起鹘落，少纵则逝矣。与可之教予如此。予不能然也，而心识其所以然。夫既心识其所以然而不能然者，内外不一，心手不相应，不学之过也。故凡有见于中而操之不熟者，平居自视了然，而临事忽焉丧之，岂独竹乎？子由为《墨竹赋》以遗与可曰："庖丁，解牛者也，而养生者取之。轮扁，斫轮者也，而读书者与之。今夫夫子之托于斯竹也，而予以为有道者，则非耶？"子由未尝画也，故得其意而……

苏轼《文与可画筼筜谷偃竹记》节选（作于公元1079年）

2. 苏轼是湖州竹派最重要的宣扬者

苏轼是湖州竹派最忠实的推广者与最热烈的宣扬者，为此他写了大量诗文。

苏轼有关文同的诗文79首（篇），如熙宁九年（1076）三月四日苏轼在密州作《和文与可洋州园池诗》三十首、四月六日作《书〈文与可超然台赋〉后》等，数量甚多。

据不完全统计，苏轼直接述及文同墨竹的就有以下八种（按年代排序）：

治平元年（1064）正月二十三日，苏轼作《文同画竹赞》，又名《石室先生画竹赞（并序）》（见"苏轼画竹师承文同"一段）。

熙宁三年（1070）七月二十一日，苏轼作《跋文与可墨竹李通叔篆》，称赞文同的墨竹画不同于一般画工画，因为"学道未至，意有所不适而无所遣之，故一发于竹"。

熙宁四年（1071），苏轼为赵屼作《文同画竹跋》②（又叫《题赵屼屏风与可竹》《文与可画墨竹屏风赞》），说："与可之文，其德之糟粕；与可之诗，其文之毫末。诗不能尽，溢

① （宋）苏轼：《题〈憩寂图〉诗并鲁直跋》。
② 罗琴：《文同与二苏的交游及交往诗文系年考》，《西南民族学院学报》（哲学社会科学版）2001年第10期。

而为书，变而为画。"

熙宁九年（1076），苏轼作《墨竹赋》，该赋通过客人与文同对话的形式，表现了文同画工的神似特点。又借助客人之口，引用"庖丁解牛"与"轮扁斫轮"两个典故，把题旨升华到了"万物一理"的这个社会生活根本的原则上。

元丰二年（1079）七月七日，苏轼在湖州作《文与可画筼筜谷偃竹记》。在此记中，他第一次提出了"故画竹必先得成竹于胸中"的观点，说文同在画竹子之前，在内心已有画好的竹子了。这段论述可谓得文同心印，它是"文湖州生派"的画竹主张，也奠定了墨竹画最初的理论基础。因为有了文同的"胸有成竹"说，才有后来郑板桥的"胸无成竹"说[①]。

元丰八年（1085），苏轼作《题文与可墨竹并序》，称"诗鸣草圣余，兼入竹三昧。时时出木石，荒怪轶象外"[②]。

元祐二年（1087）秋，苏轼在京为晁补之作《书晁补之藏与可画竹三首》，说文同画竹，是把生命融入了作品中，所以有高度的艺术成就，所谓"其身与竹化，无穷出清新"。中国著名的画论"可使食无肉，不可居无竹"即出自此诗。

元祐中，在京苏轼作《戒坛院文与可画墨竹赞》，赞叹文同的墨竹："风梢雨箨，上傲冰雹。霜根雪节，下贯金铁。"[③]

以上八文，前四文系苏轼在文同生前所写，后四文写于文同死后[④]。

另外，苏轼对文同之竹的赞誉散见于各种诗文之中，如"与可之于竹石枯木，真可谓得其理者也"[⑤]，其《偃竹》图"真可为古今之冠"[⑥]，"老可能为竹写真，小坡今与石传神"[⑦]，赞扬文同有和竹子一样的操守"得志遂茂而不骄，不得志瘁瘠而不辱，群居不倚，独立不惧"[⑧]，等等，数量众多，难以一一而叙。

由于苏轼的宣扬和开掘，文同墨竹所包含的象征意义，则几乎成为宣扬文"不丧其所守（操）"的檄文，而苏轼等文人们"可使食无肉，不可居无竹，无肉令人瘦，无竹令人俗"的愿望，则可以在观赏墨竹中得到更为纯净的满足[⑨]。从这点来讲，苏轼是以个人的才情与巨大影响力使湖州竹派真正成为当时文人圈内最受欢迎的艺术流派。可以说，湖州竹派是借苏轼的赞誉而名满天下的。

由于苏轼对湖州竹派的这种独一无二的重大贡献，有人认为苏轼与文同一样可称为湖州竹派的创始人[⑩]。这种说法值得商榷，因为这涉及文同与苏轼的两个墨竹体系的问题（参见"苏轼画竹师从文同"一节）。笔者认为，在湖州竹派创立、发展、继承过程中，文同是湖州

---

① 薛君宁：《"文湖州派"与苏轼》，《福建艺术》2002 年第 1 期

② （宋）苏轼著：《苏东坡全集》（2），北京燕山出版社，2009 年版，第 681 页。

③ （宋）苏轼著、李之亮笺注：《苏轼文集编年笺注》，巴蜀书社，2011 年版，第 243 页。

④ 注：此节的年、月、日等信息，除标注外均引自《文同年谱表》，部分日期与其后出版的有关书籍记载略有不同，但实在考评甚难，故留待后学再证。

⑤ （宋）苏轼：《净因院画记》。

⑥ （宋）苏轼著，李之亮笺注：《苏轼文集编年笺注》，巴蜀书社，2011 年版，第 666 页。

⑦ （宋）苏轼：《题过所画枯木竹石三首》。

⑧ （宋）苏轼：《墨君堂记》。

⑨ 陈滞冬：《中国书画与文人意识》，四川美术出版社，2006 年版，第 170 页。

⑩ 马青云：《苏轼与"湖州竹派"》，《湖州职业技术学院学报》2005 年第 3 期；冯超：《湖州竹派》，吉林美术出版社，2003 年版，第 44 页。

竹派的开派人，苏轼是湖州竹派最重要的推动者、宣传者，这个说法应该更为准确。

王金山《文同苏轼》（河北教育出版社 2006 年版）

（四）苏轼为何如此推崇文同

在中国文学界一直有一种说法，苏轼在各方面（包括绘画）如此宣传和推崇文同，主要是因为他们两人有“从表弟”“亲家翁”的亲戚关系。

实质上，这是误解。

为什么？

1.“亲家翁”之说

苏轼与文同是“亲家翁”之说，来源于熙宁十年（1077），苏轼的亲弟弟苏辙的长女与文同的季子文逸民订婚。元丰元年（1078），文同寄所画《偃竹》给苏轼。正月二十八日，苏轼致书文同云：“蒙寄惠偃竹，真可为古今之冠。”末署：“轼再拜与可学士亲家翁阁下。”亲家翁一语即出于此。

考：苏轼与文同虽然关系密切，但平生见面相处却只有两个时间段。第一次是在治平元年（1064），是年，文同服除归馆，途经凤翔与苏轼见面。苏轼当时 29 岁，文同 47 岁。由于苏轼的父亲苏洵以前曾与文同在京共事，且相交颇深，因此苏轼、文同之间应该有所了解，所以尽管时间短暂，两人相见甚欢，谈论终日，其乐融融，所以文同有“子平一见初动心”[①] 之句。子平即苏轼。第二次是在 6 年后的京都，时间当为熙宁三年（1070）四五月间到熙宁四年（1071）初春，文同时任加太常礼院兼编修《大宗正司条贯》，苏轼在任殿中压

① （宋）文同：《寄题杭州通判胡学士官居诗四首·月岩斋》。

丞直史馆判官告院、权开封府推官。这期间，两人交往频繁，诗文唱和颇多。熙宁四年初春，自文同离京出守陵州后，两人从此就没有再见，只是通过书信和诗等方式保持着密切的交往。

苏轼无女，乃因文同与苏辙之儿女订婚而随称"亲家翁"，与他下面自称"从表弟"一样，"亲家翁"只是表示亲密、亲近之意，文同、苏轼两人之间实无儿女婚事①。

2. **"从表弟"之说**

苏轼与文同是"从表弟"之说，来源于南宋乾道中汪应辰主持刻石于成都府治之《西楼苏贴》有落款云："熙宁八年四月二十三日从表弟苏轼上。"② 从这以后，苏轼是文同的"从表弟"之说沿用至今。

考：文同为西汉蜀郡太守文翁之后，其后一支定居永泰，文同"曾祖彦明，祖廷蕴，考昌翰，皆儒服不仕。""考公以公赠尚书都官郎中。妣李氏，仁寿县太君。"文同"娶卫氏，追封旌德县君。再娶李氏，封永和县君。"③ 眉山"三苏"为武则天朝宰相苏味道之后，世居眉州，家世渐衰。苏洵妻程氏。苏轼前妻王弗，继室王闰之。苏辙妻史氏。文、苏两家皆不显，无官场之往来。他们分居梓州梓潼郡永泰县（今四川盐亭县）与眉州眉山（今四川眉山市），无婚姻之关系。因此，文同与二苏实无中表关系。

我们用现代语言来描述：苏轼家族在四川眉山，文同则生于四川盐亭，前者位于四川南部，乃州府所在地，后者位于四川北部，乃一偏远小县，即使现在两地均已通达高速公路，路程也达 259 千米。在宋代这个里程可以说是相当遥远。苏、文两家在京都相识之前，实在没有联姻的可能。

苏轼自称为文同之"从表弟"，乃是表示一种亲密、亲切之意。

一直以来，苏轼与文同两人都是互为欣赏。苏轼说文同为人"守道而忘势，行义而忘利，修德而忘名"④，所以苏轼"尤敬重之"⑤。又说："与可之文，其德之糟粕；与可之诗，其文之毫末；诗不能尽，溢而为书，变而为画，皆诗之余。其诗其文，好者盖寡，有好其德如好其画者乎？"⑥ 也就是说，文同的诗文、书画，皆发自他的人品，也可说是正直的古代文人所追求并身体力行的某种人品道德规范的审美体现。这一点上，文同与苏轼可谓同路人，因此文同视苏轼为第一知己，常对人言："世无知我者，惟子瞻一见，识吾妙处"⑦。

因此，苏轼如此推崇文同与文同之墨竹，并非因为他们是亲戚关系，而是因为他们两人道德、学问的相互钦佩，性格上的投契和艺术上的传承，他们互为知己，相知最深。

---

① 参见罗琴《文同与二苏的交游及交往诗文系年考》。
② 罗琴：《文同与二苏的交游及交往诗文系年考》，《西南民族大学学报》（人文社科版）2001 年第 10 期。
③ （宋）范伯禄：《新知湖州文公墓志铭》。
④ （宋）苏轼：《文与可字说》。
⑤ 《宋史》卷四四三《文同传》。
⑥ （宋）苏轼：《文与可画墨竹屏风赞》。
⑦ （宋）苏轼：《书文与可墨竹并序》。

三、湖州竹派关键的继承者

继承是指一个对象直接使用另一对象的属性和方法。这里的关键继承者是指对湖州竹派发扬光大并做出重要贡献的画家、理论家，有“开创”之功。如果没有他们的参与，可能湖州竹派也就不会延续千年、至今犹有生命力。

湖州竹派的传承有三个关键的继承者，他们是李衎、柯九思、吴镇，三人均是元代著名画家，前两人还是赫赫有名的高官，后一人是“元四家”中的唯一隐者。他们三人是湖州竹派承上启下的关键人物。

（元）李衎《四清图》（后半卷） 100幅中国名画之一
分别藏于美国艾特金斯美术馆和北京故宫博物院①

（一）开创了中国墨竹有画有谱先河的李衎

李衎（1245—1320），字仲宾. 号息斋道人，大都（今北京）人。尝任吏部尚书、集贤殿大学士。累官到荣禄大夫、光禄大夫，位至从一品，达到了生平最辉煌的时刻②。他与赵孟頫是元代汉族文人画家中官职最显者。

李衎尤善画枯木竹石，善画墨竹，双钩竹尤佳。初师王庭筠，继师文同。设色青绿，师李頔。求者，日踵其门，而不厌。后使交趾（越南），深入竹乡，对竹之形色情状辨析精到，简作钩（勾）勒青绿设色竹，视竹为“全德君子”。赵孟頫赞之：“二百年来以画竹称者，皆未必能用意精深如仲宾（李衎）也。”③ 他和赵孟頫、高克恭并称为元初画竹三大家，是元代水墨竹画的代表人物，由于其画竹的功力精到又有自创④，画竹达到出神入化之境⑤，被誉为“写竹之圣者”。

李衎画的竹有两类：一类是纯用水墨画的“墨竹”，如《四清图》；另一类是双勾设色，称为“画如竹”，如《双勾竹图》⑥。传世墨竹作品有《四清图》（分藏两处，见下）、《新篁图轴》（北京故宫博物院）、《四季平安图》（台北故宫博物院）、《竹雀图》（美国弗利尔美术馆）、《双勾竹图》（北京故宫博物院）、《修篁竹石图》（南京博物院）、《枯木竹石图》（美国

① 引自中国古代书画鉴定组编《中国绘画全集·元代》，文物出版社，1999年版，第26页。
② 何伟：《中国古代吏部名人》，中州古籍出版社，2016年版，第121页。
③ （元）赵孟頫：《李仲宾野竹图并序》。
④ 阮荣春等：《中国美术史》，辽宁美术出版社，2015年版，第208页。
⑤ 陶明君编著：《中国画论辞典》，湖南出版社，1993年版，第234页。
⑥ 杨新：《一点清风惊百代——谈李衎画竹》，《紫禁城》1982年第3期。

印第安纳波里斯艺术馆）等。

《四清图》，纸本，水墨，纵 35.6 厘米，横 359.8 厘米。因画上有秀石、丛兰、梧桐及竹，故名《四清图》。此图约在明代中期被分为两段。前半卷现藏美国堪萨斯纳尔逊·艾特金斯美术馆，画慈竹、笙竹二丛，上有赵孟頫、元复初题跋。后半卷现藏北京故宫博物院，首段绘二石，用笔含而不露，清润浑圆。数竿秀竹立于石后，清健潇洒，浓淡相间，石下一兰草疏影横斜，飘逸柔和，欲断还连，接下来又是竹影婆娑，竹间两株梧桐，笔墨淋漓，缈缈如烟，极富韵味。《四清图》是李衎 65 岁时所画，用笔沉着稳健，墨色淋漓清润，将各种竹子的姿态及竹子的新老枯荣都表现得十分真切。郑午昌赞之"竹法清健"，"四清图卷，为最有名"①。

《四清图》代表了李衎的绘画风格和水平，是其传世作品的代表，是元代水墨竹画的代表，列入"100 幅中国名画"②。

除开绘画，李衎还是一位造诣精深的理论家，他所撰《竹谱详录》七卷③，是古代竹谱中具有代表性的著作。全书分画竹、墨竹、竹态、竹品四谱，尤详于竹品谱，描述了我国三百余种竹类，包括各种罕见竹类，对于其形态、品性、画法均有详细论述。竹的画法、技法累积之深，解述之详，而且援古证今，详述考研，为空前之巨著。征引繁复，其中很多古籍现已亡佚。

李衎《竹谱详录》开创了湖州竹派有谱有画之先河，且论述极详，是目前所见最早的一本与绘画有关而且有传录可考的竹谱④。

李衎作为湖州竹派的主要推手，承续并发扬湖州竹派这一系统，奠定了湖州竹派这一画派不可撼动的史学地位，是湖州竹派理论的集成者，是湖州竹派承前启后的关键点⑤。

（二）开创了"以书入画""书画一体"的柯九思

柯九思（1290—1343），字敬仲，号丹丘、丹丘生、五云阁吏，天台仙居（今浙江台州）人。他是元文宗时期奎章阁参事，鉴书博士，负责品定皇室书画，称誉一时⑥。柯九思博学能诗文；善书，四体八法俱能起雅去俗。素有诗、书、画三绝之称。奎章阁学士院中，以柯九思、虞集⑦名望最高，有道是"盖柯作画，虞必题"⑧，以至"日日退朝书满床"⑨。

柯九思一生专心致力于墨竹绘画的创作。他主张"以书入画"是在湖州竹派发展上的重要贡献。后世画家对柯九思的评价极高，甚至送他"文同之后，三百年间无此笔墨"的美誉⑩。传世墨竹作品有《清閟阁墨竹图》（北京故宫博物院）、《双竹图》（上海博物馆）、《晚

---

① 郑午昌：《中国画学全史》，吉林人民出版社，2013 年版，第 230 页。

② 徐玲玲编著：《人一生要知道的 100 幅中国名画》，中国和平出版社，2006 年版，第 212 页。

③ （元）李衎：《竹谱详录》，中华书局，1985 年版。

④ 陈佳仪、张治安：《元李衎〈竹谱〉小探》，《美术学报》2003 年第 5 期。

⑤ 吴群燕：《"湖州竹派"研究》，2015 年上海大学博士学位论文，第 15 页。

⑥ 余辉：《元代宫廷绘画史及佳作考辨》（续二），《故宫博物院院刊》2000 年第 4 期。

⑦ 虞集（1272—1348），字伯生，号道园，世称邵庵先生。四川仁寿（今四川省眉山市仁寿县）人。元代著名学者、诗人。虞集，素负文名，与揭傒斯、柳贯、黄溍并称"元儒四家"；诗与揭傒斯、范梈、杨载齐名，人称"元诗四家"。

⑧ （元）陶宗仪：《辍耕录》卷七《奎章政要》。

⑨ 同上。

⑩ 连晓鸣、周琦等编：《台州文化史话》，杭州大学出版社，1993 年版，第 67 页。

香高节图》（北京故宫博物院）、《横竿晴翠图》（日本大阪市立美术馆）等。

《清闷阁墨竹图》，立轴，纸本，墨笔，纵 132.8 厘米，横 58.5 厘米。画竹两竿，依岩石挺拔而立，石旁缀以雅竹小草. 画中竹子的画法仿文同，以浓墨为面，淡墨为背，行笔沉着稳健，一如后人形容他的墨竹“大叶长梢动冕旒”①。枝干挺劲，笔墨浑厚沉着，石用董、巨一派披麻皴法，具有体积感和质量感。用笔沉着，用墨厚润，浓淡相间。两竹之间密中见疏，疏中夹密，挺拔圆浑之感宛如篆书，竹节两端再复垂墨，不勾节却连属自然。整个画面虽然只寥寥数笔，但却生动有致，清雅秀美，神足韵高，有一股劲挺拔俗的清高之气。其墨竹最具文同遗韵，重点突出一个“清”字，竹清、石清、笔清、墨清。

（元）柯九思《清闷阁墨竹图》　100 幅中国名画之一
北京故宫博物院藏②

《清闷阁墨竹图》是柯九思竹作品中的精品，是元代画竹作品中的代表作，是以书入画的代表作品，列入“100 幅中国名画”③。

柯九思对湖州竹派的最大贡献在于：他发展了墨竹画鼻祖文同的画法，将中国古代的书法融于画法之中，“以书入画”是其卓越而独特的创造，“写干用篆法，枝用草书法，写叶用八分或用鲁公（即颜真卿）撇笔法”④。他在自己编写的《竹谱》里明确提出用书法写竹：“凡踢枝，当用行书法为之。”他的墨竹理论与实践提高了中国绘画的文化内涵，开创了“书

① （明）李晔：《王子约双钩竹图》。
② 中国古代书画鉴定组编：《中国绘画全集·第 8 卷》，文物出版社，1997 年版，第 9 页。
③ 徐玲玲编著：《人一生要知道的 100 幅中国名画》，中国和平出版社，2006 年版，第 214 页。
④ （元）赵孟頫：《题柯敬仲墨竹》。

画一体”的画坛新局面[①]。

（三）开创了湖州竹派诗画结合先河的吴镇

吴镇（1280—1354），字仲圭，号梅花道人，尝署梅道人。浙江嘉兴人。精书法，工诗文，善画山水、梅花、竹石。为人“抗简孤洁”[②]，隐居不仕，与达官贵人很少往来，以占卜卖画为生，一生穷困潦倒。他与王蒙、黄公望、倪瓒齐名，并称为“元四家”[③]。在中国绘画发展史上，他以终生隐居、擅画隐逸题材著称，其传世作品的图式与母题充分表现了古代文人理想中的精神价值与艺术境界[④]。作为墨竹画家，他在墨竹画史有着重要地位。

吴镇墨竹初学文同，“运笔虽熟而野气”[⑤]。为文同之后又一大家，“（文）同以竹掩其画，（吴）镇以画掩其竹。其画虽势不能夺，唯以佳纸笔投之，欣然就几，随所欲为，乃可得也。”[⑥] 传世墨竹作品有《墨竹谱》册页（台北故宫博物院）、《枯木竹石图》（北京故宫博物院）、《墨竹坡石图》（北京故宫博物院）、《竹谱图卷》（上海博物院）、《多福图》（天津艺术博物馆）等。

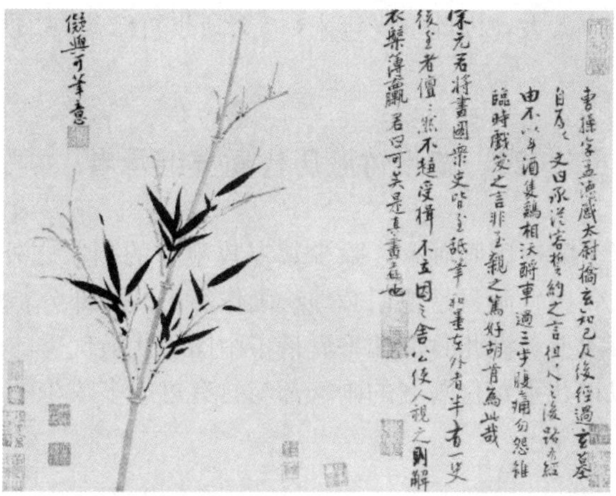

（元）吴镇《墨竹谱》二十二册页之一　纸本　墨笔

纵 40.3 厘米　横 52 厘米　台北故宫博物院藏[⑦]

《墨竹谱》册页是吴镇墨竹的代表巨作，共 22 幅，前两幅书苏轼撰文同偃竹记，后 20 幅图，每幅纵 40.3 厘米，横 52 厘米，纸本，墨笔，分别画新篁、嫩枝、老干、垂叶、雨竹、风竹、雪竹、坡地竹林、崖壁垂竹。幅幅各有姿态，笔法简洁苍劲。以画谱而言，称得上变化多端，诸法悉备，成为后之学者极好的借鉴。此谱作于元至正十年（1350），时吴镇 71 岁，是画给儿子佛奴的。

---

① 柳旭：《通赏中国名画》，长春出版社，2014 年版，第 158 页。

② （明）孙作：《沧螺集》卷三《墨竹记》。

③ 元四家是指元代山水画的四位代表画家的合称。主要有二说：一说指黄公望、王蒙、倪瓒、吴镇四人，二说指赵孟頫、吴镇、黄公望、王蒙四人，大多数人认可第一种说法。也有将赵孟頫、高克恭、黄公望、吴镇、倪瓒、王蒙合称为“元六家”。引自伍英编著《中国古代绘画》，中国商业出版社，2015 年版，第 71 页。

④ 杜哲森、宋晓霞：《吴镇》，上海书画出版社，1999 年版，第 1 页。

⑤ 惠鉴跋吴镇《为松岩和尚竹卷》。

⑥ 周振宇主编：《中国画名家大典·上卷》，人民日报出版社，2013 年版，第 127 页。

⑦ 引自杨宏鹏、李东岳主编《丹青锦囊·历代名家画竹》，河南美术出版社，2015 年版，第 24 页。

最值得一提的是这套竹谱的图、文、印组合。宋代以前，图上都不落文字，甚至连作者的名款都没有。北宋开始，画上渐有作者姓名和时间的落款。至元代赵孟頫出，画上所题的诗、文渐多。吴镇此《墨竹谱》册，画竹皆有长篇题咏并印章，使诗、书、画印充分结合在一起[①]，书与画开始在画面上平分秋色，相得益彰，形成了中国画不同于其他艺术的最具文化意义的特色之一。

北京故宫博物院所藏其画作纸本《墨竹坡石图》，可称为诗书画的统一体，画幅上半部分为草书题诗"与可画竹不见竹，东坡作诗忘此诗……"，共56字[②]，下方作水墨坡石一块，方硬坚实，润笔斧劈皴之，点画苔藓野草，右方倒挂墨竹数枝，笔法苍润劲简，淡笔写枝草草有趣，浓墨画叶"个"字布势。萧疏可爱，飘逸雅致，平淡天真，绝无一点尘俗气[③]。

吴镇对湖州竹派的最大贡献在于，他所创《墨竹谱》册页等，开创湖州竹派诗画结合的先河，其诗文和墨竹对湖州墨竹风格和流派的提炼，为湖州竹派的传承拓展了更大空间。

由于吴镇画竹的名声太大，因此多少年来，《文湖州竹派》一书均伪托吴镇所撰，实为明代僧人莲儒所著。

四、湖州竹派历代重要继承者

本节列举的这些著名的中国画画家，除少数专攻墨竹的画家之外，许多画家堪称全能，人物、山水、花鸟皆长，墨竹画只是他们辉煌绘画作品中的一部分，如绘画界人人皆知的王蒙、石涛、徐渭等。事实上，湖州竹派几乎囊括了中国历代最优秀的画家。由于竹在中国文化中特殊的含义，可以说几乎每位著名的画家都与竹有过或多或少的关系。

（一）金代

主要继承者王庭筠。

王庭筠（1151—1202），辽东人（今辽宁营口熊岳），金代文学家、书画家。王庭筠作为金代极具声望的书画家，对元代绘画尤其在墨竹画上有着重要的影响。

王庭筠的墨竹表现手法直接源于文同、苏轼，墨竹形神兼备，竹是真形的写照，更是神韵的传媒。他的墨竹画对整个元代画坛墨竹文化的发展起到了极为重要的引导作用[④]。

传世孤品仅有《幽竹枯槎图》。

---

① 万新华：《柯九思墨竹艺术论》，《东南文化》1999年第4期。
② （元）吴镇：《画竹》，载成乃丹编《历代咏竹诗丛》，陕西人民出版社，2004年版，第706页。
③ 《美术大观》编辑部编：《中国美术教育学术论丛·造型艺术卷》（8），辽宁美术出版社，2016年版，第69页。
④ 史宏云：《王庭筠与湖州竹派》，《文艺研究》2011年第5期。

（金）王庭筠《幽竹枯槎图》（局部） 绢本 墨笔
纵 38 厘米 横 697 厘米 日本大阪市立美术馆藏①

（二）元代

元代是墨竹艺术的顶峰时期，画竹者或者说参与绘画变革者，遍及全国，在“元四家”中，除开黄公望，吴镇、王蒙、倪瓒三位都是墨竹大师。湖州竹派自然形成。

元代主要继承人是高克恭、赵孟頫、顾安、倪瓒、王蒙等。

高克恭（1248—1310），祖籍大同（今属山西），官员、画家。擅山水、墨竹。墨竹师法王庭筠，并结合赵孟頫、李衎等画竹名家之长，笔法凝练，墨气清润，颇得竹之亭亭玉立的萧爽之态。合诸家之长，自成一格，被推崇为“当代第一”②。他的传世之作《墨竹坡石图》（北京故宫博物院），在构图上以坡石压角，竹丛立于石后，由根至顶，含而不露，平稳劲挺，使文同以来的折枝式构图产生了变化。这种构图模式对后世影响很大，形成常见的墨竹表现图式。

赵孟頫（1254—1322），浙江吴兴（今浙江湖州）人。元四家之一，元代最著名的书法家、画家，同时也是著名的文学家、音乐家。在墨竹绘画创作方面，他以文同、苏轼为师法对象，继承和发扬了湖州竹派的美学思想，明确提出了“书画本来同”③ 的观点，在墨竹艺术上有着他自己独到的成就，体现了他的“画贵古意”美学思想，丰富了湖州竹派的美学思想④。传世作品有《窠木竹石图》（台北故宫博物院）、《墨竹图》（北京故宫博物院）等。

（元）赵孟頫《墨竹图》 纸本 墨笔
纵 34 厘米 横 108 厘米 北京故宫博物院藏⑤

---

① 潘耀昌主编：《中国美术名作鉴赏辞典》，浙江文艺出版社，1999 年版，第 388 页。
② 陈鹏飞主编：《文脉传承：古今文艺作品选粹》，中国文联出版社，2014 年版，第 124 页。
③ 倪志云：《中国画论名篇通释》，上海人民美术出版社，2015 年版，第 334 页。
④ 沈文中：《论赵孟頫对湖州竹派艺术的传承和发扬》，《湖州师范学院学报》2005 年第 8 期。
⑤ 冯超：《湖州竹派》，吉林美术出版社，2003 年版，第 125 页。

顾安（1289—1368），平江府（江苏苏州）人，专画墨竹，一生倾心于墨竹艺术之中，远追文同、苏轼，画法取自文同、李衎、柯九思诸家之长。中国绘画史上风竹大家并不多，顾安是最有成就的风竹画家之一。如陆次山赞“修篁袅袅岱云烟，长忆山斋夜不眠”[①]。传世作品有《幽篁秀石图》轴（北京故宫博物院）、《风竹图》轴（山西省博物院）、《风雨竹图》（北京故宫博物院）、《墨竹图》（台北故宫博物院）等。

倪瓒（1301—1374），江苏无锡人。元四家之一。倪瓒的墨竹在绘画史上极负盛名。他的创作思想和表现技法在很大程度上受到湖州竹派的影响，并对文同、苏轼的美学思想做了很大的发展，如继承和发展了湖州竹派的“寄性与思致”的传统，不求形似，以简具形，得之自然，取之胸意。主张画家有所创新，“兴来挥洒出新意”[②]。传世作品有《竹枝图》（北京故宫博物院）、《梧竹秀石图》（故宫博物院）等。

王蒙（1308—1385），浙江吴兴（湖州）人，元四家之一。王蒙以精于山水而闻名，偶涉墨竹绘画，他的墨竹，笔墨灵秀，浓淡交汇，气度潇洒，意韵清绝，是直接从文同画中来。他所绘《竹石图》（苏州市博物馆）匠心独运，是诗、书、画三者结合的典范之作[③]。

（元）王蒙《竹石图》　纸本　纵 77.2 厘米　横 27 厘米
江苏省苏州市博物馆藏[④]

① （清）陆次山：《题顾安墨竹图轴》，载成乃凡编《增编历代咏竹诗丛》（下册），山西人民出版社，2010 年版，第 1639 页。

② （元）倪瓒：《题柯敬仲竹》，载（清）陈邦彦选编《康熙御定历代题画诗》（下卷），北京古籍出版社，1996 年版，第 235 页。

③ 《美术大观》编辑部编：《中国美术教育学术论丛·造型艺术卷》（8），辽宁美术出版社，2016 年版，第 69 页。

④ 冯超：《湖州竹派》，吉林美术出版社，2003 年版，第 166 页。

湖州竹派其他元代画家及作品还有：

张彦辅（生卒年不详，蒙古族人，多居北京）的《棘竹幽禽图》（美国纳尔逊·艾特金斯艺术博物馆）、李士行（1282—1328，北京人）的《竹石图》（辽宁省博物院）、郭畀（1280－1335，江苏省丹徒人）的《雪竹图》（台北故宫博物院）、张逊（生卒年不详，江苏苏州人）的《双钩竹及松石图》（北京故宫博物院）、谢庭芝（生卒年不详，江苏昆山人）的《竹石图》（北京故宫博物院）等。

（三）明代

明代是墨竹艺术持续发展时期，王绂、夏昶等发展了湖州竹派的表现形式，成就最高[①]。

王绂（1362—1416），江苏无锡人。王绂画竹，全以墨写，挺秀潇洒。他是明初最具成就的墨竹画家，画竹承继文同竹画遗风，笔墨韵味兼具文人情怀。他的墨竹是在吸收湖州竹派各家的基础上，融入己意，再创新格，由此而成为明初大家。他对明代的墨竹画有开端之功，董其昌赞誉为“国朝画竹，王中秘为开山手”[②]。传世作品有《墨竹图》（台北故宫博物院）、《淇渭图》（台北故宫博物院）等。

（明）王绂《淇渭图》 纸本 墨笔

纵 78.2 厘米 横 34.5 厘米 台北故宫博物院藏[③]

夏昶（1388—1470），明直隶昆山（江苏昆山）人。在墨竹绘画上，夏昶扩大了墨竹表现主题，丰富了墨竹表现技法，拓展了墨竹表现意境，使得湖州竹派艺术上升到一个新的领域。他大量墨竹长卷的创作对墨竹史是一次里程碑式的推进，现藏台北故宫博物院的《画竹

① 徐培晨、王菡薇编著：《生机与雅意——中国花鸟画的世界》，商务印书馆，2015 年版，第 138 页。
② （明）董其昌题《王孟端墨竹卷》，载高士奇《江村销夏录》卷一，上海古籍出版社，2011 年版，第 263 页。
③ 徐培晨、王菡薇编著：《生机与雅意——中国花鸟画的世界》，商务印书馆，2015 年版，第 139 页。

卷》长达603.3厘米。从一定意义上说，没有学养的支撑和宁静的生活状态，不可能有这样的宏伟巨制。传世作品有《戛玉秋声图》（上海博物院）、《清风高节图》（台北故宫博物院）等。

（四）明末至现当代

清代是墨竹艺术的衍变期，产生了朱耷、石涛等墨竹大师。近现代则是墨竹艺术的蜕变期，除了吴昌硕之外，几无大家[①]。

这一时期，画家们笔下的墨竹画较以前时代发生了较大变化。

从技法上讲，明末以来，以徐渭、郑板桥为代表的“文人写意墨竹”，已经逐渐脱离“湖州竹派”审物写实、以形写神的语言范式，“湖州竹派”的技法承续也由此式微。无论徐渭《花鸟图卷》中的墨竹作品，还是以郑板桥为代表的“扬州八怪”，他们的墨竹图式，更多关注了诗、书、画、印之集大成，而不是墨竹本身作为主体。

从形式上讲，由于生宣的出现以及大量使用（明末之前画家均使用熟宣、半熟宣），明末之前以形传神的墨竹表现形式已变得不太容易，画家们开始追求水的韵味，因而产生了不一样的表现形式，即大写意的墨竹[②]。

从理论上讲，文同画竹的“胸有成竹”理论，蜕变为郑板桥画竹“胸无成竹”的理论，如吴昌硕说：“纵横破古法，与可何足道。”[③]

（明末）徐渭《竹石图》　立轴纸本　墨笔

纵122厘米　横38厘米　广东省博物院藏[④]

如果从以上三方面讲，那么明末以后的墨竹画是不是与湖州竹派没有关系了？回答显然

① 参见杨志立《杨志立墨竹》，四川美术出版社，2017年版，第22—28页。

② 四川墨竹画家杨志立语。

③ 吴昌硕：《画竹》，载成乃凡编《增编历代咏竹诗丛》（下册），山西人民出版社，2010年版，第1510页。

④ 刘烨、金涛主编：《中国花鸟画全集》（上），京华出版社，2001年版，第185页。

是否定的。

为什么?

曾任国家文物局全国古代书画鉴定小组组长的谢稚柳这样说:"一切的演变,墨竹不离文同。"明末以后至近现代的墨竹画无论怎么变化,但湖州竹派传统理论体现在所有墨竹画中有两个最根本方面始终没有变,一个是"浓墨为面,淡墨为背"的技法,一个是"以书入画"的理论。也就是说,明末以后画竹的中国画家们仍然继承了湖州竹派的美学理论、美学思想。当然,这些画家们可能主要不再属于湖州竹派,而另属一派或另立一派,如吴昌硕,他主要属于海上画派,但由于其墨竹绘画的贡献,他又是湖州竹派的代表人物。

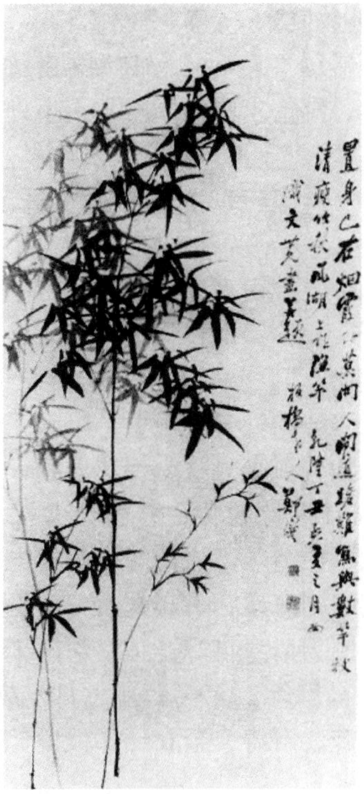

(清)郑板桥《墨竹图》立轴纸本 墨笔

纵 170 厘米 横 75.2 厘米 广东省博物院藏[1]

不完全统计,这一时期著名画家们的重要墨竹作品有:

明代姚绶(1422－1495,浙江嘉兴人)的《竹石图》(台北故宫博物院),文徵明(1470—1559,江苏苏州人)的《兰竹图》(北京故宫博物院),唐寅(1470－1524,江苏苏州人)《风竹图》(北京故宫博物院)和《墨竹图》(美国大都会博物馆),徐渭(1521—1593,浙江绍兴人)的《竹石图》(广东省博物院),项元汴(1525－1590,浙江嘉兴人)《仿苏轼寿星竹图》(台北故宫博物院),项圣谟(1597—1658,浙江嘉兴人)的《仿李衎墨竹图》(台北故宫博物院),等等。清代石涛(1642—1715,广西桂林人)的《双清图》(上

① 吕俊峰编:《郑板桥画集》,文化艺术出版社,2014 年版,第 35 页。

海博物院），郑板桥（1693—1765，江苏兴化人）的《墨竹图》（北京故宫博物院）和《竹石石笋图》（广州美术馆），李方膺（1695—1755，江苏南通人）的《潇湘风竹图》（南京博物院）和《竹石图》（北京故宫博物院），金农（1686—1763，浙江杭州人）的《竹图》（上海博物馆），高凤翰（1683-1749，山东胶州人）的《雪景竹石图》（北京故宫博物院），蒲华（1830—1911，浙江嘉兴人）的《墨竹图》和《风声雨声墨竹图》 （朵云轩等），虚谷（1832—1896，安徽歙县人）的《修竹灵芝图》（安徽省博物院），任颐（1840—1895，浙江杭州人）的《殊竹图》（广东省博物院），等等。近现代吴昌硕（1844—1927，浙江湖州人）的《墨竹图》（中国美术馆）和《修竹临风图》（北京荣宝斋），吴华源（1893—1972，江苏苏州人）的《竹》（美国大都会博物院），等等。

宋元明清时期，四君子绘画盛行不衰，文人士大夫借此寄意自比，缘物寄情，表现他们孤傲不群、清高淡逸、孤芳自赏、鄙俗求雅的品格与人生理想。

五、“四君子”中唯有“竹”独成著名一派的原因

梅、兰、竹、菊是中国绘画中常被表现的“四君子”题材[①]。君子是我国古代对有德者的美称，将梅兰竹菊以“四君子”相称，即将梅兰竹菊人格化，将花木的自然特征与人的美好品德结合起来，赋予其品格生命[②]。

绘画作品中的“四君子”风姿绰约，各有千秋。

梅，冲寒斗雪，玉骨冰肌，如若孤高自赏。梅花入画，起于唐，盛于宋，至南宋时已逐渐形成了独立的画科。主要名家有宋代的仲仁、杨无咎等，元代的钱选、赵孟頫、吴镇、倪瓒等，明代的文徵明、陈继儒、徐渭等，清代的石涛、朱耷、金农、虚谷、吴昌硕等，近现代的齐白石、潘天寿、徐悲鸿、刘海粟、黄宾虹、董寿平、关山月、李苦禅等[③]。

兰，清雅幽香. 芳草自怜，颇为洁身自好。画兰起源于何时，已难考证。主要名家有南宋的杨无咎、赵孟坚、汤正仲、马麟等，元代的郑思肖、赵孟頫等，明代的文徵明、周天球、徐渭等，清代的冯肇杞、朱耷、石涛、金农、郑板桥、吴昌硕等，现代的萧龙士、潘天寿、齐白石、李苦禅等[④]。

① 在中国文人画中，梅、兰、竹、菊被称为“四君子”，松、竹、梅被称为“岁寒三友”。
② 陈琳、张盘主编：《美术鉴赏》，安徽美术出版社，2014 年版，第 39 页。
③ 王春亭：《历代名人与梅》，齐鲁书社，2014 年版，第 85 页。
④ 王传贺：《笔墨丹青 100 诀 · 梅兰竹菊》，山东美术出版社，2009 年版，第 55—56 页。

吴昌硕《墨竹图》纸本　水墨

纵 138 厘米　横 33.8 厘米　天津博物院藏[①]

竹，虚心节劲，直竿凌云，可喻高风亮节。竹子入画在魏晋时期就已开始，真正有画的历史始于北宋，主要有文同、苏轼，辽金时期有王庭筠父子，元代有高克恭、赵孟頫、李衎、李士行、柯九思、顾安、吴镇、倪瓒、王蒙等[②]，明清时期有王绂、宋克、夏昶、文徵明、文彭、归昌世及嘉兴项氏一门，以及徐渭、石涛、郑板桥、黄易、吴昌硕等。近现代有蒲华、董寿平等。

菊，凌霜而荣，傲骨晚香，不与群芳争艳。菊花入画较晚，至南宋时期才有更多的文人热衷于画菊，主要名家有钱选、苏明远等，元代有郑思肖、钱选、王渊、周密、柯九思等，明代有沈周、唐寅、陈淳、陈洪绶、徐渭等，清代有朱耷、恽寿平、石涛、高凤翰、虚谷、赵之谦、任伯年、吴昌硕、蒲华等，近代有陈师曾、齐白石、潘天寿、李苦禅等[③]。

从上可知，"四君子"题材绘画的参与者几乎包括了各个朝代最著名的画家，并且都有波澜壮阔的伟大作品呈现于世、流传至今。然而，在中国绘画史上，四君子题材之中只有

① 王伟平编著：《中国历代精品梅兰竹菊·竹卷》，湖北美术出版社，2014 年版，第 219 页。
② 参见冯超《湖州竹派》，吉林美术出版社，2003 年版，第 109—168 页。
③ 以上引自王传贺《笔墨丹青 100 诀·梅兰竹菊》，山东美术出版社，2009 年版，第 103 页。

“竹”才真正成为一个著名绘画流派。

那么，为什么在“四君子”中，唯有“竹”这一君子成为中国著名绘画流派呢？

笔者认为原因主要有三点：

一是文同画竹，不唯写其形，而且托物寄兴、抒发情怀，其艺术理念与创作手法，对后世文人画产生了深远的影响。文同是文人画的开创者之一，人们谈到中国文人画，文同是一个不可能绕开的人物。

二是传承有续有力。湖州竹派之所以能够成为传世至今的经典画派，除了文同的开派、苏轼的推动和宣传之外，还有李衎、柯九思、吴镇等众多著名画家和理论家的加入，使之发扬光大。

三是竹画影响大于另外三“君子”。以100幅中国名画为例，湖州竹派历代画家的墨竹画中，有三幅列入“100幅中国名画”，它们是文同的《墨竹图》、李衎的《四清图》、柯九思的《清闷阁墨竹图》，另外，绘画作品中有墨竹题材的作品有2幅列入“100幅中国名画”，分别是赵孟坚的《岁寒三友图》、郑板桥的《兰竹图》①。

余　论

湖州竹派作为中国十五个公认的著名绘画画派，目前在四川研究得非常不够，也提出了一些尚待解决的问题。

譬如，现当代，湖州竹派虽然在外名声显赫，但在四川却没有受到足够的重视，甚至一些四川本土的画家也不了解湖州竹派，四川文化界对之了解更少。据初步统计，迄今出版有关湖州竹派的专著仅有两部，一是《湖州竹派》（吉林美术出版社），二是《湖州竹派与中国人文精神》（浙江大学出版社），另有博士论文《“湖州竹派”研究》（上海大学），此外还有一些集子，如《文同与“湖州竹派”》（编著者卢勇，浙江人民美术出版社），一些画册，如《中国古代画派大图范本·湖州竹派·赵孟頫（三）》等，较为零星，并且这些著作（述）的作者或编著者均是外省人，没有一个四川人②。这样的研究成果相比一些与湖州竹派同等地位的画派，实在是少得可怜。以明代中期的绘画派别也是中国15个著名画派之一的吴门画派（亦称“吴派”）为例：“吴派”代表人物有沈周、唐寅、文徵明、仇英、张宏等人，据初步统计，目前正式出版的吴门画派研究基础书目计有：图录类20本，画派研究5本，画家研究23本，主题研究20余本（篇），共70余本（篇），其中书籍48本③。“吴派”的研究成果远非湖州竹派可比。

譬如说，除宋代之外，在以上列举的历代众多以墨竹著称的古今画家中没有一位四川画

① “100幅中国名画”，也叫“中国美术史100幅名画”或“代表东方最高成就的99幅绘画”等，参见徐玲玲编著《人一生要知道的100幅中国名画》，中国和平出版社，2006年版；李默主编《代表中国艺术高度的100幅名画》，广东旅游出版社，2013年版。

② 四川墨竹画家杨志立著有《杨志立墨竹》一书，主要是介绍他所绘的墨竹画，论述研究只是其中的一部分，而非学术专著。

③ 参见《吴门画派研究基础书目》，https://www.douban.com/note/574664366/。

家（包括1997年之前分区的重庆）[①]，或者说，从元代至今，在湖州竹派鼻祖文同、湖州竹派最重要推动者苏轼的故乡四川，还没有出现一个以画竹著称的全国知名的画家。

在全国各省各地大力挖掘本地优秀历史文化和历史名人的今天，湖州竹派这种“墙内开花墙外香”局面应该引起四川美术界、历史界、文化界的关注。不管怎样说，湖州竹派是四川著名先贤们创立和推动而产生的中国著名画派，是四川名人资源的一个富矿，当然更是四川地方文化的一个宝贵资源，如果我们今天的四川人不予重视、关注、研究，可能难以自圆其说。

湖州竹派历史悠久，源远流长。因笔者学力不逮，本文所述定有谬误之处，恳请方家指正，是幸。

（作者单位：四川省社会科学院艺术研究中心）

① 在北宋早先学习文同墨竹的人，多属他的四川至亲好友，如四川眉山人程堂、盐亭人黄斌老，因而被世人冠以“川派”的称谓，但他们仅存于画史之中，至今没有发现他们有画作存世，深以为憾。

对李开周看法的商榷

彭林泉

内容提要：一个人的出生，不仅是事实问题，也是法律问题。因为身份不同，地位和权利也不一样。李开周在2020年11月4日《北京青年报》上发表的《如果王弗还在，苏东坡会再娶吗?》一文中，提出苏辙是苏洵两个小妾中的一个所生，但没有提供任何证据和阐明理由，甚至连线索也没有提供。此观点经媒体传播后，产生了负面影响，引起苏学研究者和苏氏后人的强烈不满。苏辙为程夫人所生有不少史料证实，可谓早有定论，即使有疑问，也可以作为一个学术问题进行严肃的探讨。苏辙为苏洵小妾所生的看法缺乏证据。妾与妻的身份是清楚的，法律地位不同，权利和保障也不同。对于李开周的胡说，侵害历史文化名人名誉权的，应依法追究其责任，以维护历史文化名人的名誉。

关键词：苏辙；生母；历史文化名人；名誉权；法律

近日，笔者在《苏轼研究》2021第1期杂志上看到一篇文章，是对开封文化人李开周的质疑，后面还附了李开周的原文，以便对照。起初没有引起我的关注，后经友人提醒，说这是个法律问题，你可以写文章反驳，才引起我的重视。我再次找出原文仔细看，觉得是胡说，有必要认真对待。作为一个法律人、检察官、苏轼研究学会理事和东坡司法法学研究所所长，在事关历史文化名人“三苏”的名誉面前，不能置之度外。

一、苏辙是苏洵的哪一个小妾所生?

李开周先生在《北京青年报》2020年11月4日第A11版“趣历史”上，发表了《如果王弗还在，苏东坡会再娶吗?》一文，提出苏辙是苏洵的两个小妾中的一个所生的看法。他在文中说：

苏东坡的父亲苏洵，一辈子没有考中进士，通过别人反复推荐，最终才当上一个九品小官，但他却一连娶了两个小妾，苏东坡的弟弟苏辙就是其中一个小妾生的。

这里说苏东坡的父亲苏洵一连娶了两个小妾，苏东坡的弟弟苏辙就是其中一个小妾生的，看上去，非常肯定，连“可能”这样的限制词都未用，既然如此有把握，我们就要追问：苏辙是苏洵娶的哪一个小妾所生？她的姓名是什么？她是哪里人？她的年龄有多大？她是在什么时间和地点被娶的？经历了哪些值得关注的事？又是在哪里去世的？对苏辙有什么影响？等等，诸如此类的问题需要回答。既然李开周先生这么说，想必有他的事实和依据，令人遗憾的是，李先生在文中没有提出任何理由和依据，甚至连线索也没有提供，笔者也期待他提供依据，以支持自己的观点，便于人们了解事实真相，进一步做出评判和深入研究。

这种看法经媒体（包括在网络上，可以查到）传播后，引起人们的关注，造成负面影响，引发苏学研究者和苏氏后人的强烈不满。

二、苏辙为程夫人所生有不少史料证实

宋人撰有几本苏谱，如何抡的《眉阳三苏先生年谱》、施宿的《东坡先生年谱》、孙汝听的《苏颍滨年表》、王宗稷的《东坡先生年谱》，是研究三苏的重要参考资料。在这些苏谱中，均未有苏辙是苏洵的小妾所生的记载。

相反，苏辙生母是苏洵嫡妻程氏，有不少史料证实。如苏洵《祭亡妻文》云：“有子六人，今谁在堂。唯轼与辙，仅存不亡。”从标题《祭亡妻文》与内容看，苏辙的生母是程夫人。苏洵在此文说有子六人，当时只存苏轼与苏辙，其他四个子女都不在世了。苏洵与程夫人育有六个子女，其中三子、三女。三子指苏景先、苏轼和苏辙，三女指长姊、二姊和幼姊八娘，即苏八娘。

欧阳修《故霸州文安县主簿苏君（洵）墓志铭并序》云：“君娶程氏，大理寺丞文应之女。生三子：曰景先，早卒；轼，今为殿中丞直史馆；辙，权大名府推官。”

苏辙《颍滨遗老传》（上）亦云：“母成国太夫人程氏。”苏籀《栾城遗言》云：“曾祖母蜀国太夫人梦蛟龙伸臂而生公。”蜀国太夫人即苏洵妻程氏，此谓苏辙生母乃程夫人。

这些是苏洵本人、欧阳修和苏辙及孙子苏籀的说法或记载。此外，关于苏辙的出生，至今有不少传记材料或年谱有所涉及。朱刚先生指出：“宋人孙汝听撰有《苏颍滨年表》，虽然简略，但包含了今日不可复得的许多原始资料。今人曾枣庄、孔凡礼先生都著有《苏辙年谱》，则以《年表》为基础，参考各种史籍和文集所载行事，加以考证排比。孔谱后出，最为详细，故知人论世，必以为据。”[①] 这里点出了三种年表和年谱，具有权威性。这里以此三种有代表性的年表、年谱进行分析。

孙汝听撰定的《苏颍滨年表》记载：

> 仁宗宝元二年己卯
>
> 二月丁亥，苏辙生。辙字子由，一字同叔，眉山人，老苏先生之季子，其世家已具

① 朱刚：《苏轼苏辙研究》，复旦大学出版社，2019年版，第192页。

《老苏先生表》中。[①]

孙汝听是宋人，在这里载明苏辙出生时间、苏辙的字、眉山人、苏洵先生的季子。著名苏轼研究专家王水照先生在点校孙汝听《苏颍滨年表》（王水照编《宋人所撰三苏年谱汇刊》，中华书局2015年版，第73页）时也载明了此条。

曾枣庄先生在《苏辙年谱》中说：

> 宋仁宗宝元二年己卯（1039）：一岁。
>
> 二月二十日苏辙生于眉山。苏辙《和子瞻沉香山子赋》："仲春中休，子由于是生。东坡老人居于南海，以沉水香山遗之，示之以赋，曰：'以为子寿。'乃和而赋之。其词曰：'我生斯辰，阅岁六十。'"按苏辙此赋作于绍圣五年（1098），时贬官雷州，逆数六十年，则苏辙当生于宝元二年（1039）。[②]

曾先生还附有相关材料，以佐证。苏轼《与程正辅提刑书》："其中乃是子由生日合香等，他是二月二十日生。"《王直方诗话·卯君》（《宋诗话辑佚》卷上）："苏黄门以己卯生，故东坡有卯君之语。其以《檀香观音遗黄门》曰：'持是寿卯君。'其《出局偶书》云：'倾杯不能饮，待得卯君来。'其《送王巩》云：'泪湿粉笺书不得，凭君送与卯君看。'"这里载明苏辙出生的时间、地点，结合曾先生在该年谱中使用的其他材料（如苏洵在《祭亡妻文》中说："有子六人，今谁与堂？惟轼与辙，仅存不亡。"）来看，苏辙为程夫人所生。这里的苏黄门指苏辙，苏辙有不少称谓，苏黄门只是其中之一。苏辙行九三，小名卯君。

孔凡礼先生在《苏辙年谱》中说：

> 宋仁宗宝元二年（一〇三九）己卯　一岁
>
> 二月丁亥（二十日）亥时，生。其保母为杨金蝉。
>
> 据《何谱》。《栾城遗言》谓母梦蛟龙伸臂而生。注引《拾遗记》谓孔子当生之夜，一苍龙亘天而下，来附其母征在之房，诚吉兆。
>
> 《苏轼文集》卷二十《十八大阿罗汉颂》之跋："子由以二月二十日生。"
>
> 保母云云见《苏轼文集》卷十五《保母杨氏墓志铭》。参见熙宁十年六月己丑纪事。[③]

这里除载明苏辙出生的时间、征兆，还提及其保母为杨金蝉，及其他相关材料。苏轼在《保母杨氏墓志铭》中记述了杨金婵的生平、保母身份和为人，以及死后殡葬经过等。关于这一点，笔者后面将做进一步的分析。

而苏轼的乳母是任氏（任采莲），程夫人命任氏哺乳苏轼。苏轼《乳母任氏墓志铭》云：

> 赵郡苏轼子瞻之乳母任氏，名采莲，眉之眉山人。父遂，母李氏。事先夫人三十有五年。工巧勤俭，至老不衰。乳亡姊八娘与轼，养视轼之子迈、迨、过，皆有恩劳……

---

① 杨观、陈默、刘芳池编：《苏辙资料汇编》，中华书局，2018年版，第13页。

② 曾枣庄：《苏辙年谱》，陕西人民出版社，1986年版；《三苏评传·苏辙年谱》，上海书店出版社，2016年版，第505页。

③ 孔凡礼：《苏辙年谱》，学苑出版社，2001年版，第2—3页。

铭曰：生有以养之，不必其子也。死有以葬之，不必其里也。[①]

此外，苏轼还有侍妾王朝云。《苏轼文集》卷十五《朝云墓志铭》云："东坡先生侍妾曰朝云，字子霞，姓王氏，钱塘人……"

由此可见，苏辙的保母是杨金蝉，苏轼的乳母是任采莲，王朝云是苏轼的侍妾。

三、苏辙为苏洵小妾所生的看法缺乏证据

笔者查阅了文献资料，在李开周先生提出这种看法之前，有人也持有类似的看法，有的说东坡乳母任采莲和子由保母杨金蝉是苏洵的妾，有的认为苏辙可能是杨金婵所生。李开周的看法是否来自这两种看法，或者受其影响，尚不能确定，因为李开周未明说。但其观点在后，与此相关。值得注意的是，这些看法长期以来没有得到质疑和驳斥，才出现今天的乱象。因此，需要对此一并考虑，进行反驳，从根本上予以否定，以还原历史的真实。

丁传靖《宋人轶事汇编》卷一二"蜀有彭老山"条下云：

> 东坡乳母任氏名采莲，子由保母杨氏名金蝉。东坡所作两铭（指《乳母任氏墓志铭》与《保母杨氏墓志铭》，俱收于《苏轼文集》卷一五），皆无夫姓，当即是老苏妾。于任氏谓事先夫人三十五年，卒时年七十二。然则为苏妾时，年三十八矣。[②]

有人认为，如按此言，任氏或为苏洵之妾。然任氏哺育苏轼姐弟，年岁尚在二十七八，且此时当已有孕育。按常理言，苏洵不应迟至十年后才纳任氏为妾。又，任氏与苏洵同岁，《宋史·苏轼传》谓"（轼）生十年，父洵游学四方"，后因洵父序卒，苏洵方才归蜀。以此观之，苏洵三十八岁前后，纳妾的条件很难具备。若任氏果为苏洵之妾，则嫁时年岁或在二十八岁更妥[③]。在笔者看来，因为东坡乳母任氏（任采莲）和子由保母杨氏（金蝉）"皆无夫姓，当即是老苏妾"，这种说法是推测，未进行详细的分析，更没有提供事实依据，所以存疑。

清人王初桐《奁史》卷一四《眷属门一·保傅乳母》引《东坡集》谓："苏老泉之妾杨氏名金蝉，为子由保母。"其言杨氏为苏洵之妾。有人对此提出质疑。若按此说，杨氏三十岁始为苏洵所纳，且此前并不在苏家为婢。而是年（宝元二年，1039）苏辙生。如此事实，颇让人怀疑杨氏与苏辙的特殊关系：苏辙或不排除是杨氏所生。以此推之，任氏或也如此，故言其纳为苏洵之妾，当在苏轼出生之年为妥。但细察《墓志铭》云云，任氏为苏洵之妾的可能性并不是很大。任氏事程夫人前后凡三十五年，所谓"工巧勤俭，至老不衰"，似乎并无间断，而这一点杨氏是不同于任氏的。综观《保母杨氏墓志铭》，只言其为苏辙保母，并未述及杨氏侍奉苏母及其劳苦之事。如若二人同为苏洵之妾，为何会有如此差别？因此，任氏的婚姻可能另有隐情[④]。在笔者看来，其言说杨氏为苏洵之妾、子由保母，本身就存在矛

---

① 《苏轼文集》卷十五。
② 丁传靖辑：《宋人轶事汇编》（上、下册），中华书局，2019年版。
③ 参见《〈乳母任氏墓志铭〉解读：苏轼乳母的一生》，2018年11月07日，澎湃新闻。
④ 参见《〈乳母任氏墓志铭〉解读：苏轼乳母的一生》，2018年11月07日，澎湃新闻。

盾，除非有隐情。更重要的是仍然未提供依据和证据，无法确定事实存在。

日本奈良女子大学野村鲇子教授在《苏轼〈保母杨氏墓志铭〉之谜》① 一文中，对苏辙的生母存有疑问，提出“苏辙生母究为谁”的问题，表面上说杨金婵为苏辙生母的可能性，实际上认为苏辙为杨金婵所生。此文公开发表后，有些影响。

这里进行文本分析、反驳。好在《保姆杨氏墓志铭》不长，全文照录如下：

> 先夫人之妾杨氏，名金蝉，眉山人。年三十，始隶苏氏，颓然顺善也。为弟辙子由保母，年六十八，熙宁十年六月己丑，卒于徐州，属纩不乱。子由官于宋，载其柩殡于开元寺。后八年，轼自黄迁汝过宋，葬于宋东南三里广寿院西，实元丰八年二月壬午也。铭曰：百世之后，陵谷易位。知其为苏子之保母，尚勿毁也。②

此志作于元丰八年（1085），是苏轼为其弟苏辙的保母杨氏所写的墓志铭，记述了杨氏的生平和为人，以及死后殡葬经过，希望得到后世的尊重。文中一开始就说，“先夫人之妾杨氏”，这里点明了杨氏的身份，是苏轼先夫人程夫人的侍妾，名杨金蝉，眉山人。刘尚荣先生在查阅了历史文献后认为，杨金蝉是程夫人的“妾”，这里的“妾”是“役人”之意，而不是苏洵的“妻妾”。理由是《书·费誓》：“臣妾逋逃。”《孔传》：“役人贱者，男曰臣，女曰妾。”《文选》枚乘《七发》：“今夫贵人之子，必宫居而闺处。内有保母，外有傅父。”李周翰注：“傅，保，谓傅训保养者。”据此，刘尚荣先生认为，杨金蝉是侍奉程夫人的地位卑贱的婢女，不是苏洵的小老婆。因此只能是苏辙保姆，而不可能是苏辙的生母。杨金蝉只是代程夫人保护养育苏辙的保姆，并非辙之生母③。这是有依据的，与《保姆杨氏墓志铭》中明确提及杨金蝉的身份：“百世之后，陵谷易位。知其为苏子之保母，尚勿毁也。”也是一致的。

野村鲇子教授在引用“年六十八，熙宁十年六月己丑，卒于徐州”后认为，熙宁十年即1077年，上推68年，杨氏当生于大中祥符三年（1010），比苏洵小一岁。“先夫人之妾杨氏”，妾有多义，除指男子的小妻、侧室、偏房外，也泛指侍女、婢女，此为后一语义。杨氏“年三十始隶苏氏”，生年公元1010年下推三十年，即宝元二年（1039），亦即苏辙生年。“隶”者属也，似指始为苏洵之妾，否则，前已言“先夫人之妾杨氏”，此处就不首言“始隶苏氏”。是否有这种可能，女婢杨氏三十岁生下苏辙之后，才“始隶苏氏”呢？如果杨氏仅仅前为“先夫人”之婢，三十岁时“始隶苏氏”（洵），那么，追封苏轼兄弟（二人的年龄仅相差两岁零两个多月）而言都是同样的关系，为什么要特意讲“为弟辙子由保母”呢？这对“隶”做了解释，认为“隶”者属也，似指始为苏洵之妾，“始隶苏氏”为始隶苏洵。在笔者看来，妾有多种含义，“隶”也有多义或不同的解释，问题的关键是“隶”所指是否是苏洵。有的认为“隶：归属，属于”。“始隶苏氏”是指归苏家，而不是具体指苏洵。因此，将文中的“年三十，始隶苏氏”这句话译为“三十岁那年归苏家”④。从《保姆杨氏墓志铭》的内

① 四川大学古籍整理研究所：《宋代文化研究》第十二辑，线装书局，2003年版，第102—115页。

② 《苏轼文集》卷十五。

③ 刘继增：《历史名人主题创作有无“边界”?》，《苏轼研究》2021年第1期。

④ 许贵文：苏轼《保母杨氏墓志铭》注译，参见许贵文的博客 http://blog.sina.com.cn/fwzh66，2021年5月15日。

容来看，杨金蝉（1010—1077）是眉山人，苏母出嫁前的婢女，但没有随苏母嫁入苏家，直到苏辙出生时她才到苏家担任保母，时年三十岁，性情柔顺不与人忤，一直留在苏辙身边，六十八岁时，她与苏辙一起送苏轼赴徐州任所，死在那里；两个月后，苏辙到南京出任留守签判，把她的灵柩带到开元寺存放，可能打算归葬眉山，后来调任时并没有带走。八年之后，苏轼路过开元寺，把她埋葬，铭文十分简单："百世之后，陵谷易位。知其为苏子之保母，尚勿毁也。"墓志铭本来就有标示死者身份的作用，目的是让人发现后，可以告诉死者的后人或加以迁葬。文中最后的一句话显现墓志铭的标志作用和目的。姜夔云：《金蝉碑》谓之"隶苏氏"为当。予曰：既曰"母"矣，称"归"何嫌？且东坡铭其弟之保母，故称"隶"，使子由自铭，则不忍称"隶"矣。此以见古人之忠厚也[①]。这里的《金蝉碑》是《保姆杨氏墓志铭》。朱彝尊也认为，在养育士大夫之子时，乳母与保母相同，即贱者亦奴婢，在其前面使用"归"字并无问题。结合苏轼在《保姆杨氏墓志铭》文中两次提及"为弟辙子由保母"，"知其为苏子之保母"来看，杨金蝉不是苏辙的生母或苏洵的妾。

野村鲇子教授在叙述杨氏去世、安葬的情况，说明没有及时下埋，可能是想把她送回眉山安葬，与苏轼在黄州及时安葬乳母任采莲的情况不同。他承认可能是苏辙想把她送回眉山安葬，按照柳立言先生的看法，宋代仍有归葬的习惯，有时候因挑不到好风好水的墓穴，只得暂时把灵柩委托佛寺照顾，保护不能入土为安的死者[②]。不过，野村鲇子教授在文中还从苏洵行程与苏辙出生的时间关系上说，苏辙可能是偕同苏洵一起前往京师之女婢所生之子，他说：

> 苏辙出生于宝元二年（1039）2月20日，若程夫人怀辙，则应是前一年的宝元元年（1038）4月上旬才对。可是，苏洵在当年3月23日在京师考进士落榜，则4月上旬居住眉山的可能性很低。苏洵在落第后，从京师经嵩岳、长安，翻越秦岭山脉，经剑阁回到四川老家[③]。以常识性的观点思考，他返回四川应在5月中旬或6月。苏辙是偕同苏洵一起前往京师之女婢所生之子的可能性并非没有。

问题是这位日本教授的看法只有疑问，没有证据，没有真凭实据，也无法否认前述4种史料的真实性，似是根据自己的经历得出的结论，而在现实生活中，有的人提前或推迟出生，这是客观存在的，是事实。具体说，从这些疑问来看，野村鲇子教授认为杨氏（杨金婵）实为苏辙生母。细致研读后，会发现，他是建立在主观分析、猜测及存在可能性的基础上，没有事实和证据，至少没有提供真实、可靠的证据，更谈不上充分的证据，他自认为提出"苏辙生母究为谁"这个问题似乎颇荒唐，在笔者看来，在拿不出证据的情况下，确实有些荒唐。尽管比李开周的胡说要好些。

对墓志铭与史传的差别，苏轼的文风和撰写墓志铭的原则及其原因，这位教授也没涉及，所以，他对苏轼《乳母任氏墓志铭》《保姆杨氏墓志铭》之迹的解读存在片面性和不准

---

① 《四朝闻见录》附录姜夔《晋王大令保姆帖跋》，参见张志烈、周裕楷、马德富主编《苏轼全集校注》，河北人民出版社，2010年版，第1629页。

② 参见柳立言《苏轼乳母任采莲墓志铭所反映的历史变化》，载《中国史研究》2007年第1期。

③ 参见曾枣庄《嘉祐集笺注》卷十六《忆山送人》，曾枣庄、舒大刚《北宋文学家年谱》收录之《苏洵年谱》。

确之处。

柳立言先生认为，墓志铭是重要的史料，是对墓主的介绍，可归类为人物的历史，但它与史传在本质上有很大的不同，史传以善恶俱陈为宗旨。好的史传，在于记述公正而且全面，勇于交代“全部”的真相（the whole truth）；而墓志以隐恶扬善为原则，所谓好的墓志，在于扬善时有夸大失实，隐恶时不致颠倒是非，但始终不敢披露墓主之过失，它毕竟是以成人之美为目的，通常只透露“部分”而非全部的真相（only part of the truth）。正因如此，墓志的内容虚实相间，若隐若现，是文学与历史的糅合，借文学的技巧来表现或掩饰历史的真实①。这揭示了史传与墓志铭的区别，在于真实、公正和全面。在他看来，墓志铭以隐恶扬善为原则，成人之美为目的，通常只透露“部分”真相。对此，他提出了建议：墓志有着隐恶扬善的先天性缺点，它所传达的价值观念和人间秩序等，当然也是片面和有选择性的，甚至是不得已的选择，要获得较全面的讯息，例如宋人对女性、家庭、爱情等的看法，必须将墓志与传记和笔记小说等史料合而读之，因为后者才是“善”与“恶”俱陈，让读者看到在墓志所看不到的一面②。他也强调，不必以这个先天性的缺点来苛责墓志作者。另一方面，因各种原因，宋代墓志比史传较易也较早公开流布，不但影响读者对墓主的了解，而且左右他们对墓志所提到的其他人物和事件的评价，故墓主的朋友和敌人等，均会关注墓志的内容，间接限制了墓志作者的写作自由，既不好违反墓主家人的要求，又不能有负朋友的期望，亦不要挑衅墓主的敌人，实在非常考验作文的技巧，下笔乃字字珠玑：取巧用典，但有时亦因此造成理解上的困难，甚至引起误会③。所以，如何下笔是个考验，也很费神。

墓志铭的内容，通常要受撰写墓志铭的传统、资料的多寡和真伪、墓主的身份、墓主的读者和墓志的作者因素的影响，这是撰写墓志铭时需要考虑的。苏轼撰写的墓志铭不多，现存13篇，涉及家中女性的仅4篇，即《亡妻王氏墓志铭》《乳母任氏墓志铭》《保姆杨氏墓志铭》《朝云墓志铭》。对于撰写墓志铭，苏轼一向持谨慎的态度，不肯轻易动笔给人撰写，他在给李方叔的回信中说，“固识孝心深切，然某从来不独不书不作铭、志，但缘子孙欲追述祖考而作者，皆未尝措手也。近日与温公【司马光】作行状、书墓志者，独以公尝为先妣墓铭，不可不报尔。其它［其他］决不为，所辞者多矣，不可独应命。”他替司马光写的行状（后交由范镇撰为墓志），长达万言，最后说：“轼从公游二十年，知公平生为详，故录其大者为行状，其余非天下所以治乱安危者，皆不载，谨状。”④ 这几句话透露了苏轼撰写墓志铭的原则：第一，不熟悉死者生平的不写，以免失实。第二，下笔时，要针对死者一生最重要的角色，选择最重要的事来写。“录其大者”“语不及私”，是苏轼撰写墓志铭的重要原则。这同样适用于任氏墓志铭和保母杨氏墓志铭。

在这四篇墓志铭中，其共同点是，事事针对死者生前的主要角色而写，如王弗是苏轼的妻子、苏氏的儿媳，在其墓志铭中，苏轼除写其传统的妇德外，还着重写了她假借苏洵的口

① 参见柳立言《苏轼乳母任采莲墓志铭所反映的历史变化》，载《中国史研究》2007年第1期，第112、114、109页。

② 同上。

③ 同上。

④ 《答李方叔十七首之八黄州》，《苏轼文集》卷五三，第1579页。

吻（或权威）、干涉苏轼的待人接物，以免仕途受误。任采莲的角色先后有三：苏母程氏的婢女、苏轼姐弟的乳母和苏轼三子（迈、迨和过）的保母，在任采莲墓志铭中写其对于苏家的“恩”，尽管用了“恩”字但恩情隐晦。王朝云是苏轼的侍妾，苏轼写其“敏而好义”，“忠敬若一”，无一不体现“精而简”的文风。杨金婵作为苏辙的保母，长达36年，在这期间发生了不少事，可以写的有不少，苏辙最为清楚，但不知何故没有写，苏轼替他撰写的保母杨氏墓志铭写得很简约，只写了她的性格和长期作保母，显示出她的忠诚，未提及其丈夫和子女等信息，但是我们还是从中了解到她的真实身份，即保母。从这篇墓志铭的字数来看，只有118个字，跟王朝云的墓志铭字数差不多，不到120字，内容同样简单。《乳母任氏墓志铭》稍长，143字，只有《亡妻王氏墓志铭》长些，466个字，毕竟身份不同，对其影响也最大。

这体现苏轼既精且简的文风，按照柳立言先生的看法，与十分赏识他的欧阳修非常接近，而语焉不详的缺点，几乎与《新五代史》如出一辙。这种写作特点，可视为北宋古文运动在墓志方面的表达。刘子健先生认为欧阳修的古文有四大特点：一是注重大节，期于久远；二是言之有物，讲求信实，避免溢美；三是注意修饰，言简而着；四是用意深远，意在言外①。换言之，苏轼“精而简”的文风，受了欧阳修的影响，且与他们倡导的古文运动有关。由于墓志铭与史传的差别，特别是其隐恶扬善的原则和以成人之美为目的，注定只能透露出部分真相，加上苏轼撰写墓志铭的原则和原因，以及简精的文风，后人无法知晓当时具体的细节，由此会有各种各样的疑问、妄想和蠡测，这是难免的。

此外，野村鲇子教授在文中还对苏轼《乳母任氏墓志铭》《保姆杨氏墓志铭》之谜、王献之《保母砖志》之可疑和保母杨金婵提出了一些疑问，问题是不能因为“士大夫忌家婢乳母、保母写墓志铭，在北宋时代少有其例”，就否定其真实性，得出这样的结论，不能因此成为苏辙实为杨金婵所生的理由之一。

虽然李开周并没有点明苏辙是苏洵的哪一个小妾所生，但严谨、正直的学者刘尚荣先生在查阅了历史文献后认为，根据孔凡礼先生的《苏轼年谱》和《苏辙年谱》，以及《苏东坡全集》《栾城集》，苏东坡和苏辙确系程夫人所生。但是东坡的乳母即奶妈是任采莲（“母程氏命任采莲哺之”②），苏辙的保母是杨金蝉。在他看来“将苏轼乳母任氏、苏辙保姆杨氏，均定位苏洵小妾，缺乏直接证据”③，这是中肯的。

四、妾与妻的主要区别

一个人的出生，不仅是一个事实问题，也是一个法律问题。因为涉及身份、在家庭（夫家）中的地位、法律权利和责任等。妾与妻、婢的身份不同，地位和权利也不一样。这也是为什么人们重视这些称谓的重要原因。

那么，何为妾？妾与妻的主要区别是什么？

---

① 刘子健：《欧阳修的治学和从政》，香港新亚研究所，1963年版，第83—86页。
② 孔凡礼：《苏轼年谱》，中华书局，2005年版，第10页。
③ 刘继增：《历史名人主题创作有无“边界”?》，《苏轼研究》2021年第1期。

按照《辞海》的解释，字源表意。妾字从产从女，产为罪，表示服杂役的有罪女子。它是个多义词，之一是作名（词），旧时指男子在正妻之外娶的女子——小妾[①]。本文在此意义上使用。也有的认为，小妾，接也。这含有非偶的意思。有的妾来自买卖。《唐律疏义》云“妾通买卖”（一三：户婚中：以妻为妾条）。北宋有《户婚》一门，与唐律相同。

瞿同祖先生在《中国法律与中国社会》一书中，专章论述了婚姻，其中第七节专门论述了“妾”[②]。在中国古代社会，存在一夫一妻多妾的现象。虽然妾制在中国有悠久的历史，但是，法律只承认一人为妻，其余的人为妾，而妾的地位不及妻的地位。瞿同祖先生在分析了一些事例后认为，在任何情形之下，礼法都不承认有二妻，兼祧也不能例外，否则便成重婚罪。法律即使迁就不强制离异，也只承认其中一人为妻[③]。

他指出，妻妾的主要区别在于夫与妻或妾结合的方式和妻妾的不同身份及权利。古人说聘则为妻，奔则为妾，妾是买来的，根本不能行婚姻之礼，不能具备婚姻的种种仪式，断不能称此种结合为婚，而以夫的配偶目之。妾者接也，字的含义即指示非偶，所以妾以夫为君，俗称老爷，而不能以之为夫。所谓君，所谓家长，实即主人之意。在他看来，妾在家长家中实非家属中的一员。她与家长的亲属根本不发生亲属关系。不能像妻一样随着丈夫的身份而获得亲属的身份。她与他们之间没有亲属的称谓，也没有亲属的服制，他们以姨太或姨娘呼之，她也只能像仆从一样称呼那些人为老太爷、老太太、老爷、太太或少爷、小姐，甚至对于老爷太太所生的子女如此称呼，除非是她自己所生的子女，她才能直呼其名而有母子的关系，同时太太所生的子女因她有子才加一母字而称之为庶母或姨娘。妾而采取奴仆式的称谓，是极有趣的事，不但指示她非家中的亲属，而且令人怀疑她的地位就有些近于家中的奴仆。此外，她自己的父母、兄弟、姊妹是不能往来于家长之家的，他们之间根本不能成立亲戚的关系。这些无一不足以指示妾非合二姓之好。更重要的是，她也不能上事宗庙——这是婚姻的功能，她不能参加家族的祭祀，也不能被祀（有子则为例外，但只能别祭，不能入庙）。妾无论如何是不能加入家长之宗的[④]。这揭示了妾与妻的主要区别“在于夫与妻或妾结合的方式和妻妾的不同身份及权利”，抓住了关键，为我们分析争议提供了帮助。在眉山苏氏家族的祭祀，以及苏辙与佛道关系的资料中，也未见到小妾参与其中的情形。由于妾贱君尊，妾的地位又在妻之下，甚至处于妻的权力以下，所以家长、妻与妾之间存在不平等，且家长与妾之间的不平等较夫妻之间更甚。这体现在刑事处罚上。

从礼与法的角度，分清妻与妾的地位，更符合北宋的实际。这也是一些学者采取的方法。从法律上讲，妾的地位低于妻，高于婢，也就是介于妻与婢之间。妾在夫家的地位如何？妾的法律权利与责任如何？这是两个重要的问题，而且密切相关，“因为一个人的法律权利来自他的身份，权利的多寡和有无正好反映身份的上下和贵贱”[⑤]。

在柳立言先生看来，法律上，妾远不如妻，但高于婢。史料里不无妻子凌虐妾，甚至夫

---

① 瞿同祖：《中国法律与中国社会》，光明日报出版社，2012 年版，第 1072 页。
② 参见瞿同祖《中国法律与中国社会》，中国政法大学，1998 年版，第 14、145—151 页。
③ 同上。
④ 同上。
⑤ 柳立言：《宋代的宗教、身份与司法》，中华书局，2012 年版，第 143、149—150 页。

死即逐妾的例子，而善待和留养妾成为一种妇德，被记载在妻子的墓志铭里。实际上（生活上），影响妾家庭地位的因素包括丈夫和公婆的宠爱、妻子甚至妻族的立场和势力，及妾本人的出身、能力、对家庭的贡献和母以子贵等，具体情况因个案而异，变化可以很大，即使是同一位妾，前后的遭遇也会不同。一般认为，夫君对妾有绝对的支配权，乃有转卖、转典、转赠、交换、借腹与好友生子等情况，故妾仅是“工具”“玩物”“馈赠品”或“货物”等。不过，柏文莉提出妾作为生母加以尊重的观点，但未得到北宋史料（包括墓志）的充分证实。程郁在《宋代的蓄妾习俗及有关法规考察》一文中，对“妾之法律身份及夫妻妾关系”和“妾之财产权及其所受限制”两个问题进行了分析，给人以启发。

妾的身份并不是未定的。在同一时代，妾的地位有高也有低，有高如次妻，也有低至奴婢甚至直如资财的。把妾地位的两极化归诸“法律”与“实际”的落差，例如法律上规定不得将妾转典、买卖或交换等，实际上时有发生，属于违法，而合法与违法本身就是一种落差或矛盾，可以认为妾的“身份”或“地位”有着一定的法律保障，而她的“命运”或“遭遇”则受主人宠爱等因素所左右，我们不应把法律或制度层面的“身份/地位”，跟现实层面的“命运/遭遇”混为一谈。不能因为看到若干妾被夫君转卖转嫁如婢女，便去推论妾的地位有如婢女。把妻妾转卖转嫁如婢女是否违法，更不要把违法当作合法来讨论妻妾的地位，加诸妾的违法行为固然要留意，但也必须从法律的界定和执行来了解妾的角色和地位，才较易看出历史的变化，例如宋律“可能”较唐律赋与妾更多的保障，而法律的改变正可反映立法和司法者对妾的态度的转变。有的学人把妾与婢混为一谈。柳立言先生以妾为例，对身份进行了详细分析，内容包括前言、回顾、妾婢岂难辨、妾婢混淆的原因和妾的司法遭际，也就是站在宋代司法者的立场，主要探讨了两个问题，即如何分辨正式的妾（侧室、次妻）与泛称的妾（如妾婢、婢妾、婢、妓）和妾的司法遭遇，而不是其他的遭遇如与正妻、诸妾和诸子的关系及封赠丧葬等制度问题[①]，具有新意。他不仅分清了妾与婢，而且从妾对己产的权利（随嫁之资、夫君的赠与）、妾对亡夫遗产的权利（庶母的生分权、来自“妾”身份的受养权和来自“生母”身份的保管权和教令）和妾对亡夫绝户的立嗣权（寡妾作为第二顺位的次妻和寡妾作为第三顺位的母亲）三个方面做了深入分析，对于了解当时纸上的法律和行动中的法律有所帮助。

在宋代，存在妾，而且婢之有子者可注籍为妾，只是严格限制了人数。婚姻制度规定，一夫一妻，若再娶妻，将追究责任。在谈到我国往昔之婚律时，陈顾远先生说：

> 关于配偶问题者。礼制上既以一夫一妻制为原则，律遂重视重婚罪而维持之。依唐律，有妻更娶者徒一年，女家减一等；若欺妄而娶者，徒一年半，女家不坐，各离之；在未离以前，而与男子内外亲属相犯者，亦不为“妻法”之准用，盖视为“一夫一妻不刊之制，有妻更娶本不成妻，遂止同凡人之坐”耳。反之，和娶人妻及嫁之者各徒二年，离；妻妾擅去者同，因而改嫁者加二等（徒三年），是处罚女子方面之重婚罪又较重也。《宋刑统》与唐律同。[②]

---

① 同上。

② 陈顾远：《我国往昔之婚律》，载《中国文化与中国法系》，中国政法大学出版社，2006年版，第505页。

可见，妻妾的区别是清楚的，而妾与婢容易混淆。从苏轼撰写的女性墓志铭来看，苏轼的妻子是王弗，乳母是任采莲，侍妾是王朝云，而苏辙的保母是杨金婵，在这些人中，身份是明确的，具有相应的地位和权利。

五、应依法维护三苏历史文化名人的名誉

综上，苏辙为苏洵的妻子程夫人所生，有不少史料证实。苏辙为苏洵小妾所生的看法缺乏证据。妻、妾在家庭、法律上的地位不同，权利及保障也不同。北宋时，士大夫有娶妾的现象，这是事实，但要因人而异，不能绝对化，比如王安石就没有娶妾，不能因为有些人娶妾就得出泛化的结论。也不能用现在的规定来衡量当时的现象，在谈及北宋的风俗、婚姻和婚姻习俗时，须考虑苏洵苏轼苏辙生活的年代，遵照当时的法律规定。

李开周认为苏辙为苏洵两个小妾中的一个所生，没有事实依据或证据。即使对苏辙生母有疑问，也可以作为一个学术问题进行严肃的探讨，但不能乱说和胡说。刘尚荣先生强调指出："关于三苏家事，苏辙生母，苏洵苏轼纳妾，应作为学术问题，严肃严谨地去研究讨论，以正视听，不容好事之徒胡说八道，传播谣言，搬弄是非。""总而言之，李开周关于三苏家世的说辞，毫无道理，请他举证，倘若举不出货真价实的证据，那就是制造谣言。正直的真学者，应奋起还击。"[①] 刘尚荣先生的这种态度值得引起重视，并付诸行动。

李开周是个 80 后，河南开封人，专栏作家。2003 年大学毕业，2006 年从事职业写作，先后在世界新闻报、中国财经报、金陵晚报、西安晚报、杭州日报、新京报、深圳商报等媒体开设专栏，兼为文史题材专题片撰写解说词，已出版专栏结集：《祖宗的生活》《千年楼市：穿越时空去古代置业》《食在宋朝：舌尖上的大宋风华》，有比较广泛的影响。

前述的这篇文章是趣说历史，如果要归类的话，从体裁上说，属于散文，具体为历史类的散文，从这个意义上说是文学作品，而不是新闻作品、舆论监督。既然是文学作品，涉及侵害名誉权的，可以考虑适用现行的民法典。

在文中，李开周提出苏东坡的弟弟苏辙是父亲苏洵的两个小妾中的一个所生，这句话牵扯到苏洵、苏轼和苏辙，直接关系到三人，间接关系到程夫人，联系起来看，在第一部分引用的李开周的那段话中可以看出，他是一杆子打了四个人，直接打了苏洵苏轼苏辙三父子，间接打了程夫人，不怀好意，这句话含有贬义，意思是科举考试不行，娶小妾得行，对于这种胡说，理性的人理应反驳，对于这种侵害历史文化名人名誉权的，应拿起法律武器维护其正当的名誉权。

名誉权，是指自然人、法人和非法人组织就其品德、声望、才能、信用等所获得的社会评价，所享有的保有和维护的权利[②]。属于人格权。所谓人格权，是指民事主体对其特定的人格利益所享有的排除他人侵害，以维护和实现人身自由、人格尊严为目的的权利。人格权所涉及的是人格利益，而非其他[③]。民法典第 990 条规定了人格权类型：人格权是民事主体

① 刘继增：《历史名人主题创作有无"边界"?》，《苏轼研究》2021 年第 1 期。
② 石宏主编：《中华人民共和国民法典立法精解》（下），中国检察出版社，2020 年版，第 1281、1283 页。
③ 同上。

享有的生命权、身体权、健康权、姓名权、名称权、肖像权、名誉权、荣誉权、隐私权等权利。除前款规定的人格权外，自然人享有基于人身自由、人格尊严产生的其他人格权益。这承继了我国民法通则和民法总则的规定。我国民法通则在民事权利一章中，专门规定了人身权，包括名誉权等在内。民法总则对此做了修订，后来被民法典所替代。

民法典第 1024 条第 2 款对名誉的概念做了界定。名誉是对民事主体的品德、声望、才能、信用等的社会评价。并规定民事主体享有名誉权。任何组织或者个人不得以侮辱、诽谤等方式侵害他人的名誉权。也就是说，名誉权的义务主体是权利主体之外的其他任何自然人、法人、非法人组织，即“任何组织或者个人”，负有的义务是不可侵义务，即“不得以侮辱、诽谤等方式侵害他人的名誉权”。名誉权的义务主体违反这一不可侵义务，造成权利人损害的，应当承担民事责任①。侮辱和诽谤是常见的名誉侵权行为。侮辱是指用语言（包括书面和口头）或行动，公然损害他人人格、毁坏他人名誉的行为。诽谤是指捏造并散布某些虚假的事实，破坏他人名誉的行为。民法典第 1027 条第 1 款规定了文学艺术作品创作可能产生的名誉侵权问题：“行为人发表的文学、艺术作品以真人真事或者特定人为描述对象，含有侮辱、诽谤内容，侵害他人名誉权的，受害人有权依法请求该行为人承担民事责任。”在杨立新教授看来，任何人发表的文学、艺术作品，凡是以真人真事或者特定人为描述对象的，由于其描述对象的确定性，因而只要在作品的内容中含有侮辱、诽谤等内容，对被描述的对象名誉权有损害的，就构成侵害名誉权，受害人享有名誉权请求权，可以请求作者承担侵害名誉权的民事责任。对此，关键之处是确定作品是否描述真人真事或者特定人。这种洞见值得注意。

而且，我国民法典第 994 条规定：“死者的姓名、肖像、名誉、荣誉、隐私、遗体等受到侵害的，其配偶、子女、父母有权依法请求行为人承担民事责任；死者没有配偶、子女且父母已经死亡的，其他近亲属有权依法请求行为人承担民事责任。”本条是关于死者的人格利益保护的规定，它借鉴了既有的司法经验，参酌比较法，回应了社会现实的需要，内容包括适用本条的前提和本条的具体适用。对于侵害历史文化名人名誉权的，如何保护，未有专门的条文规定，但根据民法典第 8 条规定的“公序良俗”原则和上述条文，符合此条规定的精神。

李开周的作品是散文创作，以真人为描述对象，含有侮辱、诽谤内容，侵害他人名誉权，受害人有权依法请求该行为人承担民事责任。这里的受害人包括三苏的后人。三苏是一个有机的又有个体差异的整体，尤其是苏轼已成为一个文化符号，在文化传播中产生越来越大的影响。苏轼的兄弟苏辙是苏洵的两个小妾中的一个小妾所生，在李开周看来，这是趣说，趣说历史，但是在我们的眼里，趣说并不等于戏说、乱说和胡说，不能侵害历史文化名人的名誉权。此外，历史不能假设，我们要的是证据，以及体现的事实，只有这样才能呈现真相。由于直接侵害的是苏辙的名誉权，由苏辙的后人提起诉讼，以维护苏辙的名誉权不失为一种较好的选择。行为人李开周有侵害事实和侵害结果，在侵害事实和侵害结果之间存在因果关系。在司法实践中，根据我国民法规定，对先烈的名誉权的保护已有判例。而之前有

① 杨立新：《中国民法典精要》，北京大学出版社，2020 年版，第 229 页。

天津“荷花女”案的判决，以及类似案例的判决，加之最高人民法院几个权威性批复的公布，首次明确死者应享有名誉权。这是我国民事司法上的突破，也是法律进步的体现，为历史文化名人名誉权的保护提供了法理基础。

在这方面，我国台湾地区已有类似的案例，即刘继增先生在文中提供的一个以法律对“八卦”的典型案例：1976 年 10 月，台北《潮州文献》第二卷第四期发表郭寿华《韩文公、苏东坡给潮州后人的观感》一文，文中指称“韩愈为人不脱古文人风流才子的怪习气，妻妾之外，不免消磨于风花雪月，曾在潮州染上风流病，以致体力过度消耗，及后误信方士硫磺［硫黄］下补剂，离开潮州不久，果卒于硫璜［硫黄］中毒。”文章发表后引起韩愈三十九代孙韩思道不满，向台北地方法院诉郭寿华“诽谤死人罪”，台北法院判决结果是：被告郭寿华所指“韩愈曾在潮州染风流病，及后卒于硫磺［硫黄］中毒”一节，既乏事实依据，又无史册可考，捕风捉影，著述诬蔑文字，足以毁损韩愈生前人格品德，于是认定郭寿华诽谤已死之人，判处郭罚金三百银圆。郭上诉台最高法院，遭院方驳回，郭寿华“诽谤已死之人罪成”，该案遂告确定。《联合报》1977 年 2 月 11 日 03 版以《道济天下之溺，谤起千秋之后：郭寿华诬蔑韩文公，判罚罚金银圆三百元》为题做了报道。这可以作为参考，借鉴。尽管它是作为刑事案件，以“诽谤死人罪”来判处的，且韩愈早于包括苏辙在内的三苏。在笔者看来，其体现的对历史文化名人名誉保护的精神是值得肯定的。何况，我们是想通过民事诉讼的方式解决这一纠纷。

总之，依法保护三苏历史文化名人的名誉权是必要的，有可行性，也有其法理基础。“打官司”就是打证据，料李开周拿不出真实、可靠和充分的证据，必将败诉。而受害人或受害人的后人在行使请求权时，会得到三苏研究机构和苏学专家甚至检察机关的理解和支持，因为维护“公序良俗”和社会正义是其应有的责任。虽然维护名誉权难，维护历史文化名人的名誉权更难，但我们仍然要知难而行，相信终能解决。如判决，说不定会成为一个判例。对于保护历史文化的名誉权，可能填补一个司法空白，有助于弘扬中华优秀传统文化，增强文化自信。

（作者单位：四川省眉山市人民检察院）

秦观《鲜于子骏行状》所载鲜于侁家世相关内容疏证

——兼辨鲜于绰籍贯、登科问题①

邹　阳

内容提要：秦观《鲜于子骏行状》是研究北宋名臣鲜于侁的重要材料，颇具价值。通过搜集史料，重新梳理该文所载鲜于侁家世部分所涉及的相关内容，可对其中诸多细节拾遗补缺，纠偏正误。

关键词：鲜于侁；祖先；父母；子嗣

鲜于侁（1019—1087），字子骏，阆州（今四川阆中）人，宋仁宗景祐五年（1038）进士，其生平事迹见秦观《鲜于子骏行状》。然秦观《行状》所载鲜于侁祖先、父母、子嗣的内容较为含糊，甚至有误。笔者结合相关史料，对其中诸多细节进行拾遗补缺，纠偏正误。

一、鲜于侁的祖先

秦观《鲜于子骏行状》云：

> 公讳侁，字子骏，其先成汤之裔箕子封于朝鲜，子仲食采于于，为鲜于氏。世家渔阳，唐初诏为阆州刺史，殁于官。子孙家焉，遂为阆中人。开元时，仲通、叔明节制两川。叔明以功赐姓李氏，后复故姓，于公十二世祖也。曾祖演、祖瓘，皆不仕。②

按，据秦观《行状》所述，鲜于侁的祖先为箕子。箕子封于朝鲜，见《史记·宋微子世

---

① 本文系作者主持的贵州省 2021 年哲学社会科学规划青年课题（项目编号：21GZQN18）的阶段性成果之一。

② （宋）秦观撰，徐培均笺注：《淮海集笺注》，上海古籍出版社，1994 年版，第 1156 页。

家》："箕子者，纣之亲戚也……武王既克殷，访问箕子……于是武王乃封箕子于朝鲜。"① 朝鲜，"音潮仙，地因水为名"②。其后，"子仲食采于于，为鲜于氏"。这是鲜于家族姓氏的由来，亦见于林宝《元和姓纂》"箕子封于朝鲜，支子仲食采于于，子孙因合鲜于为氏"③。"鲜"是国名，"于"是封邑，"鲜于"氏合国名与邑名而来。鲜于家族本世家渔阳，唐初始家阆中。

颜真卿《中散大夫京兆尹汉阳郡太守赠太子少保鲜于公神道碑铭》云："公讳向，字仲通，以字行，渔阳人也。其先出于殷太师，周武王封于朝鲜，子仲食邑于于，因而受氏。汉有京兆尹褒，褒十二世孙康，后魏秦州刺史、直阁将军、武威郡公，忠于本朝，为齐神武所害。康元孙匡赞，隋冠氏长。义宁初，通议大夫匡赞生士简、士迪，并早孤，为叔父隆州刺史匡绍所育，因家于新政。"④

这是颜真卿为鲜于仲通所写的碑铭，鲜于家族由渔阳迁居阆州确为唐初。"义宁"为隋恭帝年号，时间大约在公元617年十一月到公元618年五月，唐朝建立则在618年，故为唐初。唐初，鲜于士简、鲜于士迪因为父卒而孤，由时任隆州刺史的叔父鲜于匡绍所育，开始由渔阳迁往新政，鲜于家族此后常居阆州。隆州，即阆州。据《旧唐书·睿宗本纪》："改元为先天……二年春……二月丙申，改隆州为阆州。"⑤ 隆州改为阆州的时间为唐睿宗先天二年（713）二月丙申。新政，即今四川省南充市仪陇县附近，属唐初阆州。

鲜于家族自唐初迁居阆州至唐玄宗朝，出现了鲜于仲通和鲜于叔明两个比较有名的人物。但秦观《行状》云："开元时，仲通、叔明节制两川。叔明以功赐姓李氏，后复故姓，于公十二世祖也"，或误。所谓二人"节制"（节制意为控制，指挥管辖）两川，并非是在开元时期。据《新唐书·李叔明列传》："李叔明，字晋，阆州新政人。本鲜于氏，世为右族。兄仲通，天宝末为京兆尹、剑南节度使。兄弟皆涉学，轻财务施。叔明擢明经，为杨国忠剑南判官。"⑥ 天宝末，鲜于仲通方为剑南节度使，乃可"节制"两川。鲜于仲通成为剑南节度使，是因杨国忠的举荐。《旧唐书·杨国忠传》："天宝初，太真有宠。剑南节度使章仇兼琼引国忠为实佐，继而擢受监察御史……国忠荐鲜于仲通为益州长史令。"⑦ 杨国忠之所以举荐鲜于仲通，是因为在四川时期"大蒙鲜于仲通颇资给之"⑧，先荐其为益州长史令，又在天宝九年（750）十二月荐其为剑南节度使，见《资治通鉴·唐纪三十二》："天宝九年十二月……杨国忠德鲜于仲通，荐为剑南节度使。"⑨ 故鲜于仲通"节制"两川明显是在天宝时期，并非开元时期。鲜于叔明"擢明经，为杨国忠剑南判官"，应当是在杨国忠当政以后，也就是天宝年间，并非开元时期。此外，鲜于叔明成为剑南节度使是在唐代宗大历二年（767）。《旧唐书·代宗本纪》："三年……五月戊申，加崔旰检校右散骑常侍……庚午，以邛

① （汉）司马迁撰：《史记》，中华书局，1959年版，第1609页。
② 同上，第1620页。
③ （唐）林宝撰，郁贤皓、陶敏整理：《元和姓纂》，中华书局，1994年版，第552页。
④ （唐）颜真卿：《颜鲁公文集》卷九，《四部丛刊》本。
⑤ （后晋）刘昫等撰：《旧唐书》，中华书局，1975年版，第161页。
⑥ （宋）欧阳修等撰：《新唐书》，中华书局，1975年版，第4574页。
⑦ （后晋）刘昫等撰：《旧唐书》，中华书局，1975年版，第3242—3243页。
⑧ （宋）欧阳修等撰：《新唐书》，中华书局，1975年版，第5846页。
⑨ （宋）司马光编著：《资治通鉴》，中华书局，1956年版，第6901页。

州刺史鲜于叔明为梓州刺史充剑南节度使。”① 因永泰二年（766）十一月唐代宗改年号为大历，即大历元年，故代宗三年应为大历二年（767）。《行状》所谓因功，乃是鲜于叔明治理东川有功，“时东川兵乱之后，凋残颇甚。叔明理之近二十年，招抚甿庶，夷落获安”②。在大历十二年（777），鲜于叔明因功赐姓李，《资治通鉴·唐纪四十一》云：“大历十二年……八月癸未，赐东川节度使鲜于叔明姓李。”③

鲜于侁的曾祖鲜于演、祖父鲜于瓘，事迹皆不可考。

二、鲜于侁的父母、子嗣

秦观《行状》云：

> 父至，自号隐居先生，为蜀名儒，以公赠金紫光禄大夫。母赵氏，追封安德郡夫人……娶陈氏，太常寺太祝藩之女，恭俭婉嫕，治家有法，封某君，前公一年终。男五人：复，早卒；颉，河南偃师县尉；群，凤州司法参军；绰，假承务郎；焯，未仕。皆有学行，而颉尤自立，士大夫多称之。女四人：长早卒，次适赵氏，次适蒲氏，皆前卒，次适永安县主簿张球。孙男一人，崧。孙女二人。公两得任子恩，皆以予兄之子，故焯犹未仕。凡嫁内外亲族之女若干人。④

按，鲜于侁的父亲鲜于至，生卒年及生平事迹不详，《大明一统志》卷六十八《阆中郡》载其《紫薇亭》诗一首：“当时未识紫薇星，独到渔阳访此亭。今日园林为胜地，好将前事载图经。”⑤ 鲜于至死后，因鲜于侁而被追赠为“金紫光禄大夫”，其妻子赠“安德郡夫人”。苏辙作有西掖告词《鲜于侁父母》：“《父》敕：朕既得直谅多闻之士，而置之礼乐之司，擢之谏诤之列矣。乃者总章大享，来相于庭。因予严父之心，成尔显亲之愿。具官某父某，怀抱美志，博通古文，上自河图洛书，下及天文地理，无有不综。庶几古人卷怀而归，以遗后嗣。金章紫绶，虽不及其平生；密印闵书，示追荣于泉壤。可。”⑥ “《母》敕：妇人之贤，室家所赖。上能使其君子有羔羊正直之行，下能使其后世有麟趾信厚之风。诗人所嘉，于今犹信。朕既得其子，以知其亲。具官某母赵氏，江汉之行，山河其容，手执诗书，亲教子弟。虽负米而养，自有孝悌之欢；而列鼎以祠，莫尽劬劳之报。宜易脂田之奉，仍加褕翟之荣。追贲九原，以慰存没。可。”⑦

由此可知，鲜于侁的父母皆有德行，其父为“蜀中名儒”，“怀抱美志，博通古文，上自河图洛书，下及天文地理，无有不综”。学问通达，志向高远。其母“手执诗书，亲教子弟”，知书达理，颇有懿德。鲜于侁成长于这样的书香之家，自然受到父母熏陶，这对他之

---

① （后晋）刘昫等撰：《旧唐书》，中华书局，1975 年版，第 289 页。
② 同上，第 3507 页。
③ （宋）司马光编著：《资治通鉴》，中华书局，1956 年版，第 7246 页。
④ （宋）秦观撰，徐培均笺注：《淮海集笺注》，上海古籍出版社，1994 年版，第 1156 页。
⑤ （明）李贤：《大明一统志》卷六十八，文渊阁《四库全书》本。
⑥ 陈宏天、高秀芳点校：《苏辙集》，中华书局，1990 年版，第 546 页。
⑦ 同上。

后的成长起到十分重要的作用。

鲜于侁的妻子陈氏，“恭俭婉嫕，治家有法”，早鲜于侁一年去世。鲜于侁去世时间为元祐二年（1087），其妻子去世时间当为元祐元年（1086）。鲜于侁共有五个儿子，分别为鲜于复、鲜于颉、鲜于群、鲜于绰、鲜于焯。鲜于复早卒，鲜于焯未仕。鲜于颉为河南偃师县尉，生平事迹不详，《宋诗纪事》卷二五载其《灵岩》诗一首：“松门十里苍山曲，宫殿参差倚岩腹。盘盘一径入云中，又登绝顶最高峰。石壁苍然起秋色，远溪深处时闻钟。磴道崎危远岩下，几派清泉在涧泻。月色朦胧出远山，忽惊星斗在檐前。倦客游来不知返，清光皎皎严霜寒。一出禅林复回顾，白云已满山头路。”①

鲜于群为凤州司法参军，生平事迹亦不详。据范祖禹《范太史集》卷四十四《资政殿学士范公墓志铭》：“三女，长适邓州司法参军鲜于群，次未嫁……”② 范公，即范百禄。鲜于侁与范百禄有姻亲关系，即其子鲜于群娶了范百禄之长女为妻。

在鲜于侁的儿子中，鲜于绰是最出名的一个。陆心源《元祐党人传》卷四载其传记：“鲜于绰，字大受，阳翟人。与陈恬叔易、崔鶠德符齐名，时称阳城三士。元符元年，官太学录。韩维卒，绰为撰行状。崇宁初，元符末，上书谤讪讥斥，得罪宗庙，落职勤停，编管河阳军。三年，入党籍，邪上尤甚，第二十七人。五年，于旧资上，降两官收叙。著有《传信录》十卷，记元丰后政事得失、人物臧否。”③

然北宋有两个鲜于绰，一是鲜于侁之子，为阆州人。陆心源所谓“阳翟人”有误，实乃居阳翟，而非阳翟人。

据秦观《行状》，鲜于侁在去世前，“语诸子曰：‘吾心无不足者，惟以不得归老阳翟，别著《易说》为恨。’”④ 又云：“诸孤将以某年某月某日葬于颍昌府阳翟县大儒乡高村之原。”由此可推断，鲜于绰极有可能因守父丧而居阳翟。实际上“阳城三士”均非阳翟人，据马端临《文献通考·经籍考七十二·涧上丈人诗》：“陈恬，字叔易，尧叟裔孙也。博学有高志，不从选举，躬耕于阳翟，与鲜于绰、崔鹤齐名，号阳城三士。”⑤

陈尧叟为北宋阆州人，陈恬为其“裔孙”，当为阆州人。又据《(淳熙）新安志·绩溪·贤宰》：“崔鶠，字德符，雍丘人。父昆，有闻于诗，自雍丘徙阳翟。”⑥ 崔鶠是雍丘（今河南杞县）人。三人均居阳翟，而非阳翟人。

鲜于绰官职不高，文名胜于官名，李廌《济南集》卷四有《某与鲜于绰元勋共约同习制科》诗：“赵括痴儿漫喜兵，他年自料困长平。将军各有万人敌，下士难先二子鸣。卢洛王杨何足算，江黄六蓼岂劳征。英雄少贬虽惭愧，且徇区区月旦平。”⑦ 李廌为苏门六君子之一，除了表达出自嘲和无奈之情，更从侧面表现鲜于绰才华横溢，“卢洛王杨何足算，江黄六蓼岂劳征”。鲜于绰所著《传信录》十卷，虽已亡佚，但李焘《续资治通鉴长编》多次引

① 傅璇琮主编：《全宋诗》第8册，北京大学出版社，1992年版，第12389页。
② （宋）范祖禹：《范太史集》卷四十四，文渊阁《四库全书》本。
③ （清）陆心源：《元祐党人传》，《续修四库全书》第517册，上海古籍出版社，2002年版，第424页。
④ （宋）秦观撰，徐培均笺注：《淮海集》，上海古籍出版社，1994年版，第1161页。
⑤ （元）马端临：《文献通考》，中华书局，1986年版，第1937页。
⑥ （宋）罗愿：《(淳熙)新安志》卷五，清嘉庆十七年刻本。
⑦ （宋）李廌：《济南集》卷四，文渊阁《四库全书》本。

用，可见颇具史料价值。

另一个鲜于绰为郑州人，庆历中登科。

据郑樵《通志·氏族略·诸国邑》："鲜于氏，子姓鲜，音仙……宋庆历登科有鲜于绰，郑州人。"[1] 郑樵所说的鲜于绰，庆历登科。鲜于侁的儿子鲜于绰，登科时间不详。但是，秦观《行状》云："公自少庄重不苟……年二十，登景祐五年进士科。"鲜于侁景祐五年（1038）登科，年方二十。北宋庆历年间为庆历元年（1041）至庆历八年（1049），鲜于侁在庆历中期至多二十几岁。鲜于绰为其四子，若庆历中登科，则最多只有十来岁，只能应神童科。据马端临《文献通考·选举考八·童科》云："仁宗即位，以童子赐出身者凡十人，宝元元年以为无补而罢之。"[2] 宝元元年（1038），仁宗朝即罢神童科，庆历年间未开神童科。故此鲜于绰为郑州人鲜于绰，非鲜于侁之子。郑州人鲜于绰，生平事迹皆不可考。明人凌迪知《万姓统谱》卷一百二十九曰："鲜于绰，侁子，庆历登科。"[3] 清人章履仁《姓史人物考》卷十四曰："鲜于绰，侁之子，庆历中登科。"[4] 二说或误。

鲜于侁除了五个儿子，还有四个女儿。据《行状》，长女早卒，次女嫁给赵氏，三女嫁给蒲氏，四女嫁给永安县主簿张球。孙男一人，名崧。孙女二人。事迹亦不可考。

（作者单位：贵州民族大学文学院）

① （宋）郑樵：《通志·氏族略·诸国邑》卷二十七，文渊阁《四库全书》本。
② （元）马端临：《文献通考》，中华书局，1986 年版，第 329 页。
③ （明）凌迪知：《万姓统谱》卷一百二十九，文渊阁《四库全书》本。
④ （清）章履仁：《姓史人物考》卷十四，《四库未收书辑刊》影印乾隆二十年刻本。

巴文化研究

试论巴人文化的基本精神

纪国泰

内容提要：文章通过考察巴人的发展历史，从而得出以下结论：善于征战的巴国、敢于抗争的巴人、“五教雍和”的巴风，这不仅是巴人文化的基本精神，也是展现巴蜀文化基本特征的最重要的元素。

关键词：南蛮；板楯蛮；巴人；勇锐；抗争；五教雍和；《风俗通》

“巴人”是指古代巴国或秦代巴郡的人。关于古代巴国或秦代巴郡的疆域，《华阳国志·巴志》的记载是：“其地东至鱼复（今奉节县），西至僰道（今宜宾市），北接汉中（今陕西汉中市），南及黔、涪（与今湖南、湖北、贵州、重庆相邻）。”① 具体说，古巴国的疆域，大抵是西部包括嘉陵江、涪江之间以至泸州一带，东部以奉节与湖北恩施接壤，北抵米仓山、大巴山南麓，南接贵州思南县一带。

先秦时期的巴国，无疑是一个不大不小的邦国。常璩说：“周武王伐纣，实得巴、蜀之师。”② 尽管功勋卓著，但因为是“蛮夷”之邦，巴人从商周到两汉，一直遭到歧视，受到不公平的待遇。不过，正是这特殊的地理环境和长期遭受的不公平待遇，考验了巴人的意志，锻炼了巴人的性格，形成了既有别于中原文化、又不同于蜀文化的巴人文化特色。

关于巴人文化的基本精神，笔者将它归纳为以下三个方面：

一、善于征战的巴国

常璩说“巴师勇锐”，巴人的“勇锐”，首先源于他敢于竞争并且善于竞争的民族血性。请看下面的一段历史记载：

---

① （东晋）常璩著，刘琳校注：《华阳国志校注》，巴蜀书社，1984 年版，第 25 页。
② 同上，第 21 页。

巴郡、南郡蛮，本有五姓：巴氏、樊氏、瞫氏、相氏、郑氏。皆出于武落钟离山。其山有赤、黑二穴，巴氏之子生于赤穴，四姓之子皆生黑穴。未有君长，俱事鬼神，乃共掷剑于石穴，约：能中者，奉以为君。巴氏子务相乃独中之，众皆叹。又令各乘土船，约：能浮者，当以为君。余姓悉沉，唯务相独浮，因共立之，是为廪君。①

这个颇有传说性质的历史故事，无非是要强调说明：巴人是敢于竞争也善于竞争的民族。巴人后来的发展史，则充分证明"廪君"建立的巴国，确实是个"善于兵战"的邦国。请看下面的一系列事例：

春秋时期鲁桓公九年（前703），巴国派韩服出使楚国，请楚国促成巴国与邓国的友好关系。结果邓国不仅不买楚国的账，反而在楚邓边境上截杀楚国使臣道朔、抢走巴国送给邓国的礼物。巴国一怒之下，出兵伐邓，将邓国打得大败②。鲁庄公十八年（前676），因为楚国对巴国无礼，巴人伐楚，楚军大败，楚文王也因此忧惧而死③。鲁文公十六年（前611），巴国参与秦、楚伐庸之战，共同灭掉了庸国④。春秋时期的巴国，俨然是与秦、楚并肩而立的大国，并且跟秦、楚一样同属于"蛮夷"之邦，故"虽奉王职，与秦、楚、邓为比（都只享有很低的爵位）"⑤。但是，到战国时期，"七国称王，巴亦称王"⑥。巴人中，最"善于征战"的是所谓"板楯蛮"（即阆中一带的巴人）。请看历史文献的记载：

板楯蛮夷者，秦昭襄王时，有一白虎常从群虎数游秦、蜀、巴、汉之境，伤害千余人。昭王乃重募国中有能杀虎者，赏邑万家、金百镒。时有巴郡阆中夷人，能作白竹之弩，乃登楼射杀白虎。昭王嘉之，而以其夷人，不欲加封，乃刻石盟要：复夷人顷田不租，十妻不算；伤人者论，杀人者得以倓钱赎死。⑦

板楯蛮用"白竹之弩"射杀群虎，消除了祸及数郡的虎患。按照悬赏的条款，应当"赏邑万家"（封万户侯）并"赏金百镒"，但因为是"夷人"，便"不欲加封"，只是给予了减轻租税的优惠政策。

汉王刘邦多亏巴人积极参战，才取得了"平定三秦"、打败秦军的胜利，才赢得了与项羽争天下的资格。《后汉书·南蛮西南夷列传》记载：

至高祖为汉王，发夷人还伐三秦。秦地既定，乃遣还巴中；复其渠帅罗、朴、昝、鄂、度、夕、龚七姓，不输租赋；余户乃岁入賨钱，口四十。世号为"板楯蛮夷"。阆中有渝水，其人多居水左右，天性劲勇，初为汉前锋，数陷阵。俗喜歌舞，高祖观之，曰："此武王伐纣之歌也。"乃命乐人习之，所谓《巴渝舞》也。遂世世服从。⑧

在刘邦与"三秦"的激烈战斗中，"天性劲勇"的巴人总是被派作"敢死队"。巴人数次

① （南朝·宋）范晔著：《后汉书》，中华书局，2003年版，第2840页。
② （东晋）常璩著，刘琳校注：《华阳国志校注》，巴蜀书社，1984年版，第31页。
③ 同上。
④ 同上。
⑤ 同上。
⑥ （东晋）常璩著，刘琳校注：《华阳国志校注》，巴蜀书社，1984年版，第32页。
⑦ （南朝·宋）范晔著：《后汉书》，中华书局，2003年版，第2842页。
⑧ 同上。

舍生忘死的冲锋陷阵，使刘邦赢得了平定关中的胜利，可谓立下了汗马功劳。然而，刘邦当上皇帝以后，仅仅是使“渠帅”七姓“不输租赋”，其他“板楯蛮夷”仍得“岁入赍钱，口四十”。

二、敢于抗争的巴人

所谓“南蛮”，主要是指生活在湘、鄂及川东川北一带的山民。环境险恶、土地贫瘠，“蛮夷”们过着十分艰苦的生活。但凡生存没有受到威胁，“蛮夷”都总是能够安分守己的。东汉以前的历代统治者，大多采用“怀柔”政策，即对“蛮夷”减轻税赋负担的办法来防止他们造反。

到了东汉，不仅有官吏上书朝廷，提出“以蛮夷率服，可比汉人，增其租赋”[①]，而且“郡守常率以征战”[②]。也就是说，东汉朝廷不仅取消了对那些生活在贫困山区的“蛮夷”在经济上的优惠政策，而且随意派兵征剿“蛮夷”的造反行动。这样一来，东汉两百年间，武陵、长沙、南郡、巴郡等地的“蛮夷”反叛便此起彼伏，从来没有停止过。《后汉书·南蛮西南夷列传》记载：

> 光武中兴，武陵蛮夷特盛。建武二十三年（47），精夫（蛮夷首领）相单臣等据其险隘，大寇郡县……肃宗建初元年（76），武陵澧中蛮陈从等反叛……三年冬，溇中蛮覃儿健等复反……和帝永元四年（92）冬，溇中、澧中蛮潭戎等反……桓帝元嘉元年（151）秋，武陵蛮詹山等四千余人反叛……永寿三年（157）十一月，长沙蛮反叛……灵帝中平三年（186），武陵蛮复叛，寇郡界。[③]

这些反叛，纯粹是官逼民反，它雄辩地证明了“哪里有压迫，哪里就有反抗”的真理。

作为“蛮夷君长”[④] 的巴人，在东汉发生的“蛮夷”造反运动中，表现尤为出色。后汉书·南蛮西南夷列传》记载：

> 至于中兴，郡守常率以征战。桓帝之世，板楯数反，太守蜀郡赵温以恩信降服之。灵帝光和二年（179），巴郡板楯复叛，寇掠三蜀及汉中诸郡。灵帝遣御史中丞萧瑗督益州兵讨之，连年不能克。[⑤]

这段史料，最值得玩味的几个词语：“数反”，说明“板楯蛮”反叛的次数之多；“以恩信降服之”，说明巴人不是被朝廷武力征服的；“复叛”，说明巴人具有百折不挠的抗争精神；“连年不能克”，说明巴人英勇善战，不仅敢于斗争，而且善于斗争。

东汉时期的巴人反叛，大多是由于地方官吏贪酷、朝廷处理不当引起的；因此，总是能赢得道义上的支持。一些富有正义感的朝廷官吏竟然公开上书朝廷，为“板楯蛮”的反叛行

---

① （南朝·宋）范晔著：《后汉书》，中华书局，2003 年版，第 2833 页。
② 同上，第 2843 页。
③ 同上，第 2831—2834 页。
④ 同上，第 2841 页。
⑤ 同上，第 2843 页。

为开脱。请看下面的一段史料：

> 帝欲大发兵，乃问益州计吏，考以征讨方略。汉中上计程包对曰："板楯七姓，射杀白虎立功，先世复为义人。其人勇猛，善于兵战。昔永初中，羌入汉川，郡县破坏，得板楯救之，羌死败殆尽，故号为神兵。羌人畏忌，传语种辈：勿复南行。至建和二年，羌复大入，实赖板楯连摧破之。前车骑将军冯绲南征武陵，虽受丹阳精兵之锐，亦倚板楯以成其功。近益州郡乱，太守李颙亦以板楯讨而平之。忠功如此，本无恶心。长吏乡亭更赋至重，仆役箠楚过于奴虏；亦有嫁妻卖子，或乃至自刭割。虽陈冤州郡，而牧守不为通理。阙庭悠远，不能自闻。含怨呼天，叩心穷谷。愁苦赋役，困罹酷刑。故邑落相聚，以致叛戾。非有谋主僭号，以图不轨。今但选明能牧守，自然安集，不烦征伐也。[①]

程包为"板楯蛮"向汉灵帝陈情，一共陈述了四件大件。第一，不应该讨伐"板楯蛮"。其原因有二：其一，"板楯"的先辈不仅有功于朝廷，而且很讲道义；其二，"板楯"的后辈，屡次参与平定羌人的侵扰、征战武陵叛乱、平息"益州郡乱"的战役，大大有功于朝廷。第二，不能够讨伐"板楯蛮"。其原因是"其人勇猛，善于兵战""号为神兵"，如果派兵征讨，难有取胜的把握。第三，"板楯"反叛情有可原。理由是"长吏乡亭"这些基层官吏，残酷的经济盘剥和政治迫害，逼得百姓"嫁妻卖子"甚至自杀；"州牧郡守"这些地方高官，拒绝受理百姓的冤诉，使百姓惨遭荼毒而状告无门，只能造反以求生存。第四，解决"板楯"反叛的方略是拣选廉能亲民的官员担任州牧郡守，管好基层官吏，老百姓安居乐业，自然就不会反叛朝廷了。

程包的这份"陈情表"实事求是、句句在理，故"帝从其言，遣太守曹谦宣诏赦之，即皆降服"。但是，东汉末年的朝廷已经腐朽透顶、名存实亡，地方豪强割据，兵连祸结，民不聊生，终于爆发了规模巨大的"黄巾起义"。巴人积极响应黄巾起义，成为黄巾军在西南地区的一支主力部队。史载："至中平五年（188），巴郡黄巾贼起，板楯蛮夷因此复叛，寇掠城邑。"[②] 总之，巴人三千多年来的发展史，就是一部敢于抗争并且善于抗争的斗争史。古代的巴人，曾经涌现像"巴蔓子""巴三贞"、冯绲、范目这样的杰出人物；近百年来的民主革命中，巴人更是将帅迭出，被世人传为佳话。

三、"五教雍和"的巴风

关于巴人的性格特点，《华阳国志》概括为"其民质直好义，土风敦厚，有先民之流""天性劲勇""锐气喜舞"，并且指出"其失在于重迟鲁钝，俗素朴，无造次辨丽之气"[③]。用现代语言来表述，是说巴人具有豪爽仗义、忠厚质朴、英勇善战、能歌善舞的天性，也存在应变能力不足、语言过于直露等缺点。据《华阳国志·巴志》所载，巴人还具有三大最突出

---

① （南朝·宋）范晔著：《后汉书》，中华书局，2003年版，第2843页。
② 同上。
③ （东晋）常璩著，刘琳校注：《华阳国志校注》，巴蜀书社，1984年版，第28、37页。

的优秀品质：一是讲究孝道，二是豁达大度，三是爱憎分明。

常璩说：

> 其民质直好义，土风敦厚，有先民之流。故其诗曰："川崖惟平，其稼多黍；旨酒嘉谷，可以养父。野惟阜秋，彼稷多有；嘉谷旨酒，可以养母。"其祭祀之诗曰："惟月孟春，獭祭彼崖。永言孝思，享祀孔嘉。彼黍既洁，彼牺惟泽。蒸命良辰，祖考来格。"①

按：孝道是中华传统道德的根本。孝道的主要内容是两个：一是奉养父母，一是"慎终追远"（祭祀祖先）。诗歌集中表达了巴人辛勤耕种以奉养父母、虔诚祭祀以追忆祖先的传统美德。

常璩又说：

> 其好古乐道之诗曰："日月明明，亦惟其夕；谁能长生，不朽难获。"又曰："惟德实宝，富贵何常。我思古人，令问令望。"②

按：第一首诗表现巴人对待生命的态度，第二首诗表现巴人对待富贵的态度。生命和富贵是人类关注的永恒主题。"谁能长生"和"富贵何常"，是巴人的感悟。这一感悟，表现了巴人非常豁达的精神境界。

常璩还说：

> 永建中，泰山吴资元约为郡守，屡获丰年。民歌之曰："习习晨风动，澍雨润乎苗。我后恤时务，我民以优饶。"及资迁去，民人思慕，又曰："望远忽不见，惆怅尝徘徊。恩泽实难忘，悠悠心永怀。"
>
> 孝桓帝时，河南李盛仲和为郡守，贪财重赋。国人刺之曰："狗吠何喧喧，有吏来在门。披衣出门应，府记欲得钱。语穷乞请期，吏怒反见尤……钱钱何难得，令我独憔悴。"③

按：对使民"屡获丰年"的郡守吴资，巴人竭力赞颂，称他是"澍雨"（及时雨）；对"贪财重赋"的郡守李盛，巴人予以辛辣讽刺，称他的命令是"狗吠"。两相对比，巴人的爱憎何等分明。

至于巴地的人文风貌，《华阳国志·巴志》有最精炼而准确的概括："五教雍和，秀茂挺逸，英伟既多，而风谣旁作。故朝廷有忠贞尽节之臣，乡党有主文歌咏之音。"④ 笔者为什么只用"五教雍和"来概括巴地的人文风貌呢？因为这里涉及怎样正确认识巴人和巴文化性质的核心问题——"华夷之辨"的问题。"五教"是儒家的伦理道德，即"父义、母慈、兄友、弟恭、子孝"。"雍和"是团结和睦的意思。"五教雍和"，说明巴文化具有典型的儒学文化性质，与中原文化没有本质的区别。这是《华阳国志》的作者常璩对巴人及巴文化的基本认

① （东晋）常璩著，刘琳校注《华阳国志校注》，巴蜀书社，1984年版，第28页。
② 同上。
③ 同上，第43页。
④ 同上，第39页。

识。但是，比常璩晚生一百多年的《后汉书》的作者范晔，在有关巴人及巴文化的记载中，虽然参考了《华阳国志》的相关资料，但对巴人及巴文化性质的认识，却跟常璩差得太远。

如果说将巴人归入“南蛮”无非是一种地域歧视的话，那么《后汉书》关于“南蛮”族源的记载，就完全是别有用心的种族歧视了。

《后汉书》说：

> 昔高辛氏有犬戎之寇，帝患其侵暴，而征战不克。乃访募天下：“有能得犬戎之将吴将军头者，购黄金千镒，邑万家，又妻以少女。”时帝有畜狗，其毛五采，名曰“槃瓠”。下令之后，槃瓠遂衔人头造阙下，群臣怪而诊之，乃吴将军首也。帝大喜，而计槃瓠不可妻之以女，又无封爵之道，议欲有报而未知所宜。女闻之，以为帝皇下令，不可违信，因请行。帝不得已，乃以女配槃瓠。槃瓠得女，负而走入南山，止石室中……经三年，生子一十二人，六男六女。槃瓠死后，因自相夫妻……其后滋蔓，号曰蛮夷……今长沙、武陵蛮是也。①

作为历史学家的范晔，为什么要把如此荒诞的故事作为史料写进正史？答案只有一个，那就是为了说明“南蛮”就是“狗种”。这是多么荒谬可笑的“种族歧视”啊！何况，无论是所谓“长沙、武陵蛮”还是“板楯蛮”，他们都并非像匈奴、吐蕃等跟“中国”（中原地区）人确实是不同的种族；他们跟“中国”人，可都是“黄帝、高阳支庶”啊！② 再说，《后汉书》之前的《史记》《汉书》和它之后的其他官修史书，从来没有过将“蛮夷”说成“狗种”之类的记载。

不过，应当说明的是“槃瓠”故事并非范晔杜撰，范晔只是采用了东汉人应劭《风俗通》的说法。我们还发现，不仅应劭歧视“蛮夷”，说他们是“狗种”；东汉不少文人对“蛮夷”总是持歧视的态度，就连《说文解字》的作者许慎也不例外。

先秦至汉初的“华夷之辨”，尚且只是一种地域歧视，即“中国”（中原地区）与“非中国”的区别，所以把“中国”四周称为“东夷、南蛮、西戎、北狄”，把东北称为“貉”、西北称为“羌”，等等。到了东汉，这种地域歧视竟演变为明显的人种歧视了。许慎在《说文解字》中，将虫部的“蛮、闽”、豸部的“貉”、犬部的“狄”、羊部的“羌”，都排在各部的最末；因为相对于“中国”人来说，“蛮、闽”是南方人，“貉”是东北人，“狄”是北方人，“羌”是西北人。《说文》释“蛮”曰：“南蛮，它（蛇）种，从虫……”清人段玉裁注云：“说‘从虫’之所由，以其蛇种也；蛇者，虫也。蛮与闽皆人也，而字从虫，故居部末。如貉之居豸末、狄之居犬末、羌之居羊末焉。”③ 在《说文》中，这些非“中国”人不仅不是“人”，而且被排在各部之末，“蛮夷”被歧视的程度便不难想见了。

其实，汉代的《春秋》“公羊学”就赋予“华夷之辨”以新的含义，即既不以种族、也不以地域来区别“华”与“夷”，而是以是否奉行儒家的“礼义”文化作为区别民族优劣的主要标准。扬雄在回答“孰为中国”的提问时说：“五政之所加、七政之所养、中于天地者，

① （南朝·宋）范晔著：《后汉书》，中华书局，2003年版，第2829—2830页。
② （东晋）常璩著，刘琳校注：《华阳国志校注》，巴蜀书社，1984年版，第20页。
③ （东汉）许慎著，（清）段玉裁注：《说文解字》，上海古籍出版社，1988年版，第673页。

为中国。过此而往者，人也哉?”①（《法言·问道》）扬雄把是否奉行儒家“五政”（仁、义、礼、知、信五种道德规范）和执行朝廷“七政”（向朝廷缴纳七种赋税），作为是否“中国”的重要标准。韩愈在《原道》中亦说：“孔子之作《春秋》也，诸侯用夷礼，则夷之；进于中国，则中国之。”② 扬雄和韩愈笔下的“中国”，既不是地域概念，也不是政治的概念，而是一个文化概念，即“文明进步”的代名词；而与“中国”相对的“蛮夷”，自然是“野蛮蒙昧”的代名词了。

《华阳国志》用“五教雍和”来概括巴地的社会风貌，表现了一种进步的“夷夏观”。常璩还列举了巴人谯黄、陈纪山、严王思、洛下闳、任文公、冯绲、庞雄、玄贺、赵宏、龚调、杨仁等众多“秀茂英伟之士，忠贞尽节之臣”，全面地反映了巴地文明进步的社会风貌。

《华阳国志》也记载了“板楯蛮”一次又一次的反叛活动，但是更注重揭示造成反叛的原因，对“蛮夷”的生活艰困寄以深切的同情。常璩通过介绍“三巴”各地的风土人情，让人们深刻地认识到“巴有将，蜀有相”的本质和原因。

东汉人为什么特别仇视并且丑化“蛮夷”?

笔者认为，从光武帝到桓、灵二帝的一百多年间，朝廷无视“蛮夷”山险水恶的恶劣生存环境，不理解“自古圣王不臣异俗”的原因，随意取消西汉多年来行之有效的怀柔政策，纵容地方官吏对“蛮夷”的肆意盘剥，严重威胁到“蛮夷”的生存，于是“官逼民反”。东汉时代，官逼民反的现象在武陵郡、南郡、巴郡等“南蛮”地区最多最普遍。站在官方立场上的文人们，不把“南蛮”造反的原因归咎于朝廷和官府，却认为这是“南蛮”不接受王化、“兽心贪婪”造成的。于是专门针对“南蛮”，尤其是武陵“蛮夷”的“槃瓠说”（《风俗通》）、“狗种说”（《荆州记》）便广泛地传播开来。据《后汉书·南蛮西南夷列传》所载，东汉两百年间，武陵“蛮夷”的反叛活动从来没有停止过，确实给朝廷构成很大的威胁；而朝廷对武陵“蛮夷”的征剿，总是胜少败多、得不偿失。“蛮夷”被仇视、被丑化，似乎是东汉朝廷和官府聊以自慰的一种“精神胜利法”吧。

与蜀文化相比较，巴文化最突出的特点是“善于兵战”。常璩在一千七百多年前所说巴地“人多劲勇，少文学，有将帅才”③，以及“巴有将，蜀有相”，确实高度概括了巴文化的特点及其表现。从人种学的角度来说，近两百多年的巴人、蜀人，大多不是“板楯蛮”时代的巴人和蜀人的后裔了；但是，巴人有“有将帅才”蜀人“多斑采文章”④、“重庆人直率、成都人阴柔”的文化现象，仍然在不断地印证着巴、蜀文化各自的本质特点。正是这一“武”一“文”交相辉映的文化特色，才使得独具特色的巴蜀文化，能够在中国、在世界的文化史上占有一席特殊的地位。

（作者单位：西华大学文学与新闻传播学院）

① （汉）扬雄著，纪国泰译注：《扬子法言今读》，巴蜀书社，2010年版，第100页。
② 高步瀛选注：《唐宋文举要》，上海古籍出版社，1980年版，第3页。
③ （东晋）常璩著，刘琳校注《华阳国志校注》，巴蜀书社，1984年版，第83页。
④ 同上，第175页。

渝水为古阆中之水考

李殿元　晋　超

内容提要：历史上有三条“渝水”。与四川东北部的“渝水”有关者有三——流江、渠江、嘉陵江。发源于阆中的流江有“渝水”之名，注入渠江，再注入嘉陵江。从文献资料方面考查，流经阆中的嘉陵江不仅被称为“阆水”，也被称为“渝水”。从文献资料的先后看，从巴人的起源看，阆中与“渝水”关系的密切程度还远超渠县。因为有了嘉陵江，造就了阆中这座闻名世界的历史文化古城。重庆虽被称为“渝州”，但“渝”字与重庆还是缺了点缘分。到了北宋徽宗崇宁元年(1102)，因渝人赵谂叛诛事，朝廷认为“渝”字的本义有“变”之意，遂改渝州为恭州。

关键词：渝水；流江；嘉陵江；阆中；历史文化名城

“渝水”为中国古代之河流，不过具体为哪条河流或者为哪条河流某一段的名称，学术界有不同的看法。兹不揣浅陋，试申诉鄙人见解如下。

一、历史上有三条“渝水”

王建纬先生发表过《古渝水考》，他梳理了古人对流江、渠江、嘉陵江的认识变化后认为，在不同的历史时期，四川东北地区曾称作“渝水”者有三——流江、渠江、嘉陵江①。其实，古渝水不仅四川东北地区有，其他地区也有。

权威的工具书《辞海》认为：

> 渝水：古水名。(1) 一名宕渠水。即今四川南江及其下游渠江。古有賨族聚居水滨，善歌舞，汉“巴渝舞”即出于此。今合川以下一段嘉陵江，因与渠江合流，古时亦

① 王建纬：《古渝水考》，《四川文物》2001年第4期。

通称渝水、宕渠水。隋开皇初在今重庆市置渝州，即因此水得名。（2）即今辽宁大凌河。西汉时，在今朝阳县境置临渝县，即因此水得名。[①]

同样很权威的工具书《辞源》认为：

渝水：古水名。《汉书·地理志下·辽西郡》："渝水首受白狼，东入塞外。又有侯水，北入渝。"水道在河北临榆县（公元1958年撤销，划归秦皇岛市和抚宁县），今变迁无可考。渝，也作"榆"，渝关和临榆县，皆以此得名。[②]

《中国古今地名大辞典》也是很权威的工具书，它认为：

榆水：（1）在直隶临榆县。《汉书·地理志》："临榆县。渝水首受白狼，东入塞外。又有侯水，北入渝。"或谓即今之石河。今水道变迁，已无可考。渝关及临榆县名皆由此。（2）即今江西之袁江。[③]

根据这三种工具书的阐释，可以知道，"渝水"为古水名，古代被称为"渝水"的河流有三处：一为四川东北的古巴人区域；一为河北的临渝县（今秦皇岛市）；一为江西新余段的袁河，新余市至今仍然有渝水区。

中国的区域很大，古今都存在地名的重复，有三处甚至更多处的"渝水"很正常。本文不研究河北、江西的"渝水"，着重研究四川东北地区的古巴人区域的"渝水"的具体位置，或者是区域。

四川东北之"渝水"出自嘉陵江流域。经考查，与"渝水"有关的河流有嘉陵江、渠江，与"渝水"有关的地区有阆中、渠县、重庆。

嘉陵江是长江最重要的支流之一，因流经陕西省凤县东北嘉陵谷而得名。自北向南纵贯四川盆地中部，于重庆朝天门码头注入长江。嘉陵江古称阆水，是因为该水流经四川阆中市，其境内之水称为阆水，后来就习称嘉陵江为"阆水"。嘉陵江还被称为"渝水"，为何被称为"渝水"？

王建纬认为："春秋至秦汉时期的渝水本指流江。古代人们由于地理知识的局限，把流江当成嘉陵江之正源。渝水（流江）注入渠江，渠江也叫渝水。渠江（渝水）与嘉陵江合流，嘉陵江也因之通称渝水。流江—渠江—嘉陵江之称为渝水，盖因'水随决入而纳通称'之意。以后，人们逐步认识到嘉陵江的来龙去脉，实现了'正本清源'，知道嘉陵江源出陕西凤县东北，并非古渝水—流江。"[④] 王建纬先生的研究确实给人许多启迪，但有些问题仍然值得讨论。

"水随决入而纳通称"见于《水经注》卷三十之"若水至僰道县，又谓之马湖江，绳水、泸水、孙水、淹水、大渡水随决入而纳通称，是以诸书录记群水，或言入若，又言注绳，亦或言至僰道入江，正是异水沿注，通为一津，更无别川可以当之"[⑤]。可是它不能作为嘉陵

① 《辞海》释"渝水"，上海辞书出版社，1979年版，第978页。
② 《辞源》释"渝水"，商务印书馆，1986年版，第1852页。
③ 臧励龢等编《中国古今地名大辞典》之"渝水"，商务印书馆，1982年版，第908页。
④ 王建纬：《古渝水考》，《四川文物》2001年第4期。
⑤ （北魏）郦道元：《水经注》卷三十"青衣水、桓水、若水、沫水……"，中华书局，2021年版，第308页。

江之所以称为“渝水”是因为“流江”的理由。

“水随决入而纳通称”的情况确实存在甚至可以说是普遍存在，但是，究竟是谁纳谁?需要研究，一般应该是大水纳小水。如果流江与渠江的汇合，流江是主流，那就不应该叫渠江而应该叫流江；如果渠江与嘉陵江的汇合，渠江是主流，那就不应该叫嘉陵江而应该叫渠江。可客观情况却是渠江、嘉陵江始终存在，“流江”的名称都未纳，又怎么会去纳它的“渝水”之名呢!

二、“渝水”与渠县

渠县古称宕渠，为秦统一巴蜀后最早建立的县份之一。渠县古有宕渠水，即渠江，流江是渠江支流，这两条江在古籍上都有关于“渝水”的记载。

确有证据证明，“渝水”指宕渠水。北魏郦道元（？—527）《水经注》卷三十三《江水》谓“宕渠水即潜水、渝水矣”①。宕渠水为古水名，即今四川渠江及其上游南江。宕渠水在《汉书·地理志上》作潜水，有“潜水西南入江”② 之句。潜水因水在宕渠县境内，故《水经》或作潜水，或作宕渠水，上游一名北水。唐宋时，称上游为北水或巴江，称下游为渠江；近代上游又改称南江，下游仍称渠江。

《水经注》卷二十九“沔水、潜水、湍水……”还写道：“潜水出巴郡宕渠县，潜水盖汉水棱分潜出，故受其称耳。……县以延熙中分巴（西）立宕渠郡，盖古賨国也，今有賨城。县有渝水，夹水上下；皆賨民所居。汉祖入关，从定三秦，其人勇健，好歌舞，高祖爱习之，今《巴渝舞》是也。”③

关于“流江”为“渝水”的证据，是明代以后的文献资料。

明曹学佺在《蜀中广记》中说：“渝水，即流江也。夹水上下，皆賨民所居。”④ 据此，“渝水”即指今达州市渠县流江溪。

关于“渠水”来源，明曹学佺在《蜀中名胜记》载：

> 《志》云：“渠水有三源，一出达州通明镇，一出巴山，一出罗娱山。至三会镇，过宕渠山，会潜水。至县北会渝水。经广安南渠可，会嘉陵江，至合州会涪水入江。”按潜水亦发源于宕渠山麓，郦道元谓“宕渠县有大穴，潜水出焉，通罡山下而南入于江”，是也。⑤

虽然流江至今仍称“渝水”，流江流入宕渠（今渠江）水也称“渝水”，宕渠水后来亦称“渝水”，但它与嘉陵江被称为“渝水”找不到直接关系。

---

① （北魏）郦道元：《水经注》卷三十三《江水》，中华书局，2021年版，第276页。

② （汉）班固：《汉书》卷二十八《地理志上》，中华书局，1999年版，第1285页。

③ （北魏）郦道元：《水经注》卷二十九“沔水、潜水、湍水……”，商务印书馆，1958年版。

④ （明）曹学佺：《蜀中广记》卷二十八《名胜纪》，上海古籍出版社，2020年版。

⑤ （明）曹学佺：《蜀中名胜记》卷二十八之“渠县”，重庆出版社，1984年版，第408页。

三、"渝水"与阆中

阆中与渠县一样，为秦统一巴蜀后最早建立的县份之一，与"渝水"也有非常密切的关系；甚至，从文献资料的先后看，从巴人的起源看，阆中与"渝水"关系的密切程度还远超渠县。

阆中为"渝水"所在地证据确凿。而且，从文献记载的时代看，相对于《水经注》《蜀中广记》等典籍，记载阆中为"渝水"的文献资料更早。

从嘉陵江流域的路线看，阆中在渠县的上方，距离渠江流淌到合川与嘉陵江汇合约 230 千米。从文献资料方面考查，流经阆中的嘉陵江不仅被称为"阆水"，也被称为"渝水"，这与远在两百千米外的渠江是没有关系的。

而且，有文献证明有"渝水"之称的渠县流江，其发源地为仪陇县西北观紫场。仪陇县是在南朝梁天监元年（502）才设置的，而在此之前，它属巴郡阆中市地。也就是说，流江发源于阆中，它的"渝水"之称也来源于阆中。重庆籍著名学者董其祥就明确表示："（渝水）发源于阆中市境流入渠河的流江。"①

关于阆中为"渝水"的文献资料有许多。

隋唐时期出现的《周地图记》说："水源出秦州嘉陵，因名嘉陵，经阆州即阆中水。"又云："阆中水亦曰渝水。"

北宋乐史的《太平寰宇记》说："嘉陵江一名西汉水，又名阆中水。"

三国时蜀人谯周《三巴记》说："阆中有渝水賨民，锐气喜舞。汉高祖乐其猛锐，数观其舞，使乐人习之，所谓巴渝舞也。"② 尤其是，比其他文献资料都更早的，由东晋时期的蜀人常璩撰写的《华阳国志·巴志》明确记载"阆中有渝水。賨民多居水左右"。原文是：

> ……夷人安之。汉兴，亦从高祖定秦有功。高祖因复之，专以射白虎为事，户岁出賨钱口四十，故世号"白虎复夷"，一曰"板楯蛮"，今所谓"头虎子"者也。汉高帝灭秦，为汉王，王巴、蜀。阆中人范目有恩信方略，知帝必定天下，说帝，为募发賨民，要与共定秦。秦地既定，封目为长安建章乡侯。帝将讨关东，賨民皆思归。帝嘉其功而难伤其意，遂谈晒巴。谓目曰："富贵不归故乡，如衣绣夜行耳。"徙封阆中慈凫乡侯。目固辞，乃封渡沔侯。故世谓"三秦亡，范三侯"也。复除民罗、朴、昝、鄂、度、夕、龚七姓不供租赋。阆中有渝水。賨民多居水左右。天性劲勇，初为汉前锋，陷阵，锐气喜舞。帝善之，曰："此武王伐纣之歌也。"乃令乐人习学之。今所谓"巴渝舞"也。③

研究巴蜀古史，《华阳国志》是公认的最权威的史书。《华阳国志》由东晋常璩（约 291—约 361）撰写于晋穆帝永和四年至永和十年（348—354）。全书记录了从远古到东晋永

① 董其祥：《巴渝舞源流考》，《重庆师范大学学报》1984 年第 4 期。
② 参考《蜀中名胜记》卷二十四之"保宁府"，重庆出版社，1984 年版，第 353 页。
③ 任乃强：《华阳国志校补图注》卷一《巴志》，上海古籍出版社，1987 年版，第 14 页。

和三年今四川、云南、贵州三省以及甘肃、陕西、湖北部分地区的历史、地理。此书体制完备，内容丰富，考证翔实，史料可靠，是研究古代西南地方史和西南少数民族史以及蜀汉、成汉史的重要史料。《华阳国志》自成书以来，受到历代学者的高度评价和推崇。

按《华阳国志》的记载，阆中人范目与刘邦关系特殊，“渝水”在阆中，賨民多居水左右，巴渝舞由此产生。

《蜀中名胜记》对以上说法列举《太平寰宇记》《周地图记》《三巴记》《路史》等典籍的文献资料作为支撑①。在这些证据中，《路史》关于“太昊伏羲母华胥，居于华胥之渚，孕十有二岁而降神，生于仇夷，长于起城”的说法值得重视。

关于巴人的起源，学术界有多种说法，但无论哪种说法，都不否认巴人与伏羲、賨民族的关系。

《路史》为南宋史学家罗泌所撰。罗泌，南宋孝宗时庐陵（今江西吉安）人，自幼力学，精习诗文，一生不事科举。他认为孔子“删书”断自唐尧，后世史书极少言皇古之事，遂博采各种典籍，撰成四十七卷的《路史》，虽然为神话历史集大成的作品，但因内容记述上古以来有关历史、地理、风俗、氏族等方面的传说和史事，且加以详细考证，对治史者有极大参考价值。

《路史》卷十《后纪一·禅通纪·太昊纪上》说：“（伏羲）母华胥，居于华胥之渚。”②所谓“渚”，即是指水中的小块陆地或水滨的沙洲。对于这个“华胥之渚”，罗泌之子罗苹在《路史注》中特别注明：“所在国有华胥之渊，盖因华胥居之而名，乃阆中俞（渝）水之地。”③ 嘉陵江阆中河段，古称渝水。隋唐时的《周地图记》早有解释：“阆中水即渝中水。”这就是说华胥是阆中人，她是在阆中的渝水岸边孕育伏羲的。

对《路史》的这一记载，明代著名学者、诗人、藏书家曹学佺表示了明确的支持。他在《蜀中名胜记·保宁府一》中为《路史》的“（伏羲）母华胥，居于华胥之渚”作注说：“所都国，有华胥之渊，乃阆中渝水地也。”④ 许多古籍记载都说华胥“履大人迹于雷泽”而生伏羲。可是，这个“雷泽”在什么地方却未详载。有的说雷泽在“吴西”，即今太湖；有的说雷泽即雷水，在今山西永济南，源出雷首山。而《路史注》为了强调伏羲是孕育于阆中渝水之滨，特引古籍《遁甲开山图》的文意作注说：“仇夷山四面绝立，太昊之治也，即今仇池，伏羲之生地，与成纪、彭池皆西土，知雷泽之说妄也。”⑤《路史注》在这里明确指出，雷泽在东，仇夷、成纪、彭池皆在西，说伏羲孕育于雷泽不合情理，是妄说。

特别要注意的是，《路史注》在否定“雷泽”的同时提出了“彭池”这个地名，而阆中嘉陵江边就有一个彭泽大池，联系其他古籍所说的“雷泽”来看，这个彭泽大池应该就是阆中南池。

阆中的渝水岸边不仅是华夏之母华胥孕育伏羲之地，也是多居水左右的賨民，即巴人

① （明）曹学佺：《蜀中名胜记》卷二十四之“保宁府”，重庆出版社，1984年版，第353—358页。
② （宋）罗泌：《路史》卷十“太昊纪上”，北京图书馆出版社，2003年版。
③ 同上。
④ （明）曹学佺：《蜀中名胜记》卷二十四之“保宁府”，重庆出版社，1984年版，第357页。
⑤ （宋）罗泌：《路史》卷十“太昊纪上”，北京图书馆出版社，2003年版。

的起源之地。

《山海经》是最早记载巴人事迹的古文献。《山海经·海内经》说："西南有巴国，大皞生咸鸟，咸鸟生乘厘，乘厘生后照，后照是始为巴人。"① 大皞即华胥之子伏羲，他是上古时代统帅东方部落的首领。

《山海经》说华胥之子伏羲的后人后照为巴人始祖是有根据的。古代氏族有非常大的流动迁徙性，嘉陵江流域本就是伏羲部落的活动范围。所以，依据史料记载可以推定，巴人实际上的共同先祖就是伏羲氏。这即是说，巴人的起源与阆中也是有关系的。

依据逐渐积累的考古发掘资料并结合文献资料分析，巴人早期的中心活动区域就在川东北的嘉陵江流域，至少在从早期到晚期之间很长的一段时间内，巴人是以嘉陵江流域为发源和发展的根据地的。

在巴国的历史上，曾建立过多个都城。据史籍《华阳国志·巴志》记载："巴子虽都江州（今重庆），或治垫江（今重庆合川南），或治平都（今重庆丰都），后治阆中（今四川阆中）。其先王陵墓多在枳（今重庆涪陵）。"② 上古陵墓所在地实即国家都城，因此巴国明确记载的共有五都。江州、垫江、平都、阆中、枳这五座城市都曾经是巴国的都城，"都""治""多先王陵墓"，已完全表明了这些城市的都城地位。

应该看到，这些都城的建立是有先后之分的，并且与巴人的迁移和国力变化有密切关系。"先王陵墓多在枳"，说明枳是巴国较早时期的国都；由于受到楚国的军事压迫，巴人逐渐从川东长江河谷地带向嘉陵江沿岸由南向北移动，最后以阆中为中心直至为秦所灭，从中可以看出，阆中作为巴国都城建立要偏晚一些，它是巴国的最后一个国都。

巴人与"渝水"，与阆中，多有关系，也即是说，阆中就是"渝水"所在地。

阆中在嘉陵江中游，阆中境内有"一江四河"。一江指嘉陵江，它纵贯全市境内南北；四河指东河、构溪河、西河、白溪河，分别从东西两侧注入嘉陵江。

因为有了嘉陵江，造就了阆中这座闻名世界的历史文化古城。也因为阆中的嘉陵江，所以不仅《华阳国志·巴志》说："阆中有渝水。"《后汉书·南蛮西南夷列传》也说："阆中有渝水。"《史记·司马相如列传集解》引郭璞曰："巴西阆中有俞水。"应劭《风俗通》也说"阆中有渝水"。《路史》注："所都国有华胥之渊，盖因华胥居之而名，乃阆中俞水之地"。《蜀水考》记："嘉陵江入阆流经百余里，在阆境又名阆中水，亦曰闽江，亦曰渝水，又名南津河。"《旧唐书·地理志》写作："阆中有渝水，僚人居其上。"正是因为有这样多的文献记载，著名史学家蒙文通先生在《古族甄微》中言："渝水巴山悉在阆中，巴歌渝舞之所自出，此巴古国也。于后巴子或治江州（重庆），或治垫江（合川），或治平都，或治阆中。……以阆中上流之渝，名江州下流之渝，亦也阆中之巴名江州之巴。"

四、"渝水"与重庆

重庆是与渠县、阆中一样古老的城市，秦统一巴蜀后，屯兵江州，筑巴郡城（江州城），

① 《山海经》之《海内经》，内蒙古人民出版社，2011年版，第325页。
② 任乃强：《华阳国志校补图注》卷一《巴志》，上海古籍出版社，1987年版，第27页。

城址在今渝中区长江、嘉陵江汇合处朝天门附近。是为史载重庆建城之始。

南朝梁元帝太清末年（549），武陵王萧纪于巴郡置楚州，西魏文帝大统十七年（551）改为巴州，北周闵帝元年（557）又改楚州。《元和郡县志》载："隋开皇九年（589），改楚州为渝州，因渝水为名。汉高祖还伐秦，巴人从军，歌舞陷陈，帝善之曰'此武王伐纣之歌也'，后令习之，所谓巴渝舞也。"①

显然，重庆与"渝水"的关系虽然来自嘉陵江，但那已是嘉陵江汇入长江前即作为"渝水"的最后绝唱，而且还是隋唐时期，与"渝水"的关系确实说不上密切。

"因渝水为名"的也不只重庆。同样是《元和郡县志》就有"新喻县，上。西南至州一百五十里。本汉宜春县地，吴孙皓分置新渝县，因渝水为名。天宝后相承作'喻'，因声变也。"②

重庆因为嘉陵江古称渝水而改为渝州，与江州、巴州、楚州这些名称相比较：曲折蜿蜒的水湄边上有座古城，以水为号，故名渝州，更富诗意，更为名重一时。李白有《峨眉山月歌》："峨眉山月半轮秋，影入平羌江水流。夜发清溪向三峡，思君不见下渝州。"杜甫有《渝州候严六侍御不到先下峡》，司空曙有《发渝州却寄韦判官》，苏轼有《渝州寄王道矩》等诗篇，都给渝州扬了名。尤其是才思飘逸、感情奔放、诗情画意、美妙绝伦的李白《峨眉山月歌》，更让人们牢牢地记住了"渝州"这个地名。

可惜，"渝"字与重庆还是缺了点缘分。到了北宋徽宗崇宁元年（1102），因渝人赵谂叛诛事，朝廷认为"渝"字的本义有"变"之意，遂改渝州为恭州。看来，重庆与"渝州"的关系确实不深厚。

"渝"字确有"改变，违背"之义。《诗·郑风·羔裘》："羔裘如濡，洵直且侯。彼其之子，舍命不渝。"即是：羔羊皮袍像油似地光润，他的为人既正直又美好。他是这样的一个人啊，豁出生命也要保持节操。或者，嘉陵江正是因为它的曲折蜿蜒而得到了"渝水"之名。河道的弯曲与赵谂的叛诛，能有什么关系呢！

至于巴渝舞，重庆籍著名学者董其祥撰有《巴渝舞源流考》，其中非常明确地说："巴渝舞是秦汉时期在巴郡（今四川东部地区）境内渝水（即发源于阆中市境流入渠河的流江）两岸聚居的勤劳勇敢、能歌善舞的少数民族，经过长期生产、生活实践，所创造的一种具有民族特点的舞蹈艺术。"③ 看来，巴渝舞与重庆不能说没有关系，但也不能说有多大关系。

（作者单位：四川省人民政府文史研究馆、四川旅游学院）

① （唐）李吉甫：《元和郡县图志》卷三十三《剑南道下》，中华书局，1983 年版。
② （唐）李吉甫：《元和郡县图志》卷二十八《江南道四》，中华书局，1983 年版。
③ 董其祥：《巴渝舞源流考》，《重庆师范大学学报》1984 年第 4 期。

冠冕三巴：
《华阳国志》所载巴西郡人物考

潘殊闲

内容提要：本文以《华阳国志·巴志》所载巴西郡人物为对象，通过文献梳理，考证其生平事履，并由此证明，巴西郡在当时巴地巴郡、巴东郡、涪陵郡、巴西郡、宕渠郡这五郡中，确实堪称人杰地灵的翘楚，常璩所谓的“人自先汉以来，傀伟倜傥，冠冕三巴”的评论，相当客观公允，而由此得出的“巴有将，蜀有相”的结论，则更加精辟，影响深远，直到今天。

关键词：《华阳国志》；巴西郡；人物；考证；冠冕三巴

《华阳国志·巴志》所载巴西郡有云：“巴西郡，属县七。去洛二千八百一十五里。东接巴郡，南接广汉，西接梓潼，北接（凉）汉中、西城。土地山原多平，有牛马桑蚕。其人自先汉以来，傀伟倜傥，冠冕三巴。及郡分后，叔布、荣始、周群父子、程公弘等，或学兼三才，或精秀奇逸。其次马盛衡、承伯才藻清妙；龚德绪兄弟英气晔然；黄公衡应权通变；马德信、王子均、勾孝兴、张伯岐建功立事；刘二主之世，称美荆楚。乃先汉以来，冯车骑、（范）马镇南皆植斯乡，故曰‘巴有将，蜀有相’也。及晋，谯侯修文于前，陈靖衫炳于后，并迁双固，倬群颖世。甄在传记，缙绅之徒，不胜次载焉。”[①] 这段文字所提到的巴西郡，包括阆中、安汉、西充国、南充国、宕渠、汉昌、宣汉七县，其人物“自先汉以来，傀伟倜傥”，常璩用“冠冕三巴”概之。在这段文字中，常璩列出了多种类型的人物以证明其“冠冕三巴”的结论。本文以此为基础，拟对所列人物进行考述。

1. **周舒、周群**。《三国志》卷四十二《蜀书》第十二《周群传》云：

周群字仲直，巴西阆中人也。父舒，字叔布，少学术于广汉杨厚，名亚董扶、任

① （东晋）常璩著，任乃强校注：《华阳国志校补图注》卷一，上海古籍出版社，1987 年版，第 45 页。

安。数被征，终不诣，时人有问："《春秋谶》曰代汉者当涂高，此何谓也？"舒曰："当涂高者，魏也。"乡党学者私传其语。群少受学于舒，专心候业。于庭中作小楼，家富多奴，常令奴更直于楼上视天灾，才见一气，即白群，群自上楼观之，不避晨夜，故凡有气候，无不见之者，是以所言多中。州牧刘璋，辟以为师友从事。先主定蜀，署儒林校尉。先主欲与曹公争汉中，问群，群对曰："当得其地，不得其民也。若出偏军，必不利，当戒慎之！"时州后部司马蜀郡张裕亦晓占候，而天才过群，谏先主曰："不可争汉中，军必不利。"先主竟不用裕言，果得地而不得民也。遣将军吴兰、雷铜等入武都，皆没不还，悉如群言。于是举群茂才。①

《三国志》还引《续汉书》云：

建安七年，越巂有男子化为女人，时群言哀帝时亦有此，将易代之祥也。至二十五年，献帝果封于山阳。十二年十月，有星孛于鹑尾，荆州分野，群以为荆州牧将死而失土。明年秋，刘表卒，曹公平荆州。十七年十二月，星孛于五诸侯，群以为西方专据土地者皆将失土。是时，刘璋据益州，张鲁据汉中，韩遂据凉州，宋建据枹罕。明年冬，曹公遣偏将击凉州。十九年，获宋建，韩遂逃于羌中，被杀。其年秋，璋失益州。二十年秋，曹公攻汉中，张鲁降。②

由上述所引文献可知，周群父子长于星占、术数。周群是继承父业，而周舒则是广汉杨厚的弟子。据《后汉书·杨厚传》所载：

杨厚字仲桓，广汉新都人也。祖父春卿，善图谶学，为公孙述将。汉兵平蜀，春卿自杀，临命戒子统曰："吾绨帙中有先祖所传秘记，为汉家用，尔其修之。"统感父遗言，服阕，辞家从犍为周循学习先法，又就同郡郑伯山受《河洛书》及天文推步之术……统生厚……厚少学统业，精力思述。初，安帝永初二年，太白入北斗，洛阳大水。时统为侍中，厚随在京师。朝廷以问统，统对年老耳目不明，子厚晓读图书，粗识其意。邓太后使中常侍承制问之，厚对以为"诸王子多在京师，容有非常，宜亟发遣各还本国"。太后从之，星寻灭不见。又克水退期日，皆如所言。除为中郎。太后特引见，问以图谶，厚对不合，免归。复习业犍为，不应州郡、三公之命，方正、有道、公车特征皆不就……时大将军梁冀威权倾朝，遣弟侍中不疑以车马、珍玩致遗于厚，欲与相见。厚不答，固称病求退。帝许之，赐车马钱帛归家。修黄老，教授门生，上名录者三千余人。太尉李固数荐言之。太初元年，梁太后诏备古礼以聘厚，遂辞疾不就。建和三年，太后复诏征之，经四年不至。年八十二，卒于家。策书吊祭。乡人谥曰文父。门人为立庙，郡文学掾史春秋飨射常祠之。③

这说明，周群父子学有渊源，也由此可以洞见，巴蜀学人长于图谶、星相、易占的地域学术与文化特色。

---

① （西晋）陈寿撰，（南朝·宋）裴松之注：《三国志》，中华书局，1999年版，第755—756页。
② 同上，第756页。
③ （南朝·宋）范晔撰，（唐）李贤等注：《后汉书》卷三十上，中华书局，1999年版，第703—705页。

2. **荣始、谯周**。《三国志》卷四十二《蜀书》第十二《谯周传》云："谯周字允南，巴西西充国人也。父𪨊，字荣始，治《尚书》，兼通诸经及图、纬，州郡辟请，皆不应，州就假师友从事。"[①] 可知，荣始为谯周的父亲谯𪨊，也是精通群经及图、纬之学。谯周早年失父："周幼孤，与母兄同居。既长，耽古笃学，家贫未尝问产业，诵读典籍，欣然独笑，以忘寝食。研精六经，尤善书札。颇晓天文，而不以留意；诸子文章非心所存，不悉遍视也。身长八尺，体貌素朴，性推诚不饰，无造次辩论之才，然潜识内敏。"[②]

谯周是著名巴蜀学者，"撰定《法训》《五经论》《古史考》之属百余篇"[③]。《益部耆旧传》云："益州刺史董荣图画周（按：指谯周）像于州学，命从事李通颂之曰：'抑抑谯侯，好古述儒，宝道怀真，鉴世盈虚，雅名美迹，终始是书。我后钦贤，无言不誉，攀诸前哲，丹青是图。嗟尔来叶，鉴兹显模。'"[④]

3. **程公弘**。《三国志》卷四十五《蜀书》第十五《杨戏传》云："杨戏字文然，犍为武阳人也。少与巴西程祁公弘、巴郡杨汰季儒、蜀郡张表伯达并知名。戏每推祁以为冠首，丞相亮深识之。"[⑤] 可知，程公弘即程祁，是当时蜀中名人。杨戏延熙四年（241）曾著《季汉辅臣赞》，所谓"季汉"，就是西汉、东汉之后的第三个以"汉"为国号的蜀汉政权。在程公弘的《赞》中，这样议论道："公弘后生，卓尔奇精，夭命二十，悼恨未呈。"[⑥] 而程公弘为程季然之子，《三国志》卷四十五《蜀书》第十五载程季然的一段精彩的人生故事："季然名畿，巴西阆中人也。刘璋时为汉昌长。县有賨人，种类刚猛，昔从高祖以定关中。巴西太守庞羲以天下扰乱，郡宜有武卫，颇招合部曲。有谗于璋，说羲欲叛者，璋阴疑之。羲闻，甚惧，将谋自守，遣畿子郁宣旨，索兵自助。畿报曰：'郡合部曲，本不为叛，虽有交构，要在尽诚；若必以惧，遂怀异志，非畿之所闻。'并敕郁曰：'我受州恩，当为州牧尽节。汝为郡吏，当为太守效力，不得以吾故有异志也。'羲使人告畿曰：'尔子在郡，不从太守，家将及祸！'畿曰：'昔乐羊为将，饮子之羹，非父子无恩，大义然也。今虽复羹子，吾必饮之。'羲知畿必不为己，厚陈谢于璋以致无咎。璋闻之，迁畿江阳太守。先主领益州牧，辟为从事祭酒。后随先主征吴，遇大军败绩，泝江而还，或告之曰：'后追已至，解船轻去，乃可以免。'畿曰：'吾在军，未曾为敌走，况从天子而见危哉！'追人遂及畿船，畿身执戟战，敌船有覆者。众大至，共击之，乃死。"[⑦] 程季然忠烈刚正，其遗风在其子程祁身上得到体现，所以，杨戏称赞其为群英"冠首"，实为允论。

4. **马盛衡、马承伯**。《三国志》卷四十五《蜀书》第十五对此二人有一段简述："盛衡名勋，承伯名齐，皆巴西阆中人也。勋，刘璋时为州书佐，先主定蜀，辟为左将军属，后转州别驾从事，卒。齐为太守张飞功曹。飞贡之先主，为尚书郎。建兴中，从事丞相掾，迁广

① （西晋）陈寿撰，（南朝·宋）裴松之注：《三国志》，中华书局，1999年版，第760页。
② 同上。
③ 同上，第764页。
④ 同上。
⑤ 同上，第797页。
⑥ 同上，第806页。
⑦ 同上。

汉太守，复为参军。亮卒，为尚书。勋、齐皆以才干自显见，归信于州党，不如姚伷。”[①]杨戏称赞此二人“言藏言时”[②]。

5. **龚德绪、龚德光**。《三国志》卷四十五《蜀书》第十五有云：“德绪名禄，巴西安汉人也。先主定益州，为郡从事牙门将。建兴三年，为越隽太守，随丞相亮南征，为蛮夷所害，时年三十一。”[③] 常璩在《益梁宁三州先汉以来士女目录》中称“镇军将军龚皦，字德光，禄弟也。”[④]《三国志·蜀书》龚德绪小传之后，又云：“弟衡，景耀中为领军。”如此，龚禄应该还有一位兄弟为龚衡。景耀为后主刘禅年号，时间在公元258－263年之间。

6. **黄公衡**。《三国志》卷四十三《蜀书》第十三《黄权传》云：

> 黄权字公衡，巴西阆中人也。少为郡吏，州牧刘璋召为主簿。时别驾张松建议，宜迎先主，使伐张鲁。权谏曰：“左将军有骁名，今请到，欲以部曲遇之，则不满其心，欲以宾客礼待，则一国不容二君。若客有泰山之安，则主有累卵之危。可但闭境，以待河清。”璋不听，竟遣使迎先主，出权为广汉长。及先主袭取益州，将帅分下郡县，郡县望风景附，权闭城坚守，须刘璋稽服，乃诣降先主。先主假权偏将军。及曹公破张鲁，鲁走入巴中，权进曰：“若失汉中，则三巴不振，此为割蜀之股臂也。”于是先主以权为护军，率诸将迎鲁。鲁已还南郑，北降曹公，然卒破杜濩、朴胡，杀夏侯渊，据汉中，皆权本谋也。
>
> 先主为汉中王，犹领益州牧，以权为治中从事。及称尊号，将东伐吴，权谏曰：“吴人悍战，又水军顺流，进易退难，臣请为先驱以尝寇，陛下宜为后镇。”先主不从，以权为镇北将军，督江北军以防魏师；先主自在江南。及吴将军陆议乘流断围，南军败绩，先主引退。而道隔绝，权不得还，故率将所领降于魏。有司执法，白收权妻子。先主曰：“孤负黄权，权不负孤也。”待之如初。
>
> 魏文帝谓权曰：“君舍逆效顺，欲追踪陈、韩邪？”权对曰：“臣过受刘主殊遇，降吴不可，还蜀无路，是以归命。且败军之将，免死为幸，何古人之可慕也！”文帝善之，拜为镇南将军，封育阳侯，加侍中，使之陪乘。蜀降人或云诛权妻子，权知其虚言，未便发丧，后得审问，果如所言。及先主薨问至，魏群臣咸贺而权独否。文帝察权有局量，欲试惊之，遣左右诏权，未至之间，累催相属，马使奔驰，交错于道，官属侍从莫不碎魄，而权举止颜色自若。后领益州刺史，徙占河南。大将军司马宣王深器之，问权曰：“蜀中有卿辈几人？”权答曰：“不图明公见顾之重也！”宣王与诸葛亮书曰：“黄公衡，快士也，每坐起叹述足下，不去口实。”景初三年，蜀延熙二年，权迁车骑将军、仪同三司。明年卒，谥曰景侯。子邕嗣，邕无子，绝。
>
> 权留蜀子崇，为尚书郎，随卫将军诸葛瞻拒邓艾。到涪县，瞻盘桓未进，崇屡劝瞻宜速行据险，无令敌得入平地。瞻犹豫未纳，崇至于流涕。会艾长驱而前，瞻却战至绵

---

① （西晋）陈寿撰，（南朝·宋）裴松之注：《三国志》，中华书局，1999年版，第804页。
② 同上，第803页。
③ 同上，第805页。
④ （东晋）常璩著，任乃强校注：《华阳国志校补图注》卷一，上海古籍出版社，1987年版，第707页。

竹，崇帅厉军士，期于必死，临阵见杀。[①]

杨戏赞之曰："镇北敏思，筹划有方，导师禳秽，遂事成章。偏任东隅，末命不祥，哀悲本志，放流殊疆。"[②]

7. **马德信**。《三国志》卷四十三《蜀书》第十三《马忠传》云：

马忠字德信，巴西阆中人也。少养外家，姓狐，名笃，后乃复姓，改名忠。为郡吏，建安末举孝廉，除汉昌长。先主东征，败绩猇亭，巴西太守阎芝发诸县兵五千人以补遗阙，遣忠送往。先主已还永安，见忠与语，谓尚书令刘巴曰："虽亡黄权，复得狐笃，此为世不乏贤也。"建兴元年，丞相亮开府，以忠为门下督。三年，亮入南，拜忠牂牁太守。郡丞朱褒反。叛乱之后，忠抚育恤理，甚有威惠。八年，召为丞相参军，副长史蒋琬署留府事。又领州治中从事。明年，亮出祁山，忠诣亮所，经营戎事。军还，督将军张嶷等讨汶山郡叛羌。十一年，南夷豪帅刘胄反，扰乱诸郡。征庲降都督张翼还，以忠代翼。忠遂斩胄，平南土，加忠监军奋威将军，封博阳亭侯。初，建宁郡杀太守正昂，缚太守张裔于吴，故都督常驻平夷县。至忠，乃移治味县，处民夷之间。又越嶲郡亦久失土地，忠率将太守张嶷开复旧郡，由此就加安南将军，进封彭乡侯。延熙五年还朝，因至汉中，见大司马蒋琬，宣传诏旨，加拜镇南大将军。七年春，大将军费祎北御魏敌，留忠成都。平尚书事。祎还，忠乃归南。十二年卒，子修嗣。

忠为人宽济有度量，但诙啁大笑，忿怒不形于色。然处事能断，维恩并立，是以蛮夷畏而爱之。及卒，莫不自致丧庭，流涕尽哀，为之立庙祀，迄今犹在。[③]

8. **王子均**。《三国志》卷四十三《蜀书》第十三《王平传》云：

王平字子均，巴西宕渠人也。本养外家何氏，后复姓王。随杜濩、朴胡诣洛阳，假校尉，从曹公征汉中，因降先主，拜牙门将、裨将军。建兴六年，属参军马谡先锋。谡舍水上山，举措烦扰，平连规谏谡，谡不能用，大败于街亭。众尽星散，惟平所领千人，鸣鼓自持，魏将张合疑其伏兵，不往逼也。于是平徐徐收合诸营遗迸，率将士而还。丞相亮既诛马谡及将军张休、李盛，夺将军黄袭等兵，平特见崇显，加拜参军，统五部兼当营事，进位讨寇将军，封亭侯。九年，亮围祁山，平别守南围魏。大将军司马宣王攻亮，张合攻平，平坚守不动，合不能克。十二年，亮卒于武功，军退还，魏延作乱，一战而败，平之功也。迁后典军、安汉将军，副车骑将军吴壹住汉中，又领汉中太守。十五年，进封安汉侯，代壹督汉中。延熙元年，大将军蒋琬住沔阳，平更为前护军，署琬府事。六年，琬还住涪，拜平前监军、镇北大将军，统汉中。

七年春。魏大将军曹爽率步骑十余万向汉川，前锋已在骆谷。时汉中守兵不满三万，诸将大惊。或曰："今力不足以拒敌，听当固守汉、乐二城，遇贼令入，比尔间，涪军足得救关。"平曰："不然。汉中去涪垂千里。贼若得关，便为祸也。今宜先遣刘护

---

① （西晋）陈寿撰，（南朝·宋）裴松之注：《三国志》，中华书局，1999年版，第773—774页。
② 同上，第802页。
③ 同上，第776—777页。

军、杜参军据兴势，平为后拒；若贼分向黄金，平率千人下自临之，比尔间，涪军行至，此计之上也。”惟护军刘敏与平意同，即便施行。涪诸军及大将军费祎自成都相继而至，魏军退还，如平本策。是时，邓芝在东，马忠在南，平在北境，咸著名迹。

平生长戎旅，手不能书，其所识不过十字，而口授作书，皆有意理。使人读《史》《汉》诸纪传，听之，备知其大义，往往论说不失其指。遵履法度，言不戏谑，从朝至夕，端坐彻日，怀无武将之体，然性狭侵疑，为人自轻，以此为损焉。十一年卒，子训嗣。

初，平同郡汉昌句扶忠通宽厚，数有战功，功名爵位亚平，官至左将军，封宕渠侯。①

《三国志》评价王平为“忠勇而严整”②。

9. **勾孝兴**。如前面所引《三国志·王平传》中最后一段所评论的：“初，平同郡汉昌句扶忠通宽厚，数有战功，功名爵位亚平，官至左将军，封宕渠侯。”③《华阳国志》卷十二《序志并士女目录》载：“果壮：左将军、宕渠侯句扶，字孝兴。汉昌人，见《王平传》。”④关于句、勾姓氏的关系，《古今姓氏书辩证》在释“句”姓时有云：“《华阳国志》：王平、句扶、张翼、廖化并为大将军，时人语曰：前有王、句，后有张、廖。今句氏望出平阳东都，士大夫言其先仕蜀，为句邑大夫，因以命氏。今成都、嘉州皆为盛族。亦有徙长安或高邮者，近世避讳有改为勾龙氏者，有从金为钩氏者，有从丝为绚氏者。”⑤

10. **张伯岐**。《三国志》卷四十三《蜀书》第十三《张嶷传》云：

张嶷字伯岐，巴（西）郡南充国人也。弱冠为县功曹。先主定蜀之际，山寇攻县，县长捐家逃亡，嶷冒白刃，携负夫人，夫人得免。由是显名，州召为从事。时郡内士人龚禄、姚伷位二千石，当世有声名，皆与嶷友善。建兴五年，丞相亮北住汉中，广汉绵竹山贼张慕等钞盗军资，劫掠吏民，嶷以都尉将兵讨之。嶷度其鸟散，难以战禽，乃诈与和亲，克期置酒。酒酣，嶷身率左右，因斩慕等五十余级，渠帅悉殄。寻其余类，旬日清泰。后得疾病困笃，家素贫匮，广汉太守蜀郡何祗，名为通厚，嶷宿与疏阔，乃自舆诣祗，托以治疾。祗倾财医疗，数年除愈。其党道信义皆此类也。拜为牙门将，属马忠，北讨汶山叛羌，南平四郡蛮夷，辄有筹划战克之功。十四年，武都氐王苻健请降，遣将军张尉往迎，过期不到，大将军蒋琬深以为念。嶷平之曰：“苻健求附款至，必无他变，素闻健弟狡黠，又夷狄不能同功，将有乖离，是以稽留耳。”数日，问至，健弟果将四百户就魏，独健来从。

初，越嶲郡自丞相亮讨高定之后，叟夷数反，杀太守龚禄、焦璜，是后太守不敢之郡，只住安上县，去郡八百余里，其郡徒有名而已。时论欲复旧郡，除嶷为越嶲太守，嶷将所领往之郡，诱以恩信，蛮夷皆服，颇来降附。北徼捉马最骁劲，不承节度，嶷乃

① （西晋）陈寿撰，（南朝·宋）裴松之注：《三国志》，中华书局，1999年版，第777—778页。
② 同上，第781页。
③ 同上，第778页。
④ （东晋）常璩著，刘琳校注：《华阳国志校注》，四川大学出版社，2015年版，第540页。
⑤ （宋）邓名世撰：《古今姓氏书辩证》卷三十四，文渊阁《四库全书》本。

往讨，生缚其帅魏狼，又解纵告喻，使招怀余类。表拜狼为邑侯，种落三千余户皆安土供职。诸种闻之，多渐降服，嶷以功赐爵关内侯。

苏祁邑君冬逢、逢弟隗渠等，已降复反。嶷诛逢。逢妻，旄牛王女，嶷以计原之。而渠逃入西徼。渠刚猛捷悍，为诸种深所畏惮，遣所亲二人诈降嶷，实取消息。嶷觉之，许以重赏，使为反间，二人遂合谋杀渠。渠死，诸种皆安。又斯都耆帅李求承，昔手杀龚禄，嶷求募捕得，数其宿恶而诛之。

始嶷以郡郛宇颓坏，更筑小坞。在官三年，徙还故郡，缮治城郭，夷种男女莫不致力。

定莋、台登、卑水三县去郡三百余里，旧出盐铁及漆，而夷徼久自固食。嶷率所领夺取，署长吏焉。嶷之到定莋，定莋率豪狼岑，槃木王舅，甚为蛮夷所信任，忿嶷自侵，不自来诣。嶷使壮士数十直往收致，挞而杀之，持尸还种，厚加赏赐，喻以狼岑之恶，且曰："无得妄动，动即殄矣！"种类咸面缚谢过。嶷杀牛飨宴，重申恩信，遂获盐铁，器用周赡。

汉嘉郡界旄牛夷种类四千余户，其率狼路，欲为姑婿冬逢报怨，遣叔父离将逢众相度形势。嶷逆遣亲近赍牛酒劳赐，又令离姊逆逢妻宣畅意旨。离既受赐，并见其姊，姊弟欢悦，悉率所领将诣嶷，嶷厚加赏待，遣还。旄牛由是辄不为患。

郡有旧道，经旄牛中至成都，既平且近；自旄牛绝道，已百余年，更由安上，既险且远。嶷遣左右赍货币赐路，重令路姑喻意，路乃率兄弟妻子悉诣嶷，嶷与盟誓，开通旧道，千里肃清，复古亭驿。奏封路为旄牛㽛毗王，遣使将路朝贡。后主于是加嶷抚戎将军，领郡如故。

嶷初见费祎为大将军，恣性泛爱，待信新附太过，嶷书戒之曰："昔岑彭率师，来歙杖节咸见害于刺客，今明将军位尊权重，宜鉴前事，少以为警。"后祎果为魏降人郭修所害。

吴太傅诸葛恪以初破魏军，大兴兵众以图攻取。侍中诸葛瞻，丞相亮之子，恪从弟也，嶷与书曰："东主初崩，帝实幼弱，太傅受寄托之重，亦何容易！亲以周公之才，犹有管、蔡流言之变，霍光受任，亦有燕、盖、上官逆乱之谋，赖成、昭之明，以免斯难耳。昔每闻东主杀生赏罚，不任下人，又今以垂没之命，卒召太傅，属以后事，诚实可虑。加吴、楚剽急，乃昔所记，而太傅离少主，履敌庭，恐非良计长算之术也。虽云东家纲纪肃然，上下辑睦，百有一失，非明者之虑邪？取古则今，今则古也，自非郎君进忠言于太傅，谁复有尽言者也！旋军广农，务行德惠，数年之中，东西并举，实为不晚，愿深采察。"恪竟以此夷族。嶷识见多如是类。

在郡十五年，邦域安穆。屡乞求还，乃征诣成都。夷民恋慕，扶毂泣涕，过旄牛邑，邑君襁负来迎，及追寻至蜀郡界，其督相率随嶷朝贡者百余人。嶷至，拜荡寇将军，慷慨壮烈，士人咸多贵之，然放荡少礼，人亦以此讥焉，是岁延熙十七年也。魏狄道长李简密书请降，卫将军姜维率嶷等因简之资以出陇西。既到狄道，简悉率城中吏民出迎军。军前与魏将徐质交锋，嶷临阵陨身，然其所杀伤亦过倍。既亡，封长子瑛西乡侯，次子护雄袭爵。南土越巂民夷闻嶷死，无不悲泣，为嶷立庙，四时水旱辄祀之。①

张嶷有风疾，但忠勇无畏，《益部耆旧传》载："嶷风湿固疾，至都寖笃，扶杖然后能起。李简请降，众议狐疑，而嶷曰必然。姜维之出，时论以嶷初还，股疾不能在行中。嶷自乞肆力中原，致身敌廷。临发，辞后主曰：'臣当值圣明，受恩过量，加以疾病在身，常恐一朝殒没，辜负荣遇。天不违愿，得豫戎事。若凉州克定，臣为藩表守将；若有未捷，杀身以报。'后主慨然为之流涕。"②《益部耆旧传》又评论道："余观张嶷仪貌辞令，不能骇人，而其策略足以入算，果烈足以立威，为臣有忠诚之节，处类有亮直之风，而动必顾典，后主深崇之。虽古之英士，何以远逾哉！"③ 而《三国志》评价张嶷则是"识断明果"④。

11. **范三侯**。《蜀中广记》有载："范目，阆中人。果毅多方略。高帝既灭秦，为汉王，王巴蜀。目知帝必有天下，说帝为募发賨民，要与共定秦。目有恩信，賨人从之。秦地既定，封目为长安建章乡侯。帝将讨关中，賨民皆思归，帝嘉其功而重伤其意，遂听还巴。诏目曰：'富贵不归故乡，如衣绣夜行耳。'徙封阆中慈乡侯，目固辞，乃封渡沔县侯。故世谓'三秦亡，范三侯'也。目于是复民罗、朴、昝、鄂、度、夕、龚七姓不供租赋。"⑤ 佐刘邦定三秦，范目确乎有大智慧，所以，常璩在《华阳国志》中，称赞范目"果毅"⑥。

12. **冯车骑**。《后汉书·冯绲传》云：

冯绲字鸿卿，巴郡宕渠人也，少学《春秋》《司马兵法》。父焕，安帝时为幽州刺史，疾忌奸恶，数致其罪。时玄菟太守姚光亦失人和。建光元年，怨者乃诈作玺书谴责焕、光，赐以欧刀。又下辽东都尉庞奋使速行刑，奋即斩光收焕。焕欲自杀，绲疑诏文有异，止焕曰："大人在州，志欲去恶，实无他故，必是凶人妄诈，规肆奸毒。愿以事自上，甘罪无晚。"焕从其言，上书自讼，果诈者所为，征奋抵罪。会焕病死狱中，帝愍之，赐焕、光钱各十万，以子为郎中。绲由是知名。

家富好施，赈赴穷急，为州里所归爱。初举孝廉，七迁为广汉属国都尉，征拜御史中丞。顺帝末，以绲持节督扬州诸郡军事，与中郎将滕抚击破群贼，迁陇西太守。后鲜卑寇边，以绲为辽东太守，晓喻降集，虏皆弭散。征拜京兆尹，转司隶校尉，所在立威刑。迁廷尉、太常。

时长沙蛮寇益阳，屯聚积久，至延熹五年，众转盛，而零陵蛮贼复反应之。合二万余人，攻烧城郭，杀伤长吏。又武陵蛮夷悉反，寇掠江陵间，荆州刺史刘度、南郡太守李肃并奔走，荆南皆没。于是拜绲为车骑将军，将兵十余万讨之，诏策绲曰："蛮夷猾夏，久不讨摄，各焚都城，蹈藉官人。州郡将吏，死职之臣，相逐奔窜，曾不反顾，可愧言也。将军素有威猛，是以擢授六师。前代陈汤、冯、傅之徒，以寡击众，郅支、夜郎、楼兰之戎，头悬都街，卫、霍北征，功列金石，是皆将军所究览也。今非将军，谁

① （西晋）陈寿撰，（南朝·宋）裴松之注：《三国志》，中华书局，1999 年版，第 778—780 页。
② 同上，第 781 页。
③ 同上。
④ 同上。
⑤ （明）曹学佺撰，杨世文校点：《蜀中广记》卷四十四，上海古籍出版社，2020 年版，第 463 页。
⑥ （东晋）常璩著，刘琳校注：《华阳国志校注》卷一，四川大学出版社，2015 年版，第 49 页。

与修复前迹？进赴之宜，权时之策，将军一之，出郊之事，不复内御。已命有司祖于国门。《诗》不云乎：'进厥虎臣，阚如虓虎，敷敦淮渍，仍执丑虏。'将军其勉之！"

时天下饥馑，帑藏虚尽，每出征伐，常减公卿奉禄，假王侯租赋，前后所遣将帅，宦官辄陷以折耗军资，往往抵罪。绲性烈直，不行贿赂，惧为所中，乃上疏曰："势得容奸，伯夷可疑；苟曰无猜，盗跖可信。故乐羊陈功，文侯示以谤书。愿请中常侍一人监军财费。"尚书朱穆奏绲以财自嫌，失大臣之节。有诏勿劾。

绲军至长沙，贼闻，悉诣营道乞降。进击武陵蛮夷，斩首四千余级，受降十万余人，荆州平定。诏书赐钱一亿，固让不受。振旅还京师，推功于从事中郎应奉，荐以为司隶校尉，而上书乞骸骨，朝廷不许。监军使者张敞承宦官旨，奏绲将傅婢二人戎服自随，又辄于江陵刻石纪功，请下吏案理。尚书令黄俊奏议，以为罪无正法，不合致纠。会长沙贼复起，攻桂阳、武陵，绲以军还盗贼复发，策免。

顷之，拜将作大匠，转河南尹。上言"旧典，中官子弟不得为牧人职"，帝不纳。复为廷尉。时山阳太守单迁以罪系狱，绲考致其死。迁，故车骑将军单超之弟，中官相党，遂共诽章诬绲，坐与司隶校尉李膺、大司农刘祐俱输左校。应奉上疏理绲等，得免。后拜屯骑校尉，复为廷尉，卒于官。

绲弟允，清白有孝行，能理《尚书》，善推步之术。拜降虏校尉，终于家。[①]

13. **（范）（马）镇南**。刘琳先生在《华阳国志校注》中对这位人物有这样的判断："范镇南，姓范的镇南将军。但遍查诸史及本书《士女目录》，西汉以来三巴人士为镇南将军者唯有黄权、马忠二人。'范镇南'或是'黄镇南'之误，此处是为了说明'巴有将'，故不嫌与上文重复。"[②] 任乃强先生则认为："查《士女目录》巴西无范姓官镇南将军者。惟马忠有是衔。范姓惟范目是名将。应是旧写脱乱。"[③] 查相关文献，除《华阳国志》及其相关引用《华阳国志》的文献有范镇南之名外，其他文献中有"马镇南"之名，但与巴蜀之地没有关系，确应是常璩的撰写之误或后世刊刻之误。

14. **陈寿**。《晋书·陈寿传》云：

陈寿字承祚，巴西安汉人也。少好学，师事同郡谯周，仕蜀为观阁令史。宦人黄皓专弄威权，大臣皆曲意附之，寿独不为之屈，由是屡被谴黜。遭父丧，有疾，使婢丸药，客往见之，乡党以为贬议。及蜀平，坐是沉滞者累年。司空张华爱其才，以寿虽不远嫌，原情不至贬废，举为孝廉，除佐著作郎，出补阳平令。撰《蜀相诸葛亮集》，奏之。除著作郎，领本部中正。撰魏吴蜀《三国志》，凡六十五篇。时人称其善叙事，有良史之才。夏侯湛时著《魏书》，见寿所作，便坏己书而罢。张华深善之，谓寿曰："当以《晋书》相付耳。"其为时所重如此。或云丁仪、丁廙有盛名于魏，寿谓其子曰："可觅千斛米见与，当为尊公作佳传。"丁不与之，竟不为立传。寿父为马谡参军，谡为诸葛亮所诛，寿父亦坐被髡，诸葛瞻又轻寿。寿为亮立传，谓亮将略非长，无应敌之才，

---

① （南朝·宋）范晔撰，（唐）李贤等注：《后汉书》卷三十八，中华书局，1999年版，第860—863页。

② （东晋）常璩著，刘琳校注：《华阳国志校注》卷一，四川大学出版社，2015年版，第44页。

③ （东晋）常璩著，任乃强校注：《华阳国志校补图注》卷一，上海古籍出版社，1987年版，第45页。

言瞻惟工书，名过其实。议者以此少之。

张华将举寿为中书郎，荀勖忌华而疾寿，遂讽吏部迁寿为长广太守。辞母老不就。杜预将之镇，复荐之于帝，宜补黄散。由是授御史治书。以母忧去职。母遗言令葬洛阳，寿遵其志。又坐不以母归葬，竟被贬议。初，谯周尝谓寿曰："卿必以才学成名，当被损折，亦非不幸也。宜深慎之。"寿至此，再致废辱，皆如周言。后数岁，起为太子中庶子，未拜。

元康七年，病卒，时年六十五。梁州大中正、尚书郎范頵等上表曰："昔汉武帝诏曰：'司马相如病甚，可遣悉取其书。'使者得其遗书，言封禅事，天子异焉。臣等按：故治书侍御史陈寿作《三国志》，辞多劝诫，明乎得失，有益风化，虽文艳不若相如，而质直过之，愿垂采录。"于是诏下河南尹、洛阳令，就家写其书。寿又撰《古国志》五十篇、《益都耆旧传》十篇，余文章传于世。[①]

《华阳国志》卷十一也有一篇《陈寿传》，与《晋书》有异，可相互印证参考：

陈寿，字承祚，巴西安汉人也。少受学于散骑常侍谯周，治《尚书》《三传》，锐精《史》《汉》，聪警敏识，属文富艳。初应州命，卫将军主簿，东观秘书郎，散骑、黄门侍郎。大同后，察孝廉。为本郡中正。益部自建武后，蜀郡郑伯邑、大尉赵彦信，及汉中陈申伯、祝元灵，广汉王文表，皆以博学洽闻，作《巴蜀耆旧传》。寿以为不足经远，乃并巴汉撰为《益部耆旧传》十篇。散骑常侍文立表呈其《传》，武帝善之，再为著作郎。吴平后，寿乃鸠合三国史，著魏吴蜀三书六十五篇，号《三国志》；又著《古国志》五十篇；品藻典雅。中书监荀勖令张华深爱之，以班固、史迁不足方也。出为平阳侯相。华又表令次定《诸葛亮故事》，集为二十四篇。时寿良亦集，故颇不同。复入为著作。镇南将军杜预表为散骑侍郎，诏曰："昨适用蜀人寿良具员。且可以为侍御史。"上《官司论》七篇，依据典故，议所因革。又上《释讳》《广国论》。华表令兼中书郎。而寿《魏志》有失勖意，勖不欲其处内，表为长广太守。继母遗令不附葬。以是见讥。数岁，除太子中庶子。太子废徙后，再兼散骑常侍。惠帝谓司空张华曰："寿才宜真，不足久兼也。"华表欲登九卿，会受诛，忠贤排摈。寿遂卒洛下，位望不充其才，当时冤之。兄子符，字长信，亦有文才，继寿著作佐郎，上廉令。符弟莅，字叔度，梁州别驾，骠骑将军齐王辟掾，卒洛下。莅从弟阶，字达之，州主簿，察孝廉，褒中令，永昌西部都尉，建宁、兴古太守。皆辞章灿丽，驰名当世。凡寿所述作二百余篇，符、莅、阶各数十篇。二州先达及华夏文士多为作传，大较如此。[②]

由上述所考18个人物可以看到，巴西郡在当时巴地五郡（巴郡、巴东郡、涪陵郡、巴西郡、宕渠郡）中，确实堪称人杰地灵的翘楚。其他四郡，或"土地确瘠"[③]，或"土地山

---

① （唐）房玄龄等撰：《晋书》卷八十二，中华书局，1999年版，第1425—1426页。

② （东晋）常璩著，任乃强校注：《华阳国志校补图注》卷十一，上海古籍出版社，1987年版，第634页。

③ （东晋）常璩著，刘琳校注：《华阳国志校注》卷一言巴郡之语，四川大学出版社，2015年版，第30页。

险水滩"[①],而巴西郡则"土地山原多平,有牛马桑蚕"[②],优越秀贯,这里的才杰之士,或"学兼三才",或"精秀奇逸",或"才藻清妙",或"英气晔然",或"应权通变",或"建功立事""称美荆楚",或"倬群颖世"[③],诚如任乃强先生所说:"盖巴地惟此区农业发展较速,多大地主,封建文化推行为早,故多文学之士。賨民进化亦较板楯为速。王平、句扶,皆不识字至大将。其识字者如陈禅、冯绲、黄权、马忠、龚禄、张嶷,则皆将材之倬异者也。"[④] 由此再来看常璩"人自先汉以来,傀伟俶傥,冠冕三巴"[⑤] 的评论,就相当客观公允了。基于这样的认识,常璩在巴西郡的《序论》末尾得出"巴有将,蜀有相"的结论,就更加精辟了,影响深远,直到今天。应该看到,常璩的这一结论没有放在巴郡,更没有放在其他巴地郡所,这说明,在常璩的心目中,以阆中为首的巴西郡,最配"巴有将"的赞誉。事实上,从上述考证材料可以看到,除周舒、周群、谯周、陈寿以及常璩这里没有提到的阆中名人落下闳等文史类宗匠之外,其他基本上都属于行伍军旅之能人,将帅之乡,实至名归。当然,"巴有将"绝非仅仅限于巴西郡一地,其他巴地"人多劲勇,少文学,有将帅材"[⑥],"人多戆勇"[⑦],所以,"其人勇敢能战"[⑧],是常璩对巴地的总评论,只不过巴西郡中,将帅之才较巴地他郡更为突出优冠。

(作者单位:西华大学地方文化资源保护与开发研究中心、西华大学文学与新闻传播学院)

① (东晋)常璩著,刘琳校注:《华阳国志校注》卷一言涪陵郡之语,四川大学出版社,2015年版,第39页。

② (东晋)常璩著,任乃强校注:《华阳国志校补图注》卷一,上海古籍出版社,1987年版,第45页。

③ (东晋)常璩著,刘琳校注:《华阳国志校注》卷一巴西郡序论,四川大学出版社,2015年版,第43页。

④ (东晋)常璩著,任乃强校注:《华阳国志校补图注》卷一巴西郡下案语,上海古籍出版社,1987年版,第45页。

⑤ (东晋)常璩著,任乃强校注:《华阳国志校补图注》卷一,上海古籍出版社,1987年版,第45页。

⑥ (东晋)常璩著,刘琳校注:《华阳国志校注》卷一评论南浦县语,上海古籍出版社,1987年版,第39页。

⑦ 同上。

⑧ 同上,第23页。

山险与物流：清末民国时期大巴山南麓的商业活动述略[①]

李国太　黄尚军

内容提要：清末民国时期的大巴山南麓，除垦殖土地、发展农业外，商业贸易也很繁盛。文章选取秦巴山区的大巴山南麓作为地域范围，利用地方志、档案史料、文集，以及田野调查所获民间文献，探明巴山南麓输出商品，以木料、药材、山漆、木耳等山区土产为大宗；商人多为外地行商，本土坐商和货郎也不可或缺；商业通道以渠江水系最为重要，汉江水系起辅助作用，陆路交通在串联市镇间也必不可少；部分市镇的兴起，与商贸活动密切相关。

关键词：大巴山南麓；商贸活动；市镇经济；区域研究

引　言

美国历史学家柯文在《在中国发现历史》中，曾将区域研究的勃兴视为鉴别美国汉学界之“中国中心取向”的第二个特征。而在列举对中国历史进行区域研究的例证时，将 20 世纪 50 年代提出以“农村市场结构”与“宏观区域理论”理解中国区域社会结构与变迁的人类学家施坚雅，作为重点介绍对象[②]。施坚雅的区域理论，打破了中国传统史学自上而下的将“区域”视为“地方”的传统，开启了从区域认识中国的一条自下而上的路径，即“从个人理性的行为出发去建立一种关于中国大一统结构及其历史周期的解释”[③]。但这一开创性的理论视角，长期以来并未引起中国学者的关注。直到 20 世纪 80 年代，一批在今天被誉之

① 本文是国家社科基金项目“清代巴蜀宗族类碑铭文献搜集、整理”阶段性成果。

② ［美］柯文著，林同奇译：《在中国发现历史》，中华书局，2002 年版，第 178－188 页。

③ 刘志伟：《溪畔灯微：社会经济史研究杂谈》，北京师范大学出版社，2020 年版，第 87 页。

为“华南学派”的学者们，试图从珠江三角洲入手，探讨一种认识中国的区域路径，施坚雅的理论才逐渐被中国学界所知。这些彼时年届而立的学人们，尽管后来数十年都主要以华南地区为研究区域，但在“重写中国史”的目标下，他们所提出的问题以及在理论上的创见，则使区域研究作为一种方法而被学界熟之。近些年来，接续华南研究的江南地区和华北地区，也被视为区域研究的重镇，并取得了丰硕的成果。而历史上被视为苗蛮从聚的南岭山地，也正在被定义为一个独特的区域研究单位，吸引了一批历史学者和人类学者的跨学科探究[①]。与之相应的是，作为施坚雅所划分的中国九大巨区中的长江上游、西北和长江中游三大区域中处于多个行政区划的交汇之地的秦巴山地，并未获主体地位[②]。

本文选取秦巴山区的大巴山南麓作为地域范围，立足山地本身，从商品、商人、商道等角度对清代该区域的商贸活动进行初步研究，证实其商业活动的繁盛，并且认为这一区域性的商贸活动与全国性商业网络建立了密切的关系，试图回应山区“封闭”“自足”的传统印象。

一、清末民国时期大巴山南麓的商品

清代大巴山南麓在行政区划上为保宁府、绥定府和夔州府地界，下辖广元县、昭化县、南江县、通江县、巴州、东乡县、城口厅、新宁县、大宁县、达县、渠县、太平厅等十余个州、县、厅。其境内地势北高南低，山谷纵横，平地较少，原始森林遮天蔽日。被视为“老林”的大巴山，农业生产条件有限，但却蕴含着丰富的山区资源。这些资源一方面为山民提供了生活之资，另一方面也成为大巴山重要的对外贸易物资。各地商人为了盈利，不辞辛劳，穿行于巴山老林。他们收购木耳、桐油、生漆等山区特产销往山外，同时，将山区百姓日用品如棉花、布帛、盐巴、药品、糖行销山内，将山区与山外勾连起来。严如熤《三省边防备览》卷九说“山内木笋、纸、耳、香蕈、铁、沙金各厂，皆流寓客民所借资生者”[③]，而更为详尽的记载则见于清代方志“物产”之“货属”类和民国方志中的“实业”或“商业”篇内。民国十一年《南江县志·实业》：

> 南江土产极多，故输出之土货亦多。由巴江输出者，以木料、药材为大宗，牛羊皮、猪毛、木耳、黄花次之，蓝靛销汉中，茶销甘肃，丝销成都。余如长池之布，高山之漆、蜡虫，低地之桐油，北路之云纹石、棹面龙纹石碑板，均行销邻境及下江一带。银耳近年始渐有出品，行销上海。
>
> 输入之品，以汉中之棉花，下河之糖纸为大宗，近年复畅销洋货、绸缎。

① 近年来，中山大学一批从事历史地理学和历史人类学研究的学者们创办的《南岭历史地理研究》，便发表了多篇在区域历史地理多学科综合研究关照下，就南岭山区的政区、族群、社会等问题展开研究的成果。

② 目前，有关秦巴山地的人文社科研究成果主要集中在历史地理学领域，其中又以西南大学历史地理研究所团队以及武汉大学鲁西奇和张建民等先生的研究最具代表。他们聚焦于明清秦巴山地的开发，以及由此而带来的自然与人文环境的变迁等问题。此外，秦巴山地作为蜀道交通的重要组成，在严耕望、蓝勇、王子今、辛德勇、马强等的历史交通地理研究中，也多有发挥，其研究有待深入。

③ 严如熤：《严如熤集》，岳麓书社，2013年版，第1040页。

民国十三年《巴中县志·实业》：

输出之品：米、布、丝、棕、木料、姜、蔗、草帽、草纸、叶烟、牛、羊皮、猪毛，恩阳河之铁器、渔溪乡之药材。

输入之品：以成都之缎，阆中、南充之绸，重庆之药品，南部之盐，太平之茶，汉中之棉花，渠县之水糖、土碗为大宗。近年复畅销洋货。

民国二十年《宣汉县志·职业志·商业》：

清道、咸时，以麻为大宗，故江西麻帮、万寿宫麻市，今尤可考。次则黑耳，前河一带，多以此起家。同、光、宣及现今，则以鸦片为大宗，每次开帮，辄百数十担，或千余担。次则木料，复次若桐油、茶叶、棓子、白耳、牛羊皮、猪毛、小肠、白炭、生板、毛铁、出口丝，而药材尤多，至百数十种，木材渐杀，丝绝迹矣。

由此可见，山内物资除满足山民生活所需，更通过山区商贸网络北上陕甘、东出荆襄、南下蜀渝，其中除“洋烟”为戊午以后引入，其他均为山区固有资源，以竹木、木耳、茶叶、桐油、药材为大宗。

秦巴山区物资，首当竹木。早在明永乐年间，巴山所产楠木便作为皇木远供京师，通江县文胜与长胜两乡交界的石洞口曾于1987年发现一通记载明代采伐楠木的石刻铭文：

永乐四年八月十三日，钦奉圣旨，采办木□。本县原差总甲马廷史管领仓谷悍夫人等，前在白崖山场内采办堪中楠木十筏，致十二月，拖拽直抵肖口河，下运赴重庆府，接迎赴京交割。太岁次丙戌年十二月二十一日记□。[①]

有清一代，巴山虽无采伐皇木之政府行为，但其林木之富，在嘉庆以前，应无异议，它们不仅可以作为商品外运以供城市之需，还可作为原材料用于造纸。严如熤《三省边防备览》卷九：

猴柴厂砍伐之木，不须美材。……用船、用牛车，装运城市贩卖。穷民用青蚨数百，贩买猴块，劈作梱把贸易，亦日得数十文，借以糊口。

清代中期，秦巴山区以竹木造纸更为普遍，当时纸厂林立，所造之纸不仅供本地使用，甚至远销秦陇、荆襄等地，严如熤《纸厂咏》：

虽无茧绵坚，尚供管城使。驮负秦陇道，船运郧襄市。[②]

其他如木耳、菌类、药材、山漆等不胜枚举。以药材为例，民国二十一年《万源县志·食货门·农业》便记载：

县属高山，农民专务种药，如厚朴、杜仲、黄连、桔梗、党参、大黄、柴胡，及采

① 张浩良：《绿色史料札记：巴山林木碑碣文集》，云南大学出版社，1990年版，第78—79页。

② 严如熤：《严如熤集》，岳麓书社，2013年版，第230页。作为一种传统手工业，造纸在大巴山中一直延续到20世纪90年代，笔者童年在南江、旺苍等地，每每亲见纸厂收售竹料用以造纸。而所造之纸名为“草纸”，多用于祭祀之用，销售范围也主要限定于附近城乡。

野生各药品，贩至绥定及陕西兴安等处出售，亦农家副业大宗也。

而木耳则有黑、白两种，其中以白为贵，有“银耳”之称，今日仍为巴山特产。清代为防止盗卖各种资源而刊立禁碑的现象，在巴山等地十分常见，如陕南平利县牛王沟牛王庙光绪二十二年（1896）《牛王沟公议禁盗碑》：

> 我境土瘠民繁，五谷为养命之原，货财亦糊口之助。……
> 一禁：漆子、漆根，不得强打私挖，故违者，一经查获，轻则听罚，重则送官。
> 一禁：所栽、所下漆秧，倘有盗窃，一经拿获，即以盗贼论，送官重惩。
> 一禁：明捡枯薪，暗伐漆树、耳树，一经拿获，鸣公听罚。
> 一禁：构树、构叶，亦农家出产，不得强采，故违者，查获听罚。
> 一禁：桐子倘一家将捡，九家未打，不得混杂入扒，故违者，查获听罚。[①]

此类禁碑还有岚皋县洋溪乡宣统元年（1909）《洋溪护漆戒碑》、汉阴县上七里乡民国十二年《上七里禁耳山碑》、汉阴县塔岭乡桃园村民国十九年《桃园村护耳山禁碑》数通。而在大巴山南麓，也较为普遍，仅张浩良在通江境内便搜录有《浴溪蚕茧梁禁碑》《板桥木耳厂碑》《大字坎禁碑》《涪阳娃娃岩耳山会碑》《韩曹二地重建木耳山会碑》等近十通。由此可见，作为一种商贸物资，其所有权纠纷已经引起地方社会的普遍关注。

除此之外，生猪以及猪鬃对大巴山区的居民而言，也是一种重要的物资。饲养生猪不仅可供食用，而且也用以交易。严如熤《三省边防备览》卷八：

> 山中多包谷之家，取包谷煮酒，其糟喂猪，一户中喂猪十余口，卖之客贩，或赶赴市集，所得青蚨，以为山家盐、布，庆吊、终岁之用。猪至市集，盈千累万，船运至襄阳、汉口售之，亦山中大贸易，与平坝之烟草、姜黄、药材等同济日用。[②]

此种现象也可证之方志，如乾隆四十年（1775）《太平县志·风俗》：

> 地多险峻，稻田不过十分之一，全赖锄挖。山坡遍种杂粮，以资衣食，但津河不通，粮食无从运销，惟以包谷饲猪，变易盐、茶、布匹。

在清代、民国时期的四川方志中，记载各地输出之商品，多有猪、猪毛、猪小肠等，这也说明对山民而言，猪的饲养较为普遍，是农户收入之重要组成。

二、清末民国时期大巴山南麓的商人

傅衣凌在研究明清时期的商业活动时，先后对浙江龙游商人和河南武安商人进行了考查，关注到内地山区因多种经营，经济产品需要出售，从而造就山区生产商品性的特点，这易于促进商品经济成长，产生地域性的商人集团。相对于浙江龙游和河南武安，秦巴山区的地域范围更广，商品种类更多，商业活动也十分繁盛，但这些商业活动是如何完成的，是否

---

① 张沛：《安康碑石》，三秦出版社，1991 年版，第 314 页。
② 严如熤：《严如熤集》，岳麓书社，2013 年版，第 1032 页。

形成了地域性的商人集团，以下略做探讨。道光二十四年（1844）《城口厅志·风俗》：

> 外来就食者，亦颇多居老林者，以木料、木器为利。居民少逐末，百工匠艺，多别省、别邑之人，商贾亦多外来，以棉花、布帛、杂货于场市与四乡居民赶集交易，复贩卖药材、茶叶、香菰、木耳、椒蜜、猪牛等物往各省发卖。

如果说城口厅地理偏僻，居民质朴，不习商情，其商人多为外来之人，那么，得地利之便的水陆要冲渠县，其商贸活动则频繁可见。渠县为巴山南麓商业重镇，清末民国时期商帮林立，商会组织发达，民国二十一年《渠县志·实业志上》：

> 治城商帮有杂货帮、药帮、盐帮、木帮、折烟帮、船帮、山货帮、药材咀片帮、草纸帮、白纸帮、干菜糖食帮，各设同业公会属场，如李馥、临巴、澌渡三处，均设商务分所。其经费有经纪所得，捐案费、征收公秤、票钱，年约三千余元。

尽管清代渠县等地商业呈繁盛之貌，但渠县商帮依然以客商为主，本地居民重农轻商，从事商业活动的人较少。同治三年（1864）《渠县志·风俗》：

> 商贾渠地水通巴渝，陆通保顺，市廛鳞次，而居湫隘□尘，通商大贾，皆流寓者为之。百货麇集，盐铁、药材、绸布为最著，列肆居奇。惟茶房、酒肆，则土著也，亦可见其概矣。

土著居民在市镇开店经营，虽不乏其人，但主要从事茶房、酒肆等服务业。民国二十一年《渠县志·礼俗志（上）》再次强调这一现象，并试图寻找其缘由：

> 渠地西北多山，而东南多水，民安其居，乐事劝功，其秀良者，既不轻去乡里，故无富商大贾，而椎鲁少文者，习勤俭，尚朴素，亦势使然也。

与渠县毗邻的绥定府新宁县，不当水陆要冲，商贸活动依然以外地商人为主，他们占据县中要镇，开店列肆，其中湖广籍人占据半数，而当地人仅在乡场集市以自家所产布帛、菽粟互通有无。同治八年（1869）《新宁县志·风俗》：

> 凡富商大贾云集，必于水路通衢。邑属僻壤，不利舟车，其列肆贸贩者，半系楚籍。新民居积如绫锦、丝絮、瓷器、海物之属，皆致诸古歙，与邻封之开、万，亦惟近郭普安场始能如是。若乡场交易，自布帛、菽粟外，他物殊少。

由以上材料可见，活跃在大巴山区的商人多为外来客商，本土从事商贸活动的人较少。但大多材料并未言明外来客商之籍贯，也无法判定以经营范围而结盟的各商帮，是否还受地缘因素影响。民国二十一年《万源县志》却为此提供了信息，该志不仅详细记载了商品种类，而且记载了商品的销路与商贩来源。

表1　民国二十一年《万源县志·食货门·商业》所载商品与商人

商品	说　明
白耳	由楚汉商输运、出口，本地商只小本囤买，以觅蝇头，未有做成大庄者。
黑耳	上年出产极盛，自白耳发明，此项已少人经营。
茶叶	由陕、甘商输运出口，行销陕西之汉中、西乡、镇巴，甘肃之兰州、秦州等处，本地商亦有专务茶叶者。
桐油	北路输出秦、楚，余区运到绥、万、通、巴，多由邻商贩运，本地商亦有自贩者。
漆油、漆汁	销路同上。
生版	由广、渠商输运出口。
钢铁	陕境及邻封商运。
锅罐	陕商及邻封商运。
铁器	农具、枪炮等，销路同上。
土碗	陕商贩运居多，余入邻封。
药材	开、万商人多入境采收，本地农人自务药品，多自运到陕西兴安及绥定、万县出售。
蚕丝	北路取水丝，入陕每多兴安商收买。余区所取火丝稍粗，多销本省顺、保、绥、万。近年，此业废弛，出产甚少。
竹木	秦、楚商人输运极多，本地常有自办到湖北老河口者。近年开辟已空，业此者少。
牛羊皮	各种野兽皮及猪毛等，多由开、万、绥商贩运，本地亦有自办者，并到秦、楚界销售。
洋烟	戊午以后，烟禁弛，民间遍植。近年，军款多赖此项出息。以三乡为盛，销陕境，川、楚大商，由川东贩运过境，亦复不少。

上表显示，万源县的商人可大致分为三种类型：以陕、甘、楚汉为代表的外省商人和以顺庆、保宁、绥定、万县等地的本省商人，也有县域范围内的本地商人。陕甘商人主要经销茶叶、蚕丝、竹木，以及锅罐、土碗等生活用品和钢铁、铁器等生产用品；楚汉商人多经销木耳、竹木以及洋烟；而本省商人则主要经营桐油、山漆、牛羊皮等。这些外来客商，不仅影响到巴山南麓的商业经济，而且对地方社会也有一定影响。以明清时期巴山南麓的移民活动为例，部分家族的迁入便始于商贸，道光二十四年《城口厅志·风俗》：

> 外来入籍者，谓之“客家”。附近州县及湖广、陕西、江右之民，始则贸易或佃耕，继则置业者居多。

笔者实地调查也发现类似记载，如南江县北极乡范家山村四组道光二十三年（1843）李柴子、李杨氏墓碑铭文：

> 上川贸易于保宁府南江县崇清乡大河口场，不数年，积有多，□[①]买范家山田地数

① 以下缺数字。

处。……公自嘉庆十八年，与嗣君上川贸易于场，置□[①]。

李柴子入蜀经商，后买田置地，世居于此。这种因贸易而定居巴山南麓的情况，在明代即已出现，如通江唱歌乡石板溪村靳家坝嘉靖元年（1522）靳学、靳赵氏墓碑铭文：

祖□□县量禄里人氏，于成化年间，到于通江县地方，买卖生礼。至正德十一年内，买到麻巴里何□祭□田□。

三百年后的乾隆四十八年（1783），靳氏子孙再次为入川始祖靳学立碑，其铭文“靳氏一宗乃通邑一大家，而溯其先，实始自学公。公原籍关西宝鸡县量禄里人氏”显示，当初卜居之地已更名为“靳家坝”。此类经商入川的例子，从明末清初，一直延续到清代中后期的“湖广填四川”的大移民活动。靳学、李柴子算是幸运者，历史上还有大量外来客商，客死巴山，如清初通江李蕃《题中山狼传》中，便记载了一则秦人避乱蜀中的材料：

余年十二三时，丁蜀大乱。总兵某不能御，而力诛秦人。秦蜀唇齿邦也，且吾乡为商贩丛集之地，秦人客此甚多，冤死者无算。[②]

至于本地商人，则往往充当各种外商的掮客，深入贸易之最末端。以生猪交易为例，便多先由小商贩到农家收购，再贩运至市集贩卖给大商贩，最终装船运往荆襄等地。那些直接与山民完成交易的小商贩，多为当地农民，仅在小范围内兼营生猪贩运，如嘉庆年间参加白莲教运动的高名贵，在被捕后的审讯中供称：

高名贵供：年四十一岁，祖籍湖北襄阳县人，搬在云阳县硐溪坝居住。……平日务农，并贩猪生理。[③]

在居民分散的山区，这些流动的小商贩显得尤为重要。由此可知，巴山居民业商之人并不鲜见，只是少富商大贾，多小商小贩。至民国时期，此种情况有所变化，本地商人不再局限于一乡一土，民国二十年《宣汉县志·职业·商业》：

邑人居奇致富者，间或有之，挟资远行者，百不见一，盖重利轻别群，以此为大戒也。近日，风气大开，已渐更其安土重迁之习惯。沪、鄂、甘、陕，利之所在，无远弗届。

有清一代，居住在大巴山区交通要道之居民，多能突破本地、本乡、本城之界限，在区域性商贸中扮演重要角色，如民国二十一年《万源县志·食货门·商业》：

万源水陆交通，俱感困难，商业微不足数。在昔承平时代，著名商场，如东路之固军坝，南路之罗文坝，西路之竹峪关，北路之大竹河，比较稍优，然多楚汉及巴、绥、渠、万客籍商号，属于土著仍少。

---

① 以下缺数字。

② 李猛烈等校注：《雪鸿堂文集校注》，中国文史出版社，2012年版，第143页。

③ 中国社会科学院历史研究所清史室、资料室：《清中期五省白莲教起义资料》（第五册），江苏人民出版社，1981年版，第57页。

此则材料中的巴、绥、渠、万客籍商号，大多因地处水陆交通要冲，了解商情，往往得风气之先，从而致力于商业贸易，并发家致富，享誉乡里。以渠江上游之巴州为例，虽道光十三年（1837）《巴州志·风俗》言其“人安俭约，惟尚农桑”“其人大率，质朴而少文，刚劲而尚气，勤苦力作，尚无芬华靡丽之习”。但该志开篇“巴州全图”之文字表述，又言“其间分列市场六十余所，以资贸易”。检全志人物，业商之人也并不鲜见，详见下表：

表 2　民国十三年《巴中县志·人物》所载商人

商人名	相关记载
彭仰谦	号益庵，性伉爽，敦古谊。家贫，兄早丧，遗子庆文。仰谦业商，家渐裕，资侄读不吝，庆文中乡试，捐部郎，前后巨费躬任之。尤热心地方赈恤诸善举。邑建云屏书院，仰谦始终其事。复倡集宾兴会金助科举。
陈国聘	乾隆中，自楚入蜀，游学于巴，以儒贾致富。乃迎养其父母、并两兄弟，均分财产。晚卒都门，遗书教子，捐产济公。后以恩阳河岸地捐作义渡、义学经费，成其志。
李瑞符	字节若。……同母弟八人，友爱异常，使各专业，不以他累，故多所造就。弟瑞玉举人，授福建福顶县知县；瑞清知陕西略阳县；瑞熙岁贡；瑞琪福建候补知州；余或作幕、经商，无不卓然。
杨德隆	少孤贫，业商。及富，遇本地公益，倾囊补助，尝修武庙，建米亭，培关公场路。年六十四卒。
刘文元	家贫。孝事重堂，初以小贸营生，养不给；徙恩阳河学划船，仍不给；改习铁业，养乃赡。

以旧时编纂方志之思想，能够以商人身份入志之人，不仅需在商业经营上十分成功，而且往往对地方公益也有所贡献，或者由商转儒，兄弟、子孙获得功名。表中所载正是如此。这也说明当时经商人数颇多，这在笔者实地调查所得的碑文中也有所体现，如巴中市三江镇道光三十年（1850）刘尧佐墓碑铭文：

> 阅公生平，经营三江，义利分明，交友以信，待人以诚，虽家资巨万，阡陌连云，而好善乐施，周恤邻里，咸以仁厚长者目之。

上述材料表明，这些商人致富之后，多买田置地，重视子孙教育，同时积极参与地方公共事务。

总而言之，清代大巴山南麓商贸繁荣，商人汇聚。其中既有陕甘、楚汉等外省客商，也有顺庆、保宁、绥定、万县等区域性客商，地方性的小商小贩也在交易中扮演了重要角色。但无论籍贯何处，经营范围怎样，大巴山物资之进出均有赖于这些走南闯北、贸迁有无的商人，他们促使了巴山地区“物的流动”。

三、清末民国时期大巴山南麓的商道

大巴山虽地势险峻，山谷纵横，但作为川、陕二省分界之山脉，历来为南北交通必经之路，著名的金牛道、米仓道和荔枝道均为大巴山南北通道，而其山间小道更不胜枚举。就水路交通而言，大巴山南麓的西部以嘉陵江航道为主，而其东部则主要是渠江航道，其中巴河为其正源，流经巴中、平昌、通江等县市，到渠县三汇，接纳从其西北而来，流经万源、宣汉、达县等县市的州河，上游支流共计 34 条，总长达 37000 千米[①]。这些河流像血管一样，将大巴山区勾联为一体，在陆路交通不便的明清时期，是大巴山南麓物资流动最重要的通道。而沿河城镇得地利之便成货物集散之地，故地方志在记载山川、交通时，往往会言及航运。以巴河上游之巴中为例，民国十三年《巴中县志·坛庙》：

巴州，梁益奥区，川陕重镇。北通兴、汉，连云之岭万重；东达渠、渝，襟水之涂千里。

上述材料简要概括了巴州地理形势，虽言及水路可以东达渠、渝，但较为含糊。而道光十三年（1833）《巴州志·巴江水道原流图》卷首“巴江水道源流图”注则指出：

州水有三派，其自蟒潭河入者，北水，即古渝水也；自木门河入者，清水也；自通巴河入者，巴水也，三水会于江口镇，合而为巴江，众流皆附之，以达于渠河，源远流长，有自来矣。……江口而下，始有商船，春夏小艇可达于州城，秋冬水落，则至曾口而难上。

实际上，清代渠江商船有时也能直抵巴州城，巴州南边重镇恩阳镇便因航运而兴，如民国十三年《巴中县志·慈善》收录清代唐正恩《恩阳场义冢碑序》：

州西恩阳场，为商贾辐辏之区，闾阎鳞次，其聚而居者不下千有余家。

道光二十一年（1841）《巴州志·场镇》：

又二甲恩阳河，分老场、新场、回龙场，三场并列，对河鼎立，人烟稠密，州中场市，此为最巨。

正因其地当巴河上游水路要冲，商业发达，来往客商众多，因此成一商品集散之大镇，当地俗语“通江河，南江河，好耍不过恩阳河”，便是恩阳繁华的体现。而恩阳镇上之商品交易市场也逐渐形成了相对固定的空间格局，这在一首恩阳民歌中有生动呈现：

义阳山红梅阁名传久远，文昌阁犹如那宝殿金銮。
回龙街有二十四家盐店，后街子猪牛肉挂在两边。
伞铺街满摆着干货雨伞，禹王宫卖的是棉线土烟。
半边街专门卖蔬菜海鲜，鸡神楼摆土布上万成千。
起凤桥卖的是鸡鸭鱼蛋，河坝里猪牛市经纪操盘。
上正街卖竹器锅盆碗盏，下正街纸货花色都齐全。
新市街卖绸缎官绅挑选，河坎街糖糕饼远销巴南。
桶市街水粪桶任你挑选，王爷庙米粮市贩子梭穿。
姜市街卖生姜四季不断，乌龟包鸽雉鸠野味美餐。
鱼市街售鱼鳖恩河特产，横街子柴和煤堆积如山。

---

① 四川省交通厅史志编委会：《四川航运史志文稿》（内部资料本），1992 年，第 88 页。

> 黄桷树骡马市牛鸣羊咩，皂树街小百货样样齐全。[①]

再以州河为例，当地方志也记载商贾与河流之关系，如光绪二十八年（1902）《重修东乡县志·舆地志》：

> 三河之水，亦称“三江”，俱发源太平，下达重庆，流通货物，商贾便之。

东乡后更名为“宣汉”，为前江、后江交汇之所，船能直达城下，而在东乡更北，地处万山丛中的万源县，虽水运不便，但县境内部分货物还是通过小舟南运出境，民国二十一年《万源县志·舆地门·河流》：

> 又十里，至大水荡，交东乡界。又百二十里，至普光寺，与中河合流。又九十里，至东乡，与前河合流，下达绥定、渠县三汇，与巴州大河合流，经广安、合州至重庆入大江。上运之货重，载至绥定，另用小舟提拨，可运至罗文坝止。更上，滩多水浅，不能通行，间有小舟运铁，节节短拨。近年有人倡议，由罗文坝、长坝开至白沙河，载运上下货物，出资试办，无效终止。
>
> ……中河一名“中江”，又名“千江”，河源出县东北城口白支山。……又五里至官渡交东乡界，西南流九十里至普光寺，与后河合流。此河小舟上至固军坝止。上运之货以盐及黄表纸为大宗，下运之货以花布、茶、铁为大宗。

大巴山中的情况应与万源类似。水运不便的还有南江县、通江县、太平厅、城口厅等县厅，这些县厅地处巴山腹地，位于渠江各支流之末梢，虽有河流将其与渠江主干道连通，但因河流湍急，潭险礁多，不利航运，物资流动只能以人力负载，如巴河上游之南江县，旧名“难江”，便因为“道狭而多石，舟楫不通，难江之名盖缘于此”。据道光七年《南江县志》载，道光年间县令胡炳曾“疑其源源不竭，何以不通舟楫，问之土人，则习与相忘久矣”，而该地“商贾之辐辏，行旅之往来，有无之贸迁，在任以肩背备矣”。胡炳虽致力疏通河道，但收效甚微，结果仅使“小舟可通巴州”。正因为水路不通，南来北往之货物，在巴山腹地之厅县，多靠人力负载。今天在川北方言中有“背老二”“背二哥”等词汇，便指以背运货物为生的人。这些人因长年负重奔行于山莽之中，为排遣寂寞，吼出的高亢、粗犷的山歌，也称之为“背二歌”，如流行于通江的《背二歌》：

> 背老二，挑老三，翘翘扁担挠高肩。
> 背老二，背得苦，全靠夜晌午。
> 背老二，是个怪，越背越轻快。[②]

背二哥不仅将山间货物背负至沿河码头，也将外来货物背负至巴山南麓各乡场，同时，他们还是实现大巴山南北货物流通的关键。在大巴山南麓诸多厅县中，万源县和城口厅是少有河流直达汉江水系的厅县，万源县东北部之大竹河，向北流经陕南紫阳县，与汉江相汇，民国二十一年《万源县志·舆地门·河流》：

---

① 陈俊：《中国历史文化名镇·四川恩阳》，知识产权出版社，2020年版，第49—50页。
② 李国太等校注：《通江民间歌谣校补图注》，四川民族出版社，2019年版，第4页。

又三里，至沙嘴，白杨溪水入之（源出二州垭，流经火烧湾）。又五里，至木兰洞，交陕西紫阳界。又流经百八十里，至紫阳县入汉江，湖北花布由襄樊溯运至紫阳，另用小舟运至大竹河止。太平土产茶、铁、药材，亦由此下运焉。

陈明申《夔行纪程》：

自定远白庙塘上龙坡入川境……至大竹河，商贾聚集，为太平通水程之所。河自东而西可行船，山内所产药材、茶叶，由此顺流而下，至陕西紫阳任河口，计程三百六十里，合汉江，直达襄樊。

大竹河虽以小舟运载，但乃是商贾往来之要道。大竹河与县南汇入渠江水系的河流间，也需人力负载，故民国二十一年《万源县志·舆地门·河流》又补充道：

花布由湖北溯汉江至紫阳县，另用小舟运至大竹河，雇脚负至安家河，行销绥定、广安一带。

整体而言，大巴山南麓之水运以渠江为主，渠江也因此成为货物流通之最重要通道。沿线之场镇，在巴河以恩阳镇和江口镇为巨，在州河则以宣汉、达县为巨，尤其是达县，在川东北地区具有十分重要的地位，曾先后为州、府所在地。清代中后期，湖北、重庆等地客商往来渐多，商业兴起，到民国二十四年，达县城区便有盐、糖、杂货、油、酒、粮食、药材、山货、土纸、煤、铁、青麻等商帮 40 余个①，商业之繁盛，可见一斑。民国二十七年《达县志·礼俗门·风俗》：

县属境有河二：前为州河，上接宣、万，后为巴河，上通通、南，而皆汇于渠县三汇。至陆路则由县至万，可四日程。水路转运，亦云便矣。城中为商贾会萃之地，列廛阛阓，奚啻万家。旧日营商业者，除谷米粮食囤积贸易外，次则盐卤，次则糖酒，皆来自外县。而出口之货，则明月乡之表纸，翠屏乡之青麻，与各乡之桐油，较为大宗而已。近则洋货内侵，土药坐销，茧丝不及夫往日，煤铁不售于远道，商业日就凋敝。

而巴河与州河相汇之渠县三汇镇，一度有“小重庆”之称，民国二十一年《渠县志·实业志（上）》在记载“三汇商会”组成时，对其商帮有详细罗列：

三汇镇为川中商业巨埠之一，故三汇商会于光绪丁未成立，会员为青麻帮、干菜帮、酒帮、油帮、铁帮、匹头帮、药材帮、米粮帮、山货帮、木帮、水粮帮、色纸帮、棉花帮、炭帮、陈衣帮、大烟帮、船帮、色布帮、金银铜锡帮，凡十九帮所组织，以盐秤、油秤、糖秤、麻秤、谷米杂粮斗票等，捐为常年经费，约二千钏。属场成立分所者，有涌兴、土溪两处。

民国二十六年《渠县概况调查》：

三汇镇当州、巴、渠汇合之处，举凡通（江）、南（江）、巴（中）、宣（汉）、万（源）、达（县）之羊皮、木耳、川贝、药材、茶叶以及重庆合川运来之白糖、海带、干

① 四川省交通厅史志编委会：《四川航运史志文稿》（内部资料本），1992 年，第 292 页。

菜等，皆在此成交，市场繁盛。[①]

可见，大巴山南麓之货物，顺巴河、州河总汇至三汇，后沿渠江而下，经合川而达重庆，再顺长江水系而东出夔门，到达荆襄，从而将区域性的商贸活动与全国性的商贸网络联系起来，实现物的流动、人的流动，以及文化的碰撞与交融。

余　论

人类学家施坚雅在研究川西平原的农村市场时，认为市场“无论是作为在村社中得不到的必要商品和劳务的来源，还是作为地方产品的出口，都被认为是必不可少的”，“它是农产品和手工业品向上流动进入市场体系中较高范围的起点，也是供农民消费的输入品向下流动的终点”，据此，他提出了“基层集镇”的概念，并以此为出发点，探讨了中国农村的市场体系[②]。笔者认为，从平原地区推演出的这一理论，也适用于分析大巴山区的市场体系。处于该体系最末端的“基层集镇”正是场镇、市集，它们零星地分散在巴山中，一方面通过定期的交易与乡民建立起直接联系，另一方面又处于渠江流域商贸往来的终端。如嘉庆二十年(1815)《东乡县志·风俗》：

> 盐商、茶商，各颁引于一邑行销，列肆居贾者，惟大场始有。各场或以一、四、七日为期。至期，四乡各持货物，赴场贸易，谓之“赶场”。

光绪八年（1882）《太平县志·场市》：

> 太邑居民，类多零星，散处各场，相距远近不一。大者二三百户，小或十余家不等。趁墟之货，以油、盐、米、布为大宗。每至集期，攘往熙来，无不各得其愿以去。

与川西平原不同的是，大巴山区的基层市场与中间市场并不一定构成几何学上的六边形结构，民国二十一年《万源县志·营建门·乡镇》：

> 罗文坝，治南二百里，集期二、五、八，原属四保。又二十里，大水荡交宣汉界，商务较为繁盛，盐业为大宗，邻县多到此购还。
>
> 大竹河，治北一百四十里，集期二、五、八，原属十保。由陕运来棉花，及县属所产药材，多集中交易，商业较盛。

罗文坝、大竹河之所以能在万源境内成为中间市场，并不源于它与周边基层市场的关系，而是得益于其作为物资集散之所的地位。当然，基层市场之形成，应受多种因素影响，其中有因地处商道而成市的，如恩阳兴隆场，当为巴州通往仪陇、南部、南充的咽喉要道，因过往客商较多，即有李姓兄弟在此经营日用杂货，接待过客食宿而逐渐形成的市集[③]。恩

---

① 四川省交通厅史志编委会：《四川航运史志文稿》（内部资料本），1992年，第294页。

② ［美］施坚雅著，史建云、徐秀丽译：《中国农村的市场和社会结构》，中国社会科学出版社，1998年版，第5—6页。

③ 政协巴中市恩阳区委员会编：《恩阳地名拾趣》（内部资料本），2019年，第16页。

阳渔溪寺位于巴州、苍溪、阆中三县之间，在清雍正年间建场，并形成了两场、两街的格局[①]。也有因特殊原因而迁市的，如民国十三年《巴中县志·坛庙》收录清代唐芝荣《兰草渡文昌庙碑序》：

> 迩乃兰草渡场，嘉庆七年自东移西，新开斯市，十有余年，庙宇未建，焚献无所。有周、何、张、邓、王诸公等数十余人，家崇文教，户习诗书。值文治之光华，念尸祝之有地。乃集众建议，募化四乡及江中载货商人。

总而言之，笔者认为，清代大巴山南麓的商贸活动并非是限于大巴山内部的区域性活动，它们一方面通过各类型商人与全国性的商业网络链接在一起，另一方面，又通过基层集市连接了乡民的日用生活。这种网络的形成，得益于水路交通。巴山南麓的商业通道，以渠江水系最为重要，汉江水系起辅助作用；陆路交通在串联市镇间也发挥了重要作用，部分市镇的兴起，应与商贸活动密切相关。

（作者单位：四川师范大学文学院）

① 政协巴中市恩阳区委员会编：《恩阳地名拾趣》（内部资料本），2019年，第21页。

《华阳国志》“前有何、勾，后有张、廖”考析

张寅潇

内容提要：《华阳国志》收录有古时语“前有何、勾，后有张、廖”一则，作者常璩认为“张、廖”分别对应左车骑将军张翼与右车骑将军廖化，然张翼、廖化并非巴西郡人，不宜与巴西人何（王）平、勾（句）扶并列，且“廖”与“勾（句）”读音相距较远，不符合时语押韵的一般规律，故“张、廖”应作“张、龚”，分指同属巴西郡的荡寇将军张嶷和镇军将军龚皦。

关键词：时语；《华阳国志》；巴西郡；龚皦；张嶷

古代时语是古代民众对当时的时政、事件、人物发表见解或进行褒贬而创作的一种俗语，往往能够反映出当地的风土人情。作为我国历史上首部较为完整的地方史志，《华阳国志》（以下简称《华志》）也收录了相当数量的时语谣谚，王怀成《〈华阳国志〉所录歌诗谣谚之作者与时代》一文对《华志》所收 42 首歌诗遥谚的作者与时代进行了逐一考辨①，刘重来《〈华阳国志〉中诗歌谚语的史料价值》则从历史研究的角度考察了《华志》中诗歌谚语的史料价值②。由于时语多为口耳相传，在传播的过程中极易产生讹误，卷七《刘后主志》“前有何、勾，后有张、廖”便是其中一例。

一

《华阳国志》卷七《刘后主志》载：“（王）平同郡勾扶亦果壮，亚平，官至（右）[左]

① 王怀成：《〈华阳国志〉所录歌诗谣谚之作者与时代》，《四川师范大学学报》（社会科学版）2013 年第 3 期。
② 刘重来：《〈华阳国志〉中诗歌谚语的史料价值》，《史学史研究》1991 年第 3 期。

将军，封宕渠侯。后张翼与襄阳廖化并为大将，故时人为语曰：‘前有何、勾，后有张、廖’。平本养外家何氏，后复姓。”[①]《三国志》卷四十三《王平传》云：“初，（王）平同郡汉昌句扶忠勇宽厚，数有战功，功名爵位亚平，官至左将军，封宕渠侯。”[②] 注引《华阳国志》曰：“后张翼、廖化并为大将军（“军”字衍），时人语曰：‘前有王、句，后有张、廖。’”[③]

王平字子均，巴西宕渠（今四川渠县东北）人，本养外家何氏，后复姓王，故又称“何平”。汉献帝建安二十四年（219），曹操征讨汉中，王平随行，投降刘备，被封为牙门将、裨将军。蜀汉建兴六年（228），丞相诸葛亮出师北伐，任命王平为马谡先锋，因功升为讨寇将军，封为亭侯。建兴十二年（234），诸葛亮去世，魏延作乱，王平一战击溃，被提拔为汉中太守。建兴十五年（237），进封安汉侯，代吴懿督汉中。延熙元年（238），拜王平为前监军、镇北大将军。“是时，邓芝在东，马忠在南，平在北境，咸著名迹。”延熙十一年（248）去世。

句（俗作“勾”）扶，巴西汉昌（今四川巴中巴州区）人，与王平同郡，“功名爵位亚平”[④]，官至左将军，封宕渠侯。根据王平、句扶二人的事迹可以得出该条时语取人的共同特点：一为巴西郡人氏，二要担当较为重要的武将官职，即常氏所云“并为大将”。

我们再来看常璩提到的张翼与廖化。张翼子伯恭，犍为武阳（今四川眉州彭山区）人。“先主定益州，领牧，（张）翼为书佐……累迁至广汉、蜀郡太守。建兴九年，为庲降都督、绥南中郎将。……丞相亮卒，拜前领军，追论讨刘胄功，赐爵关内侯。延熙元年，入为尚书，稍迁督建威，假节，进封都亭侯，征西大将军。……景耀二年，迁左车骑将军，领冀州刺史。六年，与（姜）维咸在剑阁，共诣降钟会于涪。明年正月，随会至成都，为乱兵所杀。”[⑤]

《三国志》卷四五《宗预传》载：“廖化字元俭，本名淳，襄阳人也。为前将军关羽主簿，羽败，属吴。思归先主，乃诈死，时人谓为信然，因携持老母昼夜西行。会先主东征，遇于秭归。先主大悦，以化为宜都太守。先主薨，为丞相参军，后为督广武，稍迁至右车骑将军，假节，领并州刺史，封中乡侯，以果烈称。官位与张翼齐，而在宗预之右。”[⑥]

虽然张翼官至左车骑将军，廖化右车骑将军，符合“并为大将”的条件，然二人籍贯一为犍为武阳、一为荆州襄阳，均非巴西。按照时语前后对应的关系，一般情况下会选取同郡或同地区之人，明代皇甫冲与弟涍、汸、濂兄弟四人并好学工诗，称“皇甫四杰”，其后，里人张凤翼、燕翼、献翼并负才名，吴人语之曰：“前有四皇，后有三张。”[⑦] 当然，也有不是同乡却在一地为官者，如汉赵广汉与张敞、王尊、王章、王骏五人均作京兆尹，有令名，

① （东晋）常璩著，刘琳校注：《华阳国志新校注》卷七《刘后主志》，四川大学出版社，2015年版，第322页。
② （西晋）陈寿撰，（南朝·宋）裴松之注：《三国志》卷四十三《蜀书·王平传》，中华书局，1982年版，第1051页。
③ 同上，第1051页。
④ 同上。
⑤ 同上，第1073—1075页。
⑥ 同上，第1077页。
⑦ （清）张廷玉等撰：《明史》卷二百八十七《文苑列传》，中华书局，1974年版，第7373—7374页。

故吏民为之语曰：“前有赵、张，后有三王”[①]；西汉召信臣和东汉杜诗二人皆为南阳太守，爱惜百姓，故南阳为之语曰：“前有召父，后有杜母。”[②] 常氏却取异乡且未在同一郡为官的张、廖二人，其中缘由不得而知。那么，巴西郡人氏中有无张姓与廖姓做大将之人呢？

《三国志》卷四十三《张嶷传》：“张嶷字伯岐，巴郡南充国人也。”[③]《三国志集解》作“巴西郡南充国”[④]，百衲本同。《华阳国志》卷一《巴志》巴西郡条下有“张伯岐”[⑤]。周斌《〈三国志·蜀书〉校议》也认为：“南充国属巴西郡，不属巴郡，点校本夺‘西’字。”[⑥]《三国志》卷四十二《谯周传》：“谯周字允南，巴西西充国人也。”[⑦] 则《三国志·张嶷传》应与《谯周传》保持一致，作“巴西郡南充国”。

张嶷，巴西郡南充国（今四川南部县）人，早先跟随诸葛亮、马忠平定叛乱，颇有微功。后任职越嶲太守期间也是南征北战，深得民心，官至荡寇将军，封关内侯。后曹魏李简请降，姜维率张嶷等出迎，“军前与魏将徐质交锋，嶷临阵陨身，然其所杀伤亦过倍”[⑧]。《华志》将马忠、王平、勾扶与张嶷并称“建功立事”，可谓允当。荡寇将军虽属杂号将军，但蜀汉大将关羽曾任此职，且曹魏虎将张辽、张郃和孙吴宿将程普、蒋钦均担任过此职，可见荡寇将军非常人可任，符合“并为大将”的标准。张嶷又与王平、勾扶同为巴西郡人士，故《华志》所录时语“前有何、勾，后有张、廖”中的“张”很可能指的便是巴西郡南充国之张嶷，而非犍为武阳之张翼。

二

“后有张、廖”中的“张”字我们认为可能是巴西郡的张嶷，那么“廖”字指代的又是何人呢？蜀汉廖姓人物可称者除廖化外另有廖立，廖立字公渊，武陵临沅（今湖南常德）人。“先主领荆州牧，辟（廖立）为从事，年未三十，擢为长沙太守。……建安二十年，(孙) 权遣吕蒙奄袭南三郡，立脱身走，自归先主。先主素识待之，不深责也，以为巴郡太守。……后主袭位，徙长水校尉。”[⑨] 后因“诽谤先帝，疵毁众臣”[⑩] 被废为庶民，徙汶山郡。长水校尉虽云要职，然不足称“大将”，且廖立非巴西郡人，故于时语亦不符。

笔者怀疑“前有何、勾，后有张、廖”中的“廖”字很可能在传习的过程中发生了讹误。据史籍所载，巴西俊才除了王平、句扶和张嶷外，还有黄权、马忠、程畿、周群、谯

① （汉）班固撰，（唐）颜师古注：《汉书》卷七十六《赵尹韩张两王传》，中华书局，1962年版，第3239页。
② （南朝·宋）范晔撰，（唐）李贤等注：《后汉书》卷三十一《杜诗传》，中华书局，1965年版，第1094页。
③ （西晋）陈寿撰，（南朝·宋）裴松之注：《三国志》卷四十三《蜀书·张嶷传》，中华书局，1982年版，第1051页。
④ 卢弼集解，钱剑夫整理：《三国志集解》卷四十三《蜀书·张嶷传》，上海古籍出版社，2012年版，第2743页。
⑤ （西晋）常璩著，任乃强校注：《华阳国志校补图注》卷一《巴志》，上海古籍出版社，1987年版，第45页。
⑥ 周斌：《〈三国志·蜀书〉校议》，《西华师范大学学报》（哲学社会科学版）2004年第3期。
⑦ （西晋）陈寿撰，（南朝·宋）裴松之注：《三国志》卷四十二《蜀书·谯周传》，中华书局，1982年版，第1027页。
⑧ （西晋）陈寿撰，（南朝·宋）裴松之注：《三国志》卷四十三《蜀书·张嶷传》，中华书局，1982年版，第1051页。
⑨ （西晋）陈寿撰，（南朝·宋）裴松之注：《三国志》卷四十《蜀书·廖立传》，中华书局，1982年版，第997页。
⑩ 同上，第998页。

周、姚伷、马勋、马齐、龚禄和龚皦等人，其中堪称大将者似只黄权、马忠二人。

黄权字公衡，巴西阆中（今四川阆中）人，“少为郡吏，州牧刘璋召为主簿”[①]。张松议迎刘备入蜀，黄权苦谏，刘璋不听，出其为广汉（今四川广汉）长。刘备入蜀，“（黄）权闭城坚守，须刘璋稽服，乃诣降先主。先主假权偏将军。……先主为汉中王，犹领益州牧，以权为治中从事”[②]。刘备伐吴，“以权为镇北将军，督江北军以防魏师”[③]。而后，刘备败退，道路隔绝，“权不得还，故率将所领降于魏”[④]，延熙三年（240）去世。

马忠字德信，巴西阆中（今四川阆中）人，“少养外家，姓狐，名笃，后乃复姓，改名忠。为郡吏，建安末举孝廉，除汉昌长。……建兴元年，丞相（诸葛）亮开府，以忠为门下督。三年，亮入南，拜忠牂牁太守。……八年，召为丞相参军……十一年，南夷豪帅刘胄反，扰乱诸郡。征庲降都督张翼还，以忠代翼。忠遂斩胄，平南土。加忠监军奋武将军，封博阳亭侯。……加安南将军，进封彭乡亭侯。延熙五年还朝……加拜镇南大将军。……十二年卒。”[⑤]

黄权、马忠虽均为巴西郡人，且“并作大将”，但因其生活时代偏早，与王平、句扶基本同时，“前有王、勾，后有张、廖”中后者二人之年代当比前者二人要晚，所以黄权、马忠并不适合。

程畿字季然，巴西阆中（今四川阆中）人。刘备领益州牧，辟程畿为从事祭酒，畿后随先主征吴，值大军倾覆，“不屈其身，单夫只役，陨命于军”[⑥]。周群字仲直，巴西阆中（今四川阆中）人，“少受学于（父）舒，专心侯业。……先主定蜀，署儒林校尉”[⑦]。谯周字允南，巴西西充国（今四川阆中西南）人，“研精六经，尤善书札。……建兴中，丞相（诸葛）亮领益州牧，命周为劝学从事。……大将军蒋琬领刺史，徙为典学从事，总州之学者”[⑧]。

马勋字盛衡，马齐字承伯，皆巴西阆中（今四川阆中）人。“勋，刘璋时为州书佐，先主定蜀，辟为左将军属，后转州别驾从事，卒。齐为太守张飞功曹。飞贡之先主，为尚书郎。建兴中，从事丞相掾，迁广汉太守，复为飞参军。亮卒，为尚书。勋、齐皆以才干自显见；归信于州党，不如姚伷。伷字子绪，亦阆中人。先主定益州后，为功曹书佐。建兴元年，为广汉太守。丞相亮北驻汉中，辟为掾。并进文武之士……迁为参军。亮卒，稍迁为尚

---

① （西晋）陈寿撰，（南朝·宋）裴松之注：《三国志》卷四十三《蜀书·黄权传》，中华书局，1982年版，第1043页。

② （西晋）陈寿撰，（南朝·宋）裴松之注：《三国志》卷四十三《蜀书·黄权传》，中华书局，1982年版，第1043页。

③ 同上，第1044页。

④ 同上。

⑤ （西晋）陈寿撰，（南朝·宋）裴松之注：《三国志》卷四十三《蜀书·马忠传》，中华书局，1982年版，第1048—1049页。

⑥ （西晋）陈寿撰，（南朝·宋）裴松之注：《三国志》卷四十五《蜀书·杨戏传》附《季汉辅臣赞注》，中华书局，1982年版，第1089页。

⑦ （西晋）陈寿撰，（南朝·宋）裴松之注：《三国志》卷四十二《蜀书·周群传》，中华书局，1982年版，第1020页。

⑧ （西晋）陈寿撰，（南朝·宋）裴松之注：《三国志》卷四十二《蜀书·谯周传》，中华书局，1982年版，第1027页。

书仆射。时人服其真诚笃粹。延熙五年卒，在作赞之后。"[①]

据以上可知，程畿、周群、谯周、姚伷、马勋和马齐虽为巴西郡人士，但均为文官，没有做大将的资历，故也不合适。

龚禄，《季汉辅臣赞注》有传："德绪名禄，巴西安汉人也。先主定益州，为郡从事牙门将。建兴三年，为越嶲太守，随丞相亮南征，为蛮夷所害，时年三十一。弟衡，景耀中为领军。"[②]《张嶷传》云："初，越嶲郡自丞相亮讨高定之后，叟夷数反，杀太守龚禄、焦璜。"[③]龚禄虽为担任过武职的巴西郡人氏，但一则早亡，另外，牙门将的职位太过卑微，无法与车骑将军等相提并论，故亦排除。

《华阳国志》卷二十《序志并士女目录》"巴郡士女"条下有"镇军将军龚皦，字德光。(禄弟也)"[④]，《华志》中的龚皦与《三国志》中龚禄弟衡不知有何关系。《华阳国志校补图注》注曰："依顾广圻校注，即《辅臣赞注》之龚禄弟衡"[⑤]，但任乃强不同意顾说，认为二者不为一人，《华阳国志新校注》也持同样观点。笔者认为无论二者是否一人，但龚皦作为龚禄之弟是毋庸置疑的，则皦亦为巴西郡安汉县（今四川南充北）人，又曾担任镇军将军，同时满足时语的两个条件。

《三国志》卷三十六《赵云传》载："建兴元年，（赵云）为中护军、征南将军，封永昌亭侯，迁镇东将军。五年，随诸葛亮驻汉中。……军退，贬为镇军将军。"[⑥] 赵云由征南将军升为镇东将军，说明蜀汉四镇将军高于四征将军，而由镇东将军贬为镇军将军可知，四镇将军也高于镇军将军，但四征将军与镇军将军高下则不得而知。

《三国志》卷二十二《陈群传》："（陈群子）泰代为征西将军，假节都督雍、凉诸军事。……吴大将孙峻出淮、泗。以泰为镇军将军，假节都督淮北诸军事，诏徐州监军已下受泰节度。"[⑦]《三国志》卷五八《陆抗传》："拜（陆）抗为柴桑督，赴寿春，破魏牙门将偏将军，迁征北将军。永安二年，拜镇军将军，都督西陵，自关羽至白帝。"[⑧] 曹魏陈泰先任征西将军，后任镇军将军，孙吴陆抗则由征北将军拜镇军将军，说明镇军将军略高于四征将军。此二处镇军将军虽非蜀汉官制，但亦可作为参考。且《三国志》卷四《三少帝纪》云："六月乙巳，诏：'吴使持节都督夏口诸军事镇军将军沙羡侯孙壹，贼之枝属，位为上将，畏

① （西晋）陈寿撰，（南朝·宋）裴松之注：《三国志》卷四十五《蜀书·杨戏传》附《季汉辅臣赞注》，中华书局，1982年版，第1086－1087页。

② （西晋）陈寿撰，（南朝·宋）裴松之注：《三国志》卷四十五《蜀书·杨戏传》附《季汉辅臣赞》注，中华书局，1982年版，第1088页。

③ （西晋）陈寿撰，（南朝·宋）裴松之注：《三国志》卷四十三《蜀书·张嶷传》，中华书局，1982年版，第1052页。

④ （西晋）常璩著，刘琳校注：《华阳国志新校注》卷二十《序志并士女目录》，四川大学出版社，2015年版，第541页。

⑤ （西晋）常璩著，任乃强校注：《华阳国志校补图注》卷二十《序志并士女目录》，上海古籍出版社，1987年版，第689页。

⑥ （西晋）陈寿撰，（南朝·宋）裴松之注：《三国志》卷三十六《蜀书·赵云传》，中华书局，1982年版，第949页。

⑦ （西晋）陈寿撰，（南朝·宋）裴松之注：《三国志》卷二十二《魏书·陈群传》附《陈泰传》，中华书局，1982年版，第639－641页。

⑧ （西晋）陈寿撰，（南朝·宋）裴松之注：《三国志》卷五十八《吴书·陆逊传》附《陆抗传》，中华书局，1982年版，第1355页。

天知命……'"[①]，亦可证镇军将军非一般杂号将军，应属于较为高级的官职。

龚皦与王平、勾扶同为巴西郡人，且官拜镇军将军的"大将"，已经满足上述习语之条件。而且"龚"字在上古音中属见母东部字，"句（勾）"字属见母侯部字，两字声母相同，韵部也相近，故读音也较接近，而廖字却属于来母幽部字，与"句（勾）"字相距颇远。按照时语前后押韵的一般规律，则"龚"比"廖"字更为适合。

《华阳国志》里收录的时语基本均有押韵，如"时人为之语曰：'李德公，父不欲立帝，子不欲立王。'"[②]"故时人为语曰：'三苗［乱］止，四珍复起。'"[③]"时人为谚曰：'折氏客谁？朱云卿，段节英。中有佃子赵仲平。但说天文论五经。'"[④] 时人为语曰："符有先络，僰道［张］帛求其夫，天下无有其偶。"[⑤] 卷三《蜀志》亦有"符有先络，僰道张帛，求其人，天下无有其偶者矣。"[⑥] 其中"公"与"王"、"止"与"起"、"卿"与"英"、"络"与"帛"均为韵。

不仅《华阳国志》，魏晋其他典籍中的许多时语歌谣同样以押韵居多，《三国志》卷五四《周瑜传》："故时人谣曰：'曲有误，周郎顾。'"[⑦]《晋书》卷九十八《王敦传》："时人为之语曰：'王与马，共天下'。"[⑧]《三国志》卷三十九《马良传》："乡里为之谚曰：'马氏五常，白眉最良。'"[⑨] 其中"误"与"顾"、"马"与"下"、"常"与"良"都是明显的押韵。

综合以上分析笔者认为，《华阳国志》卷七《刘后主志》所载"后张翼与襄阳廖化并为大将，故时人为语曰：'前有何、勾，后有张、廖'"是有问题的，其中张翼与廖化并非巴西郡人，与王（何）平、句扶不符。巴西郡南充国的张嶷和巴西郡安汉县的龚皦曾分别任职荡寇将军与镇军将军，且"龚"字与"廖"字相比，同句（勾）字读音更为接近，符合时语押韵的一般规律，故此处的"张、廖"应为"张、龚"之误，整句应作"后张嶷与龚皦并为大将，故时人为语曰：'前有何、勾，后有张、龚'"，其中"何"指王（何）平，"勾"指句（勾）扶，"张"指张嶷，"龚"为龚皦。

---

① （西晋）陈寿撰，（南朝·宋）裴松之注：《三国志》卷四《魏书·三少帝纪》，中华书局，1982年版，第140页。

② （东晋）常璩著，任乃强校注：《华阳国志校补图注》卷十下《汉中士女九》，上海古籍出版社，1987年版，第601页。

③ （东晋）常璩著，任乃强校注：《华阳国志校补图注》卷十下《汉中士女十》，上海古籍出版社，1987年版，第607页。按："止"前阙字，任乃强考证后补"乱"字。

④ （东晋）常璩著，任乃强校注：《华阳国志校补图注》卷十中《广汉士女五》，上海古籍出版社，1987年版，第566页。

⑤ （东晋）常璩著，任乃强校注：《华阳国志校补图注》卷十中《广汉士女八》，上海古籍出版社，1987年版，第594页。按："帛"前原无"张"字，任乃强补。刘琳《华阳国志新校注》作"符有先络僰道帛，求其夫，天下无有其偶"。

⑥ （东晋）常璩著，刘琳校注：《华阳国志新校注》卷三《蜀志》，四川大学出版社，2015年版，第160页。按：此处"帛"前有"张"字，但"夫"作"人"，详见校注五。

⑦ （西晋）陈寿撰，（南朝·宋）裴松之注：《三国志》卷五十四《吴书·周瑜传》，中华书局，1982年版，第1265页。

⑧ （唐）房玄龄等撰：《晋书》卷九十八《王敦传》，中华书局，1974年版，第2554页。

⑨ （西晋）陈寿撰，（南朝·宋）裴松之注：《三国志》卷三十九《蜀书·马良传》，中华书局，1982年版，第982页。

三

《华阳国志·巴志》云："巴西郡……其人自先汉以来，傀伟俶傥，冠冕三巴。及郡分后，叔布、荣始、周群父子、程公弘等，或学兼三才，或精秀奇逸。其次马盛衡、承伯才藻清妙，龚德绪兄弟英气晔然，黄公衡应权通变，马德信、王子均、勾孝兴、张伯岐建功立事，刘二主之世，称美荆楚。乃先汉以来，冯车骑、范镇南皆植斯乡，故曰'巴有将，蜀有相'也。及晋，谯侯修文于前，陈君焕炳于后，并迁双固，倬群颖世。甄在传记，缙绅之徒，不胜次载焉。"①

由于身处山区，自然环境恶劣，所以巴人自古便"崇力尚勇"，"阆中有渝水，賨民多居水左右。天性劲勇，初为汉前锋，陷阵，锐气喜舞"②，尤其巴郡东部一带因与楚地相接，"人多劲勇，少文学，有将帅才"③。而蜀郡地处平原，物产丰饶，素有"天府"之美誉，又有文翁立学教授，开蜀地风气先。《华阳国志·蜀志》云："翁乃立学，选吏子弟就学，遣隽士张叔等十八人东诣博士受七经，还以教授。学徒鳞萃，蜀学比于齐鲁"④，故有"巴有将，蜀有相"之说。

东汉末年，中原战乱，关中与荆州大量人口流亡蜀地，《后汉书》卷七十五《刘焉传》载："初，南阳、三辅民万户流入益州，（刘）焉悉收以为众，名曰'东州兵'"⑤，刘备入蜀时又带来大批荆楚人才。随着这些士人精英的流入，中原先进的儒家文化也在巴蜀间传播开来，造就了杜微、周群、杜琼、孟光、来敏、尹默、李譔、谯周、张裔、文立和何宗等一大批儒家学者，其中谯周、周群、陈寿乃巴西人士。"就蜀本地所出书籍与士人而论，主要集中于巴西、梓潼、蜀郡、犍为等郡，其中以巴西最盛。……巴西人士所著书籍可考者 13 部，占当时巴蜀出书总数一半以上。"⑥

汉晋之际，随着中原与巴蜀间文化交流的不断加深，巴西郡的人文气息也变得越来越浓。然而，巴西人身上传统的尚武精神却没有因为儒学的浸染而丢弃，崇力尚勇仍是其基本的性格底色，《华阳国志》所录时语中的王平、句扶、张嶷和龚皦以及黄权、马忠等人便是汉末三国时期巴西郡将军的典型代表。"若曼子之忠烈，范目之果毅，风淳俗厚，世挺名将"⑦，巴人身上的"这种精神犹如一根红线，始终维系着巴人的生存和发展"⑧，源远流长的巴文化也在中华文明的历史长河中谱写出辉煌的篇章。

（作者单位：陕西省社会科学院文化与历史研究所）

---

① （东晋）常璩著，刘琳校注：《华阳国志新校注》卷一《巴志》，四川大学出版社，2015 年版，第 43 页。按：因《士女目录》不见范姓任镇南将军者，任乃强《华阳国志校补图注》改"范镇南"为"马镇南"，《新校注》未改。

② （东晋）常璩著，刘琳校注：《华阳国志新校注》卷一《巴志》，四川大学出版社，2015 年版，第 14 页。

③ 同上，第 39 页。

④ （东晋）常璩著，刘琳校注：《华阳国志新校注》卷三《蜀志》，四川大学出版社，2015 年版，第 118 页。

⑤ （南朝·宋）范晔撰，（唐）李贤等注：《后汉书》卷七十五《刘焉传》，中华书局，1965 年版，第 2433 页。

⑥ 卢云：《汉晋文化地理》，陕西人民教育出版社，1991 年版，第 110—111 页。

⑦ （东晋）常璩著，刘琳校注：《华阳国志新校注》卷一《巴志》，四川大学出版社，2015 年版，第 49 页。

⑧ 周兴茂：《巴人、巴国与巴文化》，《徐州师范大学学报》（哲学社会科学版）2007 年第 5 期。

地方文化与文化中国

隋前遂宁建置沿革考辨

杨世洪　胡传淮

内容提要：遂宁地区建置沿革，从西汉至隋代，因政局动荡、政区变更频繁，史书记载不详或记载不一，因此显得极为混乱。本文着重对广汉郡建置沿革及郡治迁移路线、广汉县（汉）建置沿革及县治迁移路线、德阳县（汉）建置沿革及县治迁移路线、德阳郡建置沿革及郡治、遂宁郡建置沿革及郡治迁移路线等五个遂宁重大建置沿革问题进行考证，整理了一张“遂宁政区建置沿革表”，以方便读者把握遂宁地区历史沿革的框架。

关键词：广汉郡；德阳郡；遂宁；建置沿革；考辨

引　言

遂宁市位于四川盆地中部、涪江中游，西连成都，东邻重庆、广安、南充，南接内江、资阳，北靠德阳、绵阳，与成都、重庆呈等距三角。

本文讨论的行政区划和自然地理限于遂宁市现辖两区（船山区、安居区）、两县（蓬溪县、大英县）及代管的射洪市。

秦帝国时期，今遂宁地区主要分属蜀郡郪、资中两县，部分属巴郡阆中县。

《汉书·地理志》：“［秦］分天下作三十六郡。汉兴，以其郡［太］大，稍复开置。又立诸侯王国。”[①] 汉初郡数增至 54 个[②]。这其中，就有高帝六年（前 201）[③] 分巴割蜀而增设的

① 《汉书·地理志》，中华书局，1999 年版，第 1309 页。

② 《四川通史》卷二《秦汉三国》，四川人民出版社，2010 年版，第 43 页。

③ 但昌武《西汉广汉郡始置年代考》认为：广汉郡可能置于元光四年（前 131）至元光五年（前 130）夏之间（《中国历史地理论丛》第 33 卷第 3 辑）。而复旦大学历史学系马孟龙的结论类似，在其《西汉广汉郡置年考辨——兼谈犍为郡置年》（《四川文物》2019 年第 3 期）中认为：广汉郡、犍为郡均因武帝开西南夷置于元光三年（前 132）。

包含今天遂宁这片区域的广汉郡与广汉县。

但是，《汉书》《后汉书》对广汉郡与广汉县的描述都太过简略。之后是动荡的魏晋南北朝时期，史籍众说纷纭，莫衷一是。龚煦春在《四川郡县志》序中云："《三国蜀书》，不志地理；梁、周史乘，不载方州。晋、宋则侨郡杂糅，成汉则荒州并列。南齐《地志》，中有阙文；后魏《地形》，不及蜀宇。故自汉末至隋，中间二百数十年，其郡县之废兴，几于书阙有间。况其时海内分裂，国祚短促，制度不相沿袭，地名多所变更。称宕渠者五，称……遂宁者四，称……广汉者三，重复杂沓，不可殚纪。"①

遂宁市船山区前身是遂宁县，遂宁县前身德阳县置于东汉，而德阳郡置于成汉，遂宁市前身遂宁郡置于东晋，遂宁市大英县前身巴兴县置于成汉（一说东晋），射洪市前身射江县置于西魏，遂宁市安居区前身柔刚县置于北周，遂宁市蓬溪县前身唐兴县置于唐。

遂宁地区自西汉至隋那段历史，一因政局动荡、政区变更频繁，二因史书记载不详或记载不一，三因后来史家见解结论大相径庭，而引用者又往往出于不同考虑各取所需，显得极为混乱。

考证疑难、明晰源流、传承人文，是我们遂宁人的共同责任，亦为笔者之夙愿。遂遍查《汉书》《后汉书》《三国志》《晋书》《宋书》《南齐书》《梁书》《魏书》《周书》《隋书》《南史》《北史》等正史和今人所撰《四川通史》，详核《华阳国志》《元和郡县志》《太平寰宇记》《舆地纪胜》《四川郡县志》等地理名志和历版《四川通志》《遂宁县志》，细校谭其骧、史为乐、邓自欣、任乃强、蒲孝荣、刘琳等全国及巴蜀历史地理大家的有关论述，撰成此文。其中着重对广汉郡建置沿革及郡治迁移路线、广汉县（汉）建置沿革及县治迁移路线、德阳县（汉）建置沿革及县治迁移路线、德阳郡建置沿革及郡治、遂宁郡建置沿革及郡治迁移路线等五个重大建置沿革问题进行考证，还整理了一张"遂宁政区建置沿革表"，以方便大家把握遂宁地区历史沿革的框架。

一、广汉郡建置沿革及郡治迁移路线考辨

西汉、东汉、蜀汉、西晋、成汉、东晋、刘宋、南齐、南梁、西魏、北周十一个朝代（政权）都有广汉郡的建置，到隋初被废，历时783年（前201—583）。其建置沿革与治地迁移历来观点不一，尤以汉代广汉郡郡治迁移路线争议最大。

关于最初郡治，典籍记载不一：

《汉书·地理志》载："广汉郡……县十三：梓潼、汁方、涪、雒、绵竹、广汉、葭萌、郪、新都、甸氐道、白水、刚氐道、阴平道。"② 按汉志排序惯例，首县即郡治。《华阳国志》："本治绳乡。安帝永（和）〔初〕中，阴平、汉中羌反。元初二年（115）移涪，后治雒

---

① 四川大学历史研究所四川地方史研究室、四川省温江地区史志办公室：《四川郡县志》（校点本序），成都古籍书店，1983年版，第1—2页。

② （东汉）班固：《汉书·地理志》，中华书局，1999年版，第1281页。

城。”[①] 嘉庆《四川通志》：“高帝置广汉县，于县置广汉郡，寻移郡治梓潼。”[②]

至于绳乡的建置，专家们又有不同见解：

1. 今四川省金堂县赵镇东。持此观点的有史为乐、邓自欣，见其主编的《中国历史地名大辞典》：“广汉郡，西汉高帝六年（前201）置，初治乘乡（亦作绳乡，在今四川金堂县东），后徙治梓潼县。”[③] 还有蒲孝荣，见其编撰的《四川政区沿革与治地今释》第二章西汉：“广汉郡……郡治绳乡，亦作乘乡。今金堂赵镇东。”[④]

2. 今四川省绵竹市孝泉镇。持此观点的有任乃强，其《华阳国志校补图注·蜀志·广汉郡》云：“绳乡，即姜诗故里，今为绵竹县孝泉镇，在雒水（石亭江）北。元初二年因御羌乱，太守徙居涪。羌乱平后，‘治雒城’，谓刘循（按：刘璋之子）所固守之雒，在雒水南今广汉县北金轮场也。凭绵、雒二重水以拒刘备，备围之一年乃克。今广汉县城，又其后徙。”[⑤]

3. 今广汉市北金轮场。持此观点的有刘琳，其《华阳国志校注·蜀志·广汉郡》说：“绳乡，《水经注·江水》作‘乘乡’（‘乘’‘绳’音近），云汉高帝‘六年，乃分巴、蜀置广汉郡于乘乡，王莽之吾雒也’。考《汉志》：王莽改雒县为吾雒。可见绳乡或乘乡即雒县城所在之乡（汉代谓之‘都乡’，今称城关），在今广汉城北。疑是高帝六年置广汉郡时，于绳乡设雒县作为郡治。”[⑥]

4. 今梓潼县神乡。持此观点的乃今梓潼县委县政府，其门户网站“地情资料”说：西汉高祖五年（前202）派遣将军林挚平定巴蜀，汉承秦制，仍实行郡县制。高祖六年（前201），分巴郡之地，再割蜀郡之地，于“扼控三巴，益州矜领”的梓潼神乡（又作乘乡、绳乡）置广汉郡，史称“分巴割蜀以置广汉”。《神乡考》云：“郡名广汉，意谓能广大汉业也。”

5. 今射洪沱牌镇（原柳树镇）通泉坝。持此观点的有著名史学家严耕望，其在《汉书地志县名首书者即郡国治所辨》中论述道：“盖高帝始分巴蜀置广汉郡，尽有今川北川中迄今叙府之地（故《华阳志》谓分广汉置犍为郡），广汉县地当南北之中，故治之，且以郡名名县，逮分南部置犍为郡，广汉县于郡已为南鄙，故徙治梓潼耳？公孙述因以县名名郡，东汉始徙治涪县（今绵阳），终治雒耳。”还有射洪文史研究者杨泽迟，其在《广汉故城考》中引蒙文通《汉潺亭考》云：“沈乡原在今射洪，即以沈水得名。”以此认定汉高祖置广汉郡于乘乡（绳乡），即沈乡，应在今射洪沈水与涪江合流处。

我们从以下几个方面展开考辨。

首先，关于汉初广汉郡的管辖情况。

《汉书·地理志》所载广汉郡领县十三（梓潼、汁方、涪、雒、绵竹、广汉、葭萌、郪、新都、甸氐道、白水、刚氐道、阴平道），这反映的大体上是汉成帝元延、绥和之际（前

---

① （东晋）常璩撰，刘琳校注：《华阳国志校注》，成都时代出版社，2006年版，第129页。
② 《四川通志》卷之四《舆地沿革·潼川府十·遂宁县》，巴蜀书社，1984年版，第591页。
③ 《中国历史地名大辞典》，中国社会科学出版社，2005年版，第220页。
④ 蒲孝荣：《四川政区沿革与治地今释》，四川人民出版社，1986年版，第8页。
⑤ 任乃强：《华阳国志校补图注》，上海古籍出版社，1983年版，第164页。
⑥ （东晋）常璩撰，刘琳校注：《华阳国志校注》，成都时代出版社，2006年版，第129页。

12—前 7）的情况。其中，据《四川通史》载，秦时设置的有梓潼、汁方、葭萌、郪、新都五县。另外五县三道除阴平道被《中国历史地名大辞典》明确注释为“西汉武帝置”（但阴平道在张家山汉简吕后初年《二年律令·秩律》中有载，尚待进一步考证），其余县、道各种史料都笼统表述为“西汉置”。龚煦春《四川郡县志》在西汉“广汉郡”云：“领县十（梓潼、什邡、涪、雒、绵竹、广汉、葭萌、郪、新都、刚氐道、白水）。”[①] 故笔者认为，广汉郡设郡之初是在秦五县的基础上新增设了五县一道（涪、雒、绵竹、广汉、刚氐道、白水），共计十一县。按汉志县序，一般是旧县先列，新置县和新从别郡划入的县后列。另从《四川郡县志》西汉广汉郡属县排序和汉初汉夷杂处的实际推测，刚氐道（今平武县一带）、白水县（今青川县一带）是稍后设置。后来，武帝开西南夷，又增加了甸氐道（今九寨沟县一带）、阴平道（今四川青川、甘肃文县一带）。

其次，关于最初郡治问题。

查《汉书·地理志》，西汉郡县同名设置的有十三个。郡县同名同治的有七个：“弘农郡……县十一：弘农，卢氏，陕……”“陈留郡……县十七：陈留，小黄，成安……”“钜鹿郡……县二十：钜鹿，广阿，象氏……”“涿郡……县二十九：涿，迺，谷丘……”“平原郡……县十九：平原，鬲，高唐”“千乘郡……县十五：千乘，东邹，湿沃”“零陵郡……县十：零陵，营道，始安……”[②] 郡县同名不同治的有六个：河南郡河南县、魏郡魏县、琅琊郡琅琊县、丹扬郡丹扬县、桂阳郡桂阳县、广汉郡广汉县。郡县同名同治，看来是当时比较通行的做法。始皇扫灭六国后，划天下为三十六郡。今四川（不含三州）、重庆相当于秦时的蜀郡、巴郡。后北驱匈奴、南征闽越，增南海、桂林、象郡、九原、陈郡、东海等十郡。汉初两次大封诸侯王，第一次封了八个异姓诸侯王，铲平异姓王后，刘邦又大封同姓王，当时全国共有五十四郡[③]。上述郡县同名不同治的六郡应是秦或汉初设立，后因情况变化而改变的。

所以笔者认为，广汉郡广汉县设立时也是郡县同治，郡治就在今射洪沱牌镇即原柳树镇通泉坝（见史为乐、邓自欣《中国历史地名大辞典》，蒲孝荣《四川政区沿革与治地今释》）[④]。随后，因新增设了刚氐道、白水县，或出于未来向蛮荒地区拓展的考虑（事实上后来武帝开西南夷，又分广汉增设了犍为郡），觉得郡治在十县一道中过于偏南，遂移治到位置与交通相对适宜，且秦时就已置县、城邑情况较好的梓潼[⑤]。这与嘉庆《四川通志》“高帝置广汉县，于县置广汉郡，寻移郡治梓潼”相吻合，“寻”即不久之意。

其三，关于东汉时期郡治迁移问题。

---

① 实际所列又是十一个，应是“领县十领道一”。

② 《汉书·地理志》，中华书局，1999 年版，第 1249、1255、1266、1268、1269、1270、1280 页。

③ 《四川通史》卷二《秦汉三国》，四川人民出版社，2010 年版，第 43 页。

④ 魏嵩山主编：《中国历史地名大辞典》，中国社会科学出版社，2005 年版，第 220 页。“广汉县”：西汉高帝六年置，治所在今射洪县南六十里柳树镇。蒲孝荣：《四川政区沿革与治地今释》，四川人民出版社，1986 年版，第 9 页。西汉广汉郡广汉县：今射洪县南柳树公社。

⑤ 严耕望《汉书地志县名首书者即郡国治所辨》（《严耕望史学论文集》卷中《历史地理编》，上海古籍出版社，2009 年版，第 602—603 页）考“梓潼水注”：“梓潼水出其县北界，西南入于涪，故广汉郡也，公孙述改为梓潼郡……莽曰子同矣。”是明言王莽时且自西汉末广汉治梓潼，即《汉志》首县也。……盖高帝始分巴蜀置广汉郡，尽有今川北川中迄今叙府之地（故《华阳志》谓分广汉置犍为郡），广汉县地当南北之中，故治之，且以郡名名县，逮分南部置犍为郡，广汉县于郡已为南鄙，故徙治梓潼耳？公孙述因以县名名郡，东汉始徙治涪县（今绵阳），终治雒耳。”

先零羌是古代羌人部落之一。安帝永初元年（107），先零别种滇零与钟羌诸种再次起兵反汉，次年春败汉将邓骘于冀西，冬又败汉将任尚于平襄[①]。11 月，先零羌酋滇零称天子于北地，寇三辅，东犯赵、魏，南入益州。此后数年中先零羌攻地破城，屡败汉军。安帝永初五年（111），凉州汉阳郡（郡治今甘肃省甘谷县境）羌人首领杜琦、王信联合境内氐、羌两族人起兵，破汉中、巴西（郡治今阆中），进逼广汉。元初二年（115），益州刺史部徙治涪县，并急调益州各郡之兵共同反击，汉中、巴西、广汉三郡之郡守和广汉属国都尉（治阴平），皆率军政从吏徙治到“前敌指挥部”涪县（今绵阳）。《华阳国志》卷二“阴平郡”下云“（汉朝）更遣中郎将尹就讨羌，亦无功，诸郡太守皆屯涪。元初五年，巴郡板楯军救汉中，汉中大破羌，羌乃退”[②] 即是说的此事。《华阳国志》“广汉郡”卷下云“元初二年移涪，后治雒城”，讲的是汉安帝元初五年（118）羌退，巴西、汉中二郡及广汉属国仍徙还原治地，而广汉郡治却移至雒县。

最后，谈谈“本治绳乡”究属何意。

综合各种情况，今四川省金堂县赵镇东历史上曾叫“绳乡”；今四川省绵竹市孝泉镇历史上曾叫“沈乡”；今广汉市北金轮场历史上可能曾叫“绳乡或乘乡”；今梓潼县历史上有一个叫“神乡”的地方；今射洪沱牌镇（原柳树镇）通泉坝因是沈水与涪江合流处历史上可能曾叫“沈乡”。

《华阳国志》：“广汉郡……本治绳乡。安帝永（和）〔初〕中，阴平、汉中羌反。元初二年（115）移涪，后治雒城。”从文意上这是一段连贯的话，说的是治所本在绳乡，因羌反才移涪，那么绳乡当为移涪之前的郡治。况且这段话根本就没提到西汉时的郡治梓潼。

如果说此段话中所讲的“绳乡”是在东汉安帝 300 多年前之西汉初年曾短暂做过郡治的沈水之畔的射洪沱牌镇（柳树镇）通泉坝，显然与“因羌反才移涪”的文意不合。因为西汉时郡治不久就移到梓潼。它说的是“本治绳乡”而不是“初治绳乡”。同理，说汉初置广汉郡时郡治是在今金堂或今绵竹或今广汉市的“绳乡”“乘乡”“沈乡”，西汉时期就移治梓潼，安帝时再移涪，也显然与文义不合。

如果说此段话中所讲的“绳乡”是梓潼的神乡（也不知这个神乡在哪里，与梓潼县城是何关系），绳、神在四川人的普通话中音近，于理说得通，但又没有提出什么依据。而史为乐、邓自欣、任乃强、蒲孝荣、刘琳等全国及巴蜀历史地理大家都不认为此段话中所讲的“绳乡”在梓潼，可见此说缺乏有力凭据，难以采信。

安帝永初元年（107），先零别种滇零与钟羌诸种再次起兵反汉，次年春败汉将邓骘于冀西，冬又败汉将任尚于平襄。11 月，先零羌酋滇零称天子于北地，寇三辅，东犯赵、魏，南入益州。为了加强对广汉郡北三道的军事控制，安帝永初二年（108），分阴平道、甸氐道、刚氐道置广汉属国，治阴平。然后将广汉郡治从接近动乱区域的梓潼移至皇权控制力较强的当时属于雒县的“绳乡”（倾向于今金堂赵镇东）。这与蒲孝荣在 1986 年出版的《四川

① 《后汉书·孝安帝纪》第五注（中华书局 1999 年版，第 141 页）引《续汉书》曰：“冀，县，属天水郡也。”平襄县，属天水郡，故襄戎邑也。

② （东晋）常璩撰，刘琳校注：《华阳国志校注》，成都时代出版社，2006 年版，第 84 页。

政区沿革与治地今释》[1] 和史为乐、邓自欣在2005年出版的《中国历史地名大辞典》的结论相同[2]。安帝永初五年（111），凉州汉阳郡（郡治今甘肃省甘谷县境）羌人首领杜琦、王信等，联合境内氐、羌两族人起兵，破汉中、巴西（郡治今阆中），进逼广汉，形势危急。元初二年（115），益州刺史部徙治涪县，并急调益州各郡之兵共同反击，汉中、巴西、广汉三郡之郡守和广汉属国都尉（治阴平），皆率军政从吏徙治到“前敌指挥部”涪县（今绵阳）。元初五年（118）羌退，巴西、汉中二郡及广汉属国仍徙还原治地。也许是考虑到以后还可能发生类似的动乱，雒城城防条件比“绳乡”好得多，遂将广汉郡治又移至雒县（今广汉市北金轮场）。故任乃强在《华阳国志校补图注》中云：“刘循所固守之雒，在雒水南今广汉县北金轮场也。凭绵、雒二重水以拒刘备，备围之一年乃克。”当年雒城之固，可见一斑。

有关汉代广汉郡郡治迁移情况，小结如下：

1. 汉初设郡时只有十县一道，广汉郡、广汉县同治今遂宁射洪市沱牌镇（原柳树镇）通泉坝。

2. 不久，在增设了刚氐道、白水县后，或分广汉增设了犍为郡，治所迁到地点适中城池较好的梓潼。

3. 安帝永初元年（107），先零羌反。为了加强对广汉郡北三道的军事控制，安帝永初二年（108），分阴平道、甸氐道、刚氐道置广汉属国，治阴平。然后将广汉郡郡治从接近动乱区域的梓潼移至皇权控制力较强的当时属于雒县的今金堂赵镇东当时叫“绳乡”的地方。

4. 安帝永初五年（111），凉州汉阳郡羌人杜琦、王信等，联合境内氐、羌两族人起兵，破汉中、巴西，进逼广汉。元初二年（115），汉中、巴西、广汉三郡之郡守和广汉属国都尉，皆率军政从吏徙治到“前敌指挥部”涪县（今绵阳）。元初五年（118）羌退，巴西、汉中二郡及广汉属国仍徙还原治地。或是考虑到以后还可能发生类似的动乱，雒城城防条件较“绳乡”而言更好，遂将广汉郡郡治再移至雒县（今广汉市北金轮场）。

广汉郡直到隋文帝开皇三年废。蜀汉至隋三百多年间广汉郡建置沿革及郡治迁移争议不大，本文不展开辨析，只简述如下。

1. 蜀汉时期：

《晋书·地理志》载：“刘备据蜀，又分广汉之葭萌、涪城、梓潼、白水四县，改葭萌曰汉寿，又立汉德县，以为梓潼郡。”一说分设梓潼郡在东汉孝献帝建安二十四年（219）。其间，又分绵竹县置五城、阳泉二县。梓潼郡分出后，广汉郡辖雒（郡治）、新都、什邡、绵竹、阳泉、广汉、德阳、五城、郪（刘琳《华阳国志校注》认为晋志广汉郡脱郪县，晋广汉郡因袭蜀汉，故有郪）九县。

《晋书·地理志》又云“刘禅建兴二年（224）……分广汉立东广汉郡。”东广汉郡辖广汉（郡治，据嘉庆《四川通志》和《中国历史地名大辞典》）、德阳、五城、郪四县。东广汉郡分出后，广汉郡只辖雒（郡治）、新都、什邡、绵竹、阳泉五县。

---

① 蒲孝荣：《四川政区沿革与治地今释》，四川人民出版社，1986年版，第8页。第二章载：西汉“广汉郡……郡治绳乡，亦作乘乡。今金堂赵镇东”。

② 魏嵩山主编：《中国历史地名大辞典》，中国社会科学出版社，2005年版，第220页。载：“广汉郡，西汉高帝六年（前201）置，初治乘乡（亦作绳乡，在今四川金堂县东），后徙治梓潼县。”

2. 西晋时期：

《晋书·地理志》载："泰始三年（267），分益州，立梁州于汉中，改汉寿为晋寿，又分广汉置新都郡。"又载："广汉郡汉置。统县三……广汉德阳五城（应为四县，即原蜀汉东广汉郡，郡治广汉，刘琳《华阳国志校注》认为广汉郡脱郪县）。新都郡泰始二年（266）置。统县四……雒什方绵竹新都（应为五县，脱阳泉）。"

武帝咸宁三年（277），皇子司马该封为新都王，改新都郡为新都国。武帝太康四年（283），因司马该死后无子，新都国废，复为新都郡。太康六年（285），并新都郡入广汉郡，这时的广汉郡辖原广汉郡四县、新都郡五县，共计九县，治雒[①]。

3. 成汉、东晋时期：

《晋书·李特载记》云"太安元年（302），特自任益州牧……以蹇硕为德阳太守，硕略地至巴郡之垫江。"此时广汉郡辖八县（德阳分出置德阳郡），治雒。

李雄称帝后，在玉衡年间对郡县做了大幅调整，为继承父亲遗志，恢复了其父德阳郡建置[②]，并将郪县、广汉县划入（在德阳郡一节另述），继而分广汉县置巴兴县（在德阳郡一节另述）[③]。此时广汉郡辖六县（晋九县除德阳、广汉、郪），仍治雒。

4. 刘宋、南齐、南梁时期：

广汉郡由梁州改属益州，辖雒（郡治）、新都、什邡、郪、五城、阳泉六县。

5. 西魏时期：

西魏废帝元钦二年（552）亦即萧梁元帝承圣二年，西魏宇文泰遣兵攻占蜀地，广汉郡改属东益州，郡治雒县。

6. 北周时期：

公元557年，宇文护逼迫恭帝拓跋廓禅位，立宇文泰之子宇文觉为帝，建立北周，西魏灭亡。广汉郡初改属新州，后复属益州。废西遂宁郡为怀中县，方亭县（什邡县）与雒县合并，领县六，雒县仍为郡治。

7. 隋：

公元581年，北周静帝宇文阐禅位于杨坚，杨坚建立隋朝，北周灭亡。隋文帝封其子杨秀为蜀王，兼益州刺史、总管，仍实行州郡县三级制。隋文帝开皇二年（582），建三省六部，置西南道行台于益州，以杨秀为尚书令，揽益州军政大权。开皇三年（583），罢除郡制，以州统县，广汉郡废。

二、广汉县（汉）建置沿革及县治迁移路线考辨

历史上有两个广汉县，即汉代设置的古广汉县与民国时设置的现代广汉县。古广汉县始建于汉高祖六年（前201），隋初废入通泉县，元代通泉县并入射洪县。民国广汉县即今广

① 任乃强：《四川州县建置沿革图说》，巴蜀书社，2002年版，第11页。

② 任乃强：《四川州县建置沿革图说》，巴蜀书社，2002年版，第11页。第七幅"西晋及成汉行政区划图说"中关于德阳郡云："徐表玉衡九年李雄所领四十七郡无德阳，玉衡十三年的十八郡有。"

③ 《宋书·州郡志》（中华书局1999年版）载"遂宁太守"巴兴："徐（爰）志不注置立，疑李氏所立。"

汉市，秦朝时为雒县，明太祖洪武四年省雒县入汉州，民国二年改汉州为广汉县，1988 年撤县设市。本文讨论的是古广汉县。

今天遂宁两区三县基本上是汉广汉县拆分演变而来。史载汉广汉县建于汉高祖六年（前201），但其治地却无明确记载，各代学者诸说不一。主要有以下三种：

（一）在今射洪县沱牌镇通泉坝。主要史家有：

1. 清末射洪籍方志学家刘光谟在《广汉、黄虎、通泉故城考》中说：广汉、黄虎、通泉，特古今之异名耳，其地岂有它哉。……今考其遗址，在射洪县东南七十余里之通泉坝。

2. 中华地图学社 1957 年版《中国历史地图集》（谭其骧主编）也将汉广汉县定在沈水入涪江处的涪江西岸偏南，即今沱牌镇（原柳树乡）。

3. 当代学者蒲孝荣《四川历代政区治地今释》将西汉至隋开皇三年前的广汉县治定在“今射洪县南柳术公社”。

4. 2005 年《中国历史地名大辞典》（史为乐、邓自欣主编）广汉县条：治所在今射洪县南六十里柳树镇。《后汉书·岑彭传》载建武十一年（35）岑彭伐公孙述，“公孙述使其将延岑、吕鲔、王元及其弟恢，悉兵拒广汉及资中”即此。三国蜀为东广汉郡治。西晋为广汉郡治。南朝梁属遂宁郡。齐改为小汉县。梁于广汉县故址复置，属西宕渠郡。西魏改广魏县，后又改为广汉县。隋开皇初废入通泉县。

（二）在今遂宁市城区城北经开区（老地名北坝）。主要史家有：

1. 南宋王象之《舆地纪胜·遂宁府》：“象之谨按《宋志》遂宁郡领县四，曰巴兴、曰广汉、曰晋兴、曰德阳；至《南齐志》东遂宁郡亦领县四，三县之名书同，唯广汉之名更曰小汉，意者小溪之渐耳。南齐既加遂宁郡为东遂宁郡，故广汉县亦加为小汉县。靖康元年，因疏浚城隍得方寸古铜印，其文曰‘广汉侯印’。”

2. 清末地理学家杨守敬《水经注疏》：“前汉，广汉县属广汉郡，后汉因，蜀分属东广汉郡，晋为广汉郡治，东晋为遂宁郡治，宋因，齐改郡曰东遂宁，县曰小汉，梁因。《隋志》方义下梁曰小溪。汉、溪表近致讹。乃《元和志》《环宇记》诸书，并作小溪。宋太平兴国初，且改方义为小溪以实之。误尽千古矣。在今遂宁县东北。”①

3. 现代魏晋南北朝史学家王仲荦《北周地理志》：“汉世县名与郡名同者，往往加小字以别之，故广汉县亦称小广汉，又简称为小汉。隋志之小溪，当是小汉之讹无疑。西魏改曰方义。”

（三）在今射洪市广兴镇广兴坝。主要史家有：

1. 龚煦春《四川郡县志》：“广汉故城即射洪县（指旧治金华镇）南三十里的小广魏坝。”

2. 任乃强《华阳国志校补图注》广汉县注云：“汉广汉县治，在今射洪县北三十里梓潼水口之小味坝也。……小广魏俗讹为小味坝也。”

3. 刘琳《华阳国志校注》：“龚氏所说小广魏坝当即今太平坝，其地有广兴场，正当潼江入涪江处，在涪江西岸，距金华三十里。广汉故治应定于此。”

① 杨守敬：《水经注疏》卷三十二“涪水”，江苏古籍出版社，1989 年版，第 2717 页。

此外，还有在盐亭境内说和今之太和镇说，因赞同者少且缺乏依据，本文不纳入讨论。下面仅就上述三种看法加以考辨。

首先，汉广汉县治不应定在今射洪市广兴镇广兴坝。笔者赞同射洪文史研究者杨泽迟在《广汉故城考》中的观点：

《四川郡县志》引《水经·涪水注》“涪水出广魏涪县西北，南至小广魏与梓潼水合”后加按语说：“是涪水与梓潼水合流处，即历代广汉县治地。治今射洪县东南三十里小广魏坝。”这个认定过于武断。统观《水经·涪水》全文：“涪水出广魏涪县西北，南至小广魏与梓潼水合，梓潼水出其县北界西南入涪。又西南至小广魏入于垫江。”《水经》为曹魏时人作（见《四库全书目录摘要》）故称“广汉”为“广魏”（亦说为《水经》作注的是北魏郦道元，因此郦氏将广汉改为广魏）。小广魏即小广汉，也即是广汉县。……《水经·涪水》这段文字翻译出来就是：涪水出广汉郡涪县（今绵阳市）西北，向南流至广汉县与梓潼水汇合。梓潼水出梓潼县北部边界，向西南流入涪水。涪水从梓潼水汇合处又向西南流去，流至广汉县南入于垫江（垫江即合川至重庆段的嘉陵江。合川汉代亦名垫江）。与隋唐以来的地理书印证，涪江流经的地域正是汉代（广汉县）的行政区域。郦道元在“南至小广魏与梓潼水合”下加注说：“小广魏即广汉县地，王莽更名为广信也。”……有一“地”字则有“辖地”“地域”的含义，是非常明确的。若作“治地”解，显然欠妥。这段话只能说明涪江与梓江汇合口处是郪县与广汉县的交界处而不能得出是广汉县治地的结论。再从广汉县与郪县在今之射洪境内的分界线（见《西汉时期广汉县与郪县分界考》）看，今涪江、梓江东岸及涪江西岸太和镇以南属广汉县。太和镇以上涪江西岸至梓潼江与涪江汇合口，再溯梓潼江而上的西岸部分属郪县地。再析“治今射洪县南三十里小广魏坝”，小广魏坝西汉至梁代都在郪县境内，是绝对不可能去设置广汉县治的。再从地名看，龚煦春所谓“小广魏坝”不知依据何在。今金华镇南二十五里，射洪历代县志均称太平坝，民国十七年建场开集，因当地有一宋代古桥名现龙桥，地方士绅即拟定现龙场名称报县审批，县长认为不够妥帖，便拟批定场名为广兴场，取兴旺发达之义。广兴场建立后，太平坝逐渐被人们称为广兴坝。广兴与广汉、广魏没有任何联系，只不过是审批场名的县长偶然兴之所至的产物罢了。

其次，汉广汉县治地最初就在今射洪市沱牌镇通泉坝。射洪文史研究者杨泽迟在《广汉故城考》中说：

《水经注·涪水注》说：“沈水出广汉县下入涪水也”。《后汉书·郡国志注》说：“广汉有沈水。”可见沈水与涪江汇合处是汉代广汉县的治地。从实地考查看，应在沈水与涪江汇合处的涪江西岸的通泉坝。

汉代广汉县治在沈水与涪江汇合口处，还可以从史籍上两次战役的情况记载中得出佐证。

《后汉书·光武皇帝纪》载：“（建武十一年）八月……辅威将军臧宫与公孙述将延岑战于沈水，大破之。”关于这次战役的详细情况，《后汉书·冯岑贾列传》载：“公孙述使其将延岑、吕鲔、王元及其弟恢，悉兵拒广汉及资中。”《后汉书·吴盖陈臧列传》

载："公孙述将延岑盛兵沈水。时官众多食少……会帝遣谒者将兵诣岑彭，有马七百匹，宫娇制取以自益，晨夜进兵，多张旗帜，登山鼓噪，右步左骑，挟船而引，呼声动山谷。岑不以汉军卒至，登山望之，大震恐。宫因纵击，大破之。斩首溺死者万余人。水为之浊流。"从以上记载看，《冯岑贾列传》说延岑等"悉兵据广汉"，《吴盖陈臧列传》说"延岑盛兵沈水"。可见沈水与广汉是同一地点，或一个极相近的地点。为什么一地用两个名称呢？因为《冯岑贾列传》叙述的是公孙述对抗东汉伐蜀大军的战略部署和全蜀战场的总体情况，所以用郡县名称以求叙述明白。而《吴盖陈臧列传》记述的是臧宫与延岑两军的一次具体交战情况，所以用战场地点沈水这个名称。这在历代战争记述上似乎是一个通例。从现在实地考查看，沈水与涪江汇合处的涪江西岸广汉县治所在地通泉坝地势开阔，背靠低矮山丘，无险可守。而沈水汇入涪江处的东岸山势陡峻，设防可封锁涪江航道，并且利于据险固守。"盛兵沈水"一是保卫涪江中游的战略要地广汉城，二是能有效地封锁涪江航道，阻止汉军沿涪江而上攻占涪城县（今绵阳市中区）进而进攻成都。

20世纪70年代在洋溪镇修建水轮泵站和喷灌工程中，在通泉坝正对涪江东岸上下十余里山上，先后发现了修建得很好的汉墓群。

上述考辨，笔者亦十分赞同。

但是，许多经典史料明确记载广汉故城在遂宁县东北即今遂宁市城区城北经开区（老地名北坝），如：

《太平御览》卷一百六十六《州郡部十二剑南道》"遂州条"载《十道志》曰："遂州，遂宁郡。《禹贡》梁州之域。汉分梁州置广汉郡，今州又为广汉县。"

《旧唐书》："方义，汉广汉县，属广汉郡。后（西）魏改广汉为方义。"

南宋王象之《舆地纪胜·遂宁府》："象之谨按《宋志》遂宁郡领县四，曰巴兴、曰广汉、曰晋兴、曰德阳；至《南齐志》东遂宁郡亦领县四，三县之名书同，唯广汉之名更曰小汉，意者小溪之渐耳。南齐既加遂宁郡为东遂宁郡，故广汉县亦加为小汉县。靖康元年，因疏浚城隍得方寸古铜印，其文曰'广汉侯印'。"

明顾祖禹《读史方舆纪要》："小溪，即小汉之讹也。梁时，误汉为溪耳。"清嘉庆《大清一统志》："遂宁县，汉高祖置广汉县。"

这又作何解释？笔者认为：桓温平蜀后，东晋在德阳县东南今重庆潼南区玉溪镇青石坝设置遂宁郡。公元373—384年苻秦占据全蜀，淝水之战后巴蜀复归晋有，公元398年东晋又复置遂宁郡，并将郡治移至广汉县（今射洪沱牌镇通泉坝）。移治的原因可能是东晋收复失地导致城邑残破，也可能是山僚入蜀①。故嘉庆《四川通志》云："广汉初为广汉郡治，

① 任乃强《四川州县建置沿革图说》之"东晋行政区划图说"：第四世纪初期，关陇入蜀流民，在李特父子领导下，逐去晋朝官吏，据有全蜀，至公元347年为东晋所灭。在这段时间内，全国发生了大迁徙的动乱。蜀、巴、犍、广诸郡大户、豪族，东下荆、湘，南人七郡，留存下来的民户稀少。于是有被称为"獠"（以下作僚）的一种民族，从牂牁郡山里出来，填住蜀中空地。凡属紫土丘陵地带，在李寿、李势统治的年代里，就已差不多全部被僚人占据了。东晋虽然收复了蜀土，却无法管理这些僚民，许多郡县都是有名无实的（僚民不供赋役）。

后为遂宁郡治。”[①] 杨守敬《水经注疏》亦云：“前汉，广汉县属广汉郡，后汉因，蜀分属东广汉郡，晋为广汉郡治，东晋为遂宁郡治。”这从东晋义熙四年（408）刘敬宣伐蜀的记载中也可以得到印证。《宋书·刘敬宣传》载：“敬宣率先士卒，转战而前，达遂宁郡之黄虎，去成都五百里。”故清末射洪籍方志学家刘光谟在《广汉、黄虎、通泉故城考》中说：“（谯）道福相持于此者，以（东）晋又移（遂宁）郡治于此故也。”

公元469年，因广汉、德阳、晋兴一带逐渐为山僚占据，汉户大量向西迁移，刘宋朝廷将遂宁郡分为东、西二郡，西遂宁郡为侨郡，东遂宁郡为实郡，郡治也从广汉县迁到汉户较集中的巴兴县。故《寰宇记》云：“盖其地多獠，官长力弱，不相威慑。宋泰始五年（469），（益州）刺史刘亮表分遂宁为东西二郡。”[②]

南齐时，朝廷在广汉县今射洪、盐亭一带置西宕渠侨郡[③]，因流民涌入和山僚侵占双重压力，广汉县遂迁治今遂宁市城区城北经开区（老地名北坝）。故《大清一统志》载“广汉故城，在遂宁县东北”，其地应在北坝石溪濠一带。如今仍留下“石溪濠”这个地名，从名称上推论疑是旧城濠遗迹。

南梁时，因西宕渠郡由侨郡转实郡，在今射洪沱牌镇通泉坝原广汉县故址复置广汉县（隶西宕渠郡）[④]，而南齐时移至今遂宁市城区城北经开区的“广汉县”因具备立县的基础（有相当数量缴纳供赋的汉户），也没有省，就改称小汉或小广汉。故南梁萧子显为区分南梁于故址复置属于西宕渠郡的广汉县[⑤]，在《南齐志》中云“东遂宁郡领县四：巴兴、小汉、德阳、晋兴”。

西魏恭帝时广汉改名广魏。因西魏属于鲜卑族，凡是张扬其他民族的基本上都改了名。仅以东遂宁郡为例，同时改名的还有小汉改方义、巴兴改长江、晋兴改始兴。这也从另一个侧面证实晋志中小溪是小汉的误读或误写，如果是小溪，西魏就没有改名的必要了。

北周时又复称广汉（宇文氏虽然也是鲜卑族，但心慕汉族文化，其真正奠基者宇文泰史上就被称为“汉化了的鲜卑人”）。

隋初因避杨广讳改为光汉，开皇三年并入通泉。

综上，开皇三年并入通泉的光汉是在今射洪沱牌镇通泉坝原广汉县故址复置的广汉县，西魏时改为方义的是南齐时移治今遂宁市城区城北经开区的小〔广〕汉县（晋志误为小溪），方义在北宋因避宋太宗赵光义之讳又改称小溪县，明清时又为遂宁县。因宋朝依据晋志又将方义改为小溪，把本来属于历史错误的小溪县名倒弄得若有其事。

综上所述，结论如下：

---

① （清）黄廷桂、常明修、杨芳灿：《嘉庆四川通志·潼川府沿革表》，巴蜀书社，1984年版。

② 《太平寰宇记》之“剑南东道六·遂州”，金陵书局刻本。

③ 《四川郡县志》（校点本）卷二，成都古籍书店，1983年版，第72页。载：“又增置侨郡三：西宕渠郡（寄治盐亭）县四——宕渠、宣汉、汉初、东关。”

④ 魏嵩山主编：《中国历史地名大辞典》，中国社会科学出版社，2005年版。“广汉县”条：治所在今射洪县南六十里柳树镇。……齐改为小汉县。梁于广汉县故址复置，属西宕渠郡。西魏改广魏县，后又改为广汉县。隋开皇初废入通泉县。

⑤ 《隋志》“通泉县”下云：“旧时通泉置西宕渠郡。西魏改郡县俱曰涌泉。按《南齐志》有西宕渠郡。然考其宕渠、宣汉、汉初、东关四县乃侨郡。今以西魏涌泉郡上推之，则治通泉之西宕渠郡，确系梁立无疑。此亦侨郡改实郡之一。”《四川郡县志》（校点本）卷三（成都古籍书店，1983年版，第95页）“梁西宕渠郡·领县二”载：“通泉（郡治），广汉……盖此县自汉至隋，始废入通泉，中间未间断也。”

1. 汉初设置的广汉县治在今射洪沱牌镇通泉坝。南齐时，朝廷在广汉县今射洪、盐亭一带置西宕渠侨郡，因流民涌入和山僚侵占双重压力，广汉县遂迁治今遂宁市城区城北经开区（老地名北坝）。南梁时，因西宕渠郡由侨郡转实郡，在今射洪沱牌镇通泉坝原广汉县故址复置广汉县（隶西宕渠郡）。西魏改广魏。北周又改广汉。隋初改光汉（避杨广讳），开皇三年废入通泉县。元初并入射洪。

2. 而南齐时移至今遂宁市城区城北经开区的“广汉县”因具备立县的基础（有相当数量缴纳供赋的汉户），南梁在故址复置广汉县后也没有省，就改称小汉或小广汉。西魏改名方义，直至北宋避太宗讳又依《晋志》改称小溪，明清改称遂宁县。

3. 广汉县，汉初为广汉郡治，寻移；蜀汉时为东广汉郡治；西晋初为广汉郡治；东晋“又立遂宁郡”后为遂宁郡治，刘宋泰始五年分东西遂宁郡后郡治移巴兴。

三、德阳县（汉）建置沿革及县治迁移路线考辨

历史上也有两个德阳县，即东汉时设立的至北周时废除的古德阳县和唐初设立并延续至今的现代德阳县（今德阳市旌阳区一带），本文讨论的是古德阳县。

古德阳县历东汉、蜀汉、西晋、成汉、东晋、刘宋、南齐、南梁、西魏，北周废。关于德阳县，历来争议颇多，主要涉及建置时间、何县分置、县治所在三个问题。

首先，关于建置时间。

张鹏翮所撰康熙二十九年本《遂宁县志》：“汉高帝六年（前 201）置德阳县，属广汉郡。”以后各版遂宁旧县志都沿袭此说。

梓潼政府门户网站“建置沿革”栏中说：“汉明帝永平元年（58），分梓潼西北置德阳县（治今江油市雁门坝镇），隶属广汉郡。……汉安帝元初四年[①]羌退，巴西、汉中二郡治仍徙还原治地。广汉郡治之梓潼城，经此战乱，残破不堪，始将广汉郡治徙移雒县（今广汉市）。梓潼仍置县，隶属广汉郡。西汉[②]分梓潼西北辖地所置之德阳县，亦徙至涪江下游之龙凤场建县（今遂宁市船山区龙凤场），仍名德阳，隶属广汉郡。原在梓潼境内之辖地，仍还属梓潼县。”

《中国历史地名大辞典》：“德阳县，东汉置，属广汉郡。治所在今四川江油市东北雁门坝一带。东汉末徙治今遂宁市东南十八里龙凤场，改旧县为德阳亭。”[③] 相似的如《遂宁市志》载建安年间（196－220）分广汉县置德阳县，今市境置县自此始。

考校有关史料，起码有一点可以肯定，德阳县是东汉时期才设置的。《汉书·地理志》中“广汉郡”只有十县三道，无德阳；其余州郡也无德阳地名。而在《后汉书》第二十三“郡国五·益州”之“广汉郡”中才第一次出现“德阳”这个县名。目前可见的其他史籍在前汉史中都无德阳地名。可康熙二十九年（1690）、乾隆十二年（1747）的《遂宁县志》均说“汉高帝六年置德阳县，属广汉郡”，不知依据何典，但显然与今见之史籍不符。

---

① 按：应为元初五年。
② 按：误，疑为前面讲的东汉明帝。
③ 魏嵩山主编：《中国历史地名大辞典》，中国社会科学出版社，2005 年版，第 2870 页。

梓潼政府门户网站“建置沿革”中说，汉明帝永平元年（58）分梓潼西北置德阳县（治今江油市雁门坝镇），隶属广汉郡。也不知有何依据。

笔者认为：德阳县始建于东汉确凿无疑。著名历史地理学家任乃强先生也在《华阳国志校补图注》中说：“德阳县，前汉无，后汉有。始置年岁无考。”蒲孝荣《四川政区沿革与治地今释》东汉“广汉郡”中云“顺帝时领县十一”（未知何据）。因羌乱，安帝永初二年（108），分阴平道、甸氐道、刚氐道置广汉属国，治阴平。若顺帝时领县十一，就说明顺帝时德阳县就已经设立。而顺帝（公元126－144年在位）之前就是安帝，安帝时梓潼一带正处于动乱，在那时分县置县可能性小，应该是在“安帝永初中，阴平、汉中羌反”之前，从梓潼分置。任乃强先生对德阳县建置时间又给了一个大致范围，即汉和帝时。他在《四川州县建制沿革图说》第五幅“后汉行政区划图说”中云：“四川在后汉二百二十余年中，郡县悉如汉旧。仅在和帝时（公元88－105年在位）增置了五县：平都、宣汉、汉昌皆有年岁可考，只德阳、汉安未知置于何年。”

至于是安帝元初五年（118）迁治于龙凤场，还是东汉末（或曰建安年间：公元196－220年）徙治遂宁县东南十八里龙凤场，笔者认为是安帝元初五年（118）。古时以缴纳供赋的人口数量作为立县的基础，因羌乱平定后，城池破败、人口流失，及时作政区调整是合情合理的，广汉郡郡治从涪城调整到雒城（《华阳国志》“本治绳乡……元初二年移涪，后治雒城”）就是发生在那个时候。同理，将分梓潼西北辖地所置之德阳县治徙至涪江下游地广人稠之广汉县龙凤场（今遂宁市船山区龙凤镇）建县，仍名德阳，隶属广汉郡，而原在梓潼境内之德阳县地，仍还属梓潼县，并更其邑名“德阳亭”（见“德阳郡”一节）。

其次，关于德阳县从何县分置。

刘琳《华阳国志校注》“德阳县”（第136页）注：“东汉分梓潼置，原在梓潼县北界。邓艾建议自阴平伐蜀，由斜径经汉德阳亭趋涪，出剑阁西百里。所谓汉德阳亭即东汉德阳旧县，在今江油东北之雁门坝一带。县境当有今剑阁县及江油县东北部，故《续汉志》注引《华阳国志》‘德阳县有剑阁道三十里’。大约在东汉末，县移于广汉县南界，旧县遂废为亭。”

《元和郡县志》（影印文渊阁《四库全书》本）说从广汉县分置。该志是我国现存最早的地理总志，唐李吉甫撰写于唐宪宗元和年间（806—820）。其中卷三十四“剑南道”关于“遂州”记载道：“今（遂）州又为广汉郡之广汉县地，后分广汉为德阳县。”后来南宋《舆地纪胜》《遂宁县志》均采此说。

而另一影响颇大的康熙六年（1667）陈芳绩撰写的《历代地理沿革表》（丛书集成本）卷四一“县表二三·德阳”则同时列载两地：“后汉析绵竹置，属广汉郡，有剑阁道三十里，至险。魏邓艾破蜀将诸葛瞻于此。一作析广汉置。”

综上，有从梓潼、广汉、绵竹分置三个说法。

笔者的看法是：东汉和帝时（89－105），分梓潼县江油雁门坝一带（这一带当时属梓潼县）建置德阳县。后来在东汉安帝时，因羌人起兵反汉，益州刺史张乔奉诏带兵击退羌人，其间广汉郡从“绳乡”移治涪县，元初五年（118）又移治雒县。古时候朝廷税收基于人口，因战乱后人口锐减，于是撤掉人口少的德阳县，将其地重新并回梓潼县，原德阳邑改为德阳亭。另分规模大、人口多的广汉县南境新置一县，将就“德阳”二字为之命名，并把德阳县府原班人马转往新德阳县任职，所以说“徙治”龙凤场。因旧德阳县与新建德阳县隔着梓潼、涪县、郪县，地理上并不相连，实际上是废旧县在他地另建。这样一来，县份没减少，德阳县令也不用免职或重新任命，颇感美妙的“德阳”县名也没有令人惋惜地废弃。所以，初建时从梓潼分出，再建时从广汉县分出。至于从绵竹分出一说凭“德阳县有剑阁道三十里”即可推断不符。

最后，关于南迁后德阳县的治地。主要有三种观点：1. 在今船山区龙凤镇。代表者有史为乐、邓自欣《中国历史地名大辞典》，这是比较主流的说法，《遂宁市志》也同此说；2. 在潼南大佛乡下县坝。代表者有龚煦春《四川郡县志》，任乃强也基本同此说；3. 在今遂宁市城区。代表者有刘琳《华阳国志校注》。

乾隆十二年本《遂宁县志》在“县表”一节中注：“原志：‘桓温平蜀后，于德阳东南七十里置遂宁郡，遂宁之名始此。今之遂宁，汉之德阳，今之废下县，晋之遂宁郡也。’按：此则今遂宁为汉德阳故县，但《通志》载：‘德阳废县在今县西北’，则今遂宁又非当日德阳矣。《通志》又载：‘德阳，后汉置于梓潼北界，其后移治广汉县界’，则德阳一邑。当日已不知几易其地。原志：谓今遂宁为汉德阳。《通志》谓德阳废县在今县西北，要皆后人臆说，未知孰是。记此备考。”

看来这个问题至少已争论几百年了。

光绪本《遂宁县志》编撰者李星根在其《德阳书院碑记》中云：

> 德阳之名古矣。而尤古者，莫如至今其名尚存之德阳陌。汉已置县，故其后遂宁郡之置在今废下县者，回距此地正七十里，并符旧志。时遂宁郡治称小溪。“志逸”载：至所云谯纵叛后，德阳县移于石坪者，谓今县也。若德阳县之废，则在宇文周之时。县废而陌名如故。《通志》据宋《寰宇记》云：“德阳废县在今县西北。”原志引而斥其臆说，不知亦谓陌也。盖宋之时，小溪之名移于今县，而遂宁由郡降称县，即谓废下县，故陌在遂宁之西北。志家互相沿引，而今实非。今则不变，文之过也，以及旧志所称德阳县，后汉置于梓潼郡之北，既乃移广汉界者，均不出此二十里之中。……举人陈君彩，募建书院于陌旧地，仍名之曰“德阳”，以示不忘。

这段话本来是解释旧志的困惑，因属文言文，还得再解读一下。其大意是说，东晋设遂宁郡时其郡治（今重庆潼南区玉溪镇青石坝）在现在的废“下县”（指元初1282年废除的遂宁县，因居于清代遂宁县境内涪江下游，故曰下县），西北距汉时的德阳县邑（今遂宁船山龙凤镇）七十里，与旧志在德阳东南七十里建遂宁郡的记述相符。至于宋《寰宇记》所云“德阳废县在今县西北”，是因北宋时的县城叫小溪，德阳县在北周废，县治早就从龙凤镇迁到现在的县城（今遂宁市城区）了。而唐中宗景龙元年分遂州青石县增设的遂宁县，治所就在原废“下县”。所以北宋《寰宇记》说：德阳（龙凤镇）废县在今县（指北宋遂宁县）西北。后来康熙、乾隆各版县志只沿引“德阳废县在今县西北”，而不知是针对北宋初年的背景讲的，把北宋说的“今县”与大清朝所说的“今县”搞混了。

对于德阳县治及德阳陌，任乃强先生是另一种看法。他在《华阳国志校补图注》中关于德阳县的注释里说：

> 《巴志》云：巴郡“北接安汉、德阳，明其位置在垫江县西北界外矣。”《三国志·张裔传》：“张飞自荆州由垫江入，璋授裔兵，拒张飞于德阳陌下。”陌，城外田间也。《史记·龟策列传》：“故牧人民，为之城郭，内经闾术，外为阡陌。”龚煦春《四川郡县志》云：“唐宋青石县，即今蓬溪县之青石坝。由镇沿涪江东南行五十余里，即今之潼南县。其东南有下县坝，即古德阳陌，亦即后汉之德阳县治。”今按：龚氏之书，考订四川古县城，如飞乌、小广魏、德阳、武隆等处，皆从地理实践中多发前人所未及，为一代创见。所定汉德阳县城位置，近之矣，犹未甚准也。下县坝一作“下乡坝”，在今潼南县治西北十里，又西北去双江镇亦十里。龚氏盖以双江镇为潼南县治。潼南县建于清末民初，原曾拟设治于双江镇，后决治小潼坝，在下县坝东南十里矣。下县坝水平缓无险，不利于守。小潼坝或双江镇地较险要。疑下乡坝是古德阳县治，张裔所守德阳陌则是小潼坝或双江镇也。

笔者认为，从遂宁龙凤镇附近清末还遗有德阳陌地名，建有德阳书院，现在仍然遗存过军渡、过军坝（原德阳陌）、张飞梁等地名看，德阳县治应在龙凤镇。

但《寰宇记》云：“今（遂）州又为广汉县地，属益州部，后分广汉县于此置德阳县，东晋分置遂宁郡，属益州，盖德阳之旧垒也。”这又是怎么回事呢？

笔者认为：公元405－413年谯纵据蜀以后，德阳县治或因县邑残破，或因山僚侵占，移于今市城区商务区一带。这与《寰宇记》“谯纵乱后，移于石坪”[①] 相吻合。这也是今市城区城邑建设的开始。

南齐时，齐在广汉县今射洪、盐亭一带置西宕渠侨郡，因流民涌入和山僚侵占双重压力，广汉县遂迁治今遂宁市城区城北经开区（老地名北坝）。故《大清一统志》载“广汉故城，在遂宁县东北”，其地应在北坝石溪濠一带。

南梁时，因西宕渠郡由侨郡转实郡，在今射洪沱牌镇通泉坝原广汉县故址复置广汉县，而南齐时移至今遂宁市城区城北经开区的“广汉县”，因具备立县的基础（有相当数量缴纳供赋的汉户），也没有省，就改称“小汉”或“小广汉”。

西魏改“小汉”（溪）为“方义”。北周闵帝元年（557），又省“德阳”入“方义”。因原德阳县治即今市城区商务区一带临江地势相对较高不易遭水淹，方义县治遂迁原德阳县故址即今市城区商务区一带（又叫老城区），故《寰宇记》云“今州盖德阳之旧垒也”，《舆地纪胜》载：“靖康元年，因（小溪）疏浚城隍得方寸古铜印，其文曰‘广汉侯印’。”这也是一个侧面印证。

综上所述，结论如下：

1. 东汉和帝时分梓潼置德阳县，治所在今四川江油市东北雁门坝一带。

2. 安帝元初五年（118），羌乱平定后，因德阳县城池破败、人口流失，遂将德阳县县治徙至涪江下游之广汉县南境另建县，仍名德阳。而原在梓潼境内之辖地，仍属梓潼县，并

---

① 《遂宁县志》（光绪本）编撰者李星根《德阳书院碑记》亦云：“‘志逸’载：至所云谯纵叛后，德阳县移于石坪者，谓今县也。”

更其邑名“德阳亭”。

3. 新置的德阳县县治在今遂宁市船山区龙凤镇。

4. 谯纵乱后，德阳县治或因县邑残破，或因山僚侵占，移于今市城区商务区一带。

5. 北周闵帝元年（557），又省德阳入方义。因原德阳县治即今市区商务区一带，临江地势相对较高，不易遭水淹，方义县治遂迁原德阳县故址即今市区商务区一带（又叫老城区）。

四、德阳郡建置沿革及郡治考辨

德阳郡，正史中只有一处记载，即《晋书·李特载记》：“太安元年（302），特自任益州牧……以蹇硕为德阳太守，硕略地至巴郡之垫江。”

关于德阳郡的争议主要涉及其辖地和郡治。

首先，德阳郡究竟管辖几个县。

《晋书·地理志》修于唐代。州郡县名大体依据《太康地志》，又杂采后出的几部史书，矛盾之处甚多。清末杨守敬酌采众说，编制了《西晋地理图》《东晋疆域图》和《十六国疆域图》。其中，李特时的德阳郡就只领德阳一县。

任乃强《四川州县建置沿革图说》第七幅“西晋及成汉行政区划图说”（第 11 页）中关于德阳郡云：

> 徐（文范）表玉衡九年李雄所领四十七郡无德阳，玉衡十三年的十八郡有。按：徐表，李雄时无新都郡，应是雄初年并新都郡于广汉郡，后乃再析广汉郡之广汉、郪、德阳三县为德阳郡。实际较晋制只算改换了两个郡名。即改新都为广汉郡，改晋之广汉郡为德阳郡。杨（指杨守敬）氏拘泥于县名与郡相应，把李雄广汉郡治定于广汉县，又把广汉定为今之遂宁县。这样，就把原新都、广汉所辖的其他六县被这广汉郡治的广汉县全给德阳隔断了，从而不能不设想为德阳郡只辖德阳一县。这是杨氏设想之误，不知他有何依据。查李雄所改郡县大多较西晋更为合理，不会把成都平原的新都、雒、什邡、绵竹等县隶属于在今遂宁设立的广汉太守，也不会使德阳郡只辖一县。即使到了刘宋、南齐年代，也还没有一郡只辖一县的例子。李雄曾以他的儿子李越为车骑将军驻广汉，李寿又曾以他的重臣解思明为广汉太守，都说明广汉是近畿大郡，郡治仍当在雒，不当在涪江流域的广汉县。那时的广汉县，与郪和德阳县都该属于德阳郡。

笔者认为：太安元年（302），李特控制了巴蜀大部地区，自任益州牧，命部下分赴各地开疆拓土。其中“以蹇硕为德阳太守，硕略地至巴郡之垫江”，说明当年就设置了德阳郡。德阳是李特控制区的边区，估计李特暂让蹇硕管辖德阳一县，促其向晋朝控制的巴郡开拓。蹇硕将郡治移至前线今潼南玉溪镇（这个问题后面讨论），确实不负所望，“略地至巴郡之垫江”。可是好景不长，据《晋书·李特载记》记载：太安二年（303）正月，晋惠帝派荆州刺史宋岱、建平太守孙阜带领三万水军浩浩荡荡援救益州刺史罗尚，孙阜为前锋，迫近德阳。李特派李荡、李璜、任臧共同抵御宋岱、孙阜，自己则率军继续围困据守成都的罗尚。罗尚策动各土堡反李。二月，一举击败李特并将其斩杀，德阳也为孙阜所破。李特所置的德阳郡其实只存在了短暂的数月。

另从前引任乃强《四川州县建置沿革图说》来看，他的分析甚合情理。笔者认为：李雄称帝后，在玉衡年间对郡县做了大幅调整①，为继承父亲遗志，恢复了其父德阳郡建置，并将原西晋广汉郡的郪、广汉县划入，继而分广汉县置了巴兴县。而《宋书·州郡志》遂宁太守条云："巴兴令，徐志不注置立，疑是李氏所立。"笔者认为这个怀疑很有道理。因晋廷视李氏成汉政权为叛逆僭越，对其所立郡县均不予承认。故桓温平蜀后，先罢黜成汉德阳郡，之后又根据需要才重新设立遂宁郡。巴兴置县的准确记述最早见于《寰宇记》长江县"本东晋巴兴县，穆帝永和十一年（355）置"。若是东晋所立，刘宋徐爰距东晋年代不久，即使史料缺失也会口耳相传，若说弄不清楚是说不过去的，那徐志不注置立只能是一种情况：李雄调整区划后重置德阳郡，分广汉县置了巴兴，德阳郡就领德阳、广汉、郪、巴兴四县，与其他郡辖县数量相当。李氏属巴氐族人，取名巴兴也合其理。明顾祖禹也持同一观点，他在《读史方舆纪要》卷七十一中说"长江废县县西百十里。汉广汉县地。晋永嘉中，李雄置巴兴县"，但这就与《元和志》《寰宇记》后史家的主流看法不同。

东晋视成汉为僭越，故桓温平蜀后罢掉德阳郡②。但德阳郡已设置了几十年，在人们心中已经形成"一个郡级建制"的印象。故公元355年周抚在平定蜀乱后，因德阳一带战乱影响较小，地广人稠，遂将原来德阳郡所辖的德阳、广汉、巴兴三县改置为遂宁郡（确有希望本地从此长久安宁之意，这个问题下一章讨论），而郪县则改属广汉郡。因《晋志》无郪县，刘琳认为是晋广汉郡脱郪，这从《宋书·州郡志》广汉太守下就有郪县令也可反推。

其次，关于德阳郡的郡治。

李特初置郡时，只辖德阳一县。古时候山重水复，交通不便，太守蹇硕的最大任务是向巴郡开疆拓土，为方便军事指挥，遂将郡治设在距德阳县治（今遂宁船山区龙凤镇）东南七十里、靠近巴郡垫江的今潼南县玉溪镇青石坝。李雄称帝后，恢复其父德阳郡建制，并将广汉县、郪县划入，仍以玉溪镇为郡治。若玉溪镇没有城邑基础，东晋建遂宁郡也就不会将郡治设在位于德阳县东南且在遂宁郡最初所辖的德阳、广汉、巴兴三县中位置偏南的玉溪镇③。另从《宋书·州郡志》"晋兴令，徐志不注置立"的记载也可推论，从名称上就知道，是"晋兴"东晋设立，不注置立说明晋兴县邑所在的青石坝在成汉时就已作为郡治所在了。

综上所述，结论是：

1. 李特（302）初置德阳郡，出于开拓考虑只领德阳一县。

2. 李雄称帝后，合并郡县调整区划又恢复了其父所设的德阳郡，并将原属西晋广汉郡的广汉县、郪县划入，继而分广汉县设置了巴兴县。

3. 德阳太守蹇硕为方便军事指挥，将德阳郡郡治设在靠近前线的今潼南区玉溪镇青石

① 从四十七郡到十八郡，与西晋时益、梁二州郡数相当，故规模亦应相当。

② 东晋对应西晋时益、梁二州设置的郡县在江左遥置，其中没有李特所设的德阳郡。

③《晋书·地理志》"梁州"条："及桓温平蜀之后，以巴汉流人立晋昌郡，领长乐、安晋、延寿、安乐、宣汉、宁都、新兴、吉阳、东关、永安十县；又置益昌、晋兴二县，属巴西郡；于德阳界东南置遂宁郡；又于晋寿置剑阁县，属梁州。"

坝。后因之。

五、遂宁郡建置沿革及郡治考辨

《宋书》卷三十八《志第二十八》云："遂宁太守，《永初郡国》有，何（承天）无，徐（爰）云旧立。领县四，户三千三百二十。"这是正史中有关遂宁郡最早的记载。

刘宋官方史料最初有《永初郡国志》。何承天元嘉十六年（439）被任命为著作佐郎，编撰国史《宋书》，公元447年卒，书未成。泰始六年（470），徐爰领著作郎，完成何承天草创之国史。《宋书·州郡志》载"遂宁太守"，永初时（420—422）有，何承天写史时（即公元439—447年）却无，估计这时"盖其地多獠，官长力弱，不相威慑"（见《寰宇记》），也可能是帛氏奴赵广反叛后①，遂宁郡有名无实，可能都没有委派太守。徐爰续史时是公元470—475年，也只补充说了一句"是旧（即东晋）时设立的"，并载领巴兴、广汉、德阳、晋兴四县，郡治巴兴。据《寰宇记》"宋泰始五年（469），（益州）刺史刘亮表分遂宁为东西二郡"，《宋书》说的"太守"应是东遂宁郡太守了。

后来，关于南北朝的几部史书和房玄龄所撰的《晋书》都偶有提及，或太简，或矛盾，或不详。主要涉及置郡时间、辖地变化、郡治变迁等三方面问题。

先考辨置郡时间。有三种说法。

1. 东晋穆帝永和三年（347）。依据是《晋书·地理志》"及桓温平蜀之后"的说法。《遂宁市志》与1992年版《遂宁县志》均持此论。

2. 东晋穆帝永和十一年（355）。依据是唐代《元和郡县志》② 和北宋《太平寰宇记》③ 均云小溪县、巴兴县乃是"穆帝永和十一年置，属遂宁郡"。故任乃强在《四川州县建置沿革图说》中认为："遂宁郡，永和十一年（355）益州刺史周抚表请设立。"

3. 东晋安帝隆安二年（398）。依据是《晋书·地理志》"隆安二年，又立晋熙、遂宁、晋宁三郡"的记载④。

我们先来看看桓温灭蜀的经过：东晋穆帝永和二年（346），成汉大臣李奕自晋寿（今广元）起兵反叛。在荆州虎视眈眈的桓温从这次事件中看到了契机，上表朝廷伐蜀，未等回复，即于永和二年十一月，率领数千精卒，沿长江西上，开始了千里奔袭的灭蜀之役。公元

---

① 《四川通史》载：宋元嘉九年（432），宋益州刺史刘道济聚敛兴利，伤政害民，流民许穆之诈称晋宗室司马飞龙，得氐王杨难当资以兵力，又招募蜀人，共得千余人。遂攻杀巴兴令，驱逐阴平太守，刘道济派兵击斩之。五城（今四川中江东南）人帛氐奴、赵广假称司马飞龙犹在阳泉山中，聚众得数千人，巴西人唐频聚众响应，与赵广等攻陷涪城（今四川绵阳东）。涪陵、江阳、遂宁诸郡守皆弃城逃去，蜀地民众和外地侨民皆反。赵广的反叛得到蜀人的广泛支持，起义军曾两围成都，拥众十余万，但由于战斗力弱，加之指挥不当，在刘宋军队的打击、清剿下逐渐溃散。公元437年，赵广率部曲投降。

② 《元和郡县志》（影印文渊阁《四库全书》本）卷三十四云："遂州……管县五：方义、长江、青石、蓬溪、遂宁。方义县（望郭下），本晋小溪县也，穆帝永和十一年置，属遂宁郡。后魏恭帝改为方义县，隋开皇三年罢郡，县属遂州。"

③ 《太平寰宇记》（金陵书局清光绪八年本）卷八十七"剑南东道"六云："小溪县，旧二十乡，今十四乡。本晋小溪县地，穆帝永和十一年置，属遂宁郡。后魏恭帝改小溪为方（义）县，皇朝太平兴国二年复为小溪县。"又："长江县，北五十里，元十乡。本东晋巴兴县，穆帝永和十一年置，属遂宁郡。"

④ 《晋书·地理志》"益州"条："隆安二年，又立晋熙、遂宁、晋宁三郡云。"

347 年，攻占成都。成汉李势逃往葭萌后又自动投降，两年后残余势力才被东晋消灭。桓温灭蜀，既凭胆略，也带侥幸。灭蜀后，因属擅自用兵，担心后赵石虎乘虚而入致根据地荆州有失，留下益州刺史周抚善后，整顿部队就匆匆返回了江陵。李势也被押送建康（今南京），封为归义侯。

《晋书·桓温传》云："温停蜀三旬。""三旬"就是三十天。这段时间桓温是否来过德阳（今遂宁），没有史料记载[①]；还师时是否取道德阳（今遂宁），也无史可考[②]。至于桓温给遂宁命名一事，更无任何原始文献述及。

另据《晋书》卷五十八的记载来看，永和二年（346），周抚随同荆州刺史桓温攻蜀，并于次年灭亡成汉。成汉亡后约一个月，原本降服的成汉旧臣王誓、王润、邓定和隗文等起兵叛乱，周抚加督梁州之汉中、巴西、梓潼、阴平四郡军事，镇守彭模（今四川彭山县东南，岷江东岸），并与桓温等讨伐之，成功击败叛军并斩杀王誓和王润，因功而升平西将军。此时桓温离开成都并返回江陵，但隗文等人的叛乱还未平定，叛军还乘机占领成都，后来更立成汉国师范贤之子范贲为帝，很多蜀人归附，聚众多达万人。直至永和五年（349），周抚才与龙骧将军朱焘领兵击败并俘获范贲，平定这次叛乱。此外，振威护军萧敬文于永和三年（347）十二月叛变，杀害征虏将军杨谨并攻陷涪城（今绵阳），自称益州牧。桓温曾派邓遐协助周抚讨伐，但未能击破。直至永和八年（352），桓温派梁州刺史司马勋与周抚联手攻打涪城，萧敬文从二月坚守至八月才出降，周抚则将他处死并传首京师。至此，益州才算基本平定。

故笔者认为：永和三年（347）桓温灭蜀，因局势未定，还来不及着手区划调整，只是把成汉设立的德阳郡罢去。这一点，从《晋书·地理志》"益州"载"惠帝之后，李特僭号于蜀，称汉，益州郡县皆没于特……是时益州郡县虽没李氏，江左并遥置之。桓温灭蜀，其地复为晋有"即可推知，在江左遥置的郡县中没有德阳郡，遂罢之。《晋书·地理志》"梁州"载"及桓温平蜀之后"设立了安置巴汉流人的晋昌郡。《晋书·地理志》"益州"载："桓温灭蜀，其地复为晋有，省汉原、沈黎而立南阴平[③]、晋原[④]、宁蜀[⑤]、始宁[⑥]四郡焉。"查有关资料，皆属安置流民的侨郡，这应该看作一种应急举措。从所有史料记载看，除刘宋时设置的西遂宁郡属侨郡外，遂宁郡及东遂宁郡都是实郡。对于实郡实县的区划调整，在叛乱未定、郡县归属都不确定的情况下，是难以着手的。而从《晋书·地理志》的"及桓温平

---

① 按：当时桓温一是忙着娶李势的妹妹为妾，二是忙着与周抚讨伐降后复叛的王润、王誓等，也许来过，也许没有。

② 《晋书·李势载记》（中华书局 1999 年版）载："大司马桓温率水军伐势。温次青衣，势大发军据守，又遣李福与昝坚等率数千人从山阳趣合水拒温。谓温从步道而上，诸将皆欲设伏于江南以待王师。昝坚不从，率诸军从江北鸳鸯碕渡向犍为。而温从山阳出江南，昝坚到犍为，方知与温异道，乃回从沙头津北渡。及坚至，温已造成都之十里陌，昝坚众自溃。"按：若从桓温荆州—巴郡—僰道—青衣—成都的进军路线和实施奔袭的特点看，应是以舰船运兵为主。回师时因怕后赵乘虚袭取荆州，需尽快赶回，也应是原路乘船顺流直下荆州，不会弃船乘马，冒着与叛军交战的风险一路颠簸、慢慢吞吞地回荆州。

③ 南阴平，公元 348 年，梓潼西北。

④ 晋原，公元 347 年，今崇州西北，改江原郡置。

⑤ 宁蜀，公元 352 年，双流。

⑥ 疑是巴中水宁寺镇。该镇位于巴中市巴州区东部，距巴州城区 32 千米。水宁原名始宁，晋始设始宁郡，后改始宁县，历经两晋、南北朝、隋、唐、五代、宋、元时期，明朝废郡县制，改制水宁寺，是当时北通汉中、南到成都的驿站。

蜀之后”的那个“后”字理解，也不应是公元347年。

此次益州大叛乱，直至永和八年（352）方基本平定。此后，周抚才着手“灾后重建”。因德阳郡已设置几十年，在人们心中已形成“一个郡级建制”的印象；加之德阳一带战乱影响较小，地广人稠，有建郡的基础，故周抚于公元355年（穆帝永和十一年）上表朝廷，将原来李氏德阳郡辖县除郪县改属广汉郡外，德阳、广汉、巴兴三县改置为遂宁郡。笔者认为《元和郡县志》《太平寰宇记》将小溪县与巴兴县均断定为“穆帝永和十一年置，属遂宁郡”，是基于遂宁郡置于公元355年而反推出来的①。

至于认为是隆安二年（398）置郡，属误。那是在读《晋书·地理志》“益州”条“隆安二年，又立晋熙、遂宁、晋宁三郡云”时忽略了前面还有“咸安二年（372），益州复没于苻氏。太元八年（383），复为晋有”这句话，其意是说益州被前秦苻坚占领后，郡县名存实亡。淝水之战“复为晋有”后，于“隆安二年，又立晋熙、遂宁、晋宁三郡”。并且，还漏掉了《晋书·地理志》“梁州”条“桓温平蜀之后……于德阳界东南置遂宁郡”这句明确的记述。

其次，考辨一下遂宁郡辖地变化与郡治迁移的情况。

龚煦春《四川郡县志》载（括号中的内容为其夹注）：

东晋遂宁郡，领县五：晋兴、巴兴、德阳、广汉、小溪。

刘宋遂宁郡，领县四：巴兴、德阳、广汉、晋兴。

南齐东遂宁郡，领县四：巴兴、小汉、德阳、晋兴。

萧梁东遂宁郡，领县三：小溪、巴兴、晋兴。

西魏东遂宁郡，领县一：方义。

北周石山郡，（《隋志》方义下云“梁置东遂宁郡”。北周改郡曰石山。《寰宇记》“周武帝废郡，始置遂州”。）领县二：方义、始兴。

隋遂宁郡，领县三：方义、青石、长江。

以上结论，笔者基本赞同，但如前几节所述在郡治和辖县数量及名称上略有不同：

当穆帝永和十一年（355），益州刺史周抚表请设立遂宁郡时，只领德阳、广汉、巴兴（治今回马镇，相当今大英及蓬溪一部分）三县。德阳县治今遂宁船山区龙凤镇，遂宁郡治设于德阳县东南七十里的青石坝（原德阳郡治所，今潼南玉溪镇）。

公元373—384年苻坚据蜀，遂宁郡名存实亡（即龚煦春所说的“荒州”）。淝水之战后，巴蜀复为晋有，晋孝武帝将德阳县地中今潼南区部分改设为晋兴县，治青石坝；隆安二年（398）又重设遂宁郡，郡治迁往广汉县（治今射洪县沱牌镇通泉坝）。此时，遂宁郡当辖广汉、巴兴、德阳、晋兴四县。

因东晋末年谯纵之乱致人口外流、城邑破败，德阳县治所移至今市城区商务区。故光绪本《遂宁县志》编撰者李星根《德阳书院碑记》云：“志逸载：至所云谯纵叛后，德阳县移于石坪者，谓今县也。”当时郡治广汉，这从东晋义熙四年（408）刘敬宣伐蜀的记载中可以

---

① 《大清一统志》“广汉故城”条云：“《隋志》遂宁郡治小溪县，以为梁置。按此郡本置于晋时，其治县不应至梁时始置。《元和志》以为晋穆帝置。”

得到印证。《宋书·刘敬宣传》载："敬宣率先士卒，转战而前，达遂宁郡之黄虎，去成都五百里。伪辅国将军谯道福等悉众拒险，相持六十余日，大小十余战，贼固守不敢出，敬宣不得进，食粮尽，军中多疾疫，死者太半，引军还。"[①] 故刘光谟在《广汉、黄虎、通泉故城考》云"道福相持于此者，以（东）晋又移（遂宁）郡治于此故也"。

公元469年，因广汉、德阳、晋兴一带为山僚占据，汉户大量向西迁移，刘宋朝廷将遂宁郡分为东、西二郡，西遂宁郡为侨郡，东遂宁郡为实郡，郡治也从广汉县迁到汉户较集中的巴兴县。故《寰宇记》云："盖其地多獠，官长力弱，不相威摄。宋泰始五年（469），（益州）刺史刘亮表分遂宁为东西二郡。"所以《宋书》载（东）遂宁郡领巴兴、广汉、德阳、晋兴。

南齐时，齐在广汉县今射洪、盐亭一带置西宕渠侨郡，因流民涌入和山僚侵占双重压力，广汉县遂迁治今遂宁市城区城北经开区（老地名北坝）。故《大清一统志》载"广汉故城，在遂宁县东北"。其地应在北坝石溪濠一带。东遂宁郡领县如宋。

南梁时，因西宕渠郡由侨郡转实郡，在今射洪沱牌镇通泉坝原广汉县故址复置广汉县，并划属西宕渠郡。而南齐时移至今遂宁市城区城北经开区的"广汉县"，因具备立县的基础（缴纳供赋的汉户），也没有省，就改称小汉或小广汉[②]。故南梁萧子显为区分南梁于故址复置属于西宕渠郡的广汉县，在《南齐志》中云"东遂宁郡领县四：巴兴、小汉、德阳、晋兴。"因"梁、周史乘，不载方州"，龚煦春在查考各志的基础上推断南梁东遂宁郡领县三：小溪（汉）、巴兴、晋兴。其实，还应该有德阳（北周时德阳才省入方义）。小溪（汉）西魏时改名方义，而《隋志》"方义县"下云：梁曰小溪，置东遂宁郡。说明南梁时郡治就由巴兴迁到小溪（汉），迁治原因可能是广汉县划出归西宕渠郡，小溪（汉）在东遂宁郡四县中位置居中。

综上所述，结论如下：

1. 遂宁郡始置于周抚平定蜀乱后的穆帝永和十一年（355），辖德阳、广汉、巴兴，郡治在德阳东南七十里，即今重庆市潼南区玉溪镇青石坝。

2. 公元373—384年苻坚据蜀，建制打乱。蜀地复为晋有后，直到隆安二年才又立遂宁郡，领广汉、德阳、巴兴、晋兴，郡治移广汉。

3. 刘宋泰始五年（469）分东西遂宁郡，东遂宁郡仍领四县，郡治移巴兴。南齐因之。

4. 南梁东遂宁郡领小汉（溪）[③]、巴兴、德阳、晋兴，郡治移小汉。

---

① 杨泽迟《广汉故城考》云：《晋书·刘牢之传》所载与此大略相同，惟"黄虎"作"黄兽"。《南史·朱龄石传》作"黄武"，是唐代人为避唐高祖李渊之祖李虎（追谥太祖景皇帝）讳而改的。《太平寰宇记》说："通泉县地名黄浒川。"又说："黄浒水，源从盐亭县东南流入党县，合涪江。"《舆地纪胜》说："黄浒溪……在通泉县东五里合江。"《资治通鉴》载："义熙八年，朱龄石曰，刘敬宣往年出黄虎无功而退。贼谓我从内水来，必以重兵守涪城，若向黄虎正堕其计。乃自外水取成都。今唯通泉县有黄虎川，恐即黄虎耳。"再对照《元和郡县图志》"通泉县"条谓："沈水，北至盐亭界流入，公孙述令延岑盛兵沈水固守……即此也。"

② 《南齐书·志·第七》（中华书局1999年版）注：小汉，南监本及《宋书·州郡志》作"广汉"。按：广汉，汉旧县，属广汉郡。汉时县名与郡名同者，往往加"小"字以别之，故广汉亦称小广汉，疑此"小"字下脱一"广"字。

③ 小汉改名，但辖境同东晋时小溪县地。按：《四川通志》"梁在故地复置广汉县"属西宕渠郡。此时郡治移至小溪即今市城区。或因"獠"汉渐渐融合、小溪位置居中、城邑较好。

5. 西魏东遂宁郡领方义（小汉改，郡治）、德阳。①

6. 北周闵帝元年（公元 557 年，《元和郡县志》说武帝保定二年即公元 562 年）②，将东遂宁郡改置遂州，领郡二：石山郡（领县二：方义，德阳县省入方义；始兴）、怀化郡（领县一：长江）。

7. 隋开皇三年（583），废除郡制，以遂州统县。

限于篇幅，对于遂宁现辖政区建置沿革的考证本文只述至南北朝。隋唐以后，国家一统，正史中有关记叙都较为详备。

（作者单位：四川省遂宁市档案馆、四川省蓬溪县政协）

① 按：长江（巴兴改）、始兴（晋兴改）属怀化郡；新置射江（金华镇）属昌城郡；涌泉（太和镇）、广魏县（广汉县改，隋避杨广讳又称光汉县）属涌泉郡。

② 《周书·帝纪·第三》（中华书局 1999 年版）载："元年正月……丙寅，于剑南陵井置陵州，武康郡置资州，遂宁郡置遂州。"而《四库全书》版《元和郡县志》卷三十四"遂州"："东晋又分置遂宁郡，周保定二年，立为遂州，后因之。"

南宋四川宗室进士研究①

陈名扬

内容提要：南宋四川宗室共产生 111 名进士，平均每场科举录取名额约 2.8 名。时间分布上，南宋前期四川宗室进士较少，自宁宗朝开始，数量逐渐增多，宁宗末理宗初以及宝祐四年出现两个高峰，宋末则递减。空间分布上，南宋四川宗室进士主要分布于潼川府路、成都府路、利州路，聚居于四川盆地中部、东部及西南部，涪江、沱江中下游及岷江中游，并以涪江流域中下游相连城市遂宁府、合州为核心分布区。赵宋宗室四大支族在四川均有分布，其中太祖裔分布最广泛，翼祖裔分布最集中。靖康之难后，赵宋宗室主要因避难及仕宦定居四川，前者以太祖裔合州赵师必家族为代表，后者以太宗裔赵士障家族为代表。宗室进士们在履行职守的同时，积极推进本土文教事业，是南宋四川社会特殊的"士大夫"群体。

关键词：南宋；四川；宗室；进士

一、研究起源：南宋四川宗室进士问题之提出

（一）赵宋宗室与宗室科举

宗室（别称皇室、皇族）作为中国封建帝王时代的特殊社会阶层，历代朝廷多对他们采取既关照又压制的牢笼政策，宋代亦然。为了稳定社会秩序、树立皇权屏障，宋代朝廷制定

① 本研究的范围南宋"四川"，指的是南宋"川峡四路"（简称"四川路""四川"）。南宋年间，四川共四路、十府、二十九州、八军、二监、一百八十县、四州辖监。四路分别为：成都府路、潼川府路、利州路、夔州路。今四川（含重庆）大部与川峡四路重合，但利州路之兴元府（今陕西汉中）、同庆府（今甘肃成县）、金州（今陕西安康）、洋州（今陕西洋县）、沔州（今陕西略阳）、文州（甘肃文县）、阶州（今甘肃武都）、西和州（今甘肃西和）、凤州（今陕西凤县）、大安军（今陕西宁强）、天水军（今甘肃天水），夔州路之施州（今湖北恩施）、思州（今贵州务川）、播州（今贵州遵义），现属他省。笔者在研究南宋四川宗室进士时，逐一翻阅了南宋四川辖境（含今属他省的地区）的地方志。南宋四川政区范围详见蒲孝荣著《四川政区沿革与治地今释》（四川人民出版社，1986 年版，第 320－350 页）。

了一系列宗室管理措施，涉及宗谱、司法、教育、仕宦等方面。其中，通过多样化的柔性考用手段，使富有一定学识的宗室参与国家管理，是宋代政府的一个创举。宋代宗室选试，肇始于宋仁宗明道年间（1032—1033），其时“宗室务学者鲜，召试学士院以旌赏之”①。学士院召试选拔机制的出现，使得原本依靠赐名授官但较少升迁机会的服内宗室，也希冀通过学士院获得上升。洎乎宋神宗熙宁二年（1069），随着宗室人口的增长，有必要区分“亲疏贵贱”，减少财政支出，于是规定了宗室参加科举的政策：对于在袒免范围内且已授官阶的宗室，可通过各路锁厅试、国子监试选拔渠道参加省试、殿试；对于非袒免宗室则不再赐名授官，“止令应举”②。南宋时，还出现了为未授官的袒免宗室开设的取应试（特奏名）。也就是说，不管五服内外，宗室要出仕，就须像普通士人一样通过读书获得机会。当然，相比一般平民参加科举，宗室参加考试的种类更多、难度更低、录取率更高。总之，宗室参加科举“提高了整个宗室群体的文化素养，促进了宗室与士大夫阶层的沟通联系，加速了‘宗室士大夫’群体的崛起”③。

（二）宋代宗室与南宋四川宗室进士研究现状

关于宋代宗室的研究，以倪士毅、张邦炜、汪圣铎、贾志扬（美）、王善军、祖慧、何兆泉等先生为代表，他们围绕两宋宗室群体、宗室管理机构、宗室司法、宗室教育与应举、宗室任官、宗室文化、宗室生活等一系列问题产出了丰厚的学术成果④。然而，这些研究所关涉的区域大抵为北宋宗室分布集中的开封府以及南宋宗室分布集中的两浙、福建、江西一带，关于宋代四川宗室，可以说，学界尚未瞩目。究其原因，乃是由于赵宋宗室在四川的活动似不闻著，加之深受战争破坏的南宋四川遗留下来的宗室文献极为匮乏。事实上，至迟在徽宗宣和间，太宗裔朝请大夫赵士陴出任潼川府路遂宁府知府时，就已有宗室出仕及徙居四

① 何兆泉：《两宋宗室研究——以制度考察为中心》，上海古籍出版社，2016年版，第189页注1、注2。

② （清）徐松辑，刘琳、刁忠民、舒大刚、尹波等校点：《宋会要辑稿》第1册“帝系四之三五”，上海古籍出版社，2014年版，第118页。

③ 祖慧：《南宋宗室科举制度探析》，《历史研究》2011年第2期，第49页。

④ 关于两宋宗室研究，管窥所见，代表专著有：张邦炜著《宋代皇亲与政治》（四川人民出版社1993年版）研究了宋代宗室内部的矛盾、朝廷对宗室的防范以及公主群体；王善军著《宋代宗族和宗族制度研究》（河北教育出版社2000年版）研究了宋代宗室的管理机构及制度、宗室特权与禁约；游彪著《宋代特殊群体研究》（商务印书馆2006年版）研究了宗室授官制度；［美］贾志扬著《天潢贵胄：宋代宗室史》（江苏人民出版社2010年版）从宗室家族、宗室机构、宗室授官、宗室教育与文化、宗室生活等层面研究了两宋宗室的历史；骆晓倩著《两宋宗室文学研究》（中华书局2012年版）重点从宗室教育制度、文化传统及文学创作层面对两宋宗室文学进行研究；何兆泉著《两宋宗室研究——以制度考察为中心》（上海古籍出版社2016年版）从制度史层面，系统考察了两宋宗室的管理机构、谱牒与人口、宗室司法、宗室教育、宗室选试、宗室任官等重要问题，并对福州、江西两地宗室进士进行了统计研究。除此之外，代表期刊论文有：倪士毅《赵宋宗室中之士大夫》，《杭州大学学报》（增刊）1984年（按：倪先生此文系其民国末在遵义浙江大学史地研究所读书时所写的硕士毕业论文）；张邦炜《宋代对宗室的防范》，《北京师院学报》（社会科学版）1988年第1期；汪圣铎《宋朝宗室制度考略》，《文史》1990年第33辑；苗书梅《宋代宗室、外戚与宦官任用制度述论》，《史学月刊》1995年第5期；吴旭霞《试论宋代宗室之婚姻》，《江西社会科学》1996年第4期；都樾《宋代宗室的文化成就及其影响》，《中国典籍与文化》2000年第2期；何兆泉《论宋代宗室的法律管理》，《浙江社会科学》2006年第2期；［韩］裴淑姬《论宋代的宗室应举》，《宋史研究论丛》2008年；祖慧《南宋宗室科举制度探析》，《历史研究》2011年第2期；郭发喜《再论“宋代无宗室之祸”》，《宋史研究论丛》2017年第1期；晁根池《宋代宗室居住问题述论》，《宋史研究论丛》2017年第2期；程民生《论宋代宗室的文化水平》，《经济社会史评论》2018年第2期。代表学位论文有：何兆泉《宋代宗室研究》，2004年浙江大学博士学位论文；张小红《宋代宗室子弟教育制度研究》，2001年河南大学硕士学位论文；晁根池《宋代宗室管理制度探析》，2005年河南大学硕士学位论文；张昀《宋代宗室任官制度研究》，2008年华中科技大学硕士学位论文；张秀华《南宋宗室应举研究》，2011年辽宁大学硕士学位论文；张国策《宋代宗室易学研究》，2020年河北大学硕士学位论文。限于篇幅，兹不详述。

川的情形。靖康之难发生后，宗室纷纷南渡，大多徙居两浙路、福建路、江南西路等地，也有部分成员徙至僻处边陲的四川。

笔者披览川渝（含陕西、甘肃、湖北、贵州部分地方）明、清、民国诸志，唯见遂宁、彭县、合川修志者注意到南宋宗室进士问题。明时，遂宁进士陈讲、举人杨台纂修《嘉靖潼川志》，潼川进士张世雍纂修《万历重修潼川州志》时，均留意到南宋遂宁府（今四川省遂宁市）宗室进士问题，在相应进士后标明“宗室”字样，且在数处说明有宗室进士间的亲属关系（如注明宝庆二年进士赵崇坚为“汝涧之侄”[①]）。迨至清朝，遂宁康熙、乾隆、光绪诸志，皆因袭前史。《光绪重修彭县志》卷七《乡贤志》载有《赵彦呐传》，称“赵彦呐，字敏若，太祖弟秦王廷美七世孙，居彭州”[②]，此传内容转引自《宋史》，却明确标明魏王后裔的身份。

民国时张森楷先生纂修合川志（即《民国新修合川县志》），发现了南宋合州（今重庆市合川区）宗室进士的问题。其在编辑《金石掌录》（该志卷三十一“金石”）时，经踏勘、辨识，收录有南宋合州宗室濮岩寺、钓鱼山等石刻；据此，参以《宋史》，对合州太祖裔赵师必支系进行了初步考证，如考订南宋合州进士赵炳即赵师必，赵与倣实为赵与僘等，更新了南宋合州宗室进士事实（见该志卷七“选举”）。森楷先生还依据《宋史》宗室世系表，制作有赵师必家族世系[③]。除此之外，志中收录有黄道中所撰《赵师必传》[④]。

遂宁、合川历代修志者虽已意识到南宋宗室进士问题，且在目力范围内进行考订，然囿于文献史料残缺，以及研究精力限制等因素，他们均未将两地南宋宗室进士问题梳理清晰。如遂宁，历代修志者大抵沿袭前说，标明“宗室”而已，并未多加留意，且出现不少疏漏。森楷先生在修志过程中，做到了将金石遗存与传世文献互参互证，贡献良多，却因为未能目睹《万历重修合州志》，而使民国志失载相当多的宗室进士。这不能不说是一种遗憾。无论如何，遂宁、合川作为南宋宗室寓居四川最为集中的两地，历代前贤为我们开启了南宋四川宗室进士研究的先河。

2019 年，陈名扬《南宋遂宁府宗室考》[⑤]，首次提出了南宋四川宗室进士的问题，并以宗室进士在四川分布较为集中的遂宁府作为个案考察，以明清方志、《宋史》宗室世系表等原始文献为基础，详细梳理了南宋遂宁府宗室进士数量、族支及仕宦情况。

在此基础上，笔者为更全面地掌握南宋四川宗室进士的情况，以期为宋代宗室研究略尽绵力，通过翻阅四川（含重庆全部及陕西、甘肃、湖北、贵州局部）明、清、民国各时期省、府/州、县地方志，以及《宋宝祐四年登科录》《宋史》《宋会要辑稿》等原始文献，对此问题进行了详细考证。

---

① 《嘉靖潼川志》卷六选举志上，第 34 页；《万历重修潼川州志》卷十八科第表，第 18 页。

② 《光绪重修彭县志》，第 176 页。

③ 《民国新修合川县志》卷八《士族谱》，第 318 页。

④ 《民国新修合川县志》（下）卷五十二“流寓”，第 393 页。黄道中，字时斋，合川人，清拔贡生，《民国新修合川县志》编纂员。

⑤ 2019 年“徽学·蜀学·湘学”高层论坛，安徽大学，2019 年 7 月 13 日。后经补充，全文刊载于《蜀学》第十八辑（巴蜀书社，2020 年版，第 168—215 页）。

二、南宋四川宗室进士整理过程中的一些问题与思考

（一）整理之依据：宗室取名特征

赵宋各系宗室均严格依据所属族支字辈取名，有的辈字用在中间，有的用在末尾。据南宋《庆元条法事类》卷三："诸同国姓者立名不得与宗室连名相犯，谓如：廷、光、咸、德、惟、从、守、世、令、子、伯、师、希、与、孟、由、元、允、宗、仲、士、不、善、汝、崇、必、良、友、承、克、叔、公、彦、时、若、嗣、嘉、文、可、修、景、遵、端、广、继、大、孝、安、居、多、自、有、茂，字系上连，之、夫、甫、卿、中、孙，字系下连。单名与式内名讳、偏旁相犯者亦不许用。"①

其中，"德、惟、从、守、世、令、子、伯、师、希、与、孟、由"为宋太祖赵匡胤后裔字辈；"元、允、宗、仲、士、不、善、汝、崇、必、良、友"为宋太宗赵光义（赵匡义）后裔字辈；"德、承、克、叔、之、公、彦、夫、时、若、嗣"为宋太祖四弟魏王赵廷美（赵匡美）后裔字辈；"嘉、文、可、修、景、遵、端、广、继、大"为宋太祖祖父赵敬（宋翼祖）后裔字辈；"孝、安、居、多、自、甫"为宋英宗亲贤宅后裔字辈；"有、卿、茂、中、孙"为宋神宗棣华宅后裔字辈。

南宋朝廷规定国内凡同姓赵者，非宗室不许使用上述辈字。当然，也有未避宗室用字的，如绍兴十二年（1142）合州进士赵允元（赵亢之兄），用了太宗裔"允"字②。又如宝祐四年（1256）潼川府铜山县进士赵子发，用了太祖裔"子"字③。但此种情况较为少见，且上述误用宗室字辈的赵姓进士们，与这些字辈活跃的年代已相隔甚远。另外，赵宋宗室在取名时，除一律使用固定字辈外，兄弟间的名字多依据儒家伦理或五行学说命意。或许为了避免与普通百姓名字混同，他们在取名时还大量使用生僻字，甚至生造字。

赵宋宗室严格按照字辈取名，且同姓赵氏不得使用法定辈字这一时代特征，为我们在四川历代方志选举志/科举表中梳理出宗室进士提供了便利。

（二）雁塔题名与宗室进士名录的传承

宋代四川各地有将进士名录题于雁塔的文化习俗。据南宋嘉定间普州教授李仲熊《宋进士雁塔题名记》："国朝钜公磊落，雄伟叠见，层出而科目奋起居多，故所在郡县学，皆有题名。"④ 鉴于普州州学勒于讲堂两楹的题名石刻过于"褊陋"，与诞生了两百多位进士的"东蜀伟郡"极不相称，李仲熊请知州虞方简出面，建造了两座石柱雁塔，题刻普州进士名录于其上。同时期，嘉定元年（1208），遂宁府学在先允文的主持下，也雕造了两座石柱雁塔于学宫前，题刻端拱以来遂宁进士约四百名⑤。

南宋四川各地将进士名录及相应科年题刻于石制雁塔的习俗，使得不少地方虽屡经浩

① （南宋）谢深甫等纂修：《庆元条法事类》卷三"名讳·杂令"，民国卅七年（1948）石印本。

② 《万历重修合州志》卷五"科贡"，第 86 页。

③ 《宋宝祐四年登科录》，第 74 页。

④ 《道光安岳县志》卷九"选举"，第 609—610 页。

⑤ 《乾隆丁未遂宁县志》卷十"学校"，第 62—63 页。

劫，然进士名录及其背后的文化终得以传承。明清时期，四川各地编修地方志选举志时，关于宋代进士的情况，不少就是依据孑遗的学宫雁塔录入与校正的。如《同治嘉定府志》《民国荣县志》所录南宋荣州宗室进士赵孟操的史料即来源于宋袁桂所立荣州雁塔（亦称《荣州题名碑》）①。《嘉庆眉州属志》登载宋代眉州进士时，即依据眉州文庙所存宋代《雁塔题名碑》校正，其称“宋《雁塔题名碑》犹存文庙，其年份姓名与旧志所载有互异者，今照碑刻次序校正，其字画剥落者阙之俟考”②。

（三）宗室籍贯及居地问题

关于南宋四川宗室之籍贯，普遍来说，太祖裔、太宗裔、魏王裔祖籍地均系东京（即开封府，别称浚仪），翼祖裔祖籍地则在保州（今保定）。据《宋宝祐四年登科录》，作为已徙居四川的宗室，他们的籍贯往往还注明为宗正寺、玉牒所，如宝祐四年（1256）资州进士赵与梣“本贯玉牒所，寄居资州盘石县”③。又，《宋宝祐四年登科录》并非对每一个宗室进士都标明了宗室身份，如遂宁府进士太祖裔赵孟櫄“本贯遂宁府小溪县”④、翼祖裔赵继珪“本贯遂宁府小溪县”⑤。所以在使用《登科录》时，也须通过其字辈及三代名讳来辨别其是否属于宗室。

笔者在整理《南宋四川宗室进士表》时，关于他们的寄居归属地，主要依据各地方志的记载。然而，由于行政区划辖属的演变，以及史家未详加甄别的缘故，一些宗室进士同时出现在不同地方的志书上，且登第年份乃至名字有所出入。本表在制作时，特别留意此点，比较诸书后做出结论。如明代时广安州（即南宋之广安军）属顺庆府，因此到清代就出现了将广安州进士混误为顺庆府南充县籍的情况（详见本文第三部分），谨根据《嘉靖四川总志》《宣统广安州新志》予以校正。

又，经研究发现，南宋资州宗室进士与南宋成都府郫县有着十分密切的关系。《宋宝祐四年登科录》所载资州盘石县进士赵与梣，其天祖为赠奉直大夫赵令譮。同属赵令譮后裔的四川宗室进士还有遂宁府绍熙四年（1193）进士赵师珊、资州庆元二年（1196）进士赵希混、成都府郫县绍定年间（1228－1233）进士赵与槛、资州淳祐七年进士（1247）赵孟燧等。可谓人才鼎盛。关于资州与成都历代方志中将赵希混、赵孟燧等均列为本地进士的原因，笔者认为，一方面该支宗室部分成员系自资迁蓉、郫，而在两地均留下了科举记录，一方面明时资州为资县属成都府，修志者在登录进士时未详考而混同。因资州方志中赵令譮支系宗室进士名单更完整且登第时间更精确，经辨析，笔者将一些两地有争议的进士归入资州。

（四）各文献中宗室进士漏载、讹误的情况

笔者在整理南宋四川宗室进士时，发现许多文献存在漏载、讹误的情况。前文已经提到，因为南宋四川各地有题刻进士名录于雁塔的习惯，使得进士文献得以传承。然而，即使

① 《同治嘉定府志》卷二十五“进士”，第 221 页；《民国荣县志》第八“选举”，第 101 页。
② 《嘉庆眉州属志》，第 145 页。
③ 《宋宝祐四年登科录》，第 63 页。
④ 同上，第 78 页。
⑤ 同上，第 77 页。

是石制雁塔也禁受不住风霜、兵燹，剥蚀脱落，漶漫难读；兼之四川宋元时期方志几无保存，明代方志多数遗佚，文献难征，导致颇多进士消失在我们的记忆之中。

据《光绪补纂仁寿县原志》："县学宫有《题名碑》，具载宋元以来进士举人姓名，大半残缺，其可见者，与《通志》互异，当是明季陋儒为之。"[①] 这说明雁塔题名碑柱除宋刻外，明人亦有补刻或新立的情形；仁寿碑至清光绪时，已经"大半残缺"且与传世文献互异。虽说《题名碑》固有其缺陷，但以金石传世，比纸本更为久远，若参校以诸书，则将发挥巨大作用，所以批评《题名碑》的仁寿县修志者们也不得不依赖之作为参校的重要底本。

基于上述困难，现存四川（含重庆）古今方志失载不少南宋宗室进士。如据《宋宝祐四年登科录》，知赵孟续为成都府进士，赵嗣恩为眉州进士，然省、府、州志皆失载[②]。又，《嘉靖四川总志》因成书仓促，刊载科举信息极其不全，如漏载南宋合州、普州安岳县全部宗室进士，卷十一所录遂宁宗室进士也多遗漏；且舛误甚多，多处出现漏写姓、名的情况，如嘉定十年遂宁府进士赵师洲，误为"师州"，嘉定十年遂宁府进士赵崇齐，误为"崇齐"[③]。倘研读者未详加辨析，便会误此为实，而将重要的宗室信息挂漏。

即使是纂修比较认真的《万历重修潼川州志》及《万历重修合州志》，也存在不少宗室进士漏载姓氏、字辈的情况，后者最为典型。《万历重修合州志》载有"时信""时乐""若颐""孟淑""孟锜""嗣炳""孟质""孟墡""若橓""孟圳""必晫"等南宋合州进士，倘不予辨析，或将以为他们姓"时""若""孟""嗣""必"而不知来历。检阅《宋宝祐四年登科录》，载有合州宗室进士赵时贯、赵孟浑，而《万历重修合州志》作"时掼""孟浑"[④]。《万历重修合州志》载景定三年合州进士"孟垒"，在《道光重庆府志》中记为开庆元年合州进士"赵孟垒"[⑤]，此"孟垒"即"赵孟垒"无疑。再以《宋史》宗室世系表详考之，则知"时信""时乐"等即"赵时信""赵时乐""赵若颐""赵孟淑""赵孟锜""赵嗣炳""赵孟质""赵孟墡""赵若橓""赵孟圳""赵必晫"，均为宗室进士。

至于《万历重修合州志》为什么在刊入为数众多的宗室进士时统统没有了姓氏呢？笔者猜测，很可能合州学宫雁塔题名碑柱在蒙元祸川之时，就被人有意将含有政治意味的"赵"姓抹去了，而等到万历修志者们参考时，就只看见光秃秃的名字。不然，修志者没有任何理由主动削姓。又，因为明末清初四川战乱，《万历重修合州志》在清代合州修志时已佚（孤本现藏日本内阁文库），所以在《道光重庆府志》《民国新修合川县志》中，上述"时信""时乐"等进士悉未收入选举志，遗漏甚多。因此，整理南宋四川宗室进士时，海外藏诸种明代四川孤本方志成为笔者的重要参考底本。

此外，因"与"（與）与"兴"（興）繁体相似而易混误，不少志书将"與"误刻成"興"，如《嘉靖四川总志》将绍定间郫县进士赵与槛误为"赵兴槛"[⑥]，《光绪资州直隶州

---

① 《光绪补纂仁寿县原志》卷三"选举"，第773页。
② 《宋宝祐四年登科录》，第83页。
③ 《嘉靖四川总志》卷十一"潼川州"，第219页。
④ 《宋宝祐四年登科录》，第61、83页；《万历重修合州志》卷五"科贡"，第88页。
⑤ 《万历重修合州志》卷五"科贡"，第89页；《道光重庆府志》卷七"选举志"，第221页。
⑥ 《嘉靖四川总志》卷四"成都府"，第93页。

志》将宝庆二年仁寿进士赵与玳误为“赵兴玳”，将宝祐四年资州进士赵与楟误为“赵兴楟”[①]，等等。

《宋史》宗室世系表也因各种原因，未记录完整。如宝祐四年丙辰科（1256）赵嗣昌、赵嗣恩兄弟同时成为进士，他们作为魏王裔赵江夫的曾孙未载入世系表中。又，淳熙二年乙未科（1175）进士赵彦呐，《宋史》有其传，而宗室表失载。推其因，前者或为濒临宋末，未及登载；后者或因赵彦呐任四川安抚制置使时兵败贬谪，削其名号。又，即使《宋史》宗室世系表记录“赵师意—赵希瓐”后人时，也未记录希瓐长子赵与莒（即宋理宗），只记录有次子赵与芮（其子为宋度宗赵孟启）[②]。这就需要我们在整理的同时，参校诸书，认真梳理宗室之间的世承关系。

除去能够充分证实的，也有不少进士疑似宗室进士，然却颇难证明。如《嘉靖四川总志》《康熙顺庆府志》《雍正四川通志》《民国新修南充县志》俱载有顺庆府南宋淳熙八年进士“希骧”、绍熙间进士“善辰”、嘉定年间进士“希昔”“希德”“兴依”“兴侯”[③]，从该府宋代进士家族来看，未见“希”“善”“兴”等姓氏，疑似宗室。然在《宋史》宗室世系表中未发现与他们具有密切关联性的支系，只好存之待考，未收入《南宋四川宗室进士表》中。

三、南宋四川宗室进士表

上面介绍了整理南宋四川宗室进士过程中的一些问题与思考，下面谨将南宋四川宗室进士以表格形式直接呈现：

表 1：南宋四川宗室进士表

编号	属路	州（府）县	科年	姓名	字辈	支族	世系	史料出处	备注
1	成都府路	成都府	淳熙年间（1174－1189）	赵彦标	彦	魏王裔	高祖赵克勤（南康侯），曾祖赵叔厍（赠右金紫光禄大夫），祖赵迪之（左朝请大夫），父赵公源（右迪功郎），三子：赵微夫、赵诠夫、赵邃夫。	《嘉靖四川总志》卷四“成都府”，第 91 页；《天启新修成都府志》卷十三“科第”，第 858 页；《雍正四川通志》卷三十三“选举”，第 27 页；《宋史》第 8468 页。	

① 《光绪资州直隶州志》卷十三“选举志”，第 387、388 页。

② （元）脱脱等撰：《宋史》，中华书局，1977 年版，第 5837 页。

③ 《嘉靖四川总志》卷七“顺庆府”，第 145 页；《康熙顺庆府志》“科第”，第 489 页；《雍正四川通志》卷三十三“选举”，第 43、44 页；《民国新修南充县志》卷八“贡举表”，第 333、334 页。

续表

编号	属路	州（府）县	科年	姓名	字辈	支族	世系	史料出处	备注
2	成都府路	成都府成都县	嘉泰二年壬戌科（1202）傅行简榜	赵师邵	师	太祖裔	高祖赵世本（彭城郡公），曾祖赵令綮（西头供奉官），祖赵子遇，父赵伯回，子赵希伾、赵希黴。	《嘉靖四川总志》卷四“成都府”，第91页；《天启新修成都府志》卷十三“科第”，第863页；《雍正四川通志》卷三十三“选举”，第30页；《同治重修成都县志》卷四“选举志”，第179页；《宋史》，第5966页。	详细时间见同治志。
3	成都府路	成都府成都县	宝庆二年丙戌科（1226）王会龙榜	赵希隆	希	太祖裔	世系不详	《嘉靖四川总志》卷四“成都府”，第91页；《天启新修成都府志》卷十三“科第”，第867页；《雍正四川通志》卷三十三“选举”，第32页；《同治重修成都县志》卷四“选举志”，第179页。	详细时间见同治志。
4	成都府路	成都府郫县	绍定年间（1228－1233）	赵与槛	与	太祖裔	高祖赵子黯（再赠朝议大夫），曾祖赵伯总，祖赵师黄，父赵希汲，兄赵与楿、赵与柲，子赵孟烯。	《嘉靖四川总志》卷四“成都府”，第93页；《天启新修成都府志》卷十三“科第”，第869页；《雍正四川通志》卷三十三“选举”，第33页；《嘉庆郫县志》卷二十五“选举”，第147页；《宋史》，第6003页。	嘉靖志、天启志、雍正志、嘉庆志俱作“赵兴槛”，据《宋史》改。
5	成都府路	成都府	宝祐四年丙辰科（1256）文天祥榜	赵孟续（1219－?）	孟	太祖裔	高祖赵伯璿，曾祖赵师忕，祖赵希迻（仕），父赵与攸。	《宋宝祐四年登科录》，第83页；《宋史》，第6065页。	四甲第二百三十五名。

续表

编号	属路	州（府）县	科年	姓名	字辈	支族	世系	史料出处	备注
6	成都府路	眉州	淳熙年间（1174－1189）	赵江夫	夫	魏王裔	高祖赵叔夷（洋国公），曾祖赵渐之（赠朝请大夫），祖赵公一（武翼郎），父赵彦涛，弟赵羽夫，子赵时翦，孙赵若梓（仕）、赵若涂，曾孙赵嗣昌、赵嗣恩。	《嘉靖四川总志》卷十二“眉州”，第234页；《雍正四川通志》卷三十三“选举”，第95页；《嘉庆眉州属志》卷十“选举志”，第142页；《民国眉山县志》卷七“选举志”，第588页；《宋史》，第8474页。	
7	成都府路	眉州	淳熙年间（1174－1189）	赵彦尚	彦	魏王裔	高祖赵克赳（房陵郡公），曾祖赵叔竑（武经大夫），祖赵愕之（赠宣教郎），父赵公溆（修武郎），弟赵彦唯、赵彦占、赵彦谷。	《嘉靖四川总志》卷十二“眉州”，第234页；《雍正四川通志》卷三十三“选举”，第96页；《嘉庆眉州属志》卷十“选举志”，第143页；《民国眉山县志》卷七“选举志”，第588页；《宋史》，第8587页。	
8	成都府路	眉州	淳熙年间（1174－1189）	赵彦谷	彦	魏王裔	高祖赵克赳（房陵郡公），曾祖赵叔竑（武经大夫），祖赵愕之（赠宣教郎），父赵公溆（修武郎），兄赵彦尚、赵彦唯、赵彦占，子赵潮夫。	《嘉靖四川总志》卷十二“眉州”，第234页；《雍正四川通志》卷三十三“选举”，第97页；《嘉庆眉州属志》卷十“选举志”，第143页；《民国眉山县志》卷七“选举志”，第588页；《宋史》，第8587页。	
9	成都府路	眉州	庆元年间（1195－1200）	赵羽夫	夫	魏王裔	高祖赵叔夷（洋国公），曾祖赵渐之（赠朝请大夫），祖赵公一（武翼郎），父赵彦涛，兄赵江夫，子赵时雁、赵时粲。	《嘉庆眉州属志》卷十“选举志”，第143页；《民国眉山县志》卷七“选举志”，第589页；《宋史》，第8474页。	

续表

编号	属路	州（府）县	科年	姓名	字辈	支族	世系	史料出处	备注
10	成都府路	眉州	庆元年间（1195－1200）	赵彦呻	彦	魏王裔	世系不详	《嘉庆眉州属志》卷十“选举志”，第143页；《民国眉山县志》卷七“选举志”，第589页。	
11	成都府路	眉州	嘉定年间（1208－1224）	赵至夫	夫	魏王裔	世系不详	《嘉靖四川总志》卷十二“眉州”，第235页；《雍正四川通志》卷三十三“选举”，第98页；《嘉庆眉州属志》卷十“选举志”，第144页；《民国眉山县志》卷七“选举志”，第590页。	嘉靖志、雍正志作宝庆间进士，嘉庆志、民国志作嘉定间。
12	成都府路	眉州	嘉定年间（1208－1224）	赵奕夫	夫	魏王裔	高祖赵叔遥（修武郎），曾祖赵咏之，祖赵公辅，父赵彦泰，兄赵原夫、赵昂夫、赵孝夫，弟赵俶夫。	《嘉靖四川总志》卷十二“眉州”，第235页；《雍正四川通志》卷三十三“选举”，第99页；《嘉庆眉州属志》卷十“选举志”，第144页；《民国眉山县志》卷七“选举志”，第590页；《宋史》，第8265页。	嘉靖志、雍正志作宝庆间进士，嘉庆志、民国志作嘉定间。
13	成都府路	眉州	宝庆年间（1225－1227）	赵镨夫	夫	魏王裔	高祖赵叔夷（洋国公），曾祖赵渐之（赠朝请大夫），祖赵公一（武翼郎），父赵彦仁，堂兄赵江夫、赵羽夫。	《嘉靖四川总志》卷十二“眉州”，第235页；《雍正四川通志》卷三十三“选举”，第100页；《嘉庆眉州属志》卷十“选举志”，第144页；《民国眉山县志》卷七“选举志”，第590页；《宋史》，第8475页。	嘉靖志、雍正志作“赵劄夫”，嘉庆志、民国志作“赵镕夫”，据《宋史》，疑为赵江夫、赵羽夫堂弟赵镨夫。
14	成都府路	眉州	绍定年间（1228－1233）	赵若抚	若	魏王裔	世系不详	《嘉靖四川总志》卷十二“眉州”，第235页；《雍正四川通志》卷三十三“选举”，第102页；《嘉庆眉州属志》卷十“选举志”，第145页；《民国眉山县志》卷七“选举志”，第590页。	《宋史》宗室世系表录入之“若抚”（第8151页）为处州人，开庆元年进士；失载眉州若抚。

续表

编号	属路	州（府）县	科年	姓名	字辈	支族	世系	史料出处	备注
15	成都府路	眉州	淳祐年间（1241－1252）	赵若铼	若	魏王裔	世系不详	《嘉靖四川总志》卷十二“眉州”，第235页；《雍正四川通志》卷三十三“选举”，第103页；《嘉庆眉州属志》卷十“选举志”，第145页；《民国眉山县志》卷七“选举志”，第590页。	
16	成都府路	眉州	宝祐四年丙辰科（1256）文天祥榜	赵嗣昌（1234—?）	嗣	魏王裔	高祖赵彦涛，曾祖赵江夫，祖赵时剪，父赵若梓（仕），弟赵嗣恩。	《宋宝祐四年登科录》，第83页；《嘉靖四川总志》卷十二“眉州”，第235页；《雍正四川通志》卷三十三“选举”，第104页；《嘉庆眉州属志》卷十“选举志”，第145页；《民国眉山县志》卷七“选举志”，第591页。	四甲第二百三十七名。嘉靖志、雍正志、嘉庆志、民国志俱作宝祐间眉州进士“赵嗣漳”，当为一人。《宋史》宗室世系表失载。
17	成都府路	眉州	宝祐四年丙辰科（1256）文天祥榜	赵嗣恩（1237—?）	嗣	魏王裔	高祖赵彦涛，曾祖赵江夫，祖赵时剪，父赵若梓（仕），兄赵嗣昌。	《宋宝祐四年登科录》，第83页。	四甲第二百四十二名。诸志俱失载。《宋史》宗室世系表失载。
18	成都府路	彭州	淳熙二年乙未科（1175）詹骙榜	赵彦呐（?－1238）	彦	魏王裔	子赵洸夫。	《天启新修成都府志》卷十三“科第”，第864页；《雍正四川通志》卷三十三“选举”，第30页；《光绪重修彭县志》卷六“选举志”，第147页；《宋史》，第12399－12400页。	类省试第一名。天启志、雍正志作开禧间进士，据光绪志改。《宋史》有赵彦呐传，而宗室表失载。

续表

编号	属路	州（府）县	科年	姓名	字辈	支族	世系	史料出处	备注
19	成都府路	隆州仁寿县	宝庆二年丙戌科（1226）王会龙榜	赵与玳	与	太祖裔	高祖赵子衿（训武郎），曾祖赵伯缜，祖赵师周，父赵希蕈，子赵孟似、赵孟璻。	《嘉靖四川总志》卷四“成都府”，第92页；《天启新修成都府志》卷十三“科第”，第867页；《雍正四川通志》卷三十三“选举”，第32页；《光绪资州直隶州志》卷十三“选举志”，第387页；《光绪补纂仁寿县原志》卷三“选举”，第775页；《宋史》，第5937页。	详细时间见《光绪资州直隶州志》。两光绪志俱误作“赵兴玳”，据嘉靖志、天启志、雍正志改。
20	成都府路	绵州	绍兴年间（1131－1162）	赵汝明	汝	太宗裔	高祖赵仲佺（华原郡王，谥惠孝），曾祖赵士柭（冯翊侯），祖赵不惰（赠武功大夫），父赵善登，子赵崇孚、赵崇临。	《嘉靖四川总志》卷四“成都府”，第94页；《天启新修成都府志》卷十三“科第”，第850页；《雍正四川通志》卷三十三“选举”，第23页；《宋史》，第7217页。	天启志、雍正志作威州人，据嘉靖志改。
21	成都府路	绵州	绍定年间（1228－1233）	赵必煴	必	太宗裔	世系不详	《嘉靖四川总志》卷四“成都府”，第94页；《雍正四川通志》卷三十三“选举”，第33页。	
22	潼川府路	遂宁府小溪县	乾道五年己丑科（1169）郑侨榜	赵善从	善	太宗裔	高祖赵宗谔（韩王，谥荣恩），曾祖赵仲料（少师，通义侯），祖赵士陴（遂宁府知府，赠左通议大夫），父赵不舟（赠太中大夫），子赵汝灼，孙赵崇书、赵崇抃、赵崇翱、赵崇徺。	《万历重修潼川州志》卷十八“科第表”，第13页；《嘉靖潼川志》卷六“选举志上”，第26页；《宋史》，第7051页。	特奏名。万历志作“赵从善”，据嘉靖志改。详细时间据万历志。

续表

编号	属路	州（府）县	科年	姓名	字辈	支族	世系	史料出处	备注
23	潼川府路	遂宁府小溪县	淳熙二年乙未科（1175）詹骙榜	赵汝乙	汝	太宗裔	高祖赵仲料（少师，通义侯），曾祖赵士陴（遂宁府知府，赠左通议大夫），祖赵不傲（赠朝议大夫），父赵善期，子赵崇范、赵崇篚。	《万历重修潼川州志》卷十八“科第表”，第14页；《嘉靖潼川志》卷六“选举志上”，第26页；《宋史》，第7052页。	特奏名。详细时间据万历志。
24	潼川府路	遂宁府小溪县	淳熙五年戊戌科（1178）姚颖榜	赵汝涧	汝	太宗裔	高祖赵仲料（少师，通义侯），曾祖赵士陴（遂宁府知府，赠左通议大夫），祖赵不伐（赠朝奉郎），父赵善龄，子赵崇粹、赵崇椿、赵崇烨。	《嘉靖四川总志》卷十一“潼川州”，第219页；《万历重修潼川州志》卷十八“科第表”，第14页；《嘉靖潼川志》卷六“选举志上”，第26页；《宋史》，第7056页。	详细时间据万历志。
25	潼川府路	遂宁府小溪县	淳熙十四年丁未科（1187）王容榜	赵汝莘	汝	太宗裔	高祖赵仲越（惠国公，谥敦孝），曾祖赵士仙（武翼郎），祖赵不回（承节郎），父赵善庥，兄赵汝宁。	《嘉靖四川总志》卷十一“潼川州”，第219页；《万历重修潼川州志》卷十八“科第表”，第15页；《嘉靖潼川志》卷六“选举志上”，第28页；《宋史》，第7027页。	详细时间据万历志。《嘉靖四川总志》作“赵汝萃”，据万历志、《嘉靖潼川志》改。
26	潼川府路	遂宁府小溪县	淳熙十四年丁未科（1187）王容榜	赵汝璲	汝	太宗裔	高祖赵仲侗（荣国公，谥和思），曾祖赵士伐（赠少师、思王，谥温靖），祖赵不鲇（赠武功郎），父赵善讦，子赵崇以。	《万历重修潼川州志》卷十八“科第表”，第15页；《嘉靖潼川志》卷六“选举志上”，第28页；《宋史》，第7237页。	详细时间据万历志。

续表

编号	属路	州（府）县	科年	姓名	字辈	支族	世系	史料出处	备注
27	潼川府路	遂宁府小溪县	淳熙十四年丁未科（1187）王容榜	赵希异	希	太祖裔	高祖赵令扁（赠洋川郡公），曾祖赵子珏（从义郎），祖赵伯游，父赵师单，子赵与麾、赵与亦。	《嘉靖四川总志》卷十一潼川州，第219页；《万历重修潼川州志》卷十八“科第表”，第15页；《嘉靖潼川志》卷六“选举志上”，第28页；《宋史》，第6189页。	详细时间据万历志。
28	潼川府路	遂宁府小溪县	绍熙元年庚戌科（1190）余复榜	赵善拭	善	太宗裔	高祖赵宗樸（定王，谥僖穆），曾祖赵仲佺（华原郡王，谥惠孝），祖赵士型（华原侯），父赵不认（从义郎），子赵汝续、赵汝给。	《万历重修潼川州志》卷十八“科第表”，第15页；《嘉靖潼川志》卷六“选举志上”，第28页；《宋史》，第7225页。	详细时间据万历志。
29	潼川府路	遂宁府小溪县	绍熙四年癸丑科（1193）陈亮榜	赵师珊	师	太祖裔	高祖赵世枚（彭城侯），曾祖赵令譽（赠奉直大夫），祖赵子点，父赵伯擬。	《万历重修潼川州志》卷十八“科第表”，第15页；《嘉靖潼川志》卷六“选举志上”，第28页；《宋史》，第6000页。	详细时间据万历志。万历志作“赵师姗”，据嘉靖志改。
30	潼川府路	遂宁府小溪县	绍熙四年癸丑科（1193）陈亮榜	赵崇范	崇	太宗裔	高祖赵士陴（遂宁府知府，赠左通议大夫），曾祖赵不傲（赠朝议大夫），祖赵善期，父赵汝乙，子赵必辉、赵必听、赵必待、赵必適、赵必扬。	《万历重修潼川州志》卷十八“科第表”，第15页；《嘉靖潼川志》卷六“选举志上”，第28页；《宋史》，第7052页。	详细时间据万历志。

续表

编号	属路	州（府）县	科年	姓名	字辈	支族	世系	史料出处	备注
31	潼川府路	遂宁府小溪县	庆元二年丙辰科（1196）邹应龙榜	赵希仔	希	太祖裔	高祖赵令扁（赠洋川郡公），曾祖赵子珏（从义郎），祖赵伯游，父赵师单，弟赵希森、赵希异，子赵与柘。	《万历重修潼川州志》卷十八"科第表"，第15页；《嘉靖潼川志》卷六"选举志上"，第28页；《乾隆丁卯遂宁县志》卷四"进士"，第15页；《宋史》，第6189页。	详细时间据万历志。万历志、嘉靖志俱作"赵希行"，据乾隆志及《宋史》改。
32	潼川府路	遂宁府小溪县	庆元五年己未科（1199）曾从龙榜	赵善窾	善	太宗裔	高祖赵宗翰（平阳郡王，谥僖裕），曾祖赵仲馨（安康郡公），祖赵士珇（赠朝议大夫），父赵不掎（保义郎），子赵汝廪、赵汝虚。	《嘉靖四川总志》卷十一"潼川州"，第219页；《万历重修潼川州志》卷十八"科第表"，第16页；《嘉靖潼川志》卷六"选举志上"，第29页；《宋史》，第7170页。	详细时间据万历志。《嘉靖四川总志》作"赵善"，据万历志、《嘉靖潼川志》补。
33	潼川府路	遂宁府小溪县	嘉泰二年壬戌科（1202）傅行简榜	赵汝重	汝	太宗裔	高祖赵仲料（少师，通义侯），曾祖赵士陴（遂宁府知府，赠左通议大夫），祖赵不傲（赠朝议大夫），父赵善铉，子赵崇傑、赵崇雍、赵崇舒、赵崇彭。	《万历重修潼川州志》卷十八"科第表"，第16页；《嘉靖潼川志》卷六"选举志上"，第29页；《宋史》，第7052页。	详细时间据万历志。
34	潼川府路	遂宁府小溪县	嘉泰二年壬戌科（1202）傅行简榜	赵汝燉	汝	太宗裔	高祖赵仲料（少师，通义侯），曾祖赵士陴（遂宁府知府，赠左通议大夫），祖赵不傲（赠朝议大夫），父赵善铉，子赵崇笲、赵崇偶、赵崇课。	《万历重修潼川州志》卷十八"科第表"，第16页；《嘉靖潼川志》卷六"选举志上"，第29页；《宋史》，第7053页。	详细时间据万历志。

续表

编号	属路	州（府）县	科年	姓名	字辈	支族	世系	史料出处	备注
35	潼川府路	遂宁府小溪县	嘉泰二年壬戌科（1202）傅行简榜	赵善溯	善	太宗裔	高祖赵宗翰（平阳郡王，谥僖裕），曾祖赵仲鬻（安康郡公），祖赵士珇（赠朝议大夫），父赵不掎（保义郎），子赵汝谢。	《万历重修潼川州志》卷十八“科第表”，第16页；《嘉靖潼川志》卷六“选举志上”，第29页；《宋史》，第7170页。	详细时间据万历志。嘉靖志作“赵汝溯”，据万历志改。
36	潼川府路	遂宁府小溪县	开禧元年乙丑科（1205）毛自知榜	赵崇实	崇	太宗裔	高祖赵士舜（盐川侯），曾祖赵不惑（训武郎），祖赵善桦，父赵汝醴，弟赵崇盰、赵崇宇，子赵必至、赵必城、赵必章。	《万历重修潼川州志》卷十八“科第表”，第16页；《嘉靖潼川志》卷六“选举志上”，第29页；《宋史》，第6935页。	详细时间据万历志。
37	潼川府路	遂宁府小溪县	开禧元年乙丑科（1205）毛自知榜	赵崇暹	崇	太宗裔	高祖赵士陴（遂宁府知府，赠左通议大夫），曾祖赵不倚（赠朝奉郎），祖赵善郅，父赵汝辛。	《万历重修潼川州志》卷十八“科第表”，第16页；《嘉靖潼川志》卷六“选举志上”，第29页；《宋史》，第7055页。	详细时间据万历志。两志俱作“赵崇逻”，据《宋史》改。
38	潼川府路	遂宁府小溪县	嘉定元年戊辰科（1208）郑自诚榜	赵崇宇	崇	太宗裔	高祖赵士舜（盐川侯），曾祖赵不惑（训武郎），祖赵善桦，父赵汝醴，兄赵崇实、赵崇盰，子赵必纬。	《万历重修潼川州志》卷十八“科第表”，第16页；《宋史》，第6935页。	特奏名。
39	潼川府路	遂宁府小溪县	嘉定四年辛未科（1211）赵建大榜	赵崇盰	崇	太宗裔	高祖赵士舜（盐川侯），曾祖赵不惑（训武郎），祖赵善桦，父赵汝醴，兄赵崇实，弟赵崇宇，子赵必为、赵必熄、赵必侜。	《万历重修潼川州志》卷十八“科第表”，第17页；《宋史》，第6935页。	特奏名。万历志作“赵崇肝”，据《宋史》改。

续表

编号	属路	州（府）县	科年	姓名	字辈	支族	世系	史料出处	备注
40	潼川府路	遂宁府小溪县	嘉定七年甲戌科（1214）袁甫榜	赵与俣	与	太祖裔	高祖赵子㑺（武节郎），曾祖赵伯玉，祖赵师必，父赵希得，兄赵与俅，弟赵与儆、赵与佩，子赵孟湲、赵孟垌。	《万历重修潼川州志》卷十八“科第表”，第17页；《民国新修合川县志》卷七“选举”，第276页；《宋史》，第5733页。	特奏名。民国志称，据钓鱼山石刻，赵与俣为合州人。笔者认为，其系自合迁遂。
41	潼川府路	遂宁府小溪县	嘉定十年丁丑科（1217）吴潜榜	赵师洲	师	太祖裔	高祖赵世福（少师、仪王），曾祖赵令碧（右侍禁），祖赵子遇（成忠郎），父赵伯豪，子赵希煓、赵希期。	《嘉靖四川总志》卷十一“潼川州”，第219页；《万历重修潼川州志》卷十八“科第表”，第17页；《嘉靖潼川志》卷六“选举志上”，第33页；《宋史》，第6268页。	详细时间据万历志。《嘉靖四川总志》作“师州”，万历志、《嘉靖潼川志》作“赵师州”，据《宋史》改。
42	潼川府路	遂宁府小溪县	嘉定十年丁丑科（1217）吴潜榜	赵崇齐	崇	太宗裔	高祖赵士牌（遂宁府知府，赠左通议大夫），曾祖赵不舟（赠太中大夫），祖赵善养，父赵汝并，弟赵崇率、赵崇畹，子赵必习。	《嘉靖四川总志》卷十一“潼川州”，第219页；《万历重修潼川州志》卷十八“科第表”，第17页；《嘉靖潼川志》卷六“选举志上”，第33页；《宋史》，第7051页。	详细时间据万历志。《嘉靖四川总志》作“崇齐”，据万历志、《嘉靖潼川志》补。
43	潼川府路	遂宁府小溪县	嘉定十六年癸未科（1223）蒋重珍榜	赵广爰	广	翼祖裔	世系不详	《万历重修潼川州志》卷十八“科第表”，第18页；《嘉靖潼川志》卷六“选举志上”，第33页。	详细时间据万历志。万历志作“赵广元”，据嘉靖志改。
44	潼川府路	遂宁府小溪县	嘉定十六年癸未科（1223）蒋重珍榜	赵崇畹	崇	太宗裔	高祖赵士牌（遂宁府知府，赠左通议大夫），曾祖赵不舟（赠太中大夫），祖赵善养，父赵汝併，兄赵崇齐、赵崇率。	《万历重修潼川州志》卷十八“科第表”，第18页；《嘉靖潼川志》卷六“选举志上”，第33页；《宋史》，第7051页。	详细时间据万历志。万历志作“赵崇畹”，据嘉靖志与《宋史》改。

续表

编号	属路	州（府）县	科年	姓名	字辈	支族	世系	史料出处	备注
45	潼川府路	遂宁府小溪县	宝庆二年丙戌科（1226）王会龙榜	赵崇坚	崇	太宗裔	高祖赵士陴（遂宁府知府，赠左通议大夫），曾祖赵不伐（赠朝奉郎），祖赵善龄，父赵汝溪，子赵必傆，孙赵良衢。	《万历重修潼川州志》卷十八“科第表”，第18页；《嘉靖潼川志》卷六“选举志上”，第34页；《宋史》，第7056页。	详细时间据万历志。
46	潼川府路	遂宁府小溪县	宝庆二年丙戌科（1226）王会龙榜	赵崇傑	崇	太宗裔	高祖赵士陴（遂宁府知府，赠左通议大夫），曾祖赵不傚（赠朝议大夫），祖赵善鋐，父赵汝重。	《万历重修潼川州志》卷十八“科第表”，第18页；《宋史》，第7052页。	万历志作“赵崇仆”，据《宋史》改。
47	潼川府路	遂宁府小溪县	宝庆二年丙戌科（1226）王会龙榜	赵善秦	善	太宗裔	高祖赵宗懿（舒王，谥良靖），曾祖赵仲汾（荣国公，谥僖安），祖赵士㑀（惠国公），父赵不凋（赠武德郎）。	《万历重修潼川州志》卷十八“科第表”，第18页；《嘉靖潼川志》卷六“选举志上”，第34页；《雍正四川通志》卷三十三“选举”，第74页；《宋史》，第7206页。	详细时间据万历志。万历志作“赵善橐”，雍正志作“赵善桑”，据嘉靖志改。
48	潼川府路	遂宁府小溪县	绍定二年己丑科（1229）黄朴榜	赵崇篚	崇	太宗裔	高祖赵士陴（遂宁府知府，赠左通议大夫），曾祖赵不傚（赠朝议大夫），祖赵善期，父赵汝乙，子赵必籧、赵必逵、赵必迣。	《万历重修潼川州志》卷十八“科第表”，第18页；《嘉靖潼川志》卷六“选举志上”，第34页；《宋史》，第7052页。	详细时间据万历志。
49	潼川府路	遂宁府小溪县	绍定二年己丑科（1229）黄朴榜	赵希期	希	太祖裔	高祖赵令碧（右侍禁），曾祖赵子遇（成忠郎），祖赵伯豪，父赵师洲，兄赵希煓。	《万历重修潼川州志》卷十八“科第表”，第18页；《嘉靖潼川志》卷六“选举志上”，第34页；《宋史》，第6268页。	详细时间据万历志。

续表

编号	属路	州（府）县	科年	姓名	字辈	支族	世系	史料出处	备注
50	潼川府路	遂宁府小溪县	绍定二年己丑科（1229）黄朴榜	赵与传	与	太祖裔	世系不详	《万历重修潼川州志》卷十八“科第表”，第18页；《嘉靖潼川志》卷六“选举志上”，第34页。	详细时间据万历志。
51	潼川府路	遂宁府小溪县	绍定五年壬辰科（1232）徐元杰榜	赵广徵	广	翼祖裔	世系不详	《嘉靖四川总志》卷十一“潼川州”，第219页；《万历重修潼川州志》卷十八“科第表”，第18页；《嘉靖潼川志》卷六“选举志上”，第34页。	详细时间据万历志。《嘉靖潼川志》作“赵广微”，系抄误。
52	潼川府路	遂宁府小溪县	绍定五年壬辰科（1232）徐元杰榜	赵希震	希	太祖裔	世系不详	《嘉靖四川总志》卷十一“潼川州”，第219页；《万历重修潼川州志》卷十八“科第表”，第18页；《嘉靖潼川志》卷六“选举志上”，第34页。	详细时间据万历志。《嘉靖四川总志》作“赵希正”，万历志作“赵希褰”，《嘉靖潼川志》作“赵希震”。
53	潼川府路	遂宁府小溪县	绍定五年壬辰科（1232）徐元杰榜	赵继谔	继	翼祖裔	曾祖赵遵韶，祖赵端贵（承信郎），父赵广发，弟赵继议、赵继珪。	《嘉靖四川总志》卷十一“潼川州”，第219页；《万历重修潼川州志》卷十八“科第表”，第18页；《嘉靖潼川志》卷六“选举志上”，第34页。	详细时间据万历志。
54	潼川府路	遂宁府小溪县	绍定五年壬辰科（1232）徐元杰榜	赵必钫	必	太宗裔	高祖赵不惑（训武郎），曾祖赵善桦，祖赵汝栗，父赵崇笈。	《万历重修潼川州志》卷十八“科第表”，第19页；《嘉靖潼川志》卷六“选举志上”，第34页；《宋史》，第6936页。	特奏名。两志均作“必钫”，据《宋史》补。详细时间据万历志。
55	潼川府路	遂宁府小溪县	端平二年乙未科（1235）吴叔告榜	赵继议	继	翼祖裔	曾祖赵遵韶，祖赵端贵（承信郎），父赵广发，兄赵继谔，弟赵继珪。	《万历重修潼川州志》卷十八“科第表”，第19页；《嘉靖潼川志》卷六“选举志上”，第34页。	详细时间据万历志。嘉靖志作“赵经议”，系抄误。

续表

编号	属路	州（府）县	科年	姓名	字辈	支族	世系	史料出处	备注
56	潼川府路	遂宁府小溪县	淳祐七年丁未科（1247）张渊微榜	赵必昉	必	太宗裔	高祖赵不谌（赠左承议郎），曾祖赵善衎，祖赵汝许，父赵崇祢。	《嘉靖四川总志》卷十一“潼川州”，第219页；《万历重修潼川州志》卷十八“科第表”，第19页；《宋史》，第6783页。	省元（万历志）。详细时间据万历志。嘉靖志作“赵必邡”。
57	潼川府路	遂宁府小溪县	宝祐四年丙辰科（1256）文天祥榜	赵继珪（1223—?）	继	翼祖裔	曾祖赵遵韶，祖赵端贵（承信郎），父赵广发，兄赵继谓、赵继议。己为户。	《宋宝祐四年登科录》，第77页；《嘉靖四川总志》卷十一“潼川州”，第219页；《万历重修潼川州志》卷十八“科第表”，第20页。	四甲第一百六十八名。嘉靖志、万历志俱作“赵珪”，据登科录改。
58	潼川府路	遂宁府小溪县	宝祐四年丙辰科（1256）文天祥榜	赵孟櫄（1232—?）	孟	太祖裔	高祖赵伯游，曾祖赵师单（仕），祖赵希仔（仕），父赵与柘。自为户。	《宋宝祐四年登科录》，第78页；《嘉靖四川总志》卷十一“潼川州”，第219页；《万历重修潼川州志》卷十八“科第表”，第20页；《康熙遂宁县志》卷二，第65页；《宋史》，第6189页。	四甲第一百七十九名。按康熙志：“赵孟櫄，希行孙。”上考希行为希仔，则知登科录中希存为希仔笔误。
59	潼川府路	遂宁府小溪县	宝祐四年丙辰科（1256）文天祥榜	赵与权	与	太祖裔	高祖赵子闵（再赠武经大夫），曾祖赵伯廙，祖赵师仔，父赵希民。	《万历重修潼川州志》卷十八“科第表”，第20页；《宋史》，第5772页。	详细时间据万历志。万历志作“赵与榷”，据《宋史》，疑为“赵与权”。
60	潼川府路	遂宁府小溪县	宝祐四年丙辰科（1256）文天祥榜	赵与龙	与	太祖裔	高祖赵子闵（再赠武经大夫），曾祖赵伯庶，祖赵师涛，父赵希溢，子赵孟溜。	《万历重修潼川州志》卷十八“科第表”，第20页；《宋史》，第5769页。	详细时间据万历志。

续表

编号	属路	州（府）县	科年	姓名	字辈	支族	世系	史料出处	备注
61	潼川府路	普州安岳县	嘉定七年甲戌科（1214）袁甫榜	赵希儒	希	太祖裔	高祖赵令缉（武德军节度使、奉化郡公），曾祖赵子珊（武翼郎），祖赵伯祐，父赵师约。	《万历重修潼川州志》卷十八“科第表”，第17页；《嘉靖潼川志》卷六“选举志上”，第32页；《宋史》，第5675页。	详细时间据万历志。
62	潼川府路	普州安岳县	嘉定十六年癸未科（1223）蒋重珍榜	赵崇书	崇	太宗裔	高祖赵士陴（遂宁府知府，赠左通议大夫），曾祖赵不舟（赠太中大夫），祖赵善从，父赵汝灼，子赵必诉、赵必谌。	《嘉靖潼川志》卷六“选举志上”，第33页；《万历重修潼川州志》卷十八“科第表”，第18页；《乾隆安岳县志》卷五“选举”，第123页；《道光安岳县志》卷九“选举”，第614页；《宋史》，第7051页。	详细时间据万历志。
63	潼川府路	普州安岳县	嘉定十六年癸未科（1223）蒋重珍榜	赵崇抍	崇	太宗裔	高祖赵士陴（遂宁府知府，赠左通议大夫），曾祖赵不舟（赠太中大夫），祖赵善从，父赵汝灼，兄赵崇书，弟赵崇翱、赵崇徺，子赵必倘、赵必儴。	《嘉靖潼川志》卷六“选举志上”，第33页；《万历重修潼川州志》卷十八“科第表”，第18页；《乾隆安岳县志》卷五“选举”，第123页；《道光安岳县志》卷九“选举”，第614页；《宋史》，第7051页。	详细时间据万历志。万历志作“赵崇拆”，乾隆志、道光志作“赵崇拚”，据嘉靖志、《宋史》改。
64	潼川府路	普州安岳县	端平二年乙未科（1235）吴叔告榜	赵与优	与	太祖裔	高祖赵子玦（武德郎），曾祖赵伯觉，祖赵师宋，父赵希顺，弟赵与傧、赵与倴、赵与倈。	《嘉靖潼川志》卷六“选举志上”，第34页；《万历重修潼川州志》卷十八“科第表”，第19页；《雍正四川通志》卷三十三“选举”，第75页；《乾隆安岳县志》卷五“选举”，第124页；《道光安岳县志》卷九“选举”，第615页；《宋史》，第6079页。	详细时间据万历志。

续表

编号	属路	州（府）县	科年	姓名	字辈	支族	世系	史料出处	备注
65	潼川府路	合州	淳熙五年戊戌科（1178）姚颖榜	赵师必	师	太祖裔	高祖赵世绵（赠洋国公），曾祖赵令虚（博平侯），祖赵子雋（武节郎），父赵伯玉，兄赵师正，子赵希知、赵希昔、赵希源、赵希得，孙赵与退、赵与交、赵与序、赵与俅、赵与俣、赵与僘、赵与佩。	《万历重修合州志》卷五“科贡”，第88页；《民国新修合川县志》卷七“选举”，第276、318页；《宋史》，第5732页。	万历志作淳祐元年辛丑（1241）进士“赵炳”。民国志依据钓鱼山饯饮石刻、《宋史》宗室世系表，考证赵炳为赵师必榜名，淳熙元年四川类省试中式，五年廷对登第。
66	潼川府路	合州	淳熙年间（1174－1189）	赵师仁	师	太祖裔	高祖赵世渊（河内侯），曾祖赵令曾（赠河内侯），祖赵子璪，父赵伯琼，弟赵师礼。	《道光重庆府志》卷七“选举志”，第219页；《民国新修合川县志》卷七“选举”，第276页；《宋史》，第6197页。	
67	潼川府路	合州	庆元五年己未科（1199）曾从龙榜	赵时信	时	魏王裔	高祖赵立之（武德郎），曾祖赵公亮（赠宣教郎），祖赵彦球，父赵辩夫，弟赵时忠、赵时制、赵时仔、赵时乐，子赵若鼎、赵若颐、赵若泰。	《万历重修合州志》卷五“科贡”，第87页；《宋史》，第7974页。	万历志作“时信”，据《宋史》补。
68	潼川府路	合州	嘉定十三年庚辰科（1220）刘渭榜	赵与俅	与	太祖裔	高祖赵子雋（武节郎），曾祖赵伯玉，祖赵师必，父赵希得，弟赵与俣、赵与僘、赵与佩，子赵孟质、赵孟赟。	《民国新修合川县志》卷七“选举”，第277页；《宋史》，第5733页。	嘉定十二年四川类省试中式。

续表

编号	属路	州（府）县	科年	姓名	字辈	支族	世系	史料出处	备注
69	潼川府路	合州	嘉定十六年癸未科（1223）蒋重珍榜	赵时乐	时	魏王裔	高祖赵立之（武德郎），曾祖赵公亮（赠宣教郎），祖赵彦球，父赵辩夫，兄赵时信、赵时忠、赵时制、赵时仔，子赵若诚、赵若谧、赵若谖、赵若诛。	《万历重修合州志》卷五“科贡”，第87页；《宋史》，第7975页。	万历志作“时乐”，据《宋史》补。
70	潼川府路	合州	嘉定年间（1208－1224）	赵希昔	希	太祖裔	高祖赵令虚（博平侯），曾祖赵子雋（武节郎），祖赵伯玉，父赵师必，兄赵希知，弟赵希源、赵希得，子赵与交、赵与序。	《道光重庆府志》卷七“选举志”，第220页；《民国新修合川县志》卷七“选举”，第277页；《宋史》，第5732页。	合州钓鱼山存《赵希昔酌别书》（1214）、《赵希昔等饮饯刻石》（1220）石刻两通。
71	潼川府路	合州	嘉定年间（1208－1224）	赵希得	希	太祖裔	高祖赵令虚（博平侯），曾祖赵子雋（武节郎），祖赵伯玉，父赵师必，兄赵希知、赵希昔、赵希源，子赵与俅、赵与俣、赵与儆、赵与佩。	《道光重庆府志》卷七“选举志”，第220页；《民国新修合川县志》卷七“选举”，第277页；《宋史》，第5733页。	民国志载黄道中《赵师必传》，称希昔、希得、与交嘉定四年同登第，未知其说之由，该志选举并未采用，姑存其说。
72	潼川府路	合州	嘉定年间（1208－1224）	赵与交	与	太祖裔	高祖赵子雋（武节郎），曾祖赵伯玉，祖赵师必，父赵希昔，弟赵与序，子赵孟焕、赵孟烨、赵孟镛。	《道光重庆府志》卷七“选举志”，第220页；《民国新修合川县志》卷七“选举”，第277页；《宋史》，第5732页。	

续表

编号	属路	州（府）县	科年	姓名	字辈	支族	世系	史料出处	备注
73	潼川府路	合州	端平二年乙未科（1235）吴叔告榜	赵若颐	若	魏王裔	高祖赵公亮（赠宣教郎），曾祖赵彦球，祖赵辩夫，父赵时信，子赵嗣光。	《万历重修合州志》卷五“科贡”，第88页；《宋史》，第7974页。	万历志作“若颐”，据《宋史》补。
74	潼川府路	合州	端平二年乙未科（1235）吴叔告榜	赵孟淑	孟	太祖裔	高祖赵伯彦，曾祖赵师闵，祖赵希珮，父赵与命，子赵由诗、赵由谊、赵由言。	《万历重修合州志》卷五“科贡”，第88页；《宋史》，第6482页。	万历志作“孟淑”，据《宋史》补。
75	潼川府路	合州	淳祐元年辛丑科（1241）徐俨夫榜	赵若诺	若	魏王裔	世系不详	《万历重修合州志》卷五“科贡”，第88页。	万历志作“若诺”。
76	潼川府路	合州	淳祐四年甲辰科（1244）留梦炎榜	赵与傚	与	太祖裔	高祖赵子雋（武节郎），曾祖赵伯玉，祖赵师必，父赵希得，子赵孟圳、赵孟墡。	《万历重修合州志》卷五“科贡”，第88页；《民国新修合川县志》卷三十一“金石上”，第89页；《宋史》，第5733页。	万历志、钓鱼山石刻作“与傚”，《宋史》作“与傚”，从石刻。
77	潼川府路	合州	淳祐十年庚戌科（1250）方从辰榜	赵孟锜	孟	太祖裔	高祖赵伯玉，曾祖赵师必（仕），祖赵希得（仕），父赵与佩，兄赵孟洲，弟赵孟浑。	《万历重修合州志》卷五“科贡”，第88页；《宋史》，第5733页。	万历志作“孟锜”，据《宋史》补。
78	潼川府路	合州	淳祐十年庚戌科（1250）方从辰榜	赵嗣炳	嗣	魏王裔	高祖赵彦游，曾祖赵韫夫，祖赵时济，父赵若和，弟赵嗣炤。	《万历重修合州志》卷五“科贡”，第88页；《宋史》，第7933页。	万历志作“嗣炳”，据《宋史》补。
79	潼川府路	合州	淳祐十年庚戌科（1250）方从辰榜	赵孟质	孟	太祖裔	高祖赵伯玉，曾祖赵师必（仕），祖赵希得（仕），父赵与俅，弟赵孟赟，子赵由伸、赵由侣。	《万历重修合州志》卷五“科贡”，第88页；《宋史》，第5733页。	万历志作“孟质”，据《宋史》补。

续表

编号	属路	州（府）县	科年	姓名	字辈	支族	世系	史料出处	备注
80	潼川府路	合州	宝祐四年丙辰科（1256）文天祥榜	赵时樌（1221—?）	时	魏王裔	高祖赵盈之（保义郎），曾祖赵公轸（仕，保义郎），祖赵彦易（仕），父赵偬夫（仕）。祖为户。	《宋宝祐四年登科录》，第61页；《万历重修合州志》卷五“科贡”，第88页；《民国新修合川县志》卷七“选举”，第277页；《宋史》，第7786页。	三甲第六十一人。登科录、民国志作“赵时贯”，万历志作“时掼”，据《宋史》改。
81	潼川府路	合州	宝祐四年丙辰科（1256）文天祥榜	赵孟浑（1232—?）	孟	太祖裔	高祖赵伯玉，曾祖赵师必（仕），祖赵希得（仕），父赵与佩，兄赵孟洲、赵孟镝。	《宋宝祐四年登科录》，第83页；《万历重修合州志》卷五“科贡”，第88页；《民国新修合川县志》卷七“选举”，第277页；《宋史》，第5733页。	四甲第二百四十名。万历志作“孟浑”，据登科录及《宋史》补。
82	潼川府路	合州	开庆元年己未科（1259）周震炎榜	赵孟墡	孟	太祖裔	高祖赵伯玉，曾祖赵师必（仕），祖赵希得（仕），父赵与儆，兄赵孟圳。	《万历重修合州志》卷五“科贡”，第88页；《宋史》，第5733页。	万历志作“孟墡”，据《宋史》补。
83	潼川府路	合州	开庆元年己未科（1259）周震炎榜	赵孟垒	孟	太祖裔	从子赵由鉴。	《万历重修合州志》卷五“科贡”，第89页；《道光重庆府志》卷七“选举志”，第221页；《民国新修合川县志》卷七“选举”，第277页；《宋史》第13356页。	万历志作“孟垒”，景定壬戌进士，据《宋史》、道光志、民国志改。
84	潼川府路	合州	景定三年壬戌科（1262）方山京榜	赵若橓	若	魏王裔	高祖赵公轸（保义郎），曾祖赵彦昭，祖赵傅夫，父赵时球，兄赵若柟。	《万历重修合州志》卷五“科贡”，第89页；《宋史》，第7784页。	万历志作“若橓”，据《宋史》补。
85	潼川府路	合州	景定三年壬戌科（1262）方山京榜	赵孟圳	孟	太祖裔	高祖赵伯玉，曾祖赵师必（仕），祖赵希得（仕），父赵与儆，弟赵孟墡。	《万历重修合州志》卷五“科贡”，第89页；《宋史》，第5733页。	万历志作“孟圳”，据《宋史》补。

续表

编号	属路	州（府）县	科年	姓名	字辈	支族	世系	史料出处	备注
86	潼川府路	合州	景定三年壬戌科（1262）方山京榜	赵必晫	必	太宗裔	高祖赵不惑（训武郎），曾祖赵善述，祖赵汝埏，父赵崇溥。	《万历重修合州志》卷五“科贡”，第89页；《宋史》，第6937页。	万历志作“必暐”，据《宋史》补。
87	潼川府路	合州	景定三年壬戌科（1262）方山京榜	赵若申	若	魏王裔	世系不详	《万历重修合州志》卷五“科贡”，第89页。	万历志作“若申”。
88	潼川府路	合州	咸淳元年乙丑科（1265）阮登炳榜	赵孟塭	孟	太祖裔	世系不详	《万历重修合州志》卷五“科贡”，第89页。	万历志作“孟塭”。
89	潼川府路	合州	咸淳四年戊辰科（1268）陈子龙榜	赵由梱	由	太祖裔	世系不详	《万历重修合州志》卷五“科贡”，第89页。	万历志作“由梱”。
90	潼川府路	昌州大足县	淳熙年间（1174－1189）	赵希枢	希	太祖裔	高祖赵令悫（武德郎），曾祖赵子祎（保义郎），祖赵伯守，父赵师耆，子赵与齐。	《嘉靖四川总志》卷九“重庆府”，第182页；《雍正四川通志》卷三十三“选举”，第36页；《道光重庆府志》卷七“选举志”，第219页；《民国重修大足县志》卷六，第502页；《宋史》，第6239页。	
91	潼川府路	昌州大足县	嘉泰二年壬戌科（1202）傅行简榜	赵汝禋	汝	太宗裔	高祖赵仲騑（吕国公，谥思仲），曾祖赵士勿（武翼大夫），祖赵不溢（承节郎），父赵善垒。	《嘉靖四川总志》卷九“重庆府”，第182页；《雍正四川通志》卷三十三“选举”，第36页；《道光重庆府志》卷七“选举志”，第220页；《民国重修大足县志》卷六，第502页；《宋史》，第7071页。	嘉靖志、雍正志、道光志作嘉定间进士，据民国志改。

续表

编号	属路	州（府）县	科年	姓名	字辈	支族	世系	史料出处	备注
92	潼川府路	昌州大足县	嘉泰二年壬戌科（1202）傅行简榜	赵希程	希	太祖裔	高祖赵令洋（赠洋国公），曾祖赵子俶（朝议大夫），祖赵伯禄，父赵师戈。	《嘉靖四川总志》卷九“重庆府”，第182页；《雍正四川通志》卷三十三“选举”，第36页；《道光重庆府志》卷七“选举志”，第220页；《民国重修大足县志》卷六，第502页；《宋史》，第6200页。	嘉靖志、雍正志、道光志作嘉定间进士，据民国志改。
93	潼川府路	昌州大足县	淳祐年间（1241－1252）	赵与通	与	太祖裔	世系不详	《嘉靖四川总志》卷九“重庆府”，第182页。	
94	潼川府路	顺庆府西充县	咸淳年间（1265－1274）	赵孟龙	孟	太祖裔	世系不详	《康熙顺庆府志》“科第”，第491页；《雍正四川通志》卷三十三“选举”，第46页；《光绪西充县志》卷七“选举”，第72页；《民国新修南充县志》卷八“贡举表”，第335页。	民国志作顺庆府南充县人。
95	潼川府路	广安军	绍兴年间（1131－1162）	赵汝愚	汝	太宗裔	世系不详	《嘉靖四川总志》卷七“顺庆府”，第145页；《雍正四川通志》卷三十三“选举”，第41页；《宣统广安州新志》卷二十三“选举志”，第751页；《民国新修南充县志》卷八“贡举表”，第332页。	民国志作南充县进士“赵如愚”，据嘉靖志、宣统志改。
96	潼川府路	广安军	淳熙二年乙未科（1175）詹骙榜	赵善□	善	太宗裔	世系不详	《嘉靖四川总志》卷七“顺庆府”，第145页；《雍正四川通志》卷三十三“选举”，第43页；《宣统广安州新志》卷二十三“选举志”，第751页；《民国新修南充县志》卷八“贡举表”，第333页。	详细时间据宣统志。诸志俱作“赵善”。民国志作南充县人，据嘉靖志、宣统志改。

续表

编号	属路	州（府）县	科年	姓名	字辈	支族	世系	史料出处	备注
97	潼川府路	资州	绍兴八年戊午科（1138）黄公度榜	赵伯揆	伯	太祖裔	世系不详	《嘉靖四川总志》卷四“成都府”，第93页；《天启新修成都府志》卷十三“科第”，第852页；《雍正四川通志》卷三十三“选举”，第25页；《嘉庆郫县志》卷二十五“选举”，第144页；《光绪资州直隶州志》卷十三“选举志”，第383页；《民国资中县续修资州志》卷七“选举志”，第180页。	详细时间据光绪志。嘉靖志、天启志、雍正志、嘉庆志俱作乾道间成都府郫县进士。
98	潼川府路	资州	绍兴二十一年辛未科（1151）赵逵（资州状元）榜	赵伯聪	伯	太祖裔	高祖赵守度（庐江侯），曾祖赵世嵩（华阳侯），祖赵令媞（赠冯翊侯），父赵子□，子赵师渊、赵师玉、赵师京、赵师汝。	《嘉靖四川总志》卷四“成都府”，第93页；《天启新修成都府志》卷十三“科第”，第854页；《光绪资州直隶州志》卷十三“选举志”，第383页；《民国资中县续修资州志》卷七“选举志”，第180页；《宋史》，第5828页。	详细时间据光绪志。嘉靖志、天启志作乾道间成都府郫县进士。
99	潼川府路	资州	乾道五年己丑科（1169）郑侨榜	赵希济	希	太祖裔	世系不详	《嘉靖四川总志》卷四“成都府”，第93页；《天启新修成都府志》卷十三“科第”，第652页；《雍正四川通志》卷三十三“选举”，第29页；《嘉庆郫县志》卷二十五“选举”，第145页；《光绪资州直隶州志》卷十三“选举志”，第385页；《民国资中县续修资州志》卷七“选举志”，第181页。	详细时间据光绪志。嘉靖志、天启志、雍正志、嘉庆志俱作庆元间成都府郫县进士。

续表

编号	属路	州（府）县	科年	姓名	字辈	支族	世系	史料出处	备注
100	潼川府路	资州	庆元二年丙辰科（1196）邹应龙榜	赵希混	希	太祖裔	高祖赵令譽（赠奉直大夫），曾祖赵子黯（再赠朝议大夫），祖赵伯总，父赵师蒯，弟赵希濬，子赵与樾、赵与杭、赵与棋、赵与柽、赵与柯。	《嘉靖四川总志》卷四“成都府”，第93页；《天启新修成都府志》卷十三“科第”，第861页；《雍正四川通志》卷三十三“选举”，第29页；《光绪资州直隶州志》卷十三“选举志”，第386页；《民国资中县续修资州志》卷七“选举志”，第181页；《宋史》，第6001页。	详细时间据光绪志。嘉靖志作庆元间成都府郫县进士，雍正志作庆元间资州进士。
101	潼川府路	资州	庆元二年丙辰科（1196）邹应龙榜	赵师崘	师	太祖裔	高祖赵世岳（彭城侯），曾祖赵令倾（武翊郎），祖赵子濬（承信郎），父赵伯龄，子赵希邕、赵希僩。	《光绪资州直隶州志》卷十三“选举志”，第386页；《民国资中县续修资州志》卷七“选举志”，第181页；《宋史》，第5987页。	详细时间据光绪志。嘉靖志、天启志、雍正志、嘉庆志俱作庆元间郫县进士“赵希崘”。
102	潼川府路	资州	嘉定十六年癸未科（1223）蒋重珍榜	赵希壸	希	太祖裔	高祖赵令倾（武翊郎），曾祖赵子濬（承信郎），祖赵伯本，父赵师实，子赵与曒、赵与嘻、赵与焫。	《嘉靖四川总志》卷四“成都府”，第93页；《天启新修成都府志》卷十三“科第”，第866页；《雍正四川通志》卷三十三“选举”，第31页；《嘉庆郫县志》卷二十五“选举”，第146页；《光绪资州直隶州志》卷十三“选举志”，第387页；《民国资中县续修资州志》卷七“选举志”，第181页；《宋史》，第5986页。	详细时间据光绪志。嘉靖志、雍正志、嘉庆志俱作嘉定间成都府郫县进士。

续表

编号	属路	州（府）县	科年	姓名	字辈	支族	世系	史料出处	备注
103	潼川府路	资州	绍定五年壬辰科（1232）徐元杰榜	赵与儁	与	太祖裔	高祖赵子潏（再赠少师），曾祖赵伯璆，祖赵师淹，父赵希经，子赵孟焄、赵孟杰。	《嘉靖四川总志》卷四“成都府”，第93页；《天启新修成都府志》卷十三“科第”，第869页；《雍正四川通志》卷三十三“选举”，第33页；《嘉庆郫县志》卷二十五“选举”，第147页；《光绪资州直隶州志》卷十三“选举志”，第388页；《民国资中县续修资州志》卷七“选举志”，第181页；《宋史》，第5928页。	详细时间据光绪志。诸志俱作“赵兴儁”。嘉靖志、雍正志、嘉庆志作郫县人。
104	潼川府路	资州	绍定五年壬辰科（1232）徐元杰榜	赵与种	与	太祖裔	高祖赵子祠（再赠左朝散郎），曾祖赵伯清，祖赵師忢，父赵希浩，兄赵与穗，子赵孟铣、赵孟櫑。	《嘉靖四川总志》卷四“成都府”，第93页；《天启新修成都府志》卷十三“科第”，第869页；《雍正四川通志》卷三十三“选举”，第33页；《嘉庆郫县志》卷二十五“选举”，第147页；《光绪资州直隶州志》卷十三“选举志”，第388页；《民国资中县续修资州志》卷七“选举志”，第181页；《宋史》，第6242页。	详细时间据光绪志。天启志、雍正志、嘉庆志、光绪志、民国志俱作“赵兴种”。嘉靖志、雍正志、嘉庆志作成都府郫县人。
105	潼川府路	资州	淳祐七年丁未科（1247）张渊微榜	赵孟燧	孟	太祖裔	高祖赵伯总，曾祖赵师蒴，祖赵希濬，父赵与榛，弟赵孟煓。	《嘉靖四川总志》卷四“成都府”，第93页；《雍正四川通志》卷三十三“选举”，第33页；《嘉庆郫县志》卷二十五“选举”，第147页；《光绪资州直隶州志》卷十三“选举志”，第388页；《民国资中县续修资州志》卷七“选举志”，第182页；《宋史》，第6002页。	详细时间据光绪志。嘉靖志、雍正志作绍定间成都府郫县进士，嘉庆志作治定间郫县进士。

续表

编号	属路	州（府）县	科年	姓名	字辈	支族	世系	史料出处	备注
106	潼川府路	资州盘石县	宝祐四年丙辰科（1256）文天祥榜	赵与栲（1230—?）	与	太祖裔	高祖赵子黯（再赠朝议大夫），曾祖赵伯摅，祖赵师珈，父赵希滇，弟赵与椾，子赵孟炷。父为户。	《宋宝祐四年登科录》，第63页；《光绪资州直隶州志》卷十三“选举志”，第388页；《民国资中县续修资州志》卷七“选举志”，第182页；《宋史》，第6004页。	三甲第七十七人。光绪志、民国志误作“赵兴栲”。
107	潼川府路	荣州	嘉定四年辛未科（1211）赵建大榜	赵孟操	孟	太祖裔	高祖赵伯杞，曾祖赵师俱，祖赵希坩，父赵与钻。	《乾隆荣县志》卷三，第263页；《同治嘉定府志》卷二十五“进士”，第221页；《民国荣县志》第八“选举”，第101页；《宋史》，第6213页。	详细时间据乾隆志。乾隆志作“赵孟操”，同治志、民国志作“赵孟操”。
108	潼川府路	富顺监	嘉定元年戊辰科（1208）郑自诚榜	赵希玑	希	太祖裔	高祖赵令谋（赠冯翊侯），曾祖赵子瑱（追封建安侯），祖赵伯逑，父赵师禂，子赵与微、赵与繇、赵与待。	《嘉靖四川总志》卷八“叙州府”，第162页；《雍正四川通志》卷三十三“选举”，第52页；《光绪叙州府志》卷三十一“选举”，第63页；《民国富顺县志》卷十“选举”，第403页；《宋史》，第6484页。	详细时间据光绪志、民国志。雍正志作嘉定间南溪县进士，据嘉靖志、光绪志、民国志改。
109	潼川府路	富顺监	嘉定七年甲戌科（1214）袁甫榜	赵时进	时	魏王裔	高祖赵夙之（冯翊侯），曾祖赵公泽（赠宣奉大夫），祖赵彦孟，父赵谌夫，兄赵时发。	《嘉靖四川总志》卷八“叙州府”，第162页；《雍正四川通志》卷三十三“选举”，第52页；《光绪叙州府志》卷三十一“选举”，第63页；《民国富顺县志》卷十“选举”，第403页；《宋史》，第8402页。	详细时间据光绪志、民国志。雍正志作嘉定间南溪县进士，据嘉靖志、光绪志、民国志改。

续表

编号	属路	州（府）县	科年	姓名	字辈	支族	世系	史料出处	备注
110	潼川府路	富顺监	咸淳十年甲戌科（1274）王龙泽榜	赵冈夫	夫	魏王裔	高祖赵叔绳（赠承议郎），曾祖赵涣之（赠中奉大夫），祖赵公夤（朝奉大夫），父赵彦则。	《嘉靖四川总志》卷八“叙州府”，第162页；《雍正四川通志》卷三十三“选举”，第53页；《光绪叙州府志》卷三十一“选举”，第63页；《民国富顺县志》卷十“选举”，第404页；《宋史》，第8279页。	详细时间据光绪志、民国志。
111	利州路	巴州	绍定年间（1228－1233）	赵汝霖	汝	太宗裔	高祖赵仲伋（博陵郡公），曾祖赵士倞（北海侯），祖赵不惕（修武郎），父赵善德，子赵崇流、赵崇佐。	《雍正四川通志》卷三十三“选举”，第51页；《道光保宁府志》卷三十六“选举”，第260页；《民国巴中县志》第二编“科第”，第871页；《宋史》，第7072页。	

四、南宋四川宗室进士时空分布特征

根据《南宋四川宗室进士表》，笔者对南宋四川宗室进士的时空分布特征分析如下：

（一）时间特征

北宋四川无宗室进士。南宋，自资州赵伯撲登绍兴八年戊午科（1138）黄公度榜进士第，至富顺赵冈夫登度宗咸淳十年甲戌科（1274）王龙泽榜进士第，四川共产生111名宗室进士。在南宋52场全国科考中，有明确科年的四川宗室进士登第32场，占比61%。

具体言之，高宗朝四川宗室进士计4名，俱在绍兴年间，其中：绍兴八年戊午科（1138）1名，绍兴二十一年辛未科（1151）1名，具体科年不详2名。孝宗朝四川宗室进士计16名：乾道年间2名，均在乾道五年己丑科（1169）；淳熙年间14名，其中淳熙二年乙未科（1175）3名，淳熙五年戊戌科（1178）2名，淳熙十四年丁未科（1187）3名，具体科年不详6名。光宗朝四川宗室进士计3名，俱在绍熙年间，其中：绍熙元年庚戌科（1190）1名，绍熙四年癸丑科（1193）2名。宁宗朝四川宗室进士计36名：庆元年间7名，其中庆元二年丙辰科（1196）3名，庆元五年己未科（1199）2名，具体科年不详2名；嘉泰年间6名，俱在嘉泰二年壬戌科（1202）；开禧年间2名，俱在开禧元年乙丑科（1205）；嘉定年间21名，其中嘉定元年戊辰科（1208）2名，嘉定四年辛未科（1211）2名，嘉定七年甲戌科（1214）3名，嘉定十年丁丑科（1217）2名，嘉定十三年庚辰科（1220）1名，嘉定十六年癸未科（1223）6名，具体科年不详5名。理宗朝四川宗室进士计48名：宝庆年间 6 名，其中宝庆二年丙戌科（1226）5 名，具体科年不详 1 名；绍定年间 13 名，其中绍定二年己丑科（1229）3 名，绍定五年壬辰科（1232）6 名，具体科年不详 4 名；端平年间 4 名，俱在端平二年乙未科（1235）；淳祐年间 9 名，其中淳祐元年辛丑科（1241）1 名，淳祐四年甲辰科（1244）1 名，淳祐七年丁未科（1247）2 名，淳祐十年庚戌科（1250）3 名，具体科年不详 2 名；宝祐年间 10 名，俱在宝祐四年丙辰科（1256）；开庆年间 2 名，俱在开庆元年己未科（1259）；景定年间 4 名，俱在景定三年壬戌科（1262）。度宗朝四川宗室进士计 4 名，俱在咸淳年间，其中：咸淳元年乙丑科（1265）1 名，咸淳四年戊辰科（1268）1 名，咸淳十年甲戌科（1274）1 名，具体科年不详 1 名。

据上可知，南宋各科录取四川宗室的名额比较平稳，以有明确科年的四川宗室进士推之，每场科举录取名额约 2.8 名。至于总体趋势，南宋前期四川宗室进士较少，自宁宗朝开始，宗室进士数量逐渐增多，并以宁宗嘉定十六年癸未科（1223）（6 人）、理宗宝庆二年丙戌科（1226）（5 人）、绍定二年己丑科（1229）（3 人）、绍定五年壬辰科（1232）（6 人）、端平二年乙未科（1235）（4 人）这连续五榜为四川宗室进士的高峰，共 24 人；南宋末年，又出现宝祐四年丙辰科（1256）高峰，登第达 10 人，此后随着宋蒙战争加剧，又呈递减态势。

（二）空间特征

据《南宋四川宗室进士表》，南宋四川宗室进士主要分布在川峡四路中的成都府路、潼川府路、利州路，夔州路无宗室进士。三路之中，潼川府路宗室进士人数最多，达 89 名，其次成都府路 21 名，利州路仅 1 名。从府/州/军/监来看，遂宁府宗室进士 39 名，高居全川第一，其次合州 25 名、眉州 12 名、资州 10 名、成都府 5 名，其他府州军监少于 5 名。地区分布详情见下面两图：

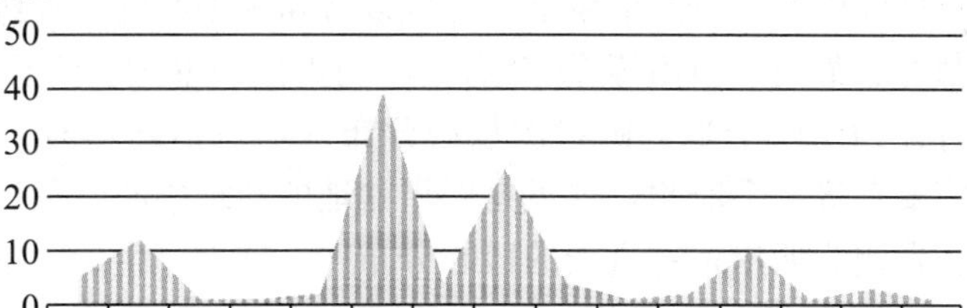

	成都府	眉州	彭州	隆州	绵州	遂宁府	普州	合州	昌州	顺庆府	广安军	资州	荣州	富顺监	巴州
	成都府路					潼川府路									利州路
宗室进士数	5	12	1	1	2	39	4	25	4	1	2	10	1	3	1

图 1：南宋四川宗室进士地区分布曲线图

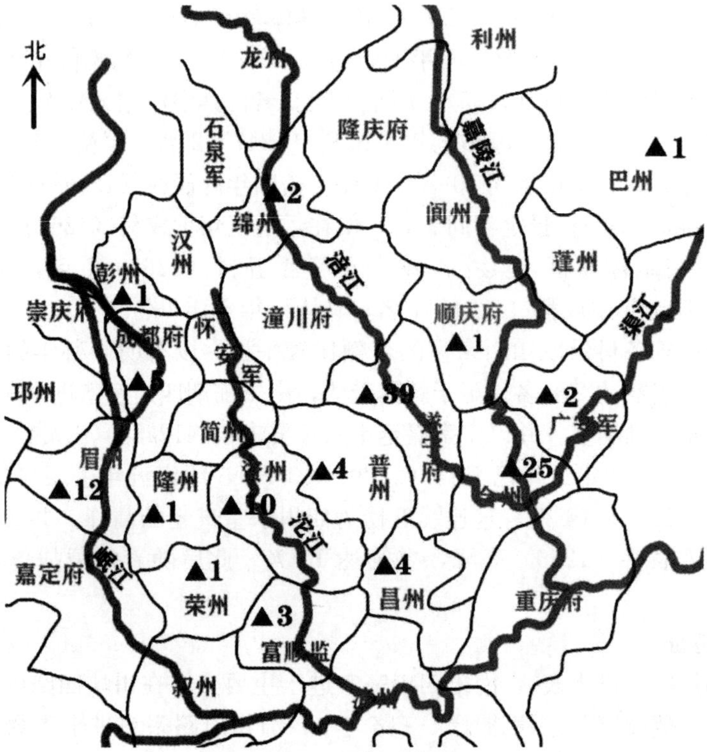

图 2：南宋四川宗室进士地区分布示意图

从地理位置来看，南宋四川宗室进士主要聚居于四川盆地中部、东部及西南部，涪江、沱江中下游以及岷江中游。空间形貌上，形成以普州为中心的直径约 150 千米的圆状一般分布区，包括成都府、彭州、眉州等 14 个府州，约占四川盆地 2/3 面积；其次，以遂宁府小溪县为中心的直径约 100 千米的圆状次核心分布区，包括遂宁府、普州、资州、合州、昌州、顺庆府、广安军等 7 个府州，这里是四川盆地的地理中心；最后，以涪江流域中下游相连城市遂宁府、合州为四川宗室进士的核心分布区，这里产生的宗室进士占南宋四川宗室进士总数一半以上，约 57%。

南宋四川宗室进士与南宋四川宗室的空间分布是一致的。南渡后，赵宋宗室为躲避北方战乱，大抵遴择佳山胜水住居。以上地带为川峡四路中地形最平缓、土壤最肥沃、气候最宜人、交通最方便、物产最丰富、经济最发达的地区。地形方面，成都府、彭州为平原，遂宁府、普州、资州等为川中丘陵，合州、昌州、广安军则地处川东丘陵与重庆山地交汇地带。交通方面，成都府、眉州等可下岷江，过嘉定府、叙州、泸州、重庆府而抵临安；资州、富顺监等可下沱江，过泸州、重庆府而抵临安；绵州、遂宁府、合州等可下涪江，过重庆府而抵临安，可谓便利。核心分布区遂宁府、合州均为军事战略要冲，进则四向可攻，退则倚山可保；特别是三江汇合的合州具有极为重大的战略地位，在蒙古铁骑蹂躏全川的半个世纪里，合州钓鱼城以其坚不可摧的防御体系与殊死护国的奋斗精神闻名于世界战争史。以上因素赋予了赵宋宗室生存、发展与军事自卫的便利，使得他们卜居于斯。

五、宋室入蜀与南宋四川宗室进士的崛起

靖康之难发生后，宋室纷纷南渡，其中一部分成员徙居四川。南宋四川宗室进士的分布情况基本能说明南宋四川宗室的分布情况，因此制出下表：

表 2：赵宋宗室各支族四川分布表

宗室支族	分布府州	进士数量
太祖裔	成都府、隆州、遂宁府、普州、合州、昌州、顺庆府、资州、荣州、富顺监	50
太宗裔	绵州、遂宁府、普州、合州、昌州、广安军、巴州	32
魏王裔	成都府、眉州、彭州、合州、富顺监	24
翼祖裔	遂宁府	5

据表可知，赵宋宗室四大支族在四川均有分布。其中太祖裔分布最广泛（10 个府州），翼祖裔分布最集中（遂宁府）。一些府州，如遂宁府、合州等，包含多支宗室支族；一些府州如眉州（俱魏王裔）、资州（俱太祖裔）等，只包含一支。从宗室进士数量来看，太祖裔>太宗裔>魏王裔>翼祖裔，可反映出这四支宗室后裔的寓川总人口与教育情况。

以下选取入蜀宗室各支族中具有代表性的支系进行分析。

（一）太宗裔遂宁府赵士陴支系

就目前考察所知，太宗裔赵士陴支系是宋代最早徙蜀定居的宗室。赵士陴世系为：

赵光义（宋太宗）—四子→赵元份—长子→赵允宁—长子→赵宗谔—六子→赵仲料—次子→赵士陴[①]

按南宋《舆地纪胜》："赵士陴，字保之。登元符第，后赴阙，宰相欲以为宗卿，士陴求补外。黼（笔者按：即王黼，徽宗宣和初任宰相）不乐，出知遂宁府。江水暴涨，濒江有隄，水啮其址，士陴索胡床坐隄上，左右请避去，不许，移时水落，时人以比王尊。"[②] 明《蜀中广记》："赵士陴，绍兴中知遂宁府，江水汎涨，濒江隄决，士陴率士民塞之，索胡床，坐隄上，左右请避，不许，须臾水落，隄幸不坏，时人以比王尊。"[③] 又，《宋会要辑稿、职官六·久任官》徽宗宣和七年："七年三月十一日，诏：'朝请大夫、知遂宁府士陴，武德大夫、知永康军俞焕，职事修举，可候今任满日，特令再任一次，以劝循吏。'"[④]

根据以上材料，可知赵士陴，字保之，北宋哲宗元符年间（1098—1100）进士，徽宗宣和初出任蜀官，知遂宁府。遂宁府沿涪江筑城，常遭水患，赵士陴坚定意志，开展治水，并身先士卒，率领军民修筑堤坝，在较长时间里抵御了水患，保障了民生。徽宗宣和七年（1125），时任朝请大夫、知遂宁府的赵士陴因政绩卓著，蜚声剑南，朝廷特令任满后连任一

① 《宋史》，第 7047 页。

② （南宋）王象之编：《舆地纪胜》卷一百五十五"遂宁府"，中华书局，1992 年版，第 4212 页。

③ （明）曹学佺撰：《蜀中广记》卷五十，见《影印文渊阁四库全书》第 591 册，台湾商务印书馆，1983 年版，第 706—707 页。

④ 《宋会要辑稿》第 8 册"职官"六之二六，第 4678 页。

次。宣和七年次年即发生靖康之难，赵士陴因知遂宁府，全家幸免灾厄。自北宋徽宗宣和初至南宋高宗绍兴初长期知遂宁府的赵士陴，由于一心为民，深受百姓爱戴，直到清初，遂宁名宦祠供奉的十一位历代名宦中，便有“宋遂宁府知府赵士陴”①。可觇赵士陴及其家族在当地的影响力。

赵士陴遂宁府后裔连续三代共产生12名进士，约占遂宁府宗室进士总数的31%，他们分别是：赵善从（1169）、赵汝乙（1175）、赵汝涧（1178）、赵崇范（1193）、赵汝重（1202）、赵汝爋（1202）、赵崇暹（1205）、赵崇齐（1217）、赵崇畹（1223）、赵崇坚（1226）、赵崇傑（1226）、赵崇篚（1229）。除此之外，普州宗室进士赵崇书（1223）、赵崇抍（1223）亦为赵士陴后裔。

赵士陴后裔中，唯见赵汝涧有文献传世。据《涪上访碑诗》，淳熙十五年戊申（1188），赵汝涧登第已届十年，乃携友人同游潼川府治郪县香积寺北千佛岩鹦仙洞，留有正书题刻（文未见），冯雄有诗赞曰：“妙楷磨岩元号失，别从志乘认王孙。可知览胜涪滨日，十载科名感旧恩。”②《雍正四川通志》存其为潼川府中江县所撰《中江新堤记》：“江源出于龙安鹿爬山，初若二带，其深仅渐车，至神泉始与诸谷溪水会为一，东至于罗江，南至于阳平，汇东南，复吞旁流，乃浩漾为洪波。③ 又，嘉定元年戊辰（1208），赵汝涧受遂宁府学先允文所请，撰有《雁塔题名序》④，主要介绍遂宁府新立雁塔石柱以题刻有宋以来当地进士名录这一文化盛事；通过落款“朝散大夫直秘阁都大提举四川茶马兼秦司茶事监牧公事赵汝涧”，可知此时赵汝涧以朝散大夫、直秘阁身份主管川陕茶马事务。以上文献都表明了作为宗室进士的赵汝涧除去本职工作外，以“士大夫”的姿态积极推动四川本土文化与教育事业，这在某种程度上也反映着南宋四川宗室进士的精神总貌。

（二）太祖裔合州赵师必支系

据《民国新修合川县志》，濮岩寺有《赵伯义等十六人题名石刻》⑤，该碑记录了绍兴四年（1134）正月初，宗室赵伯义与其亲朋好友十六人参拜合州濮岩寺一事。此石刻的存在，说明了最晚在绍兴四年初即有赵宋宗室部分后裔移居合州的情形。

在合州众多宗室支系之中，太祖裔赵师必家族最具代表性。据《宋史》，赵师必世系为：

赵匡胤 —四子→ 赵德昭 —次子→ 赵惟吉 —次子→ 赵守约 —次子→ 赵世绵 —次子→ 赵令虚 —长子→ 赵子隽 —长子→ 赵伯玉 —次子→ 赵师必⑥

---

① 《康熙遂宁县志》卷二“学校”，第59页。

② （民国）冯雄撰：《涪上访碑诗》，上海图书馆藏民国油印本。

③ 傅增湘原辑，吴洪泽补辑：《宋代蜀文辑存校补》5，重庆大学出版社，2014年版，第2546页。

④ 《乾隆丁未遂宁县志》卷十“学校”，第62—63页。

⑤ 《民国新修合川县志》（下）卷三十一“金石上”，第76页。按：张森楷先生据《宋史》宗室世系表，将该表中三个赵伯义均列出，不知孰是。石刻称“师道侍”，知赵伯义很可能是赵子翺九子、赵师道叔父，其世系为：赵匡胤—赵德昭—赵惟忠—赵从恪—赵世安—赵令超—赵子翺—赵伯义。（《宋史》，第5872页）若石刻中“□洪”为赵伯洪，则刻文中赵伯源为其兄，世系为：赵匡胤—赵德昭—赵惟吉—赵从节—赵世延—赵令擢—赵子铎—赵伯源。（《宋史》，第5719页）又，据《南宋四川宗室进士表》，知此年同游者中，赵师闵为合州端平二年（1235）进士赵孟淑之曾祖，世系为：赵匡胤—赵德芳—赵惟能—赵从□—赵世期—赵令谋—赵子崇—赵伯彦—赵师闵—赵希珮—赵与命—赵孟淑。（《宋史》，第6482页）而石刻中“□颜”应为赵师闵兄赵师颜。

⑥ 《宋史》，第5732页。

关于赵师必家族何时徙合，张森楷先生在《民国新修合川县志》卷八《士族谱》中称合州治城宋皇族燕王房赵师必支系“世居京师开封府”，“祖子儁，以燕王五世孙官武节郎，靖康之变，宗族分散，入蜀至合州居焉。得子伯［玉］，伯［玉］子师必。”[①] 又，黄道中《赵师必传》：“赵师必，字仁益，宋宗室也……子儁生伯玉，是为师必之父，遭靖康乱，播迁入蜀，居果州之南充县。师必又自南充迁合，侨居纯阳山麓。乐其山川清美，风俗淳厚，遂著籍焉。”[②] 张称赵子儁直接徙合，黄称先是赵伯玉徙南充，再由赵师必徙合州，未知孰是。据赵师必淳熙五年（1178）登第时间推算，该支最晚孝宗初年即已定居合州。

关于赵师必在合州时期的生活，《赵师必传》称：“为人轻财喜士，家居食客常数十人，因以义侠声闻于时。”既广结豪杰、慷慨任侠又拥有特殊身份的赵师必应是当时合州城的风流人物。赵师必登第后，即出任知石泉军（今绵阳市安州区）。石泉军“地介夷壤”，“控扼蕃路”[③]，山高水深，华夷杂处，为南宋边防重地。《舆地纪胜》保存有赵师必《到任谢表》：“挐舟南下，亲逢咫尺之颜；剖竹西归，出守荒凉之地。虽为小垒，颇系要冲。内当宽疲瘵，以令民力之苏；外当严训阅，以使边烽之息。”[④] 表中先叙述御前参觐时的欣喜之情，再汇报出守石泉后计划开展的工作：对内宽以待民，发展经济；对外严防死守，控扼边关。

赵师必合州家族（含师必）连续四代共产生 11 名进士，占合州宗室进士总数的 44%，他们分别是：赵师必（1178）、赵与俅（1220）、赵希昔（嘉定间）、赵希得（嘉定间）、赵与交（嘉定间）、赵与儆（1244）、赵孟锜（1250）、赵孟质（1250）、赵孟浑（1256）、赵孟墡（1259）、赵孟圳（1262）。除此之外，迁遂进士赵与俣（1214）亦为师必后裔。

按合州钓鱼山《赵希昔等饮饯刻石》[⑤]，嘉定十三年庚辰（1220）春，师必孙赵与俅等将乘船东下，赴临安参加殿试，师必次子赵希昔携侄与儆、与佩等亲友祖饯于钓鱼山。石刻称“自先子登戊戌进士第，以至于今，子孙登科者，累□□□□运”，即指自其父赵师必淳熙五年登第后，其家族后裔累登甲榜。石刻还忆及嘉定七年甲戌（1214）春，他们也曾在此饯别其侄赵与俣[⑥]，后与俣顺利登第，乃欲借前典鼓励与俅等人。刻石后不久，赵与俅果登嘉定十三年刘渭榜，真不愧饯别之意。赵希昔此通石刻，既展现了赵师必家族的科举荣誉，也反映出赵氏家族内部的人文教育传统。

（三）魏王裔眉州赵江夫支系

按《嘉庆眉州属志》《民国眉山县志》，眉州在北宋时赵姓进士只赵浑一人，可知眉州本土赵氏北宋时尚不强盛。至南宋，随着文化进步、举业发达，眉州本土赵氏相继产生赵华、赵雄飞、赵澥等进士。眉州宗室进士则自淳熙年间（1174—1189）赵江夫起，迎来辉煌的时代。眉州宗室进士均为魏王裔，而赵江夫家族又为眉州魏王裔代表支系。据《宋史》，赵江夫世系为：

① 《民国新修合川县志》，第 318 页。
② 《民国新修合川县志》（下）卷五十二“流寓”，第 393 页。
③ 《舆地纪胜》卷一百五十二“成都府路石泉军”，第 4113 页。
④ 《舆地纪胜》，第 4122 页。
⑤ 《民国新修合川县志》（下）卷三十一“金石上”，第 90 页。
⑥ 钓鱼山石刻《赵希昔酌别书》（1214）正是记录此事。见《民国新修合川县志》（下）卷三十一“金石上”，第 89—90 页。

赵廷美（魏王）$\xrightarrow{\text{五子}}$赵德钧$\xrightarrow{\text{五子}}$赵承翊$\xrightarrow{\text{五子}}$赵克劲$\xrightarrow{\text{五子}}$赵叔夷$\xrightarrow{\text{五子}}$赵渐之$\xrightarrow{\text{五子}}$赵公一$\xrightarrow{\text{长子}}$赵彦涛$\xrightarrow{\text{长子}}$赵江夫①

赵江夫眉州家族（含江夫）共产生5名进士，约占眉州宗室进士总数的41%，他们分别是：赵江夫（淳熙间）、二弟赵羽夫（庆元间）、堂弟赵镭夫（宝庆间）、曾孙赵嗣昌（1256）、曾孙赵嗣恩（1256）。

据《邛崃县志》，邛崃县花石山花置寺摩崖造像右侧存有赵羽夫等游览石刻一通，文曰："通泉李宜之为临邛，暇日携□行此，六月晦，至花石，幽寻之乐，于此□□竹章概、彭山宋希祖、河内□□、□□刘普、玉牒赵羽夫。是岁淳熙丙午。"② 淳熙丙午即淳熙十三年丙午（1186），那么，赵江夫家族最晚亦应在孝宗初年定居眉州。

至于赵江夫家族是如何徙至眉州的，史料未详。不过，合州魏王裔赵彦球支系可做参照。据《南宋四川宗室进士表》，合州有魏王裔赵彦球家族赵时信（1199）、赵时乐（1223）、赵若颐（1235）三位进士。其中，赵时信为赵彦球子赵辩夫长子，赵时乐为赵辩夫五子，赵若颐为赵时信次子。据赵彦球涪陵白鹤梁石鱼题刻③，知其乾道三年（1167）时知涪州，按赵时信登第时间推算，赵彦球家族此时应已定居合州了。然赵彦球本身并未在合州选举志中出现，因此，笔者认为赵氏存在因官涪州而定居于附近合州的可能，赵江夫家族亦然。

（四）翼祖裔遂宁府赵广爰支系

翼祖即宋太祖、宋太宗、魏王赵廷美之祖父赵敬，宋朝建立后，谥其曰"简恭皇帝"，庙号"翼祖"④。翼祖后裔因主要聚居于保州（今保定），故又称"保州皇族""保州宗室"。据目前掌握的资料，在南宋四川仅见遂宁府有翼祖裔活动。

遂宁府有翼祖裔连续两代产生的进士五名，分别是：赵广爰（1223）、赵广徵（1232）、赵继谔（1232）、赵继议（1235）、赵继珪（1256）。其中，继谔、继议、继珪三人为亲兄弟，世系为：赵遵韶⟶赵端贵⟶赵广发⟶赵继谔、赵继议、赵继珪⑤。那么，赵广爰、赵广征很可能为赵广发之兄弟。

按《宋会要辑稿》，绍兴九年（1139）十二月："臣僚言：'恭以翼祖皇帝世子孙实在保州敦宗院，自河朔失守，得过江南者仅十数人。陛下悯其失所，乃诏宗司收系属籍。今有官者止四人，至于注授差遣，未得与两京宗室侔拟。此虽昔时颇有等差，然两京宗室中兴之后，于旧法之外已尝推恩，而保州宗子颠沛远来，亦宜稍加厚于昔时。乞令合赴部之人，权依两京宗室体例注授。'诏：保州宗子令吏部先次注授。"⑥ 又，《文献通考》："保州宗室者，

---

① 《宋史》，第8474页。

② 四川省邛崃县志编纂委员会编纂：《邛崃县志》，四川人民出版社，1993年版，第742页。

③ 赵彦球涪州题刻曰："石鱼不出，十有八年矣。乾道丁亥，玉牒赵彦球摄守是邦，鱼复出。是岁元日大晴，人日亦如之，率僚属游北岩。越三日，遂观石鱼，水痕尤瘦，古刻宛然。涪人曰：一旬而三美具，此大有年之兆，而贤太守德化之所感也。在属吏其敢不书？从游者五人：合阳王如慈、古渝何肃、眉山宋中和、玉牒赵伯□、□□□、御前□□□□□冯翊王浩。"见王晓晖汇注《白鹤梁题刻文献汇集校注》，天津古籍出版社，2015年版，第86页。

④ 《宋史》，第1、7页。

⑤ 《宋宝祐四年登科录》，第77页。

⑥ 《宋会要辑稿》第1册"帝系"六之一三，第147页。

翼祖皇帝后也。建炎初隔绝。绍兴九年渡江者数十人，有官四人而已。”[①] 依此可以推知，赵广爰等遂宁府翼祖裔之先祖，或即绍兴九年渡江数十人之成员，至于他们中何人何时徙居西蜀，史料未详。但据赵广爰登第时间推测，当不晚于宁宗初。繁衍人数，当不众多，这也符合翼祖后裔较少南渡的文献记载。

余　论

两宋之交，靖康之难的发生，对于宗室而言可谓巨祸，宋刘光祖《〈昭德晁公文集〉序》云：“国家丙午之变，中原衣冠不南渡则西入于蜀。”[②] 四川地处中国边陲，远离政治中心，加之唐五代以来人物之蕃、经济之盛、文化之隆，举朝悉知，因此，不少宗室避难入蜀。除此之外，还有因宦游蜀地，恋其江山繁华，而徙寓繁衍的情形。赵宋宗室太祖裔、太宗裔、魏王裔、翼祖裔四大支族部分后裔派衍四川，主要分布于潼川府路、成都府路、利州路，聚居于四川盆地中部、东部及西南部，涪江、沱江中下游及岷江中游。这些地区地势平坦、交通便利，顺流而下即抵临安，加之气候宜人、物产丰沛，可谓赵宋宗室精心挑选的理想乡。其中，更以涪江中下游遂宁府、合州两地为核心分布区，这里东接夔州、西邻成都，北走嘉陵通利州，南下普、资抵泸、叙，是南宋四川的经济重镇与军事要冲。

正所谓“宝玺，国之重器也，兴衰系焉；同姓，国之至亲也，休戚生焉”[③]，在我国封建帝王时代，中央朝廷往往采取一边压制宗室使其不篡逆、一边扶持宗室使其护皇权的统治策略，赵宋亦然。南渡后，临安朝廷沿承北宋制度，设置考试以铨选宗室，主要有四种方法：有官锁应、无官应举、宗子取应试、宗子量试。除宗子量试授官非科举外，其他三种皆在科举制范围内，其中有官锁应和无官应举仍是南宋时“宗室获取科名的最主要途径”[④]。南宋四川宗室多系服外非袒免亲，他们通过参与科举获得“进士”身份的主要途径是“无官应举”。据笔者统计，南宋四川宗室共产生 111 名进士，平均每场科举录取名额约 2.8 名。南宋四川宗室进士总数与福州、江西等相比差距很大[⑤]，这显然与入蜀宗室数量较少有关。从科举录取比例来看，即使是皇族贵胄，要成为进士亦非唾手可得之易事。

南宋四川宗室进士在时间分布上呈现双峰状特征，即南宋前期登第数量较少，自宁宗朝开始，数量逐渐增多，宁宗末理宗初以及宝祐四年出现两个高峰，宋末则递减。双峰状分布特征除去国家宏观政策以及偶然性因素外，与寓蜀宗室家族文化教育的沉淀转化不无关系。根据合州钓鱼山石刻，合州宗室每逢亲友将赴临安廷对，必与同郡士绅一道祖饯于嘉陵江畔钓鱼山。按《淳熙改元冯怡等饯丁梦臣等刻石》[⑥]，孝宗淳熙元年（1174）十二月十三日，

---

① （元）马端临撰，上海师范大学古籍研究所、华东师范大学古籍研究所点校：《文献通考》第 11 册，中华书局，2011 年版，第 7065 页。

② 《宋代蜀文辑存校补》5，第 2258 页。

③ （南宋）赵某：《以宗室推赏太轻致同姓榜文》，见曾枣庄、刘琳主编《全宋文》第 182 册，上海辞书出版社，2006 年版，第 204 页。

④ 祖慧：《南宋宗室科举制度探析》，《历史研究》2011 年第 2 期，第 37 页。

⑤ 南宋福州、江西宗室进士统计表，见何兆泉著《两宋宗室研究——以制度考察为中心》（第 227－230 页）。

⑥ 《民国新修合川县志》（下）卷三十一“金石上”，第 83 页。

丁梦臣等将东下殿试，合州宗室赵师仁（进士）、赵希珏（进士赵孟淑伯祖）[①] 等于钓鱼山高唱苏轼《念奴娇·赤壁怀古》以壮行。祖饯、论学、赠言、刻石，反映了赵宋宗室家族已深深融入四川社会并代表着蜀中上流圈层，同时也彰显了宗室家族文化教育的传承意识。

有宋一代，君主“与士大夫共治天下”，崇隆人文，是中国历史上有名的士人社会。深受时代浸染的四川赵宋宗室与普通士子一样热衷功名，登第以后，也积极运用职权及社会名望奖劝学术、发皇儒学，致力于推进本土文教事业，可谓南宋四川社会特殊的“士大夫”群体。“古来论人物，西蜀名士多”[②]，这些名士中相当一部分便是因各种原因入蜀的学者。流寓四川的赵宋宗室们籍隶玉牒，身在边庭，“蒙国家无穷之福”[③]，并依靠卓绝的奋斗，产生了上百位进士，惜早已埋没于荒草故冢之中。惟钓鱼城摩崖石刻与日月相伴，还依然高唱着“大江东去，浪淘尽，千古风流人物”的前朝往事，诚令人无限唏嘘云云。

（作者单位：上海财经大学马克思主义学院）

① 按：《淳熙改元冯怡等饯丁梦臣等刻石》中“希玨”应为赵希珏，即赵师闵子，合州宗室进士赵孟淑伯祖。世系见《宋史》（第6481页）。

② （南宋）王炎《和李提干携诗相访》，见《影印文渊阁四库全书》第1155册，台湾商务印书馆，1983年版，第493页。

③ 《全宋文》第182册，第205页。

从“僻处西陲”到“复兴基地”

——全面抗战前后四川地域形象的转变

何林锋

内容提要：四川在传统社会就多次被地方势力割据。民国前期，军阀混战和防区制度下的四川，更是混沌黑暗，民不聊生。军阀混战和鸦片泛滥成为四川留给社会大众的一对扎眼的负面印象。1935 年川政统一以后，这一印象才逐渐改变。随着抗战爆发，国民政府迁都重庆，四川地位急剧上升，地域形象也有巨大提升，学术界也对四川历史上形成的“先乱后治”说提出否定或新解。由于四川对抗战的巨大贡献及其建设的进步，加之人们对四川了解的增多，四川逐渐成为人们心中的民族复兴的基地。

关键词：四川；地域形象；国府迁渝；复兴基地

所谓地域形象，一般是指人们对某个地域的综合认知与评价。王东杰教授论及近代四川形象时说：“外省人士对四川了解不多，已有的认知也多为负面的。这一形象既与四川混乱的政局及相对闭塞的文化环境有关，也包含了想象的成分。”① 20 世纪 30 年代中期以前，僻处中国西陲的四川，地域形象较为负面。但随着 1935 年川政统一，消除了防区制，建立了统一的四川省政府。随着委员长行营参谋团入川，四川也日渐成为国民政府关注的重心。特别是抗战时期国府西迁，四川在社会报道和论述中日益成为“民族复兴根据地”，形象日渐正面。作为四川形象的传统观念“天下未乱蜀先乱，天下已治蜀后治”，也随着政治形势的变化，遭到批评抵制或发展出新解。杨天宏教授强调民国时期政治的主线地位，“在民国历史上，政治的作用太强大了……用以整合其他历史因素的‘纲’的选择，将不得不仍然是政

① 王东杰：《国中的“异乡”：二十世纪二三十年代旅外川人认知中的全国与四川》，《历史研究》2002 年第 3 期。

治”[①]。近代中国的地域形象也是随着政治局势的变化而转变的，四川就是重要一例。

抗战时期的四川，发生改变的绝不仅仅是物质层面，地域形象的改变也是十分重大的。四川大学何一民的《从双枪兵到铁血雄狮：抗战时期川军战斗力提升和形象改变的原因》，谈及的主要是抗战时期川军军队形象的改变，未涉及地域形象。云南大学刘军博士的博士论文《19 世纪末 20 世纪初外国人著述中的川滇形象》，研究的是外国人笔下的晚清川滇地域形象。胡攀、彭劲松《地域文化与重庆城市形象塑造》，主要论述地域文化和城市形象的关系。由于政治形势的变化，20 世纪 30 年代中期以后，四川在人们心中的地域形象发生了巨大变化，从原来的负面为主逐渐变得正面。就学界以往研究成果来看，关于这一时段四川地域形象转变的研究还未有人关注。

一、30 年代中期以前的四川形象

虽然四川在历史上曾经有“天府之国”的美誉，但四川毕竟长期远离国家政治的中心。四川的盆地地形便于地方势力割据，民国以后的四川又陷入军阀混战、大量种植鸦片、土匪成群的局面。由于四川地处内陆，又交通不便，新思想新文化也难以传入。四川的地域形象十分负面。等到 1935 年川政统一以后，情况才有所改变。

（一）分裂割据之地

从汉代开始，巴蜀大地就常在乱世中被割据势力占据，两汉之际有公孙述、三国时期有蜀汉政权、西晋末有成汉、五代十国有前后蜀、北宋有李顺的“大蜀”、元末有方国珍、明末有张献忠的大西政权。历史原因造成了言四川必言割据的地域形象。经历明末张献忠之乱，更是有了“先民有言，天下未乱蜀先乱，天下已治蜀后治。验之今日，语诚不诬”[②]。的感慨。而且，四川往往成为大一统王朝最后方能平定之所，顾祖禹对此有一番解释，或可为“天下已治蜀后治”说之注脚，说明乱世的四川往往独立，而且在统一的最后阶段才能被纳入统一王朝。顾祖禹论述如下：

> 光武之并蜀也，独在削平僭伪之后，盖虑其地险力强，尽拔其党，使之孤立，而后图之。以天下之大，仅存一蜀，蜀其不能逃于釜中矣。明初平蜀，亦在扫清中原之后，盖知其以一女子奉一弱主，仅保险阻之不暇，不能为我上流患也，故迟之也。[③]

民国的四川，处于又一乱世。“四川已成割据之局”[④]，是当时人士的普遍观感。王东杰教授认为民国川外人士对四川的观感是“国中的异乡”[⑤]。“蜀道艰难，外省人闻而生畏，不得履其地知其详，有加以秘密国之称者。省外人视四川，几如外国人之视中国，且或更有甚焉。盖外国人虽不知中国，然常派人来华调查……省外人不知四川情形，鲜有闻入四川作切

---

① 杨天宏：《政治史在民国史研究中的位置》，《南京大学学报》（哲学社会科学版）2013 年第 1 期。
② 何锐：《张献忠剿四川实录》，巴蜀书社，2002 年版，第 184 页。
③ （清）顾祖禹：《读史方舆纪要》卷二四《四川方舆纪要序》，影印文渊阁《四库全书》本。
④ 陈重为：《四川割据之局（附图）》，《时事月报》第 4 卷 1931 年第 6 期。
⑤ 王东杰：《国中的“异乡”：二十世纪二三十年代旅外川人认知中的全国与四川》，《历史研究》2002 年第 3 期。

实调查者，省外人之知四川，全凭报纸所载之一二简短通信而已。"[①] 可见当时四川以外的人，把四川看成难以了解，而且不愿意去了解的地方。川外报纸对四川的报道很少而且容易失真。四川在社会文化方面相对独立的表现，实际是以政治、军事的独立为基础的。傅葆琛曾经说，四川人"素来不去管外边的闲事。外边的人也非到了万不得已的时候，不去管四川的事"[②]。这就是对四川自成一体局面的形象说明。1925 年，就已有人评价四川军人"并无何等远大思想，只求其食前方丈，侍妾数百人，金钱狼藉，于意已足"[③]。四川军阀固守川内而不参与川外争斗。

川政统一前的四川，不仅相对于国家来说是割据，而且四川内部也是割据的局面，而这一点，又和"防区制"密不可分。一个个的防区，就是一个个独立王国。从 1918 年到 1935 年，防区长期存在。1926 年以后，由于军阀的军队和防区都有了极大的发展，防区割据就更加具体和巩固。在此以后，四川军阀的防区是：杨森驻防川东，后为刘湘击败，遂移住渠县、广安、岳池、蓬安等县区；刘湘拥有下川东二十余县；刘文辉据有上下川南及川北部分县区；邓锡侯驻防华阳、新都、广没等二十余县；田颂尧驻防川北、绵阳等二十余县，其余各军阀也都有数县以上的防区[④]。防区制度是四川军阀的一个显著特点，防区内部各自为政，川内军阀"各守防区，不相连属，各防区中之民财两政，多秘而不宣，使人如坠五里雾中"[⑤]。乃至，"四川多头并立，不能统一，颇为外省军人看不起"[⑥]。此外，川外人士对四川战乱的相关看法，也和防区制直接相关。

（二）军人专权、战乱频仍之区

"天下未乱蜀先乱"，是明末以来就频繁见诸文字的四川地域形象。"蜀乱"二字也频繁出现在民国的报刊当中。1917 年的《达德周刊》有文章名为《蜀乱痛言》。1930 年成都的《师亮随刊》发表诗词《十八年之蜀乱》。纵览民国的四川报道，战乱成为四川地域形象的标签。

民国前期的四川由于混战不断，在人们的印象中，是十分混乱的边缘地区。四川各个军阀为了扩大自己的防区，发展势力，不断扩编军队，进行争霸四川的战争，其混战数次之多，堪称全国之最，从 1921 年到 1935 年，就多达 470 多次。当时人就认为，四川战乱和防区制多有关联。由于防区制的实行，"而全川各地，遂成为少数军事领袖分治局面"，导致"各防区军事领袖，为防御另一军事领袖之侵略，不得不尽力扩充军力"，乃至"酿成循环式之内战"[⑦]。

当时四川省外的新闻对四川的报道多涉及四川战乱，上海的报道论说的是二刘大战造成的严重后果，代表了省外人士的看法：

---

① 士初：《四川真相》，《生活周刊》第 6 卷 1931 年第 15 期。

② 傅葆琛：《四川的病根究竟在哪里?》，《蜀铎》第 2 卷 1936 年第 2 期。

③ 凤兮：《对于此次川战之感想和希望》，《蜀评月刊》1925 年第 7 期。

④ 中国人民政治协商会议四川省委员会、四川省省志编辑委员会：《四川文史资料选辑（第十辑）》（内部发行），四川人民出版社，1979 年版，第 33 页。

⑤ 吕平登：《四川农村经济》，商务印书馆，1936 年版，第 11—12 页。

⑥ 王东杰：《国中的"异乡"：二十世纪二三十年代旅外川人认知中的全国与四川》，《历史研究》2002 年第 3 期。

⑦ 周开庆：《政论存稿》，四川晨报社，1933 年版，第 211 页。

> 四川古称天府，可是现在则成了地狱，军阀割据，连年混战，战区是赤地千里，庐舍为墟，人犬俱灭……军长俨然像一个皇帝，当军长出街的时候，全城戒严，商店闭门，前后卫队数百人……于是苦死了小老百姓。[①]

有的报道对四川的形象说得更加明晰直接，充分表现了当时上海人眼中的四川。

> 所谓“天府之国”的四川，于今究竟是怎样的世界了？一言以蔽之，现在的四川是“多兵”“多捐”“多匪”的世界。[②]

如果说川外的新闻报道或许有想象的成分，那再看川内人士的日记。吴虞是四川著名的文化人士，新文化运动时曾经被胡适称为“打倒孔家店的老英雄”[③]。吴虞全家当时就在成都城内，《吴虞日记》对当时“二刘大战”对百姓造成的生活困难以及市井小民对战争的恐惧，有更加详细的记录：

> 九月二十三日，星期六，十月二十二日，晴
>
> 闻将军衙门多取街石做垒。商业街，东门街口皆安机关枪矣。昨晚上灯后，即不能通过，大光明电影院妇女多不能返家。半夜枪炮声，盖起于皇城坝，二十九军所放。二十四军未还放，故事未起也……枪声忽大作，西城跟及正街皆不能通过……二十四、九军垒石齐肩，互为防御，交通断绝。
>
> 九月二十六日，星期二，十月二十五号，雨
>
> 街面拉夫，葱亦无卖者。铺门俱闭，无形罢市，柴、米、菜均大涨价。
>
> 十月二十一日，星期五，十一月十八号，晴
>
> 战事仍急激。邻人布姓院中人欲于夜间来十四号暂避，予许之。饭后，大炮弹落予正房，将二梁打断，瓦角及承尘板均断落。予夫妇及两女俱避在床下，幸未受伤。[④]

（三）社会落后，人民痛苦

“僻处西陲”，是当时许多人对四川的看法。“四川僻处西陲，与中央尤为隔绝，遂得自成一气。”[⑤] 1925年底，舒新城应邀入蜀，一路上“最感不快的”，“就是在新闻纸上得不着新闻”。川东地区消息最灵通的“《新蜀报》的消息竟比上海的报纸晚了十几天”[⑥]。

1934年的《人言周刊》里面有篇《四川的现状》的文章，里面谈到很多四川的形象问题，“四川僻处西垂，在过去很少有人注意到它”[⑦]。1934年，《华安》杂志有一篇文章《四川社会不安之基础原因》，列举了长期内战、捐税沉重、军阀割据、青年无出路等等原因。“四川捐税之沉重，突破全人类数十万年之历史记录。”“四川人民在生死线上，千辛万苦地挣扎着，对于有枪阶级之愤怒，如火一般地在燃烧。”[⑧] 尽管这些文章中的某些论述似乎有

---

① 李梨：《奇形怪相的四川（四川通讯）》，《社会周报（上海）》第1卷1934年第12期。
② 佚名：《四川之军阀混战与赤祸横流》，《上海大华通讯稿》1933年第33期。
③ 吴虞：《吴虞文录》，黄山书社，2008年版，第4页。
④ 中国革命博物馆：《吴虞日记》（下册），四川人民出版社，1986年版，第656—658页。
⑤ 周开庆：《政论存稿》，四川晨报社，1933年版，第210页。
⑥ 王东杰：《国中的“异乡”：二十世纪二三十年代旅外川人认知中的全国与四川》，《历史研究》2002年第3期。
⑦ 蜀子：《四川的现状（四川通讯）》，《人言周刊》第1卷1934年第37期。
⑧ （四川通讯）记者：《四川社会不安之基础原因》，《华安》第12卷1934年第12期。

些危言耸听，但真实地反映了四川的地域形象，反映了川外人士对四川的观感。

此外，当时的四川社会很不安定，土匪横行。连熊克武也认为"今日四乡之地，道路之间，何地无匪，何时无匪"[①]！更有兵匪勾结，乃至兵匪不分的局面。一些叛逃部队的队伍，因有人有枪，为了获取暴利，也会旋即化身为匪。

鸦片也是很多地方都有种植。1933 年，上海的《生活》杂志关注到四川的鸦片问题："鸦片烟在四川是军阀们筹款的好门路，是破坏农村的侩子手，是刺激士兵作战的吗啡针。它的功用屈指难数，它是我们四川烟国里的烟皇帝们统治老百姓的绝好武器。""先说成都，成都三多，茶馆多、尿馆多、烟馆多，统计烟馆不下两千家，而私灯不计。"[②]"四川的军队有两只枪，一只用来打仗的，一只用来吃烟的。"[③] 可见四川的兵，被认为是"双枪兵"。"二十三年，四川鸦片大熟，计收数百万两，输出额占百分之七十。全省烟民约一千万人，终日吞云吐雾，嬉笑床榻，如居桃源洞内。"[④] 因为鸦片的泛滥，四川的地域形象可以说糟糕极了。

二、四川形象的提升：民族复兴基地

从 1935 年委员长行营参谋团入川开始，中央势力日益深入四川，蒋介石也更多地考虑把四川作为将来抗日的大后方。特别是全面抗战开始以后，四川成为陪都所在地、抗战根据地。全社会为了持久抗战，都在宣传四川的重要地位，四川的地域形象日益正面。报刊和社会言论对四川的看法和评价出现了巨大的转变。

（一）政府提倡，社会宣扬

1935 年川政统一，四川结束了混乱局面。1935 年中央势力进入四川后，蒋介石多次发表讲话，谈及四川"民族复兴根据地"的问题。比如蒋介石在演讲中说道："四川的治乱，的确可以影响全国的安危，所以要统一国家，完成革命，必须四川同胞先来负起这个责任。"[⑤] 1936 年，蒋介石对高级将领的讲话中明确说："我们本部十八省哪怕失了十五省，只要川滇黔三省能够巩固无恙，一定可以战胜任何的强敌，恢复一切的失地，复兴国家，完成革命。"[⑥] 当时蒋介石就很重视四川的地位并且加以提倡。

抗战时期，四川被国民政府选定为抗战大后方的情况下，政府和官员更是尽力宣扬四川的地位。吴鼎昌曾经奉命考察西南，主政贵州，曾经提出过对四川的看法。如下：

> 从来有人说四川的一句话，"天下未乱蜀先乱，天下已治蜀未治"。而吴鼎昌在四川说，现在要做到"天下未治蜀先治"，此真所谓算得善于说话的朋友。[⑦]

---

① 四川省文史研究馆：《四川军阀史料（第一辑）》，四川人民出版社，1981 年版，第 165 页。
② 谈天：《鸦片烟在四川》，《生活》第 8 卷 1933 年第 40 期。
③ 同上。
④ 佚名：《小统计：四川鸦片丰收》，《新人周刊》第 1 卷 1935 年第 21 期。
⑤ 贺国光：《国民政府军事委员会委员长行营参谋团大事记（下册）》，河北人民出版社，1975 年版，第 886 页。
⑥ 高明芳：《蒋中正总统档案事略稿本》卷三二，台北"国史馆"，2008 年版，第 215 页。
⑦ 佚名：《零碎细点》，《星华》第 2 卷 1937 年第 15 期。

如果说全面抗战爆发前，人们对于四川的看法还带有期望、尝试考察的特点，国民政府迁都四川之后，人们对四川的看法就更多地和抗战前途紧密联系了起来。四川的形象就彻底变成了物产富饶、地位重要的核心地域。

> 长期抗战展开，资源之供给为保证最后胜利之要素，四川号称民族复兴根据地，物产富饶，远非他省可比，因此在这个伟大的民族抗战中，所负之使命亦较他省为巨。①

四川的地位，一天天地重要起来；四川的形象，一天天地正面起来。大量的报道把四川和抗战前途联系起来，认为四川变好与否，事关民族存亡。1938 年，《世经》“战时特刊”第二十一期上有一篇文章《开发四川与抗战前途》说道：

> 四川是民族复兴的根据地，威尔斯在《未来世界》一书中早已说过，自抗战以来，一般人也是这样期望，因为四川拥有丰富的资源，处在安全的后方……“综上所观，四川的地位，在这抗战时期，已经一天天地重要起来，由边远省份，一变而为政治中心，但欲让四川成为民族复兴的跟［根］据地，应当积极去建设。”②

1939 年，邓锡侯在《新新新闻》上刊登了一篇文章《民族复兴根据地的建国工作》③，这里提到的“民族复兴根据地”指的就是川康地区。“同时亦继续不负，今日中央及蒋委员长和全国人士对川康的殷切期望”，说的就是四川。四川直接和国家民族命运相联系。

在全面抗战中，上海报刊称呼四川是“国家的命脉”，这和 10 年前上海对四川的看法，迥然不同。1940 年，上海《青年杂志》刊发的《新生的四川》对四川的情况做了描述：

> 现在的四川省，已经成为中国各种活动的前线了，这并不是因为日军已深入中国内部而已经接近四川，那完全是因为新中国准备长期作战而在内部积极实施着国家命脉的工作。④

此外，四川本地的军政人员，如王缵绪对四川更是充满了信心，对四川地域的看法，也信心满满地推翻历史上的成见，对未来的四川充满期待。

> “天下未乱蜀先乱，天下已治蜀未治”。这两句成语近乎遍于中国。诚然，在历史上的四川，乃至于在最近过去的四川，有证实这两句成语的可能性；然而这一句成语，毕竟是过去的了，毕竟是历史的了；相反地，今日的四川，是天下已乱蜀未乱，在不久的将来，还可以达到，天下未治蜀先治的地步。没有注定了的历史命运，也没有一成不变的成语，我们把他推翻就是了！⑤

（二）学界新说

“天下未乱蜀先乱，天下已治蜀未治”，这一说法从清初以来一直盛行。“先民有言，天

---

① 承纪云：《民族复兴根据地四川》，《一周年抗战概述》1938 年第 7 期。
② 祝世康：《开发四川与抗战前途》，《经世》“战时特辑”1938 年第 21 辑。
③ 《新新新闻》1939 年 10 月 14 日第七版。
④ 佚名：《新生的四川》，《青年杂志》1940 年第 2 期。
⑤ 王缵绪：《创办词：天下已乱蜀未乱，天下未治蜀先治》，《新四川月刊》第 1 卷 1939 年第 1 期。

下未乱蜀先乱，天下已治蜀后治。验之今日，语诚不诬。”[①] 这是经历明末清初张献忠蜀乱之后的即时性感触。这一说法在日后广为流传，成为对四川地域形象的固有描述。清代乾隆年间的王昶在自己的文集里面说：“古云：天下已治蜀后治，天下未乱蜀先乱。”王昶接着解释道：“蜀民来自四方，不可绳之以保甲之法，而其中凶悍不法为盗贼者尤多。”[②] 可以说四川的形象，在相当长的历史时期是负面的，也没有任何人对四川“先乱后治”说提出质疑。

民国时期，“天下未乱蜀先乱，天下已治蜀后治”的地域形象依旧深入人心。1934 年徐炯曾毫不犹豫地说“蜀位于中国之西部，先乱后治已成定论”[③]，然后详细推论了这一地域形象的原因，列出了四条理由。最后，认为“军阀”“灾害”“邪教”等因素乱蜀。可见这一地域形象有极大的稳定性和延续性。如果没有特殊的因素，这一形象不会有变化。

20 世纪 30 年代的后半期，特别是全面抗战时期，有很多知识界人士从学理上否定了以前的看法。叶育之的《四川先乱后治之我见》里面就引经据典，详细地论述了“先乱后治”说的荒谬。如下：

> 依余所见，则四川“先乱后治”之说，迄今日成过去。不能成为四川历史地理上的原则。兹引历史反证我之所说，例如东汉黄巾之乱，海内鼎沸。唯荆州刘表，西蜀刘璋，境内安谧。及后晋以钟、邓伐蜀，以王濬为益州刺史，然后楼船东下平吴。诗云“王濬楼船下益州，金陵王气黯然收”，统一中国。可见蜀乱是在天下之后，蜀治是在东吴之先了。此其一也。
>
> 四川为中国之四川，在今日“国家之上，民族之上”口号下，最后吾人应确立“人定胜天”之义，推翻以前“先乱后治”的历史，发动川人以往革命历史的光荣，动员全川人力财力物力，□成“四川为民族复兴根据地”的历史定则。[④]

作者自己在文章的末尾就论述了自己提出新观点的原因，就是要唤醒川人，动员川人。很显然，这就是政治原因导致的学术观点变化。

郭沫若本身就是四川人，全面抗战时期，他的《羽书集》里面有一篇《先乱后治的精神》，对“先乱后治”提出新的看法：

> “乱”是什么？就是革命，天下的一切机构已经腐败，须得发生变更的时候，但是向来的统治者，本其自私的观念，总是压抑着人民，不使应有的变革发生。
>
> 现在，在国难空前的关头，又承受着复兴民族的使命了。军队陆续的东征，产业陆续的开发，是我们四川人发挥后治精神的时候了。我们要倾到我们无尽藏的人力物力来拯救国族的危亡。更进而实现民治、民享、民有的新中国，大义所关，责无旁贷。二十九年六月十二日[⑤]

---

① 何锐：《张献忠剿四川实录》，巴蜀书社，2002 年版，第 184 页。
② （清）王昶：《春融堂集》卷三一，清嘉庆十二年塾南书舍刻本。
③ 徐炯：《论说：天下未乱蜀先乱，天下已治蜀后治感言》，《大成会丛录》1934 年第 46 期。
④ 叶育之：《四川人》，出版社不详，1942 年版，第 45—47 页。
⑤ 郭沫若：《羽书集》，益群出版社，1945 年版，第 216—219 页。

“巩固西陲，复兴祖国，此四川省历史的精神。亦为其时代的使命。[①]” 张其《四川精神》一文，称四川为“完美之盆地”。“秦汉之一统中国，实赖关中与四川二盆地之物力量”。流经过成都的岷江水“洁净鲜名，故又名锦江”。甚至提出“明代平定倭寇，川人亦卓有功绩”。“中国地方教育之发达，以四川为先进”。在新的历史条件下，四川的地域形象已经发生明显的变化。

三、四川地域形象转变的原因

（一）四川成为抗战的政治中心区域

1937 年 10 月 29 日蒋介石在国防最高会议上做题为《国府迁渝与抗战前途》的讲话，宣布“为坚持长期抗战，国民政府将迁都重庆，以四川为抗战大后方”。30 日，国民政府决定迁都重庆，并于次日电告前线将士。1937 年 11 月 26 日，国民政府主席林森率队首抵重庆。30 日国民政府文官处、参军处及主计处抵渝。随后国民政府各院、部、会人员机构，经武汉、宜昌水陆兼程迁往重庆。“1938 年 1 月 11 日国民政府机关均由南京迁到重庆，军事及外交部门仍留在武汉办公。”[②] 8 月 4 日国民政府驻汉各行政机构全部迁移重庆。1940 年 9 月 6 日，国民政府发布命令定重庆为中华民国陪都。

国民政府还都南京前夕，蒋介石在成都发表《告别四川同胞》，追述其确定四川为抗战根据地的过程：“因为四川人口众多，物产丰富，都在任何各省之上……所以我们若能以四川为革命的根据地，就更能使革命早日成功，这是我民初以来未到四川以前始终一贯的理想……因此本人仍认四川为抗战唯一的根据地。”[③] 四川成为抗战中心以后，四川就不再是偏僻的地区，而成为政治中心和抗战根据地，四川的政治地位变得重要，全国各种资源也向四川倾斜，有利于四川社会的进步。此外，四川成为政治中心，那么宣传四川的正面形象，就变成了政治需要，也是全国抗战所必需。

（二）社会对四川地域的了解增加

四川长期以来不佳的地域形象，和四川“僻处西陲”，外界了解过少有直接的关系。由于了解少，信息不畅，川外人士对四川的印象便多了几分想象的成分。抗战时期，外来人口大量迁入四川。日寇在沦陷区大量暴行，工农业生产和人民生命财产安全受到巨大威胁，东部沿海各省人士大量迁入四川。在国民政府迁渝的同时，组织了工厂、学校和各个团体的西迁。内迁的高校数量，就十分庞大，“以上海、北平为主体，以及广州、南京、浙江、武汉等地大批国立、省立、私立学校逐步大规模内迁”[④]。川内外人民接触增多，“如此交互影响，不仅可以增加双方人民的见闻交际，而且可以逐渐破除历来根底甚深的地域观念”[⑤]。

抗战时期四川的期刊数量大幅度增长，对四川的报道也急剧增加。“南京、上海、平津、

---

① 叶育之：《四川人》，出版社不详，1942 年版，第 3—10 页。
② 周勇：《重庆通史（第三卷，近代史下）》，重庆出版社，2002 年版，第 150 页。
③ 四川省地方志工作办公室：《四川抗战历史文献（大事记卷）》，四川大学出版社，2020 年版，第 332—334 页。
④ 冉志、杨化：《抗战时期国民政府人口政策研究》，《重庆师范大学学报》（哲学社会科学版）2007 年第 1 期。
⑤ 孙本文：《现代中国社会问题（第二册）》，商务印书馆，1943 年版，第 264 页。

武汉等地许多较有影响的报刊，也先后迁到成都发行。”[①] 原先四川地方的报刊主要是地方实力派支持下举办的，属于中央的凤毛麟角。但是抗战时期除了外来报刊和原有报刊，还新办了许多报刊。无论这些报刊的政治倾向和办报风格如何。至少从各个方面加深了对四川情况的报道，有利于人们增加对四川情况的了解。

（三）四川的建设有了巨大的进步

20世纪30年代中期以后，特别是国民政府迁都重庆以后，四川的建设颇有成效。1935年4月，国民政府军事委员会颁布《禁烟实施办法》和《禁毒实施办法》。1935年9月，省主席刘湘设立省禁烟委员会及各县禁烟委员会。1936年7月，禁烟处从四川省善后督办公署划出，成立四川省禁烟局，隶属于四川省政府。1937年，国民政府加大特派员的权力，在成都设立禁烟特派员公署，督促禁烟运动的开展。1938年，国民政府加大干涉四川省禁烟运动的力度，“撤销之前成立的四川省及各县的禁烟局及禁烟特派员公署，设立财政部禁烟督察处川康分处”[②]。禁烟运动取得较大成效，一定程度上改变了四川的地域形象。

此外，从30年代初开始，国民政府就派人系统地考察了四川的物产、资源和工农业情况，然后编制了四川的资源开发计划，“其中不但编制了‘四川水利发电计划’等资源开发和经济建设的专项计划，还将彭县白水河铜产、巴县和达县油矿以及四川金矿等列入国家重工业建设规划之中，并陆续开工建设”[③]。

1935年5月，蒋介石要求孔祥熙在财政金融上向四川倾斜。国民政府方面，资源委员会、建设委员会、实业部、兵工署等部委，在制定实施《重工业建设计划》《兵工五年计划》等经济建设计划中，都加强了在四川及西南地区的工业建设及企业布局，计划在四川设立石油探采与提炼、植物油中提炼汽油、酒精制造、新法制盐、烧碱与氯气、电气器材、水力发电等企业，成立了四川金矿、重庆临时炼铜厂、彭县铜矿探勘处、四川油矿探勘处、万县煤矿、四川金属矿办事处、长寿龙溪河水电厂等企业及筹备机构。随着国民政府对四川实业的更多关注和建设，四川的地域形象逐渐改观。

（四）四川为抗战做出的巨大贡献

出川参加抗战的川军在历次重大战役中一改过去在四川内斗时的窝囊废形象，表现出前所未有的一往无前、奋勇杀敌的战斗精神和英雄气概。如杨森的第20军于1937年10月即参加了淞沪会战，打响了川军八年抗战第一枪，付出重大伤亡，“是役共计伤亡师、旅、团、营长共计二十一员，连排长二百余员，士兵伤亡达七千余名。武器毁损约二分之一”[④]。战绩在所有参战的中国七十个师中名列第五，其战功受到国民政府军委会嘉奖。全面抗战的八年中，川军以生命和鲜血书写了不朽的篇章，这极大地提升了四川的地域形象。

1935年蒋介石进入四川后，曾经发表了有关“民族复兴根据地”的多次演讲。3月4日他在重庆的《四川应做复兴民族之根据地》演讲中说道：“四川的治乱，的确可以影响全国

① 左东枢：《抗日战争时期的四川报界》，《新闻研究资料》1987年第4期。
② 秦和平：《四川鸦片问题与禁烟运动》，四川民族出版社，2001年版，第245页。
③ 陈廷湘、徐学初、张力开：《中国抗日战争全景录（四川卷）》，四川人民出版社，2015年版，第22页。
④ 《杨森电陈诚》（1937年10月19日）“国史馆”藏：陈诚副总统文物：008—010701—00086—087。

的安危，所以要统一国家，完成革命，必须四川同胞先来负起这个责任。”①

“四川先后派出成建制部队共约 40 万奔赴前线作战。”② 加上抗战期间为前线提供的兵员，总数在 300 万左右。此外，为完成抗战军用机场的修建，川人服工役的民工总数也达 300 万以上；粮食是抗战的主要物质条件之一，而四川供给的粮食总数在 8000 万石以上，四川供献于抗战的粮食占全国征粮总额的三分之一，而后“征购”与“征借”亦自四川始；此外各种捐税贡献，其最大的一部分也是为四川人民所负担。四川为抗战所付出的巨大牺牲，极大地改变了四川负面的地域形象。

（作者单位：江汉大学人文学院）

① 贺国光：《国民政府军事委员会委员长行营参谋团大事记》（下册），河北人民出版社，1975 年版，第 886 页。
② 张彦：《四川抗战史》，四川人民出版社，2014 年版，第 143 页。

曾言枢《戍康日记（1941 年 8 月 19 日—9 月 18 日）》校注[①]

陈　鹤

内容提要：国民革命军二十四军一三六师四〇八旅旅长曾言枢（1894—1976），奉命于 1937 年进驻西康理化县（今理塘县），经理康南事务。1941 年 8 月至 9 月，曾言枢自康南理化，前往康北瞻化（今新龙县）、甘孜等县巡视，开展工作。曾言枢有记日记的习惯，这篇发表于《中国边疆》的《戍康日记》完整地记录他巡视甘孜等县的情况，记录了当地的风土人情、宗教习俗，极为珍贵。今结合相关文献，对该日记加以校注，希望对今人研究民国时期的西康状况，有所助益。

关键词：曾言枢；西康；日记

一、曾言枢与《戍康日记》

曾言枢（1894—1976），名令贵，字言枢，以字行，四川省璧山县（今重庆市璧山区）人。曾言枢早年参加刘文辉部队，曾任连长。1927 年，刘文辉就任国民革命军第二十四军军长。1928 年秋至 1931 年，曾言枢在余中英（字兴公，四川郫县人，1899—1983，时任二十四军第三师第八混成旅旅长）旅任团长，随余中英驻防荣县、威远等地。1932 年至 1933 年，"二刘大战"中，刘文辉被刘湘打败，曾言枢随刘文辉败退雅安。1934 年 9 月 9 日至 9 月 27 日，曾言枢参加蒋介石在庐山海会寺举办的"国民政府军事委员会陆军军官训练团"第三期学习。1935 年，任二十四军一三六师第一旅一团团长。1936 年 10 月，曾言枢随军由

① 基金项目：四川省哲学社会科学重点研究基地"青藏高原经济社会与文化发展研究中心"2019 年度课题《民国西康军政领导人曾言枢〈日记〉整理与研究》，项目编号：QZY1910。

雅安进驻康定，10月25日，曾言枢主持创办了《戍声周报》。1937年1月，曾言枢率团进驻理化县，戍守康南；3月，被任命为一三八师二旅旅长，后因川康整军，部队番号变更为一三六师四〇八旅。1937年8月至1938年1月，曾言枢率部宣抚康南各县。此后曾言枢长期驻守理化县，对康南地区的政治、经济、文化建设颇有贡献。曾言枢笃信佛教，曾向简阳、威远等地捐资，兴办佛教事业。进入西康地区以后，曾言枢勤研佛学，与藏传佛教寺庙保持良好关系。1944年，曾言枢又在理塘长青春科尔寺创建汉僧院，资助汉族僧侣前往西藏学佛。1949年，刘文辉等在彭县宣布起义后，曾言枢一度抵触，拒绝起义，在理塘、雅江一带躲藏，1952年被捕，送往康定关押。1962年释放，以起义军官对待，被安置在四川省人民政府参事室任参事。1964年，曾言枢申请到成都文殊院当和尚，1976年病逝。关于曾言枢的政教思想及施政特点，参见王川《刘文辉与西康地区藏传佛教界关系述论》，载《中国藏学》2006年第3期，第78—84页。曾言枢的生平事迹，参见《理塘县志》，四川人民出版社，1996年版，第534—535页；贺觉非《西康纪事诗本事注·曾言枢之特殊作风》，西藏人民出版社，1988年版，第35页。

曾言枢有记日记的习惯，部分日记流传至今，现在发现的有《宣抚康南日记》（1937年8月4日至1938年1月31日），连载于《戍声周报》第40期至第69期，转载于《康导月刊》第5卷第2期至第6期；《（由炉返理）日记》（1939年3月2日至10日）连载于《戍声周报》第130期（1939年5月1日）和第131期（1939年5月8日）；《戍康日记》（1941年8月19日至9月18日），载于《中国边疆》第3卷第5、6期（1944年）；《戍康日记》（1943年5月21日至8月5日），连载于《康导月刊》第6卷第5期至第8期（1945年5月至7月）；《戍康日记》（1946年1月1日至4月6日），连载于《新西康》月刊1946年第3期至1947年第1期。

《戍康日记（1941年8月19日至9月18日）》，原载《中国边疆》第3卷第5、6期（1944年），第25—30页。关于这篇日记的写作时间，《中国边疆》原作“三十三年八月十九日起至九月十八日”，即1944年。但校注者在反复研究日记文本后，认为这一说法是不正确的，正确的时间应该是中华民国三十年，即1941年，证据有以下几点。第一，日记中9月2日记载“我国物阜民多，喋血五年”，自1937年抗日战争全面爆发，至1941年正好5年。第二，9月6日记载作者“旅边六载”，曾言枢1936年10月自雅安移防康定（次年再移防理化），到1941年正好6年。第三，9月14日记载甘孜“喻令偕县府职员来谈”，“喻令”即甘孜县长喻树棠。考《西康通志稿》《甘孜县志》等文献，喻树棠曾于1940年2月至1942年9月任甘孜县长，而1944年任甘孜县长的是张镇国①。第四，9月8日记载“出席纪念周”，纪念周即“总理纪念周”。1926年，国民党中央执行委员会公布了《总理纪念周条例》纪念孙中山，规定“纪念周以每周之月曜（星期一）日”举行②。查1940至1945年的9月8日，只有1941年的9月8日是星期一，符合举行纪念周的规定。因此，据以上四点，完全可以断定，这篇日记的写作时间是1941年8月19日至9月18日。

---

① 四川省地方志工作办公室校：《西康通志稿》，方志出版社，2015年版，第239页；甘孜县志编纂委员会：《甘孜县志》，四川科学技术出版社，1997年版，第258页。

② 李良玉：《“总理”“总理纪念周”和“国父”》，《民国春秋》1990年第2期。

今将《戍康日记》加以整理校注，希望有助于西康史研究的深入开展。原文系繁体字，现改为简体字；原文标点符号不规范，现按通行标准进行标点；部分文字，模糊不清，无法辨识，为尊重原貌，用□表示，再结合具体情况，对部分模糊文字做出推测，在六角括号〔 〕内注明，对明显讹误的文字，用圆括号（）标明，也在六角括号〔〕内注明改正后的文字。因曾言枢系国民党军官，其历史认识难以脱离时代的局限，该《日记》也在所难免，校注者在此特别指出，望读者正确辨别。

二、《戍康日记》原文校注

【一九四一年】八月十九日

康藏久以伧荒见外，惟甘孜、炉霍、瞻化、道孚四县，海拔率在三千二百尺以下，膏腴万顷，民力饶给，村舍相望，几同内地，挽近事变递生，日趋降废，养瘠嘘枯，辑境察微，势不可缓，主席[①]电令兼程往甘，盖有由也。简料戎衣，又拭鞍鞯，决诘朝北移。

长青春科耳寺[②]，负山带水，峥嵘南服，有呼图克图[③]二十余，格西[④]八十。康区西藏，教育事项，一惟佛乘，印度佛法，早已隐没，鹿野苑之佛学院，加尔各答之大菩提会，贝叶声宣，课诵经诰，自属佛教区域，究其底蕴，亦为传宣佛化，鼓励人心，南洋日本，向多佛寺，小乘教义，无裨大法。只西藏信解行证，得佛正宗，辩论精深，悉依因明格律，诸法空相，说有轨范，就俱舍问，当由俱舍答，说唯识中观，亦即唯识中观应对，研讨湛深，伦类不紊，如必（宏）〔弘〕扬正法，应就寺宇，建立辩论道场，按时抉择现观庄严等诸论要义，集众穷诘，准类置答，薰陶［熏陶］作育，理解奥蕴，非仅创建殿宇，传招膜拜，诵经灌顶，诸色供养，即日（宏）〔弘〕扬佛法也。康区各寺，多昧此旨，冀挽颓风，当以理化为倡。到长青寺，偕堪布、传号、各大德，商立辩论院，严戒律，作临别赠言。

毛丫土司[⑤]施朗降泽[⑥]来谒，治汉餐款之，游牧生活，不惯兼味，冀其汉化，无惮烦言，

---

① 主席：指刘文辉。刘文辉（1895—1976），时任西康省政府主席、国民革命军二十四军军长。

② 长青春科耳寺：位于理化县（今甘孜藏族自治州理塘县），汉意为“弥勒法论”，又名理塘寺。该寺由三世达赖索南加措创建于明万历八年（1580），后成为康南最大的藏传佛教寺庙。刘文辉曾向该寺赠送茶叶500驮。曾言枢于1941年报请西康省政府批准，在寺内成立了“调解委员会”，使该寺获得了司法权的合法行使。1944年，曾言枢等出资，在寺内建立了汉僧院。参见四川省理塘县志编纂委员会《理塘县志》，四川人民出版社，1996年版，第515—516页；四川民族调查组理塘小组《理塘县长青春科耳寺调查》，《四川省甘孜藏族社会历史调查》，民族出版社，2009年版，第252—268页。

③ 呼图克图：蒙古语音译，意为“有长寿的人”，亦即长生不老之意。清中央政府授予藏族和蒙古族地区藏传佛教大活佛的封号。凡属这一级的活佛，均载于理藩院册籍，每代“转世”必经中央政府予以承认和加封。乾隆以后，“转世”须经清朝中央政府主持的金瓶掣签确定。

④ 格西：藏语音译，意为“善知识”。学衔名。原为对精通佛教经典者的敬称。后成为藏传佛教格鲁派的学衔。在藏传佛教的大寺院中，僧人学完必修的显宗经典后，可以考取不同等级的格西。分四等：即拉然巴、磋然巴、林赛和朵然巴（或称日然巴）。

⑤ 毛丫土司：即瓦数毛丫（毛垭）长官司，理塘地区土司之一。康人呼为“雍朱本”，汉人称毛丫土司。一年三迁其地，春季在狼达，初夏移至拉桑通，中秋前后迁往康南著名的大草原毛丫坝。辖区东交火曲，南至哈尔沟一带，北抵君坝、下坝，西至勒日喀。参见《理塘县志》编纂委员会《理塘县志》，四川人民出版社，1996年版，第254页。

⑥ 施郎降泽：清末民国毛丫土司。1891年生，七美多吉长子，汉名张根生。1927年袭职。中华人民共和国成立后好静，笃信佛教，常静坐不外出，后去西藏。1958年民主改革时逃至印度，于1965年8月病故。参见《理塘县志》编纂委员会《理塘县志》，四川人民出版社，1996年版，第254—255页。

期其大昭，用代醺酪。

灯下治文电三十余通，理部务竣事，已午夜矣。

【一九四一年八月】二十日

披大厮氅，率官兵十四骑，傍理寺山右相趁而行，曙色星光，犹带马蹄，沿斜阪，履丛草，山溪汩汩，大黄叶肥，汰金沙砾，崖岸途次，去城三十里，土人三五，淘金山麓，砌石为屋，横木覆土，用蔀①风雪，入冬土冻，不可锄掘，弃矿作牧，世世以此，赖资生息，多毛丫人，见余至，辍业立道左，媵以笑容。

布希纳海拔五千余尺，康语布为小孩，希即死，纳为山，山高风饕，小孩不任。陟其巅，天高草低，毛丫通逶迤平原，隐约可辨。白大之役②，汉藏两军，苦战山际，风声剧起，鼓角如闻。下山路稍峻急，山腹已入森林地带，苍苍郁郁，掩映征衣，斜阳绿草，酷似西洋油画风景，非复理城寒荒一片，落日童山也。

行百二十里，宿巧拉，理属霞坝小村也。晚领众宣佛号，回向二十八年戡甘乱③死事军民。

派上尉副官刘爱民董理大小事务，上尉附员李茂林经出纳，上尉播译蒲安西任调查。

【一九四一年八月】二十一日

霞坝所属巧拉、错居、鸠乌、乌哈村落联续，夹流而居，小桥水碾，怪石大树，酷类莫拉石下村，惜土职灭后，内无团结，外多侵凌，高利朘削，民力日瘁，召村民说卫为农村基石，教养副之。

过黑教寺④，礼佛散招，祈诵嘛哩，回向慈亲。经红教寺⑤，僧众方诵经，送供百枚，为母祝福，解说红黑教义，不外自度度人，殊途同归，不应歧视。

午后经乌哈，进宿杜呷⑥牛厂，杜呷死于洛古案，寡妻弱息，一见怜之，略为慰藉。

【一九四一年八月】二十二日

太空雪舞，白战不休，茫茫前途，动感迷复，寒带土著，以驯鹿，挽雪橇，利行旅，世外画图，中土蔑有，余马有蹄铁，竟日踏雪，雪积蹄高，屡行屡蹶，迨抵瞻城⑦，已入暮

① 蔀：遮蔽。

② 白大之役：又称“大金白利事件”“第三次康藏纠纷”。1930 年 6 月，西康甘孜县发生了大金寺和白利乡争夺庙产的事件，随即演变为第三次康藏纠纷。1932 年，刘文辉向藏军发动反攻。后康藏双方签订“岗拖协议”，暂以金沙江为分界线。但直到 1940 年才完全解决遗留问题。参见黄天华《第三次康藏纠纷再研究》，《历史教学》2009 年第 10 期，第 43—50 页。

③ 甘乱：指 1939 年（中华民国二十八年）底爆发的甘孜事件（又称“班辕事变”）。1937 年 12 月 1 日，九世班禅圆寂于青海玉树，班禅行辕经批准，移驻西康甘孜县。后班辕侍卫队少校分队长益西多吉与甘孜孔萨女土司德钦旺姆相恋。刘文辉为防双方联合，割据康北，不同意这桩婚姻，并将德钦旺姆软禁。1939 年 12 月，班禅行辕与孔萨土司武装联合，进攻刘文辉驻军，并控制甘孜县全境。不久，刘文辉调集大军反攻，1940 年 2 月，班辕战败，与孔萨土司退到青海玉树，“甘孜事变”结束。参见黄天华《刘文辉与甘孜事件》，《西南民族大学学报》2009 年第 3 期，第 33—40 页。

④ 黑教寺：即苯教寺庙。此黑教寺当指崩波寺（“崩波”即“苯波”），位于今理塘县下坝（即日记中的霞坝）区觉吾乡境内，是今理塘县内唯一的一座苯教寺庙。参见《理塘县志》编纂委员会《理塘县志》，四川人民出版社，1996 年版，第 500—501 页。

⑤ 红教寺：即藏传佛教宁玛派寺庙。

⑥ 杜呷：下瞻千户、区长。1888 年（?）生，男，土兵营长，能调三百余支枪。据说“为人知书，明达大体，雍容有儒者风”，晚年“静坐奉佛，自乐性天”。参见余贻泽《中国土司制度》，正中书局，1944 年版，第 181 页；欧阳枢北《瞻化土酋之过去与现在》，《康导月刊》第 1 卷第 12 期，第 19—20 页。

⑦ 瞻城：指瞻化县，即今新龙县。

矣，感各界鹄候，一一温存。

【一九四一年八月】二十三日

四区[①]代表，皮冠束带，入见，白地方近事，甲日家[②]曾附甘乱，已远飏，邻契十八户，纷纷求谒，说困苦，献土物。

瞻化和煦，花木葱（笼）〔茏〕，学校整洁，楚楚可观，学生百人，了了可爱，勖以勤习汉文，便研佛学，小学生作小先生，为抗建主人，捐图书费二百元。

视察菜圃，发育优美，莲花白尤硕大可爱。浴室，七七纪念塔，运动场，均王连长仲良兵工刱筑，山城有此，增色不尠。官兵名额充实，内务纪律，井然有序，以课余生产，确实做到国家忠臣、民族孝子勉之。午赴县府宴约。

【一九四一年八月】二十四日

坌集军政，话地方兴革，荒陬于役，蠲烦涤器，朝劘夕厉，当有治状，羁怀佗□，悄焉寡欢，殊非人理，不应尔尔。县境差役，向多无给，薪刍实值，率不照付，赋税尚收藏币，国币行使多滞，胥属病民，应加扫刮，边事丛脞，亟待精研，佛乘有关人生哲学，治身治事，可资借镜，愿共信互勉。

闻学校三阅月，支鸡十只，给法币五元，羊三只二十元，蛋二百三十枚，三元。事近伤廉，属嘱革行。

村保齐到，新建庙宇，准从缓建，支差认真，重视公益，财务委员会应速振励，法币推行，地方有责，分类开譬，众皆承诺。

午后缓步桥头，雅龙江边，率多断岸，百卉倒挂，缤纷绚目，游鱼出没，水清可数。

【一九四一年八月】二十五日

晨起首途，瞻属多山，冈峦倚立，杉、松、枫、枞、山茶，怒出山隈，与苔石相间，枝柯风动，远送行旌。大盖寺[③]僧来迓，寺无电息，从何侦知？晚宿哈叶，秋晴有日，风起尘飞，须面多黄埃矣。

【一九四一年八月】二十六日

折坂登隈，道沿江上，怒涛喷（味）〔沫〕，声澈晴空，宿大盖寺，供僧，为老亲诵嘛哩一千万遍，聊尽乌私。

龚连兵两排驻此，多干扰，给奖后，重斥之。

【一九四一年八月】二十七日

经日巴徇僧民请，允通木寺[④]四呼图克图返寺。途中松杉翠出，马鸡野鸽，闲啄苍苔，

---

① 四区：民国时期，将瞻化全县划分为上瞻、下瞻、河东、河西四个区。参见四川省甘孜藏族自治州新龙县志编纂委员会《新龙县志》，四川人民出版社，1992年版，第30页。

② 甲日家：指上瞻化土头甲日·多吉郎加一家。甘孜事件（班辕事变）之前，多吉郎加之女甲日·却麦卓玛，曾准备随同班辕起兵反对刘文辉，但发现后被刘文辉处决。参见冯有志《西康史拾遗》，巴蜀书社，2015年版，第342—343页。

③ 大盖寺：位于瞻化县大盖村。据许文超《瞻化上瞻区调查记》记载："大盖村……以其人民住地，均在两岸平原，形同荷盖，故土人名之曰大盖村。又因以河（即雅砻江）为东南界，故名曰东大盖、西大盖。……东大盖中有一喇嘛寺，名作低寺，掌教喇嘛名赤乃，年约五十上下，机巧多智，为全村人民信仰所宗。东、西两大盖之事，一以取决，四头人仅虚有其名，实不啻赤乃喇嘛至小娃子。"参见赵心愚、秦和平编《康区藏族社会历史调查资料辑要》，四川民族出版社，2004年版，第186页。

④ 通木寺：当指土木寺。

喜得天游，情意自然。

农田多杂草，麦秀不丰，便语村叟，去莠育良。

晚宿沙堆，阅魏连，给奖，到牙鹅寺寺中商首与刘姓债务，嘱魏连长准情调解。

关外戍军，率驻县治，乡村僻处，僧民鲜与外通，雅不欲与戴鹖者流，比邻相处。

【一九四一年八月】二十八日

道出稀泥沟，罗锅梁子雄峙于右，蒲玉龙草原绵亘于前，江流蜿蜒而下，瞻甘分野，出自天成，襟怀一快，扬鞭走马，到甘孜，谢各界郊迎，下榻孔撒香根[①]别墅。

蒲玉龙平原约三十里许，村民耕作较勤，畦间多鸟鼠同穴，鸟色灰白，类蜀中麻雀，鼠出，鸟尾随之，不相害而相亲，穴土同居，各尽其性，畛域胥泯，物竞失据。

【一九四一年八月】二十九日

僧民纷来问讯，酬答竣事，入寺（理）〔礼〕佛，竹萨、郎渣[②]各活佛私寓，雅静如前，重门半启，到团部午饭。

补积课五日，阅《菩提道次》第六章，住处近甘孜寺，寺宇宏大，楼殿比栉，丹垩满山，神铙法鼓，音响清越，晓窗兀坐，俨同三千大千外另一境界也。

【一九四一年八月】三十日

来见者仍众，款洽久之，赴贺营长午宴。孔撒官寨，高楼五层，围墙数百丈，上下楼居三百余间，窗户悉依汉式，丹青触目，金（壁）〔碧〕辉煌，各厅宏敞，可容二十席，中设炕床，敷虎皮垫，逊清光绪皇帝单身像高悬壁间，金镶木匣，光耀夺目，旁列滑木漆椅，分披红坐垫，各色琉璃，嵌饰彩灯，星罗满室，玉笑珠香，岁时欢宴，海珍盈席，牙著玉杯古香不俗，十足楼（栏）〔兰〕风度也，惜以事变，概付一炬，败堵嵯峨，非复往昔。

【一九四一年八月】三十一日

昧爽即起，演太极拳移时，立簷前，墙头黄菊，花繁叶密，彩绘木缽，甚类华瓷，窗前鹦鹉，闲话康语，询之老衲，皆孔撒香根物也，花鸟依然，人事已改，厌荣舍绂，理固宜然。

午赴各上尉会餐，说倭经济崩溃，康省制革、水电、洗毛各建设实况。

【一九四一年】九月一日

参悟阅二小时，酬酢日繁，恬静味鲜，善根发相，更属茫茫，国难方殷，匹夫责重，洪波震壑，焉有静鳞。

出席国民月会，古者嘱民读法，意美法良，远陬地僻，民俗易偷，寇焰方张，更宜警省，精神动员以发扬民气为鹄的，且以喜乐，且以永日，民气消沉，国将不国，就国民公约，引深阐述，后留甘军政，当以"子率以正"四字自任，为蚩蚩者倡。

---

① 孔撒香根：甘孜活佛，孔撒原土司丹珍吉美（宜美）之弟，时任孔撒土司德钦汪姆的叔父。参见冯有志《西康史拾遗》，巴蜀书社，2015年版，第344页。

② 竹萨、郎渣：皆为甘孜寺活佛。据林耀华《康北藏民的社会状况》记载："（甘孜）寺内大掌教一个，为全寺最高负责人，今由竹萨、日家和朗喳（按：即郎渣）三位活佛轮流主持。"1940年，竹萨当选第一届西康省临时参议会参议员。参见林耀华《从书斋到田野》，中央民族大学出版社，2000年版，第460页；冯有志《西康史拾遗》，巴蜀书社，2015年版，第421页。

读《平番奏议》①，拉布浪即今甘肃拉卜楞，夏河县属地，藏族极众，奏牍中有拉布浪大寺住喇嘛不下二三万人，未免易藏奸宄之语，庄严佛土，训至负秽色羞，大失释迦垂育主旨，力振宗风，严持戒律，治边护法，互利交资。

【一九四一年】九月二日

深秋麦熟，负郭农忙，田间健妇，乱头粗妇，引吭高歌，相互唱随，与现代二部轮唱曲谱相吻，句尾多咿字邬字韵，康藏词曲，如出一源，异曲同工，深涵佛义，愧非刘勰，理解为难。

到苦马寺拜谒文殊，一老喇嘛，庞眉大颊，席地右袒，神凝目瞪，意味萧然，询之主事，知为专修止观，已垂二十载，神游物外，人我两忘。

午赴县府，应各界餐约，公务员以月入戋戋，生计艰苦，不无愁叹，大战期内，列强紧缩，计口授粮，以木纤维用代肉食，我国物阜民多，喋血五年，艰困不免，歌篴征逐，亦所在皆是，畸形现象，当事爬梳。

【一九四一年】九月三日

召村保，详志差额，赋数，牲税，粮价，旦多患差重，门达沟苦粮荒，大塘坝牧民年税前多逋欠，农庄引为不平。

电理化，询乡稻丰欠，毛丫牛瘟。

【一九四一年】九月四日

白利阿波布家来诉，大金之役，家毁于逆，白利土妇，为孔撒土司宜美之妻，宜美殁后，土妇不安于室，被出，归主白利事，阿波布为白利二大头人之一，大金恃强，东凌白利，阿波布有程婴杵臼风，卒以死殉，足风末世，酌予给奖。

汉民有商而豪赌者，年关每届，荡产辄闻，严令厉禁，闻郎渣管家张喇嘛，康人也，以郎渣佛多酬应，得交在甘军政，牌九麻雀，多操胜算。戍军不怿。咸起谋之，累及沙门，可为切齿。

邮到《清代边政通考》② 一册，重阅之，略有批劄。

【一九四一年】九月五日

余秉素弱，（饥）〔肌〕不密，向畏寒，偏留荒徼，憭慄困人，或伏寒，或温湿，升泄令到，率多病苦，针福白龙一次，用祛外邪，兀坐室后隙宇，稍事静养。午后礼佛，服大悲水。

电台传广播新息，湘鄂军事顺利，大喜，啖火米粥果腹。

【一九四一年】九月六日

寒上乏蔬菜，素食更难，庖人间以鸡卵佐餐，初未之拒，久亦淡然，有乖戒旨，即不复

① 《平番奏议》：清那彦成著。那彦成（1764—1833），字韶九，号绎堂，满州正白旗人。大学士阿桂之孙。1789 年中进士。历任内阁学士、工部尚书、军机大臣。1807 年任西宁办事大臣，1809 年升任陕甘总督，1821 年任吏部尚书，1822 年再次出任陕甘总督，1825 年调任直隶总督。以征讨新疆张格尔有功，加太子太保。著有《那文毅公奏议》80 卷、《平番奏议》4 卷等。参见刘惠《清代疆臣那彦成研究述评》，《伊犁师范学院学报》（社会科学版）2017 年第 2 期。

② 《清代边政通考》：民国蒙藏委员会陈炳光编辑。为蒙藏工作者编辑有关边疆政教制度资料。取材多从《大清会典》《大清会典事例》中搜集，两编，编下分章，章下分节。标题或取自原书，或编者自拟，对研究清代边疆历史和政教制度有参考价值。1934 年蒙藏委员会印。

食，有则分饷官兵。

肢体粗适，拒止打针。德格大头人夏克刀登[①]遣人来谒，述前以事阻，致刀登不果来，隐情宣露，为之惋惜。

竹萨过谈，询青军入康境未分析显密教宗，人天奥窔，舌人粗陋，难达佛理，旅边六载，仍是“哈么果朵”（康语不知道），通情宣德，动感杵格，愧怍无已。新月一钩，疏星几点，听寒风飕飕，鸣虫拂幕，小疾霍然。

【一九四一年】九月七日

贩毒贩枪，功令森严，关外广漠，极易藏奸，耳可得闻，力缉不获，痛心至极，负罪难逭。

民间闻清械，骤多远逸，语文各别，情意难通，一事涉疑，朋从以起，狂热所及，枝节横生，经边之难，愈思愈危，愈行愈怯，罗长（琦）〔裿〕[②] 观察，大书“简易师超”四字，勒诸巴安宕石，名言傥论，可法可归。

法币仍多滞碍，康人尚在实物交换时代，通货乏使用价值，欲其畅行，诚戛戛其难，召头人详说英镑集团，法币基金，去其疑沮。

【一九四一年】九月八日

华严劫重，难转风轮，康北为康藏精华，民殷物阜，风俗淳厚，白大战争，诸那事件，共产北“窜”，班辕纠纷，纷至（踏）〔沓〕来，中无宁息，邦沟孔道，甓社灾区，今之甘孜也。廉得八月二十七日前六十七天，甘孜每日平均支差马六十匹，二十八日至九月六日，每天平均支差马五匹，小差至白利即换，大差直支绒坝岔，炉霍方面，小差至蒲玉龙，大差到朱倭替换，或自马，或雇支，差到即行，罔敢延宕，颇有败类，不给脚价，或官而商，恃差输运，民亦劳止，役繁可怖。严令：一、支马应给脚价，柴草遵令取用；二、商运禁支；三、公差支条候核，数字应明了无讹。曾文正以凡事公平照拂，勿使远人吃亏，为立恩信，

---

① 夏克刀登（1901－1960）：德格人，藏族，德格土司的军事“捏巴”（大头人）。红军长征进入西康期间，1936 年 5 月，当选为甘孜博巴政府军事部长。1938 年参加西康保安行政讲习会，受到刘文辉的赏识，先后被委任为西康特别保安副总队长，历任西康省参议员、德格县参议长等职，成为独立于土司之外的实力派人物，遂与德格土司矛盾加深。1940 年后与西藏上层关系恶化，与德格的“亲藏派“关系更加恶化。1946 年春与德格土司派械斗，为争取民心，在领地内实行开明政策。1949 年中国人民解放军进军西南时，派专人赴北京要求解放康藏地区。中华人民共和国成立后历任西康军政委员会委员、西康省副省长、西康藏族自治区人民政府副主席、四川省甘孜藏族自治州副州长、四川省第一、二届政协副主席，第一、二届全国人大代表。相关研究参见秦和平《从反对土司到接受民主改革——关于夏克刀登的研究》，《中国藏学》2014 年第 1 期；玉珠措姆《二十世纪康区政治强人夏克·刀登的崛起》，《藏学学刊》2017 年第 2 期。

② 罗长裿：据吴光耀《西藏改流本末纪》卷六：“湘乡罗长裿，字申田，名将罗泽南从子页，以翰林编修改官道，丰髯雅度好论兵。赵尔巽初入四川，见调边藏皆贾竖驽才，以为罗长裿儒门将家，假其名拜而要之，奏调统五营驻巴塘。赵尔丰不便所私，改充文案，联豫奏为参赞。会钟颖讨波密夷人，掩之而败。罗长裿请平波密，波密平，死于叛军。叛军有湖南党人陈渠珍者，本为营官，罗长裿未尝以为乡人宽假之。至是报之，曰‘持军法，苦吾曹兄弟也’，裸而被毛褐，负锣锅使跣以行，敲其牙，灌冷水，塞盏〔糌〕粑，跳藏河，又出之，数日垂尽牛皮绳绞杀之。虏辎重六十余驮，窜西宁。联豫念罗长裿死国难，悬赏四百金购求其蛮妾所产婴儿，谓富〔护〕送归湖南，婴儿病殇而止。蛮妾叔父，夷人大贾也，于是蛮妾归母家巴塘。夷人思罗长裿，颂其恩信，以为学道君子能匡救赵氏之残暴，唯此人也。”参见赵心愚、秦和平、王川编《康区藏族社会珍稀资料辑要（上）》，巴蜀书社，2006 年版，第 80－81 页。对此，陈渠珍有自辩，否认自己参加杀害罗长裿。参见陈渠珍著，任乃强校注《艽野尘梦》，西藏人民出版社，1999 年版，第 78－80 页。

以慰远人，一代名臣，吐词为经[①]。

屯垦当力蕲税进，耕牛，劳役，农具，均求自给，勿使毫厘，有增民累。

出席纪念周，仁爱接物，党训昭然，阋墙相煎，先哲所鄙，以增强民族联系，巩固后防共勉。

阅龚营部，精神尚佳，胡熙来见，详研刀登内在。

日巴寺遣铁棒喇嘛来见，迎余赴通木寺，详致丁曾活佛拳拳之谊，允不日一往视焉。

【一九四一年】九月九日

附书张敬熙[②]书记长，述甘动员会进展概况。《周礼》地官司市，掌市之治教，政刑，量度，禁令，关外改流末〔未〕久，庶政待举，集众传宣，幽蔀自减。

秋老艳阳，大类三春，雅龙江边，花生草长，毳幕张盖，逸兴盈怀，惜日影西移，凉飙排空，隽游不得。

【一九四一年】九月十日

侵晨率官兵五人，偕通木寺来人，徒步至江畔，渡皮筏，策马经卡底纳梯径，到寺。活佛出迎，甚恭谨，堪仁波伽及其弟犹留昌泰，丁珍倾贞备诉受屈情事，秦狱冤深，亟求申理。

【一九四一年】九月十一日

秋山萧寺，参佛僧多，坐静老衲六人，休休有容，真如清净，礼佛供众后，一一走谒。东波〔坡〕居士假天庆观闭关四十九日，函秦太虚说究竟[③]，恨语言难通，禅味不识。

向僧众说守戒律，研经论，发胜心，寺僧寺产，依法维护。

【一九四一年】九月十二日

涧水涟漪，煮茗融糌，宿札迦寺，通木寺活佛六，僧伽百人，所属瞻化七寺，理化一寺，俄洛、贡觉各三寺，丁珍及弟管泠卡石三寺，堪仁波伽丁珍弟皆与法尊[④]师同学，每岁来寺学法者，夏季多至七百人，省府年给粮四石，寺宇刱建，仅四十五年，亦北道功德道场也。

【一九四一年】九月十三日

支歌顶去城约五里，江流不急，在昔有皮筏多只，孔撒土司，轮派谙习水性土著，守候渡人，大金战后，鸠工改建木桥，曰打金桥，义取挞伐大金，俗不可耐，旋为暴流汩没。

---

① 曾文正，即曾国藩（1811—1872），谥文正。原文出自曾国藩《复应宝时》（同治五年三月初五日）：“既已通好讲和，凡事公平照拂，不使远人吃亏，此恩信页。”参见曾国藩《曾国藩全集》第 29 册，岳麓书社，2011 年版，第 128 页。

② 张敬熙：即张缉。张缉（1894—?），别号敬熙，西康西昌（今属四川）人。毕业于北京师范大学文学院。历任四川第一女子师范学校校长、西康省建省委员会委员、中国国民党西康省党部执行委员等职。抗日战争期间曾被聘为国民参政会第三、四届参政员。1946 年 7 月 3 日任西康省政府委员兼建设厅厅长，1949 年 5 月 23 日免职。参见刘国铭主编《中国国民党百年人物全书》，团结出版社，2005 年版，第 1150 页。

③ 此函即苏轼《答秦太虚（秦观）书》，写作于元丰三年（1080），当时苏轼被贬黄州。

④ 法尊（1901—1981）：中国僧人、佛学翻译家。本姓温，字妙贵，河北深县（今深州）人。早年在五台山出家，二十一岁于北京法源寺受具足戒。1925 年起从大勇习藏密，又两度入藏研修，显密皆通。1936 年在重庆缙云山主持汉藏教理院。1950 年到北京主持菩提学会藏文译事。曾任中国佛教协会常务理事、中国佛学院院长。毕生致力于藏传佛教经论的翻译、研究和讲授。译著甚丰，并首次将《菩提道次第广论》《菩提道次第略论》《密宗道次第广论》《密宗道次第略论》《辨了义不了义论》及汉文三藏中缺译的《现观庄严论》《辨法法性论》《入中论》《集量论》《释量论》等译成汉文。杨德能、胡继歌主编：《法尊法师全集》，中国藏学出版社，2017 年版。

午后到团部，讲曾文正恩信威信，精萃［粹］所在，临财毋苟得，临难毋苟免[①]，凛凛正气，鬼服神钦，岂必我武为扬，杖戟相撞，始可言威。

【一九四一年】九月十四日

喻令[②]偕县府职员来谈，移时。去后，喇嘛阿梭来丐药物，医方明为佛学五明[③]之一，藏中医书，闻可汗牛，康区去藏道远，入藏僧伽，留住日短，对于岐黄，罕能穷究，悬壶者辈，但取病人泄溺，以小枝频频搅视，即同切脉，如患流行恶疫，辄舁疾独居，不使近人，有违人道。

读大忏悔文一过，岁月掷人，时艰无补，惶怍交集。

甘城近郊无林木，燃料皆一取之杂科沟，去城百里外，值既不廉，质亦不佳。孔麻两乡村民支差，率以干牛粪代薪，日有定量，闻有掺杂细砂以进者，吁苦矣。

【一九四一年】九月十五日

绕寺经行一周，演大刀术，腰膂倔强，生硬不可使，略持以恒，用□〔度?〕衰茶，楼下牝牛，乳丰酪美，多郭椒丁栎，土人晨起捋后，小犊揩泥，物性天亲。余曾豢一牝牛，饲以稞豆，乳汁浓度，逊于康产，饲养张子云谓，牧民以酥酪故，视乳牛若珍奇，勿使疲茶，闲舐以盐，饲粮恒丰于牡牛，故乳育特佳。(大)〔火〕竹香根得土人献鹿，草料俱优，饲养甚力，时近人居，濯濯转经道上，两角槎枒，纤弱枯瘠，远不及野生茸角，体壮气充。西人于狐鹿麞豹，养之亦如家畜，皮毛骨角，利用有别，栖息豢养，出以匠心，咸得其宜，学有专科，未可率尔。

【一九四一年】九月十六日

蒲玉龙村妇乌以直马来诉，家贫难自给，月任汤打役差五日，食粮自带，近以母病，转侧需人，乞予免差，或来月补支，嘱蒲翻译商该村头人体念之。

青天无翳，孔撒官寨前，老柳数株，风枝露叶，飞絮万千，汉商张白帐幕，前接腰噶(即布篷)，四角饰以红色毛球，饮酒作乐，兴复不浅。

电巴安、德格探寻藏事，用辟风说，阿都家人来，说藏民爱汉人，望汉兵，番官辈日事侵刻，怕汉兵，恨汉人，闻之一笑。

【一九四一年】九月十七日

绿野挥鞭，气韵疏爽，亚拉古山峦，横锁大江，寺宇高骞，流舟可辨，杜工旦多豁然开朗，小桥野店，一依山前，桃花流水，在人世也。

贺营长过谈，循名核实，毫不宽假，关外求才不易，曾左以朴讷而有内心者为品骘僚属标的，服官二十余年，深恨赋性褊急，刚劲寡合，昌黎厚才，以能是善是为已足，忠恕可

---

① “临财毋苟得，临难毋苟免”，此语出自《礼记·曲礼》。参见杨天宇《礼记译注》，上海古籍出版社，2004年版，第1页。

② 喻令：指时任甘孜县长喻树堂。喻树堂，四川大邑人，二十四军政治校毕业，曾任连长、营长、县长，于1940年2月至1942年9月任甘孜县长。参见四川省地方志工作办公室编《西康通志稿》，方志出版社，第237页；甘孜县志编纂委员会《甘孜县志》，四川科学技术出版社，1997年版，第258页。

③ 五明：梵文词汇的意译，“明”意为学问。佛教用语。佛教教授学徒的五种学问。(1) 声明，语言、文字之学；(2) 工巧明，即工艺、技术、历算等；(3) 医方明，药石、针灸、咒禁等治疗之学；(4) 因明，思想辩论规则之学（相当于逻辑学）；(5) 内明，阐明佛教自宗之学，即“内学”或佛学。参见张岱年主编《中国哲学大辞典》，上海辞书出版社，2010年版，第299页。

钦，惟治一事，而既能且善，殊亦寥寥，才难之叹，古今同之。

【一九四一年】九月十八日

日来苦便秘，轻泻不得，峻下不可，啗酸奶大盂，唇鼻燥苦虽减，仍不得便，秋燥日久，肠灼津枯，致便失常，当法土著，多饮酥油茶，益其润滑。

康藏毛制氆氇氍毹毪毯，类皆坚善，色质不恶，瞻化细毪，栽绒，稻城花毪，物美价廉，驰誉边区，只毪幅太窄，机制粗简，技术资本，当由官府尽量协助，渐蕲改进，俾能增益收入。

康南又遭冰雹，六玉十五村，拉波贡岭，当苦岁歉，来春民食军食，在在可虑。

（作者单位：四川师范大学历史文化与旅游学院）

世界大航海时代名人张燮的汀州渊源及其价值

——兼论“张燮伴你游汀州”文旅品牌建设思路

刘 涛

内容提要：围绕闽西客家文化旅游资源如何更好地创造性转化与创新化发展，在文献分析的基础上，进行文本分析，重建史实。从中发现，在汀州府走向世界的世界大航海时代，享誉海内外的张燮与福建汀州府渊源颇深，可据此还原张燮诗文历史情境，作为当前闽西客家文旅融合发展的重要题材，为新时期客家历史文化研究提供新的路径。

关键词：世界大航海时代；张燮；汀州渊源；文旅品牌；历史情境

闽西汀州是客家祖地，有世界历史名人到访。然而，若能从游客角度出发，结合明成化六年（1470），明朝在汀州府上杭县设置漳南道，管辖汀州、漳州二府这一特殊的历史时期，围绕世界历史名人与汀州的渊源，打造文旅品牌，将更能发挥闽西客家文化的优势。杨载田《徐霞客闽游与福建丹霞地貌风景名胜区》一文述及徐霞客在崇祯元年（1628）经赣州到汀州，取汀江泛舟南下大埔过平和回南靖[①]。然而，《徐霞客游记》未留下汀州之行的丰富记载，无法运用到闽西客家文旅品牌建设。徐霞客与闽籍名士张燮密切交往，张燮（1573—1640），漳州府龙溪县人，漳州“霞中诗社”领袖，有“国士”之称，周游海内，所撰《东西洋考》在海内外产生了深远的影响。陈庆元《张燮年表》一文述及张燮汀州之行，却未对张燮的汀州诗文及其交游情况系统考察，还原张燮汀州渊源应有的历史地位[②]。郭一丹《闽西客家文化旅游的主要问题与对策》一文系统分析闽西客家文化旅游存在的问题，提出了相

① 杨载田：《徐霞客闽游与福建丹霞地貌风景名胜区》，《无锡教育学院学报》1999 年第 4 期。
② 陈庆元：《张燮年表》，《南京师范大学文学院学报》2013 年第 1 期。

应的发展策略，对后学多有启示[①]。但是，在实际操作中仍有深入探讨的空间。若能从全球史视阈出发，重新审视张燮与汀州渊源，可将其蕴含的重要价值为闽西客家文旅融合发展所用。

随着设立客家文化（闽西）生态保护实验区的设立，闽西客家文旅融合发展亟须在全球史视野下重建史实，促进客家文化创造性转化与创新性发展。笔者在《闽台客家文化资源整合提升之道新探——以全球史视野下上杭客家文化发展之路为例》一文述及上杭如何重写移民史，还原上杭在世界大航海时代的历史地位，转化学术研究成果[②]。目前，学术界关于张燮文旅品牌研究，仅笔者三篇论文述及，从小到一座历史文化名山，继而扩大到所在的县城，最后到一座地级市，但打造文旅品牌的条件业已成熟，具有可行性。其一，张燮《闽南长泰天柱山茶旅发展研究》一文述及张燮与漳州历史名山长泰天柱山的茶文化渊源，围绕天柱山诗文、摩崖石刻、历史名人品茗等历史文化资源，提出再现历史情境，将张燮《东西洋考》与山中“海客”信众相联系，打造主题茶旅品牌[③]。其二，笔者在《深化文旅融合提升乡村振兴水平之道——以闽南千年古县长泰为例》一文述及张燮与漳州千年古县长泰的历史文化渊源，根据其历史足迹、诗文创作、与之交游的历史名宦与名门望族情缘，提出创建文旅强县发展思路[④]。其三，笔者在《全球史视阈下福州古厝文旅融合发展之道——世界大航海时代名人张燮的福州之行及其启示》一文揭示了早在世界大航海时代福州就与海内外历史名人张燮结缘，通过考察张燮福州之行与福州友人交往诗文，考证张燮做客福州游历名胜古迹，梳理与福州历史名人、名宦、名将交游，提出再现张燮福州之行历史情境的策略，为福州与世界遗产研究提供新的路径[⑤]。

基于张燮这一重要历史文化资源亟待继续深入挖掘，张燮与客家历史文化关系学术界对此尚无研究，亟须获得学术界应有的关注。为此，本文将围绕张燮与汀州的渊源关系，广泛搜集新旧地方志、文集以及《明实录》《明清历科进士题名碑录》等史料，考证张燮所作汀州诗文，通过还原张燮汀州之行的历史情境，提出如何转化研究成果的方法、如何做大做强的发展策略。

一、张燮汀州之行考实

（一）张燮汀州之行所作诗文

据陈庆元《张燮年表》一文考述：张燮在万历三十二年甲辰（1604）“秋之临汀”。此

① 郭一丹：《闽西客家文化旅游的主要问题与对策》，《龙岩学院学报》2013 年第 4 期。

② 刘涛：《闽台客家文化资源整合提升之道新探——以全球史视野下上杭客家文化发展之路为例》，西华大学地方文化资源保护与开发研究中心编《地方文化研究辑刊》第 17 辑，巴蜀书社，2021 年版，第 237—248 页。

③ 张燮：《闽南长泰天柱山茶旅发展研究》，甘肃省图书馆、中国图书馆学会地方文献专业研究委员会《文化、旅游与地方文献》，光明日报出版社，2019 年版，第 36—44 页。

④ 刘涛：《深化文旅融合提升乡村振兴水平之道——以闽南千年古县长泰为例》，《河北旅游职业学院学报》2021 年第 3 期。

⑤ 刘涛：《全球史视阈下福州古厝文旅融合发展之道——世界大航海时代名人张燮的福州之行及其启示》，福州闽都文化研究会编《闽都文化与世界遗产》，海峡文艺出版社，2021 年版，第 139—160 页。

“临汀”即汀州府。张燮《霏云居集》有诗《秋日之临汀道中即事十四首》[①]，《霏云居集》收录自万历三十二年（1604）到万历三十九年（1611）所作诗文，该诗之前有《甲辰早秋》，此“甲辰”指万历三十二年甲辰（1604），《秋日之临汀道中即事十四首》应撰于万历三十二年甲辰（1604）。张燮《秋日之临汀道中即事十四首》其三有诗句“苦忆谢康乐，穿山凿尽低”[②]，可知张燮行走在汀漳驿道中，曾追忆南北朝山水诗人谢灵运。而“滩回云碓出，峰断野桥连”[③]，是张燮泛舟汀江的写照。张燮自漳州府经驿道与航道前往汀州府城。

张燮《秋日之临汀道中即事十四首》其九《归路泛舟》，有诗句“汀长双棹短”[④]，此“汀”指汀江，是张燮自汀州府泛舟汀江返回漳州府之作。

张燮《归路泛舟》之后有诗《宿庆清寺》[⑤]，查乾隆《汀州府志》记载：永定县“庆清寺，在丰田里。”[⑥] 汀州府境内有永定县庆清寺。《八闽通志》记载：永定县“庆清寺，宋德佑元年建，国朝天顺四年重建。”[⑦] 此“德佑”有误，应作“德祐”。康熙《永定县志》记载：“庆清寺，在丰田里。元德佑年，僧了通建。”[⑧] 此“元德佑”应作“宋德祐”。可见庆清寺建于南宋德祐元年（1275），到明天顺四年（1460）重建，即张燮所见。

张燮有诗《永定旅次逢张太学招饮即席》出自《霏云居集》[⑨]，此“永定”指永定县，“张太学”指张姓监生。从“旅次”“逢”来看，张燮在永定途中，与张监生相遇。按诗句“入户溪山画不如”[⑩]，张燮应张监生之邀到其家中做客，欣赏乡村美景，此诗应作于万历三十二年甲辰（1604）汀州之行。

张燮《永定旅次逢张太学招饮即席》之后有诗《完节张大母寿言》[⑪]，此“张大母”，结合诗句“最是诸孙堪令伯”[⑫]，可知是张监生的祖母。“完节”，指节妇。“寿”字，指张监生的祖母过寿。张燮在永定途中遇到挚友张监生，恰逢张监生祖母寿宴，张燮为之祝寿。

张燮汀州之行诗作，去程有《秋日之临汀道中即事十四首》《永定旅次逢张太学招饮即席》《完节张大母寿言》，返程有《归路泛舟》《宿庆清寺》等诗作，极为丰富。

（二）张燮汀州之行做客汀州名门望族家中

张燮结交的张监生是汀州名门望族。

---

① （明）张燮：《霏云居集》卷四《五言律诗一》，（明）张燮、陈正统《张燮集》第1册，中华书局，2015年版，第78—81页。

② 同上，第78页。

③ 同上，第80页。

④ 同上，第82页。

⑤ 同上。

⑥ （清）曾日瑛：乾隆《汀州府志》卷七《古迹》，中国国家图书馆藏（索取号：地310.161/134），满洲延楷清同治六年（1867）刻本，第13页b。

⑦ （明）陈道、（明）黄仲昭等：《八闽通志》卷七八《寺观》，天津图书馆藏，明弘治四年（1491）刻本，第36册第9页a。

⑧ （清）熊兴麟、（清）吴祖馨：康熙《永定县志》卷三《营建志》，中国国家图书馆藏（索取号：地310.165/32），清康熙三十六年（1697）据康熙十一年（1672）刻版增刻，第33页a。

⑨ （明）张燮：《霏云居集》卷八《七言律诗一》，（明）张燮、陈正统《张燮集》第1册，中华书局，2015年版，第181页。

⑩ 同上。

⑪ 同上。

⑫ 同上。

张燮《完节张大母寿言》所载“张大母”[①]，查康熙《永定县志》记载，永定县有四名张家媳妇获得旌表。首先，是张召之妻赖氏、张世弘之妻郑氏，赖氏、郑氏二人是婆媳：

> 张召妻赖氏，召二十一岁卒，子世弘方周岁。时族属逼嫁，氏割发自誓，谋始杜。继而，奸恶欲害其孤。氏艰关保全。卒年七十三岁。[②]
>
> 张世弘妻郑氏，即前节妇赖氏媳也。世弘早卒，与姑协心抚孤，誓不再醮。而事姑尤孝，教子克勤。子僖领甲第，皆二节母教之严所致也。年九十六岁卒。[③]

根据《明嘉靖十七年进士题名碑录（戊戌科）》记载：“张僖，福建汀州府永定县民籍。”[④] 以张僖在嘉靖十七年戊戌（1538）中进士，张僖其母郑氏时年四十岁来推算，到万历三十二年甲辰（1604）之际，已历六十六年，郑氏若健在，已是一百零六岁，从郑氏享年九十六岁来看，其时已去世十年，显然张监生的祖母并非张僖之母郑氏。

其次，是张化之妻郑氏：

> 张化妻郑氏，氏年十八，化卒，誓志孀居，事姑尽孝。子一鸿亦周岁，教养成才，道院给匾旌奖。巡按何、徐题请，奉旨建坊于郡。[⑤]

此“巡按何、徐”，分别指何熊祥、徐兆魁。根据《明神宗实录》记载：“（万历二十六年四月戊午）福建巡按徐兆魁条陈”[⑥]“（万历二十七年九月癸亥）福建巡按何熊祥”[⑦]，可知分别指何熊祥、徐兆魁。张化之妻郑氏在万历二十六年（1598）到万历二十七年（1599）之间，先后经徐兆魁、何熊祥奏请，获得旌表。

张化之妻郑氏之子“一鸿”，即张一鸿。康熙《永定县志》记载：“张一鸿，王府典膳。”[⑧]

再次，是吴氏。

> 张振纲妻吴氏，未满一纪而纲卒。以兄子嗣，励志抚孤。危、龙二县主俱旌奖。[⑨]

此“危、龙二县主”，据康熙《永定县志》记载：知县“危言，江西新建人，由举”[⑩]。

---

① （明）张燮：《霏云居集》卷八《七言律诗一》，（明）张燮、陈正统《张燮集》第1册，中华书局，2015年版，第181页。

② （清）熊兴麟、（清）吴祖馨：康熙《永定县志》卷八《人文志》，中国国家图书馆藏（索取号：地310.165/32），清康熙三十六年（1697）据康熙十一年（1672）刻版增刻，第21页b。

③ 同上。

④ 台北华文书局编辑部：《明清历科进士题名碑录》第1册，台北华文书局股份有限公司，1969年，第725页。

⑤ （清）熊兴麟、（清）吴祖馨：康熙《永定县志》卷八《人文志》，中国国家图书馆藏（索取号：地310.165/32），清康熙三十六年（1697）据康熙十一年（1672）刻版增刻，第22页a。

⑥ （明）佚名：《明神宗实录》卷三二一，台北“中研院历史语言研究所”《明实录》第11册，台北“中研院历史语言研究所”校印，1962年版，第5964页。

⑦ （明）佚名：《明神宗实录》卷三三九，台北“中研院历史语言研究所”《明实录》第11册，台北“中研院历史语言研究所”校印，1962年版，第5964、6296页。

⑧ （清）熊兴麟、（清）吴祖馨：康熙《永定县志》卷七《选举志》，中国国家图书馆藏（索取号：地310.165/32），清康熙三十六年（1697）据康熙十一年（1672）刻版增刻，第28页a。

⑨ （清）熊兴麟、（清）吴祖馨：康熙《永定县志》卷八《人文志》，中国国家图书馆藏（索取号：地310.165/32），清康熙三十六年（1697）据康熙十一年（1672）刻版增刻，第24页a。

⑩ （清）熊兴麟、（清）吴祖馨：康熙《永定县志》卷六《秩官志》，中国国家图书馆藏（索取号：地310.165/32），清康熙三十六年（1697）据康熙十一年（1672）刻版增刻，第5页b。

另据康熙《新建县志》记载：万历十三年乙酉举人“危言，永定知县”[①]，危言在万历十三年乙酉（1585）中举后出任永定知县。吴氏无亲生儿子，以其夫兄之子为嗣。

张监生的祖母应是张化之妻郑氏，夫死守志，孝敬公婆，其子张一鸿时年周岁，郑氏将其抚养成材，获旨在汀州府城竖立牌坊。张燮《完节张大母寿言》诗句“梦里何知百岁人”[②]，是张燮祝福张监生的祖母可成百岁老人。

康熙《永定县志》记载：张一源是“僖长子”[③]，张一漢是“僖之仲子”[④]，张一澜是“僖季子”[⑤]，此“僖”即张僖，是永定县建县以来第二位进士。张化与张僖以单人旁取名，张一鸿与张僖之子是“一”字辈，名带水字旁。张化与张化同辈，张一鸿是张僖之侄，张监生是张僖的侄孙。张燮之父张廷榜，根据《明万历二年进士题名碑录（甲戌科）》记载，其是万历二年甲戌（1574）“民籍”[⑥] 进士，张燮与张监生同为“民籍”出身。

二、张燮与汀州名宦交游考述

（一）雷同声

张燮关于“雷连城”有诗《雷连城枉顾赋诗》[⑦]《雷连城入漳枉访不值出汀志漫答二首》[⑧]《雷连城入漳过集小园二首》[⑨] 等三首。

此“雷连城”指雷同声，时任汀州府连城县知县。康熙《连城县志》记载：“雷同声，新兴州贡，名宦有传。”[⑩] 该志又云：“雷同声，字鹿门，云南新兴州人，万历四十四年任。……公莅连五载。”[⑪] 可知雷同声自万历四十四年（1616）到天启元年（1621）任连城县知县，深受百姓爱戴，百姓建“生祠”纪念他。崇祯十五年（1642），时任福建提学道郭之奇将雷同声列为名宦。

张燮《雷连城枉顾赋诗》收录在《霏云居续集》，按《霏云居续集》收录万历四十年（1612），到万历四十七年（1619）仲夏所作诗文，应作于万历四十四年（1616）到万历四十

---

① （清）杨周宪：康熙《新建县志》卷五《表三选举表》，中国国家图书馆藏（索取号：地 250.15/32），清康熙十九年（1680）刻本，第 28 页 b。

② （明）张燮：《霏云居集》卷八《七言律诗一》，（明）张燮、陈正统《张燮集》第 1 册，中华书局，2015 年版，第 181 页。

③ （清）熊兴麟、（清）吴祖馨：康熙《永定县志》卷七《选举志》，中国国家图书馆藏（索取号：地 310.165/32），清康熙三十六年（1697）据康熙十一年（1672）刻版增刻，第 13 页 b。

④ 同上，第 14 页 a。

⑤ 同上，第 14 页 b。

⑥ 台北华文书局编辑部：《明清历科进士题名碑录》第 2 册，台北华文书局股份有限公司，1969 年，第 946 页。

⑦ （明）张燮：《霏云居续集》卷一八《七言律诗七》，（明）张燮、陈正统《张燮集》第 2 册，中华书局，2015 年版，第 392 页。

⑧ （明）张燮：《群玉楼集》卷二五《五言绝句一》，（明）张燮、陈正统《张燮集》第 3 册，中华书局，2015 年版，第 485 页。

⑨ （明）张燮：《群玉楼集》卷二八《七言绝句一》，（明）张燮、陈正统：《张燮集》第 3 册，中华书局，2015 年版，第 549 页。

⑩ （清）杜士晋：康熙《连城县志》卷五《官师志》，中国国家图书馆藏（索取号：地 310.171/32），清康熙五年（1666）刻本，第 5 页 a。

⑪ （清）杜士晋：康熙《连城县志》卷五《官师志》，中国国家图书馆藏（索取号：地 310.171/32），清康熙五年（1666）刻本，第 17 页 b—18 页 a。

七年（1619）仲夏之间，其时为雷同声宦游连城前期。此“枉顾”指雷同声到访张燮住处，张燮与之赋诗唱和。

张燮《雷连城入漳枉访不值出汀志漫答二首》《雷连城入漳过集小园二首》收录在张燮《群玉楼集》，根据《群玉楼集》收录自万历四十七年（1619）夏杪到崇祯元年（1628）冬所作诗文，此二诗作于万历四十七年（1619）夏杪到天启元年（1621）之间。张燮《雷连城入漳枉访不值出汀志漫答二首》诗题，此“入漳”指雷同声从连城县到漳州府城，此“枉访不值”指雷同声欲探访张燮未能得遇，此“出汀志”指雷同声将《汀州府志》相赠张燮。张燮《雷连城入漳过集小园二首》诗题，“过集小园”指雷同声再次到漳州府城，与张燮相会，张燮于此接连赋诗二首。

（二）朱大典

张燮《兵宪朱公汀州生祠碑》记载：“公讳大典，字延之，未孩其别号，浙之金华人，万历丙辰进士。”① 朱大典字延之，号未孩。此“兵宪朱公”指《明熹宗实录》记载：（天启五年三月丁巳）升“兵科给事中朱大典为福建按察司副使，分巡漳南道”②，天启五年（1625）任福建按察司副使、分巡漳南道。万历元年《漳州府志》记载：分巡漳南道“议于福建按察司添设佥事一员，专管汀、漳二府，整饬兵备兼分巡地方，在于上杭县驻扎”③。朱大典在汀州府上杭县办公。乾隆《汀州府志》记载朱大典任职时间“天启六年”④，有误，应作“天启五年”。《明熹宗实录》又云：朱大典在“熹宗旧纪：是月（六月）癸巳”以给事中参与“各疏纠魏忠贤，皆不听”⑤，朱大典因上疏弹劾魏忠贤，遭谪贬漳南道。张燮《兵宪朱公汀州生祠碑》记载：“会辇上故念闽，谓汀复岫而引虔，漳奔涛而连粤，非素重臣难治。”⑥ 可见漳南道战略地位至关重要。

乾隆《汀州府志》记载：汀州府“朱公祠，在郡东郊。明天启间，祀兵备道朱大典”⑦，按张燮《寄朱参知（未孩朱大典书附）》附未孩朱大典报书：“三年闽峤”⑧，此“参知”指福建按察司佥事，朱大典自天启五年（1625）到崇祯元年（1628）任漳南道。朱大典《兵宪朱公汀州生祠碑》记载：“公入贺上征，行跻疏莞，汀之绅韦父老，相率谋所不朽公者，立

① （明）张燮：《群玉楼集》卷四七《碑记一》，（明）张燮、陈正统《张燮集》第3册，中华书局，2015年版，第805页。

② （明）佚名：《明熹宗实录》卷五七，台北“中研院历史语言研究所”《明实录》第13册，台北“中研院历史语言研究所”校印，1962年版，第2617页。

③ （明）罗青霄、陈叔侗、福建省地方志编纂委员会：万历元年《漳州府志》卷三《漳州府·秩官志上》，厦门大学出版社，2010年班，第138页。

④ （清）曾日瑛：乾隆《汀州府志》卷二〇《名宦》，中国国家图书馆藏（索取号：地310.161/134），满洲延楷清同治六年（1867）刻本，第19页b。

⑤ （明）佚名：《明熹宗实录》卷四三，台北“中研院历史语言研究所”《明实录》第13册，台北“中研院历史语言研究所”校印，1962年版，第2399—2400页。

⑥ （明）张燮：《群玉楼集》卷四七《碑记一》，（明）张燮、陈正统《张燮集》第3册，中华书局，2015年版，第803页。

⑦ （清）曾日瑛：乾隆《汀州府志》卷一三《祠祀》，中国国家图书馆藏（索取号：地310.161/134），满洲延楷清同治六年（1867）刻本，第4页b。

⑧ （明）张燮：《群玉楼集》卷七四《尺牍十六》，（明）张燮、陈正统《张燮集》第4册，中华书局，2015年版，第1284页。

祠祠公，世世勿替。别驾李君遣使征言，用刊丰琰。”[①] 汀州士民为建生祠，“别驾李君”，指乾隆《汀州府志》记载：通判“李应午，恩县人”“俱崇祯间任”[②]。此“汀州李别驾”指李应午，崇祯元年（1628）任，汀州府城朱公祠应建于崇祯元年（1628）。张燮《答汀州李别驾征言启》述及“老公祖”“朱观察”[③]，即指朱大典，张燮《兵宪朱公汀州生祠碑》作于崇祯元年（1628）。

张燮《兵宪朱公漳南纪绩碑》，此“漳南”指漳南道，作于天启七年（1627）。张燮又有《答朱参知》[④]，此“参知”指福建按察司佥事。张燮《寄朱参知（未孩朱大典书附）》[⑤]，附未孩朱大典报书：“忆昔漫别青山，至今实有遗恨。”[⑥] 可知朱大典离任漳南道后，与张燮仍有书信往来。张燮《董参知修筑武平所二城碑记》述及汀州“赖前观察朱公，威惠双著，虎化为狸”[⑦]。此“前观察朱公”指朱大典，可见朱大典对维护汀州社会秩序发挥重要作用。张燮《兵宪朱公漳南纪绩碑》记载“公移镇福宁，汀人士肩摩于道，诣辇上请留公，谓‘汀一日无公，山寇且蠢动’”[⑧]，反映了朱大典在汀州深得人心。

张燮《群玉楼集》收录《兵宪朱公汀州生祠碑》[⑨]《兵宪朱公漳南纪绩碑》《答朱参知》[⑩]《答朱参知二首》[⑪]《寄朱参知》[⑫]《答朱参知（未孩朱大典书附）》[⑬]《寄朱参知》[⑭]《答朱参知（未孩朱大典书附）》[⑮]《寄朱参知（未孩朱大典书附）》[⑯]《邀朱参知启》[⑰]，张燮与朱大典交往密切。

（三）董象恒

张燮《董参知修筑武平所二城碑记》记载：“公讳象恒，别号臣棐，直隶华亭人，万历

---

① （明）张燮：《群玉楼集》卷四七《碑记一》，（明）张燮、陈正统《张燮集》第 3 册，中华书局，2015 年版，第 804 页。

② （明）曾日瑛：乾隆《汀州府志》卷一六《职官一》，中国国家图书馆藏（索取号：地 310.161/134），满洲延楷清同治六年（1867）刻本，第 20 页 b。

③ （明）张燮：《群玉楼集》卷七六《启二》，（明）张燮、陈正统《张燮集》第 4 册，中华书局，2015 年版，第 1305 页。

④ （明）张燮：《群玉楼集》卷七三《尺牍十五》，（明）张燮、陈正统《张燮集》第 4 册，中华书局，2015 年版，第 1246—1248 页。

⑤ （明）张燮：《群玉楼集》卷七四《尺牍十六》，（明）张燮、陈正统《张燮集》第 4 册，中华书局，2015 年版，第 1284—1285 页。

⑥ 同上，第 1284 页。

⑦ （明）张燮：《群玉楼集》卷四七《碑记一》，（明）张燮、陈正统《张燮集》第 3 册，中华书局，2015 年版，第 808 页。

⑧ 同上，第 807 页。

⑨ 同上，第 803—805 页。

⑩ （明）张燮：《群玉楼集》卷七三《尺牍十五》，（明）张燮、陈正统《张燮集》第 4 册，中华书局，2015 年版，第 1246—1248 页。

⑪ （明）张燮：《群玉楼集》卷七三《尺牍十五》，（明）张燮、陈正统《张燮集》第 4 册，中华书局，2015 年版，第 1254—1256 页。

⑫ （明）张燮：《群玉楼集》卷七三《尺牍十五》，（明）张燮、陈正统《张燮集》第 4 册，中华书局，2015 年版，第 1260 页。

⑬ （明）张燮：《群玉楼集》卷七四《尺牍十六》，（明）张燮、陈正统《张燮集》第 4 册，中华书局，2015 年版，第 1273—1274 页。

⑭ 同上，第 1276—1277 页。

⑮ 同上，第 1277—1278 页。

⑯ 同上，第 1284—1285 页。

⑰ （明）张燮：《群玉楼集》卷七八《启四》，（明）张燮、陈正统《张燮集》第 4 册，中华书局，2015 年版，第 1322 页。

己未进士。”[①] 查《明熹宗实录》记载：“（天启七年二月己亥）加升福建布政使司右参议董象恒为本省按察司副使，仍管漳南道。”[②] 此“董参知”指董象恒，天启七年（1627）任福建按察司副使，仍管漳南道。乾隆《汀州府志》记载：董象恒的分守漳南道继任“施邦曜，余姚进士，崇祯四年任”[③]，董象恒在崇祯四年（1631）离任。

张燮《群玉楼集》收录《董参知修筑武平所二城碑记》[④]《答董参知》[⑤]《谢董参知启》[⑥]，合计一篇碑铭，两封书信。

张燮《董参知修筑武平所二城碑记》记载：

> 汀在万山深处，丛薄深林，揭竿者之所窟穴也。岁事不恒，则朋聚为难，亦乘我之不备而雄行。故官军去，则鼠窃；官军来，则兽散。而鼠窃不已，或为狼噬；兽散不已，或为豕突。此汀事之大凡也。迩来海上不戒，鲸鲵怒号，识者故已早知山贼之效尤。赖前观察朱公，威惠双著，虎化为狸。朱既迁去，后来者，叱驭尚赊，贼遂大作。武平所去县二十里，为楚粤通途，称要害地，故事一旅守之。承平日久，衣袽顿疏，贼攻入外城，材官歼焉。于时分署董公，遥署兵使者，闻变，海上兼程疾趋驰，受方略，大破之，贼狼藉遁去。公提兵深入，直迫其巢，斩馘无算，起苍痍而衽席，皆公造也。[⑦]

查乾隆《汀州府志》记载：“崇祯元年正月，广寇龚一、苏阿婆”，直至是年四月，“兵备道董象恒与知县吴南灏大败贼于桐盘岭。五月，董象恒督兵捣巢直抵寒婆”[⑧]。康熙《武平县志》记载：“五月，董兵道督官兵捣巢。”[⑨] 此“董兵道”指董象恒，因担任兵备道，而有此称。

董象恒“既行部武平”，发现“新旧二城丽谯既倾，埤堄多缺”，建议修筑卫城，“于是下教修筑，首捐月俸钱”。董象恒“于戎马之间，羽檄之际，咄嗟程工，维彼铁瓮，何其捷哉”，修筑速度飞快。董象恒修城之举“公之造汀者远矣！”“又贾其余绪，修通济桥，以惠行旅往来之便”，直至“会汀报踵至，又复兼道崎岖，遏彼寇逆”，可知董象恒曾两入汀州。

---

① （明）张燮：《群玉楼集》卷四七《碑记一》，（明）张燮、陈正统《张燮集》第3册，中华书局，2015年版，第809页。

② （明）佚名：《明熹宗实录》卷八一，台北“中研院历史语言研究所”《明实录》第13册，台北“中研院历史语言研究所”校印，1962年版，第3911页。

③ （清）曾日瑛：乾隆《汀州府志》卷一六《职官一》，中国国家图书馆藏（索取号：地310.161/134），满洲延楷清同治六年（1867）刻本，第16页b。

④ （明）张燮：《群玉楼集》卷四七《碑记一》，（明）张燮、陈正统《张燮集》第3册，中华书局，2015年版，第808—809页。

⑤ （明）张燮：《群玉楼集》卷七四《尺牍十六》，（明）张燮、陈正统《张燮集》第4册，中华书局，2015年版，第1285—1286页。

⑥ （明）张燮：《群玉楼集》卷七五《启一》，（明）张燮、陈正统《张燮集》第4册，中华书局，2015年版，第1295页。

⑦ （明）张燮：《群玉楼集》卷四七《碑记一》，（明）张燮、陈正统《张燮集》第3册，中华书局，2015年版，第808页。

⑧ （清）曾日瑛：乾隆《汀州府志》卷四五《杂记》，中国国家图书馆藏（索取号：地310.161/134），满洲延楷清同治六年（1867）刻本，第12页a—12页b。按，该卷原文作“卷之三十八”，有误，据此修订。

⑨ （清）刘昈：康熙《武平县志》卷九《人物》，中国国家图书馆藏（索取号：地310.169/32），钟干丞民国十九年（1930）铅印本，第23页b。

张燮所云："当宁今日所藉，以释南顾忧者，是在董公矣！是在董公矣！""而漳则无恙"，反映了董象恒曾致力于维护漳南道以及漳州月港社会秩序，百姓在董象恒离任多年后，仍然日思夜想这位名宦。

张燮《答董参知》述及"涛门喷沫，山半扬尘，皆仗明使君控镇之。闽人望公如望慈母焉，盖去后思之益切也"[①]。从张燮《谢董参知启》[②]，可知董象恒离任后，张燮与之仍有书信往来。

三、张燮亲友与汀州关系考辨

（一）亲友甘燿是汀州名将

张燮《董参知修筑武平所二城碑记》记载："武平役竣，甘将军燿移书征言，以垂来祀，聊述始末，付之贞珉。甘，漳人，公来与共事行闲者。"[③]

此"甘将军燿"指甘燿。此"公"指董象恒。张燮曾应甘燿的邀请，根据甘燿讲述，为董象恒修筑武平所撰写碑铭，由此慕名结识董象恒，与董象恒密切交往。

乾隆《汀州府志》记载守备都司："甘燿，漳州卫人，崇祯戊辰寇发，不解甲者累月，与士卒同甘苦，所向克捷，不妄杀。"[④] 甘燿时任汀州府守备都司，"崇祯戊辰"指崇祯元年戊辰（1628）。此"所向克捷"包括甘燿与董象恒并肩作战。

万历癸丑《漳州府志》记载漳州卫指挥同知有甘燿：

> 甘燿，始祖五奇，定远人，洪武间，与子源、孙密累功升锦衣卫指挥同知，永乐间降今卫正千户，寻复至霖，历升广东副总兵，子燿袭。[⑤]

甘燿的祖先甘五奇，原来是定远人，因此在明初洪武年间备受明太祖信任，与其子甘源、其孙甘密累功升任锦衣卫指挥同知。直至永乐年间，因故被降职，成为漳州卫某守御千户所正千户，到了甘燿之父甘霖时又官至广东副总兵。甘燿世袭武职，成为漳州卫指挥同知，而后宦游汀州，成为汀州守备。

根据《明万历四十七年进士题名碑录（己未科）》记载："董象恒，直隶松江府华亭县民籍，上海县人。"[⑥] 董象恒出身民籍，明代户籍之分明显[⑦]，甘燿与董象恒却能超越户籍之分，团结合作。

---

① （明）张燮：《群玉楼集》卷七四《尺牍十六》，（明）张燮、陈正统《张燮集》第4册，中华书局，2015年版，第1285—1286页。

② （明）张燮：《群玉楼集》卷七五《启一》，（明）张燮、陈正统《张燮集》第4册，中华书局，2015年版，第1295页。

③ （明）张燮：《群玉楼集》卷四七《碑记一》，（明）张燮、陈正统《张燮集》第3册，中华书局，2015年版，第809页。

④ （清）曾日瑛：乾隆《汀州府志》卷一九《职官四》，中国国家图书馆藏（索取号：地310.161/134），满洲延楷清同治六年（1867）刻本，第3页a。

⑤ （明）闵梦得、中国人民政治协商会议福建省漳州市委员会：万历癸丑《漳州府志》卷一五《兵防志》，上册，厦门大学出版社，2012年版，第1071页。

⑥ 台北华文书局编辑部：《明清历科进士题名碑录》第2册，台北华文书局股份有限公司，1969年版，第1190页。

⑦ 刘涛：《明代名宦桂嘉孝的家世及其生平事迹考述》，重庆中国三峡博物馆重庆博物馆《长江文明》，第2辑，四川美术出版社，2021年版，第43—44页。

张燮《戴公子利藩墓志铭（后赠户部主事）》记载：

> 君胤子六人：长金，娶不肖燮女，先翁卒。……次镛，娶守备甘君燿女。[①]

“戴公子利藩”即戴城，字利藩，是戴燿的次子，曾应漳州月港“海客”邀请，改良与郑和一同下西洋的漳州府龙岩县人王景弘所乘漳州船，备受张燮称道[②]。

戴城长子戴金娶张燮长女，戴城第三子娶甘燿之女。按照闽南传统称谓，戴城与甘燿是儿女亲家，甘燿与张燮双方可互称“亲家公”。张燮《戴公子利藩墓志铭（后赠户部主事）》记载：戴城“竟以庚申某月捐馆舍”[③]，卒于庚申（1620），甘燿邀请张燮撰写武平所碑铭已是亲友。

（二）挚友吕继梗的汀州之行

张燮《吕大夫抵临汀返郡诗以讯之》[④]，根据《东西洋考》记载：“吕廷梗，浙江新昌人，举人，督捕通判，署三十八年饷。公温然长者，所在与名流唱和，盛有篇章。其为政详练周至，尝陈饷事十议，两台命悬象魏，以示来兹。商人立石颂德，郡人宫保尚书戴燿撰：夫澄……侯字思楙。”[⑤] 此“澄”指海澄县，隶属漳州府，境内有漳州月港。此“吕大夫”指吕廷梗，字思楙。此“临汀”指汀州。此“返郡”指自汀州府返回漳州府。万历三十八年（1610）署漳州府督捕通判，负责漳州月港督饷馆，深受漳州月港海商爱戴，两广总督、兵部尚书、太子少保戴燿为之撰写碑铭。戴燿，万历五年（1577）修建张燮故里龙溪县锦江埠，自吕宋（今菲律宾）烟草到福建，又修建海澄县卢沈港码头[⑥]。

张燮《吕大夫抵临汀返郡诗以讯之》在《游天柱山四首》之前，张燮在万历三十九年（1611）重游漳州府长泰县天柱山，可知张燮《吕大夫抵临汀返郡诗以讯之》应作于万历三十八年（1610）。

从张燮诗句“驿路屡孤村”[⑦] 来看，吕继梗途径汀漳驿道。张燮诗句“过雨长溪痕”[⑧]，则是吕继梗泛舟汀州的写照。

（三）海上丝绸之路名人周起元曾泛舟汀江

张燮有诗《仲先中丞取道汀水而余仍泛吉阳走信州入建安四首为别》[⑨]，此“仲先”指周起元，字起元，又字仲先，是历史名臣，张燮挚友。此“中丞”指巡抚，周起元时任应天

① （明）张燮：《群玉楼集》卷五〇《墓志铭》，（明）张燮、陈正统《张燮集》第3册，中华书局，2015年版，第854页。

② 刘涛：《戴城改良的福船与大航海时代漳州月港发展考》，《闽商文化研究》2019年第1期。

③ （明）张燮：《群玉楼集》卷五〇《墓志铭》，（明）张燮、陈正统《张燮集》第3册，中华书局，2015年版，第854页。

④ （明）张燮：《霏云居集》卷七《五言律诗四》，（明）张燮、陈正统《张燮集》第1册，中华书局，2015年版，第170页。

⑤ （明）张燮：《东西洋考》卷七《饷税考》，（明）张燮、陈正统《张燮集》第4册，中华书局，2015年版，第1589页。

⑥ 刘涛：《明代两广总督戴燿年谱》，《闽台文化研究》2018年第4期。

⑦ （明）张燮：《霏云居集》卷七《五言律诗四》，（明）张燮、陈正统《张燮集》第1册，中华书局，2015年版，第170页。

⑧ 同上。

⑨ （明）张燮：《群玉楼集》卷一一《五言律诗五》，（明）张燮、陈正统《张燮集》第3册，中华书局，2015年版，第209页。

巡抚，张燮故有此称。《明熹宗实录》记载："（天启二年十二月辛未）太仆寺少卿周起元为都察院右佥都御史巡抚应天。"[①] 查阅陈庆元《张燮年谱》记载：天启四年（1624）八、九月，张燮到姑苏，周起元拟为刻《汉魏七十二家集》。天启五年乙丑（1625）二月，送周起元游庐山"，"周起元取道汀州，张燮由吉安、信州入闽。"按张燮《仲先中丞取道汀水而余仍泛吉阳走信州入建安四首为别》之"吉安"指"吉阳"，此"建安"隶属福建，故称"闽"。张燮《仲先中丞取道汀水而余仍泛吉阳走信州入建安四首为别》作于天启五年（1625）二月。周起元时任应天巡抚，自汀江泛舟回到漳州府，张燮则前往建安。

周起元，是漳州府海澄县人，自号月溪主人，"月溪"是漳州月港古称，积极维护漳州月港发展。周起元早在万历四十四年（1616），就倡建漳州月港商船祈福胜地——圭屿塔，张燮应周起元之邀为重建圭屿天妃宫撰写《重建天妃宫募缘疏》[②]。张燮据此写进《东西洋考》述及："为漳之镇。邑人御史周起元力请当道建塔其上，并构天妃宫、文昌祠、大士阁。监司、郡县悉捐俸佐工，诸商亦共襄盛举。"[③] 此"漳"指漳州府。此"邑人"指海澄县。此"天妃宫"指供奉妈祖的庙宇。此"诸商"为海商。

四、"张燮伴你游汀州"主题旅游品牌策划思路

（一）旅游线路

1. 品牌策划

还原张燮汀州诗文的历史情境，采取各县分享、主次搭配的原则，串点成线，配以其他主题旅游景点，已经无存或无法利用的景观可采用借景处理。或采用招商引资，兴建一站式主题文化园，荟萃相关名胜古迹。

（1）长汀

汀江古渡口，张燮泛舟汀江。汀州古城，张燮抵达汀州，府城入汀州府城。张燮《秋日之临汀道中即事十四首》其十四有诗句"新罗阛在否，为访主人翁"[④]。乾隆《汀州府志》记载："新罗城，在府境，晋置，唐改汀州。"[⑤] 张燮曾询问汀州百姓探访新罗城遗址。朱公祠，位于汀州府东郊的朱大典生祠。守备都司署，甘燿的守备都司官署。通判厅，"李别驾"曾于此与张燮书信往来。张化之妻郑氏贞节牌坊。

（2）永定

张燮题诗的庆清寺，今名庆兴寺，位于今龙岩市永定区湖雷镇下湖村。张燮挚友张太学

① （明）佚名：《明熹宗实录》卷二九，台北"中研院历史语言研究所"《明实录》第13册，台北"中研院历史语言研究所"校印，1962年版，第1445页。

② （明）张燮：《霏云居集》卷五四《疏》，（明）张燮、陈正统《张燮集》第1册，中华书局，2015年版，第919—920页。

③ （明）张燮：《东西洋考》卷九《舟师考》，（明）张燮、陈正统《张燮集》第4册，中华书局，2015年版，第1610页。

④ （明）张燮：《霏云居集》卷四《五言律诗一》，（明）张燮、陈正统《张燮集》第1册，中华书局，2015年版，第81页。

⑤ （清）曾日瑛：乾隆《汀州府志》卷七《古迹》，中国国家图书馆藏（索取号：地310.161/134），满洲延楷清同治六年（1867）刻本，第1页b。

故居，张化宗族今聚居龙岩市永定区湖雷镇、凤城镇等地。应据此牵线搭桥，再续张燮与同姓客家乡族渊源，再现张燮做客“同一个字写”的同姓客家乡族的历史情境，突出客家乡族的热情好客。

（3）武平

围绕历史名宦董象恒、名将甘耀相关史迹，例如武平守御千户所旧城、新城以及通济桥，董象恒作战的桐盘岭、寒婆等古战场。上述历史古迹也是张燮文中所述及神游之地，可将此历史古迹与历史名宦、名将渊源相结合之际，突出张燮曾神游于此。

（4）上杭

分巡漳南道署，朱大典官署。朱公祠，康熙《上杭县志》记载“通驷门内，明天启七年，为巡道朱大典建，有田赡僧供香火”[①]，是供奉朱大典的“生祠”。五龙寺及其藏经阁，康熙《上杭县志》记载：“在中峰寺之东。……天启六年，巡道朱大典捐俸倡缘，遣僧寂光等请《南藏经》四十一函，供阁上，因名藏经阁。”[②] 可知位于金山。濑溪堤，根据康熙《上杭县志》记载：“濑溪口，溪水出口宜逆上，明崇祯间，巡道朱大典捐俸筑堤，砥之应二水射琴冈。”[③] 即位于今上杭县湖洋镇濑溪村。张燮《兵宪朱公汀州生祠碑》记载朱大典“辑津梁”[④]，从中可知，朱大典在任期间曾修桥梁，虽然具体修哪座桥梁，目前史料缺载，待日后考证，但可据此阐发，在上杭乃至汀州古桥上大做文章，将朱大典与上杭以及汀州古桥相联系，突出朱大典的客家古桥情缘。

（5）连城

雷同声史迹。康熙《连城县志》记载：“（万历）四十五年，县令雷同声建文昌阁于学校”[⑤]，“天启元年辛酉，县令雷改社稷坛于西门接官亭之上，迁邑厉坛于西门旧社稷坛”[⑥]，“雷公书院，一文昌阁右，一南岳庙前，祀令雷同声鹿门公”[⑦]。又有冠豸山二景“滴珠崖，雷县令建”[⑧]，“大观堂，雷县令建”[⑨]，与之相关的还有文昌阁、社稷坛、厉坛、雷公书院、冠豸山滴珠崖、大观堂等名胜古迹。雷焕龙《文川李氏重建宗祠记》记载：“家君令文川，文川贤士大夫不辱与家君交者，皆暱不佞，而李氏之暱尤多。”[⑩] 此“家君”指雷同声。此

---

① （清）蒋廷铨：康熙《上杭县志》卷四《典秩志》，中国国家图书馆藏（索取号：地 310.163/32），清康熙二十六年（1687）刻本，第 21 页 a。

② （清）蒋廷铨：康熙《上杭县志》卷二《建置志》，中国国家图书馆藏（索取号：地 310.163/32），清康熙二十六年（1687）刻本，第 22 页 b。

③ （清）蒋廷铨：康熙《上杭县志》卷二《建置志》，中国国家图书馆藏（索取号：地 310.163/32），清康熙二十六年（1687）刻本，第 16 页 b。

④ （明）张燮：《群玉楼集》卷四七《碑记一》，（明）张燮、陈正统：《张燮集》第 3 册，中华书局，2015 年版，第 804 页。

⑤ （清）杜士晋：康熙《连城县志》卷一《历年纪》，中国国家图书馆藏（索取号：地 310.171/32），清康熙五年（1666）刻本，第 9 页 b。

⑥ 同上，第 10 页 a。

⑦ （清）杜士晋：康熙《连城县志》卷三《建置志》，中国国家图书馆藏（索取号：地 310.171/32），清康熙五年（1666）刻本，第 7 页 b。

⑧ （清）杜士晋：康熙《连城县志》卷二《舆地志》，中国国家图书馆藏（索取号：地 310.171/32），清康熙五年（1666）刻本，第 8 页 b。

⑨ 同上。

⑩ （清）杜士晋：康熙《连城县志》卷八上《艺文志》，中国国家图书馆藏（索取号：地 310.171/32），清康熙五年（1666）刻本，第 49 页 a。

“文川”指连城。雷焕龙乃雷同声之子，因此能够与文川李氏宗族再续前缘，为文川李氏宗祠撰写记文。连城可据此宣传雷同声历史名宦事功，再现雷同声之子雷焕龙沿着父辈的足迹，神游文川李氏宗祠，突出客家人牢记历史名宦、重情重义的一面。将雷同声、雷焕龙父子这一历史名人资源，与客家传统文化相结合，策划特色文旅活动。

（6）明溪

归化县儒学。乾隆《汀州府志》记载：“归化县儒学，在县东二十里。……天启七年，巡道朱大典、知县庞景忠改建城北，后毁。”[①] 其时归化县即今三明市明溪县。铭记朱大典宦绩，再现朱大典重视归化县文脉传承历史情境，组织主题书画、故事讲述等相关活动，传承与发展中华优秀传统文化。

（二）产品包装

1. 家宴

（1）餐饮

张燮挚友张太学之父张一鸿曾任王府典膳，援引张燮《秋日之临汀道中即事十四首》其十一诗句“旅人多感慨，不独劳薪炊”[②]，根据张一鸿曾经服务的王府这一高规格，结合张燮畅享闽西客家故友家宴、名门望族寿宴这一历史情境，研发系列菜谱，分成特色家宴、名门望族寿宴、王府盛宴等多种类型。

（2）食材

张燮诗文所述动植物。张燮《秋日之临汀道中即事十四首》其十三诗句“秫将迷栗里，桂或傍淮南”[③]，述及秫、桂等相关植物。张燮《秋日之临汀道中即事十四首》其九诗句“蕉舞风前翠，萱添雨后妍”[④]，此“蕉”指香蕉，“萱”指金针菜。张燮《秋日之临汀道中即事十四首》其十诗句“夕阳牛背上”[⑤]，可用牛肉作食材。张燮《秋日之临汀道中即事十四首》其十四诗句“池莲无数碧，野蕊不禁红”[⑥]，可再现采莲、采野花。围绕张燮《归路泛舟》诗句“凫鸳沾沙嫩，鸬鹚点浪轻”[⑦]，可据此再现凫鸳、鸬鹚在汀江捕鱼的情景，在鱼上面大做文章，将鱼作为食材，赋予诗文。

（3）酒水

根据张燮《秋日之临汀道中即事十四首》其十二诗句“欲结糟丘老，村酤引夕醺”[⑧]，结合张燮《永定旅次逢张太学招饮即席》诗句“斗酒开襟邂逅初”[⑨]，述及张燮在汀州畅饮客家酒水。

---

① （清）曾日瑛：乾隆《汀州府志》卷一二《学校》，中国国家图书馆藏（索取号：地 310.161/134），满洲延楷清同治六年（1867）刻本，第 11 页 b—12 页 a。

② （明）张燮：《霏云居集》卷四《五言律诗一》，（明）张燮、陈正统《张燮集》第 1 册，中华书局，2015 年版，第 80—81 页。

③ 同上，第 81 页。

④ 同上，第 80 页。

⑤ 同上。

⑥ 同上，第 81 页。

⑦ 同上。

⑧ 同上。

⑨ （明）张燮：《霏云居集》卷八《七言律诗一》，（明）张燮、陈正统《张燮集》第 1 册，中华书局，2015 年版，第 181 页。

2. **住宿**

（1）主题设计

再现张燮下榻客栈历史情境，兴建主题客栈或布置酒店主题客房。张燮《秋日之临汀道中即事十四首》其七诗句“猿清旅舍幽”①，突出客栈环境清幽。张燮《秋日之临汀道中即事十四首》其三诗句“寂寞诗乘兴，轻狂酒莫愁”②，张燮于此诗兴大发，畅饮汀州酒。根据张燮《秋日之临汀道中即事十四首》其三诗句“披衣聊信宿，砧杵夜声收”③，再现张燮于此促膝长谈、听闻洗衣声的历史情境。

（2）周边环境规划

围绕张燮《永定旅次逢张太学招饮即席》诗句“入户溪山画不如”④，指张燮应张监生之邀到其家中做客，欣赏山水美景。根据张燮《秋日之临汀道中即事十四首》其一诗句“独喜丰年遍，秋原静桔槔”⑤，再现张燮望见汀州秋收景象，收集农业灌溉工具桔槔。结合张燮《秋日之临汀道中即事十四首》其七诗句“犬吠村烟近”⑥，突出山乡犬吠这一情境。围绕张燮《秋日之临汀道中即事十四首》其八诗句“修竹巧环山”⑦，据此种竹，营造氛围。根据张燮《秋日之临汀道中即事十四首》其九诗句“百尺度飞鸢”⑧，再现可望苍鹰的历史情境。围绕张燮《秋日之临汀道中即事十四首》其六诗句“耽幽觉鸟音”⑨，再现听闻鸟音的历史情境。围绕张燮《归路泛舟》诗句“鸣岸鹧鸪声”⑩，再现听闻岸上鹧鸪声的历史情境。根据张燮《归路泛舟》诗句“蓑笠闲相傍”⑪，配备蓑衣、斗笠。

3. **佛寺**

再现张燮下榻闽西历史名刹庆清寺的历史情境。

（1）环境设计

援引张燮诗句营造礼佛氛围。张燮《秋日之临汀道中即事十四首》其八诗句“香台钟磬寂，合掌礼慈颜”⑫。张燮《宿庆清寺》诗句“山回疑听法，坞曲亦逃禅”⑬，是指山风犹如梵音，山坞之曲犹如朱熹逃禅情境。

（2）禅房布置

张燮《宿庆清寺》诗句“短烛明人意，疏钟息世缘”⑭，指客房烛火使张燮明心见性，

① （明）张燮：《霏云居集》卷四《五言律诗一》，（明）张燮、陈正统《张燮集》第1册，中华书局，2015年版，第79页。

② 同上，第78页。

③ 同上。

④ （明）张燮：《霏云居集》卷八《七言律诗一》，（明）张燮、陈正统《张燮集》第1册，中华书局，2015年版，第181页。

⑤ （明）张燮：《霏云居集》卷四《五言律诗一》，（明）张燮、陈正统《张燮集》第1册，中华书局，2015年版，第78页。

⑥ 同上，第79页。

⑦ 同上，第80页。

⑧ 同上。

⑨ 同上，第79页。

⑩ 同上，第82页。

⑪ 同上。

⑫ 同上，第80页。

⑬ 同上，第82页。

⑭ 同上。

古刹钟声则尽息人世间事。张燮《秋日之临汀道中即事十四首》其九诗句“支公如畜马”[①]，指张燮于此忆及东晋高僧支遁，犹如支公所畜“神骏”备好马鞍即将遨游法海。张燮《宿庆清寺》诗句“宝篆留征幔”[②]，指张燮于寺中题诗留念，布置文房四宝留墨迹。

4. **伴手礼**

打造伴手礼特色品牌，涉及祠堂、书院活动内容，通过相赠伴手礼，组织特色工艺品互动体验制作等丰富多彩的活动加以推动。

（1）张燮诗句

围绕张燮《秋日之临汀道中即事十四首》其九诗句“滩回云碓出，峰断野桥连”[③]，绘制泛舟汀江意境。制作张燮诗文所述客栈意境工艺品，根据张燮《秋日之临汀道中即事十四首》其十一诗句“茆屋且移时”[④]，制作茅屋模型。

（2）文房四宝

围绕张燮与朱大典交流，根据张燮《答朱参知二首》附未孩朱大典元书二首，有“汀碑幸徼彩笔，方琬琰珍之榻至，而知有攘于其美者，亦汀人意也，并杭刻呈览。”[⑤]对此，张燮认为：“汀郡二碑，杭刻者字画精好，汀刻不免稍逊。”[⑥]《答朱参知（未孩朱大典书附）》附未孩朱大典重来书“汀榻石工俱劣，今易之以木，并入漳碑，附尘掌记”[⑦]，突出《明史》记载“朱大典，字延之，金华人。家世贫贱。大典始读书，为人豪迈”[⑧]，据此拓片汀州府县志未收录的张燮两篇汀州碑铭，临书张燮汀州诗文，组织相关书法活动，再续张燮与汀州情缘。

（3）制作特色工艺品

张燮《答朱参知（未孩朱大典书附）》记载“承惠晶章，篆镌佳配，并陆制玉簪，拜而珍之。今后蒸木山中，一拊章一观光，一托簪一戴德耳”[⑨]，据此制作主题特色工艺品。

（三）社区互动

1. **汀漳古道**

张燮《秋日之临汀道中即事十四首》其十一诗句“问渡野人操”[⑩]，张燮《秋日之临汀道中即事十四首》其十一诗句“为访主人翁”[⑪]，述及与汀州百姓广泛交流。张燮在《秋日

---

① 同上，第80页。

② （明）张燮：《霏云居集》卷四《五言律诗一》，（明）张燮、陈正统《张燮集》第1册，中华书局，2015年版，第82页。

③ 同上，第80页。

④ 同上。

⑤ （明）张燮：《群玉楼集》卷七三《尺牍十五》，（明）张燮、陈正统《张燮集》第4册，中华书局，2015年版，第1256页。

⑥ 同上，第1254页。

⑦ （明）张燮：《群玉楼集》卷七四《尺牍十六》，（明）张燮、陈正统《张燮集》第4册，中华书局，2015年版，第1273页。

⑧ （清）张廷玉等：《明史》卷二七六《列传第一百六十四》，摛藻堂《钦定四库全书荟要》六千八百六十九（史部），清乾隆抄本，第1页b。

⑨ （明）张燮：《群玉楼集》卷七四《尺牍十六》，（明）张燮、陈正统《张燮集》第4册，中华书局，2015年版，第1274页。

⑩ （明）张燮：《霏云居集》卷四《五言律诗一》，（明）张燮、陈正统《张燮集》第1册，中华书局，2015年版，第80页。

⑪ 同上。

之临汀道中即事十四首》其十四中认为汀江流域风土人情是“地隐渔樵狎”[①]，述及汀江渔民、山村樵夫幽默可爱，据此与汀江沿岸船民、渔民及其聚落互动。张燮发现“人犹乡语半”，此“乡语”指张燮故乡漳州府的闽南方言，张燮在汀州道中却听闻闽南漳州腔调的汀州客家话，除了汀州与漳州接壤外，还与因漳南道设置而促进所辖汀州府、漳州府百姓交流有关，据此与汀漳古道周边聚落之间展开互动。

2. **永定**

根据张燮下榻庆清寺，可据此与庆清寺（今庆兴寺）以及所在聚落湖雷镇下湖村展开互动。围绕张燮做客张太学家中，与湖雷、凤城的张化、张僖宗族后裔之间展开互动。

3. **武平**

康熙《武平县志》记载：“崇祯元年，寇破新城，剽掠惨甚。兵宪董公象恒、曾公樱各捐金，檄知县巢之梁修葺之，乡宦徐文澜董其事。”[②] 可据此与中山镇武平所军户后裔、徐文澜宗族后裔之间展开互动。

4. **连城**

康熙《连城县志》记载：沈秉和“雷邑侯族以‘孝思奇感’”[③]，李洞“详镌雷太史三旌篇中”[④]，此“雷太史”指翰林雷焕龙。沈九祥“邑侯雷申详宾典，旌以‘行高一乡’”[⑤]，董厚“邑侯徐、李、雷历旌孝义。令德寿恺，后先相望，选膺宾筵”[⑥]，雷公书院“缘首沈济众、李贞启等”[⑦]，据此以文川李氏宗祠为中心，与沈、李、董等三个宗族后裔之间展开互动。

5. **明溪及其周边**

乾隆《汀州府志》记载：归化县儒学“龙湖先儒杨时宅故址”[⑧]，可据此与南宋理学家杨时后裔之间展开互动。围绕张燮在明溪考察期间的历史情境，根据乾隆《汀州府志》记载王国佐“清流人，习骑射。崇祯间，训道朱大典选授副中军”[⑨]，与王国佐宗族后裔之间开展互动。雷焕龙《文川李氏重建宗祠记》述及文川李氏宗族由来：“十七郎公自宁化来居，曰文川李氏，从县别也。”[⑩] 此“宁化”指宁化县，文川李氏祖溯宁化，据此与宁化李氏宗族之间展开互动，探访客家祖地宁化石壁，与宁化石壁聚落结对子，与当地百姓以及参与宁

---

① （明）张燮：《霏云居集》卷四《五言律诗一》，（明）张燮、陈正统《张燮集》第1册，中华书局，2015年版，第81页。

② （清）刘旷：康熙《武平县志》卷三《城池》，中国国家图书馆藏（索取号：地310.169/32），钟斡丞民国十九年（1930）铅印本，第3页b。

③ （清）杜士晋：康熙《连城县志》卷七《人物志》，中国国家图书馆藏（索取号：地310.171/32），清康熙五年（1666）刻本，第28页b。

④ 同上，第29页b。

⑤ 同上，第30页a。

⑥ 同上，第42页a。

⑦ （清）杜士晋：康熙《连城县志》卷三《建置志》，中国国家图书馆藏（索取号：地310.171/32），清康熙五年（1666）刻本，第7页b。

⑧ （清）曾日瑛：乾隆《汀州府志》卷一二《学校》，中国国家图书馆藏（索取号：地310.161/134），满洲延楷清同治六年（1867）刻本，第11页b。

⑨ （清）杜士晋：康熙《连城县志》卷三〇《人物》，中国国家图书馆藏（索取号：地310.171/32），清康熙五年（1666）刻本，第22页b。

⑩ （清）杜士晋：康熙《连城县志》卷八上《艺文志》，中国国家图书馆藏（索取号：地310.171/32），清康熙五年（1666）刻本，第49页b。

化石壁祭祖的海内外嘉宾之间展开互动①。

五、结语

综上所述，可归纳为以下三点结论：

第一，世界大航海时代名人、旅游文学家张燮亲到汀州，对汀州有深入了解，结缘二十余载，所作诗文广为流传，扩大汀州在海内外的影响。张燮足迹遍布汀漳驿道、汀江、乡村、城镇、客栈、民居、佛寺等，与汀州名宦、名将、名士、名门望族、渔民、樵夫之间交往密切，涉及汀州客家民俗、方言、农林牧渔、宗教、书院、旅游文化、城池、名宦、名人、宗族、美食等诸多方面。

第二，张燮与汀州的渊源，既是漳南道所辖百姓之间交流，又超越客家与“河老”（“陈元光将卒”后裔）之间的族群互动②、“民籍”与“军籍”之间的族群互动、古今行政区划之分。据此策划的“张燮伴你游汀州”文旅品牌，是在设立客家文化（闽西）生态保护实验区的背景下，提出的文旅融合发展方案。未来可借助张燮的海内足迹，以及南海等神游区域③，共同打造“张燮伴你游中国”主题文旅品牌，加强交流与合作。

第三，新时期闽西客家文化旅游研究，应以历史研究为前提，结合区域社会历史文化变迁特点，超越传统的王朝史观的认识范畴，立足全球史视野，重新书写闽西客家历史。围绕《客家文化（闽西）生态保护区总体规划》，积极转化研究成果，不断超越，学以致用，助力新时期闽西客家文旅融合发展。具体来说，既要重视汀州，又要跳出汀州，关注漳南道，充分认识到漳南道署设置在汀州府上杭县这一史实④，回到历史现场，再现张燮之行的历史情境，置身更广阔的时空，方能深入开展闽西客家历史文化研究，为闽西客家文化旅游发展服务。

（作者单位：龙岩学院闽台客家研究院）

① 刘涛：《客家由来与客家祖地宁化石壁祖先叙事新考》，《地域文化研究》2021年第3期。
② 刘涛：《清初名将陈祖训〈云霄建大宗祠序〉考》，《漯河职业技术学院学报》2021年第5期。
③ 刘涛：《〈东西洋考〉中的南海地名、线路及其来源》，《南海学刊》2020年第4期。
④ 刘涛：《嘉靖〈漳南道志〉考述》，《长江文明》第3辑，四川美术出版社，2021年版，第54—64页。

"三山五园"文化IP的整体性归纳[①]

张祖群 吴秋雨 闫冬慧 贺婷婷 赵皓天

内容提要："三山五园"是层次分明的综合性皇家园林功能区，尚未形成凝聚性的整体文化IP。个体文化遗产认知差异与整体文化IP构建之间形成一种认知矛盾。基于"三山五园"纸质文献、图像文献记录、博客日志等，同时结合访谈调研中游客的热点词汇，按照每个单体园林（或山体）出现频率最多的文化元素，进行排序列表，依次归纳单体园林（或山体）的文化IP。文章分析"三山五园"核心IP形成条件与整体性形象认知，认为："三山五园"是承载五都时代多样文化的皇家园林功能综合体；依托西山水系与紫禁城构成北京二元空间格局。未来在整体视野下需要重新认识"三山五园"的整体文化IP，建设多元的文创谱系，重视文化演进。

关键词："三山五园"；文创IP；文化归纳；文化发展

一、研究综述与问题意识

（一）研究综述

国内学者对"三山五园"的研究由来已久，成果很多。但从近五年的研究成果来看，国内关于"三山五园"的综合性、整体性的探讨并不多。在中国知网（CNKI）文献总库中，

① 基金项目：2021年北京市社会科学基金规划项目《北京古都艺术空间因子挖掘与遗产保护》（项目编号：21YTB020）；北京理工大学研究生教育实践改革重点项目《设计艺术学（文化遗产与艺术创新方向）硕士生教育"三位一体"综合改革探索》（项目编号：2020SJJG005）；2019校级教育教学改革专项——"以学生为中心"专业建设与培养模式改革项目《基于学生主体的精益课堂理论建设与实践探索——以环境设计（文化遗产与现代设计方向）本科专业为例》、2020年校级教育教学改革立项项目《美育与专业教育有效融合：困境、改革和创新》、2020年校级研究生教育培养综合改革项目《以学生为导向的研究生培养模式：精益课程、理论素养与综合实践——以设计艺术学（文化遗产与艺术创新方向）为例》课题成果之一。

对 2016 年 1 月 1 日至 2020 年 9 月 30 日公开发表的全部中文文章进行检索，以“三山五园”为主题词时，共得到 124 个结果；若以“颐和园”为主题词进行检索，检索结果是 1051 条，“圆明园”的检索结果为 1535 条。“三山五园”的整体性研究成果中，研究主要集中于四个方面。一是关于“三山五园”的称谓、历史变迁和地域位置界定的研究，比较有代表性观点是：何瑜（2014）① 对“三山五园”称谓的由来及其历史地位进行了探究。刘剑等（2011）② 将历史上“三山五园”地区皇家园林鼎盛时期规模以及外围环境涵盖的范围进行综合，以此划定“三山五园”地区的四至范围。二是从风景园林的角度进行关于“三山五园”规划建设和发展的研究，比较有代表性观点是：李雪莹等（2018）③ 通过建立绿道景观美学评价模型，得出“三山五园”绿道景观资源遭受城市化不同程度的侵蚀，不能充分发挥其美学功能、游憩功能及生态功能。潘关淳淳等（2016）④ 对“三山五园”的绿道系统进行规划设计，提出增加公共设施、加强公众参与程度和提高教育方面作用的改善建议。三是关于“三山五园”文化遗产价值的剖析，比较有代表性观点是：陈康琳等（2018）⑤ 通过阐述“三山五园”遗产价值独特性，探讨其可能符合的世界遗产标准及其真实性与完整性，在探索“三山五园”文化景观遗产潜力的同时，对该地区的保护和管理进行思考。四是关于“三山五园”地区旅游发展、文创产业、文化资源整合的研究。李清玉（2016）⑥ 构建了北京“三山五园”片区复合型“文化特区”，展望城市特色功能区的规划和发展。叶莎莎（2017）⑦ 从移动互联网视角出发，对北京地区“三山五园”文化资源的利用状况进行了探索，探讨了“三山五园”文化资源的不同组织方式。裴正兵等（2018）⑧ 从旅游者需求出发，提出文化遗产旅游价值的四个评估维度，基于此阐释“三山五园”的遗产旅游价值。

（二）问题意识

从上述文献中，可以看出：国内学者对“三山五园”中单个园林的研究深入且成果丰富，但关于“三山五园”的整体性研究成果还不多，且尚未围绕“三山五园”文化品牌 IP 化进行整体性研究。学术界对“三山五园”作为一个文化品牌综合体的关注度相对较低。

从微观的角度来看，“三山五园”中每个园林单体的历史文化、空间规划、园林功能不一，拥有自己的独特建制严格与功能体系。从宏观的角度来看，“三山五园”并非八个独立文化个体，而是具有内在一致性与文化整体性的皇家园林综合体，是由皇家园林核心区、中间过渡区、拱卫核心区的周边军事防御区所组成的一个综合性皇家园林功能区。在北京历史地理变迁中，“三山五园”作为西山－永定河流域的皇家园林所在，与皇城（含紫禁城、中南海、北海、景山等）互补镶嵌，构成位置相对、规模相当、功能互补的二元文化地理

---

① 何瑜：《“三山五园”称谓的由来及其历史地位》，《北京联合大学学报》（人文社会科学版）2014 年第 12 期。

② 刘剑、胡立辉、李树华：《北京“三山五园”地区景观历史性变迁分析》，《中国园林》2011 年第 27 期。

③ 李雪莹、齐童、刘传安、张国庆：《绿道景观美学质量分析模型研究——以北京三山五园绿道为实证对象》，《现代城市研究》2018 年第 4 期。

④ 潘关淳淳、王先杰：《北京三山五园绿道系统规划设计》，《北京农学院学报》2016 年第 31 期。

⑤ 陈康琳、钱云：《北京西郊“三山五园”文化景观遗产价值剖析》，《中国园林》2018 年第 34 期。

⑥ 李清玉：《自组织理论视角下三山五园地区功能提升研究》，2016 年北京建筑大学硕士学位论文。

⑦ 叶莎莎：《三山五园文化资源的移动信息组织和利用研究》，《“决策论坛——决策科学化与民主化学术研讨会”论文集》（上），2017 年版，第 106－107 页。

⑧ 裴正兵、田彩云：《基于旅游者需求的文化遗产旅游价值评估维度研究——以北京“三山五园”地区文化遗产为例》，《资源开发与市场》2018 年第 34 期。

格局。

个体文化遗产认知差异与整体文化 IP 构建之间形成一种认知矛盾。一方面，民众对圆明园、颐和园、香山等个体文化遗产产生强烈认知；另一方面，“三山五园”作为一个整体文化空间，尚未形成凝聚性的文化 IP。

二、“三山五园”核心 IP 提取

关于“三山五园”的定义在学术界说法不一，本文所分析的“三山五园”：三山是指万寿山、香山、玉泉山，三座山上分别有颐和园、静宜园、静明园，再加上东边的畅春园和圆明园［广义的圆明三园包括圆明园、长春园、绮春园（万春园）］构成“三山五园”。“三山五园”概念最早记载可追溯至 1860 年，清咸丰年间文人鲍源深在其《补竹轩文集》中的记录：“九月初，夷人焚五园三山，圆明园内外胜景，悉成煨烬矣。”① “三山五园”地区景观类型划分为古典园林、林地、水体、农田、建筑、道路、其他共 7 个类型②。整体上体现三个层次的构成要素：皇家园林核心区、各园林间的过渡地带（包括山水、林田、村落等），以及其他赐园、办公衙署、八旗营房等。承载着丰厚的文化价值、历史价值、经济价值，既具整体性又个体特色鲜明。作者通过文献资料收集、类型划分、归类对山与五园可提取的 IP 元素进行详细价值分析。

（一）“三山五园”IP 文化元素归纳

1. 归纳思路

部分学者从空间学、景观学、自然山水学上将颐和园与万寿山作为“三山五园”的中心，西侧的玉泉山静明园与东侧的圆明园、畅春园形成左右对称的分布形式③；从地理空间布局上显示每个文化景观是相对独立的存在，在文化元素层面上个体景观之间是交融与覆盖的关系，本章节将详细列举分析“三山五园”个体代表性文化 IP 元素。文创 IP 的设计一半来自具象转换，另一半来自抽象转化，具象转换是指把客观、具象存在的文化元素筛选、提炼，然后应用于旅游文创产品中去的过程。抽象转化是指将文化内涵与文化意识形态通过附加产品的方式进行精神力的传达④。基于“三山五园”纸质文献、图像文献记录、博客日志等，同时结合访谈调研中游客的热点词汇，按照每个单体园林（或山体）出现频率最多的文化元素，进行排序列表，依次归纳。具象的文化元素必须极具文化景观代表性或承载丰厚的文化历史内涵才能发展成为文化 IP。

---

① 肖金亮、林玉军、倪瑞锋：《历史文化名城中的文化景观——双轮驱动下的北京三山五园地区整体性初探》，《中国文化遗产》2019 年第 3 期。

② 刘剑、胡立辉、李树华：《北京“三山五园”地区景观历史性变迁分析》，《中国园林》2011 年第 27 期。

③ 祝丹：《北京颐和园景观与“三山五园”的构成关系》，《大连民族学院学报》2013 年第 15 期。

④ 汪慧娴：《北京旅游文创产品的设计研究》，2020 年北京建筑大学硕士学位论文。

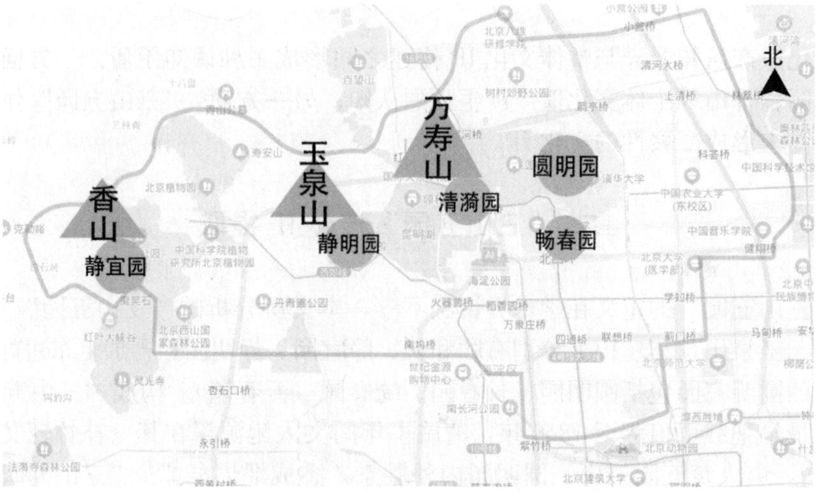

图 1：“三山五园”的空间构成

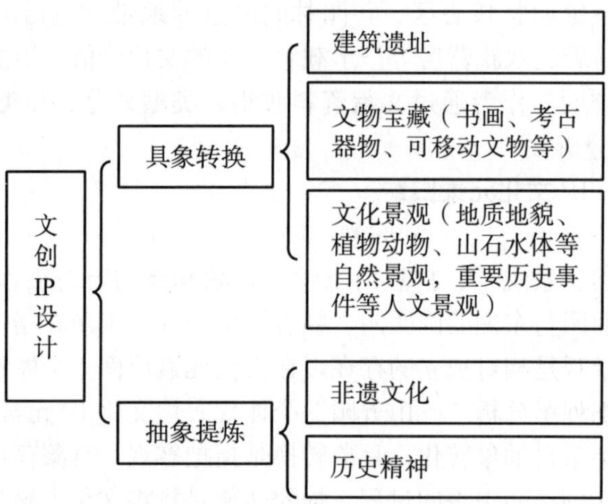

图 2：“三山五园”的文化 IP 设计

2.“三山五园”单体的文化 IP 构成

颐和园的设计中有诸多江南园林的风格，其主要遗产具象的景区包括苏州街、万寿山、四大部州、万寿山、智慧海、佛香阁、宝云阁、排云殿、十七孔桥等。抽象的文化 IP 元素可以提炼出园林美学中蕴藏的含蓄、传统内敛、信奉自然等精神文化。（详情见表 1）

颐和园与万寿山的东边是圆明园与畅春园，同样是皇家园林，圆明园曾有“万园之园”的美称，其中的文化遗址景观包括大水法、观水法、万方安和、镂月开云、九洲清晏、海晏堂、谐奇趣等。畅春园位于圆明园南侧，占地 60 公顷左右，全园南北长约 1000 米，东西宽约 600 米，东至颐和园路、南至西四环路、西至玉泉河路西侧、东北至恩佑寺遗址[①]。园内的主要景观有前湖、后湖、挹海堂、清雅亭、听水音、花聚亭等。1860 年第二次鸦片战争

① 任强：《被遗忘的角落：畅春园遗迹恩佑寺、恩慕寺山门考》，《艺术品鉴》2020 年第 25 期。

期间，圆明园遭到了英法联军无情的洗劫，原有遗址建筑遭到了严重的破坏，民族文化与民族自信受到了重创，这也使得圆明园畅春园具有更加深刻的历史文化内涵，纵然当今园内的遗址多为现代修复，它们的存在仍激励着民族不断地自立自强。（详情见表 2、表 3）

静明园位于颐和园西侧的玉泉山上，同属清代皇家园林，乾隆年间曾有著名的“静明园十六景”，现今比较著名的景点有玉泉、玉峰塔、华藏塔、澄照关、楞伽洞等。静明园同样遭遇了英法联军、八国联军的两次破坏，本身具有厚重的历史意义，于 2006 年成为第六批全国重点文物保护单位。（详情见表 4）

静宜园与香山位于“三山五园”的最西边，乾隆皇帝在原有的山地景观资源上修建的皇家御园，不同于静明园、颐和园，静宜园在类型结构上属于山地园。静宜园不如同属“三山五园”的颐和园、圆明园的名扬在外，著名的香山红叶取代了其优秀的历史价值。因此挖掘静宜园的历史价值具有重要的意义①。静宜园现存主要景点有昭庙、碧云寺、正凝堂、眼镜湖、见心斋等等，与香山的自然风光融成了一片人文景观。（详情见表 5）

表 1：颐和园、万寿山文化 IP 归纳

名称	类型	序号	文化 IP
颐和园、万寿山 A	具象遗产元素（建筑景观）a	Aa1	苏州街
		Aa2	万寿山
		Aa3	四大部州
		Aa4	智慧海
		Aa5	佛香阁
		Aa6	宝云阁
		Aa7	排云殿
		Aa8	长廊
		Aa9	昆明湖
		Aa10	画中游
		Aa11	听鹂馆
		Aa12	谐趣园
		Aa13	乐寿堂
		Aa14	宜芸馆
		Aa15	大戏楼
		Aa16	玉澜堂
		Aa17	仁寿殿
		Aa18	东宫门
		Aa19	清晏舫
		Aa20	文昌院
		Aa21	文昌阁
		Aa22	铜牛
		Aa23	十七孔桥

① 石骕骁：《香山静宜园造园艺术研究》，2020 年北方工业大学硕士学位论文。

续表

名称	类型	序号	文化 IP
颐和园、万寿山 A	抽象文化元素 b	Ab1	精致含蓄
		Ab2	传统内敛

表 2：圆明园的文化 IP 归纳

名称	类型	序号	文化 IP
圆明园 B	具象遗产元素（建筑景观）a	Ba1	大宫门
		Ba2	正大光明殿
		Ba3	勤政亲贤殿
		Ba4	九洲清晏
		Ba5	长春仙馆
		Ba6	镂月开云
		Ba7	碧桐书院
		Ba8	上下天光
		Ba9	杏花春馆
		Ba10	坦坦荡荡
		Ba11	万方安和
		Ba12	山高水长楼
		Ba13	同乐园
		Ba14	安佑宫
		Ba15	方湖胜境
		Ba16	谐奇趣
		Ba17	大水法
		Ba18	观水法
		Ba19	海晏堂
		Ba20	万花阵
		Ba21	蓬莱瑶台
圆明园 B	抽象文化元素 b	Bb1	民族自强
		Bb2	民族雪耻

表 3：畅春园的文化 IP 归纳

名称	类型	序号	文化 IP
畅春园 C	具象遗产元素（建筑景观）a	Ca1	挹海堂
		Ca2	清雅亭
		Ca3	听水音
		Ca4	花聚亭
		Ca5	瑞景轩
		Ca6	无逸斋
		Ca7	船坞
		Ca8	澹宁居
		Ca9	集凤轩
		Ca10	渊鉴斋
畅春园 C	抽象文化元素 b	Cb1	民族自强
		Cb2	惠风和畅，京师第一名园

表 4：静明园、玉泉山的文化 IP 归纳

名称	类型	序号	文化 IP
静明园、玉泉山 D	具象遗产元素（建筑景观）a	Da1	挹海堂
		Da2	清雅亭
		Da3	听水音
		Da4	花聚亭
		Da5	瑞景轩
		Da6	无逸斋
		Da7	船坞
		Da8	澹宁居
		Da9	集凤轩
		Da10	渊鉴斋
静明园、玉泉山 D	具象遗产元素（水体景观）b	Db1	玉泉趵突（天下第一泉）
静明园、玉泉山 D	抽象文化元素 c	Dc1	民族自强
		Dc2	皇家神秘

表 5：静宜园、香山文化 IP 归纳

名称	类型	序号	文化 IP
静宜园、香山 E	具象遗产元素（建筑景观）a	Ea1	昭庙
		Ea2	碧云寺
		Ea3	正凝堂
		Ea4	眼镜湖
		Ea5	见心斋
		Ea6	一方亭
		Ea7	香山静宜园二十八景
		Ea8	永安寺
		Ea9	听法松
		Ea10	西山晴雪
		Ea11	香炉峰
		Ea12	玉华寺
		Ea13	罗汉堂
		Ea14	香山寺
		Ea15	藏经阁
		Ea16	涵碧斋
		Ea17	云水态
		Ea18	洗心亭
		Ea19	香山饭店
		Ea20	洪光寺
		Ea21	双清别墅
静宜园、香山 E	具象遗产元素（植物景观）b	Eb1	香山红叶
静宜园、香山 E	抽象文化元素 c	Ec1	民族自强
		Ec2	香山革命精神

3. **“三山五园”核心 IP 形成条件**

第一，“三山五园”在历史、文化、空间、地域上有多重的相似性。“三山五园”都以皇家园林为主，历经了鸦片战争的洗劫，共同承载了民族的沉重历史记忆，诸多历史条件使得“三山五园”在内在逻辑上形成一种相对一致性的文化名牌。“三山五园”中的园林景观都各有特色，历史上承载着不同的功能，形成了独特的个体，但是各个单体园林（山体）之间关联并不紧密，风景园林中的“借景”手法成就着景观之间的相互构成，因此“三山五园”的园林山脉从来都不是独立的存在。

第二，"三山五园"在文化上高度统一。"三山五园"同为皇家园林，传承着儒家文化、宗教文化、农耕文化等。许多建筑曾是藏传佛教遗留下的景观，记录着文化的交流与虔诚的信仰。建筑的布局、外部环境、牌匾、内部装饰等透露着传统儒家文化与农耕文化。"三山五园"在美学上高度统一，山水园林的构造与设计表达了敬重历史、敬畏祖先、敬畏自然的审美表达和中国人骨子里传统的美学精神。"三山五园"中水体与地上建筑营建、植被的布局、建筑与自然的柔和、远景与近景的构想都体现了极高的智慧。

第三，"三山五园"促进北京文化元素的多元展现。无论是文创产品研发还是园林的知名度，五个园林的发展极不平衡，"三山五园"统一性的文化名牌更加有利于北京历史文化的活化利用与多元展现。

（二）"三山五园"核心IP的整体性形象认知

"三山五园"是各类历史遗存高度聚集的地区。西北部的燕山余脉、山下的永定河冲积扇和大片稻田，造就了这一地段蜿蜒丰富的视觉景观和丰沛的水源及丰茂的植被。依托这些自然条件，多个皇家园林在自然景观上互借互成，西山作为视觉大背景，香炉峰、玉泉山、万寿山、平顶山、百望山等自然山体分别成为不同园林的主要借景点或控制点，共同形成一个"移天缩地在君怀"的眺望体系。在如此集中的地域内，历史遗产的保存之完整、信息之丰富、影响之深远，在世界范围内都是绝无仅有的[①]。

1. 承载五都时代多样文化的皇家园林功能综合体

"三山五园"地区历史悠久、文化底蕴深厚，承载着辽、金、元至明清五朝古都的历史积淀。

金朝在西山地区建立了名为"八大水院"的八处离宫，即国都之外为皇帝修建的永久性居住的宫殿，也泛指皇帝出巡时的住所。金代大定二十六年（1186），在香山兴建大永安寺，即今天香山寺的前身。金代文人对香山寺多有歌咏（例如赵秉文有《香山寺飞泉亭》诗意图）。同时金国皇家又于大永安寺旁建行宫及佛舍，增建有会景楼和祭星台。金代还兴建了玉泉山行宫。

公元1292年，元代郭守敬引白浮泉水汇入瓮山泊，瓮山泊储水量显著增加，成为北京历史上第一座水库，以保障元大都与通惠河的供水。瓮山泊后来成为清代兴建颐和园昆明湖的前身。

明朝时在西山又营建了多处带有园林的寺庙和私家园林，例如西山兴建碧云寺，外戚李伟兴建清华园（清朝为畅春园，与今清华园同名异地），米万钟兴建勺园（位于今北京大学校园内）。

继承辽金元明时期在西山—永定河一带的地理基础与山水之胜，清代康乾盛世经济实力大增，大规模营建京西三山五园，以及西花园、圣化寺、泉宗庙，作为北京城除紫禁城之外避暑休闲、治国理政的第二中心[②]。清代是"三山五园"兴建集大成之时代。

---

① 钱云：《"城市—风景—遗产"一体研究视野的价值与应用——以"北京三山五园景观格局重塑"教学探索为例》，《风景园林》2016年第1期。

② 董焱主编：《北京园林史》，人民出版社，2019年版，第206—250页。

民国时期推动颐和园从皇家禁地走向公众开放[①]。中华人民共和国成立后，进一步推动香山、颐和园、圆明园等园林绿化、建设管理等工作，使之成为市民休闲娱乐、修身养性的公园绿地[②]。

“三山五园”不同的区域都是皇家园林综合功能体的一部分。作为核心的皇家园林扮演着不同的功能角色，而核心区以外的各个区域则支持着这个核心。五个核心园林各执其责：静宜园、静明园主要承担了涵养水源和山居游赏的功能，畅春园为皇太后住所，圆明园集园居、理政、游憩于一身，颐和园初为城市的调节水库，后代替圆明园承担园居、问政功能；此外还有大量配套服务设施分布于各个园林之间及周边，如：八旗营房是皇家安全防卫体系，周边的私家园林群供与园林中的皇帝日常议政的官员居住。

第一，体现“齐政修教、多元一体”的宗教文化。清代采取政教合一的施政方式，执行“兴黄教安众蒙古”的民族政策，使得皇家园林的藏传佛教寺庙在规划时便打上了浓重的政治功能烙印，圆明园的正觉寺、香山静宜园之昭庙、万寿山清漪园之须弥灵境和四大部洲等多处藏传佛教寺庙或景观，正是这种政治理念的外在体现[③]。

第二，体现“忠孝悌仁、义礼智信”儒家精神。清帝将自小接受的中华传统文化应用于园林造景，其造园艺术不仅集中体现了中国传统审美理念，还在诸多景点的营造意境和命名方面（如“正大光明”“万方安和”等）强烈地反映了中国正统的儒家的思想。“三山五园”文化景观中包罗了儒家的哲学、政治、经济、伦理、道德等内容，且多以建筑格局、题额、对联、题记等各种形式熔铸儒家文化于其中，蕴含着“大一统”“勤政”“孝”“观稼验农”等儒家文化元素[④]。

第三，体现“耕读传家、勤政爱民”的农耕文化。北京地区水稻栽植历史悠久，京西稻是由皇家主导选育并在北京西北郊皇家园林及其周边种植的水稻，具有丰厚的历史文化底蕴，是农耕文化与园林文化的具体体现[⑤]。京西稻田为皇室提供稻米，此处水田散布，园林中也多有农耕景观，如颐和园“乐农轩”、圆明园“多稼如云”等。

2. 依托西山水系与紫禁城构成北京二元空间格局

“三山五园”是以水系整治及雨洪管理为初衷的皇家园林建设，始于金元并于明清时期达到高潮。通过充分利用丰富的水资源进行水景营造，“三山五园”形成了以皇家园林为主体、优美水景为衬托的独特区域景观，在“人－水”相互适应影响下逐步构成了历代北京城市发展的生态基底[⑥]。

自康熙兴畅春园开清代皇帝园居之风，北京文化空间呈现“紫禁城—三山五园”的双中心格局。通过两种交通方式联系双中心：第一，水路联系。直接连接皇城三海与颐和园昆明湖的长河，此路更大程度上供皇家游玩，沿线分布了一系列的寺庙、戏楼、茶馆、街市等供

① 李临淮编著：《北京古典园林史》，中国林业出版社，2016年版，第1－223页。
② 徐德权主编：《当代北京园林发展史》，北京市园林局内部打印本，1987年版，第1－283页。
③ 徐鑫：《论避暑山庄外八庙与三山五园藏传佛教寺庙功能的一致性》，《中国市场》2016年第47期。
④ 赵连稳：《论三山五园中的儒家文化元素》，《安康学院学报》2016年第28期。
⑤ 李晓光、张宝鑫、杨洪杰：《京西稻历史发展及其文化展示探析与实践》，《农学学报》2019年第9期。
⑥ 徐磊、田林、周远、忻琳：《基于区域景观视角的三山五园地区水适应性景观研究》，《北京规划建设》2021年第3期。

皇室游娱休息的设施。第二，陆路联系。始于西直门，沿长河经海淀镇达“三山五园”，该御道用专门的石块铺砌而成。两条御道与北京城、紫禁城联系在一起，形成所谓的双城体制①。康熙每年大半时间在畅春园居住并处理政务，雍正在圆明园登基并死于圆明园，而慈禧则以颐和园为她的大本营。如此，北京城、长河御道以及“三山五园”便形成清代的政治中轴，这条中轴是清廷政治生活的主要载体，记载着清代300多年的历史。

作为皇家园林功能区，“三山五园”承载着清朝多种文化需求，是京西文化的代表，它的诞生和发展反映了人们对理想生活空间和精神世界的向往、追求和实践。“三山五园”的整体性对于“三山五园”皇家园林体系的正常运转是必不可少的条件，没有对“三山五园”整体性保护将是不完整的历史保护。

三、研究结论与讨论

（一）核心 IP 与整体形象之间的认知

1950年起，新中国将高等教育（大学）集中布置于当时尚处于北京城西郊的海淀。近年来的校办房地产开发，都不可避免地对“三山五园”的整体性造成了重大影响。大型城市基础设施的建设，商业住宅、配套医院、商业服务区等穿插在园林之间，京西稻田的消失以及“三山五园”核心区的城市化都成为割断各园林之间空间与视觉关系的主要因素。《北京城市总体规划（2016年—2035年）》中首次将三山五园地区作为整体区域提出整体保护和传承发展的规划要求，打造独特的城市文化景观。北京市“规自委”联合海淀区政府组织编制的《三山五园地区整体保护规划（2019年—2035年）》，则体现出“不忘本来才能开辟未来，善于继承才能更好创新”的发展理念。

“三山五园”的核心 IP 一定是囊括了“三山五园”的相似性。经过前文表格归纳分析，圆明园、畅春园、颐和园、万寿山、香山、玉泉山每一处都有自己的核心 IP，作者认为“三山五园”的核心 IP 可以同时包括具体形象与抽象的表达。“三山五园”承载着儒家文化、农耕文化、宗教文化，遗产类型多以遗产建筑、园林景观为主，因此“三山五园”的 IP 是每个景点代表抽象提取形成的整体 IP。同时作者认为“三山五园”的文创需要具备较强的科普性，“三山五园”这一概念虽然很早存在，但近五年逐渐在学术领域引起热潮。在“今日宜逛园”文创店铺出品的文创中以“三山五园”平面地图作为 IP 延展进行文件夹、鼠标垫、桌垫等一系列文创家用设计。“三山五园”平面地图是非常具象的 IP，直接图文并茂地从空间地理视角介绍了“三山五园”的基本格局。同时作者认为“三山五园”的核心 IP 文创可以进行创新设计整合，以整体的山水园林形象为基础基调，提炼八处景点的代表性建筑景观进行再设计，IP 最终的形式可以是 logo、形象 IP 等形式呈现。

① 阙镇清：《再失一城——北京西北郊皇家园林集群：三山五园在城市化过程中的没落》，《装饰》2007年第11期。

图 3："三山五园"的整体 IP 设计

"三山五园"单个园林（山体）IP 与"三山五园"整体形象之间存在同质性与异质性的矛盾，值得深入研究。区内各个单体园林（山体）个体 IP 之间存在高度的相似性。其景观远远超出园林景观的含义，它实际上蕴含着帝王的审美理想，并借助景观命名来表达帝王心中的政治理念[①]。例如园区内的戏台承载着皇亲国戚戏剧欣赏、内外社交等功能，佛教建筑、庙宇承载着皇族的精神寄托等不同含义。"三山五园"在横向与纵向上又存在着异质性，例如畅春园内水景较多，圆明园内景观最多，香山静宜园依山而建，是独一无二的山间园林。时间纵向上来看，"三山五园"早已不再单一地承载之前皇家园林功能，伴随时代的发展，关于"三山五园"规划的提出、"三山五园"文创的研发，在未来必然承载区域旅游、区域文化的发展功能。

（二）"三山五园"文创进展比较

"三山五园"的每个景观都拥有众多 IP，知名程度参差不齐，因此其文创的研发程度、研发范围也不尽相同，发展极不平衡，作者查阅了研究资料与销售渠道梳理比较其文创进展。

其中颐和园与圆明园的文创产业发展迅速，早在 2017 年颐和园与北京中创文旅文化发展有限公司（以下简称中创文旅）签约并委托研发文创产品，之后陆续驶入文旅融合的快车道，平均每月都有文创产品问世。2018 年颐和园与天猫、阿里合作密切，研发的文创产品数量达到数百件。颐和园天猫旗舰店文创产品的销售量仅次于故宫，其销售额、访客数、浏览量等综合排名第六，粉丝排名第五。这些数据说明颐和园的文创产品深受大众喜爱，并且市场前景一片光明，发展极为迅速，学者高舜礼归纳其文创进程为跨越式发展的"超常态"[②]。

圆明园在 2012 年利用科技手段通过计算机全景三维虚拟技术开始探索重现之路，整体文创产业开发于 2016 年，结合园内众多 IP 资源推出一系列的文创产品，直至 2021 年，首届圆明园发布圆明园已设计衍生产品 1581 款，推出产品 217 款，包括"圆明园四十景""大水法与石鱼""仙萼长春""圆明园十二生肖"等主题系列。并在 2020 年 10 月圆明园研究高校联盟成立，汇集专业研究力量，助力圆明园文创产业发展[③]。

相比较而言，静宜园、静明园、畅春园、香山、玉泉山衍生的文创产品较少，文创产业起步较晚，设计研发刚刚起步，在市场上几乎没有独立的文创产品。"三山五园"的整体规

① 郭黛姮：《三山五园：北京历史文化最辉煌的乐章》，《北京联合大学学报》（人文社会科学版）2014 年第 12 期。
② 高舜礼：《颐和园文创研发的跨越模式》，《文化月刊》2019 年第 4 期。
③ 施芳：《圆明园设计千余款文创衍生品》，《人民日报》2021 年 2 月 18 月第 11 版。

划能够极大地促进文创市场的发展，用设计与科技的手段开发出更多的文化价值。

（三）整体视野下“三山五园”文化演进

近年来北京市政府将“三山五园”作为文化发展的重点之一，并规划出了“三山五园”历史文化景区①。“三山五园”历史悠久、遗产资源丰富，进行旅游保护开发能够带来一定的经济效益和城市美誉度，从而推动“人文北京、科技北京、绿色北京”的目标建设，推动历史文化资源优势向旅游产业发展优势转变，实现“三山五园”文化传承创新与旅游发展的双向互动。将“三山五园”打造成一个融合旅游发展的文化地标品牌，进一步凸现北京的文化形象和影响力②。文创产品是推进文化旅游产业推进的重要一脉，需要将丰富的历史文化、有效的保护理念赋予文创之中。

当今的文创产品市场已经初具规模，例如知名的故宫文创、花西子、于小菓等不同领域的文化品牌，在文创研发上已经初显茅庐，同样文创市场有着巨大的潜力，政策上大力推动文化复兴、强调民族自信，为文创创建了良好的市场环境，其次文创受众群体广泛，仅北京海淀区的常住人口就有 300 万人。世界旅游组织曾预测我国未来十年文旅市场的规模预计将达到 30 万亿—50 万亿元。根据国家文物局数据显示，2019 年我国博物馆接待观众 12.27 亿人次，全国备案博物馆达 5535 家。到了 2020 年疫情期间，博物馆的传播形式发生了较大的转变，为方便足不出户的民众观光浏览博物馆，全国各博物馆争先推出 2000 余项网上展览，在春节期间总浏览量超 50 亿人次③。由此可见有大量的旅游人流拉动文创市场的发展。

“三山五园”的整体文创演进还需要与科技相融合，遵循“文创+技术”的手段进行推广传播。新兴媒体的崛起为文创市场带来前所未有的机遇，文创产品应该不仅仅只局限于“创意贴图+产品”的形式，文创产品的销售渠道也不再仅局限于线下销售。“三山五园”文创的未来发展面临着广大市场的同时也有一定瓶颈，市场上的多数文创产品形式单一、同质化程度高、不具备很强的创新性，许多旅游景点、博物馆的文创产品的研发缺失对文化深入的思考，使得文创产品出现定位不清晰、传达的文化内涵不足等问题。“三山五园”提炼出的文创需要突出特有的北京皇家园林文化、“三山五园”特有的整体性等多重意义，在核心 IP 的基础上开发更多文创形式，创造文化经济价值。

（作者单位：北京理工大学设计与艺术学院文化遗产系）

① 岳升阳：《三山五园历史文化景区的发展与文化遗产保护》，《北京联合大学学报》（人文社会科学版）2014 年第 1 期。

② 肖金亮、林玉军、倪瑞锋：《历史文化名城中的文化景观——双轮驱动下的北京三山五园地区整体性初探》，《中国文化遗产》2019 年第 3 期。

③ 字杨凯平、王娟：《在“文创+文旅”时代的博物馆创意发展策略》，《现代商贸工业》2021 年第 42 期。

呼和浩特地区明长城文化遗存体系的基本内涵[①]

翟 禹

内容提要：呼和浩特地区明长城文化遗产资源内涵丰富，种类多样，具有极大的开发利用价值。呼和浩特地区明长城主要分布在呼和浩特南部的和林格尔县和清水河县境内，此外托克托县、和林格尔县还有明代早期的大型卫城遗址等。本文将其按照“一区、两带、五专题”的内涵予以认识和理解，分别是“呼和浩特明长城文化遗产分布区域”，“大边长城文化带”“二边长城文化带”，以及大型卫城遗址系列、和林格尔—杀虎口长城与万里茶道文化专题、圣山与十三边长城文化遗产区、清水河口子上长城文化遗产区和清水河老牛湾长城与黄河文化遗产区。

关键词：呼和浩特；明长城；遗产价值；开发利用；基本内涵

长城是中华民族的精神象征，是中华民族劳动智慧的结晶，是世界古代工程的奇迹，是人类文化艺术的宝库。1961 年，长城被列为国家重点文物保护单位。1987 年，被联合国教科文组织列为世界文化遗产名录。2007 年，被评为世界新七大奇迹之首。众所周知，有明一代，明朝始终与北方蒙古部落关系紧张，双方时常发生大大小小的战争，主要是蒙古部落频频南侵。为了加强北部边境的防御，明朝政府陆续在北边修建了延袤万里的边墙，即明万里长城。明朝将北边防御区划分为九个军镇，是为“九边”，“其边陲要地称重镇者凡九：曰辽东，曰蓟州，曰宣府，曰大同，曰榆林，曰宁夏，曰甘肃，曰太原，曰固原。皆分统卫所关堡，环列兵戎”[②]，“元人北归，屡谋兴复。永乐迁都北平，三面近塞，正统以后，敌患日

① 基金项目：2018 年度国家社会科学基金西部项目《明蒙关系视野下的宣大山西三镇长城防御体系研究》（编号 18XZS048）阶段性成果；文化和旅游部 2021 年度黄河文化研究专项课题《内蒙古黄河文化与草原文化、长城文化交融互动关系研究》阶段性成果。

② 张廷玉等撰：《明史》卷四〇，中华书局，1974 年版。

多。故终明之世，边防甚重。东起鸭绿，西抵嘉峪，绵亘万里，分地守御。初设辽东、宣府、大同、延绥四镇，继设宁夏、甘肃、蓟州三镇，而太原总兵治偏头，三边制府驻固原，亦称二镇，是为九边”①。其中，大同镇和山西镇长城在边防中发挥着极为重要的作用，呼和浩特地区明长城在历史上就归属明代大同镇和山西镇管辖。

一、呼和浩特地区明长城的分布与走向

内蒙古明长城全长923976.5米，沿线有敌台1120座、马面391座、烽火台239座、堡4座、相关遗存14处。按照分布的地域，大体可以分为两大块。第一块分布在内蒙古中南部的乌兰察布市、呼和浩特市南部，是明代山西镇、大同镇所辖长城的一部分。第二块分布于内蒙古西南部的鄂尔多斯市鄂托克前旗、鄂托克旗，乌海市海南区，阿拉善盟阿拉善左旗，是明代宁夏镇所辖长城的一部分。另外，在鄂尔多斯市准格尔旗东南部及阿拉善盟额济纳旗还分布有少量的明长城及明代的烽火台。

本文所要论述的呼和浩特地区明长城，分为大边与二边，分别为南、北两道，并列分布，相距15—50千米。北边的一道在明代被称为“大边”，南边的一道大部分为内蒙古自治区和山西省的省界线，在明代称为“小边”或“二边”。后来由于“大边”废弃，“二边”成为明朝对蒙古的第一防线，规模又比较大，大约到了明末清初，人们将“二边”称为“大边”，原来的“大边”则称为“二边”。本文依据全国长城资源调查采用的正式名称，将北边早期长城墙体称为“大边”，将南边晋蒙省界线的晚期长城墙体称为“二边”②。从内蒙古境内的行政区划来看，两道长城墙体延伸至晋蒙交界的杀虎口一带，便由乌兰察布市进入呼和浩特市境内，两道墙体在杀虎口附近最近处相距不过2千米。

北边的“大边”长城墙体，自杀虎口附近进入和林格尔县的东南部境内，呈东北—西南方向延伸，先后经过山保岱村，长城墙体自二道边村向西南蜿蜒爬伸在丘陵缓坡上，在二道边村附近，长城墙体距离杀虎口大边长城较近，最近处只有1千多米，过杀虎口，长城墙体继续向西南延伸，经山保岱村、红台村，一直攀至海拔1500多米的黑台山顶，而后又翻越青草峁山，跨过驴圈沟，弯弯曲曲扎入好来沟，过沟又蜿蜒在黄土山丘中，经梁家十五号村、丈房塔村、黑台子村、油房沟村、大西沟村，过盘山（和林格尔与清水河县界）进入清水河县。长城墙体进入清水河县以后，再经后窑子村、孔读林村、两犋牛村、魏四窑村、高家山村、石胡梁村、边墙壕村，至五道峁村一带墙体消失不见。至此处开始，墩台分西南、南两路继续延伸。西南路经五道峁、徐家梁、城广堨、松树堨、后塔儿梁、毛台子、前柴家岭、菜不浪湾、单台子、土山子等村，至黄河老牛湾。南路经五道峁、四王峁、三王峁、二王峁、大王峁、下红台子、里壕等村，跨过二边进入山西省偏关县境内③。清水河大边沿线

① 张廷玉等撰：《明史》卷九一，中华书局，1974年版。

② 内蒙古自治区文化厅（文物局）、内蒙古自治区文物考古研究所编著：《内蒙古自治区长城资源调查报告·明长城卷》，文物出版社，2013年版。

③ 部分内容分别参考了内蒙古自治区文化厅（文物局）、内蒙古自治区文物考古研究所编著《内蒙古自治区长城资源调查报告·明长城卷》，文物出版社，2013年版；杨建林《内蒙古清水河县明长城大边补充调查与研究》，《草原文物》2019年第1期；杨建林《内蒙古清水河县明长城大边研究》，《朔方论丛》第八辑，内蒙古大学出版社，2021年版。

还分布有延伸向朔州卫的（今朔州市城区）接火墩。它北起大边暖会墩，向东南经杨家窑村、大双墩村、韭菜庄村、双井村、十七沟村，跨过二边进入山西省朔州市平鲁区境内①。

南边的作为晋蒙交界线的“二边”长城墙体，起点在杀虎口“水上长城”的残存桥墩下兔毛河的西岸，向西南延伸，沿途经过内蒙古境内的二十三村、四十二村（已废弃）和山西省的二十五湾村至转角台折向东南，大约 1 千米后，又折向西南延伸，沿途经过内蒙古的前海子洼村、后海子洼村、十二沟村、磨扇凹村，墙体一直沿山脊向上爬行，直至海拔约 1750 米处的桦林山，转而向下，在桦林山脚下，长城墙体分为两支，主体长城向南延伸，另外一支仍然呈东北－西南走向，在内蒙古和林格尔县境内延伸，这支长城属于明代早期修建，后来因为不适于防御而放弃，后期也没有进行维修，防线后撤至大边主体长城处，因此此段墙体保存情况较差，墙体附属设施均为马面，墙体沿途经过黑土崖村、黄草梁村和二道边村，在海拔为 1800 米的圣山南 1 千米处与主体长城汇合与黄花山附近的十三边村（分为口内、口外，因山高无水，均已废弃）。大边主体长城向南延伸至山西省的三十二村处，折向西南方向，沿途经过三十八村（分口内、口外）、四十二村，均已废弃，村中的窑洞均在长城墙体上掏挖，对墙体造成极大破坏。墙体延伸至十三边村，继续向西南延伸，至山西省云石堡处，地势转而平缓，墙体经过地段山势起伏不大，个别墙体基本修建在平地处，有几处墙体被河流和新修的公路穿过，可见此处在明代时是个战争多发之地，为防守的要冲。墙体过了云石堡地区，继续在山脉上向西南蜿蜒，沿途经过内蒙古的韭菜沟村、口子沟村、大沙口（分口内、口外）止于楼沟村南 500 米处，此处为两省区（内蒙古自治区、山西省）、四区县（山西省朔州市平鲁区、右玉县、内蒙古呼和浩特市和林格尔县、清水河县）交界处，此处也是清水河县明长城的起点。另外在云石堡北 2—4 千米处还有一段附属墙体，经过考古调查，将其命名为“后爱好长城”，起点在内蒙古后爱好村以东 1.4 千米处，止点为内蒙古韭菜沟村以东 800 米处，均与大边主体长城相接，呈东北－西南走向，总长度为 3000 米，也为早期修筑，后来放弃，因此整体保存较差。清水河县明长城起自和林格尔县楼沟村东南 200 米处，为两省区（内蒙古自治区、山西省）、四区县（山西省朔州市平鲁区、右玉县、内蒙古呼和浩特市和林格尔县、清水河县）交界处，有一条呈西北—东南走向的公路在此处穿过长城墙体。清水河县明长城前接和林格尔县明长城，为清水河县和山西省的朔州市平鲁区、忻州市偏关县的分界线。

长城从起点向西南方向延伸，越过五洞山进入山西省的七墩镇村，一条省际公路在此处穿过长城墙体，长城继续向西南延伸，地势较为平缓，沿途经过内蒙古的板申沟村、福心沟村、十七坡、小岔子村、头墩村和山西的高泉营子村、八墩村、二墩村等，然后从内蒙古的窑子上村中穿过，经过村中的墙体现已被破坏殆尽，只残留一个较矮的墩台。在窑子上西南 500 米处，109 国道穿过长城墙体，长城墙体向西南延伸至十七沟村东南 400 米处折而向南延伸，经过山西省的帐贵窑子、寺回口等来到小七墩村，墙体又折向西南，一直延伸至猴儿山，在此处，长城墙体除了大边主体外，在南边还有三道长城，为不同时期修筑，从内蒙古的口子上村墙体分为两支，一支为大边，另一支向南延伸至山西省境内。猴儿山西南和东南

① 杨建林：《内蒙古清水河县明长城大边研究》，《朔方论丛》第八辑，内蒙古大学出版社，2021 年版。

方向各有一条长城墙体，与大边相接，并首尾相连，大边在山西省野羊洼村西北700米处继续向西南延伸至山西省的水泉堡，折为西北方，至水门塔处折为西南方向，大约经行5千米后，止于黄河岸边的老牛湾。

和林格尔县明长城附属设施以敌台和马面为主，其中敌台较多，但保存情况总体较差。各附属设施总数统计如下：敌台113座。马面49座。烽火台：内蒙古的17座，山西省境内的51座。其他墙外单体建筑1座。堡：山西省2座，内蒙古1座。界碑2座，位于长城墙体南侧。长城墙体总长度为51407米，其中现存墙体长度46053米，消失5354米。清水河县明长城总长度为114813米，现存长度为109809米，消失5004米，总体保存一般。长城的附属设施包括：敌台243座，马面253座，内蒙古烽火台48座，山西省烽火台96座，烽火台总计144座。堡共计8座，其中五眼井堡位于内蒙古境内，其余7座位于山西省境内；采石场两处，山西省与内蒙古各一处，此外还有一块“清四公主德政碑”，位于内蒙古境内清水河县的口子上村。

呼和浩特地区明长城所经过的地区，地形变化多端，多高山深沟，山势陡峭，风力较大。这一区域为内蒙古高原南部边缘，深居内陆，属干旱、半干旱大陆性气候，年平均气温在5℃—10℃之间，最高气温35℃，最低气温－28℃，四季温差较大，较为干旱。海拔800－3000米，地势起伏不平，地形变化较大，地貌呈沙地、草地等典型温带特点。野生动物有蛇、兔、石鸡等。植被有杨树、松树、山杏树、柠条树、沙棘树、胡枝子、凸脉苔草、针茅草、麻黄等。长城一线即为400毫米等降水量线，不同地区降水稍有不同。本区域土质疏松，土壤以黄土为主，植被覆盖率较低，水土流失和土地荒漠化、沙化严重，对长城墙体造成了严重破坏。

长城沿线多有人类活动的痕迹，有采矿场、植树造林等绿化工程、公路交通网络、乡间小路、农田建设、村庄等等。有的活动间接地保护了长城，比如植树造林，保持了水土，防止长城沿线水土流失，但是大多数活动都破坏了长城。比如：沿途绝大多数都有农田，很多农田直接修在长城墙体两侧，并逐渐侵蚀长城。在有些地方，为了行走方便，便将长城墙体掏开，形成乡间小路。有些地段长城墙体保存较好，墙体较为高大，掏挖不易，便在墙体上行走，几年下来，墙体也便变矮或者倒塌，造成了极大的破坏。采矿场对长城的破坏更是严重，为了开采矿产，不惜将长城整段整段推倒。长城经过地区有许多村庄便建于长城脚下，很多长城便是以长城脚下的村庄命名的。例如凉城县的三墩湾长城、冯家沟长城、十二沟长城等等，甚至有的村庄干脆以长城墙体及敌台马面作为凭借，在其壁面掏挖窑洞，作为长期居住之所，例如和林格尔县的十三边村、三十八村等，这些村庄均分为口内、口外，称其为口内十三边、口外十三边，前者位于长城的南侧，属于山西省，后者位于长城的北侧，属于内蒙古。

二、呼和浩特地区明长城遗产资源的基本内涵

结合多年长城调查、研究的思考，笔者站在遗产资源的视角，将呼和浩特地区明长城的总体内涵总结为“一区、两带、五专题”。

（一）呼和浩特地区明长城遗产分布区域

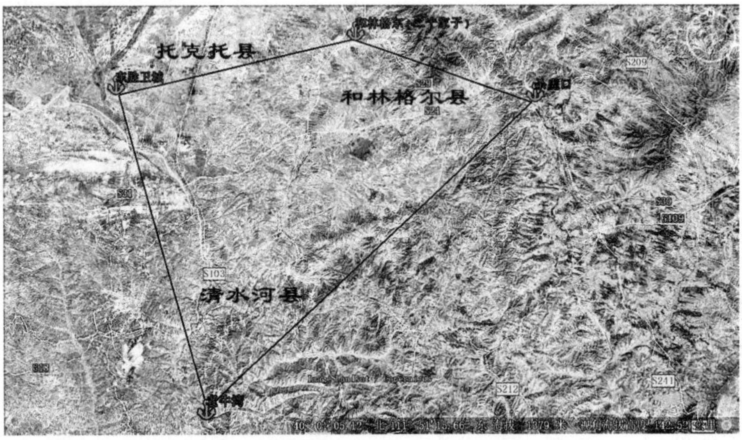

图 1　呼和浩特地区明长城遗产分布区域图

根据呼和浩特地区现存明代长城遗存的分布范围，可以将其划定一个区域性范围，因为与“明长城”这一概念相关的文化遗存种类繁多，主要类型如下：

1. **长城墙体**。墙体是长城文化中最为显著的遗存，既是长城遗址的最重要组成部分，又是与所经过地理环境融为一体的文化景观。与长城墙体相关的遗存有墩台、烽火台、马面、挡马墙、居住址、小型围墙等基础设施。

2. **烽火预警系统**。与长城防御体系密切相关的还有不在墙体上的烽火台，可通过一系列烽燧设施构成讯息传递、预警系统。这些烽燧一般分布在视野开阔的山顶之上，两处烽燧之间的距离大致相等，以能够相互瞭望、传递讯息为主要设置原则。

3. **不同规模的城堡**。一是大型卫所城池，如东胜卫城、镇虏卫城、云川卫城、玉林卫城。二是明代早期使用的城堡，如广宁营、哨马营，根据学者考证当分别为今清水河境内的东土城和西土城①。三是长城墙体附近的小型城堡，如柏杨岭堡、五眼井堡、老牛湾堡、红门市堡、黄草梁堡等等。

4. **其他相关遗存**。其他相关遗存主要有古村落，如口子上村、老牛湾村、石咀子村（位于云石堡附近）、口内十三边（和林格尔县羊群沟乡）等等。还有碑刻遗存，例如口子上村遗留的四公主德政碑；古窑洞、古戏台、古寺庙等民俗民间文化遗存，如口子上清泉寺戏台等等。

上述是关于呼和浩特地区明长城文化遗产分布区域之内的各类遗存和相关文化现象，根据这些遗产的分布范围，笔者在地图上绘制了一个“呼和浩特地区明长城遗产分布区域”图，四至分别是东胜卫城（西北角）、和林格尔县城（东北角）、杀虎口（东南角）和老牛湾（西南角），在这四个节点之间，连成四条直线，形成一个四边形，大致在这个四边形范围之内。当然并非是说在这个范围之内的都是与明长城有关的文化遗存，而是说有关明长城的文化遗存主要地集中在这个范围之内，或以“点”的形式分布，或以“线”的形式分布，更有

① 杨建林：《内蒙古清水河县明长城大边补充调查与研究》，《草原文物》2019 年第 1 期。

甚者以更小区域性的“面”的形式分布。

（二）“大边”长城文化带、“二边”长城文化带

这两条长城文化带是呼和浩特地区明长城文化遗存分布区域中的两条核心主线，是作为线性文化遗产长城的典型体现，主要分布以上一节所论述的“大边”和“二边”长城墙体为主线，包括墙体、墙体上附属设施以及沿线的相关遗存。其中，“大边”长城文化带的起点是杀虎口以北的山保岱村，止点是老牛湾。“二边”长城文化带的起点是杀虎口，止点也是老牛湾。

（三）“五专题”

1. **专题之一：大型卫城遗址系列**。这个专题的核心是明代初期修建的大型卫城遗址，位于呼和浩特地区的有四座，自西向东分别是东胜卫城、镇虏卫城、云川卫城、玉林卫城。东胜卫城位于托克托县东沙岗，镇虏卫城位于托克托县黑城村，云川卫城位于和林格尔大红城乡，现在俗称大红城古城；玉林卫城位于和林格尔新店子东，俗称榆林古城。

从四座卫城的修筑位置来看，东胜卫修筑在大黑河与黄河交汇点，也即位于大黑河沿岸，镇虏卫修筑在大黑河南岸；云川卫和玉林卫位于浑河沿岸，浑河发源于山西平鲁、右玉，自南向北经过杀虎口流入内蒙古境内，在山西境内被称作苍头河，历史上叫作兔毛河。进入内蒙古境内，在玉林卫以东一带由南北流向转为东西流向，一直向西经过和林格尔县和清水河县，最后在岔河口汇入黄河。玉林卫和云川卫就修建在浑河的河岸滩地上，浑河沿岸是山西商人和移民“走西口”所必经之地，是历史上非常重要的西口古道。商人和移民沿着苍头河向北，在杀虎口越过长城，进入内蒙古境内，沿着苍头河（浑河）向北进入和林格尔县，有的转而向东北进入凉城、岱海一带。从和林格尔一带沿着浑河向北，经过玉林卫古城，经过新店子、和林格尔，进入归化城。可见，这一地区在历史上交通地位的重要性。

这些卫城的特征主要有二：一是修建时间比较早，都是在明朝洪武—永乐年间修建并投入使用的，是明代初期北边长城防御体系中的核心所在，体现着明朝初年与北元-蒙古诸部在这一带对峙拉锯的历史，更体现着明朝当时的军事战略思想，主要是以大规模屯军驻扎、屯田养兵，以图北进为主要方略。二是城池修建规模都非常庞大，城墙坚固高厚，城池防御设施齐全，城内兼用军事防御和屯田居民生活等综合用途。

2. **专题之二：和林格尔—杀虎口长城与万里茶道文化专题**。这一专题是以区域性为主要划分标准，将位于和林格尔县城及其以南直至晋蒙交界地带的杀虎口地区作为一个集中的区域，这一区域最大的特征有二：一是“大边”“二边”两道长城墙体及其附属设施集聚在一起，有关长城文化遗产的种类齐全，包括长城墙体、墩台、烽燧、大中小型城堡一应俱全；二是继明代长城防御体系的基础上，又成为明清以来兴起的万里茶道的重要地段，因此展现了历史发展的各个领域包括军事、政治、经济和文化等等。重要遗存点有：杀虎口关城与杀虎堡。杀虎口历史悠久，古称“参合口”。杀虎口长城始建于秦，于明代重筑，明清时多次修葺，杀虎口处现已开辟成旅游景点，主题为“长城与西口文化”，杀虎口西有著名的水上长城，原有万金桥，遗迹现在大部分已消失，现仅存三个桥墩，桥墩由青色条石交错叠压垒砌而成。著名的杀虎堡位于长城南600米处，于明嘉靖二十三年（1544）筑堡。玉林卫城、云川卫城（大红城古城）。和林格尔—杀虎口铺墩烽燧线[①]。万里茶道古道文化线路。近年来，为配合万里茶道申报世界文化遗产，内蒙古方面的项目组专家在杀虎口以北的和林格尔县山保岱村附近发现了两通《重修万顺桥碑记》等文物遗存[②]。

3. **专题之三：圣山与十三边长城文化遗产区**。这个文化遗产区位于和林格尔羊群沟乡与山西省右玉县丁家窑乡交界地带，北边自圣山、十三边起向西南延伸至云石堡、石咀子村一带。所包含的遗产有：云石新堡。山西省朔州市右玉县丁家窑乡云石堡村所在地，地理坐标 N40°02′53.80″—E112°09′55.90″。云石堡是明代大同镇下辖长城防御体系中的一座重要军堡，明蒙关系史上著名的“把汉那吉事件”与本堡关系密切，这件事促成了明蒙长达两百多年的和平局面，故此城堡是本区的核心文化遗产之一。云石旧堡。山西省朔州市右玉县丁家窑乡，位于云石新堡东南直线距离 7 千米处，地理坐标 N39°59′47.24″—E112°13′58.58″。云石旧堡始建于嘉靖三十八年（1559），万历十年（1582）改建于王石匠河南岸，即新堡（今云石堡村），但旧堡并未废弃，而是作为长城防御体系中的一处军事据点被继续使用。马市遗迹。位于云石新堡西北 1.5 千米呈东北—西南走向的长城墙体内外，共计三处地点，分别为市场、小堡和韭菜沟堡（系明长城资源调查工作时所命名）。其中市场从现代行政区划来说，归属于内蒙古境内。马市见证了明蒙关系和平贸易往来的历史，加强了蒙汉民族、长城内外民众的交流与融合。十三边村复线长城墙体。这一带的复线墙体共两段，一段位于云石堡以北 2—4 千米处，呈东北西南走向，直线距离长约 2 千米；一段位于十三边村处，呈东北—西南走向，直线距离长约 9 千米。两段墙体中，外侧墙体均早于内侧墙体。复线长城墙体见证了明代长城多次修筑的历史进程，有助于考察明长城建筑结构和军事防御设施的发展演变，同时多道长城墙体及其附属设施蜿蜒在崇山峻岭中，人工建筑在因地制宜的原则指引下，与自然地理相互映衬，构成了一幅观赏性极强的文化与自然双重景观。“万历二十七年”界碑。界碑共计两通，位于后爱好村以东 2 千米的长城墙体东侧、东西走向穿过长城墙体的沟谷南、北两侧的台地上。“万历二十七年”界碑是目前长城沿线发现的唯一两通，是明代九边军镇内部军事制度的文字和实物见证。圣山，内蒙古和林格尔县与山西省右玉县交界十三边村西北 1 千米处，地理坐标 N40°5′30.82″—E112°10′19.06″。圣山地处晋蒙明长城交界地带，是一处以自然风光为主，辅以长城建筑的文化与自然双重景观，其主要特征为原生态、人类建筑与自然景观完美结合的典范。十三边废墟村落景观，内蒙古和林格尔县与山西省右玉县交界的明长城墙体脚下，分为口内和口外十三边，地理坐标 N40°5′5.95″—E112°10′44.42″。十三边村是一处典型的分布于长城沿线的现代民居聚落，因其废弃多年，展现了现代人类社会聚落变迁的历程，同时也可以将其与中国古代边疆基层社会的发展对比，具有一定的启发意义。石咀子村写生基地，位于内蒙古和林格尔县羊群沟乡石咀子村，长城墙体西北 3 千米处，地理坐标 N40°3′0.46″—E112°7′17.33″。石咀子村是长城沿线传统民居聚

① 张文平、杨建林、马登云：《呼和浩特市南部清代杀虎口驿路沿线铺墩的调查与研究》，《明长城资源调查工作文集》，文物出版社，2013 年版。铺墩，为清代时期在杀虎口至归化城的交通路线上设置的烽燧，用来传递讯息、保护商旅，烽燧处建有居住房屋，有专人负责看守和管理烽燧，清代称其为铺墩。

② 李艳阳：《浅议万里茶道重要发现〈重修万顺桥碑记〉整理与研究》，《朔方论丛》第八辑，内蒙古大学出版社，2021 年版。

落的典型代表，保留了长城地带原生态生产生活方式，见证着人类聚落适应环境、人与自然和谐相处的生存理念①。

4. **专题之五：清水河口子上长城文化遗产区**。这处遗产区位于清水河县北堡乡口子上一带，以口子上村为核心，包含一系列与长城有关的文化遗存。首先是长城墙体，墙体经过口子上村，在崇山峻岭中蜿蜒曲折，呈东北—西南走向，且在口子上村一带分布有好几条不同时代修筑的复线长城墙体，使得这一带的防御体系构筑非常复杂。

五眼井堡　五眼井堡的地理位置是内蒙古清水河县口子上村南 300 米，地理坐标 N39°38′17.89″—E111°52′10.76″（在城堡中心处取得数据）。五眼井堡名称来源于五眼井口（老牛坡口），即现在口子上村所在地与长城墙体相接之处，作为明代九边重镇的山西镇与大同镇的交界处，具有非常重要的战略位置②。

将军会堡　将军会堡的地理位置是山西省朔州市平鲁区将军会村，地理坐标 N39°38′33.86″—E111°56′11.34″。

教儿墕堡　教儿墕堡位于山西省忻州市偏关县老营镇教儿墕村北 2 千米，地理坐标 N39°34′49.41″—E111°49′4.92″，海拔 1562 米。

柏杨岭堡　柏杨岭堡位于山西省忻州市偏关县老营镇柏杨岭村西北 1 千米，地理坐标 N39°36′37.25″—E111°51′20.63″，海拔 1800 米。

小元峁堡　《中国文物地图集·山西分册》将其命名为“元峁堡址”，并记载：“（老营镇小元峁村西南约 1.5 千米·明代）平面呈方形，边长约 150 米。堡墙残高约 5 米。墙体夯筑，夯层厚约 0.1 米。四角设墩台，东、西、北三墙中设马面，南墙设门，无瓮城。”内蒙古明长城资源调查队对其也进行了调查，这座城堡位于长城墙体的南侧，距离长城墙体最近处大约 700 米，是一处典型的长城墙体沿线的军事防御型城堡。

红门市堡　红门市堡位于清水河县南端进入山西的省界交汇点处，国道 209 旁边。作为当时明代山西镇的马市市口，在这里开展了长时间的蒙汉贸易和人员往来，马市见证了明蒙关系和平贸易往来的历史，加强了蒙汉民族、长城内外民众的交流与融合。

清泉寺戏台　根据调查和研究，目前认为清泉寺戏台最早修建于明代。每年的农历五月十三，当地都要在这里举行关帝庙会，三乡五里的乡亲都来参加，祭祀、拜佛、看戏、交

① 翟禹：《线性文化遗产视角下的晋蒙明长城文化遗产廊道旅游区构建——以云石堡及周边遗存为例》，《河北地质大学学报》2018 年第 1 期。

② 内蒙古自治区文化厅（文物局）、内蒙古自治区文物考古研究所编著：《内蒙古长城资源调查报告·明长城卷》，文物出版社，2013 年版。

流。从明代兴起至今，即便在“文化大革命”时期，庙会也从没有间断过。2003 年以来，庙会已逐步发展为节庆活动“长城民俗文化节”，将这里的民俗文化传承下来。清泉寺戏台位于清水河县北堡乡口子上村南丫角山北麓的缓坡上，戏台坐北向南，背对深沟，拔地而起，和长城相映生辉，雄伟壮观。清泉寺戏台建于明代崇祯年间。清光绪十三年五眼井堡所辖村民又募捐重修，因戏台的对面建有清泉寺寺庙，故叫清泉寺戏台。戏台为砖木石结构，由台基、台身、台顶和观戏平台组成。占地面积 572 平方米，其中戏台建筑面积 72 平方米，观戏平台 500 平方米，整体位置呈长方形。戏台代表了北方黄河沿岸和长城沿线古戏台的建筑特点。

四公主德政碑　口子上村。内蒙古清水河县北堡乡口子上村，地理坐标 N39°38′34.27″—E111°52′11.01″。口子上村是长城地带一处典型的随着战争转为和平之后，由军事性关口逐渐转为民居聚落生存发展繁衍之地，是长城功能转变的见证者，也是长城内外不同民族交融的见证者，更是长城地带社会历史进程的不可或缺的参与者，这种参与和影响持续到今天，依然在这一区域发挥着应有的作用，承担着不可替代的角色。

爱国主义教育基地老牛坡村　老牛坡村党支部为内蒙古地区非常重要的一处近现代史迹，在党建活动中发挥着重要的教育实践意义。

北堡村　内蒙古清水河县北堡乡北堡村，地理坐标 N39°39′18.86″—E111°50′14.54″。北堡村是长城沿线传统民居聚落的典型代表，保留了长城地带原生态生产生活方式，见证着人类聚落适应环境、人与自然和谐相处的生存理念。

长城边村落——柏杨岭村　柏杨岭村是一处典型的分布于长城沿线的现代民居聚落，因其现已废弃，故充分展现了现代人类社会聚落变迁的历程，同时也可以将其与中国古代边疆基层社会的发展进行对比，具有一定的启发意义。

5. **专题之六：清水河老牛湾长城与黄河文化遗产区**。老牛湾文化遗产区位于内蒙古清水河县、鄂尔多斯准格尔旗和山西省偏关县交界的黄河大拐弯处——老牛湾地区。目前这里是一处国家地质公园，老牛湾地区有长城墙体、烽燧、老牛湾堡、伏龙寺、滑石涧堡及其长城关隘、杨家川河谷景观、黄河峡谷，以及传统村落老牛湾村等文化遗存和景观。因有关这一处的介绍和研究成果较多，目前也是一处旅游开发比较充分的长城文化遗产区，故不再对其详述，可参见其他学者的论述。

三、呼和浩特地区明长城的历史地位

从区域文化和文化带的视角来看，总体来说长城文化带的地理范畴大致包括甘肃、陕北、晋北、冀北与内蒙古交界地带。内蒙古南部阴山—长城一线处于农牧文化交错地带，在历史上长期成为农耕与游牧两种不同生产经营方式的政治实体和不同文化势力争夺的对象，这使得内蒙古地区呈现出农牧经营交错、移民众多与民族杂居、行政实体与羁縻机构相杂管理等具有浓郁区域特色的人文地理现象[①]。历史上长期的军事活动与农牧业经营方式的转换，也导致出现了许多与环境、人口、政治相关的问题。因此，对于阴山—长城一线（农牧文化交错带）的研究，很有现实意义。而晋冀蒙接壤地区就是广义的长城文化带中的核心区域，呼和浩特地区明长城所波及范围就是这一核心的重要组成部分。这一地带位于黄土高原与蒙古高原之间的冀北、晋北和阴山山地区，在中国历史中始终承担着重要的角色。首先是沟通、交融角色，自古以来就是农牧文化交流的平台。其次是对抗、冲突角色。游牧民族和农耕民族在这里拉锯、争夺，不停地上演战争和冲突场面。冀北、晋北和阴山山地区基本上以长城为界，最早的长城为赵北长城，至明长城，区域范围基本定型。以长城为边塞，其南北两面呈东-西延伸的狭长地带成为农耕文化与游牧文化的中间地带，这个中间地带就是广义的长城文化带的核心区。这里既是一个对峙地带，又是一个交流地带，是中国历史上非常特殊的一个空间。明代时期，内蒙古地区成为明与北元对峙、角逐之地。呼和浩特地区则是对峙格局中的一个重要地段。与前代长城相比，明代的万里长城向南移动，与阴山山脉产生了一段距离，但是总体上仍未脱离农牧文化交错地带的空间范畴，而且由于明长城的长期存在，使得元代以后“内蒙古”这个区域概念逐渐形成。因此可见，在长城文化带的漫长历史进程中，有民族交融、贸易往来和军事冲突、对峙抗衡，这些丰富多彩的历史同时长期存在，极大地丰富了中国历史的内涵和面貌。

元明之际，农民起义推翻了蒙古族在中原的统治，元朝势力北撤以后，仍在北方草原地区活动，史称“北元”。《明史》载：“元人北归，屡谋兴复。永乐迁都北平，三面近塞，正统以后，敌患日多。故终明之世，边防甚重。”[②] 明朝为了防御蒙古的南下，开始在北边构筑长城防御体系。学界在论述明代长城之时，往往先从“九边”开始，一些文献中在涉及明代军事或北疆防御时也是从“九边”开始，例如《明史》论述道：“初设辽东、宣府、大同、延绥四镇，继设宁夏、甘肃、蓟州三镇，而太原总兵治偏头，三边制府驻固原，亦称三镇，是为九边。”[③] 具体而言，九边指的就是以“边墙”（即长城）为主要依托体系在明蒙对峙地带构筑的一整套防御体系。有明一代200多年间，明朝都在不停地筑造、修缮长城。明代长城东起鸭绿江，西至甘肃省嘉峪关，延袤万里，无论是从建筑规模、修筑水平还是修筑的时间跨度、戍边守备及长城防御体系的构建等方面都超过了以往各时代，达到了长城修筑史上的最高峰。

晋蒙冀交界地区，尤其是呼和浩特地区自古以来就是北方游牧民族和中原农耕民族接触、交流和融合极为频繁的地区，其政治、军事和地理位置历来非常重要。文献记载：“山西古冀州地，太行峙其左，黄河绕其右，五原错落，四塞森罗，盖天险之国也”[④]，“自昔华

① 内蒙古大学王绍东教授《战国秦汉时期中原政权与北方民族对阴山地区的争夺》（《阴山学刊》2018年第4期）一文认为：“阴山区域包含了阴山以南的农业开发区、阴山以北的草原游牧区和阴山周边的农牧交错区。”王老师对阴山区域从文化地理上的划分，有助于文明认识和理解长城文化地带的地理、景观和人文上的内涵。

② 张廷玉等撰：《明史》卷九一《兵志三》，中华书局，1974年版，第2235页。

③ 同上。

④ 杨时宁：《宣大山西三镇图说》卷三《山西镇总图说》，玄览堂丛书本，引自薄音湖、王雄编辑点校《明代蒙古汉籍史料汇编》（第二辑），内蒙古大学出版社，2000年版，第344页。

夷互争之区，而在我朝为京师陵寝右翼，尤称要害，迄今遂为雄镇焉……本镇临极边，虏疾驰辄突至城下”①。本文所称宣大山西三镇地区，也就是今天晋冀蒙交界地带，这一带在当时地处明朝与北元－蒙古诸部的对峙前沿，呼和浩特地区分别属于明代长城的大同镇和山西镇管辖。如大同地区“川原平衍，虏易长驱”②，所以明朝军队在此排兵布阵非常困难，往往难以抵御北元－蒙古诸部势力的大规模军事进攻，无论蒙古军队往南还是往东进攻，均可直接威胁到明朝的腹里和京师地区。宣府地区虽山谷沟壑众多，但多处山谷南北纵横，通达内外，易于被蒙古军队长驱直下而突破。

明代中期的宣大总督杨时宁曾经总体论述了宣大山西三镇地区的战略重要性：“盖上谷者，京陵之肩臂也；云中者，三关之藩篱也；三关者，全晋之屏翰也。故上谷安，则京陵无震惊之虞；云中安，则三关无剥肤之患；三关安，则全晋享衽席之乐。”③ 因此，长城防御体系的建设尤为重要，而其中最为有效的方式便是修筑万里长城，并在沿边设置都司卫所等一系列军政建置。

明初，针对北边防御朱元璋实行的一项措施是宗王出镇制度。明太祖朱元璋“大封诸子，建亘边陲。北平天险，为故元都，以王燕；东历渔阳、卢龙，出喜峰，包大宁，控葆寨山戎，以王宁；东渡榆关，跨辽东，西并海，被朝鲜、联开原，交市东北诸夷，以王辽；西按古北口，濒于雍河，中更上谷、云中，巩居庸，敝雁门，以王桂若代；雁门之南，太原都会也，表里河山，以王晋；逾河而西，历延、庆、韦，又逾河北，保宁夏，倚贺兰，以王庆……此九王者皆塞王也。”④ 宗王出镇制度是洪武年间的主要守边方略，终止于“靖难之役”。明成祖之时，迁都北京，实行“天子守边”，同时调整沿边的都司卫所，设立军镇，从永乐初年开始至嘉靖年间，逐渐形成了九个军镇。例如，大同镇的设立相对比较早，永乐元年（1403），明成祖命江阴侯吴高镇守山西大同⑤。吴高镇守大同将近十二年，但他在大同期间，多行不法，明朝政府免去其大同总兵官之要职⑥。永乐十二年（1414）闰九月，明朝政府任命都督朱荣充总兵官，接替江阴侯吴高镇守大同，节制山西都司和山西行都司，备御军兵⑦。后来，明朝又“命前军都督佥事刘鉴充总兵官，于大同操练山西都司及行都司军马以备边”⑧。这是大同镇在最初形成时的一些史实，由此可窥见明代九边军镇是一个逐渐形成和完善的过程，并非是一朝设立。

---

① 同上，第 313 页。

② 顾炎武：《天下郡国利病书》第十七册《山西》，续修四库全书本，第 596 册第 472 页。

③ 杨时宁：《宣大山西三镇图说》“宣大山西三镇总图说”，玄览堂丛书本。薄音湖、王雄编辑点校：《明代蒙古汉籍史料汇编》（第二辑），内蒙古大学出版社，2000 年版。

④ 何乔远：《名山藏》卷三六《分藩记一》，成文出版社，1971 年版。

⑤ 《明太宗实录》卷一八。

⑥ 《明太宗实录》卷一五七，永乐十二年冬十月丙申：“江阴侯吴高以罪免。初，高领兵守大同，多不法。及上北征班师，至兴和，高称疾不朝，被召回京，纵家人给驿，及私役有司车牛，又擅以守边官军千百户镇抚张玉等百二十余人，随行所过骚扰，为御史成务等所劾，遂免为民。”

⑦ 《明太宗实录》卷一五六“永乐十二年闰九月甲子”“丁卯”。

⑧ 《明太宗实录》卷一九八“永乐十六年三月甲寅”。

四、关于对长城研究、保护与利用的思考

我国对长城的保护极为重视，习近平总书记就长城的保护多次讲话，发出重要指示，国家曾制定《长城保护条例》，国家文物局制定了《长城保护总体规划》，内蒙古自治区政府也发布了《内蒙古自治区人民政府关于加强自治区境内长城保护工作的意见》。2019 年 8 月 20 日，习近平总书记赴甘肃嘉峪关考察时强调："当今世界，人们提起中国，就会想起万里长城；提起中华文明，也会想起万里长城。长城、长江、黄河等都是中华民族的重要象征，是中华民族精神的重要标志。我们一定要重视历史文化保护传承，保护好中华民族精神生生不息的根脉。"可见，国家对长城这一伟大的世界文化遗产的高度重视，也体现了长城在中华文明中的重要地位。

长城的历史很悠久，长城的知名度享誉国内外，但是作为学术研究领域的长城学还是一个新兴学科，远远未能够进入学术界和社会的视野。长城历史和文化的重要性早已为社会所熟知，但是作为长城学术研究还略显单薄，研究成果还尚未被社会和学界所认可。目前，内蒙古从事长城研究的科研力量都分散在各个领域和机构，如各大高校、科研机构和民间团体等，尚未形成一股合力，其主要原因就是缺乏一个专门以长城研究为主攻科研方向的研究机构，虽然近些年有内蒙古长城研究会在开展一些学术活动，但毕竟属于民间团体，经费、平台和人才资源的不足严重制约学术活动的深入开展。因此，非常有必要成立内蒙古长城研究的专门机构。

开展长城研究，就是要从国家战略角度认识长城历史与文化在中华文明中的地位和作用，充分阐释长城的历史价值、文化价值和当代价值。要站在人类命运共同体的视角，去解读和认识长城文化。充分利用多学科多视角的思路开展长城研究，诸如站在国际和平学视野下看待长城的历史及其在中国历史上的作用，为构建长城学、长城和平学学科而努力。以区域视角开展文化带研究，构建内蒙古长城区域文化带，总结归纳内蒙古历代长城的总体特征、基本内涵和文化价值，从而挖掘长城区域文化带内的文化遗产资源的内涵和价值。应当对内蒙古地区历代长城修筑的历史做一系统梳理，同时对长城有关的军事防御体系、农牧文化关系、北部边疆史地等问题进行研究，希冀有利于今天内蒙古经济文化社会的建设。整合内蒙古自治区内长城科研力量，形成合力，共同开展长城学研究，组建长城学研究团队，联合攻关长城学重大项目，打造长城研究学术重镇。

鉴于长城内涵的复杂性，要想对其进行保护和利用，首要的是对其进行全面认识，这是开展所有工作的基础，也是一项长期而艰巨的工作。长城文化遗产内涵的界定和认识，既不应该局限于长城墙体及其附属设施本身，也不应该无限放大，把与长城无关的文化内涵囊括进来。如何认识和描述长城文化遗产？本文以为首先应从最基本的考古、历史两方面去描述，其次要找到并归纳总结中国长城文化遗产的重要特征。但是，我们也不能够等待将所有长城遗址及其相关历史文化信息认识和描述清晰以后，才去开展各项保护利用工作，而是应当把这项工作贯穿长城保护和利用工作的始终。全面认识和描述文化遗产的工作注定是一项复杂的系统工程，其包括历史沿革、遗址辨认、文化发掘、价值评估等诸多项目。例如价值

评估这一项，理论上说，价值评估的工作是被纳入保护管理体系之内的，但因价值评估工作本身具有一些特殊性，它既是保护管理中的具体工作，又是对文物遗址开展的学术研究中非常重要的一个领域。价值评估工作需要解决的价值问题包括长城线性文化遗产的价值认定、价值评估以及价值体系的构建和梳理。那么，对于长城线性文化遗产的价值认定和评估来说，首要的是将其纳入文化遗产的保护管理体系之中，只有这样才能够有效地开展评估认定和提升认识的工作。因为价值评估是建立遗产保护管理体系的基础，只有正确梳理出遗产的价值内涵层面，才能有效地针对各要素进行保护，并建立理论与实践相结合、行之有效的运作体系。如果我们对长城线性文化遗产的价值无法认清，没有行之有效的价值评估指标体系，那么在开展遗产保护管理的具体工作之时，就会无的放矢，不知道遗产的真正价值在哪里，自然就无法提出有针对性的保护措施，遑论开发与利用。

（作者单位：内蒙古社会科学院历史研究所）

汤盘孔鼎有述作：《说文解字》宝鼎文化意识钩沉①

黄交军　李江义

内容提要：鼎乃青铜器皿，发轫于远古时期，属古代中国特有的文化现象，对民族历史影响深远。以《说文解字》（以下简称“《说文》”）为考察文本，穷尽《说文》内所有与鼎相关的字词训诂，集中钩沉中国鼎文化意识，考察结果表明：鼎最初是以炊食馔具面目出现，其社会功能逐渐扩展至味鼎、药鼎、祭祀鼎等，因原始先民重鬼尊祖风尚浓烈，且伴有宗教祭祀仪式，社会地位日趋重要，最终凝固为图腾彝铭、邑落重器、邦国象征。一言以蔽之，一段《说文》鼎文化之演变历程，实即一部华夏民族“远取诸物，近取诸身”、铸鼎象物、功名鼎铉的民族秘典史、社会礼仪史、国家政治史，给人类命运共同体普世价值提供古老注脚、合理内核及经典案例。

关键词：鼎；《说文解字》；社会功能；图腾彝铭；邑落重器；国家象征

一、引言

“或风或雅流歌咏，负鼎言归启殷命”（南朝梁沈约《梁三朝雅乐歌·需雅（七）》），鼎乃华夏民族尤其上古初民使用的重要生活器具，其用途明显作烹物煮食容器之用，昭彰于世。鼎属典型的象形字，殷墟卜辞、钟鼎文作“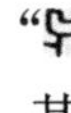合 21477”、“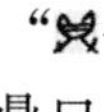合 30995”、“”（父己尊）、“”（作旅鼎）等形，观鼎之古文字形，其状似深腹，鼎口呈圆形，边缘附有两耳，

① 本文是 2018 年度国家社科基金西部项目（项目编号：18CYY020）、2016 年度贵州省教育厅高校人文社会科学研究项目”（项目编号：2016ZC011）、贵阳学院院级项目立项资助课题（课题编号：10976200903）的阶段性成果。

底部三足，“鼎，三足两耳，和五味之宝器也。”（《说文解字・鼎部》）[①] 鼎亦有四足方口状，《墨子・耕柱》载：“鼎成四足而方，不炊而自烹，不举而自藏，不迁而自行，以祭于昆吾之虚。”古人造字精雕细琢，既要忖量人们的心理认知水准，亦要依形绘象，做到字义凿凿，表显象物，里示内涵，使其达到社群与自然和谐统一之宣教目的。“昔禹收九牧之金，铸鼎以象物，使人知神奸，不逢恶气。遭德则兴，迁于商、周。周德既衰，鼎乃沦亡。祥瑞之降，以应有德”（《全后汉文卷三・明帝・获宝鼎诏（六年四月甲子）》），相传大禹治水功成后，广收天下金属，特意熔铸大鼎纪念旷世奇功，表明远古时代鼎已用于铭绩醒世，饶有意味的是，该优良传统为历代圣王明君所继承，且往往比拟天地万物，见《汉书・郊祀志》：“黄帝作宝鼎三，象天、地、人。”据考古资料，早至4000年前中国先民已具有铸造青铜鼎的高超技艺，以殷商为例，鼎广泛活跃于民众的视野，成为百姓日常须臾不可或缺的生活器皿，出土事实验证铸鼎勒功始于夏朝晚期（二里头文化时期），而鼎之用途不断扩大，其功能发展深入社会各个角落，如味鼎、药鼎、祭祀鼎等。穷览统计《近出殷周金文集录》可知其数量异常宏富，鼎的社会功能转变根本原因与上古先民重鬼尊祖、敦尚宗庙祭祀仪式及社会风尚有着千丝万缕的紧密联系。“殷人尊神，率民以事神，先鬼而后礼”（《礼记・表记》），殷商崇尚鬼神御民诱使祭祀风气遍及国中，进而使鼎从馔器逐步发展至祭器等隆重仪轨，甚至跃身到图腾彝铭、邑落重器、邦国象征。《说文》被誉为“字书鼻祖”，是中国乃至全世界最古老的字书辞典，该书保存大量古形、古音、古义及古训等语料、史料“忠实刻录着炎黄子孙自强不息、海纳百川的生息感悟、创业箴铭、哲学思维与文明历程”[②]，故据《说文》内与鼎相关的字词训诂为研究目标，从汉字文化学的理论视角出发，力求钩沉解密鼎在古代中国历史风云中的民族密码、独特价值及艺术魅力，给世界文化类型学注入华夏民族特色基因。

二、炊食馔具：生存视野下中国先民的原始思维解读

“幸将调鼎味，一为奏明光”（唐武元衡《津梁寺采新茶与幕中诸公遍赏，芳香尤异，四韵兼呈陆郎中》），作为“舌尖上的中国”，上古先民很早就极为推崇“王者以民人为天，而民人以食为天”（《史记・郦食其列传》）饮食理念，素来重视美食珍馐享受，如菜肴讲究色、香、味俱全，且上升为精神熏陶，爱屋及乌甚至连盛放佳肴的炊食器具亦颇为讲究，务求赏心悦目、心旷神怡。锅尚未发明之前，鼎不可或缺，“鼎，所以熟食器也”（《玉篇・鼎部》）[③]，鼎即为古人用于烹饪调味的馔具。据考古资料发现出土的鼎之底部仍存煤炱痕迹，而观鼎铭清晰可辨，其功能异常宽泛，可大略分为：煮器（熟食之用），如牛方鼎（见图1）、鹿方鼎（见图2）等；容器（盛物之用），或液体或固体，《周礼・秋官・掌客》“鼎簋十有二”，郑玄注：“鼎，牲器也。”可知鼎既煮食又盛肉，如亚址鼎（见图3、图4）；烫器

① 李恩江、贾玉民编：《说文解字译述》，中原农民出版社，2000年版，第618页。

② 黄交军、李国英：《从甲骨文到〈说文解字〉——论“鬼”在中国先民文化中的形象流变》，《漯河职业技术学院学报》2019年第6期。

③ （南朝梁）顾野王：《大广益会玉篇》，中华书局，1987年版，第305页。

(烧水之用)；味器（调味之用），唐朝甚至有“鼎娥”一职，（唐）沈亚之《梦游仙赋》云：“鼎娥司味和苦甜，嬴吹既调戛湘弦。”该职务专管烹调之事；浴器（盥洗之用），如浴鼎等。诸如此类功能的含鼎字词，《说文》实早有载录。据《说文》鼎类字词训释（见表1）可晓其中字邻关系、文化现象和民族烙印，也可管窥亘古以来封存的韬秘之史及殷商时期的民俗古风。

图1　牛方鼎

图2　鹿方鼎

图3　亚址鼎（无盖）

图4　亚址鼎（带盖）

1. **表“炊具器物”义**

（1）鼎之体积

①鼎（dǐng）　《说文·鼎部》：“（鼎），三足两耳，和五味之宝器也。昔禹收九牧之金，铸鼎荆山之下，入山林川泽，螭魅蛧蜽，莫能逢之，以协承天休。《易》卦：巽木于下者为鼎，象析木以炊也。籀文以鼎为贞字。凡鼎之属皆从鼎。”① 鼎乃烹煮食物之器，《汇音宝鉴》亦曰：“鼎，和味之器。”多属三足两耳状，大肚阔口，甲骨文作“续甲骨文编5.16.4”、“”（甲骨文编2851），金文记为“”（作册大方鼎）、“方彝”，战国文字写成“上博简（1）·性·1”、“包山楚简2.265”，相传大禹熔金造鼎，可使妖魅现形、无处逃遁，故鼎在远古时期即能法天则地、调和阴阳，如（北宋）郭忠恕《佩觿·辨证》：“鼎，按《说文》云：籀文则，从鼎作鼎。”旧时亦以鼎为“贞（卜）”字，可见鼎上古即有祭祀先烈先考义。

②鼐（nài）　《说文·鼎部》：“（鼐），鼎之绝大者。从鼎，乃声。《鲁诗》说：鼐，小鼎。”② 大鼐体冠鼎类器皿，《尔雅·释器》：“鼎绝大谓之鼐。”《淮南子·诠言训》：“夫函牛之鼎沸，而蝇蚋不敢入。”鼐属形声字，乃作声符，声中有义，取“（体）大”义，段《注》③：“周颂传曰：大鼎谓之鼐，小鼎谓之鼒。绝大谓函牛之鼎也。九家易曰：牛鼎受一斛，羊鼎五斗，豕鼎三斗。乃者，词之难也，故从乃为大；才者，艸木之初也，故从才为小。”

③鼒（zī）　《说文·鼎部》：“（鼒），鼎之圆掩上者。从鼎，才声。《诗》曰：鼐鼎及鼒。”④ 鼒属小鼎，其形上端收敛而口小，《尔雅·释器》“圆弇上谓之鼒”，郭璞注：“鼎敛上而小口。”《玉篇·鼎部》亦云：“小鼎也。”鼒乃形声兼会意字，才表声，亦表义，会意

① 李恩江、贾玉民编：《说文解字译述》，中原农民出版社，2000年版，第618页。
② 同上。
③ （清）段玉裁《说文解字注》（简称段《注》，下同）。
④ 李恩江、贾玉民编：《说文解字译述》，中原农民出版社，2000年版，第618页。

“（体）小的烹饪鼎（器）”，如（北宋）章望之《章鼎公甫字序》：“鼐鼒锜釜，所以致烹饪也。”

（2）鼎之部件

①鼏（mì）　《说文·鼎部》：“（鼏），以横木贯鼎耳而举之。从鼎，冂声。《周礼》：‘庙门容大鼏七箇。’即《易》‘玉铉大吉’也。”① 鼏同⿵冂鼎，金文作“秦公簋”“国差𦉜”，谓鼎盖，《玉篇·鼎部》：“鼏，鼎盖也。”属会意兼形声字。鼏当从鼎、冂，冂为音旁，亦表义，表“覆；盖”意，段《注》：“鼏，鼎覆也。从鼎冖，冖亦声。此九字各本无。以鼏篆鼏解牛头马脯而合之。今补正。鼏见礼经，所以覆鼎。用茅为之，今本作鼏，正字也。礼古文作密，叚借字也。从鼎冖者，冖覆也。冖亦声者，据冥字之解知之。古者覆巾谓之幎。”

今闽方言仍残存古义，用鼎指锅子，称厨房为“鼎间”，将锅盖叫“鼎盖”，福州话“鼎边糊”指锅边糊；江西南昌、萍乡、波阳等地将铸铁锅俗称“鼎罐”，江鱼《撞岩山儿女风情录》：“他点起火，拿出平日舍不得吃的大米，煨了几个红薯，熬了一鼎罐甜甜的薯粥。”湖南耒阳（属赣语）叫锅为“鼎粒”；湘方言也保留鼎之古音古义，湖南长沙、衡阳谓锅作“鼎锅”。北宋大中祥符五年（1012），朗州（今常德）改称鼎州，据说因武陵县境在沅澧二水汇合处有鼎水，“昔有神鼎出乎其间”故改名，而湖南新邵县古属“梅山峒蛮，旧不与中国通。其地东接潭，南接邵，其西则辰，其北则鼎、澧，而梅山居其中。熙宁五年，遂檄谕开梅山。诏以山地置新化县”（元脱脱《宋史·梅山蛮传》），新邵地区至今仍将锅釜类铁制容器统称“锅子”，铁锅叫铁鼎，铝锅名铝鼎，高压锅俗称“高压鼎”，煮饭的锅谓饭鼎，炒菜之锅叫菜鼎，烧茶的锅唤作茶鼎，煮猪、牛等草食的锅称食鼎，用锅盛水喊作“拿鼎接水”，煎药谓“鼎药”，挪动锅说“搬鼎”，锅等破洞后用淬火进行修补名为镳鼎或补鼎。

（3）祭祀占卜

①鼑（zhēn）　《集韵》：“鼑，古作鼎。”鼑同鼎，亦作“贞（卜）”，《字汇·鼎部》：“鼑，籀文以为贞字。”《正字通·鼎部》亦云：“鼑，籀文贞字。”鼑古指祭祀、占卜之义。

②⿰鼎彗（huì）　《广韵》：“⿰鼎彗，音篲。小鼎。”⿰鼎彗乃小鼎，同⿰鼎彗，属鼎，《字汇补》：“⿰鼎彗，疑与⿰鼎彗同。焦竑《石鼓歌》：辟雍横陈杂⿰鼎斤⿰鼎彗。”⿰鼎彗主要用于古代祭祀占卜，见《淮南子·说林训》：“水火相憎，⿰鼎彗（诸子集成本作‘鏏’）在其间，五味以和。”许慎注：“鏏，小鼎。”《字汇·鼎部》亦云：“⿰鼎彗，小鼎。《（论）语》曰：水火交争，⿰鼎彗在其间，两国交兵，使在其间。”

③鬺　（shāng）《重修宣和博古图·簠簋·太师王望簋》：“鬺，今簋也，而谓之鬺彝，盖簋训煮熟食，簋盛黍稷，惟熟然后可食耳。”鬺同⿰鼎昜、⿱將鬲、䰜、⿰鬲昜，《玉篇·鼎部》：“鬺，煮也。亦作䰜。”《正字通·鬲部》：“䰜，⿰鬲昜本字。《说文》：䰜，煮也。古鼎铭文作⿱將鬲，亦作鬺。”祷祝重器，祭祀先祖将鬺盛放牲肉，古文字学家于省吾认为鬺象祭祀时陈列肉类于容器形。

④⿰火鼏　（mì）⿰火鼏同熐，《正字通·火部》：“⿰火鼏，熐本字。”⿰火鼏为形声字，鼏作音旁，亦表义，表“（大火）烧蛀木虫（达到巫祝目的）”义，《类篇·火部》：“⿰火鼏、䤉、醾，⿰火鼏蠡，乾

① 李恩江、贾玉民编：《说文解字译述》，中原农民出版社，2000年版，第618—619页。

酪，或作䤈，亦从鼏。”《文选·扬雄〈长杨赋〉》“驱橐驼，烧熐蠡”注：“张晏曰：熐蠡，乾酪也。以为酪母。烧之坏其养生之具也。”熐蠡古亦有“匈奴聚落”意，《类篇·火部》：“熐，熐蠡，匈奴聚落也。夷人聚落谓之熐。”《字汇·火部》：“熐同熐。音觅。扬子云《长杨赋》：‘烧熐蠡。’张晏曰：熐蠡，干酪母也。烧之坏其养生之具。吕向曰：匈奴聚落烧之使尽。”

⑤鼑（dǐng） 鼑、鐤古同鼎，鼎表声，亦表义，会意“金属制成的鼎器”。鼑可盛放鱼等物品，乃贵族豪门拿来赏玩、祭祀等缸皿礼器，如《李陵变文》：“睹（鱼）游鼑（鼎）中。”

（4）蛮力扛鼎

①鼑（dǐng） 《说文·页部》：“䫀（鼑），籀文从鼎。”[①] 鼑同顶，《玉篇·页部》：“顶，鼑籀文。”或作䫀，《龙龛手鉴·页部》：“䫀，鼑籀文。”鼑（顶），鼎作声符，兼表义，上古以力能扛鼎为盖世英雄的体魄象征，《史记·赵世家》载：“秦武王与孟说举龙文赤鼎，绝膑而死。”该鼎非小鼎，乃“盖举鼎者，举九鼎也。世家以为龙文赤鼎”（《史记·甘茂传》），而号称“力拔山兮气盖世”的西楚霸王项羽相传“籍长八尺余，力能扛鼎，力气过人，虽吴中子弟皆已惮籍矣”（《史记·项羽本纪》），可见（扛）鼎乃古代豪杰力量审美的重要试金石。

②鼢（bài） 字出自殷墟卜辞，鼎、贝古可通，鼢同“败”，字形作“𣪘合 2274”“𣪘合 2274”，字义为鼎、攴（攵，用手抓）会意而成，意即“（手持鼎扛鼎攻击状）意图对某人不利；毁坏、败坏”，《殷虚书契前编》7.36.1：“侯虎败女（汝）事？”引申指伤害、妨碍，如《甲骨文合集》2274 正：（1）丙子卜，宾贞：父乙異隹鼢王？一二三上吉四五六七。裘锡圭先生主张“父乙異隹鼢王”可以译为：“父乙（商王先公）会鼢王吗？”[②] 该卜辞内容贞问父乙亡灵是否会伤害商王。（2）[贞]（父乙）不異[隹]鼢王。一二三四五六。该卜辞贞问结果指明父乙亡灵不会伤害商王。两辞意义完整，构成了殷商时期贞问形式的前因后果。

2. 表“自然气象”义

①濎（dǐng） 濎为濎泞义，鼎作音旁，声中有义，取“（鼎能使水）清净；澄澈”义。词语“濎濙”指细小的水流。典籍常作清澈、清洁过滤、净化水源，表达河流干净清澈之义。

②霣（yǔn） 《说文·雨部》：“霣，雨也，齐人谓靁为霣。从雨，员声。一曰云转起也。䨺（䨺），古文霣。”[③] 霣同䨺、䨺、霣，《说文系传》：“《易》曰：有霣自天也。䨺（䨺）古文霣如此。”属形声兼会意字，鼎同贝表声，兼表义，表“云雨将至”意，段《注》：“员下云籀文作鼎、鼎下云籀文以鼎为贝是也。𡟰者，籀文妘。鼎者，籀文则。皆是以鼎为贝。”

③䨾（tíng） 䨾同霆，桂馥《说文义证》按“雨”当作“雷”，䨾乃“雷霆”意，《类

① 李恩江、贾玉民编：《说文解字译述》，中原农民出版社，2000 年版，第 799 页。
② 裘锡圭：《古文字论集》，中华书局，1992 年版，第 130 页。
③ 李恩江、贾玉民编：《说文解字译述》，中原农民出版社，2000 年版，第 1069 页。

篇·雨部》：“[illegible]，齐人谓雷曰霣，籀作[illegible][illegible]。《说文》：（霆）雷余声也，铃铃所以挺出万物。一曰云转起也。霣古作[illegible]。”观[illegible]之形音义可知先民用它来窥测雷雨降临等自然气象。

3. **表“植物昆虫”义**

①蠠（mì）《说文·䖵部》：“蠠，蠭甘饴也。一曰螟子。从虫，鼏声。[illegible]（蜜），蠠或从宓。”[1] 蠠为蜜之本字，包山楚简作“包 2.255”，上博简为“上（1）. 孔 .28”。鼏为声符，表声兼表义，取“过滤蜂蜜渣滓，提取精华”意。螟子即蜜虫，亦称为蚜虫、腻虫。

表 1：鼎类字词关系一览表（总计：56 字）

一级分类	二级分类	例字	字数	总比例
器物类	1. 总名	鼎	1	45.45%
	2. 鼎之别称	[illegible]、[illegible]	2	
	3. 鼎之部件	鼏、[illegible]、[illegible]、[illegible]	4	
	4. 鼎之形状	鼐（大）、鼒（小）、[illegible]、[illegible]	4	
	5. 器物名	[illegible]（集成 2551）、[illegible]（集成 2551）、[illegible]（集成 2708）、[illegible]（伯[illegible]方鼎）、[illegible]（集成 2520）、[illegible]（集成 2287）、[illegible]（集成 2573）、[illegible]（集成 818）、[illegible]（集成 2215）、[illegible]（集成 2216）、[illegible]、[illegible]、[illegible]、[illegible]、[illegible]	15	
自然类	1. 表水冰义	濎、[illegible]	2	18.18%
	2. 表雷雨义	[illegible]（霣）、[illegible]（霆）	2	
	2. 表植物义	[illegible]、薡、[illegible]	3	
	3. 表土冢义	[illegible]	1	
	4. 表昆虫义	[illegible]、蠠	2	
人物名	姓氏名字	[illegible]、[illegible]、[illegible]（员）、[illegible]、[illegible]	5	9.0%
其他	1. 异体字	鼑（则）、[illegible]（鼒）、[illegible]（勋）、[illegible]（测）	4	27.27%
	2. 动作状态	[illegible]（顶）、[illegible]、[illegible]、[illegible]、[illegible]（[illegible]）	5	
	3. 俗字、讹字	[illegible]（鼒）、[illegible]	2	
	4. 古今字	[illegible]（仃）、[illegible]（打）、[illegible]（[illegible]）	3	
	5. 域外汉籍（韩）	[illegible]（韩国古典翻译院·韩国文集丛刊 1 辑·东国李相国集）	1	

②薡（dǐng）　《玉篇·艹部》：“薡，草名。蘱薡董。”薡同[illegible]，《重订直音篇·艸部》：“薡音顶，薡董，草名。同[illegible]。”即薡董草，是古书上记载的一种蒲草，《尔雅·释草》亦云：“蘱，薡董。”薡草可编席织鞋制绳，如《类篇·艹部》：“薡，薡董草名似蒲而细。”亦作蕅（藕）根，《篆隶万象名义》：“薡，蕅根。”鼎作音旁，亦表义，取“（草或根）粗大韧

---

① 李恩江、贾玉民编：《说文解字译述》，中原农民出版社，2000 年版，第 1267 页。

劲”意。

③棉（chéng）　《中华大字典巳集·木部》：“朾，螘赤驳蚍蜉也。”棉同、棓、朾，《广雅·释器》：“棉，棓。”棓为大树，《类篇·木部》：“棓，木名依树生枝如网。”《集韵》亦云：“棉，朾，音鼎。《广雅》：‘棓也。’或从丁。”而朾螘意为大赤蚁，亦作虰螘，见《尔雅·释虫》：“蠪，螘。”又作虰、丁，可证棉与虰同义，《说文·虫部》：“蠪，丁螘也。”①故棉取“（鼎）大”义，由大鼎引申为大树、大昆虫等其他事物或领域。

④塌（dǐng）《集韵》：“塌音顶。塌疃，蚁封。”塌同町、圢，《玉篇·土部》：“塌，圢古文。”塌属形声兼会意字，会意“形如大鼎形的蚂蚁土窝”。《正字通·土部》：“塌，俗字，旧注音挺，鹿迹，引《玉篇》作圢。杨慎《奇字韵》：鼾音翰，食器，《考古图》有王子吴饮鼾。”《类篇·土部》亦云：“塌，町疃鹿迹。一曰餉田人众皃。或作圢塌。塌，塌墥，蚁封。”

4. **表“姓氏名字”义**

①嬶（yún）　同勛、妘，西周金文作“鼎函皇父簋”“鼎郑大内史叔上匜”“鼎孯生盨”等形，《类篇·女部》：“嬶，《说文》祝融之后姓也。一曰女字，古从鼎。”嬶为上古主要姓氏，见《说文·女部》：“妘，祝融之后姓也。从女，云声。鼎（嬶）籀文妘，从员。”②段注：“祝融者，颛顼之子黎也。《国语》曰：其后八姓，已、董、彭、秃、妘、曹、斟、芈也。妘姓，邬、郐、路、偪阳是也。又《世本》曰：鄅，妘姓也。《大戴礼》云郐人。云即妘字。员籀文作鼎。古音同云。小徐本篆作嬶。”因鼎物高大气派、雍容华贵故优先选作姓氏名号，成为显示个人宗族源流、身份地位的语言符号，如鼎姓即为古时大姓、大族，见《南齐书·竟陵文宣王子良传》：“夫狱讼惟平，画一在制，虽恩家得罪，必宜申宪，鼎姓贻愆，最合从网。”鼎甲亦指豪族大姓，（唐）薛廷珪《授韦韬光禄卿等制》云：“鼎甲华宗，松筠茂行。”

“汤盘孔鼎有述作，今无其器存其辞”（唐李商隐《韩碑》），尽管因主客观各种原因，历代珍贵典册秘籍多毁于兵燹，造成“夏礼，吾能言之，杞不足征也；殷礼吾能言之，宋不足征也。文献不足故也，足则吾能征之矣”（《论语·八佾》）千古憾事，今人不能和古贤直接进行时空对话，以致康有为声称“吾中国号称古名国，文明最先矣，然六经以前，无复书记。夏、殷无征，周籍已去，共和以前，不可年识”，甚至发出“上古茫昧无稽考”（《孔子改制考》卷一）的疑古论调。斯人已远逝，然来者犹可追，鼎作为上古时期一种形象鲜明、意义明确的青铜制品，于上古社会生活功用卓著，为后世留下诸多考古实物，两汉时“郡国亦往往于山川得鼎彝，其铭即前代之古文，皆自相似”（《说文·叙》），并批量产生系列字词（见表1），成为人们日常使用的重要词汇，鼎器铭文（祭器多刻表彰有功人物的文字）及含鼎语词是学界考察先民社会的文字史料、重要依据。观其分布情形，鼎类字主要集中于器物命名（占45.45%，居于大宗），《文选·任昉〈王文宪集序〉》：“前郡尹温太真、刘真长，或功铭鼎彝，或德标素尚。”李善注：“《礼记》曰：鼎有铭，铭者，论撰其先祖之德美、功

① 李恩江、贾玉民编：《说文解字译述》，中原农民出版社，2000年版，第111页。
② 同上，第1150页。

烈、勋劳，而酌之祭器。”折射着古代国君贵族嗜好铸鼎纪念的醇郁风尚，并由日常用具进入到自然事物命名分类（约 18.18%），体现出鼎的使用领域日渐宽广，饶有意味的是出于欣赏崇拜鼎彝，人们纷纷取鼎为姓氏名字，彰显出鼎文化与姓氏源流的密切关联。求之于今，地域方言作为上古汉语的历史孑遗，是具有顽强生命活力的语料档案，仍沿用至今“活着的、行走的、保真的语言化石”①，西南官话地区如贵州各地方言依然保留着不少“鼎”味美食词汇，尤以“鼎罐”最为常见最具特色，黔北凤冈县民间炕上特色小吃有鼎罐茶，遵义市湄潭县也称炊具为鼎罐，用生铁铸成（有的是沙罐），形圆，上部铸有两对称耳，耳上联有活动铁手柄。使用时用铁钩（或木钩）挂于三脚架上，盖上罐盖，底部生火，既可烧茶水也可煮食。在农村常吊（挂）于灶口或火炉的炕架上②；黔东石阡县亦流行炖肉的鼎罐，并演绎有民间故事《鼎罐岩》：“进入公鹅地，一座拔地而起的大石山即跃入你的眼帘，它叫‘鼎罐岩’。那形状，那气势是那样逼真，就像山里人家大坑上架着的烧水煨肉用的鼎罐，这就是‘鼎罐岩’名称的由来……”③ 铜仁市德江县苗族、土家族习惯在三脚火炕上用鼎罐（材质为生铁，呈圆锥形，无脚，两侧有耳，穿铁丝以为提手）焖熟出原汁原味的香喷喷“鼎罐饭”，土家族儿歌《吃黄鳝》戏谑云：“男子洗鼎罐，女人炒黄鳝，小孩惊叫唤，炖得一个大鼎罐。男子到屋去掐葱蒜，女人小孩在家吃了大半罐，男子回家气得屋里转。抬起脚来踢鼎罐，女人急得用手按，小孩前去抢鼎罐，你争我夺打破了罐，这就是一家人吃黄鳝。”④ 黔南、黔西南民间布依族农村也流行鼎罐炊具，为圆形铁罐，平口铁盖，腰部左右有耳，置三脚架上焖饭或炖肉⑤；黔东南从江县侗家人鼎罐不可或缺，其祝酒歌谣《唱收剪刀·鼎罐歌》曰：“这把剪刀好剪花，快请姑娘拿走它，鼎罐应在火炉上，烧水煮饭要用它。”⑥ 黔地多山，具中国南方典型特色的喀斯特地形，其峰林多呈鼎罐状，如黄平县野洞乡有山名叫鼎罐垴，因山峦地貌与鼎罐高度相似，故以“鼎罐垴”命名当地石林峰垭⑦；贵阳乡村方言仍用“鼎罐”指称煮饭锅，市南明区龙洞堡机场附近有苗家风味鼎罐（饮食）城，并有招牌菜酸汤鱼、“鼎罐鸡”⑧ 等。然考民间“鼎罐”一语的由来可追溯至上古时期，据西南地区民间传说记载，“禹收九牧之金，铸九鼎。皆尝亨鬺上帝鬼神。遭圣则兴，鼎迁于夏商。周德衰，宋之社亡，鼎乃沦没，伏而不见”（《史记·封禅书》），（秦惠王时）张仪助秦制定策略，力图夺取九鼎号令诸侯，楚、齐加入争鼎行列。周赧王周旋于楚、齐、魏、韩等国之间，令各国相互制约，得保九鼎不失。秦始皇灭掉六国，问鼎成功，“收天下之兵聚之咸阳，销锋铸鐻，以为金人十二，以弱黔首之民”（西汉贾谊《过秦论》），千方百计寻找其他六国之宝鼎，限令凡持鼎者必须上交官府，否则一律处斩。众人一筹莫展之时被秦俘获的巴国王子却偷偷逃走，流落民间。他见百姓为鼎愁苦，便教大家将鼎足锯掉，用于烹煮

① 黄交军：《〈说文〉鸟部字、隹部字研究》，2008 年广西师范大学硕士学位论文。

② 湄潭县地方志办公室编：《湄潭县风物志》，内部发行，2013 年版，第 80 页。

③ 刘仕文主编：《黔东民间故事选》，成都时代出版社，2004 年版，第 66—68 页。

④ 安元奎编著：《贵州土家族儿歌选》，复旦大学出版社，2015 年版，第 63 页。

⑤ 铁木尔·达瓦买提主编：《中国少数民族文化大辞典》（西南地区卷），民族出版社，1998 年版，第 145 页。

⑥ 中国民间文学集成全国编辑委员会、中国歌谣集成山东卷编辑委员会编：《中国歌谣集成·贵州卷》，中国 ISBN 中心，2009 年版，第 548 页。

⑦ 黄平县人民政府编：《贵州省黄平县〈地名志〉》，内部发行，1987 年版，第 214 页。

⑧ 贵阳市旅游局编著：《贵阳攻略：最值得推荐的 72 个地方》，中国旅游出版社，2009 年版，第 157 页。

食物。使用时拿树木临时支一活动脚架，不用时可随行携带，非常灵活实用。没有足，不是（完整的）鼎而成为罐，却躲过峻法暴政、生死劫难幸存至今，而断足少腿的鼎被西南巴人尊称为鼎罐，堪称活生生的器物历险记。鼎削足而立、辗转而生的传奇故事让劳苦大众唏嘘不已。民俗传说并非捕风捉影、夸夸其谈，而是有理有据、掷地有声，以鼎罐为例可知它是秦严刑苛政特定历史条件下劳动人民发挥群众智慧，活学活用，百炼成钢，成为记录华夏民族生存智慧、社会生活、民间信仰、今古传奇的一本生动教科书。上述古今材料充分表明：鼎对古人而言（今义犹存）不仅仅是满足生存所需的一种生活器皿，其本身日渐染有其他人文色彩。

三、异彩纷呈：礼仪文明下中国先民的艺术审美解读

“古人造字之始，即以字形象物之形，即以字音象物之声，如牛字象牛之形，而牛字音即与牛鸣相似”（清张行孚《说文发疑·字音每象物声》），汉字以形表意、以形表音，既是视觉符号，又对应听觉读音，作为形音义的完美结合体能直接揭示其造字意图、阐析字义源流，正如（清）陈澧《东塾读书记》所云：“盖天下事物之象，人目见之，则心有意，意欲达之则口有声。意者，象乎事物而构之者也；声者，象乎意而宣之者也。声不能传于异地，留于异时，于是乎，书之为文字。文字者，所以为意与声之迹也。”观鼎族字，无论作为义符还是音符，均积极参与了鼎类字词的意义构建，反映鼎作为一种显性的“强大衍生能力的表意构件”①，即使承担声符亦强烈突显出其意义特色。汉字之形、音、义源于生活、反映生活，考察全部系列字群犹如缩微集成芯片般统筹规划、精细推敲而成，具体到每一个字，它的构件、规划、布局均是从内在的主体意识出发，严格遵循社会主流的态度评价和价值取向，赋予世界以某种意义，故字词凝聚饱含着古代华夏民族的集体智慧结晶。通览《说文》鼎类字，其用途主要表现为：馔器、祭器、药器、葬器、刑器、玩器、香器、茶器等。

1. 祭器

（1）祭祀器物

“国之大事，在祀与戎”（《左传·成公十三年》），殷商先民重鬼祀神居于社会生活核心地位，且长期主导人们的日常生活。祭祀崇尚活动频频，如宗庙设祭坛、祷鬼神、祈福祉乃历朝累代君王必行之事、日常之需。重视仪式感、强调虔诚心助推鼎如日中天的至尊地位，由食器至礼器的蜕嬗，成为它焕发光耀的宝贵契机，《周礼·天官·内饔》：“王举，则陈其鼎俎，以牲体实之。”上古国君若举行盛大祭仪，祭祀、燕飨时必置三牲盛典厚礼，首推鼎俎，如陕西省华县出土的陶鹰鼎（见图5，中国国家博物馆藏），虽出土时底部未曾发现炊器使用过的痕迹，然种种资料表明该鼎为某种祭祀活动所使用的礼器。被誉为“鼎王”的后母戊大方鼎（即司母戊鼎，见图6，中国国家博物馆藏），即以殷商祭器的面目出现，据考证鼎主人为谥号“妣戊”的一神秘贵妇，地位尊荣，其真实姓名叫“妇姘”，胡厚宣判定妇为商王武丁的配偶，“妇姘”与“妇好”皆属王妃，与河南安阳小屯村殷墟妇好墓出土的妇

① 黄交军、李国英：《与鼠同行：〈说文解字〉鼠部字文化意蕴发微》，《漯河职业技术学院学报》2020年第3期。

好鼎铭文内容（见图 7、图 8）一致，可相互佐证，足见鼎器与上古世家望族关系匪浅。

图 5　陶鹰鼎

图 6　司母戊鼎

图 7　妇好鸟足鼎

图 8　妇好铜圈鼎

（2）祛邪鉴祟

“即今一卷荷戈诗，已如禹鼎铸魅魑”（清赵翼《题稚存万里荷戈集》），相传鼎能鉴鬼神、识邪恶、辨真假、远妖魅，见《史记·封禅书》：“天子使使验问巫得鼎无奸诈，乃以礼祠，迎鼎至甘泉，从行，上荐之。”先民习惯将鼎移立于祠堂宗庙，实现分辨奸邪、护佑祈福、福荫后世的宗族意图。“鼎者，国之宗器；基者，国之疆土。言国虽富盛，必待时而动也”（《说文广义》卷二）[①]，（明）硕儒王夫之曾精辟指出：鼎乃国家宗庙的政治象征。

2. **药器**

“二人因以泉涤其鼎器而饮之”（唐裴铏《传奇·韦自东》），鼎不限于炊器，亦将它作为炼丹熬药的药具，流风所及，遍于阖闾，如（唐）韦庄吟咏“开炉夜看黄芽鼎，卧瓮闲歃白玉簪”（《和陆谏议避地寄东阳进退未决见寄》）之语，元朝李道纯亦有描述“鼎立悬胎鼎，炉安太一炉”（《双赠程洁庵十六首》其七）之句，（元）陈致虚《金丹大要》介绍悬胎鼎内分三层，“悬于灶中，不着地”，炼丹术自诞生起就明确先民追求长生不老、得道成仙之心，强调天人合一的内在精神贯穿始终，因其青铜合金打造、质量上乘成为炼药修仙的最佳器皿。（东晋）葛洪《抱朴子》提及炼制丹药必须用鼎，因其他器皿无法有效萃取出仙丹，而药鼎方能炼药储丹。求索于典籍，唐代不乏描述丹鼎制药、调药精彩佳作，如韩愈诗载“两厢铺氍毹，五鼎调勺药”（《晚秋郾城夜会联句》）之颂，杜牧亦有“炼药藏金鼎，疏泉陷石盆”（《川守大夫刘公早岁寓居敦行里肆有题十韵》）之辞，（唐）诗人吕岩尤为推崇炼丹制砂的妙用，其诗如“鬼器神号金鼎结，鸡飞犬化玉炉空”“九鼎烹煎九转砂，区分时节更时差”（《七言·周行独力出群伦》）、“星辰夜礼玉簪寒，龙虎晓开金鼎热”（《绝句·莲峰道士高且洁》）等，刻画出一个瑰丽神奇的仙幻世界。唐以后古人对铸鼎炼丹的追求愈发急迫，上至王侯将相下临庶民百姓甚至掀起了一股求仙访道、结丹升仙的空前修仙热潮，乃鼎由祭器转变为药器的根本原因。追求与天地齐生，与万物共存，禳灾却病，绵寿延年，系亘古以来无数人的宿志，然鬓白齿落、生老病死、魂飞破灭乃无法躲避的必然宿命，故寄炼丹登仙以偿心愿，成为我国土生土长的道教文化一大特色。

“天地不仁，以万物为刍狗”（《道德经》第五章），人生短暑不过数十载，似草芥蝼蚁，只有脱凡胎、换仙骨、去肉身、入天堂，方能寿比南山，炼丹煮药乃求仙问道捷径，相传“其法以铅满为一鼎，按中为空，实以水银，盖封四际，烧为丹砂云”（韩愈《故太学士博士

① （明）王夫之：《说文广义》，岳麓书社，2011 年版，第 280 页。

李君墓志铭》）。炼丹本为寻医去病之法，无奈有人误入歧途，如唐朝自开国以来，上至皇帝，下至官员、大夫、道士等，皆酷爱炼丹，究其原因，无非两种：一是治疟疗疾，二乃祈福求寿。鼎在唐代尤其受到炼丹师的追捧，堪称神器仙宝，"太原神釜冈中，有神农尝药之鼎存焉"（《述异志》），神农乃上古杰出圣贤帝王，传闻他亲身以鼎尝药，以验药效，造福苍生。

3. **葬器**

"夫明器，鬼器也；祭器，人器也"（《礼记·檀弓上》），古人对死后随葬品特别看重，葬器能标识墓主的财富等级、身份地位、知识品味。旧时人们相信灵魂不灭，亡灵世界是活人世界的另一个翻版，故隆葬厚敛之风极为流行（普通平民只能葬凡物或空葬）。鼎作为当时最具政治色彩意识、经济发展标尺、文化礼仪文明的权力实器、身份标签和政治品牌，优先被王室贵族列入身后事的随葬物名录，亦替后世管窥上古社会提供了实物器皿的有力证据。

4. **刑器**

《左传·宣公三年》"三月，郑人铸刑书"，杜预注："铸刑书于鼎以为国之常法。"上古时期政治家们为了让全体国民知晓、畏惧刑法威力，将国法明典熔刻鼎身，达到彰显权威、便于流传的双重社会效果。刑与法相拥相成，有刑即有器（具）。刑具古代繁博多样，尤其是残暴酷刑更让人触目惊心，有代表性的如鼎镬刀锯、鼎镮等。鼎烹（即鼎镬之刑）乃将活人置于鼎中烹煮而亡，如《封神演义》记有纣王将周文王长子伯邑考煮成肉羹的史实。《史记·项羽本纪》云："今不急下，吾烹太公。"项羽智穷之际，竟欲鼎煮刘邦之父，又载"说者曰：'人言楚人沐猴而冠耳，果然。'项王闻之，烹说者"等血腥片段，而齐哀公、郦食其、周苛、朱高煦、朱常洵等人据传曾受过鼎等酷虐刑法，然中华民族历代仁人志士亦抒发"既诛贼谢天下，虽死鼎镬所甘心"（后晋刘昫《旧唐书·魏元忠传》）、"竖子未鼎烹，大君尚旰食"（唐杨乘《甲子岁事书》）、"楚囚缨其冠，传车送穷北。鼎镬甘如饴，求之不可得"（南宋文天祥《正气歌》）临（鼎镬）刑不惧、视死如归之豪情壮志，可歌可泣让后人叹佩不已，正如鲁迅先生由衷喟叹："我们自古以来，就有埋头苦干的人，有拼命硬干的人，有为民请命的人，有舍身求法的人……虽是等于为帝王将相作家谱的所谓'正史'，也往往掩不住他们的光耀，这就是中国的脊梁。"（《中国人失掉自信力了吗》）替鼎文化注入更多的正能量、美诗篇与好声音，成为炎黄子孙同仇敌忾、抵抗外侮等永不泯灭的核心价值观。

5. **玩器**

在国家政权、宗法礼制、文明风俗尚不健全的情形下，鼎作为祭器极大地弥补了人们思祖念古、慎终追远的血缘情怀与人文忧思。唐宋以降，体制日臻完备，礼仪文明趋于巅峰，鼎之礼仪功能渐至淡化衰落。唐宋政治经济文化高度繁盛催生了民众新的精神需求，文玩日益获得达官贵人、士子墨客的青睐。鼎既可作为装裱亭台楼阁的古雅高贵摆件，又可成为人们手头附庸风雅的精致可心玩器，如西周时期原始青瓷鼎（见图9，安徽省博物馆藏），古蜀时期及汉代的玉鼎（见图10，厦门上古文化艺术馆藏），（西晋）崔豹《古今注·都邑》："汉成帝顾成庙有三玉鼎、二真金炉。"《宋书·符瑞志下》亦载："晋成帝咸康八年庐江春谷县留珪夜见门内有光，取得玉鼎一枚，外围四寸。豫州刺史路永以献。著作郎曹毗上《玉鼎颂》。”宋元之际大量出现的仿古玉鼎、瓷鼎，清代的珐琅鼎（见图 11，沈阳故宫博物院藏）等。鼎因自身附带文化内涵与青铜印记的双重收藏价值，导致社会供不应求，奸商为牟取暴利竟然以次充好，意图蒙混过关以致赝鼎出现，见《韩非子·说林下》：“齐伐鲁，索谗鼎。鲁以雁往。齐人曰：‘雁也。’鲁人曰：‘真也。’”雁鼎即赝鼎（雁通赝），仿造伪托致使青铜器开始流行造假，后引申为失信之意。（清）吴趼人《二十年目睹之怪现状》第四八回云：“你那里是甚么金石家，竟是一个制造赝鼎的工匠。”鼎类青铜器造假行业的泛滥成灾，客观表明鼎因古玩行家的超级嗜爱，收藏与经济价值俱佳，造成假鼎纷纷出现，值得文物界高度警惕。

图 9　原始青瓷鼎（西周）

图 10　玉鼎（三星堆文化时期）

图 11　乾隆款掐丝珐琅鼎式三足盖炉（清）

6. **香器**

“野人无事也关门，一炷古香焚小鼎”（元刘秉忠《玉楼春·闲云不肯狂驰骋》），骚客雅士相当重视修身养性，为保持室内气味清新宜人，用开窗或点香的方式疏通换气，既能提神醒脑、沁人心脾，更能驱蚊赶蝇消除虫害，而鼎从大型祭祀礼器逐渐转变为家庭悼拜仪式的精致香炉用具，如家中祖先祠堂、灵位、神龛、菩萨均离不开香鼎相伴，即使在鬼怪小说中常常能见其身影，如（清）蒲松龄《聊斋志异·促织》：“问者爇香于鼎，再拜。”①

7. **茶器**

“松风飕飕沸茶鼎，晴窗唤醒幽人眠”（南宋释绍昙《挑荠》），自古国民嗜好品茶，因茶不仅能怡情静心、减压降急，且能提供舒适的无穷趣味，让人忘却凡尘妄念，如（明）杨慎《和章水部沙坪茶歌》：“君作茶歌如作史，不如品茶兼品士。”茗茶品味乃一门高深文雅的学问，茶具要因茶而议，名士鸿儒甚至提出品茶就是品人，（唐）皮日休《茶中杂咏·茶鼎》诗云：“龙舒有良匠，铸此佳样成。立作菌蠢势，煎为潺湲声。草堂暮云阴，松窗残雪明。此时勿复茗，野语知逾清。”该诗对茶鼎的由来、功能、外貌做了精细铺陈，并表达出自己煮茶品茗的恬适心境，详细描绘自己理想的茶器，于后人考证、研究茶具裨益良多。鼎作为烹茶器具，不仅有着自身的材质原因，更因它所附带的厚重的文化底蕴所致。

8. **国器**

（1）立国重器

“成王定鼎于郏鄏”（《左传·宣公三年》），作为巨型青铜打造而成的金属重器，鼎不仅在视觉形体给予人们强烈的感官刺激，更为重要的乃强调国家的大一统、权力大集中，鼎足天下即政治寓意至高无上，如（南朝宋）颜延之《三月三日曲水诗序》云：“高祖（刘裕）以圣武定鼎，规同造物。”上古君王铸器造鼎，政治意图鲜明，如战国时期“中山王三器”之一中山王譻鼎（河北平山县），就是立国之初姬姓鲜虞中山王所铸，取开国奠基之义。

① （清）蒲松龄：《聊斋志异》，百花文艺出版社，2015 年版，第 149 页。

（2）国祚昌裕

“禹铸九鼎，五者以应阳法，四者以象阴数。使工师以雌金为阴鼎，以雄金为阳鼎”（东晋王嘉《拾遗记·夏禹》），古时铸鼎不仅强调体型庞大、装潢华丽，还具有政治目的，亦格外强调其数字含义，代表着当时世界上最为先进的天文学水平，如春秋时期被视为周天子地位象征的九鼎，即意味着天下九州（豫、翼、兖、青、徐、扬、荆、幽、雍），是全民对自身国家定位、民族认同、宗族纽带的青铜器物特定符号，历代朝廷官署都设有观测天文星象的专门机构，如秦至汉的太史院，唐以后的司天监、钦天监等，其宗旨不外乎铸鼎象物，以鼎测天文，稽定历数，察星云之变，占国祚之兴衰，以兆灾异，足见古人天人感应、物我两融的社会心理，见（南宋）高似孙《纬略·汉甘露鼎》：“宣帝甘露元年，于华山仙掌铸一鼎，高三尺，受四斗，拟承甘露。其文曰：万国伏，贻长久，铸神鼎，祭天酒。”朝堂内外喜以铸鼎祈国祚昌盛久治，是关系皇室荣枯、国脉兴衰与民心向背的器物标志、权柄象征。

（3）旌功记绩

《文选·史岑〈出师颂〉》：“泽霑遐荒，功名鼎铉。”李善注引《礼记》：“夫鼎者有铭，铭者，论撰其先祖之德美功烈勋劳而酌之祭器，自成其名焉。”鼎文内容显示囊昔将功勋卓著、德操美好的人名、国事刻契于鼎上（即铭文），以昭显祖先之灵，或临照百官，或以示子孙，或流传后世等义，故鼎古有歌功颂德、记业载绩等社会功能，如颂鼎（西周晚期）：“王曰：‘颂（人名），命汝官司（管理）成周（洛阳）贾廿家，监司新造贾，用宫御。’”铭辞载录当时国家推行“工商食官（严格管理商业）”的政策，对学界研究商贸典制变迁意义重大。

（4）镇国神器

词汇有“问鼎中原”一语，鼎乃上古三代（夏商周）国宝神器，象征王权凝聚、天命所向，寓意定国安邦之器，犹如古埃及法老权杖，后引申为夺取天下政权之意。“夏鼎象九州，《山经》有遗载”（北宋欧阳修《读山经图》），据传《山海经》忘载九鼎，而九鼎却是解开山海图的锁钥。九鼎为圣王明君所制，即使不小心遗落深渊古潭亦有通灵悟性，遇雄才伟略帝王亲临时会偶现人间，典载始皇求鼎不得之事，“周显王四十二年，九鼎沦没泗渊，秦始皇使，而鼎见于斯水，始皇自以德合三代，大喜，使数千人没水求之，不得，所谓鼎伏也；亦云系而行之，未出，龙齿啮断其系，故语曰：称乐大早绝鼎系，当是孟浪之传耳。”（北魏郦道元《水经注·泗水》）秦皇虽统天下，然暴政失德，故九鼎避之。鼎获皇帝青睐有加，归因于其镇国安民不可替代，大量神话传说、人文典故强化鼎政权、仁德合一的预兆神秘色彩。

（5）传国宝器

“昔中京沦覆，鼎玉东迁”（南朝梁萧子显《南齐书·明帝纪》），鼎不仅为在世帝王贵胄、国家子民带来好运福寿，也能作为传家宝绵延子嗣、恩泽万代。古有鼎玉（鼎与玉玺）一说，乃封建王朝权力与帝王基业的至高象征，为各方势力瞩目、觊觎。改朝换代时往往成为新政权的斗争焦点，“商纣暴虐，鼎迁于周”（《左传·宣公三年》），天子异位、朝代迭嬗、政权更代，鼎也会随之易主，预示着权力的转移。鼎象天命所在，成为正统国家政权象征，乃国家供奉的神物，更是统治者赖以传国续脉的万世宝器，帝位传承另择新君，即移鼎易鼎。

（6）帝王年号

《汉书·武帝纪》“建元元年”，（唐）颜师古注：“自古帝王，未有年号，始起于此。”汉武帝首创年号纪年曾以鼎为纪元。“夏六月中，汾阴巫锦为民祠魏脽后土营旁，见地如钩状，掊视得鼎。鼎大异于众鼎，文镂毋款识，怪之”（《史记·孝武本纪》），该鼎非凡品，蕴意别致，故武帝迎鼎至甘泉宫，将第五个年号改为“元鼎”（前 116－前 111）以旌神异祥瑞，（清）顾祖禹《读史方舆纪要》卷四十一《山西三中》：“武帝元朔六年，获宝鼎于汾阳，因改元曰元鼎。”宝鼎现世时相传其周围弥漫氤氲龙气，实乃帝数之祥瑞，民富之征兆，天下之大统，故武帝甚爱之以应天人感应、明君降世，苏轼《喜雨亭记》载有“汉武得鼎，以名其年”一语，可见鼎隐喻帝命所归。无独有偶，历代君王以鼎为年号者史不绝书，如“翟辽卒，子钊代立，该元定鼎”（《资治通鉴·晋孝武帝太元十六年》），此国号乃十六国时期翟魏君主翟钊之年号，共 2 年（391—392），（清）钟渊映《历代建元考》云：“翟钊‘神鼎’，一作‘定鼎’。”而后凉吕隆年号亦称神鼎（401－403），足证君王对鼎号酷爱之意。

“元鼎以来虚昆丘，东井徒劳冠带修”（元元好问《水调歌头·庚辰六月，游玉华谷，回过少姨庙》）作为汉字文化圈及丝绸之路的亲历者、见证者、传播者，鼎作为具有鲜明民族特色之礼乐文明国宝国器，形式多样，功用夥颐，为中华文化赢得众口交赞的世界声誉，尤其是欧美各国博物馆的展示常客、艺术明星（多属鸦片战争后窃取中国）。必须指出的是，元鼎、定鼎、神鼎等作为帝王年号不仅寓意“真命天子”可以控制时间、顺天应人及君权神授，也翔实记载着古代上层结构的祥瑞福兆、天命观念及政治制度，其影响更是远播海外，越南、朝鲜、日本等均先后采用年号纪年，日本迄今仍在使用年号纪年，且年号均典出中国古籍，正如著名学者［日］山中顺雅指出：“如果没有这些中国皇帝专用词以及作为表记符号的汉字的话，也许日本列岛上就不会出现天皇制度。日本的天皇制的根在中国。”① 堪称洞见。“王来自商，至于丰，乃偃武修文”（《尚书·武成》），中国自古以来非常注重礼乐教化天下，达到远方诚心归附、万国来朝相贺的积极宣教效果，相传舜帝时即用德治（而非武力）来降服有苗，“当舜之时，有苗不服，禹将伐之。舜曰：‘不可。上德不厚而行武，非道也。’乃修教三年，执干戚舞，有苗乃服。”（《韩非子·五蠹》）而系列鼎器正因其表征、寄寓，沟通天、地、人、神、鬼五位一体的礼治德治功能而名垂青史，为华夏一统立下奇功。

四、鼎立中华：国家架构下中国先民的图腾象征抉隐

“先王定鼎山河固，宝命乘周万物新”（唐宋之问《龙门应制》），先民认知事物严格遵循认知原理，取法天地万物，“古者庖牺氏之王天下也，仰则观象于天，俯则观法于地，视鸟兽之文，与地之宜，近取诸身，远取诸物，于是始作《易》八卦，以垂宪象”（《说文·叙》），体现出中华始祖观法取象时极具认知性、科学性、理据性等鲜明特征。鼎乃上古重器

① ［日］山中顺雅著，曹章祺译：《法律家眼中的日本古代一千五百年》，中国社会科学出版社，1994 年版，第 118 页。

神彝，为朝野喜闻乐见的祥瑞事物，正是劳动人民发挥主观能动性“近取诸身，远取诸物”（《易·系辞下》）深思熟虑的结果，《晋书·天文志上》即曰：“吴太常姚信造《昕天论》云：‘人为灵虫，形最似天。今人颐前侈临胸，而项不能覆背。近取诸身，故知天之体南低入地，北则偏高。’”在“惟人万物之灵”（《尚书·泰誓上》）人贵类天等思想推动下，古人将三足鼎（象征天、地、人）视为比拟宇宙、沟通鬼神的通灵器皿和形象代表，并最终获得国民的高度认同，乃国家政权的崇高象征，鼎本身铸造意图及携带伴生的政治隐喻、历史典故、族群体认等是中华各民族大融合、大凝聚、大团结、大一统的历史产物。即使在动乱之秋，其地位亦无法取代，仍是新旧统治者竞相争夺的首要目标，无疑构成中华文化的一抹亮色。

鼎乃神州国宝，不仅为历代帝王将相所重，亦“飞入寻常百姓家”深深潜入语言词汇中，推演出大量相关人文典故，如“鼎玉龟符”古指传国之宝与领命之符，属至尊权力的终极象征，如“干戈揖让取之也殊途，鼎玉龟符成之也一致”（南宋叶廷珪《海录碎事·帝王上》）。相传禹鼎上铸有万物可鉴证善恶忠奸，据说秦王嬴政也有一面能照见人心善恶的神奇方镜，（西汉）刘向《西京杂记》卷三载：“（高祖初入咸阳宫，周行库府）有方镜，广四尺，高五尺九寸。表里有明，人直来照之，影则倒见；以手扪心而来，则见肠胃五脏，历然无硋（同碍）；人有疾病在内，掩心而照之，则知病之所在。又女子有邪心，则胆张心动。秦始皇常以照宫人，胆张心动者则杀之。”故“禹鼎秦镜”形容上位者明察秋毫，辨善知恶。见（明）沈德符《万历野获编·释道·毁皇始寺》：“观世宗屡谕，不特明晰事理，且曲揣人情，真是禹鼎秦镜。”可证鼎具有甄别妖魅、弘扬正气的法器神通，其功能犹如照妖镜立辨真伪。

“封疆恢霸道，问鼎竞雄图”（唐骆宾王《夏日游德州赠高四》），“问鼎”语出《左传·宣公三年》：“楚子问鼎之大小轻重焉？”春秋时期楚庄王陈兵于洛水，向周王朝示威。周定王派王孙满去犒劳楚子，楚子（楚庄王）问王孙满王室中鼎的大小轻重，显示楚庄王有夺取周朝天下的野心。因夏商周三代以九鼎为传国之宝，故“问鼎（轻重）”就是有野心谋位，亦引申出“问鼎中原”“问鼎之心”“潜图问鼎”“问鼎苍穹”等系列成语。饶有意味的是，正因鼎具有正统政权的合法象征，亦演绎出诸多觊觎九鼎的特色典故，反映出人们对鼎之权力变迁、疆域割裂、国亡分土的强烈感知，如“鼎足而立”指三方势力相对峙，义同“鼎足三分”“鼎足之势”“鼎足而三”“三足鼎立”等，见《汉书·蒯通传》：“方今为足下计，莫若两利而俱存之，参分天下，鼎足而立，其势莫敢先动。”而“瓜分鼎峙”比喻国土分裂、群雄对立，如《新唐书·李轨传》：“隋亡，英雄猋起，号帝王者瓜分鼎峙。”问“鼎”系列词语的频繁出现暗含着中华民族追求大一统、反对分裂的民族情怀与统一意志。“话说天下大势，分久必合”（《三国演义》第一回），追求统一、鄙夷割据始终是中华民族的主流民意、历史趋势，即使未出隆中先拟“天下三分”（《前出师表》）、鼎足而立对策杰出政治家诸葛亮，其毕生“鞠躬尽瘁，死而后已”（《后出师表》），六出祁山、北伐中原，其目的乃“霸业可成，汉室可兴”（《三国志·隆中对》）、“奖率三军，北定中原，庶竭驽钝，攘除奸凶，兴复汉室，还于旧都”（《前出师表》），为国家民族统一做出了不可磨灭的贡献。

“天聪四门辟，国势九鼎定”（北宋黄庭坚《次韵子由绩溪病起被召寄王定国》），九鼎与大一统命题相辅相成、密不可分，乃古代中国政治结构层面的同义语、等义词，“何言乎王正月？大一统也”（《公羊传·隐公元年》），鼎起于上古，盛于华夏，神游九州，各族拥戴。

作为国家政权的“法人”代表，是民族认同、社会肯定的神圣器物，究其旨乃“在德不在鼎”（《史记·楚世家》），鼎（借指天下）属“有德者居之”（《白虎通义》卷五），鼎乃触发秦汉大一统思潮的重要推手、认知利器、国家图腾，并衍生出系列鼎族字词，成为古代华夏各民族的广泛共识、合法依据，如十六国时期汉赵开国皇帝刘渊（匈奴族）即明确指出：“夫帝王岂有常哉，大禹出于西戎，文王生于东夷，顾惟德所授耳。”（《晋书·载记第一·刘元海》）流风所及，从者如云，前燕武宣帝慕容廆（鲜卑族）多次招揽西晋末名士高瞻（汉族）不就，不禁抒发“今晋室丧乱，孤欲与诸君共清世难，翼戴帝室。君中州望族，宜同斯愿，奈何以华、夷之异，介然疏之哉！夫立功立事，惟问志略何如耳，华、夷何足问乎！”（《资治通鉴》卷九十一）华夷一体的感慨，彰显出历史上少数民族政权对中华文化的高度认同，即以炎黄子孙自居的血缘认同；表现出华夏政治理念合法性承继的治统认同；对儒家伦理治国思想的道统认同；仰慕接受中原先进礼乐文明的制度认同。考“中国”一词最早典自西周前期的青铜器“何尊”，其铭文曰：“（武王曰：）余其宅兹中国，自兹乂民。”以鼎为代表的德治、礼治、法治文明三位一体完美结合使得中国成为具有超强吸引力、凝聚力、向心力的文化磁场、超级海绵、原子核心，紧紧吸纳、牵引、团结着五十六个民族，五千年来无论汉族还是异族入主中原的政权都认同中华正统，如石勒（羯族）、苻坚（氐族）等均自称“中国皇帝”，并采用内地制度、年号等，如“（石勒依春秋列国、汉初侯王每世称元，改称赵王元年。始建社稷，立宗庙，营东西宫）司典胡人出内，重其禁法，不得侮易衣冠华族。号胡为国人”（《晋书·载记第五·石勒下》），故史家肯定称颂“（石）勒始制轩悬之乐，八佾之舞，为金根大辂，黄屋左纛，天子车旗，礼乐备矣”。北魏孝文帝更是大刀阔斧进行锐意改革，遵汉制换汉服易汉姓习汉语，与汉族通婚，且追尊孔子为“文圣尼父”，使得北魏一朝成为复兴中国传统政治文化的优秀旗手，折射出中华文化“海纳百川，有容乃大”的无穷魅力，这也是五千载来中国成为大一统国家、超稳定结构的终极秘诀。尽管鼎因近代中国封建统治者闭关锁国、积贫积弱先后被帝国主义列强大量劫掠流失海外，然大量鼎类字词却融聚成汉语词汇的历史洪流，折射出华夏各族自强自立自尊自爱的集体共识，正如印欧语历史比较语言学家［美］格雷厄姆强调“我们的语言就是我们的历史”①，并认为语言比骨骼、武器与墓穴更能证明民族的历史，乃民族历史文化的碑铭。从这个意义而言，以《说文》为代表的字书辞典既是著者对两汉及以前朝代（鼎）天地万物、风俗典制等百科全书式的资料汇编与鸿章巨制，也是朝野学子对古今社会动态与思想源流的一次全面而深刻的学术总结与人文反思，进而可理解历代圣贤先后编撰卷帙浩繁的大量字书、词典、类书绝不仅仅满足于著书立说的个人嗜好，而是肩负家国天下与历史传承的沉重使命，寄寓着先民继往开来的经验积累、世界感知与国民意识，故能演化为古代中国士子同仁自觉自律的知识启蒙与行为指针，因此鼎文化等不但是古人理解早期中国世界秩序的一种自我视角与认知方式，并且螺旋上升为国家意识形态的重要组成部分，亦为华夏民族遗世而独立、赖以生存、承前启后的思想之根、文化之源、国脉之鼎与心灵之家，受到自上而下全体国民的高度重视与集体谙习，

---

① ［美］格雷厄姆：《论语言的起源》，［苏联］兹维采夫编《19世纪和20世纪的语言史：概要和摘录》第1册，莫斯科，1960年版，第61页。

正如汉学泰斗（英）李约瑟强调“中国思想中的关键词是‘秩序’（order），尤其是‘模式’（pattern）”①。在今日中国民族崛起、国家复兴、文化自信等新常态历史趋势下，“东学西渐”正发展为全球学潮的新风尚，积极吸收鼎文化等正能量、积极内涵、核心价值理应成为学界的当务之急、题中之义，意大利威尼斯佛斯卡利大学蒂其亚娜教授就曾精辟指出：“中国人从古代就会依据文化而不是战争准则生活并治理自己的国家，这就是他们的智慧之处。”② 而以鼎为代表的中华文化替人类命运共同体普世价值提供了精确得当的古老注脚、合理内核、经典案例，以致［英］著名历史学家汤因比大胆断言：“世界的未来在中国，人类的出路在于中国文明。”③ 诚如斯言，鼎立中华，于斯为盛，泽被万代，受益无穷。

五、结语

“古器纵横犹识鼎，众星错落仅名斗”（北宋苏轼《石鼓歌》），鼎乃上古华夏的一种重要器皿及文化现象，其初始虽属饮食馔器，但因其制作精良、功能广泛、意蕴深远等能指性意义很久以前就被中华先民所珍视，而文字诞生于人类社会并为群体使用，其本质是为人类服务。语言文字所承载的意义，属于我们管窥先民生活环境的重要介质与文化载体，每一个语言文字的背后，都蕴含着一个内涵丰富的文化符号、一段引人入胜的人文故事、一部承上启下的民族秘史。以《说文》内与鼎有关的字词训释为例，集中钩沉字书词典内鼎族字词，通过汉字文化学的理论视野发现鼎从馔器逐渐拓展至祭器、药器、葬器、刑器、玩器、茶器、香器等系列鼎彝珍玩，最终跃升至国宝国器，承载着厚重醇郁的家国情怀、历史沧桑、典章仪轨。鼎通过炊食馔具等饮食文化衍生演绎，逐渐被赋予了丰富多元的社会功能。历经饮食用具至图腾器铭，折射出古人将万事万物通过铸鼎象物的艺术形式，来达到观鼎知天下、知兴衰沉浮的主观目的与政治意图，使其成为一个民族乃至国家的图腾文化，且跻身于邦国至尊。鼎不再是炊烟笼罩的凡尘食具，而摇身一变为龙气弥漫的威凛神器。笔者立足于《说文》鼎族字的本体考察，旁及经史子集、山川地理、人物风情、神话传说，力图重建中国先民的鼎文化真相。据鼎之发展演变历程可知它不仅反映殷商等上古时期（国家）政治文明，也深入涉及饮食文化、宗教色彩、社会风尚诸多层面，更是一部古代中国礼仪文明大观。鼎历来享有祭祀先祖先烈的民族传统与宗法礼制，铸鼎象物，蕴意深厚，尤强化历史记忆及国民情感，故 2014 年全国人大常委会通过并组织铸造国家公祭鼎。铸鼎祭英魂，造鼎祈和平，乃实现民族复兴梦、伟大中国梦的宏伟祖志。鼎既是文明的见证者，亦为文化的承载者，在今天国家富强、民族复兴、继往开来的新时代、新常态、新视野下，鼎作为一种青铜文物焕发出全新的魅力，为中华文化继续谱写历史新华章，对加强民族团结、牢记历史具有不可或缺的新功能、新内涵、新标签，是文化自信、制度自信、民族自信的一张面向世界、开创未来的靓丽名片。综上所述，一部鼎文化的历程，可晓古代先民的生活状貌、社会背景、文明礼仪，可证中国先民的优秀遗产、智慧成果、邦国礼仪。一言以蔽之，鼎的兴衰荣辱与古今

① 黄交军、李国英：《认知语言学理论背景下〈说文解字〉“鬼”之文化探秘》，《地方文化研究》2017 年第 5 期。
② 《外国学者眼中的中国文化》，《当代贵州》2014 年第 5 期。
③ 同上。

中国的命运休戚相关，是我们今天重温历史、追念先贤、继往开来的实物重器、考古硕果、民族彝铭和国家象征，功勋卓著，永不过时，值得炎黄子孙大力倾情点赞，并时刻铭记于心。

（作者单位：贵阳学院文化传媒学院）

从“草原牧城”到“影视基地”：博罗转井镇变迁的环境选择

王红莉

内容提要：博罗转井镇曾是阿克塞哈萨克族自治县的政治中心，从1954年建县开始，其城镇空间形象不断变迁。从最初“草原牧城”的建设，到县城搬迁之后的“荒凉弃城”，再到“影视基地”的打造。其城镇变迁发展与地理环境有密切的关系，城镇选址初期过多地考虑自然环境对其支柱产业畜牧业发展的影响，导致城镇发展后期自然环境基础无法满足城市人口增加和城镇规模扩大的需求，废弃成为必然。然其境内雪山、戈壁、草场、沙漠、空城交相辉映的独特风景，契合了部分影视剧对于西北塞外风光的取景需求，一跃成为西北地区重要影视基地，由此推动当地旅游经济产业的发展，这是地理环境基础与社会需求之间双向互动的结果。通过博罗转井镇的城镇发展轨迹可以看出，地理环境是其变迁发展的基础，社会需求则是其变迁发展的重要推动力。

关键词：博罗转井镇；“草原牧城”；“影视基地”；环境选择

阿克塞博罗转井镇，位于河西走廊西端，坐落在当金山北坡，长草沟口的坡地上。北临敦煌，西望库木塔格沙漠，东南阿尔金山与祁连山与其遥遥相望。该地海拔在2800千米左右，气候寒冷，曾是阿克塞自治县县城所在地，如今是环甘肃、青海、新疆西线的重要旅游景点。20世纪50年代初建时，博罗转井镇所属区域内没有村庄，条件简陋。随着自治县经济的发展，以及国家政策的引领，80年代的博罗转井镇发展成为阿克塞哈萨克族自治县耀眼的“草原新牧城”，其城镇职能不断完善。90年代随着县城的搬迁，博罗转井镇一度成为“无人问津”的弃城。近10年来，随着影视剧的拍摄以及西部交通设施的完善，博罗转井镇一跃成为西北地区重要的影视基地。短短几十年的时间，其经历了沧桑巨变。作为中华人民共和国成立之后发展起来的小城镇，博罗转井镇的变迁与环境选择关系密切，其城镇转型发展具有独特的现实意义，为困境中的城镇发展提供参考价值。近年来，也有相关研究成果的出现，如从城市建筑学角度出发，阐述旧城遗址的利用价值与其所蕴含的人类情感，引发对于城市遗址文化的思考①。通过探讨城镇化发展模式以及在发展过程中所遇到的问题来寻找城镇在建设初期所选之条件与后期废弃之原因，为城镇建设提供参考价值②。同时从牧民生活方式的变迁来探讨城镇化发展过程中所遇到的问题③。这些研究从建筑学、社会学、城市发展史等多个方面为我们研究博罗转井镇变迁提供参考，但是鲜少涉及其变迁发展的环境要素。因此，本文侧重研究在复杂的地理环境条件下，博罗转井镇的变迁发展及其环境选择。由于本人学识浅陋，不当之处，敬请指正。

一、"草原牧城"：1954 年至 1995 年博罗转井镇建设与发展

阿克塞境内古属羌戎之地，春秋时期，境内的祁连山西向余脉与阿尔金山一带，为西戎、羌族等少数民族住牧。秦汉以来，乌孙、匈奴、吐蕃等一度将这里作为自己的游牧区。明末清初，这一地区被蒙古固实汗划在左翼牧地内，由青海厄鲁特蒙古部游牧。清乾隆二十五年（1760），"清廷改沙州卫为敦煌县。阿克塞一带划归敦煌县，但这一片区域仍由青海北左翼右旗色勒屯等部落的蒙古族住牧"④，博罗转井则成为敦煌县南界的一处重要"塘汛"⑤，"博罗转井卡汛据本城二百三里"⑥。1929 年，青海建省，国民政府划定"今当金山以南划归青海，当金山以北仍属敦煌县，由青海北部的蒙古族、藏族等游牧"⑦，之后这一地区维持蒙藏分治的局面。"1936—1939 年，新疆阿勒泰、哈密、巴里坤一带的哈萨克族因与军政官吏屡次冲突。害怕被"赤化"和"灭教、转徙寻找草场、躲避自然灾害等原因"⑧，在部落头领的带领下分四批次迁入甘肃河西走廊。入甘后的哈萨克族又因与其他游牧民族的资源争夺，再加上与当地驻军的冲突，常被迫迁徙于甘、青、藏三省之间，哈萨克族的到来打破阿克塞地区蒙藏分治的局面，草场的争斗和国民党当局对哈政策的反复使得这一地区民族冲突的局面长期存在，直到新中国成立。

1949 年敦煌宣布解放，阿克塞地区随之解放。1954 年 4 月 27 日，阿克塞哈萨克族自治区（县级）人民政府正式成立。1954 年 6 月，自治县政府逐步规划在博罗转井镇修筑办公与居住房屋，与此同时，"开始修铺沙石，平整街道，形成从南山坡至白杨树园子，南北长

① 张浩然：《戈壁弃城遗址的考察报告——河西哈萨克族自治县旧城遗址的探访研究》，2013 年中央美术学院硕士学位论文。

② 王成勇、魏奋子：《中国西部民族自治地方城镇化的形成与发展模式探讨——对甘肃阿克塞哈萨克族自治县的调查与思考》，《民族研究》2003 年第 5 期。

③ 何艺：《阿克塞人认同研究》，2011 年兰州大学博士学位论文。

④ 阿克塞哈萨克族自治县地方志编纂委员会编：《阿克塞哈萨克族自治县志》，甘肃人民出版社，1990 年版，第 39 页。

⑤ 塘汛：泛指关卡。出自《清史稿·食货志一》："若往来贸易，必取具行户邻右保结，报官给照，令塘汛验放始往。"

⑥ （清）苏履吉：《敦煌县志》，《民国方志合集·甘肃》，道光清抄本，第 39 页。

⑦ 阿克塞哈萨克族自治县地方志编纂委员会编：《阿克塞哈萨克族自治县志》，甘肃人民出版社，1990 年版，第 39 页。

⑧ 阿布都力江·赛依提：《民国时期哈萨克族部落分布与迁徙》，《贵州师范大学学报》2006 年第 4 期。

800 余米的主干街道”[①]。1979 年，博罗转井镇房屋修建面积达到 14558.16 平方米，但此时的博罗转井镇无论是办公区域还是居民住所都是矮小简陋的土坯房。1979 年，王化理在途经博罗转井镇感叹道“这哪里像个县城：高高的山上白雪皑皑，山下荒草遍野，一片低矮的土坯房，横七竖八地摆在一条马路的两旁”[②]。此时的博罗转井镇流传着这样一句顺口溜“自行车比汽车跑得快，的确良衬衣穿在毛衣外，风吹石头砸脑袋”[③]。显然，六七十年代的博罗转井镇，其城镇面貌改观不大，依然是一副“风吹沙石跑”萧条落后的景象。

党的十一届三中全会的召开，使这个小城镇迎来快速发展的机遇，趁着改革的“春风”，博罗转井镇进入社会主义城镇现代化建设的新阶段。1983 年 6 月 25 日，经甘肃省人民政府批准，将博罗转井镇行政级别提升为城关镇，此举进一步扩大了博罗转井镇的行政区域范围，城镇内部扩建进程加快。1984 年修建了文化大楼、县中学办公楼、招待所大楼。1985 年，修建县政府大楼、县武装部大楼以及财税局大楼，之后进一步增修教学楼、电影大楼、党校大楼等各种文教建筑。行政与文教建筑的修建，一改之前博罗转井镇落后、荒凉的氛围，城镇内部呈现出庄严、整齐的新气象。“1987 年，国家投资 40 万元，本县自筹资金 15 万元，用柏油铺通东西主干街道（团结路），宽 11 米，长 1189 米”[④]，改变了过去崎岖不平、砂石满地的城镇内部道路状况。

城镇政治与文化职能的进一步完善，带动了当地商品经济的发展。自治县成立之前，阿克塞地区牧民的日常生活用品需到百里之外的敦煌甚至更远地区换取，“牧民利用牧闲时节将自产的皮毛等畜产品驮往酒泉、张掖、安西、敦煌、昌马等地集市出售，并在上述地方购买茶叶、布匹、面粉、马掌等物品”[⑤]。1955 年博罗转井镇成立民族贸易公司，用以办理阿克塞地区商品购进，货物调入等业务。与此同时，政府开始逐步改善阿克塞地区落后的交通面貌，“1956 年由国家投资修筑的国道 215 线（敦格公路，敦煌至格尔木）从沙山沟入县境”[⑥]，“1964 年由县城通往阿勒腾乡乌乎图村粮油供应站的石桥建成并通车，1965 年，阿克塞——敦煌第一辆客运班车开通，1979 年开始，自治县运输队向全县 4 乡开放客运班车”[⑦]。民族贸易公司的成立，交通道路的开辟都为博罗转井镇商贸发展提供了巨大的便利，其市场辐射力显著增强。每到节日时期，“周围数十里以内的牧民群众都穿着节日的衣服，骑着骆驼，络绎不绝地来选购商品”[⑧]，一副繁华热闹景象。

1980 年以后，自治县商贸经济进一步发展。1985 年经上级批准，博罗转井镇成立县级大型农贸市场，民间称自由市场。到 1988 年集贸市场已“设有棚顶 100 平方米，售货台

① 阿克塞哈萨克族自治县地方志编纂委员会编：《阿克塞哈萨克族自治县志》，甘肃人民出版社，1990 年版，第 59 页。

② 王化理：《一个县城的变迁：初入县城》，节选自《阿克塞文学作品选》，四川民族出版社，2017 年版，第 311 页。

③ 同上。

④ 阿克塞哈萨克族自治县地方志编纂委员会编：《阿克塞哈萨克族自治县志》，甘肃人民出版社，1990 年版，第 59 页。

⑤ 阿克塞哈萨克族自治县概况编写组：《阿克塞哈萨克族自治县概况》，民族出版社，2008 年版，第 126 页。

⑥ 《阿克塞交通——没有去不了的地方》，阿克塞人民政府网，2018－9－13。

⑦ 同上。

⑧ 阿克塞哈萨克族自治县概况编写组：《阿克塞哈萨克族自治县概况》，民族出版社，2008 年版，第 128 页。

（点）6个，上市摊位35个，其中工商户20户，年成交额20万元"①。此时的博罗转井镇已然成为全县的贸易交易中心，商品交易范围不断扩大，成为这一区域牧民获取生活必需品的重要市场补给站，与临近的敦煌县形成商业上的互补。与此同时，城镇内部工业建设逐步发展，到20世纪80年代，不仅原有的农机修造厂、石棉矿、供电所等工业产业持续发展壮大，还进一步增设了化工厂、金矿等新的工业产业，全县经济总收入得以提升。显然，此时的博罗转井镇在城镇建设和经济发展上已具规模，一改昔日萧条落后的面貌，成为阿克塞地区耀眼的草原牧城。

博罗转井镇从解放前的人烟稀少，到自治县成立之后被确立为政治中心，得到大规模发展，到20世纪80年代已然成为阿克塞地区耀眼的"草原新牧城"。其城镇建设发展与阿克塞地区和平稳定的社会环境以及博罗转井镇自然环境基础有莫大关系。

首先，中华人民共和国的成立，为阿克塞哈萨克族创造了稳定发展的社会环境。1952年7月中共中央西北局书记习仲勋在视察甘肃、新疆工作中指出，"哈萨克族和其他民族一样是我国勤劳勇敢的优秀民族之一。中共中央新疆分局和中共酒泉地委继续争取他们，使哈萨克族人民能够与祖国各族人民一道在共产党的领导下走上社会主义道路。"② 1953年3月24日，中共中央西北局和西北行政委员会，在兰州召开著名的甘、青、新"三省会议"，经协商将"花海子为中心，东至哈尔腾东端的托逊堡，西至安南坝。南至海子南端，北至燕都尔土的地区。"③ 划为阿克塞哈萨克族居住放牧区域，结束了这一地区长期以来争夺草场的纷争局面。与此同时，人民政府加大对阿克塞地区的经济援助，1949到1952年人民政府对阿克塞地区实行3年供给制"无偿支援羊1.62万只，牛500余头，分配给牧民，无偿支持畜牧业发展"④。在人民政府的大力支持下，全县畜牧业得以快速发展。"1954年牲畜繁殖头数比1953年增长43%，牧民的购买力1954年比1953年增长了6倍"⑤。正如阿克塞诗歌所描述的"从前天上漂浮的白云，多过阿克塞草原漫游的羊群，如今我们有了真正的祖国，羊群向白云一样蜂拥"⑥，欣喜之情溢于言表。

其次，建县初期博罗转井镇的自然环境基础满足了阿克塞地区传统畜牧生产对水源与草场的需求。建县初期，阿克塞区域内仍然维持逐水草而居的传统畜牧生产，就如歌谣所说的"在当金山下，阿克塞的歌声是逐水而居的牧民"⑦，水源、草场是牧民赖以生存的基础。而阿克塞境内，多半为干旱气候，水资源分布极不均匀。阿尔金山前山一带年安南坝降水量为93.1毫米，而博罗转井镇降水量达到176.0毫米，高于周围的海子草场和大小哈尔腾一带（该地年降水量100毫米左右）⑧。因此，地处当金山北坡的博罗转井沟水量丰富，流程约为

① 《从商贸变迁看阿克塞的崛起与发展》，阿克塞人民政府网，2018-9-13。

② 阿克塞哈萨克族自治县地方志编纂委员会编：《阿克塞哈萨克族自治县志》，甘肃人民出版社，1990年版，第12页。

③ 谢国西、王锡萍：《甘肃哈萨克族史话》，甘肃文化出版社，2009年版，第60页。

④ 《阿克塞哈萨克族自治县》，《中国县情大全：西北卷》，中国社会出版社，1993年版，第539页。

⑤ 杨晓、周建忠：《阿克塞史话》，甘肃文化出版社，2011年版，第12页。

⑥ 闻捷：《复仇的火焰》，《阿克塞文学作品选》，四川民族出版社，2017年版，第62页。

⑦ 万有文：《风吹过阿克塞》，《阿克塞文学作品选》，四川民族出版社，2017年版，第197页。

⑧ 阿克塞哈萨克族自治县地方志编纂委员会编：《阿克塞哈萨克族自治县志》，甘肃人民出版社，1990年版，第86页。

5千米，是当地重要的水源补给处。附近的前山草场亦可作为博罗转井镇牧民的重要放牧区。草场和水源的有效补给使得博罗转井镇发展畜牧生产的自然优势较为明显。

从五十年代初期落后的戈壁荒滩，到20世纪六七十年代的初步建设，再到80年代的腾飞发展。城镇化的快速发展，改变了博罗转井镇的城市空间感受，这个昔日“风吹沙石跑”的戈壁荒滩，在不到40年的时间已然发展成为一个春风融融、气象万千的“草原新牧城”。在这一发展过程中，博罗转井镇周围充足的水源与草场条件为当地的畜牧生产提供了有利的条件，同时，党的政策引领和经济扶持为博罗转井镇经济发展提供了良好的社会保障，在传统社会经济生产条件下自然环境适应了当地的社会发展需求，从而推动当地城镇化的建设与发展。

二、“荒凉弃城”：1995年到2010年县城搬迁之后的城镇荒废

20世纪80年代，是博罗转井镇发展的黄金时期，经济建设与城镇规划在这一时期都取得重大成就，然从90年代初期开始，博罗转井镇逐渐开始衰落。1990年自治县决定大力开发红柳湾，1992年阿克塞政府向省政府领导提出搬迁报告，1995年县城搬迁正式动工，到1998年秋县城搬迁工作基本完成，红柳湾镇完全是一幅生机盎然的景象，“宽敞的街道、崭新的楼房、干净整洁的环境让所有到过阿克塞新县城的人交口称赞。市民们对突如其来的变化兴奋不已，载歌载舞，倾城欢庆”。① 显然阿克塞人将巨大的热情投入到对新县城的建设和对新县城未来美好发展的遐想中，而曾经的旧县城博罗转井镇则人去楼空，荒凉感与日俱增。“老县城的园子被废弃，几百亩园子的沙枣白杨渐渐凋零，合抱粗的树都给人砍光。”② 这个曾经繁华喧闹的“草原牧城”，如今只剩下搬迁之后的残垣断壁，静静地屹立在雪山脚下，留给时人对家乡无限的怀念与伤感。2004年甘肃省书法协会会员徐笑吟在其散文《家园，长满荒草》中写道：“我们的老家面目全非，就像战争留下的废墟，那景象……”“如今那留有一生的地方成了废墟一片，竟荒芜的此般迅速，令人多少有些沮丧和失落。”③ 从“草原牧城”到“荒凉弃城”，博罗转井镇的变迁有三方面的因素。

首先，水质问题是限制博罗转井镇进一步发展的重要因素。建县初期较为充足的水源使博罗转井镇脱颖而出成为自治县中心所在地，然而在建县之后，博罗转井镇居民的肿瘤发病率高，经技术部门检测发现“当地居民饮水含有高浓度的铀、钍等放射性元素，超过国家饮用水卫生标准6—8倍。”④ 从1965年开始，博罗转井镇县城居民饮用水从附近的敦煌七里镇拉水。随着城镇人口增长以及工业化的发展，从敦煌拉水已不能满足博罗转井镇内部的用水需求。“1985年国家、省、地投资193万元，在县城打机井2眼，修蓄水池2座。消力池4座，架埋输水主管道6780米，支管线2.74万米，为城镇居民安装自来水管，饮用水经药

---

① 王化理：《一个县城的变迁：建设新县城》，《阿克塞文学作品选》，四川民族出版社，2017年版，第314页。
② 霍军：《父亲的树》，《阿克塞文学作品选》，四川民族出版社，2017年版，第247页。
③ 徐笑吟：《家园，长满荒草》，《阿克塞文学作品选》，四川民族出版社，2017年版，第268页。
④ 阿克塞哈萨克族自治县地方志编纂委员会编：《阿克塞哈萨克族自治县志》，敦煌文艺出版社，2004年版，第3页。

物净化，达到国家饮水标准”[①]。但以上举措不能从根本上解决博罗转井镇的用水问题，且每年在水质净化上的费用投资高，博罗转井镇的水质问题成为制约城镇进一步发展规划的重要因素，搬迁势在必行。

其次，博罗转井镇高海拔、低气温的自然环境不利于农业发展，在城镇发展后期，农作物供应不足与市场需求增加之间的矛盾突出。建县之初，畜牧业生产是哈萨克族主要的生产方式，游牧追逐草原仍较为流行，牧民对于农作物的需求较低，“在他们眼里草原、牧场和牛羊为最大，只要和肥美的牛羊生活在一起……他们就会感到无上的满足。”[②] 随着城镇化的深入发展，博罗转井镇从事工业、手工业以及商业的人数持续上涨，到 1988 年末，阿克塞全县从业人数占总人口的 42.9%，其中从事工、商、文教以及行政事业的人数占从业人口的 19.83%，且大多分布在县城。县城居民职业结构的调整以及城镇人口的增加使得博罗转井镇粮食需求量不断加大。而与此不对等的则是博罗转井镇不具备大规模发展农业的自然条件。这里属于青藏高原的高寒地带，海拔在 2800 米左右，“地势高寒，无霜期极短，不适宜农作物生长”[③]。正如当地牧民所说“阿克塞老县城，没有人种菜，也没啥地方能种菜，这地方只能放羊，我们吃的只有肉和奶，还有炒面”[④]。气候寒冷加之农业基础薄弱，极大地限制了博罗转井镇进一步发展。

再者，博罗转井镇地处阿尔金山地震断裂带，具有发生 8 级大地震的隐患。“1989 年国家地震局西北地震监测队来阿克塞县监测地震情况，县城附近断裂带宽度达 4000 米，在这种地质结构上无法继续城市发展与建设。”[⑤] 这些问题都成为阻碍博罗转井镇进一步发展的重要因素。

20 世纪 50 年代到 80 年代，博罗转井镇作为阿克塞政府所在地，经历了建设、发展的黄金时期。90 年代在县城谋求进一步发展时，博罗转井镇水源放射素超标所带来的饮用水成本过高以及水资源不敷使用的问题越来越突出。再者，该地高寒的气候使得农业生产受到极大的限制，农产品的供不应求成为博罗转井镇的常态化现象。不利的自然环境与城镇化快速发展，城镇居民追求更高质量的生活需求之间的矛盾越来越突出，废弃成为必然。博罗转井镇成为西部地区又一座“失落的城镇”。

三、“影视基地”：2010 年以来影视剧的拍摄与城镇转型发展

2010 年，高群书执导电影《西风烈》在阿克塞博罗转井镇取景，正式拉开了博罗转井镇影视剧拍摄的序幕。2015 年陆川执导的电影《九层妖塔》在博罗转井镇拍摄，影片的成

---

① 阿克塞哈萨克族自治县地方志编纂委员会编：《阿克塞哈萨克族自治县志》，甘肃人民出版社，1990 年版，第 62 页。

② 胡鹰：《阿克塞印象》，《阿克塞文学作品选》，四川民族出版社，2017 年版，第 278 页。

③ 阿克塞哈萨克族自治县地方志编纂委员会编：《阿克塞哈萨克族自治县志》，敦煌文艺出版社，2004 年版，第 3 页。

④ 何艺：《阿克塞人认同研究》，2011 年兰州大学博士学位论文，第 56 页。

⑤ 阿克塞哈萨克族自治县地方志编纂委员会编：《阿克塞哈萨克族自治县志》，甘肃人民出版社，1990 年版，第 52 页。

功上映也将这个昔日荒废的西部小城带入公众的视野当中，博罗转井镇的知名度迅速提升。这个荒废了将近 20 年的小镇重新迎来发展机遇。

为了扩大博罗转井镇的影响力，推动影视基地的长远发展，阿克塞政府做出打造区域联动性影视基地的规划，在博罗转井镇之后又相继打造了多坝沟胡杨峡影视基地和阿克塞国家沙漠公园拍摄基地。之后《天将雄师》《鸿门宴》《鹤唳华亭》《沙海老兵》《嗨，功夫小子》等优秀影视剧，先后在阿克塞影视基地取景，并且在播出和上映后均取得不错的口碑和票房，极大地提升了以博罗转井镇为核心的区域联动性影视基地的影响力。“2020 年阿克塞博罗转井镇影视基地加入全球首个以丝路为纽带、面向全媒体的国际影视媒体联盟。”[①] 短短几年时间，博罗转井镇从一个废弃的小城成功蜕变成西部地区重要的影视基地，并逐步朝着现代化国际性影视基地迈进。

由影视基地带动的文化旅游产业也得以快速发展。2018 年，甘肃省委、省政府做出建设大敦煌文化旅游经济圈的战略部署，阿克塞政府抓住机会，将博罗转井镇影视基地与阿克塞境内的苏干湖自然风景区、海子草原、民族风情园、金山湖、柳城子生态自然林观光等旅游景点结合，以求打造一套完整的区域旅游资源产业链。2019 年阿克塞政府投资 2000 余万元，完成游客接待服务中心、智慧旅游、影视基地等特色景点基础设施建设，并形成了“整合优势资源、包装核心景区、丰富旅游业态、完善基础设施、加强宣传推介的一整套完整的规划建设方针”[②]，力求推动博罗转井镇影视基地以及整个区域旅游资源由“景点旅游”向“全域旅游”发展。截至 2020 年 4 月份，区域内“文化产业增加值 7200 万元，同比增长 20%；全县文化法人单位累计达 40 家，文化产业从业人员 570 人；实现文化产业资产总额 1310 万元”[③]。文化旅游产业成为博罗转井镇一张重要的名片。

2010 年以来作为弃城的博罗转井镇能够在众多废弃的城镇当中脱颖而出，成为众多影视剧青睐之地，实现了城镇变迁过程中的华丽转身。这与博罗转井镇独特的地理环境基础以及“一带一路”倡议、大力开发西部地区旅游资源的社会环境密切相关。

首先，博罗转井镇独特的地理环境是影视基地发展的基础。这里有雪山与戈壁、草原与荒漠交相辉映的自然风光。阿克塞境内祁连山与阿尔金山贯穿全境，全域内气候垂直变化明显。阿尔金山高海拔区常年冰雪覆盖，低海拔的平原、盆地则有大片草场分布，“在阿尔金山北面，山体呈坡积洪积扇形面，地势逐渐下降至敦煌绿洲，中间为沙漠和荒漠戈壁”[④]。介于阿尔金山和当金山之间的博罗转井镇，举目东南，可望阿尔金山冰峰和祁连雪景；俯视西北，可饱览大漠风光和戈壁落日，自然风景别具一格。搬迁后的博罗转井镇没有被推倒重建抑或是变成一片废墟，除却无人居住的荒凉、破败之外，这里原有的建筑物甚至当地人生活的痕迹被保存下来，这些既保留独特的民族风情，又融合现代元素的建筑，是老城故事的缩影，更多体现出西北小城镇的空旷、寂静之象。豪迈的自然风光与荒凉的空城景象交相辉

---

① 《阿克塞：全力打造原生态塞外影视基地》，阿克塞人民政府网，2020—3—2。

② 《阿克塞哈萨克族自治县概况》，阿克塞人民政府网，2020—3—2。

③ 《阿克塞县大力培育文化旅游产业增长极》，《酒泉日报》，2020—4—16。

④ 阿克塞哈萨克族自治县地方志编纂委员会编：《阿克塞哈萨克族自治县志》，甘肃人民出版社，1990 年版，第 69 页。

映，契合了影视剧对于西北塞外景观的选景需求。

其次，国家“一带一路”倡议的推进以及西部大环线旅游资源的开发，为博罗转井镇影视基地发展旅游业提供了新的契机。在“一带一路”的带动下，阿克塞交通运输得以大力发展。2016 年 9 月阿尔金山隧道开工，是连接甘肃和青海两省的重要通道。2018 年阿克塞县境内第一条铁路隧道，敦（煌）格（尔木）铁路当金山隧道平导顺利贯通。交通条件的改善使得位于河西走廊最西端的阿克塞成为丝绸之路连接青藏高原、直通中巴经济走廊最为便利的陆路交通枢纽。凭借此区位优势，博罗转井镇影视基地被纳入西部大环线旅游路线当中，极大地促进当地旅游业的繁荣发展。

总体来看，随着影视剧拍摄的热度，博罗转井镇将影视基地建设和旅游开发有机结合，充分利用当地独特的自然环境和人文环境，精心打造博罗转井镇荒凉西部小镇的形象，以契合影视剧的选景需求，满足游客对于西北戈壁荒凉小镇的好奇之心，而西部交通体系的完善使得这一发展理念得以更好地实现。博罗转井镇影视基地与旅游业的蓬勃发展，也为阿克塞地理环境提供了展示的舞台。

结　语

1949 年之后博罗转井镇几经变迁。20 世纪 50 年代，博罗转井镇凭借相对充足的水源与草场优势，被确立为阿克塞自治县的政治中心，随着民族区域自治政策的全面落实，改革开放的大力推动以及民众建设美好家园的高涨热情，80 年代末，博罗转井镇已然成为阿克塞地区亮眼的“草原牧城”。然在城镇快速发展的过程中，博罗转井镇境内的自然环境基础越来越不能满足城镇的进一步发展，放射性元素超标的水源、城镇建筑面积的饱和以及低温的气候环境等等，不变的自然环境基础与城镇居民追求高质量的生活环境之间的矛盾越来越突出，90 年代初期随之红柳湾的开发与县城的搬迁，博罗转井镇逐渐衰落，成为“无人问津”的弃城。直到近 10 年来，影视剧的拍摄，“一带一路”的建设，西部交通运输体系的完善，博罗转井镇依靠自身独特的自然风光和人文环境，大力发展区域内旅游产业，成为西部地区著名的“影视基地”，其变迁发展是地理环境与社会发展需求的双重结果。

通过博罗转井镇变迁发展可以看出，在特定的是时空背景下，社会需求是可以转变的，对城镇发展来讲，寻找发展机遇并成功转型，就是对环境的再次利用。在新时代背景下，像博罗转井镇这样自然环境条件不占优势、区域位置偏远的西北小镇，将继续依托“一带一路”建设以及“大敦煌文化经济旅游圈”，积极寻求区域联合发展途径，挖掘与完善当地的旅游资源，形成开放、互融的旅游发展的格局，扬长避短，进一步实现城镇的繁荣发展。

（作者单位：西北师范大学历史文化学院）

歌、舞、乐视域中的维吾尔族民歌研究①

卢兆旭

内容提要：新疆维吾尔族民歌具有鲜明的演歌特征，其内在本质体现于维吾尔族民歌歌唱、舞蹈、音乐多元要素传统与现代的融合。联结与维系维吾尔族民歌歌唱、舞蹈、音乐三要素的关键就是各自独特的艺术节奏共同服务于统一的舞台表演节奏，通过分析民歌文本的用韵、叠复、衬词等文学策略更能明晓歌唱、舞蹈、音乐彼此节奏的谐和，从而呈现歌唱、舞蹈、音乐三元素之间外在节奏与内在节奏之间的平衡。因而维吾尔族民歌现代舞台展演具有多元性和综合性表征。

关键词：新疆维吾尔族民歌；民歌表演节奏；民歌表演节奏策略

新疆维吾尔族民歌是维吾尔族民间集体创作的产物。繁复多样的维吾尔族民歌是经过历史时空被不断地加工、修饰、再加工、再修饰的智慧结晶，单从文本的角度解析和探求维吾尔族民歌的文学属性不足以全面了解其内涵。而维吾尔族民歌还依旧保留着传统歌、舞、乐原始意蕴的表演功能，其孕化于古代社会娱神的古老传统，祭祀神灵、祖先时都需要歌、舞、乐介入，并由此慢慢演化为娱人的歌唱、舞蹈、音乐相融合的表演状态。后来渐次融汇历史流变过程中不断进入的新质，凝聚着维吾尔族最具代表性的艺术创造，并不断扮演着这些歌、舞、乐兼容的戏剧性场景。如认识不到维吾尔族民歌这种多元综合的演歌特质就很难从总体上深入认识维吾尔族民歌的本质和表现，单从一个方面是无法剖析维吾尔族民歌所具有的各种功能和特性。

① 本文系新疆维吾尔自治区人文社会科学重点研究基地——南疆教育发展研究中心 2016 年度招标项目（编号：XJEDU070116B03）的阶段性成果之一。

一、维吾尔族民歌歌、舞、乐多元综合展演的节奏统一特征

维吾尔族民歌强大的舞台展演特征从宏观上分析是传统与现代的歌唱、舞蹈、音乐三要素融合性体现。从微观层面解析，主要体现在文学文本的用韵、音节和复叠等文学表现手法的策略得以实现音乐性、歌唱性、舞蹈性的融合；并通过衬词、衬句策略完成歌唱、舞蹈、音乐三要素的时间、空间的处理，通过延迟、延伸、扩展的方式实现时间的冗余处理，实现歌唱、舞蹈、音乐三要素的节奏和谐。维吾尔族民歌现代展演的实质就是宏观层面与微观层面的外在节奏和谐与内在节奏和谐的统一，共同完成维吾尔族民歌展演的现代样貌。

（一）维吾尔族民歌表演节奏统一的用韵特征

维吾尔族民歌文学表现策略通过用韵、音节和复叠等文学表现方法正是体现了适应歌唱的音乐功能并反映到文学文本里面。维吾尔族民歌在不断探索中由简单走向更为复杂的用韵方式，从而适应不断演化的歌唱功能和音乐功能。先是早期的押头韵过渡到后来的头韵与尾韵共存，到后来复杂的尾韵。“《北史》记载：（高昌）五经诸史取于北魏，典章制度模仿北魏，文字与华夏相同，然而学官及弟子习读，却使用胡语。多么奇特的文化现象！”[①] 维吾尔族多取汉民族制度，但是使用“胡”语，那就是维吾尔族早期语言，回纥在鄂尔浑河流域繁衍生息并建立汗国，使用古代维吾尔文。由于古代维吾尔文的本身语言特征，便于维吾尔族先民在民歌创作中使用非常独特的押头韵方式取得歌唱与音乐表演的节奏和谐。所以回鹘汗国时期维吾尔族诗歌或者维吾尔族民歌多是押头韵形式来适应歌唱的音乐功能。

kayu neqe ondin singar uluxlar bar ərsər　愿十方所有国家
kalisiz tuz uz itilip utmixlar ul sayu　全都繁荣昌盛，
kawxatilmix kuwraq ara bodimant orunta　愿它们在僧众的围绕下，
kaqan ərsər oluruin kamaqun kθrəlim　常列坐于菩提道场上。[②]

这首维吾尔族民歌是典型的押头韵“ka”，置于每句开始，而句末就不需要押韵，这些特点明显区别于汉语诗歌或者民歌。为了配合歌唱与音乐的变革后来逐渐演化出典型的维吾尔族民歌押尾韵方式，主要是“居泼卡皮叶”（双韵，韵式为 aabb ccdd）、“豫欺卡皮叶”（三韵，韵式为 aaba）、“阿拉卡皮叶”（偶句韵，韵式为 abcb）、“吐塔希卡皮叶”（句句韵，韵式为 aaaa）、“阿尔玛希卡皮叶”（交叉韵，韵式为 abab）、“赛克来脱曼卡皮叶”（联锦韵，韵式为 aaab cccb dddb）等等。显然这些用韵方式极为复杂多变，扩展了维吾尔族民歌适应歌唱、舞蹈、音乐节奏统一的能力，显示了维吾尔族民歌适应歌唱与音乐协调性要求而不断寻求变革落实到文学文本创新的努力。

新疆维吾尔族民歌的用韵脱胎于传统的歌唱、舞蹈、音乐相互谐和的本质要求，也就是深受本民歌演唱风格的影响。首先是歌和乐的综合体，这就要求要符合音乐的美感，用韵就是音乐美的内在要求。谢云飞认为“诗歌中所谓的‘押韵’，就是用音色去表现音律的一种

---

① 尹筑光、茆永福：《新疆民族关系研究》，新疆人民出版社，1996 年版，第 18 页。
② 耿世民：《古代维吾尔诗歌选》，新疆人民出版社，1982 年版，第 63－64 页。

方法”，[①] 用韵也是维吾尔族民歌适应多元综合展演的要求使然。段宝林在谈论民歌的时候论及民歌的诗律时赞同王力先生认为的“民间诗歌的诗律是一种自然状态的诗律，它出于自然，比较灵活，有时却也相当复杂”[②]。这种自然状态的背后本质就是音乐性和歌唱性的谐和，因为维吾尔族民歌这种民间文学形式肇始于原始社会的歌唱，歌唱自然就要配合音乐的节奏，用韵就是音乐节奏在文学上的落实和彰显并不断固化的结果。各民族民歌在不断发展过程中，逐步认识到韵律对于民歌的意义，不仅仅是文学上形式美的要求，更是脱胎于原始表演的民歌要与各民族原始艺术舞蹈、音乐的和谐共处。而维吾尔族民歌特别强调民歌中的歌词必须是押韵的，合舞蹈和音乐的节奏，不是辅助结构，而是三者必不可少的融合状态，没有这些民歌要素，维吾尔族民歌就会缺失整体韵味。所以，维吾尔族民歌创作者十分关注音节和押韵的运用尽可能讲究匀称，讲求语言的合韵。从音乐的角度分析，维吾尔族民歌繁复的用韵也是维吾尔族民歌音乐性本质的外在体现，因为“韵是为点明一个乐调或者一段舞步的停顿所必须的，同时，韵也把几段音节维系成为整体，免致涣散”[③]。这些就和维吾尔族的诗体分行、用韵紧密联系起来，维系着维吾尔族民歌的整体性歌唱表演，成为一个相对严密的系统。

（二）维吾尔族民歌表演节奏统一的“叠复”特征

维吾尔族民歌歌唱、舞蹈、音乐三元素的节奏和谐体现在文学上除了用韵、音节外，还有维吾尔族民歌“复沓”或者“叠复”的运用。这些方法与策略是民歌音乐性的体现和音乐性的延伸，通过歌唱与音乐的紧密结合体现各要素的融合关系。但就文学性谐和表演性的节奏来说，利用民歌语言本身的音乐性完成辅助整体节奏。可以从最常见的文学“复沓”或者说“叠复”看出端倪。维吾尔族民歌保有大量诗歌、音乐、舞蹈原初状态时的“重叠”现象，或者称作“叠复”现象。维吾尔族民歌运用句子重叠，词语重叠，章节重叠等都有，其实就是配合维吾尔族民歌歌唱与音乐相互照应，并可以随着舞蹈动作的不断重复。例如：

喀什赛乃姆

没有爱恋不耕耘，不耕耘，没有种子不生根，哎哟哟，不生根。
没有云彩不下雨，不下雨，没有真情不成婚，哎哟哟，不成婚。
谁不思念心上人，心上人，就像大旱盼甘霖，哎哟哟，盼甘霖。
心上人儿入怀抱，冰天雪地也温馨，哎哟哟，也温馨。
世上难得是真金，人间难得是真心。
真金要靠火来炼，真心要靠真情分，真心要靠真情分，哎哟哟，真情分。
雄鸡三唱到清晨，我的情歌没回音。
声声唱到太阳落，深深打动姑娘心，深深打动姑娘心，哎哟哟，姑娘心。[④]

这首典型的维吾尔族民歌将“复沓”的音乐与舞蹈功能发挥到了极致，“没有”“不”的

① 谢云飞：《文学与韵律》，台湾东大图书有限公司，1978 年版，第 23 页。
② 段宝林等：《民间诗律》，北京大学出版社，1987 年版，第 1 页。
③ 朱光潜：《诗论》，江苏文艺出版社，2008 年版，第 15 页。
④ 曹松坪编：《喀什民歌精选》，上海音乐出版社，2011 年版，第 1—5 页。

反复咏唱，叠词“声声”“深深”等的使用，衬词“哎哟哟”的不断歌唱，都具有明显的音乐、舞蹈节奏功能的文学呈现。说明正是适应民歌音乐的重复以及舞蹈动作与歌唱重复的吻合，也就是我们所说的音乐“重叠”和舞蹈“重叠”现象相吻合，本质上是维系民歌音乐、舞蹈中的节奏一致，从而实现维吾尔族民歌表演的三要素节奏统一。

体现在民歌文本中的重复叠加现象正说明节奏扮演着重要的联系纽带，文学的节奏与舞蹈节奏、音乐节奏统一形成维吾尔族民歌的整体节奏。我们平时的认识观念只关注文学性的韵律、节奏特点而忽视了整体节奏的要义，所以看不到维吾尔族民歌表演歌唱、舞蹈、音乐的融合与和谐的本质。当然这种节奏的和谐与统一是深层次的内在统一，歌唱、舞蹈、音乐要彼此关照，民歌创作者必须深切领悟三要素绝不是单一体而是复合体、和谐体，彼此谁也离不开谁，是一种 1+1+1>3 的关系。所以重视民歌要素的整体作用，就会促进维吾尔族民歌表演时刻关注歌唱、舞蹈、音乐的节奏统一，更好地发挥民族艺术的独特性。

（三）维吾尔族民歌表演节奏统一的“衬词”特征

维吾尔族民歌音乐性、舞蹈性与文学性相互补充走向和谐的策略性创造，还要通过维吾尔族民歌复杂“衬词”作用达到音乐时间节奏、舞蹈时间节奏与歌唱节奏的统一。“衬词”是指文学作品中帮衬、衬托而设的词、词组和句子。维吾尔族民歌大量使用的“衬词”主要是“耶咿”“啊咿”“啊嗬”“喔”“欧”这种感叹词还有更为复杂的“艾则娜依”“黛里哈”“阿力玛加依”“琪尔肯那咿”“哈力拉克木唻唻”等等。如此多样的“衬词”运用到民歌之中的目的就是为了配合舞蹈、音乐节奏的一致，没有“衬词”的帮助，歌唱时间和音乐时间或者舞蹈时间很难统一起来。

维吾尔族民歌“衬词”的运用有助于演唱者具备可以转圜的时间和空间余地，既可以延缓、迟滞时间，也可以缩短时间使用从而带来时间掌握的自由度，由此达到的目的就是根据维吾尔族民歌表演的实际需要合理安排使用时间节奏，从而为维吾尔族民歌的歌唱时间、舞蹈时间、音乐时间三者统一提供时间延展与紧缩的余度。进而提供了维吾尔族民歌歌唱、舞蹈、音乐三者时间完美和谐的机会，这也是维吾尔族民歌歌舞乐三者混融发展演变的需求。虽然使用“衬词”在少数民族民歌中多见，但是多是单一的感叹词，如此复杂多变的维吾尔族民歌“衬词”运用恰好说明“衬词”为维吾尔族民歌歌唱、舞蹈、音乐相互配合表演提供了更多可能。

维吾尔族民歌表演的多元整体要求合适的策略迟滞或者延展时间给歌唱、舞蹈、音乐冗余调整机会必须有独特的解决方法，那就是充分利用“衬词”。既可以在文学意义上提供更为多元的想象空间，又主要是为了时间的调配提供了契机，这就是维吾尔族民歌综合表演性质促使“衬词”使用极为丰富的重要原因。在此基础之上，维吾尔族民歌大量扩展了“衬词”的文学功能，那就是由“衬词”开始的无意义感叹词，到有实际意义的“通用衬词”和“专门衬词”的实际意涵，并且继续进化转变延伸出更有时间长度的“衬句”。这些都极大增强了维吾尔族民歌文学意义的内涵，也给维吾尔族民歌歌唱节奏与其他的舞蹈节奏与音乐节奏提供了更为自由扩展走向和谐的时间与空间。其本质就是维吾尔族民歌表演为了时间节奏的统一提供了一种巧妙的应对方式，最后成为维吾尔族民歌的独特艺术方法被不断运用和创新。

（四）维吾尔族民歌表演节奏统一的舞蹈特征

维吾尔族民歌的现代表演与原始的维吾尔族民歌表演相比，维吾尔族民歌构成的舞蹈和音乐的确早就脱离了原始状态，成为不断纳新融合的独具特质的艺术。但是综合展演的传统方式表演被继承下来，成为今天我们能够看到的综合艺术形态。维吾尔族民歌表演还承继着族群聚集在一起进行歌舞表演的原始传统，既是集体观念的体现也是人们现实维护群体利益的有效沟通渠道。维吾尔族民歌从来就是一种集体的艺术表演形式，麦西来甫、木卡姆表演就是这种古风的遗存与现代呈现。“在起源时，诗歌是群众的艺术，鸟类以群栖者为最善歌唱，原始人类也在图腾部落的意识发达之后才在节日聚会在一块唱歌、奏乐、跳舞，或以媚神，或以引诱异性，或仅以取乐。”① 这里朱光潜看到了聚集时人和动物具有展现、表演的天性使然，维吾尔族民歌表演恰恰就是有“斗”“比”等现象的人类表演心理来展示自己的与众不同，借此来吸引异性或者观看者。关键是这种我们现在能够看到的集体性表演活动要想维系在一起并有条不紊地进行，整体和谐统一的艺术节奏就更显得至关重要。也可以说，没有节奏就无法完成集体性的民歌表演，也无法协调舞蹈动作、音乐时间，维吾尔族民歌表演的节奏谐和就本质要求通过一定命令式的节奏来传递完成大型的群体性表演。据观察，在维吾尔族民歌群体表演时，维吾尔族手鼓就是命令性节奏的一部分。维吾尔族民歌表演经常成为麦西来甫、木卡姆表演的要素或者组成部分，必然要求具备很强的节奏感，而且最直观的表演显现就是维吾尔族独特的舞蹈元素。维吾尔族民歌的歌唱者、舞蹈者和音乐演奏者也都领会节奏统一的必要性和重要性，为了实现这些要素的节奏和谐，维吾尔族民歌演奏舞台上不断涌现出节奏感强烈的乐器，如打击乐器的鼓、锣等。当然还有弦乐、管乐等同样具备节奏功能，只不过没有上面的打击乐那样强烈。这些音乐方面的独特性为维吾尔族舞蹈提供了整体节奏可能。

由此来看，维吾尔族民歌利用不断发展的民族音乐完善表演的节奏谐和，利用三者都要遵循的节奏来维系统一，而维吾尔族民歌音乐扮演着节奏和谐的最关键的角色。民歌音乐在这里成为统领歌唱、舞蹈的关键要素，其中的音乐节奏与歌唱节奏必定统一起来，舞蹈表演者的形体动作也必然要服从这种节奏。维吾尔族民歌音乐在从原始民歌表演中分化出来并单独向前演化，一方面继续为维吾尔族民歌服务；另一方面在不断吸收外来音乐创新自己。但是，维吾尔族独特的音乐形式和特性在维吾尔族民歌表演的整体特征显示从来就没有缺席，这主要就在现代维吾尔族大型娱乐艺术和木卡姆表演中都为我们提供了证据，这也是我们认为维吾尔族民歌表演是整体性艺术的事实。这样带有原始表演状态的维吾尔族民歌艺术正是通过各自相对独立的歌唱、音乐、舞蹈自身的节奏进入到整体节奏之中完成了一个融合的节奏整体。

二、维吾尔族民歌表演传统与现代融合的特征

维吾尔族民歌中诗歌、舞蹈、音乐融合的古老传统实现了现代性转换，由此形成了原始

---

① 朱光潜：《诗论》，江苏文艺出版社，2008 年版，第 13 页。

意蕴和现代形式之间的共存、共生，也成就了维吾尔族民歌艺术的独特性。朱光潜也认为："就人类诗歌的起源而论，历史学与考古学的证据远不如人类学与社会学的证据之重要，因为前者以远古诗歌为对象，渺茫难稽；后者以现代歌谣为对象，确凿可凭。我们应该以后者为主，前者为辅。从这两方面的证据看，我们可以得到一个极为重要的结论，就是：诗歌与音乐、舞蹈是同源的，而且在最初是一种三位一体的混合艺术。①"从本质上来说，没有完成完全分化的维吾尔族民歌带有明显的"原始"表演性，舞蹈、音乐、歌唱联系紧密并相互配合，从而成为综合性很强的艺术形式。现实生活中，维吾尔族民歌参与到维吾尔族现实生活的各种仪式之中，如麦西来甫娱乐表演、木卡姆音乐表演等等。维吾尔族民歌通过与其他娱乐、节日、庆典、婚丧嫁娶等结合在一起，既有自己的相对独立性又有各种文化形式共存的状态。多元兼容的维吾尔族民歌具有的凝聚能力将歌唱、舞蹈、音乐本身自带的艺术气质又经过巧妙的杂糅聚合成为维吾尔族文化的代表性文化符号。虽然歌唱、舞蹈、音乐三元素也具备各自的表演特性，只是在维吾尔族民歌表演中有所侧重，但是都要服务于整体性、融合性的要求并焕发出独具的舞台艺术魅力。

（一）维吾尔族民歌歌唱、舞蹈、音乐多元综合展演的古代传统

维吾尔族民歌这种传统性质的多元综合表演特质是历史形成的。分析历史上维吾尔族民歌的歌、舞、乐让人们领略到神奇而美妙的维吾尔族文化，他们不仅善于吸收其他民族的歌、舞、乐文化，更能够凭借宽阔的视野兼容并包。尤其文化交流繁盛的唐代维吾尔族民歌表演异常活跃，成为联系中原与中亚、西亚乃至欧洲、南亚的重要文化纽带，也为唐代多元丰富的文化舞台提供了属于维吾尔族的精彩。唐文化与回纥文化之间的水乳交融，相互借鉴民间歌舞表演。戏剧史上就有唐人记载西域胡舞、胡剧在长安表演的盛况，以至于胡歌、胡舞、胡乐进入到唐朝的艺术庙堂。回纥汗国时期，《旧唐书·回纥传》载回纥人喜爱舞蹈表演，一般情况下，外国使节或汗国大臣觐见汗王，要在帐篷前行舞蹈礼节，表示对汗王的尊敬。可以看见，舞蹈表演成为回纥民间、官方的必备技艺，也不断促进维吾尔族先民创新自己的民歌和舞蹈音乐相融合。那时的维吾尔族先民把民歌舞蹈音乐表演推向了维吾尔族文化史上相当的高度，也表现出独特的西域风情。最为著名就是史书记载的胡旋舞和胡腾舞，胡旋舞注重身体的旋转塑造形体，形体与文学的共同展示，呈现给受众更为整体感的艺术形象。而且还有唐代以前维吾尔族先民的舞蹈就进入到中华的雄伟视野，隋朝皇帝设立七部伎，里面就有"龟兹伎"。《魏书·高车传》记载了维吾尔族先民歌舞表演的盛况："高宗时，五部高车合聚祭天，众至数万。大会，走马杀牲，游绕歌吟忻忻，其俗称自前世以来无盛于此。会车驾临幸，莫不忻悦"②。这些说明歌、舞、乐在这一地区和民族中成为生活娱乐的重要部分，众人积极参与其中，享受这份暂时脱离现实的艺术享受。

维吾尔族民歌歌、舞、乐表演既有古代祭祀的遗迹也有民间娱人的功用，"歌吟忻忻"的表演场面十分壮观而且人们进入一种狂欢节的状态。"所有的乐器都调好了丝弦，酒壶和酒杯也都摆设齐全。没有你啊，我心头惆怅，来吧，让我们一起作乐寻欢。"③ 可见，11 世

① 朱光潜：《诗论》，江苏文艺出版社，2008 年版，第 13 页。
② （南北朝）魏收：《魏书·高车传》，吉林人民出版社，2006 年版，第 1411 页。
③ 文胜：《新疆刀郎》，克孜勒苏柯尔克孜文出版社、新疆电子音像出版社，2007 年版，第 20 页。

纪时期的维吾尔族民歌表演盛行于现在的新疆地区。就连文人墨客也被新疆维吾尔族民歌表演所折服。元代耶律楚材的“歌姝窈窕髯遮口，舞妓轻盈眼放光”；明代曾棨的“舞女争呈于阗妆，歌辞尽协龟兹谱”；清代纪昀的“山城是处有弦歌”；清代王芑孙的“五旦双弦应和多，天方新唱陋摩诃。铁腔鼓里吹芦哨，珠鲁翻成朱鹭歌”“度索寻橦绝伎兼，部分双引到重檐。锦襕红袜蹲蹲舞，巧赴钢丝昔昔盐”。这些都侧面说明歌舞表演在绿洲地区占有重要地位①。

正是传统的维吾尔族民歌带着歌唱、舞蹈、音乐三要素的基本艺术胚胎，在不断进化的艺术发展过程当中，较为本真地守候着这份传统，从而形成了今天维吾尔族民歌现代展演的基本风貌。而维吾尔族游牧文化基因始终暗暗承载着维吾尔族民歌原始的艺术蕴涵，因为喜欢歌舞艺术是游牧民族共同的艺术倾向。而且，维吾尔族人民将狂欢式的民歌舞蹈音乐表演推向了极致的形式。

（二）维吾尔族民歌歌唱、舞蹈、音乐多元综合展演的现代形式

维吾尔族民歌现代展演主要是通过麦西来甫和木卡姆形式展现在舞台上，并且具有戏剧性表演的性质。维吾尔族民歌表演将麦西来甫与木卡姆发挥到极致的当属维吾尔族刀郎地区的维吾尔族民歌表演，更接近传统维吾尔族民歌的表演形式。我们从这里可以窥见维吾尔族民歌表演的最初面貌，刀郎地区接近传统的原生状态，每当维吾尔族民歌表演之时，在这里可以看到男男女女完全可以在一起表演，尽显欢乐气氛，人数可多可少。有时候木卡姆音乐一响，几个人开始歌舞，随后又有人不断加入。承递维吾尔族刀郎人的刀郎麦西来甫来和刀郎木卡姆文化要素和原始表演的风格，“刀郎舞蹈的组成部分中，也不难看到一些西域古代舞蹈的遗风，以及它们融会演变的痕迹”。“且克脱曼”部分的舞蹈“带有浓郁的宗教祭祀活动色彩”，“赛乃姆”“塞勒克”部分舞蹈“与维吾尔族赛乃姆民间舞蹈有许多相似之处”，“它经过历代的广采博取，融会了许多古代西域的著名舞蹈”② 表演者仿佛就是在渔猎、在生产，模仿各种动物的动作，忘情欢唱、舞蹈，进入一种癫狂的场域，这里面已经没有地位、身份、男女等，人们享受着这份脱离现实世界的精神时空，消解了现实给予人们的一切压力。现实身份变换为审美的表演角色，进入无欲无求的神秘审美世界，这个时空攫取并间离了现实，将人置于“神性”的大殿，与“神”共舞。刀郎麦西来甫的舞蹈动作身体伸展度大，动作刚劲有力，并且动作简洁，与当地狩猎、农耕劳作有关。有一个舞蹈动作就是拨开草丛发现猎物，还有使用镰刀收割庄稼的动作，也就是说生活在山林、丘陵地带的刀郎麦西来甫与他们从事生产的动作创造出形似的舞蹈形体展示。整体来看，节奏感强烈，也由于简洁的关系，舞蹈动作流畅，衔接也显得画面感强。而生活在相对平缓的地区，如喀什的莎车，刀郎麦西来甫就是另一番样子，动作缓慢舒展，如大鹏展翅飞翔在草原之上，构型更注重舒展的身姿、缓缓流淌的草原小河，这些都是模仿自然与生命的外形得来的灵感。这也就是新疆地区自然环境启迪了维吾尔族的精神智慧，进入到舞蹈之中。

刀郎表演的维吾尔族民歌也契合此时的表演状态，可以使用“在刀郎木卡姆中，每曲木

① 文胜：《新疆刀郎》，克孜勒苏柯尔克孜文出版社、新疆电子音像出版社，2007年版，第20页。
② 同上，第29页。

卡姆的章节，都没有一成不变的固定歌词，根据麦西来甫进行的态势、歌唱者的情绪和民歌财富的积累，麦西来甫的歌词在不断变化”①。刀郎麦西来甫的民歌表演大量采用历史传承民歌，不断丰富民歌内容，善于根据此时此景和情感使用民歌集聚的能量。也就说刀郎艺人已经非常高超地掌握了维吾尔族民歌的表演程序并根据实际使用发挥情感，达到诗歌、音乐、舞蹈融合的整体展演性，发挥表演的最大潜能，这也是为什么刀郎麦西来甫艺术性、观赏性、仪式性兼具的原因。刀郎麦西来甫民歌表演的仪式狂欢状态的产生，颠覆了人们世俗生活的羁绊，进入神性的艺术空域。宏大的广场、众多的表演者参与的舞蹈、音乐、歌唱的审美世界，昭示维吾尔族民歌音乐、舞蹈、歌唱的综合魅力，也是维吾尔族民歌文化的符号性代表。尤其值得注意的是在维吾尔族民歌表演方面，刀郎地区的女性参与是重要的特色。刀郎地区女性积极、平等参与维吾尔族民歌表演，促进了维吾尔族群体参与建构维吾尔族民歌热情和创造力。维吾尔族民歌最为古老的表演形式也是重要的民间交流方式，借此增强民族认同和凝聚力。“换言之，交流与交通构成了仪式的一个基本的功能，并通过这一功能作用于社会现实。”②

可见，维吾尔族民歌的现代展演虽源于原始的表演，但是也不是僵化的艺术形式，由于不断吸收和融合周围文化的各种元素，创新出具有中华民族共同体文化特点的维吾尔族民歌独有的表演系统，带有多彩的艺术面孔。源于维吾尔族是一个崇尚自由开放的民族，古代丝绸之路的商贸交流，带来了人员文化交流的便利，也开阔了维吾尔族的文化视野与胸襟，滋养出维吾尔族民歌表演的幽默、乐观、自由等艺术品质，饱含情感的维吾尔族民歌其实是文化气质的最显在的体现，如同维吾尔族民间文学阿凡提的故事那样吸引人们的注意。表面来看，维吾尔族民歌虽然篇幅短小，但是表演的戏剧性就在这方寸之间回荡着，再加上维吾尔族舞蹈表演的戏剧性对舞即使不用言语也可以通过形体的展示带来戏剧性的对话效果，也往往是独特的维吾尔族舞蹈给民歌表演增添了独特的艺术意涵。维吾尔族民歌最具特点的表演就是维吾尔族民歌整体显示出的戏剧性舞台效果，这也是维吾尔族舞蹈、音乐与维吾尔族民歌歌唱紧密结合显示出来的必然艺术结果。

小　结

维吾尔族民歌带有原始孕育时期的综合展演功能，通过维吾尔族民歌的表演形式而不是歌词文本形式，我们更全面欣赏维吾尔族民歌的整体艺术品质。尤其是维吾尔族民歌具备吸收现代表演技术和传媒的能力和基础，带着原生态的表演加上现代艺术的各种灯光、背景、音乐等造设更为多元的、多彩的艺术世界成为可能。就目前形势观察，维吾尔族民歌表演的整体建构处于单一展现的状态，没有看到维吾尔族民歌表演的本质属性，维吾尔族民歌现代展演也失去了承载的基础。维吾尔族民歌并不完全活在口头里面，还在动感的舞蹈之中，还在生动的音符里，唯有表演传统的本源属性，再造一个维吾尔族民歌的新艺态，才能更完美

① 阿不都秀库尔·吐尔地：《论维吾尔民间艺术麦西热甫》，《新疆社会科学》1983年第1期，第1页。

② 彭兆荣：《人类学仪式的理论与实践》，民族出版社，2007年版，第159－160页。

展示出维吾尔族民歌新生命。维吾尔族民歌这种活态表演不仅仅要通过表演再现大唐“胡”风，也要经过新的吸收和新的变革化育更美的维吾尔族民间艺术。

（作者单位：喀什大学人文学院）

文化杂谈

“重绘”华西边疆研究图景的重要一页

——评《发现边疆：华西边疆研究学会研究》

李磊鑫

内容提要：华西边疆研究学会是一个立足本地、面向世界的国际性学术机构，是民国时期华西边疆研究领域影响最大、历时最久学术机构，最终遗憾地退出了历史舞台。论文以研究华西边疆研究学会的专书《发现边疆》为视角，通过“重绘”华西边疆研究图景的重要一页，对华西边疆研究学会的研究与近代西南边疆研究学术史有相当的补白之功。

关键词：边疆研究；发现边疆；华西边疆研究学会；学术史

引　言

1859年来华的立德（Archibald John Little），著有《通过长江三峡：在华西经商和旅行》等多部讲述其在华见闻的著作，属于较早进入西部中国的少数非传教士外来观察者。1890年，他在为谢立山（AlexanderHosie）《华西三年：三入四川、贵州与云南行记》所作的序言中感叹：“即使是已经在中国安家落户的欧洲人，他们对中国伟大的西部地区（the Great West）也是一无所知。”① 由于地理上的迟滞，即便是充当“开路先锋”的传教士群体，在中国的活动轨迹也呈现自东而西的“时差”，对西部中国的探索至少要晚于东部数十年。另一个不太让人愉悦的事实是，就连当时生活在这片土地上的国民，恐怕对中国广大的西部也知之甚少。

近代中国的边疆研究受“时势”影响甚巨，在研究重心与关注度上，西北、西南边疆研

① ［英］谢立山著，韩华译：《华西三年：三入四川、贵州与云南行记》，中华书局，2019年版，第1页。

究存在着阶段性的起伏差异。近代中国的华西边疆或西南边疆研究，在起始时间、参与力量上远落后于西北边疆研究，抗战军兴时方才真正迎头追赶。近代西南（华西）边疆研究史也存在着阶段性特征。徐益棠在回顾中国边疆民族研究情况时，认为1931年前尚处于“萌芽期”，承认“我国边疆民族之研究，创始于外国传教士、商人、领事、军事家、自然科学家”①。上文提到的立德、谢立山即在此列，他们同属“发现华西”的“个人阶段”，特征是多为个人行动、身份差异较大、目的多样。四川大学博物馆周蜀蓉研究员《发现边疆：华西边疆研究学会研究》（下称《发现边疆》）一书聚焦的华西边疆研究学会，则可代表“发现华西”进入了“团体阶段”。学会是近代中国第一个以华西边疆研究为宗旨的专业性国际学术机构，影响最大，历史最久，开学术机构研究华西边疆之先。抗战时期，聚于蓉城的多所高校学人组成学术共同体致力于边疆研究，可谓进入了“发现华西”的“群体阶段”②。这样来看，华西边疆研究学会可谓近代中国西南边疆研究学术史的承上启下阶段，尤有加以研究的必要。

作为研究华西边疆研究学会的专书，面对这样一个在很长时间里少为人知的特殊集体，《发现边疆》以“复原历史面貌”为主要论述目标，无疑对华西边疆研究学会的研究与近代西南边疆研究学术史有相当的补白之功。作者依托相关档案文献、中西文著述，“复原”该学会的组织结构、附属机构及人员构成情况，勾勒出华西边疆研究学会的发展历程，“发现”华西边疆研究学会这一带有“时代烙印”与较浓厚西学色彩的学术研究机构。鉴于学会“引入了西方知识及研究方法，特别是学会对西方的认知观念、知识生产模式的具体实践对近代西南边疆研究的学术转型起着至为关键的作用”③，作者尽可能详尽地分析了华西边疆研究学会的学术活动、边疆研究状况，结合会员的研究领域、成果、方法总结该会的研究特点。该书对学会进行的“解剖”式分析，从一个机构的发展历程切入以呈现中国边疆研究的近代转型，于近代边疆研究学术史中点明华西边疆研究学会所处的相对位置及其学术精神、价值，并据此发现那一时代的“西南边疆”，“重绘”了中国西南边疆研究图景的重要一页。

一、华西边疆研究学会与发现华西边疆

外来观察者大量涌入西部中国，《中英烟台条约》的签订是一个重要节点。“重庆城——这个商业重镇升级至通商口岸行列，中国西部获得了新的重要性。”④ 正因为“从地理与种族的角度而论，中国最有吸引力的区域是西部”⑤，一批带“探险”性质的游记、报告类作品陆续问世。随着了解的深入与考察旨趣的变化，作为研究对象的“华西地区”逐渐形成。华西边疆研究学会，英文全名为“West China Border Research Society”，研究区域主要为“华西”。华西（West China）指“西部中国”“中国（华）西部”，广义包括新疆、内蒙古西

① 徐益棠：《十年来中国边疆民族研究之回顾与前瞻》，《边政公论》第1卷5、6期合刊。
② 汪洪亮：《抗战建国与边疆学术：华西坝教会五大学的边疆研究》，中华书局，2020年版。
③ 周蜀蓉：《发现边疆：华西边疆研究学会研究》，中华书局，2018年版，第14页。
④ ［英］谢立山著，韩华译：《华西三年：三入四川、贵州与云南行记》，中华书局，2019年版，第1页。
⑤ 同上。

部、青海、甘肃、宁夏、陕西、西藏、四川、重庆、云南、广西等地。但从华西边疆研究学会会员的活动、研究范围来看，限于今四川省、云南省、贵州省、重庆市、西藏自治区的大部以及陕南、甘青等地，接近于国人对“西南”范围的认识。学会对上述地区进行了综合性、跨学科的研究，即对“华西边疆社会”的全方位研究。

华西边疆研究学会是近代首个以华西边疆研究为宗旨的学术机构。学会成立于1922年，以研究华西的政治、人文、风俗、环境以及这四个因素对当地民众的影响为目标，以西南地区为主要考察区域，鼓励、支持并发表华西地区的社会与自然研究成果，通过实地调查、出借设备、学术演讲、发表论文、出版刊物等方法来推进研究①。学会在近三十年的活动中，对西南地区做了现代意义的开创性研究，形成了独具特色的研究风格，“其价值和影响贯穿整个近代西南边疆研究史”②，同时，华西边疆研究学会的发展历程还清晰展现了由专业小圈子到国际学术机构的集聚过程。

华西边疆研究学会初创时仅有会员11人，规模最盛时会员达543名，学会的建立与发展有赖于“同道中人”的加入与维持。研究队伍组成来源广泛，学人间的研究兴趣也极为多元，这种面貌的形成是研究华西边疆研究学会本身及其发展史的一个重要着眼点。学会的创立，顺应了西方帝国主义的殖民开拓潮流与国际汉学发展的时代潮流。大量外籍人员的存在以及专业英文刊物的发行，使得学会国际性的本质特征从无改变。在此基础上，无论国籍与专业，“‘感兴趣’是成为通信会员的基本标准”③，这为会员的增多及构成的多元创造了条件，为中国性、本土化元素的植入提供了可能，体现了由差异化学术旨趣奇妙“化合”而成的特殊凝聚力。这种“和而不同”“以学术为本”的会风，是为学术集体的凝聚力所在。

作为专业性学术团体，学会以华西边疆社会为主要研究对象，尤以川康、康藏等多民族区域为重点开展综合研究，引入现代学术方法开创了近代边疆研究的诸多学科门类，形成“文理同举、诸派并存、兼收并蓄”的研究之风，并对边疆研究的合作与传承有相当之努力。在研究区域上，学者们大多“瞄准”少数民族聚居而又未得开发的边地，进行实地调研和开创性研究。在学术研究上，学会外籍会员在理念和学术方法上对中国会员乃至中国学界做了示范。学会能够及时与国际学界交流，对于与国际“接轨”并减少“二次传递”十分重要，使得僻处西南的学者反而可以“预流”。兼容中西，博而精深，强调（学术）兴趣的研究特色是华西边疆研究学会奠定学术地位的根本。学会的会员，前期以传教士、外交官为主体，后转变为以大学教师、学者作为核心，学术纯粹性、专业性加强。该会初创时会员全为外籍人士，后来国籍学者日益增多，其中有多位学者还多次担任学会正、副会长等职务，文章发表数比重也渐增，显示出国内学者的话语权在不断增强。这些都是作为学术团体的华西边疆研究学会最基本的一些特质，同时也是研究价值所在，而学会更大的研究意义应于西南边疆研究学术史中体现。

① 周蜀蓉：《发现边疆：华西边疆研究学会研究》，中华书局，2018年版，第5—8页。
② 同上，第13页。
③ 同上，第77页。

二、作为“方法”：华西边疆研究学会与西南边疆学术史

学术发展自有其历程，我们无法忽略某段学术史，也必须在认真总结学术史的基础上开展研究。若自 19 世纪后半叶算起，到 1949 年中华人民共和国成立时，对西南边疆的具有近现代意义的，中外学者共同参与的西南边疆“发现”、研究活动已有百年历史。对于这样一段“过渡时代”学术史，尚待发覆之处不少。“西南边疆研究的现代转型既是以西方学术为标准的西学对传统中国学问的示范、规训的过程，同时也是中国本土的西南边疆研究面对西方冲击不断发展、逐渐成熟的过程。”[①] 华西边疆研究学会的“生命历程”基本是对这一转型期的全景反映。因此，学会作为西南边疆研究中的“参与者”“组织者”“推动者”，本身有待深入研究，其展现的学术过程亦是边疆研究学术史的重要坐标。在研究中，既有必要以学会为对象考察“现代转型”这样的重要转捩点，也有从“方法”上学习的客观要求。学会成员所取得的研究成果，是现代学者研究中国西部不可或缺的参考资料。因此，华西边疆研究学会的边疆研究在中国西南边疆研究史上占有重要位置。该书给读者的启示是：

其一，学术研究需博采兼通，学术团体须具备一定的开放性。华西边疆研究学会在学术研究上“文理同举、诸派并存、兼收并蓄”，“中西互渗”特色鲜明，博采兼通在其中的激励作用无须多言。学术团体的开放性，不仅表现在学会对国籍、身份、不同研究方法等的接纳上，还表现在与社会的良性互动方面。在建会近三十年间，学会十分注意学术演讲这一活动，以此为服务社会的主要渠道，共举办演讲二百七十七场[②]。正是因为这一活动的长期开展，学者群与社会有了较为密切的互动。无论何时，学术研究自是学者的主要工作，但推动知识传播，致力于社会服务同样是职责之一。

其二，田野调查对于边疆研究工作的必要性。国人曾一度忽略了边疆，后又常面临着类似“虽有志研究边事，惟难得真确消息”的困境。华西边疆研究学会章程规定“期望每个会员至少每三年去边疆地区旅行考察一次，在考察的基础上，向学会提交一份书面的研究结果报告”[③]。不少会员将边疆田野调查落到了实处，并取得丰硕成果。这种带着“探险”意味的“他者”观察活动正是国内多数学者的欠缺之处。正因为有这些示范与实践，边疆科研考察活动方利用抗战之机蓬勃开展。如“不能仅仅靠一点前人的书本上的记载……必得抱着牺牲的精神到边区去实地考察，实地收集材料，才可以深切明了边疆社会的一切”[④] 这样的认识，才渐渐真正成为一种学术研究基本理念。

其三，面向国际，重视学术刊物与学术声誉。学术刊物是学人之间交流切磋的主要阵地。早期西方学者在会刊上发表的学术文章，“示范性地展示了‘西式学术’是如何运用来研究边疆问题的”，这些带有“新意”与“科学”的治学方式，触动、激发了国内学人的创

① 周蜀蓉：《发现边疆：华西边疆研究学会研究》，中华书局，2018 年版，第 18 页。
② 同上，第 152 页。
③ 同上，第 53 页。
④ 陈国钧：《论边疆文物研究》，《边疆通讯》1944 年第 2 期。

造活力，"在很大程度上奠定了近代西南边疆研究的方法和路数。"[①] 学会长期发行《华西边疆研究学会杂志》，为学会带来了可观的国际声誉。

其四，着力于学术共同体建设，合理提高学术话语权、推进研究本土化。"仅就中国边疆研究而言，百年来所出现的三次研究高潮，都有'学术共同体'在其中起着推波助澜的作用，对中国边疆现象研究和边疆理论研究产生了深远的影响。"[②] 学会是"以华西作为研究对象的先进的具有多种功能的学术机构"[③]，能在西南边疆研究中扮演着多重角色，学术共同体的建设是根本。同时学会还是"综合研究华西之先锋"[④]，兼跨多学科，注重综合性。值得注意的是，学术共同体之内依然会存在一些"异"，但在中国学者话语权增强、致力于边疆研究本土化之时，学会集体层面依然呈现"同"的和谐。此外，学会中后期的改变是西学影响下边疆研究本土化的典型事例，中国学者话语权的增强令人振奋。但如王建民提醒的，"本土化既可以成为学者们旨在实现学术独立的学理追求的一部分，又可能成为学术对抗的武器，甚至因强调'中国特色'而不愿意进行学术对话，不愿意在世界性的规范基础上建构学术讨论的共同语言基础，不讲究国际性学科的理念"[⑤]。今日在以学会为"方法"时，须从如何在维持学术共同体、推进研究本土化的同时保持与世界交流、合理争取话语权等处取经，并正确理解"本土化""学术话语权增强"等现象下所坚持的学术本真。

结　语

华西边疆研究学会是一个立足本地、面向世界的国际性学术机构，是民国时期华西边疆研究领域影响最大、历时最久的学术机构，最终遗憾地退出了历史舞台。而在《发现边疆》一书之前尚无就学会本身做基础研究的专著问世，数十年来仅得到一般性的提及与关注，又是另一层遗憾[⑥]。兴起于中国学术新旧交替之时的学会是一个具有典型意义的范例，代表着近现代学术的主要发展方向，留下了三十年的详细发展历程，因此学会本身就是线索。"与'国家'政治的近代转轨类似，中国西南边疆的学术研究也存在着近代转型的过程。"[⑦] 学会伴随中国社会的发展与时势变动，体现了因时而动、因地而学——即努力适应研究对象社会在政治及思想方面发生的变革，努力根据研究地区和条件进行学术研究实践，自身也在中西、新旧诸要素的"互渗"之间求得变化。线索虽只一条，又何尝不是千万条。

作者所谓"发现边疆"，是指 20 世纪 20 至 40 年代，中外学者对尚未开放、少数民族聚居的中国西部所作的探险和研究。该书透过学会对"华西边疆""中外边疆学人""近代西南

① 周蜀蓉：《发现边疆：华西边疆研究学会研究》，中华书局，2018 年版，第 15 页。
② 孙勇、孙昭亮：《中国边疆研究学术共同体巡检述略》，《新疆师范大学学报》（哲学社会科学版）2018 年第 3 期。
③ 周蜀蓉：《发现边疆：华西边疆研究学会研究》，中华书局，2018 年版，第 273 页。
④ 同上，第 225 页。
⑤ 王建民：《从中国人类学民族学的发展看学科的世界性与本土性》，《西南民族大学学报》2009 年第 4 期。
⑥ 民国时期，学会曾得到中外学者的关注和提及，但尚不属于研究。20 世纪 90 年代后，对于学会的研究才零散出现，但多为涉及，而非专门、集中研究。总的来说不够全面也不够系统，对学会的基础性研究与专门研究尚未充分。《发现边疆》出版后，已有学位论文对学会投以关注，如章彤晖《华西边疆研究学会的边疆研究（1922—1950）——以中国籍学者群体为中心》（2020 年四川师范大学硕士学位论文），显然受到了该书的影响。对学会及会刊的研究也在进一步深入，参见李志英《抗战时期〈边疆研究学会杂志〉近代藏学研究》，《中国藏学》2020 年第 3 期。
⑦ 周蜀蓉：《发现边疆：华西边疆研究学会研究》，中华书局，2018 年版，第 1 页。

边疆研究”的认真梳理，又是对当年学会所作大量“发现边疆”工作的“再发现”。作者依托大量中外文档案资料，并做了不少前序研究，在研究基础上较为扎实。书后整理的学会会员名单表、演讲目录，以及作者近年来整理出版的《华西边疆研究学会杂志目录索引》《华西边疆研究学会杂志影印本》尤其重要，是学界相关研究领域不可回避的“起跑线”，可谓嘉惠学林。

作为专门对华西边疆研究学会开展研究的第一本专著，该书对于学会的发展及演变脉络叙述已近清晰，“重绘”的这一页图景可称完全。这样的成果为现代学者进行相关领域的研究提供了基础材料，有利于发挥这一学术遗产的作用，对于当下进一步厘清华西坝边疆学术研究面貌，推动中国人类学的“华西学派”是否成立等重大学术议题的展开都有重要意义。如李锦认为，“华西学派”概念提出后，具有代表性的成果有三类，“华西学派”重要成果的整理和研究正是其中之一，周蜀蓉研究员对葛维汉民族学考古学成果的整理研究工作、对华西边疆研究学会及《华西边疆研究学会杂志》的研究又在其中具有代表性①。《发现边疆》一书出版后，又将为此议题的论证“添砖加瓦”。学术研究之“链条”环环不可缺，正是如此。

该书着眼于“政—学”关系，以时势为主线，将华西边疆研究学会的历史划分为两阶段，即从创立到发展（1922—1937）、从繁荣到结束（1937—1950）两个时期②。这样的划分把握大势。但学会以学术研究为专业志向，如更加关注学会本身发展，则不妨划分得更为细致。据笔者浅见，如以学会会员章程变动及附随的学会状况改变考察，可划分为草创期（1922—1931），学会初创，中遭挫折，后对中国学者开放，1931 年修改会员章程，放开会员数限制迎来发展；发展期（1931—1937），学会成员、学术影响稳步扩增；繁荣期（1937—1945），学会盛极一时，会员数量、学术活动、会刊出版、影响力等均达于最佳；渐衰期（1945—1950），1946 年修改章程，希图适应新形势发展，终淡出舞台。如此分段，或能更加突出学会的学术性、独立性，展现学会对时势的主动调适。另外，作者指出“在中国自身可划归现代学术范畴的边疆研究还处于萌芽之时，学会于中国西南边疆研究中所起的先驱及传承作用，几可断言”③。因此《发现边疆》一书详细论述了华西边疆研究学会在学术现代转型上所处之地位。正因为尝试把握变动处，作者对学会创立的背景，特别是此前的西南边疆研究状况乃至中国边疆史地研究传统做了追溯考察。但由于学会在 20 世纪 50 年代后淡出舞台，作者对于“启后”一层似涉及较少。实际上，因为学会是最早进行西南边疆研究的专业性组织，在国内乃至国际层面都颇有影响力，50 年代之前“启后”之功就已有显现，与其他学术机构、学人之间的学术、人事关联应都有横向勾连的空间。例如作者认为“大抵也可以说学会是以华西协合大学为核心建立的一个学术机构”④，那么对“以研究华西边疆，并造就是项服务及教学人才，以谋华西边疆之改进为宗旨”⑤ 的华西边疆研究所（1941 年建

① 李锦：《“华西学派”的知识生产特征》，《广西民族大学学报》（哲学社会科学版）2019 年第 6 期。
② 周蜀蓉：《发现边疆：华西边疆研究学会研究》，中华书局，2018 年版，第 25 页。
③ 同上，第 8 页。
④ 同上，第 81 页。
⑤ 《华西边疆研究所组织章程草案》，《华西协和大学校刊》1942 年第 2 期。

立，学会会员李安宅主持)，同属华大的学会对研究所有何影响、联系，似可略加申说。学会停止活动后的学人状况、持续性学术影响亦可稍作概述。

19 世纪下半叶开始时，尚是"外人"来吾国"冒险"之日。到 1936 年，顾颉刚还在悲叹，"吾人苟欲认识自己之边疆问题，已不得不借材于外国"①。抗日战争强化了国人对西南边疆的认识，促进了国家学术地图的变化。华西坝上学人云集，研究边疆遂成时髦，华西边疆研究学会也达到鼎盛，然由于随后的时局变化，学会终隐没在历史的云烟中。边疆研究的进展可能是战争时期少数"逆势发展"的特例，学术精神正是内在力量之一，太多历史细节虽已模糊，我们仍能深切感受到一代学人的学术努力。这些学术遗珠可以暂时隐去，但绝不能湮没，这是《发现边疆》一书作者对一段历史及父辈的致敬。

（作者单位：四川大学历史文化学院）

① 顾颉刚：《禹贡学会研究边疆学之旨趣》，《顾颉刚全集·宝树园文存》卷四，中华书局，2011 年版，第 218 页。

我与《四川通史》
——李敬洵先生访谈录

苏东来　贾良宜

内容提要：李敬洵先生，四川营山人，1946 年生，1982 年研究生毕业于云南大学，四川省社会科学院研究员，著名隋唐史研究专家，著有《四川通史》（魏晋南北朝隋唐卷）等著作。李先生早年在钢厂、煤矿工作，1980 年 9 月进入云南大学读研究生，跟随著名学者李埏先生学习中国经济史。1982 年毕业后进入四川省社会科学院历史研究所工作，从事四川史、隋唐史、康藏史的研究工作。

关键词：李敬洵；《四川通史》；隋唐史

采访时间：2018 年 10 月 9 日
采访地点：成都市芳林路初美茶餐厅
口述人：李敬洵先生
采访人：苏东来、贾良宜
整理人：苏东来、贾良宜

口述者简介：李敬洵，1946 年生，四川营山人，1982 年云南大学研究生毕业，四川省社会科学院研究员，著名隋唐史研究专家。著有《四川通史》（魏晋南北朝隋唐卷）、《唐代四川经济》、《四川藏区史》（经济卷）等专著，发表有《七至九世纪川西高原部族考》等论文。

一、我的家庭

我是一个地道的四川人，老家在南充营山县，挨着朱德故乡仪陇县。我们祖上元末从湖广麻城县迁入营山县，清代、民国时期家族出了些名人，在营山是一个比较有名的大族。爷爷比较开明，在民国初年便把子女送往国外留学。大伯父李茂荣于 1919 年去法国勤工俭学，曾经与邓小平一个宿舍，是中国最早的一批党员之一。当时爷爷有远见，而儿子们不争气。大伯父出国四五年后，家中以父母病重为由骗其回国成亲，自此再未出国，也是在那时脱党。二伯父留学马尼拉，因南洋地处热带气候，蟑螂比较多，自己又怕蟑螂而未在国外待多久选择回国。爷爷奶奶不愿让其回家，催促外出，他稍后选择到中学当外语老师。老三为黄埔军校第八期毕业，中华民国陆军 72 军上校团长。1949 年起义，参加中国人民解放军 18 军。1955 年被错误定为战犯，关押在抚顺战犯管理所，1982 年由公安部平反。20 世纪 20 年代爷爷去世，家族衰败。当时父亲李茂郁在四川大学读书，因为经济原因而辍学，到南京投靠堂兄李茂椿（日本士官学校毕业，先后任国民党师、军等参谋长）。

父亲到南京后，经李茂椿推荐考入不交学费且免费提供食宿的蒙藏委员会开办的学校读书，毕业后就在蒙藏委员会任职。1944 年，经蒙藏委员会委员长吴忠信推荐，随蒙藏委员会驻藏办事处处长沈宗濂经印度到达西藏拉萨。在西藏待了一年，因和沈宗濂关系不和而返回重庆。父亲从西藏回到重庆后继续在蒙藏委员会工作，1949 年国民党败退台湾时，未随蒙藏委员会前去台湾，而是返回重庆。中华人民共和国成立后，被安排到西南军政委员会任命为西南民族委员会政法科副科长，直到 1954 年西南军政委员会撤销。因西南民族学院副院长刘忠良的挽留，父亲便到成都的西南民族学院工作。在西南民族学院工作不久，因为校领导之间的政治斗争而受到波及。曾经在蒙藏委员会任职的经历被翻出来揪住不放，被当作内控分子对待。“文化大革命”期间更是倍受迫害。1981 年平反后因不愿回西南民族学院工作，被借调到四川省民族研究所，在此期间整理赵尔丰相关的档案，主持编纂《清末川滇边务档案史料》。

我是 1946 年出生于重庆，后来随父亲工作调动到成都，一直持续至今。1965 年高中毕业，那时讲究阶级成分，因为成分不好而未能上大学。当时有一个同班同学叫黄宗瑜，他学习成绩都很好，同样也是因为家庭成分而不能考大学，但是他不放弃学习。1977 年参加高考，以全国理科第一名的成绩进入清华大学深造。

1980 年，因为年龄大我就没有考大学，直接参加云南大学研究生考试和四川省社会科学院统一招生考试，比较幸运的是两个单位都发出录取通知。经过一段时间考虑，认为自己读书少应该再多读些书，就选择去云南大学读研究生。在云南大学拜在李埏先生门下，攻读中国经济史。

二、钢厂与煤矿

1965 年高中毕业后经街道办事处安排被分配到成都冶金实验研究厂从事炼钢工作。该厂是 1958 年建厂，1962 年下马，1965 年重新召集工人上马，主要是电炉炼钢，我刚去时是一个炼钢炉，后增至两个炼钢炉，产量虽不大，但钢材质量较好。炼钢车间属高温工作环境，工作比较艰苦。

1966 年“文化大革命”开始了，那十年对我来说是一件人生大事，其间我经历了许多事，结识了一些有着非常丰富经历的人，见识了许多事，对于自己的成长和成熟起到非常重要的作用。

1969年底，因同钢厂签订的合同到期，便被钢厂辞退。1970年由街道办事处安排到邮江煤矿工作。

1970年至1980年十年间，我一直在邮江煤矿工作，十年中有八年在井下工作。当时井下工作被人瞧不起，被称为“埋了没死的人”。当时生产条件落后，井下防护设施不到位，极易发生井下煤层塌方、漏水等事故，还好煤矿的井是平井，不是竖井，很少有瓦斯爆炸，要不然煤矿伤亡人数会更多。井下挖煤有定量，每人每天要挖一吨，挖不够就要扣工资。我从来没有挖够过一天一吨煤的定额。有的人很厉害，一天挖两三吨，完不成进度会延迟下班时间，加班是常有的事。在这样的条件下伤亡不可避免。我刚去煤矿工作时，我所在的5号井大概有两百多工人，工作的十年之中有三十多人死亡。在煤矿的最后两年因为煤矿职工子弟学校缺老师，自己又有点文化，被派去当老师，告别了井下挖煤的岁月。

三、云大求学

邮江煤矿虽然位于成都近郊大邑县，由于地处深山中，消息很闭塞，加上自己平时也很少看报纸、听广播。“文化大革命”期间因工作认识了不少成都的朋友，同这些朋友关系不错，回成都时会同他们交流。他们的信息比较灵通，1978年得到恢复高考的消息，但因为家庭原因没有去考试。

1980年得到消息，中国社会科学院招收科研人员，我就到四川省社会科学院参加考试。考试时还发生了一个小插曲，在考试现场拿到试卷后发现试卷发错了，给监考老师反映情况，调换试卷浪费了半个小时。监考老师决定再给我延长半个小时的考试时间。等其他考生走后留下我自己一人继续作答。报考四川省社会科学院也是为了谋生，“文化大革命”十年荒废了学业，没有时间好好读书。现在好不容易看到了这个机会一定要抓住。这好像是在黑暗的房间打开了一道门缝透进来一束亮光，尽管不是很亮，但也足以让人向往。在报考省社会科学院的同时，我也报考了云南大学的研究生考试。那一年很幸运，同时收到两个单位的录取通知书，考虑再三决定去云南大学读研究生。

自己在高中时理科成绩比较好，对文科不是很在意，甚至有些瞧不起。觉得文科以感性思维见长，缺乏逻辑思维。后来在生活中接触到不少人生经历丰富的朋友，他们对社会的看法有独到的见解，受他们影响，自己对人文社科也从不了解到了解。在这种影响下，我开始研究历史学，加上古文功底比较扎实，认为社会科学也是一个有所作为的学科，就这样确定了研究方向。后通过关系找到了不少古书。自己在当时的学习中一方面以书本知识为主，另一方面听他人讲自己的人生经历，从他人的人生经历中学习。这些奠定了自己的知识基础，对历史的研究兴趣也培养了起来。

1980年9月，我进入云南大学读研究生，跟随云南大学李埏先生学习中国经济史。这一时期自己见识增长得很快，对社会、对历史的理解更加透彻。在云南大学读书期间系统学习经济史知识，用经济学的观点和方法重新认识中国历史上的经济问题。从历史文献中整理出经济数据，以数据来归纳历史发展规律。在大学读研期间对当时考进大学的1978级至

1981级的学生有深刻的印象，那一批学生的认知水平和学习勤奋度上达到了相当高的水平，因为经历过社会的数次政治运动，对社会的理解已经远超一般人，考进大学后知道机会来之不易，更加勤奋读书。所以这一批人后来的学术素养和研究能力达到了相当高的水平。现在的学生从小学到大学期间并未同社会有过多的接触，对社会的了解认知远远不如当时的那几批学生。

另外，在云南大学期间我还研究民族史。研究民族史是受当时学术环境的影响，因为云南地区民族众多，是研究民族史的最好样板。在云南大学，有教师专门从事民族史研究，这也为自己研究民族史带来了便利。最著名的两位老师是方国瑜和江应梁。两位老师虽然都研究民族史，但研究方法不尽相同。方国瑜先生研究民族史是从文献到文献，治学方法走传统的朴学套路。后来方先生从事云南地方志编写，出版了二十本左右的《云南地方志资料汇编》。江应梁先生走的是另一条道路，他受西方民族学理论影响较深，注重社会调查，从调查中总结经验。为了方便社会调查，在民国时期，江先生花钱买了一个县长的职务，当了三年县长。以县长的身份在当地展开社会调查，后来主持编写《中国民族史》。我在读书期间，常向方先生、江先生请教相关问题，对我后来研究四川民族史有相当大的帮助。

四、编修《四川通史》

（一）来到历史所

1982年我从云南大学研究生毕业，学校诸位先生希望我留校，当时全国各大学校都人才短缺，作为第一届研究生很容易留校。有两个地方可以去：一是云南大学，一是云南省社会科学院。当时我觉得云南大学虽然有一定的学术氛围，但毕竟自己是四川人，在云南又没有太多人际关系，这些原因都促使我回四川工作。因为坚持回四川，学校就不管工作分配，要自己找工作。

回成都后，能够去的地方有四川大学、四川师范大学、四川省社会科学院。当时考虑到读研究生之前曾通过四川省社会科学院的考试，和省社会科学院有些联系。同时，省社会科学院工作还有一些优势：第一，省社会科学院工作可以不坐班，时间比较自由。第二，当初已经通过省社会科学院考试，领导对自己的学术研究能力有一定的了解。他们需要人的话很容易接纳我。

我最后选择留在省社会科学院历史所，跟当时院领导沟通后，对方接纳了我，表示欢迎来社会科学院历史所工作。我把所有手续准备好后到历史所报道，刚好遇到所里开会。见到了贾大泉老师，那时他还比较年轻，风度翩翩。他研究宋代四川经济史，对“交子”有一定的研究。我的导师李埏先生也对“交子”有所研究，他们两个人交流比较多且很熟悉。李埏先生推荐我到历史所后找贾大泉。见到贾老师后说自己是李埏的学生，来历史所工作，看需要办理哪些手续。贾老师很友好，他就带我去见吴德让所长、刘锦华副所长。他们都欢迎我来历史所工作，就这样在1982年来到了历史所。

在历史所除了平时开会外，其他时间可以自由安排，当时我住在西南民族学院后面的方正街，坐5路公交车过来上班。开会也是所里决定重大事件和学术交流的为数不多的时机，自己老老实实做学问，按时来所里开会。当时改革开放正在风起云涌的进行，下海热潮风行，所里老师经常全国各地跑。半年不见人的情况也有，也有整天无所事事、搬弄是非的，也有喜欢弄权的。除此之外也有不少人安心做研究。如陈世松、贾大泉等喜欢学术研究，在这样的环境下还是能找到从事学术研究的合作人，同他们合作很愉快。整体来看，历史所学术氛围还不错，我就在历史所一直工作到退休。

刚到历史所工作，比较幸运的是所里就开始筹备《四川通史》编撰工作。我参加了《四川通史》编写筹备会，开会回来后所里征求我的意见承担哪一部分编纂。考虑到自己研究生毕业论文写的是唐代四川经济，我决定写唐代的四川历史。就这样所里决定让我写唐代四川史。所里把编写《四川通史》作为一个重大课题，把大部分老师都拉进课题组，大家群策群力，为一个目标共同努力。通过做大型课题快速提高所里老师的学术素养，现在我认为这是很好的培养新人的途径。一方面通过课题可以把所里的老师都拉进来，增强凝聚力。平时所里老师不坐班都是各忙各事，除了每周开会，其他时间交流更少，队伍缺乏凝聚力。再者通过重大课题可以锻炼个人学术能力，不管是年轻人还是老同志，可以明显看到通过做课题大家学术素养提高很快。这样培养人的方式显然比各自为战要好得多，取得的效果也明显得多。通过课题，年轻人可以向老同志学习，充分发挥传帮带的作用。在共同的目标指引下，大家有问题可以互相讨论，充分发表意见。年轻人也能够及时得到老同志的指导和反馈，在这样的情况下，年轻人能够快速进入研究领域，老同志的学术经验和学术思想也能传承下去。等课题做完，年轻人的学术水平得到了提高，老同志的学术经验也得到传承。没有课题作为平台，不论是带新人还是老同志的学术传承都有困难。没有课题的助推，这些问题得不到解决。

学术研究需要传帮带，自我摸索也是一种方法，聪明的人很容易上路，笨一点的可能一辈子也上不了道。历史所胡大权老师将巴蜀图语作为研究对象，这个研究领域很窄，几年甚至几十年难以出成果，每年考评时总是拿不出学术成果，为其写年度考评也很头疼，没成果不好写评语。我向他建议不能把全部精力都用在巴蜀图语上，这样几年都没有成果。考评又是一年一次，不仅影响考评，还难以有学术突破，最后走到学术死胡同里，历史所不得不辞退他。

（二）《四川通史》编写经历

《四川通史》是一个系统工程，前后参与的人数多，涉及诸多单位之间的合作协调。在编写的过程中遇到问题后大家就开会决定如何做。课题申请下来以后就开始着手筹备相关工作。第一是编写提纲，整理目录。1983 年省社会科学院给我配备两名老师，我们三个人花一年时间整理出编写《四川通史》需要的资料目录，整理成样本后拿到出版社出版。因为这类书销量很小，经济效益不大，出版社不愿意出版，后来才知道出版社要价 3000 块，所里没有经费，出版的事就破产了。

1982 年 1 月由历史所主持召开《四川通史》编写工作会议

《四川通史》以时代先后顺序展开，分先秦、秦汉三国、两晋南北朝隋唐、五代两宋、元明、清、民国 7 册。各册独立成书，每册内容以政治、经济、文化、宗教、民族五部分来安排。大家写初稿就按这个标准来整理，每一部分必须涉及，初稿写得少的补充时可以添加。当时花费几个月时间把大家写出来的提纲进行讨论。同时，还要列出需要处理的细节问题，如四川在历史上的地域如何划分、对于历史上有争议的人物如何处理等等。《四川通史》在编写过程中也遇到一些困难，书写中遇到的一些学术问题需要仔细甄别。比如有的历史问题学术界很少研究或者根本没有研究，这就要求书写者自己去重新做研究。有的学术问题限于存世资料的稀少无法展开研究，而编写过程中又无法绕开，这就要求编写者要有相当的逻辑推理能力。有的问题学术界有所涉及但自己研究后发现这些学术问题有错误，编写者如何处理这样的问题。其次《四川通史》的衔接问题。因为每个人学术研究方法，书写特点都不大相同，造成前后连贯的年代难以无缝衔接。当时我就提出了不要求完全衔接的意见，只要按照编写大纲的体例来做，大致方向不会改变，历史研究涉及不同的层面，只要自己言之有理，成一家之言就可以了。这个也是协调关系的重要方面，要是要求每本书前后无缝衔接，就势必要求前后两册的书写者要有让步，喊哪个让步都不好做决定。没有哪个人的观点是完全正确的，成一家之言就可以。强行要求大家统一口径，时代前后衔接无缝弄不好反而在同事之间闹不愉快，不利于和谐。所以我就提出不要求前后年代完全衔接，保持自己的观点就可。

1993 年《四川通史》全部出齐，但出版后也发现了不少问题，想再次修订。但修订过程更为复杂，重点在人事关系的处理。《四川通史》是大家共同努力的成果，在书中每个人都有贡献。在修改过程中修改谁的？保留谁的？标准怎么制定，制定的标准能不能服众让大家没有怨言？这些问题已经远远超出学术范围而涉及人事关系层面。所以为保证修订版能够顺利完成，需要处理更多的是人际关系。人际关系处理不好会影响修订进度。所以从编写《四川通史》的过程中最大感悟是个人研究能力的问题，每个人侧重点不同。有的研究过，有的未研究过，每个人领悟能力不同，对于新的研究领域上手快慢不同，造成的结果是有的部分写得很好，有的部分写得较差。

（三）四川历史的特点

在研究四川历史过程中发现四川有几次大的历史变革，这几次变革深刻影响到四川社会经济文化的发展走向。第一次是秦并巴蜀统一四川，秦国通过战争手段统一四川地区巴、蜀两个地方，通过强有力的政治整合完成四川主要地区的统一，真正把四川纳入中央统治范围。稍后的秦汉时期政府大批流放犯人到四川，这些人通过与当地民众的融合，带来先进的生产技术促进当地经济发展，最具代表性的是邛崃卓文君家族，该家族带来冶铁技术促进了四川和周边冶铁技术的发展，对四川经济有很大影响。移民对经济发展和社会文化交流具有积极作用。

后来经过两汉发展到南北朝时，四川社会又经历了一次重大变革，氐人从北方进入四川建立政权，僚人从南方进入四川，遍布全川，进入四川后接受汉文化，经过魏晋、南北朝、隋唐再到宋代最终完成民族融合。其次是元代。宋元之际在四川进行了长达几十年的拉锯战，导致四川人口流失。元代以后整个四川成为以移民为主导的社会，人口的流失导致生产技术向周边地区转移，唐宋时期，蜀锦天下闻名，经过宋末战争技术工人流失，宋代以后四川蜀锦技术几乎绝迹。元明清时期，四川文化不如其他地区，一直不温不火，其原因是宋元之际的战乱导致人口流失，人口的流失导致文化的断层。文化发展基本上是重新开始，没有上百年的积淀发展不起来，这个可以从元、明、清时期四川科举考试出现的进士数量作参考。四川在汉代生产的钢制品全国有名，引领时代技术发展潮流，清代沦落为需要从外地输入钢制品。

四川历史上经济文化发展出现几个转折，而这些转折对后来四川社会的发展影响深远，南北朝是一次。这一时期少数民族流入四川，造成四川整个社会经济文化发生根本变化。少数民族文化底蕴不足，再加上后来移民四川的外地人文化水平有限，对后来隋唐时期的社会文化发展有一定影响，隋唐时期四川地区文化名人很少，读书的学子喜欢做生意也是社会在南北朝转折后的体现。四川能够在隋唐时期经济繁荣，一个是都江堰持续开发为农业发展奠定了基础，另一个是蜀锦，以蜀锦为代表的丝织品的主要客户是官方而非社会大众，这也导致规模有限不能够扩大生产。丝织品发展有瓶颈，限于技术只能小规模生产且技术传承完全依靠师徒制。一旦在王朝末年战争纷繁技术工人流失严重，丝织技术很容易失传。

（四）编写《四川通史》存在的困难

编写《四川通史》魏晋南北朝隋唐卷经济部分最大的困难是个别时期历史材料严重缺乏，需要自己通过经济理论从后往前倒推，以这样的方式来解决个别经济问题。对于自己要写的内容非常清楚地知道自己该写哪方面的，对于学术界未达成共识的问题有自己的处理方法。书写过程就像写规划，知道自己要写哪方面的内容，然后去找材料，对于前人研究过的东西拿过来使用，对于前人没有研究过的要给出自己的观点。大致框架书写完毕后可以再补充细节充实内容使看起来更丰富。

研究这一段历史遇到另一个较大的困难是民族问题，学术界几乎没有涉及。必须花时间从头开始，几年时间研究这些内容没有发表过一篇文章。后来围绕研究主题写了一篇 3 万字的文章提交给学术研讨会，当时参会人员评价不错，该文章对他们的学术研究很有帮助。《四川通史》魏晋南北朝隋唐卷的研究前后花费 4 年时间最终定稿，最大的收获是对四川魏晋南北朝时期的历史形成了新的看法。

2010 年版《四川通史》

2010 年版《四川通史》编写完后，虽然比 1993 年版大有进步，但并非完美无缺，还有不少问题需要重新进行思考。比如四川人的来历。书上写的是来自巫山人、资阳人，认为同非洲猿人没有必然联系。这个观点是值得商榷的。现代基因技术研究表明现代人类起源来自非洲猿人，四川人当然也不例外。人类起源不可能是“满天星斗”多地同时发展的结果，只可能是一种来源，智人来源于非洲是经过学术界承认的。我曾到过美国相关科研中心看到人类起源图表，很明显现代人类来源于非洲。况且四川地区在历史上是不断地民族迁徙，早期四川地区先民以迁徙为主，根本没有发展成长期定居的生产方式。他们为了寻求食物不断迁徙，在一个地区进行短期休息需要建立城墙，一方面是防御野兽，另一方面是防御敌人偷袭。但不能仅凭有城墙就认为是城市形成的标志，城市需要有一定的食物区长期供养，当时的生产技术不可能提供这样的条件，所以我就认为不能这样写。西方用这样的理论来说明问题，我们不能完全借用。学术研究要有自己的解释体系，在解释体系的基础上形成自己的话语权，所以觉得先秦时期这一段历史也可以重写。

（作者单位：四川省社会科学院历史研究所）

拓展自贡盐史研究新视域
——井盐文化爱好者的贡献与意义

钟永新

内容提要：四川自贡盐业具有悠久的生产发展历史，也由此建镇、设县、设市，具有“千年盐都”的美誉，相关文献丰富，现存遗迹众多，在中国和四川盐业史上具有重要的地位。目前自贡地区除设有专业机构从事研究宣传展示外，还有大量的盐文化爱好者群体。近年笔者先后结识三位各有特色成果的人物，通过拜访交流，深有所获，从而对这支不可忽视的盐文化爱好者群体的贡献与意义有所思考，期望以此来彰显他们的人文情怀和精神风格。

关键词：自贡盐业；井盐文化；盐业历史研究

导　语

中国四川自贡以“千年盐都”享誉世界，其近两千年的盐业发展史追根溯源可至富顺县和荣县，再到自流井盐场和贡井盐场，历史上积累形成蔚为可观的盐场盐业资料，今多保存在《四川盐法志》《四川官运盐案类编》《四川盐政史》《川盐纪要》《川鹾概略》《川盐通论及其展望》《富顺县志》《荣县志》等方志文献里，吸引国内外不少学者专家从事盐业研究，各自取得卓越优异的学术成就。

自贡有中国文物学会盐业文物专业委员会、中国盐文化研究中心、自贡市井矿盐工业设计研究院、自贡市盐业历史博物馆、自贡市盐商文化研究会等机构团体，主办《盐业史研究》《盐》《盐文化研究论丛》《中国盐文化》《中国井矿盐》《自贡盐文化丛书》《盐商文化》等书籍刊物，发表学术研究成果，传播中华盐业文明，至今学术活动繁荣，成为中国学术文化史里较具代表性的“绝学式”研究现象。

此外，自贡地区还有大量的盐文化爱好者，虽非专职研究人士，也积极参与发掘各种隐藏在民间角落的珍贵资料与实物档案。本人的祖辈也系郭家坳自流井盐厂的盐工（后为车间主任），所以仿佛与生俱来般滋生出一种浓郁的盐业情怀与爱好兴趣。

2019年，笔者先后有缘得识三位热心本土盐文化收藏研究的人士（陈桥、杨源、钟旭），交流学习，深有所获，从而对这支不可忽视的盐文化研究群体有所思考。

一、陈桥：川盐票据收藏研究的推进者

陈桥先生（钟永新摄　2019年11月26日）

近年以陈桥署名的文章时时见载于《收藏》《收藏界》《中国收藏》《中国钱币》及《自贡日报》文化周刊“史海钩沉”（相当于大众交流的小型学术版），陈桥作品内容主要以其收藏的川盐票据为基础展开解读，涉及某些不太受到关注的盐业领域，具有一定的盐业文化新知，其特色呈现在以下几点。

（一）选择川盐票据收藏，坚持个人写作表达

陈桥先生20世纪60年代出生于四川富顺县，长期从事金融工作，受富顺古县文化影响，从青年时期便开始热爱收藏，在其位于海棠路的住宅里，进门便可以看到各屋散放着各种古玩杂件，大客厅有面墙全是大大小小带青花瓷风格的瓷器，左墙挂着两个稀见木质画框，右墙有组水墨写意画四条屏，据说是曾任民国富顺县县长李芳仿白云居士的真迹，旁边一张老家具桌上堆满了盐业方面的书籍，正中临窗位置则摆着书椅茶几，为其研读藏品和书籍的地方。除收藏有川盐票据外，陈桥还收藏有赵熙《慈香小集》、毛一波写给许杰的书信、郑诵先《怎样学习书法（未定稿）》等稀见纸本稿本。

其极具特色的部分主要为花费大量精力已经分类整理出来、以四川抗战时期为主的近千余件川盐票据。根据陈先生的回忆介绍，某天在收藏圈寻宝时他无意发现有藏家正在集中出售此类票据，当时关注者没有几位，出于多年的经验直觉，陈桥对此立刻产生兴趣，迅疾抢救购买下来使之重回蜀中自贡，及后不断再购，或高价竞拍，或转让获得，投资甚多，以致

成为目前公布出来“川盐票据类收藏主题”较全面且成体系的人士。由此其 2018 年受邀参与在中国盐文化研究中心举办的“文本的张力：档案文献与盐文化研究”学术研讨会，以《收藏盐业金融民间文献探寻四川抗战辉煌历史》为题目发言交流。2019 年受邀参与在自贡市盐业历史博物馆举办的“鹾海遗珍——中国盐文化民间收藏精品展”。今年西南大学重庆中国抗战大后方研究中心特别联系邀请他前往座谈，拟以此藏品整理出版申报社会科学基金项目，可见文博界及学术界对陈桥盐业票据收藏的认可支持。

同时陈桥先生不是自娱自乐式的收藏，而是积极思考搜寻这些票据背后的人物故事，购阅相关书籍参考，积极写作，发表甚广，主要通过实物引出话题，许多尘封的川盐往事得以再现，具有一定的钩沉补遗价值，随着研究深入，文章的学术深度还可以不断提高，而他能坚持写作没有停止，亦是难能可贵，其精神动力正在于对自贡盐文化弘扬传承的自觉意识。

（二）助力川盐抗战研究，延展盐都题材搜集

陈桥先生之所以倾力收集川盐票据，正是努力尝试以实物证据来佐证川盐抗战，尤其体现自贡盐场的贡献。中国抗日战争研究里的“川军抗战”“大后方抗战”“文化抗战”等学术概念已深入人心，然而四川盐场对抗日战场之功的研究却远远不够，至今仍缺乏比较细致入微或全面宏观的论文专著。陈桥收藏的川盐票据记载了当时四川盐场与外地的运销往来及生产情况，充分说明川盐在国难时期所发挥的经济作用与社会意义。如果后续得以正式出版，或辟为川盐票据专题陈列馆展览，将具有一定的文化表率作用，有助推动川盐抗战研究史的深化发展，从而展现出盐文化爱好者收藏的特殊意义。

盐都自贡因盐设市以来不断发展转型，曾办有大量盐厂及盐化工企业，后来迁来三线建设诸多企业，成为新盐都新自贡的企业文化与城市特色的组成部分，这批资料尚未有系统整理。目前所知其他地区非常关注三线建设话题，四川攀枝花市已建成有三线建设博物馆，湖北宜昌市举办有三线建设研讨会等。陈桥告知他最近正着手搜集自贡三线建设企业及自贡老厂矿的实物文书，并不断丰富藏品，希望能为以后展示自贡市工业文明史做点贡献，而他主动开展这些事务，只是纯粹以一位生长于斯的普通市民的角度，尽个人绵薄之力，为家乡社会留下一些昔日时光里的岁月故事与人间真情。

附：陈桥收藏的“抗战时期四川盐业金融票据”主要内容

（1）盐务总局局长、副局长签发的银行支票

（2）盐务总局内部机构

（3）重庆盐务分局的银行支票（票据）

（4）川康盐务管理局的银行票据

（5）川东盐务管理的银行票据

（6）各盐场公署的银行票据

（7）鄂岸盐务办事处的银行票据

（8）各地的盐务管理分支机构

（9）银行票据上的“官收”与“官运”

（10）抗战时期的盐运企业

（11）抗战时期的“盐专卖”及公卖盐店

（12）抗战时期的盐税

（13）抗战时期的盐务稽核所（证明单）

（14）抗战时期关于盐业的银行电报

（15）抗战时期的盐载押汇业务

（16）抗战时期的川盐银行

（17）抗战时期购盐证

（18）盐商支持抗战的实证——购买“节约建国储蓄券”

（19）其他

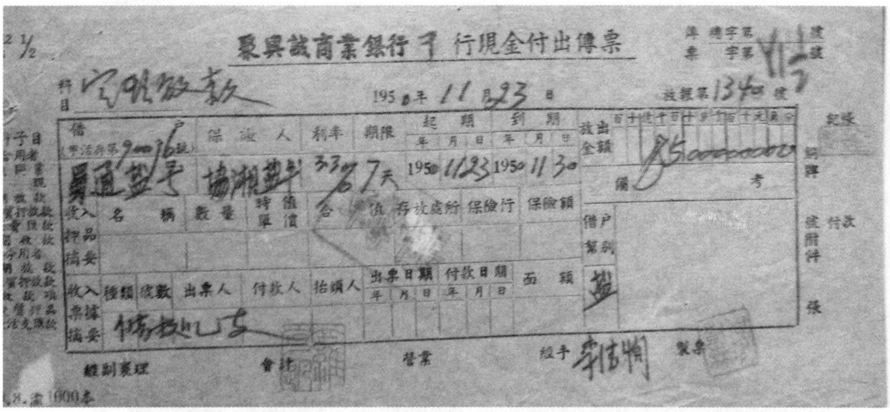

陈桥收藏的川盐票据之一（钟永新摄 2019 年 2 月 2 日）

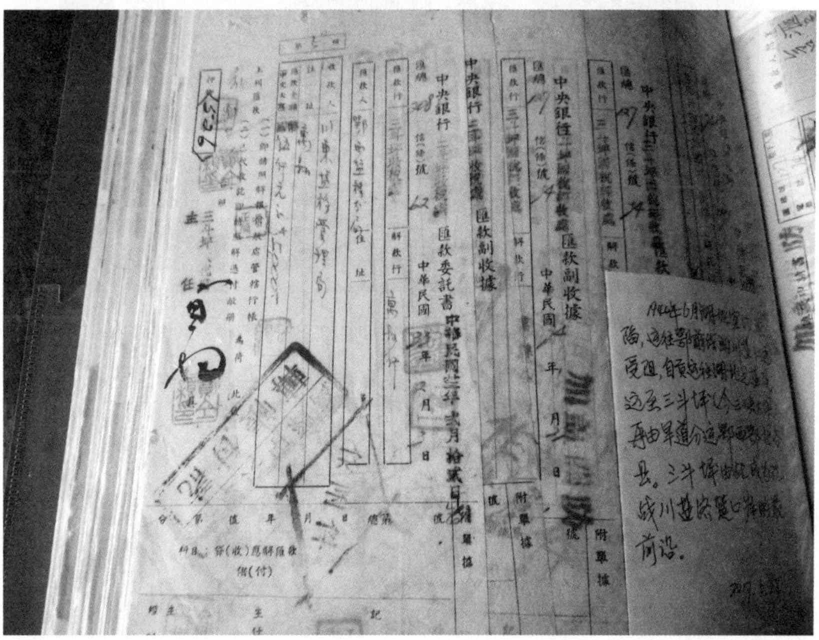

陈桥收藏的川盐票据之二（钟永新摄 2019 年 2 月 2 日）

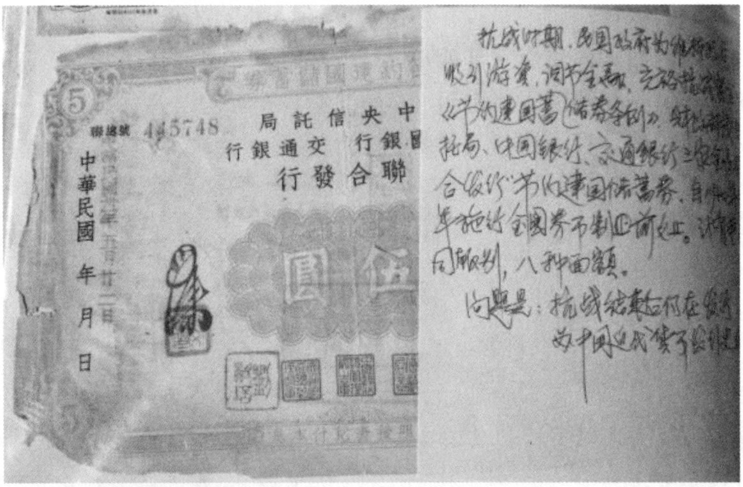

陈桥收藏的川盐票据之三（钟永新摄　2019 年 2 月 2 日）

陈桥的盐业书籍资料（钟永新摄　2019 年 2 月 2 日）

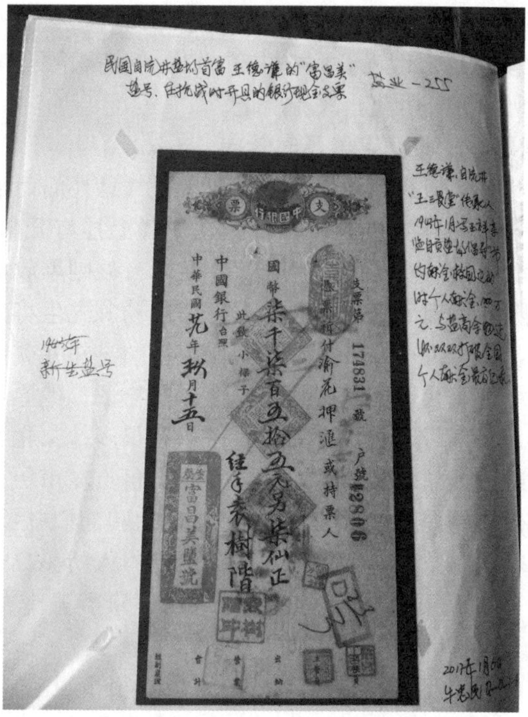

自贡盐商王德谦“富昌美”盐号支票（钟永新摄　2019 年 2 月 2 日）

二、杨源：自贡盐物藏品主题的集成者

杨源先生（钟永新摄　2019 年 9 月 26 日）

笔者对于自贡收藏界实际并不了解，曾多次路过打望位于桓侯宫的收藏小店（已搬迁）和釜溪步行街的收藏门市，陆续从网站看过一些自贡收藏家的藏品故事。后来偶然看到老文

化人黄兆华先生采写杨源《走近文物鉴赏家》的文章，阅后感觉杨先生是位很有收藏情怀的人士。2019 年 9 月笔者参与自贡市社科联举办的首届“盐都论见”研讨会，其间结识杨源先生，于是联系前往参观，甚有所获，故有所记。

（一）盐业家族深刻影响，收藏定位及时转向

步入杨源家的客厅，便能感到有种浓浓的盐业历史气息扑面而来。小桌上摆有几个精致的仿造盐井天车，散乱的书籍宣纸叠放在方桌四边。墙上挂有几幅写意山水画及华源斋匾额，其自题为“井盐雄都”，自号云“井盐疯子”。在阳台处则堆放着几块自贡盐业特色的地名牌，部分已经拆迁，随之地理记忆也消失无存。而后杨源先生将其收藏珍品一一展示，可谓大饱眼福、精彩纷呈，茶间讲述到其祖辈原为四川富顺县邓井关镇的船运老大，至今仍保留着一枚珍贵的船运徽章，成为他们家族盐业记忆史的物证。他原在四川盐业地质钻井大队工作，起初以邮票收藏为主，后发现在自贡收藏市场有很多盐文化实物，基于敏锐超前的思维意识，他判断认识到这些物品收藏的重要性，完全是自贡城市历史文化的见证，若不加以收藏，消失殆尽或散失出去将是极大损失。从此其开始转向以盐物收藏为主。近 30 年来，他活跃于自贡各区县，广搜罗致，花费巨多，成为目前本人所见自贡以盐为主题收藏最为丰富的人士，比如现存最早与自贡盐业相关的契约（清代康熙五十九年二月二十六日，公元 1720 年）便在他那里。

步入内屋参观，更可谓小型的盐博宝库，各式各样很少见到的盐场器具，如盐工饭盒（木质）、生活用具（藤帽）都集中出现于此，有个玻璃罩着的物品比较显眼，介绍是盐场烧盐的残留物。打开左面立柜，赫然出现二三十个盒子，全部是分门别类的自贡徽章，取名清晰，称为“徽章话说古盐都”系列，下面的柜子则是各种票据，未及细观，令人激叹，唯遗憾保存环境条件需要改善，看后让笔者对盐史研究有种焕然一新的认识，一般盐业研究以盐业文献及理论经验为主，及后出现盐文旅融合成为热点，而对于散落民间的大量接地气的实物收藏却少有关注接触，但这些才是真实构成盐业文化完整体系的重中之重，因为它们属于鲜活直接的盐场人物的生活层面，借之方足以说明盐与民生息息相关，不应限于盐法与盐史论述。

其实杨源先生的藏品数量已经完全可以办成华源斋盐业文化收藏馆，成为自贡盐文化展览的又一窗口，最近还接待了热爱关心家乡盐文化的乡贤吴玉章孙女吴本立教授一行前来参观。若此，众多散布在民间的盐博馆将构成一幅让“千年盐都”形象更为丰实的完美画卷。

（二）参与盐业契约审校，把关盐业档案命名

在参观杨先生收藏时，其展示一份《盐都领军人才》申报材料，本来对学历职称等要求很高，后来由自贡市民间文艺家协会破格将他选报上去。通过翻阅，可知杨源出生于 20 世纪 60 年代，自贡光大街人士，毕业于自贡蜀光中学初中部，在《中国收藏》《自贡文史》《自贡日报》等有部分文章发表，其最令人称道的经历是他担任过《自贡盐业历史档案·契约卷》里所有契约文件的命名工作，体现出盐业知识的广博深厚功底，可见自贡市盐业档案机构对其水平的高度认可，才会百里挑一选中他作为总审校。此书 2017 年由凤凰出版社出版后，因其贡献突出，只有他一人获赠一套留存致谢。

近来杨源又被聘为“国家重点档案”——自贡民国档案数字化工程自贡市档案馆馆藏资

料总审校，职责在于档案数字化扫描后，其他人员若对资料取名把握不准，则交由他来确定。这是件工程浩大、功德无量的大好事，有助于以后查档调阅的便捷准确。在协助整理18－1－395卷宗时，杨源告知他意外发现一份1941年8月至12月底自贡盐场献金资料，已撰文《自贡民众献金购机救国的惊人壮举》，发表在《自贡日报》。根据档案记载可知这批捐款达5000万元（折合为1944年的13.39亿法币），在当时足可购买多个战斗机群，说明自贡盐业经济贡献之巨大。当然自贡档案尚有许多尚未披露的内容，随着数字化和公开化，将有助自贡文史研究的提升推进。

华源斋匾额（钟永新摄　2019年9月26日）

邓井关码头杨仲卿长船盐运徽记（钟永新摄　2019年9月26日）

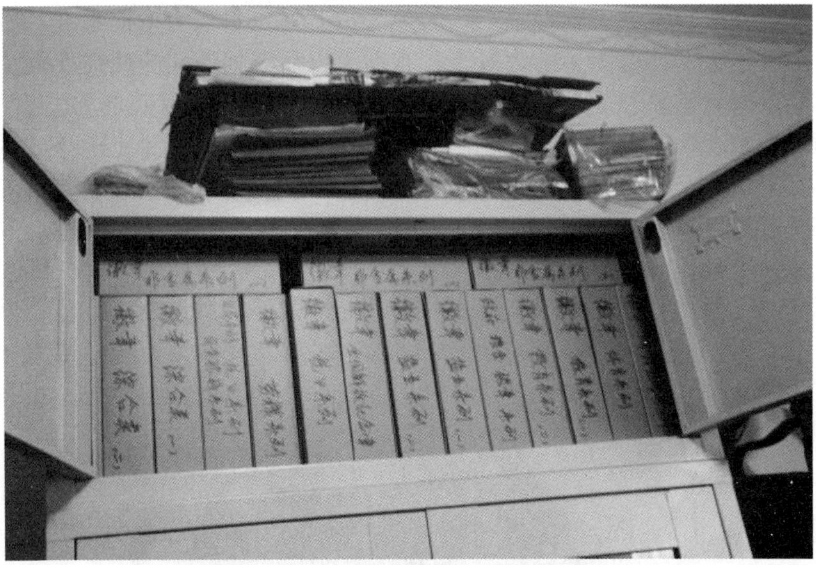

自贡徽章收藏题材（钟永新摄　2019 年 9 月 26 日）

杨源命名的自贡盐场契约原稿（钟永新摄　2019 年 9 月 26 日）

盐场物品题材一（钟永新摄　2019 年 9 月 26 日）

盐场物品题材二（钟永新摄　2019 年 9 月 26 日）

三、钟旭：近代自贡盐场亲历的见证者

钟旭先生（钟永新摄 2019年10月30日）

自贡盐场发展繁荣数百年，尤其近代百余年来留下许多珍贵资料，伴有人物故事口碑相传，万万千千有盐业背景的家庭成为其中主要的亲历见证者，不少人士谈及家族史时都说或多或少与盐有关，这些盐业口述或回忆史料很有存阅价值。2019年，自贡网、封面新闻先后报道钟旭的盐场写作事迹，其人其事令人耳目一新。笔者先通过王典平先生推荐联系结识，在网上交流过富顺才子熊过的《答李令论税粮、驿传、盐筴、册籍四事书》，承蒙指出增补笔者的错漏几处。后在自贡善后桥头同兴路四维茶绣茶坊与大安区文友相见，得观钟先生带来的自编样书，增益新识，略述如下。

（一）全面汇编井灶名录，辅以图表再现示意

钟旭先生，出生于20世纪50年代，自贡三台寺人士，在其搜集的汇编资料里，特别重要的是《自贡盐场井灶录》四巨册，分为不同盐区编入，从目录可看到大量盐井名称，总计达3000多个，资料来源则是自贡档案馆等不同资料，其中记录有若干有趣的盐井名称，如蚂蚁井、猪皮井、上海井等，每处井灶详实注明时间地点和简要介绍，部分还有该井资料的提供者姓名。与单一的盐井名列表相比，各部分均能成为一篇篇短小实在的盐话博文。且几乎自贡盐区所有所知的盐井都有记载，这些发掘梳理出的盐井名录真可谓是一部浓缩的自贡盐井史，可惜至今只保存下来20余座盐井天车。

另外书里有绘制的井位草图，即各盐区的盐井分布示意，来自原始记载的调查说明，通过密密麻麻的井名，印证当时自贡盐场号称采卤天车林立的世界级大工场确非虚言。

四册资料为《四川盐业志》《自贡盐业志》等所未见阅，注有来源，钟旭言及先手抄摘写，再电脑录入，从20世纪90年代编写《大安盐厂志》开始无意积累部分，2002年后开始系统搜集编写，2011年最终完成。正所谓“有心人天不负”，该书成为盐文化爱好者推动

自贡盐史研究的又一具体体现。值得一提的是，2014 年钟旭赴成都参与《四川省志·盐业志》编写，负责第三编《盐业运销》和《川盐文化》第六、第七编初稿。目前已经完成初审，预计明年出版。

（二）盐场人物资料摘编，回顾自贡盐场风云

在钟旭所编书中有本《盐场倜傥》，一看书名或许以为“风流倜傥”，乃盐商公子们的小说戏曲情感逸事，实际是盐场文化人物、盐商盐官及社会名流的传记小集，可视为盐场人物史记列传，提供了不少鲜为人知、依据可信的内容。

如撰写《盐井赋》《火井赋》的李芝生平，钟旭言其查阅过《李氏族谱》原件，得以摘录部分，编本里详细记载了李芝家族及李固先祠的发展演变，据此可以确认李芝故里在今自贡土地坡到西山公园一带，原有吉公寺，原名吉公山，今改为济公村，吉公乃一位古代隐者，至此辞赋家李芝的尘封往事终得一解。

再阅其他人物，才知祖籍沿滩古镇的曾子郁和曾子唯原来是两兄弟，都曾住三台寺。钟旭的父亲钟岳樵先生也住在那里的钟家大院（现鱼家大院），当时的三台寺俨然成为自贡盐场文化名流的寓居聚集地，如熊家院子的熊佐周，罗家院子的罗华垓、罗筱元、熊楚都曾在这里居住。相邻回龙别墅（今自贡市委机关幼儿园），有王和甫几代人在那里住过，对面街上还有胡铁华“念君”别墅。此外滇军朱德部队 1918 年就驻扎于此。而三台书院的原址实际是在今天金钥匙书店附近。至于著名盐商余述怀、王德谦等的人生历程才得以完整看到，令人嗟叹不已。钟旭直言这类盐书唯有遇到有心人士才会细阅，现在虽尚未出版，但他倾力汇编的精神意志真是感染予心。大体翻阅后，收获满满，成为本人探索川盐文化以来又一次感怀不已的盐知之旅。

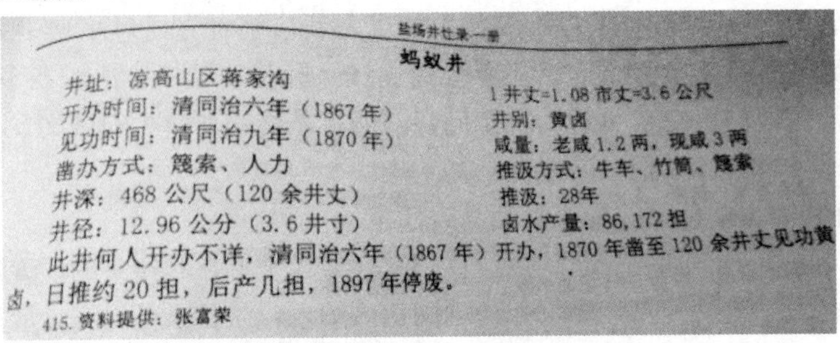

蚂蚁井

井址：凉高山区蒋家沟
开办时间：清同治六年（1867 年）
见功时间：清同治九年（1870 年）
凿办方式：篾索、人力
井深：468 公尺（120 余井丈）
井径：12.96 公分（3.6 井寸）

1 井丈=1.08 市丈=3.6 公尺
井别：黄卤
咸量：老咸 1.2 两，现咸 3 两
推汲方式：牛车、竹筒、篾索
推汲：28年
卤水产量：86,172 担

此井何人开办不详，清同治六年（1867 年）开办，1870 年凿至 120 余井丈见功黄卤，日推约 20 担，后产几担，1897 年停废。

415. 资料提供：张富荣

蚂蚁井（钟永新摄　2019 年 10 月 30 日）

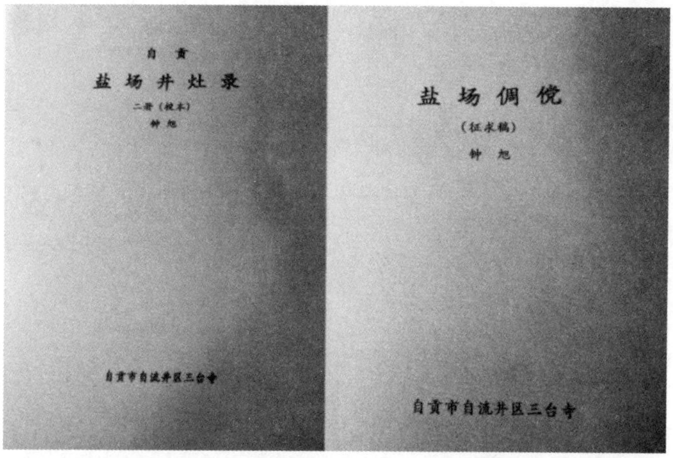

《自贡盐场井灶录》《盐场倜傥》（钟永新摄　2019 年 10 月 30 日）

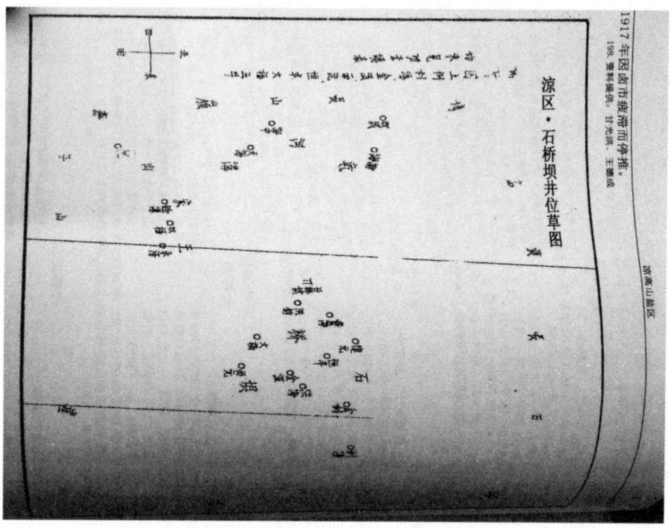

石桥坝井位草图（钟永新摄　2019 年 10 月 30 日）

（作者单位：北京立身国学网）

《地方文化研究辑刊》稿约

《地方文化研究辑刊》系四川省社会科学重点研究基地、四川省教育厅人文社科重点研究基地“地方文化资源保护与开发研究中心”创办的学术刊物，由巴蜀书社出版，一年两辑。本刊长期面向海内外学者征集稿源。

一、征稿选题范围

有关地方文化资源保护与开发的理论与对策研究、岷江流域文化资源保护与开发研究、四川名人研究、四川文化史研究、巴蜀文化研究、非物质文化遗产研究、全国各地方文化资源保护与开发研究、地方文化与文化中国研究、口述历史研究等。

二、来稿投寄方式

电子投稿请以 word 文档的附件形式发至：xhdxdfwh2018@126.com 或 1214745829@qq.com。纸质投稿请寄：四川省成都市金牛区金周路 999 号西华大学地方文化资源保护与开发研究中心《地方文化研究辑刊》编辑部李文娴收。邮编：610039，联系电话：028－87723062。

三、稿件要求及相关说明

1. 来稿要求遵守学术道德，文责自负。
2. 来稿应观点鲜明，符合本刊选题范围，能自圆其说。
3. 来稿要求具有一定的学术原创性，系未公开发表过的论文（内部刊物发表除外）。
4. 来稿需提供内容提要和关键词（不需英文翻译），可加课题项目名称，注释一律采用脚注。脚注用小五宋体，包括文献作者、文献题名、出版社及出版年或期刊的年（卷）、起止页码，用带圆圈的阿拉伯数字序号标注，每页单独编号。例：

①孙砚方：《都江堰水利词典》，科学出版社，2004年版，第54—55页。

②冯广宏：《创立一门新蜀学——都江堰学》，《西华大学学报》（哲学社会科学版）2005年第4期。

5. 来稿请在文章后注明作者姓名、出生年月、性别、工作单位、职务职称、主要研究方向、通信地址、邮政编码、电子邮箱、电话号码等。

6. 来稿字数原则上应在8000字以上，15000字以内，个别特稿不受此限制。

7. 编辑部有权对拟采用来稿进行删减修改等处理。如作者不同意，请在来稿中注明。

8. 来稿一经刊用出版，即赠送样刊2本，并付相应稿酬。

9. 来稿三个月未得到用稿通知，可自行处理。由于编辑人员有限，来稿一律不退，请作者自留底稿。

四川省社会科学重点研究基地
四川省教育厅人文社科重点研究基地
地方文化资源保护与开发研究中心
《地方文化研究辑刊》编辑部

著作权使用声明